CORPVS CHRISTIANORVM

Series Latina

XC B

CORPVS CHRISTIANORVM

Series Latina

XC B

VIGILII THAPSENSIS
CONTRA ARRIANOS SABELLIANOS
FOTINIANOS DIALOGVS

TURNHOUT
BREPOLS ❧ PUBLISHERS
2017

VIGILII THAPSENSIS
CONTRA ARRIANOS SABELLIANOS FOTINIANOS DIALOGVS

cura et studio

Pierre-Marie HOMBERT

TURNHOUT
BREPOLS PUBLISHERS
2017

CORPVS CHRISTIANORVM

Series Latina

in Abbatia Sancti Petri Steenbrvgensi
a reuerendissimo Domino Eligio Dekkers
fundata
nunc sub auspiciis Vniuersitatum
Universiteit Antwerpen
Vrije Universiteit Brussel   Universiteit Gent
Katholieke Universiteit Leuven
Université Catholique de Louvain
edita

editionibus curandis praesunt
Rita Beyers   Alexander Andrée   Emanuela Colombi
Georges Declercq   Jeroen Deploige   Paul-Augustin Deproost
Anthony Dupont   Jacques Elfassi   Guy Guldentops
Hugh Houghton   Mathijs Lamberigts   Johan Leemans
Paul Mattei   Gert Partoens   Marco Petoletti
Dominique Poirel   Kees Schepers   Paul Tombeur
Marc Van Uytfanghe   Wim Verbaal

uoluminibus parandis operam dant
Luc Jocqué   Bart Janssens
Paolo Sartori   Christine Vande Veire

D/2017/0095/202
ISBN 978-2-503-56580-4
Printed in the EU on acid-free paper

© 2017, Brepols Publishers n.v., Turnhout, Belgium

All rights reserved. No part of this publication may be reproduced, stored in a retrieval system, or transmitted, in any form or by any means, electronic, mechanical, photocopying, recording, or otherwise, without the prior permission of the publisher.

AVANT-PROPOS

Vigile, évêque de Thapse en Byzacène dans la seconde moitié du Ve siècle, demeure une figure assez méconnue de l'histoire et de la littérature chrétienne. Mais en l'absence presque totale de données biographiques, on ne peut s'en étonner. Il faut avouer aussi que l'on est moins porté à s'intéresser à des œuvres quasi anonymes. Au demeurant, c'est l'ensemble de la production littéraire africaine de cette époque qui n'a pas encore reçu toute l'attention qui lui est due. Il est vrai qu'après les années où brilla le génie d'Augustin, les écrits des générations suivantes semblent quelque peu ternes. La concomitance entre la mort de l'évêque d'Hippone et l'invasion des Vandales marque une coupure certaine entre l'ancien monde, avec ses richesses humaines, ecclésiales et théologiques, et l'ère nouvelle, marquée par des bouleversements politiques et sociaux profonds et, pour l'Église, par une liberté surveillée et souvent une persécution violente.

Cependant les historiens se sont penchés depuis longtemps sur l'Afrique vandale. À la suite de l'œuvre pionnière de L. Schmidt et de C. Courtois, les travaux se sont multipliés, et même accrus de manière exponentielle ces dernières années, spécialement en langue allemande[1]. Les noms de H.-J. Diesner, H. Castritius, G. M. Berndt, R. Steinacher, Y. Modéran, A. Merrills, sont connus de tous ceux qui s'intéressent à l'Afrique de cette période. L'installation des Vandales, les limites de leur royaume, l'organisation du pouvoir, les relations avec l'ancienne administration romaine et avec Constantinople, la politique religieuse, et tous les aspects de la vie économique et sociale de ces années – de la frappe monétaire aux usages vestimentaires (le fameux *in habitu barbarico*, rapporté par Victor de Vita) – ont fait l'objet d'innombrables études aussi précises que savantes. La moindre source littéraire ou archéologique a été exploitée, et l'on peut dire – dans les limites des recons-

---
[1] Pour les auteurs nommés dans cet avant-propos, nous renvoyons à la *Bibliographie* donnée, p. 231-239.

titutions historiques – que l'époque commence à être réellement connue.

L'histoire religieuse n'a pas été laissée de côté par la recherche, en raison notamment de l'œuvre majeure de Victor de Vita, *Histoire de la persécution vandale en Afrique*, qui est un témoignage hors pair sur la politique anticatholique du pouvoir vandale et une source considérable d'informations. L'ouvrage a bénéficié de plusieurs éditions récentes et de nombreuses études.

Cette attention portée sur la vie ecclésiale et les conflits religieux a été accompagnée par l'édition de plusieurs ensembles littéraires et théologiques importants. Rappelons celle de Fulgence de Ruspe par J. Fraipont (1968), de Facundus d'Hermiane par J.-M. Clément & R. Vander Plaetse (1974), de Quodvultdeus par R. Braun (1976), des écrits chrétiens de Dracontius par Cl. Moussy & C. Camus (1985-1988), mais aussi la parution d'œuvres de moindre importance mais non négligeables, comme les opuscules antiariens anonymes publiés en 1961 par B. Schwank (*CC SL* 90), ou récemment le *Commentarius in Iob* arien par K. B. Steinhauser (2006), la *Disputatio Contra Maximinum* de Cerealis par I. Baise (2006), ou la *Collatio cum Pascentio* par H. Müller, D. Weber et C. Weidmann (2008), autrefois attribuée à Augustin, mais qui date de l'époque vandale. Ces éditions sont allées de pair avec différentes études historiques et théologiques. Relevons en particulier celles de A. Caserta et de S. Fialon sur la *Disputatio* de Cerealis, de U. Heil et de K. Vössing sur la *Collatio cum Pascentio*, de A. Isola sur Fulgence, de A Fraïsse-Bétoulières sur Facundus, ou encore les travaux consacrés à Liberatus de Carthage et réunis par V. H. Drecoll et M. Meier dans *Zeitschrift für Antikes Christentum* 14 (2010). Plusieurs auteurs, comme J. Spielvogel, W. Spickermann ou R. Whelan ont aussi tenté de ressaisir et d'interpréter l'ensemble du conflit religieux entre africains catholiques et vandales ariens.

Mais il s'en faut de beaucoup que la production théologique africaine des Ve et VIe s. ait été étudiée de manière complète et pleinement satisfaisante. Sans même parler de l'interprétation générale du *Credo* des Vandales – ce que l'on appelle « homéisme » est-il ou non un véritable « arianisme », voire un « anoméisme » déguisé ? – des questions subsistent et des écrits restent négligés. L'œuvre de Quodvultdeus s'est imposée comme un tout, suite à l'édition de R. Braun, mais plusieurs voix dubitatives se sont fait entendre et la question de son homogénéité reste ouverte. Les opuscules antiariens publiés par Schwank n'ont fait l'objet d'aucun travail. Les études sur les ouvrages christologiques et trinitaires de Fulgence restent rares et générales. De nombreux sermons africains demeurent anonymes, et les *Lettres* de Ferrand de Carthage, dont plusieurs ont un vrai intérêt christologique, attendent leur édition moderne.

Quant à Vigile de Thapse, c'est peu dire d'affirmer qu'il n'a pas reçu l'attention qu'il mérite. Certes, il faut saluer l'édition du *Contra Eutychetem*, avec traduction italienne et commentaire, due à Sara Petri (2003). Malheureusement, c'est une *critica minor* qui demanderait d'être reprise. Le travail serait d'autant plus profitable qu'il s'agit d'une œuvre importante qui n'a pas encore révélé son mystère. Où et quand a-t-elle été écrite ? Comment Vigile a-t-il eu accès à des sources antichalcédoniennes manifestement grecques ? D'importantes zones d'ombre subsistent. Le *Contra Arrianos, Sabellianos, Fotinianos* a bénéficié lui aussi d'une traduction italienne par Patrizia Guidi (2005). Mais fondé sur le texte de la *Patrologie* de Migne, l'ouvrage est désormais caduc puisque la présente édition renouvelle profondément l'organisation du traité de Vigile. Un autre écrit de l'évêque de Thapse, le *Contra Felicianum*, mériterait également une édition moderne et une étude attentive, car le débat entre ariens et nicéens y développe des arguments exclusivement rationnels, et c'est là une réelle originalité au sein d'une littérature antiarienne africaine dominée par l'exégèse et l'interprétation des textes bibliques.

En publiant l'édition critique du *Contra Arrianos, Sabellianos, Fotinianos*, nous espérons donc pallier une lacune et contribuer à une meilleure connaissance de l'auteur et de son œuvre. Certes, nous n'apportons aucune révélation particulière sur l'homme ni sur ses écrits aujourd'hui perdus, mais la place de Vigile dans l'Église de son temps apparaîtra probablement sous un jour quelque peu nouveau. Les *Solutiones obiectionum arrianorum* que nous lui avons attribuées en nous appuyant sur des arguments qui n'ont pas été réfutés à ce jour, et le lien de ce texte avec le *Liber fidei* présenté par les évêques catholiques à la Conférence de Carthage de 484, nous avaient déjà amené à entrevoir pour l'évêque de Thapse un rôle de premier plan parmi les théologiens de son temps. Il est possible en effet que ce soit lui qui ait rédigé le *Liber fidei*, plutôt qu'Eugenius arrivé seulement en 480 dans la capitale africaine pour en être l'évêque et qui, venant d'Orient, maîtrisait probablement assez mal les sources littéraires latines attestées dans le *Liber fidei*.

L'hypothèse d'une double rédaction du *C. ar.*, que nous avançons en nous fondant sur des arguments solides, non seulement rend compte au mieux de la tradition manuscrite extrêmement complexe du traité, mais éclaire également celui-ci en le replaçant dans le contexte de l'Église d'Afrique et des combats qu'elle dut mener. Une œuvre à première vue abstraite et intemporelle – un débat imaginaire entre Athanase et des hérésiarques de diverses époques – en reçoit un relief nouveau.

Mais quoi qu'il en soit des circonstances exactes de la rédaction du *C. ar.*, l'apport principal de la présente édition est une organisation du texte totalement différente de celle connue jusqu'à ce jour et reçue depuis le XVIIe siècle de P.-F. Chifflet. Son édition de 1664, fondée sur quelques manuscrits, reproduisait en effet une tradition textuelle gravement interpolée. On peut s'étonner que personne ne s'en soit jamais aperçu, mais il est vrai que les choses paraissent toujours évidentes une fois qu'on les a résolues.

En possession d'une édition critique et d'un texte fiable, on pourra désormais étudier de près une œuvre qui ne renouvelle pas la christologie et la théologie trinitaire – Vigile a lu Hilaire, Ambroise, Augustin et les utilise largement – mais qui s'impose par une belle facture littéraire et rhétorique, une argumentation ferme et serrée, plusieurs aperçus originaux, et qui témoigne de la grande culture théologique de son auteur, parfaitement au courant de tous les aspects du débat trinitaire ; une œuvre qui exprime aussi la foi d'une Église qui paya le prix du sang pour rester fidèle au *Credo* de Nicée.

Au terme d'un travail passionnant, mais long et difficile, je tiens à dire ma gratitude à tous ceux qui m'ont aidé de quelque manière que ce soit. J'exprime ma reconnaissance particulière à Mgr Roger Gryson qui a bien voulu relire le texte latin de Vigile et répondre avec une grande disponibilité à toutes mes questions. Fort de son expérience exceptionnelle, il a résolu des cas difficiles, m'a donné de précieux conseils et m'a évité plusieurs erreurs. Je remercie également Laurence Bouquet pour la relecture si méticuleuse de l'ensemble du manuscrit. Elle aussi m'a évité bien des fautes et des coquilles qu'un ouvrage si complexe génère. J'exprime une reconnaissance particulière à Paolo Sartori et à Christine Vande Veire, membres de l'équipe éditoriale du *Corpus Christianorum*, qui ont suivi avec un vif intérêt le travail durant sa longue gestation et ont mené à bonne fin, avec minutie et dévouement, la mise en page du livre. Avec eux, enfin, je sais gré à la Bibliothèque du *Trinity College* de Cambridge d'avoir autorisé la reproduction des superbes enluminures du ms. 1286 (O. 5. 5.) qui illustrent le présent volume.

LISTE DES MANUSCRITS DU
CONTRA ARRIANOS SABELLIANOS FOTINIANOS DIALOGVS

Ab¹	ABERDEEN, *University Library* 984
Ax¹	AIX-EN-PROVENCE, *Bibl. Mun.* 1535
Ag¹	AUGSBURG, *Staats- und Stadtbibl.* 2° 517
Bd¹	BORDEAUX, *Bibl. Mun.* 11
Bl¹	BOULOGNE-SUR-MER, *Bibl. Mun.* 29
Bg¹	BRUGGE, *Openbare Bibl.* 120
Bg²	BRUGGE, *Openbare Bibl.* 151
Bx¹	BRUXELLES, *Bibl. Royale* 10274-80
Bx²	BRUXELLES, *Bibl. Royale* 19076
Bx³	BRUXELLES, *Bibl. Royale* 2573-75
Bx⁴	BRUXELLES, *Bibl. Royale* 4797-99
Bx⁵	BRUXELLES, *Bibl. Royale* II 1061
Ca¹	CAMBRAI, *Bibl. Mun.* 436
Cb¹	CAMBRIDGE, *Pembroke College* 108
Cb²	CAMBRIDGE, *Trinity College* 1286
Cr¹	CREMONA, *Bibl. Statale* 51
Dj¹	DIJON, *Bibl. Mun.* 151
D¹	DOUAI, *Bibl. Mun.* 296
Dl¹	DÜSSELDORF, *Univers- und Landesbibl.* B 6
Er¹	ERLANGEN, *Universitätsbibl.* 170
F¹	FIRENZE, *Bibl. Med. Laur.* Ashbur. 1196
Fu¹	FULDA, *Hessischen Landesbibl.* Aa 2
Gz¹	GRAZ, *Universitätsbibl.* 724
Gr¹	GRENOBLE, *Bibl. Mun.* 258
K¹	KARLSRUHE, *Bad. Landesbibl.* Aug. XVIII
K²	KARLSRUHE, *Bad. Landesbibl.* Aug. CCXXXVIII
Ld¹	LEIDEN, *Universiteitsbibl.* Voss. lat. Q 72
L¹	LONDON, *Brit. Libr.* Royal 6 A VIII
L²	LONDON, *Brit. Libr.* Royal 6 B XIII
L³	LONDON, *Brit. Libr.* Arundel 370
L⁴	LONDON, *Brit. Libr.* Add. 15608
L⁵	LONDON, *Brit. Libr.* Add. 26762
L⁶	LONDON, *Lambeth Palace* 215

Ml¹	MILANO, *Bibl. Ambrosiana* H 74 sup.
Mu¹	MÜNCHEN, *Bayerische Staatsbibl.* Clm 6294
Mu²	MÜNCHEN, *Bayerische Staatsbibl.* Clm 14679
Mu³	MÜNCHEN, *Bayerische Staatsbibl.* Clm 23828
N¹	NEW YORK, *Pierpont Morgan Libr.* G 33
N²	NEW YORK, *Pierpont Morgan Libr.* 738
Nu¹	NÜRNBERG, *Stadtbibl.* I, 54
O¹	OXFORD, *Bodl. Libr.* Bodley 147
O²	OXFORD, *Bodl. Libr.* Bodley 705
O³	OXFORD, *Bodl. Libr.* Canonici Patr. lat. 112
O⁴	OXFORD, *Bodl. Libr.* Rawlinson C 398
O⁵	OXFORD, *Bodl. Libr.* Rawlinson G 62
O⁶	OXFORD, *Corpus Christi College* 43
O⁷	OXFORD, *Jesus College* 43
O⁸	OXFORD, *Trinity College* 25
P¹	PARIS, *Bibl. Nat.* lat. 1683
P²	PARIS, *Bibl. Nat.* lat. 1684
P³	PARIS, *Bibl. Nat.* lat. 1685
P⁴	PARIS, *Bibl. Nat.* lat. 1686
P⁵	PARIS, *Bibl. Nat.* lat. 1715A
P⁶	PARIS, *Bibl. Nat.* lat. 2076
P⁷	PARIS, *Bibl. Nat.* lat. 2341
P⁸	PARIS, *Bibl. Nat.* lat. 5073
P⁹	PARIS, *Bibl. Nat.* lat. 5132
P¹⁰	PARIS, *Bibl. Nat.* lat. 12131
P¹¹	PARIS, *Bibl. Nat.* lat. 13334
P¹²	PARIS, *Bibl. de l'Arsenal* 341
Pt¹	POITIERS, *Bibl. Mun.* 66
R¹	REIMS, *Bibl. Carnegie* 385
Rm¹	ROMA, *Bibl. Vallicelliana* Tomo 18
Ro¹	ROUEN, *Bibl. Mun.* 425
Sm¹	SAINT-MIHIEL, *Bibl. Mun.* Z 28
Sa¹	SALAMANCA, *Bibl. Universitaria* 2687
Sl¹	SALZBURG, *Stiftsbibl.* Sankt Peter a VII 31
Sg¹	SANKT GALLEN, *Stiftsbibl.* 90
Tl¹	TOULOUSE, *Bibl. Mun.* 182
Tr¹	TRIER, *Stadtbibl.* 118/106
Tr²	TRIER, *Bistumsarchiv* 95/133c
Ty¹	TROYES, *Bibl. Mun.* 895
Ty²	TROYES, *Bibl. Mun.* 2405
Vl¹	VALENCIA, *Bibl. Universitaria* 1221

V¹	VATICANO, *Bibl. Apost. Vat.* lat. 262
V²	VATICANO, *Bibl. Apost. Vat.* lat. 511
V³	VATICANO, *Bibl. Apost. Vat.* lat. 10803
V⁴	VATICANO, *Bibl. Apost. Vat.* Reg. lat. 185
Vc¹	VIC, *Bibl. Episcopal* 40
W¹	WOLFENBÜTTEL, *Herzog Aug. Bibl.* Guelf. 3104
W²	WOLFENBÜTTEL, *Herzog Aug. Bibl.* Guelf 3346
Z¹	ZÜRICH, *Zentralbibl.* Car. C 116

INTRODUCTION

MANUSCRITS DU
CONTRA ARRIANOS SABELLIANOS FOTINIANOS DIALOGVS[1]

Ab¹   ABERDEEN, *University Library* 984   s. XV

Parchemin   108 ff.   266 × 165 mm   29 l.

Bibl.: M. R. JAMES, *A catalogue of the Medieval Manuscripts in the University Library Aberdeen*, Cambridge, 1932, 2011², p. 119-120.

Ce *codex* dont l'écriture humanistique imite la minuscule caroline provient d'Italie. Il s'ouvre par le *C. ar.* de Vigile sous sa forme longue (f. 1-63r), suivi de l'Acrostiche de la Sybille d'Érythrée (*Oracula Sibyllina* VIII, 217-243; cfr AVG., *Ciu.* 18, 23) (f. 63r), et de cinq lettres attribuées à Clément de Rome (f. 65r-108v). La première partie a sans doute servi de modèle à celle du ms. VATICANO, *Bibl. Apost. Vat.*, lat. 262 (cfr *infra*, p. 154-155).

Ax¹   AIX-EN-PROVENCE, *Bibliothèque Municipale* 1535   s. XV

Parchemin   81 ff.   220 × 155 mm   36 l.

Bibl.: *Catalogue général*, s. in 8°, t. 45, Paris, 1915, p. 497.

Le ms. contient le *C. ar.* de Vigile sous sa forme longue interpolée (f. 1r-48r) et deux lettres qui figurent dans la correspondance de Fulgence de Ruspe (*Epist.* 16-17; cfr *CC SL* 91A, p. 549-615): Ps-Pierre Diacre, *Epist. ad Africanos in Sardinia exsules* (*CPPM* II, p. 181) (la lettre est en réalité écrite par les célèbres moines scythes venus à Rome) et le *Rescriptum episcoporum XVI* rédigé par Fulgence au nom de ses collègues en réponse à la lettre précédente (f. 48r-81v). Il semble que ce témoin des deux lettres n'ait jamais été repéré. Quant au traité de Vigile, il a probablement été copié d'après BRUGGE, *Openbare Bibl.* 120 (cfr *infra*, p. 187).

---

[1] Plusieurs références bibliographiques récurrentes sont données en abrégé: *Catalogue général* = *Catalogue général des manuscrits des bibliothèques publiques de France (Départements)*, série in-4°, Paris, 1849 sv.; série in-8°, Paris, 1886 sv.; L. DELISLE, *Le Cabinet* = L. DELISLE, *Le Cabinet des manuscrits de la Bibliothèque (impériale) nationale. Étude sur la formation de ce dépôt comprenant les éléments d'une histoire de la calligraphie, de la miniature, de la reliure et du commerce des livres à Paris avant l'invention de l'imprimerie*. t. 1 (Paris 1868); t. 2 (Paris 1874); t. 3 (Paris, 1881).

Ag¹   Augsburg, *Staats- und Stadtbibliothek* 2° 517   s. XVI

Papier   IX + 172 ff.   275 × 200 mm   35 l.

Bibl.: W. Gehrt, *Handschriftenkataloge der Staats- und Stadtbibliothek Augsburg*, Bd. 5: 2° Cod. 401-57, Wiesbaden, 1993, p. 109-114.

Le ms. fut écrit en 1514 par Sigismund Lang, moine du couvent Saint-Ulrich et Afra d'Augsbourg, durant son séjour à l'abbaye de Reichenau. Il reproduit la partie centrale (f. 13r-66v) du ms. Karlsruhe, *Badische Landesbibl.* Aug. XVIII, s. IX, qui en fut le modèle certain. Malgré quelques différences dans l'ordre des textes, les deux mss ont en effet plus de 30 pièces communes relatives à la confession de foi: Symboles antiques, explications patristiques du Symbole, et quelques œuvres plus importantes: Avg., *Fid. et Symb.*; Fvlg. Rvsp., *Fid. ad Petrum*; Gennad., *Eccl. dogm.*, ainsi que Vigil. Thaps, *C. ar.*, dont seule la *Sententia Probi* est ici rapportée (f. 65r-70r).

Bd¹   Bordeaux, *Bibliothèque Municipale* 11   s. XII

Parchemin   238 ff.   220 × 137 mm   54/56 l.
Provient de l'abbaye Sainte-Marie de la Sauve-Majeure (f. 1r)

Bibl.: *Catalogue général*, s. in 8°, t. 23, Paris, 1894, p. 7-16.

Cet épais volume regroupe un grand nombre de textes divers, sans ordre aucun. On y trouve les quatre évangiles, une vingtaine de sermons augustiniens, pseudo-augustiniens ou anonymes, des extraits d'œuvres diverses (Amalaire, Augustin, Julien de Tolède, Jérôme, Ambroise, Eucher), une importante collection de décrétales, des citations d'ouvrages de cosmographie et de comput, des extraits des *Tractatus* d'Augustin sur l'évangile de Jean, ainsi que les lettres de saint Paul, précédées des prologues de Bruno d'Aste et suivies du commentaire de l'évangile de Matthieu par le même auteur. Le *C. ar.* de Vigile figure f. 116v-139r, entre la *Règle* de saint Benoît et des extraits patristiques, et appartient à la famille « espagnole » dont c'est l'un des meilleurs représentants, malgré un texte souvent défectueux.

Bl¹   Boulogne-sur-Mer, *Bibliothèque Municipale* 29   s. XI

Parchemin   125 ff.   223 × 115 mm   28/31 l.
Dans la première partie du *codex*, grandes initiales à rinceaux. Nombreuses mains. Provient de Saint-Vaast d'Arras (f. 2r, 125v).

Bibl.: *Catalogue général*, s. in 4°, t. 4, Paris, 1872, p. 590-591.

Ce volume contient la collection antiarienne étudiée jadis par L. Saltet et A. Wilmart, récemment par M. Conti (*CC SL* 69, p. 79-90), et sur laquelle nous nous sommes penché en éditant les *Solutiones obiectionum arrianorum* de Vigile de Thapse (cfr *Sacris erudiri*, XLIX, 2010, p. 153-155). Elle comprend: Ps-ATH., *Trin*. l. I-VIII + IX + XII (f. 2r-60v) – VIGIL. THAPS., *C. ar.* (f. 60v-115v; forme longue interpolée) – POTAM., *Epist. Ath.* (f. 115v-117r) – ATH., *Epist. Lucif.*(f. 117r-119r) – VIGIL. THAPS., *Sol. obiect. ar.* (f. 119r-125v). Malgré sa date assez ancienne, le texte du *C. ar.* est fortement contaminé. Il a subi également de nombreuses corrections avant d'être copié par DOUAI, *Bibl. Mun.* 296 (*D¹*) (cfr *infra*, p. 195). Sur la page de garde (f. Iv), d'une autre main que celle responsable du volume, figure une table des matières avec l'attribution du *C. ar.* à Vigile: *Contra arrium sabellium et fotinum altercatio quam Vigilius nomine athanasii quasi coram ipsis hereticis disputando edidit, medium eorum interponens Probum iudicem.*

Bg¹   BRUGGE, *Openbare Bibliotheek*, 120   s. XII-XIII

Parchemin   111 ff.   270 × 180 mm   23 l.
Provient de l'abbaye Notre-Dame-des-Dunes (Bruges).

Bibl.: A. DE POORTER, *Catalogue des Manuscrits de la Bibliothèque Publique de la ville de Bruges*, Gembloux-Paris, 1934, p. 156-157.

Le ms. ne contient que deux œuvres: le *C. ar.* de Vigile sous sa forme longue interpolée (f. 1r-70r), et un traité anonyme inédit intitulé: *Tractatus de incomprehensibili dominice incarnationis et humanae redemptionis sacramento* (Incipit: *De quibusdam scripturarum locis me a uobis interrogari uestrae placuit fraternitati...* Explicit: *... per gracie meritum perueniamus*) (f. 70r-111v).

Bg²   BRUGGE, *Openbare Bibliotheek*, 151   s. XIII-XIV

Parchemin   135 ff.   205 × 145 mm   31/32 l. (f. 1-53; 98-153) – 2 col. 32 l. (f. 54-97)

Bibl.: A. DE POORTER, *Catalogue des Manuscrits de la Bibliothèque Publique de la ville de Bruges*, Gembloux-Paris, 1934, p. 192-193.

Ce ms. composite contient le *De Trinitate* d'Hilaire de Poitiers, plusieurs pièces en vers, le *De musica* d'Augustin, des extraits du *De officiis* de Cicéron, du *De amicitia* d'Aristote, des lettres de Sénèque, et se clôt avec le *C. arrianos* de Vigile de Thapse (f. 98r-135v). Il y a tout lieu de penser que le traité de Vigile a été copié d'après le ms. SANKT GALLEN, *Stiftsbibliothek* 90 (cfr *infra*, p. 209-210).

Bx¹ BRUXELLES, *Bibliothèque Royale* 10274-80 (VDG 939)   s. XI-XII

Parchemin   99 ff.   295 × 215 mm   2 col. 41-43 l. (f. 2-19) – 29 l.
Provient de Saint-Laurent de Liège.

Bibl.: J. VAN DEN GHEYN, *Catalogue des manuscrits de la Bibliothèque Royale de Belgique,* t. 2, Bruxelles, 1902, p. 27-28; *MGH*, Hilfsmittel, t. 15, p. 91.

La première partie du ms. (f. 1r-18v) date du XIIe s. et contient le *C. arrianos* de Vigile dans sa forme courte (f. 1r-11r), des extraits de l'*Histoire ecclésiastique* de Rufin relatifs à la condamnation d'Arius (f. 11r-12r), la vie de saint Jérôme (*BHL* 3871) (f. 13v-17r), et des extraits de capitulaires monastiques et ecclésiastiques carolingiens suivis de deux passages de la correspondance de Grégoire le Grand (f. 17r-18r). La seconde partie (f. 19r-99r) date du XIe s. et contient le *De sacerdotio* de Jean Chrysostome, sous son titre habituel: *Dialogus Basilii et Iohannis* (f. 20r-70v), l'*Apologeticum* de Grégoire de Nazianze traduit par Rufin (f. 71r-94r), ainsi que le *Libellus pastoralis 'De dignitate sacerdotali'* pseudo-ambrosien (*CPL* 171a) (f. 94v-99r).

Bx² BRUXELLES, *Bibliothèque Royale* 19076 (VDG 930)   s. XIII

Parchemin   39 ff.   258 × 163 mm   27 l.

Bibl.: J. VAN DEN GHEYN, *Catalogue des manuscrits de la Bibliothèque Royale de Belgique*, t. 2, Bruxelles, 1902, p. 22.

Aujourd'hui mutilé, ce *codex* ne comporte que 39 ff., c'est-à-dire le *C. arrianos* de Vigile, sous sa forme longue interpolée, moins ses dernières pages. Le texte s'arrête en effet brusquement en *Sententia Probi* X, l. 9 avec les mots *confusio sabellii naturae apertius*. Il est probable que le ms. encore complet ait servi pour la toute première édition du traité de Vigile à Bruxelles en 1475 (cfr *infra*, p. 225).

Bx³ BRUXELLES, *Bibliothèque Royale* 2573-75 (VDG 931)   s. XV

Papier   92 ff.   210 × 135 mm   27 l.

Bibl.: J. VAN DEN GHEYN, *Catalogue des manuscrits de la Bibliothèque Royale de Belgique*, t. 2, Bruxelles, 1902, p. 22-23.

Le volume provient de la Chartreuse de Wesel, fondée en 1417 non loin de Düsseldorf. Il ne contient que le *C. arrianos* de Vigile, sous sa forme longue interpolée (f. 1r-62r), suivi d'une longue lettre de Martin de Laon, prieur de la Chartreuse du Val-Saint-Pierre au XIIIe s. (f. 63r-92r) et d'une autre, très courte, de Pierre de Blois. Le texte du *C. ar.* est quasiment identique à celui de Düsseldorf, *Universitäts- und Landes-bibl.*, Ms B 6 (cfr *infra*, p. 214-215).

Bx⁴ Bruxelles, *Bibliothèque Royale* 4797-99 (VDG 3163)   s. XIII

Parchemin   105 ff.   230 × 165 mm   2 col. 36 l.
Provient de l'abbaye Notre-Dame de Montvillers (Normandie)

Bibl.: J. Van Den Gheyn, *Catalogue des manuscrits de la Bibliothèque Royale de Belgique*, t. 5, Bruxelles, 1905, p. 118-119.

Sont rassemblées dans ce *codex* les œuvres suivantes: *Vie de Saint Pachôme* (*BHL* 640) (f. 2r-46v); *De praeceptis Pachomii* (f. 46v-63r); Vigil. Thaps., *C. ar.* (f. 64r-97v) (forme longue interpolée avec présence de la section «D») et *Sol. obiect. ar.* (f. 97v-102v); *De arbore crucis* (f. 102v-105v). Le ms. a été gravement endommagé par le feu: un tiers de chaque feuillet a disparu ou est presque illisible. Le texte du *C. ar.* dérive du ms. de Douai (cfr *infra*, p. 197).

Bx⁵ Bruxelles, *Bibliothèque Royale* II 1061 (VDG 1232)   s. XIII

Parchemin   184 ff.   317 × 225 mm   36 l.
Belles lettrines. Provient de l'abbaye d'Aulne.

Bibl.: J. Van Den Gheyn, *Catalogue des manuscrits de la Bibliothèque Royale de Belgique*, t. 2, Bruxelles, 1902, p. 236.

On trouve dans ce volume, apographe du ms. Firenze, *Bibl. Med. Laur.* Ashb 1196, les trois œuvres de ce dernier, déjà contenues dans l'ancêtre du groupe (Boulogne-sur-Mer, *Bibl. mun.* 29): Cassiod., *Hist.* (f. 1v-151r), Vigil. Thaps., *C. ar.* (f. 151r-180r; forme longue interpolée et section «D») et *Solut. obiect. ar.* (f. 180r-184v). La notice de Van den Gheyn n'indique pas la présence des *Solutiones*.

Ca¹ Cambrai, *Bibliothèque Municipale* 436   s. IX

Parchemin   213 ff.   355 × 268 / 260 × 185 mm   2 col., 30 l.

Bibl.: *Catalogue général*, s. in 8°, t. 17, Paris, 1891, p. 162.

Volume thématique, le ms. renferme les ouvrages antiariens suivants: Hil., *Trin.* (f. 1r-186r); *Syn.* (f. 186r-205r); *C. Aux.* (f. 205r-207v), ainsi que la *Sententia Probi* du *C. ar.* de Vigile (f. 208r-213r). Le *De Trinitate* d'Hilaire a été utilisé par P. Smulders (*CC SL* 62-62A, 1979).

Cb¹   CAMBRIDGE, *Pembroke College* 108   s. IX

Parchemin   2 + 124 ff.   205 × 145 mm   18/24 l.

Bibl.: M. R. JAMES, *A Descriptive Catalogue of the Manuscripts in the Library of the Pembroke College*, Cambridge, 1905, p. 103-104; S. MEEDER, « Defining Doctrine in the Carolingian Period: The Contents and Context of Cambridge, Pembroke College, Ms 108 », *Transactions of the Cambridge Bibliographical Society* 13 (2005), p. 133-151.

Ce modeste volume écrit en minuscule caroline provient du Nord-Est de la France (Lobbes? Reims?) d'où il migra en Angleterre à l'abbaye de Bury St Edmunds au XIIe ou XIIIe s., en passant par la Normandie (cfr *infra*, p. 128). Il est typique des créations carolingiennes à but didactique et regroupe des œuvres ayant trait pour la plupart à la doctrine trinitaire. On y trouve: JVSTIN., *Conf.* (f. 1r-47r) – PELAG., *Libel. fidei* (PS-HIER, *Epist.* 16) (f. 48r-52r) – PS-AVG., *Or. in libros Trin.* (f. 52v-56v) (cfr *CC SL* 50, 550-555) – PS-PROSP., *De fide, spe et caritate* (= court extrait de Halitgar de Cambrai, *De uitiis et uirtutibus et de ordine poenitentiam libri quinque*) (f. 56r-58r) – VIG. THAPS., *C. ar.* (forme courte: l. I abrégé et l. II) (f. 58v-118v) – RVF., *Hist.* (l. X sur la controverse arienne) (f. 118v-124r). Le texte du *C. ar.* a subi diverses corrections, au moins deux bien identifiables, et dépend sans doute d'un original de la Cour impériale. Avec *Tr¹* (TRIER, *Stadtbibliothek-Stadtarchiv* 118/106), c'est le plus ancien témoin attesté de la version courte du traité.

Cb²   CAMBRIDGE, *Trinity College* 1286 (O. 5. 5.)   s. XIV ex.

Parchemin   96 ff.   406 × 298 mm   2 col. 25 l.
Somptueuses enluminures historiées dans le traité de Vigile.
Copié en Normandie[2].

Bibl.: M. R. JAMES, *The Western Manuscripts in the Library of Trinity College*, Cambridge, vol. 3, Cambridge, 1902, p. 308-310.

Ce grand *codex* renferme: PS-ATH., *Trin.* l. I-VIII + l. IX + l. XII (f. 1r-47v) – VIGIL. THAPS., *C. ar.* (forme longue interpolée) (f. 48r-88v) – POTAM., *Epist. Ath.* (f. 88v-89v) – PS-ATH., *Epist. Lucif.* (f. 89v-91r) – VIGIL. THAPS., *Solut. obiect. ar.* (f. 91r-96r) – PS-HIER., *Fides s. Hieronymi* – *De fide apud Bethleem* (f. 96r-96v). Exemplaire complet de la collection antiarienne déjà rencontrée en *Bl¹*, le volume descend de *Ro¹*, vraisemblablement en ligne droite.

---

[2] Dans notre édition des *Solutiones obiectionum arrianorum* de Vigile (*Sacris Erudiri* 49, 2010, p. 167), nous avions repris l'indication donnée dans le vieux catalogue de James: « Copié dans le Nord-Est de la France? ». À tort, car il ne fait guère de doute que le ms. dérive directement de celui aujourd'hui à Rouen et provenant de Fécamp (*Ro¹*).

Cr¹   CREMONA, *Biblioteca Statale* 51   s. XV

Papier   48 ff.   194 × 141 mm   34 l.

Bibl.: A SORBELLI, *Inventari dei manoscritti delle Biblioteche d'Italia*, vol. LXX (Cremona), Firenze, 1939, p. 42-43; G. DOTTI, «I Codici Agostiniani della Biblioteca Statale di Cremona», *Augustiniana* 31 (1981), p. 362-363.

Ce recueil tardif ne renferme que trois écrits: HON. AVG., *Elucid.* (f. 1r-31r) – VIGIL. THAPS., *C. ar.* (forme courte: l. I abrégé et livre II) (f. 32r-47r) – RVF., *Hist. l.* X (f. 47r-48v). Il a appartenu au couvent des Augustins de Crémone, mais provient sans aucun doute d'un scriptorium situé quelque part entre la Sambre et le Rhin. Le texte du *C. ar.* de Vigile est en effet en tout point identique à celui de la famille «allemande» (ζ).

Dj¹   DIJON, *Bibliothèque Municipale* 151   s. XII

Parchemin   125 ff.   343 × 245 mm   2 col. 31 l.
Provient de l'abbaye de Cîteaux.

Bibl.: *Catalogue Général*, in 8°, t. 5, Paris, 1889, p. 42-43; Y. ZALUSKA, *Manuscrits enluminés de Dijon*, Paris, CNRS, 1991, n° 75, p. 108 et n° 78, p. 110-111.

Copié vers 1160-1180 et orné de très belles lettrines (f. 41r; 43rv), ce volume contient les œuvres suivantes: AVG., *Vtil. c.* (f. 2r-16r) – FVLG. RVSP., *Fid.* (f. 17r-32v) – AVG., *Ser.* 9 (*De decem chordis*) (f. 32v-40v) – HRABAN., *Super Iudith* (f. 40v – 76r) – ID., *Super Esther* (f. 76r-98v) – VIGIL. THAPS., *C. ar.* (forme courte: l. I abrégé et l. II) (f. 99r-114r) – AMBR. *C. Aux.* et *Epist.* 20 (f. 114r-121r) – *Miracula Eugenii papa* (f. 121rv) – HILDEB. LAVARDIN., *Concord. uet. ac nou. sacrif.* (f. 122r-125v). Une grave perturbation dans le modèle du copiste, due sans doute à la chute mal réparée d'un cahier, a entraîné une aberration dans le texte du *C. ar.* Inattentif à ce qu'il écrivait, le copiste a enchaîné des textes éloignés de 20 pages. Après les mots *tui loci disputatio*[*-nis*] (I, VI l. 28/29), il insère sans rupture aucune toute la section qui va de [*com-*]*petere nouit* (II, VI l. 1/2) à *dicendo eo quod* (II, XX l. 4). Le texte du *C. ar.* est le frère jumeau de celui de TROYES, *Bibl. mun.* 895, originaire de Clairvaux.

D¹   Douai, *Bibliothèque Municipale Marceline Desbordes-Valmore* 296
s. XII

Parchemin   238 ff.   340 × 240 mm   2 col. 29/32 l.
Initiales vertes et rouges. Provient de l'abbaye d'Anchin.

Bibl.: *Catalogue général*, s. in 4°, t. 6, Paris, 1878, p. 156-157.

Seules trois œuvres figurent dans ce volume: Cassiod., *Hist.* (f. 1v-200r) – Vigil. Thaps., *C. ar.* (f. 200r-234r) (forme longue interpolée) – Id., *Solut. obiect. ar.* (f. 234r-238v). Le *C. ar.* a été copié d'après le ms. de Boulogne-sur-Mer (*Bl¹*). Toutes les variantes propres à *Bl¹ᵖᶜ* se retrouvent en effet en *D¹*. Ce dernier est lui-même à l'origine de 3 autres témoins originaires de la même région (cfr *infra*, p. 195).

Dl¹   Düsseldorf, *Universitäts- und Landesbibliothek* B 6   s. XV

Papier   244 ff.   290 × 205 mm   2 col. 40/41 l.
Provient du couvent des Croisiers de Düsseldorf.

Bibl.: E. Overgaauw – J. Ott – G. Karpp, *Universitäts- und Landesbibliothek Düsseldorf. Kataloge der Handschriftenabteilung Band 1. Die mittelalterlichen Handschriften der Signaturengruppe B. Teil 1 (Ms. B 1 bis B 100)*, Wiesbaden, 2005, p. 64-67.

Essentiellement consacré à des œuvres d'Ambroise, le volume contient 74 lettres de l'évêque, le *Sermo contra Auxentium*, le *De Nabuthae*, le *De obitu Theodosii* et le *De obitu Valentiniani*, le *De excessu fratris*, ainsi que l'*Apologia Dauid*. Il se clôt avec le *C. ar.* de Vigile (f. 210r-240v) dont le texte est pratiquement identique à celui de Bruxelles (*Bx³*) qui provient de la Chartreuse de Wesel, proche de Düsseldorf.

Er¹ᵃ   Erlangen, *Universitätsbibliothek*
Er¹ᵇ   170   s. XIV inc.

Parchemin   222 ff.   305 × 220 mm   41/42 l.
Provient de l'abbaye cistercienne de Heilsbronn (près de Nürnberg)

Bibl.: H. Fischer, *Katalog der Handschriften der Universitätsbibliothek Erlangen*, Bd. 1, Die Lateinischen Pergamenthandschriften, Erlangen 1928, p. 186-189.

Presque entièrement consacré à Augustin, le volume contient une cinquantaine d'œuvres de l'évêque d'Hippone (et quelques pseudo-épigraphes) (f. 2r-175v), suivies de: Isid., *Eccl. off.* (f. 176r-187v) – Pomer., *Vita contempl.* (f. 188r-210r) – Vigil. Thaps., *C. ar.* Pour cette dernière œuvre, on trouve deux états du traité, l'un à la suite de l'autre: d'abord, le

l. I dans sa version complète, avec la *Préface* de Vigile dont c'est l'un des 5 témoins subsistants (f. 210r-214v) (*Er^{1a}*), immédiatement suivi de la forme courte du traité, c'est-à-dire le l. I abrégé (précédé de l'*Introduction historique*), et le l. II (f. 214v-221v) (*Er^{1b}*)[3].

F^1   FIRENZE, *Biblioteca Medicea Laurentiana* Ashb. 1196   s. XII

Parchemin   178 ff.   315 × 220 mm   2 col. 36 l.
Provient de l'abbaye de Cambron (Hainaut belge) (cfr f. 178v).

Bibl.: L. DELISLE, *Notice sur des manuscrits du fonds Libri conservés à la Laurentienne à Florence*, Paris, 1886, p. 13 et 60-61.

Après la disparition du monastère de Cambron, le ms. appartint à P.-Ph. Lammens, puis fut acheté en 1840 par le célèbre Guillaume Libri. Il passa ensuite dans la collection du comte Ashburnham et, à la mort de ce dernier, fit partie du fonds Libri rapatrié en Italie en 1884. Copie directe de *D^1*, il contient comme ce dernier: CASSIOD., *Hist.* (f. 2v-149v) – VIGIL. THAPS., *C. ar.*, dans sa forme longue interpolée, avec la section «D» (f. 151v-176r) – ID., *Sol. obiect. ar.* (f. 176r-180r). La notice de Delisle ne distingue pas les deux dernières œuvres et fait des *Solutiones* la conclusion du *C. ar.*

Fu^1   FULDA, *Hessischen Landesbibliothek* Aa 2   s. IX

Parchemin   204 ff.   275 × 200 mm   24-25 l.
Provient de l'abbaye de Weingarten

Bibl.: Regina HAUSMANN, *Die theologischen Handschriften der Hessischen Landesbibliothek Fulda bis zum Jahr 1600. Codices Bonifatiani 1-3 (Aa 1-145a)*, Wiesbaden, 1992, p. 16-23.

Écrit en minuscule caroline par différentes mains, ce recueil composite contient surtout un glossaire sur les livres de l'Ancien et du Nouveau Testament (f. 38r-117v), mais aussi quelques œuvres patristiques ou carolingiennes (GENNAD., *Eccl. dogm.*; ALCVIN, *Orthogr.*), au sein d'une

---

[3] Les deux derniers feuillets ne sont pas décrits par Fischer (mais voir plus bas le ms. NÜRNBERG, *Stadtbibliothek* Cent. I, 54, double du ms. d'Erlangen, et le catalogue de K. Schneider). On y trouve diverses professions de foi, notamment une ancienne traduction latine du Symbole de Nicée, suivie de la condamnation des «Blasphèmes d'Arius» éditée par Nicolas Le Fèvre puis Pierre Coustant en appendice au frg. VII des *Fragmenta historica* d'Hilaire de Poitiers (cfr *PL* 10, 698-699), à partir d'un *Dervensis* qui n'est autre que le ms. PARIS, *Bibl. Nat.*, lat. 2076. Ce dernier vient en effet de l'abbaye de Montier-en-Der et offre de nombreuses similitudes avec le ms. d'Erlangen. Le *Nicaenum* et la *Damnatio Arii*, qui ont peut-être fait partie des Actes du Concile de Rimini, ont été édités à frais nouveaux par Y.-M. Duval (*Rev. Bén.* 82, 1972, p. 7-25) qui connaissait 2 des 5 témoins qu'offre notre famille ε.

foule d'extraits divers (Isidore, Ps-Augustin, Cassien, Grégoire le Grand, etc.). Parmi ces derniers figure le début du *C. ar.* de Vigile de Thapse (f. 200v-203v), à savoir la Préface anonyme et la première partie de l'Introduction historique (*Cum apud nicaeam*). La transcription proprement dite s'arrête à *recitauit* (l. 60). Le copiste a écrit ensuite une vingtaine de lignes, prises plus ou moins au hasard dans la suite du traité, avant de s'arrêter définitivement en raison de la longueur et de la difficulté du texte, ainsi que du manque de parchemin, comme il l'avoue lui-même [4]. Malgré sa brièveté, le fragment du *C. ar.* peut être situé dans le *stemma* au sein de la sous-famille β^2.

Gz¹ GRAZ, *Universitätsbibliothek* 724   s. XIII

Parchemin   300 ff.   320 × 220 mm   2 col. 40 l.
Provient de l'abbaye de Seckau.

Bibl.: A. KERN, *Die Handschriften der Universitätsbibliothek Graz*, Bd. 2: Wien, 1956 (Ms. 713-2066), p. 11-12.

La première partie du volume est occupée par les *Distinctiones* de Pierre le Chantre (f. 1r-187v). Viennent ensuite de nombreux textes relatifs à la confession de foi trinitaire: des Symboles (Ps-Jérôme, Grégoire le Thaumaturge), des explications du Symbole, ou des œuvres importantes comme le *De fide ad Petrum* de Fulgence de Ruspe, le *De fide s. Trinitatis* d'Alcuin et le *C. ar.* de Vigile de Thapse dans sa forme courte (l. I abrégé et l. II) (f. 273r-288r), suivi du *De bono mortis* d'Ambroise [5]. Le texte du *C. ar.* est le frère jumeau de celui de SALZBURG, *Stiftsbibl.* a VII 31.

Gr¹ GRENOBLE, *Bibliothèque Municipale* 258   s. XII

Parchemin   184 ff.   340 × 246 mm   2 col. 32 l.
Provient de la Grande-Chartreuse.

Bibl.: *Catalogue général*, s. in 8°, t. 7, Paris, 1889, p. 96-97; D. MIELLE DE BECDELIÈVRE, *Prêcher en silence. Enquête codicologique sur les manuscrits du XIIᵉ siècle provenant de la Grande-Chartreuse*, Saint-Étienne, 2004, p. 376-377.

---

[4] « Magnam siluam, o fidelissime frater, reliqui illorum difficilium altercationum propter magnitudinem et prolixitatem operis et membra (*sic*) paupertatem et ideo non scripsi usque ad calcem unius cuiusque constantiam et heresiam » (f. 203v).

[5] Ce témoin du *De bono mortis* n'est pas signalé dans l'étude pourtant très complète de L. EL HORR, « La tradition du *De bono mortis* de saint Ambroise », dans *Lire et éditer aujourd'hui Ambroise de Milan. Actes du colloque de l'université de Metz (20-21 mai 2005)*, p. 75-104.

Ce volume est presque entièrement consacré à des œuvres grecques traduites en latin: Bas., *Hexaem.* (tr. d'Eusthate d'A.) – Greg. Nyss., *Opif. hom.* (tr. de Denys le Petit) – Chrys., *Sacerd.* – Bas., *Hom. in illud: Attende tibi ipsi* (tr. de Rufin) – Id., *Regul.* (tr. de Rufin) – Id., *Hom. super Ps. I* (tr. de Rufin) – Ps-Amphil. Icon., *Vita s. Basilii.* Il se termine par le *C. ar.* de Vigile de Thapse dans sa forme courte (l. I abrégé et l. II: f. 171v-184v). Il est probable que le traité de Vigile ait été copié d'après *Ty²*, et qu'il ait servi lui-même de modèle à *Ml¹* (cfr *infra*, p. 113-114). On notera que le *C. ar.* de Vigile présente une particularité étonnante, disons même une aberration. En II, XXIII l. 8 (f. 182r), après les mots *quia ex diuinis oraculis*, le copiste a transcrit sans solution de continuité aucune un long extrait de l'*Epist.* 28 de Léon le Grand (§ 3-4: *uoluntas non potest … euidenter humanum est;* l. 82-112 de l'éd. Silva-Tarouca), avant de reprendre le texte de Vigile là où il l'avait laissé. Le fait est commun aux 6 mss du groupe δ et remonte donc à l'archétype et à une époque très ancienne.

K¹ Karlsruhe, *Badische Landesbibliothek* Aug. XVIII s. IX inc.

Papier 90 ff. 418 × 294 mm 2 col. 52 l.
Provient de l'abbaye de Reichenau.

Bibl.: A. Holder, *Die Handschriften der Landesbibliothek Karlsruhe, V, Die Reichenauer Handschriften*, Wiesbaden, 1970², p. 59-69; K. Künstle, *Eine Bibliothek der Symbole und theologischer Traktate zur Bekämpfung des Priscillianismus und westgothischen Arianismus aus dem VI. Jahrhundert*, Mainz, 1900; C. H. Turner, in *Journal of Theological Studies* 2 (1901), p. 458-464 (recension de Künstle).

Cet important ms., attesté en 822 dans le catalogue de la bibliothèque de Reichenau[6], est aujourd'hui mutilé en raison de la chute d'un grand nombre de cahiers, surtout à la fin, et devait comporter une centaine de feuillets supplémentaires. Après diverses explications du *Notre Père* (Cyprien, Augustin, Jérôme, Alcuin) (f. 1r-11v), sa partie centrale (f. 13r-74v), minutieusement étudiée par K. Künstle, est un précieux recueil de 51 documents: Symboles de Foi – conciliaires (Nicée, Constantinople, Tolède) ou patristiques (Athanase, Ambroise, Jérôme, Damase, Isidore, Boèce) –, explications de ces Symboles, et traités relatifs à la doctrine trinitaire; en particulier: Avg., *Fid. et symb.* – Qvodv., *C. Iud. pag. ar.* – Fvlg. Rvsp., *Fid.* – Vigil. Thaps., *C. ar.* (*Sententia Probi* seule: f. 49v-51v) – Gennad., *Eccl. dogm.* De la troisième partie, qui était canonique, subsistent des extraits des *Canones Hibernenses* (pénitentiels

---

[6] Voir G. Becker, *Catalogi Bibliothecarum Antiqui*, Bonnae, 1885, p. 5-6 (n° 6. 60). Voir aussi le catalogue de Reginbert, antérieur à 846 (Becker, n° 10. 1, p. 19-20).

irlandais) (f. 75r-90v). Künstle a défendu avec de solides arguments l'origine espagnole de la collection des Symboles et traités dogmatiques, et l'a datée des années 700.

K^2 KARLSRUHE, *Badische Landesbibliothek* Aug. CCXXXVIII   s. IX inc.

Parchemin 160 ff.   221 × 145 mm   21-25 l.
Possédé par l'abbaye de Reichenau. Originaire de Saint-Denis?

Bibl.: A. HOLDER, *Die Handschriften der Landesbibliothek Karlsruhe*, V, Die Reichenauer Handschriften, Wiesbaden, 1970², p. 539-543; J. VEZIN, « Les manuscrits copiés à Saint-Denis en France pendant l'époque carolingienne », *Mémoires publiés par la Fédération des Sociétés historiques et archéologiques de Paris et d'Ile de France*, vol. 32 (1981), p. 273-287.

Ce *codex* de petit format, écrit dans une belle minuscule caroline et attesté dans le catalogue de Reichenau de 823-838[7], contient le *C. ar.* de Vigile de Thapse sous sa forme longue interpolée (f. 1r-78r), ainsi qu'un dossier complet sur saint Martin: Sulpice Sévère, *Vie de saint Martin – Lettres – Dialogues* (f. 78v-153v), auxquels ont été ajoutés des extraits de Grégoire de Tours et de Sidoine Apollinaire sur saint Martin (f. 154r-160v). D'après J. Vezin, le ms. fut écrit à l'abbaye de Saint-Denis (Paris). L'étroite parenté entre le *C. ar.* de K^2 et celui du ms. de Leiden, décrit ci-dessous et ayant appartenu à Saint-Denis au moins depuis le XIIe s., tend à le confirmer.

Ld^1 LEIDEN, *Universiteitsbibliotheek* Voss. Lat. Q 72   s. IX

Parchemin 61 ff.   235 × 215 / 170 × 150 mm   24 l.

Bibl.: K. A. DE MEYIER, *Codices Vossiani Latini* II, Leiden 1975, p. 172-173; D. NEBBIAI-DALLA GUARDA, *La bibliothèque de l'abbaye de Saint-Denis en France du IXe au XVIIIe siècle*, Paris, 1985, p. 89.

B. Bischoff situait l'origine de ce ms. carolingien en France, peut-être à Reims. Mais une inscription marginale attestant sa présence au XIIe s. dans la bibliothèque de l'abbaye parisienne de Saint-Denis (f. 23r), et sa parenté avec le ms. de Karlsruhe décrit ci-dessus et sans doute originaire de Saint-Denis inclinent à le croire issu de cette abbaye. Il ne renferme que deux œuvres: HIER, *Lucif.* (f. 1r-10r) (mutilé du début) et VIGIL. THAPS., *C. ar.* dans sa forme longue interpolée (f. 10v-61v). Le ms. est passé au XVIIe s. aux Pays-Bas dans la collection d'Isaac Vossius.

---

[7] Voir G. BECKER, *op. cit.*, n° 8. 107 (p. 18). Voir aussi n° 8. 14 (p. 16).

L^1 LONDON, *British Library* Royal 6 A VIII   s. XV

Papier   121 ff.   285 × 210 mm   32 l.

Bibl.: G. F. WARNER – J. P. GILSON, *Catalogue of Western Manuscripts in the Old Royal King's Collections*, 1921, vol. I, p. 129-130.

Écrit en 1497 par un certain Franciscus, novice à l'abbaye de Spanheim (Mayence), sur l'ordre de l'abbé Jean Trithème (cfr f. 121r), le *codex* offre la collection anti-arienne déjà rencontrée, mais dans un ordre légèrement différent et sans les deux professions de foi attribuées à Jérôme: PS-ATH., *Trin.* l. I-VIII, IX, XII (f. 1-66r) – PS-ATH., *Epist. Lucif.* (f. 66r-67v) – VIGIL. THAPS., *Sol. obiect. ar.* (f. 67v-74v) – POTAM., *Epist. Ath.* (f. 74v-76v) – VIGIL. THAPS., *C. ar.* dans sa forme longue interpolée (f. 76v-121v). Il transmet encore, à basse époque, le noyau très ancien de la famille $β^1$ (la collection antiarienne), mais le texte du *C. ar.* est fortement contaminé et présente de nombreux points de contact avec ceux du groupe φ (Zürich, Sankt Gallen) (cfr *infra*, p. 199 et 206).

L^2 LONDON, *British Library* Royal 6 B XIII   s. XII

Parchemin   108 ff.   310 × 215 / 230 × 145 mm   2 col. 35 l.

Bibl.: G. F. WARNER – J. P. GILSON, *Catalogue of Western Manuscripts in the Old Royal King's Collections*, 1921, vol. I, p. 141-142.

Nouvel exemplaire de la collection anti-arienne, cette fois complète, le ms. contient les œuvres connues auxquelles vient s'ajouter le *De duodecim abusiuis saeculi*: PS-ATH., *Trin. l.* I-VIII, IX, XII (f. 1r-52v) – VIGIL. THAPS., *C. ar.* (forme longue interpolée: f. 52v-92v) – POTAM., *Epist. Ath.* (f. 92v-93v) – PS-ATH., *Epist. Lucif.* (f. 93v-94v) – VIGIL. THAPS., *Sol. obiect. ar.* (f. 94v-100r) – PS-HIER., *Fid. s. Hieron.* – *Fid. apud Bethleem* (f. 100r-101r) – PS-AVG., *De XII abus. saec.* (f. 101r-108v). Le *codex* est le frère jumeau de O^7 et dérive comme lui de O^8, les trois témoins constituant un bloc homogène (cfr *infra*, p. 171-172).

L^3 LONDON, *British Library* Arundel 370   s. XII-XIII

Parchemin   95 ff.   220 × 147 / 170 × 105 mm   28 l.

Bibl.: *Catalogue of Manuscripts in The British Museum, New Series*, vol. I, part I: *The Arundel Manuscripts*, London, 1834, p. 108.

Le ms. ne contient que deux œuvres: HIER., *Adu. Iouin.* (f. 1r-61v), et VIGIL. THAPS., *C. ar.* (forme longue interpolée: f. 61v-95v). Ce dernier texte forme avec ceux de Bx^2 (Bruxelles) et de P^{12} (Louvain) un groupe très compact. Le ms. fut probablement copié en Belgique.

L⁴ LONDON, *British Library* Add. 15608   s. XIV inc.

Parchemin   107 ff.   env. 300 × 200   2 col. 47 l.

Bibl.: *Catalogue of Additions to the Manuscripts in the British Museum in the years 1841-1845*, London, *1850, p. 34.*

D'après le vieux catalogue cité ci-dessus, le *codex* contient: AVG., *Immort.* (f. 1r-4r) – *Quant. anim.* (f. 4r-14v) – *Soliloq.* (f. 14v-23v) – *Diuers. quaest.* (f. 23v-45r) – *Doct. christ.* (f. 45r-70r) – *De mag.* (f. 70r-76v) – VIGIL. THAPS., *C. ar.* (forme longue interpolée: f. 77r-88v), et se termine avec des écrits de Jean Damascène ou relatifs à lui: *Anonymi cuiusdam de vita et conuersatione S. Iohannis Damasceni tractatus, intitulatus Sermo de philosophis philocosmis, id est, amatoribus mundi, et philotheis, id est, amatoribus Dei* (f. 89-90v) – IO. DAM., *Epist. Cosm.* (f. 90v-91r) – *Instit. Log.* (f. 91r-100r) – *Haer.* (f. 100r-106v).

L⁵ LONDON, *British Library* Add. 26762   s. XII

Parchemin   119 ff.   345 × 240 mm   2 col. 35 l.
Provient de Pontigny.

Bibl.: *Catalogue of Additions to the Manuscripts in the British Museum in the years 1854-1875*, vol. II, London, 1877, p. 281-282, et surtout M. PEYRAFORT-HUIN, *La bibliothèque médiévale de Pontigny (XIᵉ-XIIIᵉ siècles). Histoire, inventaires anciens, manuscrits*, Paris, 2001, p. 525-526.

Aujourd'hui à Londres, ce ms. provient de l'abbaye de Pontigny (cfr f. 119v: *Liber Sancte Marie Pontiniacensis*), et il est attesté dans tous les catalogues de l'abbaye bourguignonne depuis celui rédigé à la fin du XIIᵉ s. Une motivation théologique a certainement présidé à sa confection. Il s'ouvre en effet avec trois œuvres christologiques et trinitaires: AMBR., *Fid. l.* I-II (f. 2r-21v) – *Spir.* (f. 21v-58r) – *Incarn.* (f. 58r-67v), et se poursuit avec la collection antiarienne connue, mais sans le l. XII du *De Trinitate* pseudo-athanasien et les deux professions de foi pseudo-hiéronymiennes: PS-ATH., *Trin.* l. I-VIII, IX (f. 68r-90r) – VIGIL. THAPS., *C. ar.* (forme longue interpolée, mais la fin du l. I et le début du l. II manquent) (f. 90r-101v) – POTAM., *Epist. Ath.* (f. 101v-102v) – PS-ATH., *Epist. Lucif.* (f. 102v-103v) – VIGIL. THAPS., *Sol. obiect. ar.* (la fin manque) (f. 103v-105r). Viennent ensuite VIGIL. THAPS., *Sententia Probi* (les dernières lignes manquent) (f. 105r-108v) – FERRAND. CARTH., *Epist.* 7. Le ms. est celui qu'a utilisé P.-F. Chifflet pour la première édition, partielle, des *Solutiones obiectionum arrianorum* (cfr *Sacris Erudiri* 49, 2010, p. 171-172).

L^6 LONDON, *Lambeth Palace* 215   s. XII inc.

Parchemin   I + 129 ff.   270 × 185 mm   2 col. 28 l.
Provient de l'abbaye de Lanthony

Bibl.: M. R. JAMES, *A descriptive Catalogue of the Manuscripts in the Library of Lambeth Palace*. Part I, Cambridge, 1930, p. 345-347.

Consacré à des écrits trinitaires ce *codex* renferme: PS-ATH., *Trin.* I-VIII, IX (f. 1r-36r) – VIGIL. THAPS., *C. ar.*, sous sa forme longue, mais ici particulière (cfr ci-dessous) (f. 36r-78r), AVG., *Haer.* (f. 78r-97r) – *Fide et symb.* (f. 98r-107v). Viennent ensuite plusieurs professions de foi: PS-HIER., *Fid. s. Hieron.* – *Fid. apud Bethleem* – CONC. TOLED. I; VI; XI (f. 109r-117v), et VIGIL. THAPS., *C. Felician.* (f. 117v-129v). Avec le *Trin.* du Ps-Athanase, le *C. ar.* de Vigile et les professions de foi du Ps-Jérôme, le ms. appartient incontestablement à la tradition ancienne de β^1; ce que confirment aussi de nombreuses variantes du *C. ar.* Il présente néanmoins une étonnante distribution du traité de Vigile. L'ordre des sections du l. II est en effet celui de la famille espagnole, avec une exception importante: la conclusion de la première rédaction (= section E) a été reportée à la fin du livre, après les 3 sections ajoutées lors de la seconde rédaction, et précède donc directement la *Sententia Probi*. On a donc la séquence A-B-C-D-F-G-H-E. De plus, on relève un certain nombre de variantes communes à L^6 et à la famille espagnole. Le texte du *C. ar.* résulte donc probablement d'une fusion entre un témoin de la forme longue originelle, antérieure à l'interpolation attestée par les mss de β, et d'un ms. très proche des témoins anglais de ρ^1 avec lesquels il entretient une parenté certaine (cfr *infra*, p. 175-177).

Ml^{1a} MILANO, *Biblioteca Ambrosiana* H 74 sup   s. XV
Ml^{1b}

Parchemin   238 ff.   270 × 180 mm   39 l.
Copié pour le cardinal Francesco Pizolpasso († 1443).

Bibl.:   http://ambrosiana.comperio.it/opac/detail/view/ambro:catalog:75615

La description en ligne donnée par la Bibliothèque ambrosienne est imprécise en ce qui concerne le traité de Vigile qui se présente de manière discontinue et relève de deux traditions différentes. Après trois œuvres d'Hilaire de Poitiers (*Trin.* – *Syn.* – *C. Aux.*: f. 1v-190r), on trouve en effet la *Sententia Probi* qui appartient à la famille espagnole (f. 190r-194v) (Ml^{1a}), puis les *Epist.* 156-157 d'Augustin (f. 194r-205r), avant le *C. ar.* proprement dit sous sa forme courte (l. I abrégé et l. II: f. 206v-219v) (Ml^{1b}). La dernière partie du volume contient AVG., *Epist.* 221-224 et *Haer*. On retrouve dans le *C. ar.* de Vigile, l'interpolation aberrante signalée dans le ms. de Grenoble, à savoir l'insertion d'un long extrait de l'*Epist.* 28 de Léon le Grand. Le *codex* a servi de modèle pour N^2.

Mu¹ MÜNCHEN, *Bayerische Staatsbibliothek* Clm 6294 s. X ex.

Parchemin I + 165 ff. 270 × 210 / 210 × 150 mm 23 l.
Provient de Saint-Èvre de Toul.

Bibl.: Günter GLAUCHE, *Katalog der lateinischen Handschriften der Bayerischen Staatsbibliothek München. Die Pergamenthandschriften aus dem Domkapitel Freising*: Bd. 1. Clm 6201-6316, Wiesbaden, 2000, p. 164-166.

Écrit en minuscule caroline, ce ms. fut commandé par l'évêque de Toul Abraham († 994) et exécuté sous l'abbé Rutbert à l'abbaye Saint-Èvre de Toul (cfr f. 1r). Il est attesté dans le catalogue du XIe s. de la bibliothèque de l'abbaye[8]. Quatre œuvres le composent: HIER., *Epist.* 133 (*Ad Cthesiphontem*) (f. 1v-12v) – ID., *Adu. Pelag.* (f. 12v-86r) – ID., *Lucif.* (f. 87v-105r) – VIGIL. THAPS., *C. ar.* (forme longue interpolée: f. 105r-165r). La succession des deux dernières œuvres constitue le noyau ancien de la sous-famille $β^2$ et se retrouve dans cinq autres mss.

Mu² MÜNCHEN, *Bayerische Staatsbibliothek* Clm 14679 s. IX

Parchemin 159 ff. 218 × 130 / 140 × 85 mm 18 l.
Provient de Ratisbonne.

Bibl.: C. HALMS, *Catalogus codicum manu scriptorium Bibliothecae Regiae Monacensis*, Bd. IV, 2, Monachii, 1876, p. 216; B. BISCHOFF, *Die Südostdeutschen Schreibschulen und Bibliotheken in der Karolingerzeit*. Teil I: *Die Bayerischen Diözesen*, Wiesbaden 1974, p. 219.

Le volume fut écrit au scriptorium épiscopal de Ratisbonne et s'ouvre avec le *C. ar.* de Vigile de Thapse sous sa forme courte (l. I abrégé et l. II: f. 1r-50v). Font suite diverses *Passions* de martyrs: Saint Sébastien (f. 51r), Sainte Agnès (f. 99r), Sainte Agathe (f. 110r), Sainte Lucie (f. 119r), Saints Valérien, Tiburce, Maxime et Cécile (f. 127). Très semblable à *Tr¹*, et copié au XVe s. par *Mu³*, le texte du *C. ar.* de Vigile est un parfait représentant de la famille allemande ($ζ$).

Mu³ MÜNCHEN, *Bayerische Staatsbibliothek* Clm 23828 s. XV

Parchemin 332 ff. 2 col. 40 l.

---

[8] Voir G. BECKER, *Catalogi antiqui* n° 68.18 (p. 149).

Bibl.: C. HALMS, *Catalogus codicum manu scriptorium Bibliothecae Regiae Monacensis*, Bd. IV, 4, Monachii, 1881, p. 97.

La vieille et brève notice du catalogue de Halms donne pour ce *codex* les œuvres suivantes: NICOL. GAWR, *De supertionibus* (f. 1) – IOH. AWRBACH, *Directorium* (f. 39) – AVG., *Conf.* (f. 83) – VIGIL. THAPS, *C. ar.* (forme courte abrégée: f. 186r-203v) – FRATER MARTINVS, *Chronica de summis pontificibus et imperatoribus* (f. 204) – *Chronologia* (f. 330). La cursive, aisée et très régulière, témoigne d'un copiste expérimenté qui n'a ajouté que peu de fautes personnelles au traité de Vigile qu'il reproduisait (Mu^2).

N^1 NEW YORK, *Pierpont Morgan Library* G 33   s. IX inc.

Parchemin   140 ff. + I.   285 × 215 mm   2 col. 30 l.

Bibl.: J. PLUMMER, *The Glazier Collection of Illuminated Manuscripts*, New York, 1968, p. 9-10; P.-M. HOMBERT, « Les *Solutiones obiectionum arrianorum*: une œuvre authentique de Vigile de Tapse », *Sacris Erudiri* 49 (2010), p. 157-158.

Le ms. date du début du IXe s. et provient sans doute du Nord de la France, car il est très proche de O^3 (Corbie) et de Bl^1 (Arras). Mais il appartint vraisemblablement à Cluny. En tout cas, un volume rigoureusement identique est attesté au XIIe s. à l'abbaye bourguignonne (cfr HOMBERT, *Les* Solutiones). La première partie contient: FERRAND. CARTH., *Epist. ad Fulg.* 'De quinque quaest.' (*Epist. XIII apud Fulg.*) (f. iv-2v) – FVLG. RVSP, *Epist. ad Ferrand.* 'De quinque quaest.' (*Epist. XIV*) (f. 2v-36r) – VICTOR, *Epist. ad Fulg.* (*Epist. IX apud Fulg.*) dont le texte (f. 36rv), incomplet par suite de la chute de plusieurs cahiers, s'arrête avec les mots *et compedibus* (*CC SL* 91, 278, l. 39). La seconde partie, dont le début manque pour la même raison, offre le plus ancien exemplaire de l'antique collection antiarienne avec celui de Saint-Mihiel (Sm^1): PS-ATH., *Trin.* l. V (à partir des mots *ae*]*dificata cuius in proximo*: *CC SL* 9, 66, l. 11)-VIII, IX, XII (f. 37r-74v) – VIGIL. THAPS., *C. ar.* (forme longue interpolée: f. 74v-128r) – POTAM., *Epist. Ath.* (f. 128rv) – PS-ATH., *Epist. Lucif.* (f. 129rv) – VIGIL. THAPS., *Sol. obiect. ar.* (f. 134v-139r) – AVG., *In euang. Io.* 5. Incipit: *Sicut Dominus uoluit ad diem promissionis nostrae peruenimus* (f. 139v-140v).

N^{2a} NEW YORK, *Pierpont Morgan Library* 738   s. XV
N^{2b}

Parchemin   267 ff.   240 × 160 mm   33 l.
Nombreuses initiales peintes.

Le volume fut écrit v. 1465 en *antica tonda* dans une Chartreuse d'Italie du Nord (cfr f. 265r) et porte les armes de la famille lombarde des Bonadies (f. 1r). Son contenu est semblable à celui de MILAN, *Bibl. ambr.* H 74 sup., dont il est une copie. On retrouve en effet dans le même ordre les trois traités d'Hilaire (f. 1r-189r), la *Sententia Probi* de Vigile de Thapse (f. 212r-215v; famille espagnole) (N^{2a}), les lettres 156-157 d'Augustin, et le *C. ar.* proprement dit, selon sa forme courte (l. I abrégé et l. II: f. 229r-244r) (N^{2b}). La dernière partie du *codex* est aussi la même: AVG., *Epist.* 221-224 – *Haer.* (f. 244r-266v). Au sein du l. II du *C. ar.* de Vigile (f. 242rv), figure l'extrait de l'*Epist.* 28 de Léon le Grand, déjà notée en Gr^1 et Ml^1 et commune à tous les mss de δ.

Nu^{1a} NÜRNBERG, *Stadtbibliothek* Cent. I, 54   s. XV
Nu^{1b}

Parchemin   192 ff.   320 × 235/225 × 155 mm.   2 col. 52/55 l.
Provient du Couvent des Dominicains de Nuremberg.

Bibl.: Karin SCHNEIDER, *Die Handschriften der Stadtbibliothek Nürnberg*, Bd. 2, T. 1: *Die lateinischen mittelalterlichen Handschriften*: Teil 1. Theologische Handschriften, Wiesbaden, 1967, p. 60-64.

Le contenu de ce *codex* est en tout point identique à celui de ERLANGEN, *Universitätsbibliothek* 170, décrit ci-dessus. La seule différence est que le premier texte d'Erlangen (PS-AVG. *Hypomn.*) est le dernier dans le ms. Nürnberg. Les variantes du *C. ar.* de Vigile, communes aux deux mss, confirment, si besoin était, que Nu^1 est l'apographe de Er^1. On retrouve donc ici deux versions du *C. ar.*, l'une à la suite de l'autre: le livre I complet, avec la Préface de Vigile (f. 165v-170v) (Nu^{1a}), puis la version courte du traité: le livre I abrégé et le livre II (f. 170v-177r) (Nu^{1b}).

O^1 OXFORD, *Bodleian Library* Bodl. 147 (Madan 1918)   s. XII

Parchemin   80 ff.   304 × 196 mm   37 l.
Très jolies lettrines à entrelacs.

Bibl.: F. MADAN, *A Summary Catalogue of Western Manuscripts in the Bodleian Library at Oxford*, vol. II/1, Oxford, 1922, p. 116.

Nouveau témoin de la collection antiarienne, mais plus tardif, le volume dérive d'un exemplaire normand, probablement P^2. On y retrouve les œuvres connues: PS-ATH., *Trin. l.* I-VIII, IX, XII (f. 1-46r) – PS-ATH., *Epist. Lucif.* (f. 66r-67v) – VIGIL. THAPS., *Sol. obiect. ar.* (f. 67v-74v) – POTAM., *Epist. Ath.* (f. 74v-76v) – VIGIL. THAPS., *C. ar.* (forme longue interpolée: f. 76v-121v). Tout porte à croire que le ms. a servi plusieurs fois de modèle pour divers mss conservés (O^5, O^8, L^6).

O^2 OXFORD, *Bodleian Library* Bodl. 705 (Madan 2564)   s. XIII

Parchemin   V + 98 ff.   320 × 230 mm   2 col. de 36 l.

Bibl.: F. MADAN, *A Summary Catalogue of Western Manuscripts in the Bodleian Library at Oxford*, vol. II/1, Oxford, 1922, p. 428-429.

Dans ce ms. taché et déchiré en plusieurs endroits, le traité de Vigile figure au sein d'un ensemble augustinien: AVG., *Ench.* (incomplet du début et de la fin) (f. 1r-16v) – VIGIL. THAPS., *C. ar.* (forme longue interpolée: f. 17r-38v) – PS-AVG., *Hypomn.* (f. 39r-57v) – AVG., *Nat. bon.* (f. 58r-65r) – *Cura mort.* (f. 66v-73v). La dernière partie du *codex* rassemble trois homélies: ISID., *Corp. et sang. Dom.* (f. 74r-75v) – IOH. FORD., *In dom. in ram. psalm.* dont c'est l'unique témoin gardé (f. 76r-79v) – ARNALD. BONNEVALL., *Verbis Dom.* (f. 80r-98). Le *C. ar.* de Vigile a été copié d'après PARIS, *Bibl. Nat.*, lat. 13334 (cfr *infra*, p. 212). Il est mutilé par la chute d'une page entre les f. 31v et 32r et entre les f. 37v et 38r.

O^3 OXFORD, *Bodleian Library* Can. Patr. lat. 112   s. XI

Parchemin   112 ff.   30 l.

Bibl.: H. O. COXE, *Catalogi codicum manuscriptorum bibliothecae Bodleianae*, III, Oxford, 1854, p. 356; E. A. LOWE, *Codices Latini Antiquiores*, T. II, p. 33; A. WILMART, « La Lettre de Potamius à Saint Athanase », *Revue Bénédictine* 30 (1913), p. 276-277 [p. 257-285].

Ce ms. du XIe s. provient de Corbie (comme l'ont établi Lowe et Wilmart) et contient l'antique collection antiarienne, mais sans les deux professions de foi attribuées à Jérôme, et dans un ordre légérement différent: PS-ATH., *Trin. l.* I-VIII, IX, XII (f. 1r-55r) – VIGIL. THAPS., *C. ar.* (forme longue interpolée: f. 55r-103r) – POTAM., *Epist. Ath.* (f. 103r-104r) – PS-ATH., *Epist. Lucif.* (f. 104r-106r) – VIGIL. THAPS., *Sol. obiect. ar.* (f. 106r-112v). En éditant ce dernier opuscule, nous avions noté la parenté textuelle de O^1 avec N^1 et Bl^1. Le *C. ar.* permet la même observation.

O^4 OXFORD, *Bodleian Library* Rawlinson C 398   s. XV

Parchemin   165 ff.   39 l.

Bibl.: G. D. MACRAY, *Catalogi codicum manuscriptorum Bibliothecae Bodleianae*, vol. 5/2, Oxford, 1878, col. 182-183 (sub n° 338).

Ce volume mêle des œuvres les plus diverses: la chronique mi-légendaire mi-historique de l'histoire d'Angleterre *Brut* (jusqu'à l'année 1437)

(f. 1r-51r) – VIGIL. THAPS., *C. ar.* (forme longue: f. 52r-79r; le début manque et le texte commence à *sine ullo examinis*: I, 1 l. 11) – AVG., *Bon. coniug.* (f. 79r-89r) – VINCENT. BELL., *Moral. princ. instit.* (f. 89v-119r) – *Commend. castit.* (f. 119r-121r) – GVILL. ALVERN., *Fid. et leg.* (l. I: f. 121r-137v) – *Caus.* (f. 137v-156r). Le texte du *C. ar.*, comme celui de O^6, est très proche de celui de BORDEAUX, *Bibl. mun.* 11. Il dérive sans doute d'un ancêtre du Sud-Ouest de la France.

O^5 OXFORD, *Bodleian Library* Rawlinson G 62 (Madan 14793) s. XIII

Parchemin   II + 88 f.   238 × 171 mm   2 col. 37/38 l.
Provient de l'église Sainte-Croix de Waltham.

Bibl.: Cfr F. MADAN, *A Summary catalogue of Western Manuscripts in the Bodleian Library at Oxford*, vol. III, Oxford, 1895, p. 355-356.

N'ayant pas eu accès aux œuvres formant la première partie de ce volume: l'*Opus agriculturae* de Palladius, (f. 2r-42r), un traité d'architecture basé sur Vitruve et d'autres auteurs (f. 42r-52r), et une chronique du monde inspirée de celle de Prosper (f. 52r-73r), nous ne pouvons rien dire de leur valeur textuelle. Mais le *C. ar.* de Vigile qui clôt le *codex* (f. 73v-86v) est l'œuvre d'un copiste qui a travaillé avec la plus extrême désinvolture. S'il transcrit le livre I à peu près correctement, à partir du l. II, il saute de plus en plus fréquemment des passages de 5, 10 ou 20 lignes, ou bien résume son modèle, et en vient pour finir à ne plus recopier que quelques lignes prises ici ou là et mises bout à bout, et sans même se soucier de la *Sententia Probi*. Son texte, qui s'insère dans le groupe anglais δ^I, n'offre donc aucun intérêt.

O^6 OXFORD, *Corpus Christi College* 43 s. XIII

Parchemin   103 ff.   240 × 175 mm   2   col. de 40 l.

Bibl.: R. M. THOMSON, *A Descriptive Catalogue of the Medieval Manuscripts of Corpus Christi College, Oxford. Western Manuscripts*, Cambridge, 2011, p. 23-24.

Le traité de Vigile figure dans un volume composite qui renferme les œuvres suivantes: GVILL. LEICEST., *Dist. theol.* (extraits) (f. 1r-12r; 16r-46r; 47r-55r) – BEDA, *Schem. et trop.* (f. 12v-15v) – VIGIL. THAPS., *C. ar.* (forme longue: f. 56r-77v) – *Lib. Sentent.* (extraits) (f. 77v-79v) – PETR. COMESTOR, *Ser.* (f. 80r-103v). Le texte du *C. ar.* est très proche de celui de O^4 et appelle les mêmes remarques (cfr *supra*).

O^7 OXFORD, *Jesus College* 43   s. XII

Parchemin   167 ff.   290 × 200 mm   25 l.

Bibl.: H. O. COXE, *Mss qui in Collegiis Aulisque Oxoniensibus hodie adservantur*, Pars II, Oxonii, 1852, Jesus College, p. 16-17.

Ce *codex*, frère jumeau de L^2, et probablement copié comme lui d'après le ms. suivant (O^8), contient la collection antiarienne plusieurs fois rencontrée: PS-ATH., *Trin.* l. I-VIII, IX, XII (f. 2r-89r) – VIGIL. THAPS., *C. ar.* (forme longue interpolée: f. 89r-152r) – POTAM., *Epist. Ath.* (f. 152r-154r) – PS-ATH., *Epist. Lucif.* (f. 154r-156v) – VIGIL. THAPS., *Sol. obiect. ar.* (f. 156v-166r) – PS-HIER., *Fid. s. Hier.* et *Fid. apud Bethleem* (f. 166r-166v).

O^8 OXFORD, *Trinity College* 25   s. XII

Parchemin   156 ff.   310 × 220 mm   28 l.

Bibl.: H. O. COXE, *Mss qui in Collegiis Aulisque Oxoniensibus hodie adservantur*, Pars II, Oxonii, 1852, Trinity College, p. 11-12.

Source de L^2 et de O^7, avec lesquels il forme un groupe très compact, tant pour le contenu strictement identique que pour les variantes, ce ms. transmet la collection antiarienne complète: PS-ATH., *Trin.* l. I-VIII, IX, XII (f. 2r-78r) – VIGIL. THAPS., *C. ar.* (forme longue interpolée: f. 78r-141v) – POTAM., *Epist. Ath.* (f. 141v-143v) – PS-ATH., *Epist. Lucif.* (f. 143v-145v) – VIGIL. THAPS., *Sol. obiect. ar.* (f. 145v-155r) – PS-HIER., *Fid. s. Hier.* et *Fid. apud Bethleem* (f. 155r-156v).

P^1 PARIS, *Bibliothèque Nationale de France* Lat. 1683   s. XII

Parchemin   126 ff.   370 × 275 mm   2 col. 33 l.
Belles initiales en couleurs à fond d'or.

Bibl.: Ph. LAUER, *Bibliothèque Nationale. Catalogue général des manuscrits latins*, t. II, Paris, 1940, p. 123.

Nouvel exemplaire de la collection antiarienne, mais sans les deux professions de foi du Pseudo-Jérôme que le copiste a remplacées par le *Contre Eutychès* de Vigile de Thapse, auquel il a joint, par regroupement thématique, la *Lettre à Eutychès* de Pierre Chrysologue: PS-ATH., *Trin.* l. I-VIII, IX, XII (f. 1r-41v) – VIGIL. THAPS., *C. ar.* (forme longue interpolée: f. 41v-76v) – POTAM., *Epist. Ath.* (f. 76v-77v) – PS-ATH., *Epist. Lucif.* (f. 77v-79r) – VIGIL. THAPS., *Sol. obiect. ar.* (f. 79r-84r) – VIGIL. THAPS., *C. Eutych.* (f. 84v-121r) – PETR. CHRYS., *Epist. ad Eutych.* (f. 121r-121v). Les ff. 122r-126v sont blancs.

P²   Paris, Bibliothèque Nationale de France Lat. 1684   s. XI

Parchemin   130 ff.   295 × 215 mm   28 l.

Bibl.: Ph. Lauer, *Bibliothèque Nationale. Catalogue général des manuscrits latins*, t. II, Paris, 1940, p. 123-124; A. Wilmart, « La Lettre de Potamius à Saint Athanase », *Revue Bénédictine* 30 (1913), p. 279.

Originaire de Rouen (cfr A. Wilmart, *op. cit.*), et quasi identique au ms. décrit dans le catalogue du XIIe s. de l'abbaye du Bec (cfr Avranches, *Bibl. mun.* 159, f. 1v-3r, repris dans *PL* 150, 769-782 et dans *CGM* 2, p. 391), le volume renferme la collection antiarienne complète: Ps-Ath., *Trin.* l. I-VIII, IX, XII (f. 2r-66v) – Vigil. Thaps., *C. ar.* (forme longue interpolée: f. 67r-112v. Le début manque en raison de la chute d'un feuillet; le traité débute avec les mots *suf*]*fultum, arbitrum* [*Praef. sec. ed.* l. 48]) – Potam., *Epist. Ath.* (f. 113v-114v) – Ps-Ath., *Epist. Lucif.* (f. 115r-117r) – Vigil. Thaps., *Sol. obiect. ar.* (f. 117r-126r) – Ps-Hier., *Fid. s. Hier.* – *Fid. apud Bethleem* (f. 126v-128v). C'est un ms. important pour sa place dans le *stemma* et sa descendance, mais son texte a déjà subi une normalisation.

P³   Paris, *Bibliothèque Nationale de France* Lat. 1685   s. XII ex.

Parchemin   119 ff.   265 × 180 mm   30 l.

Bibl.: Ph. Lauer, *Bibliothèque Nationale. Catalogue général des manuscrits latins*, t. 2, Paris, 1940, p. 124; http://gallica.bnf.fr/ark:/12148/btv1b60011270.

Ce volume est une copie de Paris, *Bibl. Nat.*, lat. 12131 (*P¹⁰*), comme on peut le déduire des contenus strictement identiques et des leçons du *C. ar.* de Vigile (cfr *infra*, p. 199-200). Il contient la collection antiarienne familière: Ps-Ath., *Trin.* l. I-VIII, IX, XII (f. 1r-56v) – Vigil. Thaps., *C. ar.* (forme longue interpolée: f. 56v-102v) – Potam., *Epist. Ath.* (f. 102v-104r) – Ps-Ath., *Epist. Lucif.* (f. 104r-105v) – Vigil. Thaps., *Sol. obiect. ar.* (f. 105v-112v) – Ps-Hier., *Fid. S. Hier.* – *Fid. apud Bethleem* (f. 112v-113r). Le *codex* se termine avec Gvitm. Aver., *Epist. Ergast.* (f. 114r-118v). Ce dernier texte est tronqué dans Migne (*PL* 149, 1501-1508), et c'est d'après *P³* que Dom G. Morin en a publié le complément. Cfr G. Morin, « La finale inédite de la Lettre de Guitmond d'Aversa à Erfast sur la Trinité », *Revue Bénédictine* 28 (1911), 96-97. Mais le texte de *P¹⁰*, modèle de *P³*, est quelque peu antérieur.

P⁴ PARIS, *Bibliothèque Nationale de France* Lat. 1686   s. XI-XII/IX

Parchemin   115 ff.   290 × 205 mm   29 l.
Grandes initiales peintes.
Provient des Carmes de Clermont-Ferrand.

Bibl.: Ph. LAUER, *Bibliothèque Nationale. Catalogue général des manuscrits latins* t. 2, Paris, 1940, p. 124-125; C. CODOÑER MERINO, *CC SL* CXIV A, p. 335-339.

Ce ms. se compose de deux parties distinctes. La première date du XIᵉ-XIIᵉ s. et s'ouvre avec le *C. ar.* de Vigile de Thapse dans sa forme courte (l. I abrégé et l. II) (f. 1v-16r). Viennent ensuite AVG., *Epist.* 187, 132, 135, 137 (f. 16v-27r) – VIGIL. THAPS., *C. Eutych.* l. I-III (les deux derniers livres manquent) (f. 27r-39v) – FERRAND. CARTH., *Epist.* 3, 5, 6 (f. 39v-60r) – PAVL. DIAC., *Hom.* 50 *In decollat. Ioh. Bapt.* (f. 60r-61v). La seconde partie date du IXᵉ s. et contient le double traité ILDEF. TOL., *Cogn. Bapt.* – *Itin. deserti* (f. 63r-115v) dont c'est le seul vrai témoin (celui de LEÓN, *Catedral* 22 ne transmet qu'un fragment). Le noyau du ms. (AVG. *Epist.* 187, 132, 135, 137 – VIGIL. THAPS., *C. ar.* – *C. Eutych.* I-III – FERRAND. CARTH., *Epist.* 3, 5, 6), se retrouve dans le ms. *Ty²* copié par Mannon de Saint-Oyen. Les deux mss ont le même ancêtre. Comme les autres témoins de δ, P⁴ a le long extrait de l'*Epist.* 28 de Léon le Grand au beau milieu du *C. ar.* de Vigile. Mais à la différence des autres mss du groupe, le copiste s'est aperçu du caractère anormal de son modèle. Après les mots *quia ex diuinis oraculis* (II, XXIII l. 8), il a laissé blanc le bas du f. 13v, ainsi que le f. 14r, puis a transcrit l'extrait de Léon (f. 15v et début du f. 16v), laissé un autre espace blanc, avant de reprendre la copie de Vigile.

P⁵ PARIS, *Bibliothèque Nationale de France* Lat. 1715 A   s. XII inc.

Parchemin   141 ff.   280 × 190 / 215 × 140 mm   34 l.
Provient de Moissac.

Bibl.: *Catalogue général* (Paris) t. 2, Paris, 1940, p. 139-140; http://gallica.bnf.fr/ark:/12148/btv1b9072419b; J. DUFOUR, *La bibliothèque et le scriptorium de Moissac*, Paris, 1972, p. 113-114; M. BANDINI, « Un'inedita traduzione latina della "Doctrina ad Antiochum ducem" pseudo-atanasiana » *Studi classici e orientali* 46 (1998), p. 439-84.

Ce volume, envoyé en 1678 à Colbert avec tout le fonds de Moissac par l'intendant Nicolas-Joseph Foucault (cfr Delisle, *Le cabinet* vol. I, p. 519 et 522 n° 11), contient les œuvres suivantes: (Ps-)EPHR. « latinus », *Ser. transf. Dom.* (*CPL* 1150, *CPG* 3939) (f. 1r-4v) – Ps-LEO M., *Ser. transf. Dom.* (*CPPM* 5497) (f. 4v-6r) – (f. 6v-8v blancs) – HIL., *In Matth.* (9r-

69v) – ID., *Syn.* (f. 69v-88v) – *Vita Athanasii* (compilation de différents passages de RVF., *Hist.* X, 14 – XI, 3 (89r-93r) – VIGIL. THAPS., *C. ar.* (forme longue: f. 93v-133r) – PS-ATH., *Doct. Ant.* (*CPG* 2255) (version latine: f. 133r-141r). Le texte de cet opuscule a été édité par M. Bandini, *op. cit.*, qui lui attribue une origine hispano-wisigothique et le date du VIIe s. Le fait n'est pas anodin et confirme la provenance hispanique du *C. ar.* de Vigile dans sa forme longue originelle. Le texte de P^5 appartient en effet à la famille espagnole dont c'est un témoin important.

P^{6a} PARIS, *Bibliothèque Nationale de France* Lat. 2076   s. X
P^{6b}

Parchemin   144 ff.   285 × 235 mm   2 col. 25 l.
Provient de l'abbaye de Montier-en-Der.
Appartint à P. Pithou (cfr f. 1r et 144r), puis à J.-A. de Thou.

Bibl.: *Catalogue général* (Paris) t. 2, Paris, 1940, p. 307-308; http://gallica.bnf.fr/ark:/12148/btv1b60007411; Y.-M. DUVAL, « Une traduction latine inédite du Symbole de Nicée et une condamnation d'Arius à Rimini: nouveau "fragment historique" d'Hilaire ou pièces des Actes du Concile? », *Revue Bénédictine* 82, 1972, p. 7-25.

C'est dans ce volume que P.-F. Chifflet découvrit la *Préface* originelle du *C. ar.* de Vigile qu'il publia pour la première fois. C'est aussi l'un des cinq mss contenant les deux versions du traité. Après l'*Aduersus quinque haereses* de Quoduultdeus (f. 1r-16v), on trouve en effet le livre I du *C. ar.*, avec son texte complet précédé de la *Préface* de Vigile (f. 16v-30r = P^{6a}), puis le traité selon sa forme courte: livre I abrégé et livre II (f. 30r-50r = P^{6b}). Viennent ensuite un ensemble de textes relatifs à la confession de foi trinitaire: une ancienne traduction latine du Symbole de Nicée, suivie de la condamnation des « Blasphèmes d'Arius » – deux pièces qui remontent au IVe s. et furent étudiées par Y.-M. Duval –, puis d'autres symboles de foi (Symbole d'Athanase, de Damase, de Grégoire le Thaumaturge, d'Ambroise, etc.). Cet ensemble, qui se retrouve à l'identique dans les 5 mss du groupe ν (cfr aussi ε), se clôt avec GENNAD., *Eccl. dogm.* et AVG., *Haer.* La dernière partie du ms. transmet: PS-GENNAD., *Vit. Hier.* – PAVL. MEDIOL., *Vit. s. Ambr.* – POSSID., *Vit. Aug.* et *Indic.* – PAVL. DIAC., *Vit. Greg.*

P^{7a} PARIS, *Bibliothèque Nationale de France* Lat. 2341   s. IX
P^{7b}

Parchemin   273 ff.   365 × 275 mm   2 col. 51 l.

Bibl.: Ph. LAUER, *Catalogue général* (Paris) t. 2, Paris, 1940, p. 416-418; http://gallica.bnf.fr/ark:/12148/btv1b85409594.

Cet important *in folio*, écrit vers 843 d'après L. Delisle, provient du chapitre du Puy-en-Velay et fut versé par Colbert à la Bibliothèque royale en 1681. Après les premiers feuillets qui transmettent un comput, des extraits de la *Chronique* de Bède et une table de fêtes mobiles pour les années 843-923 (f. 1r-14r), viennent les *Collectiones in Epistulas et Evangelia* de Smaragde (f. 14r-136r). La section suivante (f. 136r-158r) est en tous points identique à la première partie du ms. Paris, *Bibl. Nat.*, lat. 2076 (P^6), décrite ci-dessus et présente dans les 5 mss des groupes v et $ε$. On y trouve en particulier le livre I du *C. ar.* de Vigile, avec son texte complet précédé de la *Préface* de Vigile (f. 140r-143v) (P^{7a}), puis le traité dans sa forme courte: livre I abrégé et livre II (f. 143v-148v) (P^{7b}). La troisième partie contient notamment: Alcvin., *De fide* (f. 158r-166r) – Isid., *Synon.* (f. 169r-175v) et *Eccl. off.* (f. 188r-204r) – Coll. canonique *Dacheriana* (f. 204r-231) – Ivl. Toled., *Prognosticum* (f. 235r-252r) – Alcvin., *De uirtut.* (f. 252v-257r) – Glose *Abstrusa* (f. 257r-269r). B. Bischoff a pensé que le ms. avait été copié dans la région d'Orléans[9], mais il le fut probablement en Catalogne, peut-être au monastère de Ripoll. C'est ce qu'ont suggéré J. Gudiol et M. E. Ibaru Asumendi[10] et ce que le livre I du *C. ar.* dans sa version longue (P^{7a}) invite clairement à penser. Son texte, tout comme celui des quatre autres témoins de v, est en effet proche du texte transmis par la famille espagnole (cfr *infra*, p. 137-139).

P^8 Paris, *Bibliothèque Nationale de France* Lat. 5073   s. XII ex.

Parchemin   129 ff.   340 × 230 / 255 × 175   2 col. 36 l.
Initiales rouges et vertes. Colb. 598. Regius 3730.
Provient de Mortemer.

Bibl.: *Catalogus Codicum Manuscriptorum Bibliothecae Regiae*, Pars III, t. IV, Paris, 1746, p. 37; F. Dolbeau, « Trois catalogues de bibliothèques médiévales restitués à des abbayes cisterciennes (Cheminon, Haute-Fontaine, Mortemer) », *Revue d'histoire des textes* 18 (1988), p. 81-108 (cfr p. 104).

---

[9] Opinion reprise, sans autre détail, par J. Elfassi (ed.) *Isidori Hispalensis episcopi Synonyma*, Turnhout, 2009, *CC SL* 111B, p. LIII et par E. Knibbs – E. A. Matter (ed.) *Alcuini Eboracensis De fide sanctae Trinitatis et de incarnatione Christi*, Brepols 2012, *CC CM* 249, p. XXXIV.

[10] J. Gudiol I Cunill, *Els primitius. La Pintura medieval Catalana.*, t. 3: Els llibres il.luminats, Barcelone, 1955, p. 116; M. E. Ibaru Asumendi, « Miscel.lània: Còmputs Pasquals i d'altres (Paris, BnF Ms lat. 2341) » dans *De capitibus litterarum et aliis figuris: recull d'estudis sobre miniatura*, Barcelona, 1999, p. 133-135, qui incline dans le même sens en se fondant sur les illustrations architecturales.

Ce ms. ne contient que deux œuvres: la traduction de l'*Histoire ecclésiastique* d'Eusèbe de Césarée par Rufin, suivie de la *Continuatio* de Rufin (f. 1r-117v), et le *Contra arrianos* de Vigile de Thapse dans sa forme courte (f. 118r-129r). Il a appartenu à l'abbaye cistercienne de Mortemer en Normandie, comme l'atteste le catalogue de l'abbaye (second quart du XIIIe s.). Le texte du *C. ar.* relève de la famille allemande (ζ) et semble avoir été copié d'après le ms. de CAMBRIDGE, *Pembroke Coll.* 108 avec lequel il a des variantes pures significatives (cfr *infra*, p. 128-129).

P[9]   PARIS, *Bibliothèque Nationale de France* Lat. 5132   s. XIII

Parchemin   109 ff.   300 × 230 mm   25/26 l.
Provient du monastère Sainte-Marie de Ripoll.

Bibl.: http://gallica.bnf.fr/ark:/12148/btv1b9066556x; É. DU MÉRIL, *Poésies populaires latines*, Paris, 1847, p. 302-306; J. FRANCE, « An Unknown account of The Capture of Jerusalem », *The English Historical Review* 87 (1972), p. 771-783; F. AVRIL, *Les manuscrits enluminés de la péninsule ibérique*, Paris, 1982, p. 54-55.

Ce ms. de grande importance pour l'étude de l'histoire de l'Espagne est décrit de manière sommaire, sans la foliation, dans le vieux catalogue royal noté ci-dessus, mais de manière très précise dans le livre de É. du Méril. Les pièces, d'origine et de date diverses, furent assemblées au XIIIe s. pour constituer l'ensemble actuel. Les mains sont nombreuses et très différentes. On y trouve essentiellement des pièces à caractère historique: l'*Historia Francorum qui ceperunt Iherusalem* de Raymond de Aguilers (le début manque suite à l'arrachement des premiers feuillets), et d'autres documents relatifs aux Croisades; les *Gesta comitum barcinonensium* – première histoire de la Catalogne, dont c'est ici le seul témoin de la version primitive –; une vie de Pierre de Urseoli, duc de Venise devenu moine à Saint-Michel de Cuxa; une *Lettre* d'Ollegarius, archevêque de Tarragone († 1137); de nombreux documents relatifs au monastère de Ripoll, en particulier des actes de l'abbé Gaudfredus († 1169), ainsi que des poèmes. Les pièces théologiques sont rares: quelques homélies anonymes, une lettre d'Yves de Chartres et le *C. ar.* de Vigile de Thapse sous sa forme longue originelle (f. 26r-79v). Le texte du traité de Vigile est proche de celui de Vic, mais aussi des témoins de la France méridionale *Tl*[1] (Toulouse) et *P*[4] (Moissac).

P[10]   PARIS, *Bibliothèque Nationale de France* Lat. 12131   s. XII

Parchemin   83 ff.   In-4°   38 l.
Provient de Saint-Évroult d'Ouches.

Ce *codex* est l'un des témoins de la branche normande de la collection antiarienne maintes fois rencontrée. Il contient: Ps-Ath., *Trin.* l. I-VIII, IX, XII (f. 1r-37r) – Vigil. Thaps., *C. ar.* (forme longue interpolée: f. 37r-68r) – Potam., *Epist. Ath.* (f. 68r-69r) – Ps-Ath., *Epist. Lucif.* (f. 69r-70v) – Vigil. Thaps., *Sol. obiect. ar.* (f. 70v-75r) – Ps-Hier., *Fid. S. Hier. – Fide. apud Bethleem* (f. 75rv) – Gvitm. Avers. *Epist. Ergast.* (f. 75v-83v) dans son intégralité (voir *supra*, sur P^3). Le texte du *C. ar.* de Vigile est contaminé par la tradition de β^2, mais il a été soigneusement révisé par un correcteur qui a transcrit dans la marge de nombreuses variantes, notées comme telles, et prises sans doute à l'un des mss du groupe p (peut-être P^2), opérant ainsi quasiment une édition critique.

P^{11} Paris, *Bibliothèque Nationale de France* Lat. 13334   s. XII

Parchemin   59 ff.   250 × 160 / 180 × 125 mm   2 col. 30 l.
Provient de Saint-Pierre de Corbie (f. 49v). Passé ensuite à Saint-Germain-des-Prés (f. 1r).

Bibl.: L. Delisle, «Inventaire des manuscrits de Saint-Germain-des-Prés conservés à la Bibliothèque impériale sous les numéros 11504-14231 du fonds latin», in *Bibliothèque de l'École des Chartes*, 6ᵉ série, I, 1868, p. 225.

Trois œuvres composent ce recueil: Vigil. Thaps., *C. ar.* (forme longue interpolée: f. 1r-44v) – Gvill. Conch. *Comm. du De consolatione de Boèce* (incipit: *Boetius, iste nobillisimus romanus extitit*) (f. 45r-51v) – Hvgo S. Vict., *Chronicon* (incipit: *Fili sapientia thesaurum est*). Le traité de Vigile a été recopié par Oxford, *Bodl. Libr.* Bodl. 705 (O^2) de manière quasi certaine (cfr *infra*, p. 212).

P^{12} Paris, *Bibliothèque de l'Arsenal* 341   s. XV

Parchemin   114 ff. + 135 ff.   284 × 201 mm   2 col. 38 l.
Provient du couvent du Val-Saint-Martin de Louvain

Bibl.: *Catalogue général. Paris. Bibliothèque de l'Arsenal*, vol. 1, Paris, 1885, p. 206-207; et surtout: W. Lourdaux – M. Haverals, *Bibliotheca Vallis Sancti Martini in Lovanio: bijdrage tot de studie van het geestesleven in de Nederlanden, 15de-18de eeuw*, T. 1, Leuven, 1978, p. 703-710.

Le ms. provient des chanoines réguliers du Val-Saint-Martin de Louvain et se compose de trois parties bien distinctes, mais toutes du XVᵉ s. La seconde est imprimée sur feuillets de parchemin. Foliation unique pour les 2ᵉᵐᵉ et 3ᵉᵐᵉ parties.

I. La première partie contient: VIGIL. THAPS., *C. ar.* (forme longue interpolée) (f. 1r-40r) – PS-ATH., *Trin.* dans l'ordre suivant: l. I-VII (f. 40r-63v); VIII (f. 63v-65r); XII (f. 65r-81r); XI (f. 81r-88r); X (f. 88r-93v) – ATH., *Epist. Epict.* (f. 93v-98v) – ID., *Epist. ad Afros* (f. 98v-103v) – Correspondance apocryphe entre Athanase et les Papes Libère (cfr *PL* 8, 1403-1408), Félix (cfr *PL* 13, 11-17) et Marc (f. 103v-112v). M. Simonetti a utilisé notre ms. pour son édition des l. X-XII du *De Trinitate* pseudo-athanasien (Bononiae, 1956).
II. La seconde contient AVG., *Cons. euang.* (f. 1r-84v).
III. La troisième est un recueil d'écrits relatifs au débat christologique du Ve s., dans leur version latine, et correspond en bonne part à la collection *Sichardiana* des Actes du concile d'Éphèse. Elle a été utilisée par Schwartz (ms. P dans *ACO* I/V/2). On y trouve en particulier: CYRIL., *Apol. Thdt.* (f. 85r-109r) – ID., *Epist.* 45-46 à Succesos (f. 113v-119r); PAVL. EM., *Hom. De natiu.* (f. 119r-125v); PROCL. CP, *Arm.* (f. 125v-131v); CYR. et IO. ANT., *Epist.* (f.131v-133r)[11].

Le *C. ar.* de Vigile appartient au groupe σ dont il a les caractéristiques (en particulier la subdivision du l. II en trois livres). Il a subi en outre une correction importante à partir d'un témoin de la tradition allemande, mais visible seulement en examinant le ms. de près.

Pt^1   POITIERS, *Bibliothèque Municipale* 66   s. XII

Parchemin   171 ff.   230 × 153 mm   28 l.

Bibl.: *Catalogue général*, s. in 8°, t. 25, Paris, 1894, p. 20.

Seules trois œuvres composent ce volume: HIER., *Lucif.* (f. 1r-19r); VIGIL. THAPS., *C. ar.* (forme longue interpolée: f. 19r-76v); ODO CLVN., *Coll.* (f. 77r-144r) (la fin manque). La provenance du ms. est inconnue, mais l'association des deux premières œuvres nous renvoie au noyau originel de la sous-famille β^2, attesté dans des mss du Nord de la France ou de l'aire germanique.

R^1   REIMS, *Bibliothèque Carnegie* 385   s. IX

Parchemin   160 ff.   250 × 200 / 190 × 140 mm   28 l.

---

[11] La première et la troisième partie de *P^{12}*, séparées ici par le traité d'Augustin imprimé, ont circulé ensemble, comme l'atteste le ms. FIRENZE, *Bibl. Naz. Cent.*, Conventi Soppressi, I. VI. 33, analysé par B. GAIN dans *Anthropos laikos*, (Mélanges A. Faivre), Fribourg, 2000, p. 108-118, et sans doute copié « au-delà des Alpes ».

Bibl.: *Catalogue général*, s. in 8°, t. 38, Paris, 1904, p. 504-508; P. CHAMBERT-PROTAT, *Reims, Bibl. Carnegie, Ms. 385: le dossier d'Hincmar de Reims sur l'adoptianisme* (disponible sur internet: http://florus.hypotheses.org/135).

Donné par Hincmar, archevêque de Reims de 845 à 882, à l'église Cathédrale, comme l'attestent de nombreux *ex dono* marginaux (cfr ff. 1r, 22v-23r, 46v-47r, etc.), ce précieux volume s'ouvre avec le noyau ancien de la sous-famille β^2, c'est-à-dire HIER., *Lucif.* (f. 1r-14r) et VIGIL. THAPS., *C. ar.* (forme longue interpolée: f. 14v-60v). On trouve ensuite un volumineux « dossier » relatif à l'adoptianisme espagnol condamné au concile de Francfort de 794: Lettre du pape Hadrien, Actes du concile, Lettre d'Alcuin à Élipand, d'Élipand à Alcuin, l'*Aduersus Elipandum* d'Alcuin, Lettre d'Élipand à Félix d'Urgel, etc. Voir la description détaillée dans P. Chambert-Protat, *op. cit.* Cet auteur a certainement raison de voir dans le ms. un ouvrage qu'Hincmar s'est confectionné sur l'adoptianisme. Dans ce contexte, les deux traités qui ouvrent le volume ont pu être choisis pour illustrer la confession christologique et trinitaire de l'Église catholique avec des autorités patristiques. Mais l'association des deux traités n'est pas le fait d'Hincmar, puisqu'on la retrouve dans 5 autres mss de β^2 qui ne dérivent pas de R^1 (cfr *infra*, p. 205 n. 111).

Rm^1 ROMA, *Biblioteca Vallicelliana* Tomo 18   s. IX-X

Parchemin   280 ff.   332 × 235 mm   2 col. 36/37 l.

Bibl.: A.-M. G. VICHI – S. MOTTIRONI, *Catalogo dei manoscritti della Biblioteca Vallicelliana*, vol. 1, Roma, 1961, p. 243-252; P. FOURNIER, « Un groupe de recueils canoniques italiens » in *Mémoires de l'Académie des Inscriptions et Belles lettres* 40 (1915), p. 96-123.

Mutilé au début et à la fin, écrit en minuscule caroline (mais aussi en minsucule romane et bénéventine pour quelques feuillets), sans doute originaire de l'Italie méridionale (Naples), ce fort volume transmet pour l'essentiel une collection canonique imposante mais éclectique. On y trouve en effet: la *Concordia Canonum* de Cresconius; une collection canonique de 72 chapitres pris à diverses sources; une collection canonique irlandaise; une autre collection canonique relative aux évêques (ordination, transfert, condamnation...). À la suite, on trouve des fragments d'Isidore de Séville, des extraits conciliaires sur le culte des saints et des images, 56 fragments tirés des Lettres de Grégoire le Grand, des textes ascétiques tirés des *Collationes Patrum* de Cassien, des extraits des *Moralia* de Grégoire le Grand, 70 extraits des *Sententiae* d'Isidore, des décrets de conciles romains des VIIIe et IXe s., d'innombrables fragments d'auteurs patristiques, des règles édictées par le concile d'Aix-la-Chapelle de 816, plusieurs canons de conciles antiques (Nicée, Carthage,

Chalcédoine, Laodicée), des documents relatifs au schisme Acacien, etc.
Tout à la fin figure le *C. ar.* de Vigile de Thapse (f. 266r-276v). Malheureusement le traité est mutilé par suite de la chute de plusieurs cahiers et s'arrête en II, XV l. 5 avec les mots *in eius natiuitatis generatione*. Sa qualité textuelle est d'ailleurs très médiocre et révèle un copiste inattentif ou inexpérimenté. De plus, par suite d'une restauration défectueuse, certains feuillets du traité ont été déplacés et doivent être lus dans l'ordre suivant: f. 271, 277, 272-275, 278, 276.

Ro¹ ROUEN, *Bibliothèque Municipale* 425 s. XII

Parchemin 93 ff. 330 × 240 30 l.
Provient de l'abbaye de Fécamp.

Bibl.: *Catalogue général*, s. in 8°, t. 1, Paris, 1886, p. 82.

Le volume est une copie du ms. PARIS, *Bibl. Nat.*, lat. 1684, originaire de Rouen, et contient comme ce dernier la collection antiarienne complète: PS-ATH., *Trin.* l. I-VIII, IX, XII (f. 2r-46r) – VIGIL. THAPS., *C. ar.* (forme longue interpolée: f. 46r-83v) – POTAM., *Epist. Ath.* (f. 83v-85r) – PS-ATH., *Epist. Lucif.* (f. 85r-86r) – VIGIL. THAPS., *Sol. obiect. ar.* (f. 86r-92r) – PS-HIER., *Fid. s. Hier.* – *Fid. apud Bethleem* (f. 192r-193v). La chute d'un feuillet (initialement entre les ff. 50v-51r) nous prive de *C. ar.* I, VII l. 38 à I, X l. 2 (*uidete, uidete... patrem et filium*).

Sm¹ SAINT-MIHIEL, *Bibliothèque Municipale* Z 28 s. VIII ex. – IX inc.

Parchemin 147 ff. 240 × 125 mm 32 l.
Provient de l'abbaye Saint-Michel de Saint-Mihiel

Bibl.: F. PLOTON-NICOLLET, « Un manuscrit carolingien porteur d'une collection d'écrits anti-ariens (Saint-Mihiel, bibliothèque municipale, Z 28) », dans *L'écrit et le livre peint en Lorraine, de Saint-Mihiel à Verdun (IXᵉ-XVIᵉ siècles). Actes du colloque de Saint-Mihiel*, Turnhout, Brepols, 2015, p. 79-102.

Ce ms. carolingien que G. Morin avait utilisé pour éditer la *Fides sancti Hieronymi* (*CPL* 553; *Rev. Bénéd.* 21, 1904, p. 1-9) et A. Wilmart pour la *Lettre* de Potamius (*Rev. Bénéd.* 30, 1913, p. 257-285) avait disparu au cours de la Première Guerre Mondiale, lors du transfert à Metz des mss de Saint-Mihiel, et n'a été retrouvé que récemment à Hambourg. Racheté, il a réintégré en 2008 la Bibliothèque municipale de Saint-Mihiel dont il est le joyau. Légèrement antérieur au ms. de New York (*N¹*), il contient comme lui la collection antiarienne: PS-ATH., *Trin.* l. I-VIII, IX, XII (f. 1r-68r) – VIGIL. THAPS., *C. ar.* (forme longue interpolée: f. 68r-132r) – POTAM., *Epist. Ath.* (f. 132r-134r) – PS-ATH., *Epist.*

Lucif. (f. 134r-136r) – Vigil. Thaps., *Sol. obiect. ar.* (f. 136r-143v) – Ps-Hier., *Fid. s. Hier.* – *Fid. apud Bethleem* (f. 143v-144v). On trouve ensuite un catalogue de citations scripturaires relatives à la divinité du Saint Esprit (f. 144v-145r; le texte correspond globalement au *Breu. adu. haer.* de Césaire d'Arles., éd. Morin, p. 196-198), puis l'*Adu. quinque haer.* de Quoduultdeus, l. 1, 1 – 7, 13 (f. 145r-156v; incomplet de la fin). Le ms. témoigne d'une tradition textuelle assez quelconque ou d'un copiste maladroit. Nous l'avions observé en éditant les *Solutiones*, et le texte du *C. ar.* le confirme. Mais ce dernier est d'une importance capitale, car c'est probablement le plus ancien témoin de la famille β, et certaines de ses variantes, uniques dans cette famille, s'accordent avec celles de la famille espagnole (ξ), accréditant la forme longue originelle de celle-ci, ainsi que beaucoup de ses leçons (cfr *infra*, p. 164-165).

Sa¹ Salamanca, *Biblioteca Universitaria* 2687   s. XII ex.

Parchemin   162 f.   315 × 210 / 215 × 150 mm.   2 col. 36 l.
Initiales en couleurs avec entrelacs à motifs végétaux.
Faisait partie de la Bibliothèque du Roi (n° 2 H 3)

Bibl.: O. Lilao Franca – C. Castrillo González, *Catálogo de manuscritos de la Biblioteca Universitaria de Salamanca*, vol. II (Manuscritos 1680-2777), Salamanca, 2002, p. 1085-1086.

Ce volume écrit avec soin et décoré de belles initiales peintes renferme le *De Trinitate* d'Augustin (f. 4r-128r), une profession de foi attribuée à Jérôme (f. 129r), le *Contra arrianos* de Vigile (f. 129v-146v), et l'*Epist.* 10 *ad Scarilam* de Fulgence de Ruspe (f. 146v-160r). Le traité de Vigile appartient à la famille espagnole, mais son texte présente des lacunes et de graves désordres à partir du l. II, 13. En effet, après les mots « ac diuersae substantiae, ut Arrius » (II, 13 l. 12/13 : section A) et un espace laissé blanc, le texte se poursuit avec la fin de la section F, la section G et le début de la section H. Puis, après un nouvel espace blanc, le copiste a transcrit une partie de la section F omise précédemment, et, sans solution de continuité aucune, les dernières lignes de la section B, suivies des sections C-D-E, comme dans les mss de la famille espagnole. Mais la section E s'interrompt très vite, et fait place, après un blanc, à la fin de la *Sententia Probi*, avant qu'on ne revienne à la dernière partie de E. Bref, le copiste s'est arrangé comme il a pu avec le modèle anarchique dont il avait hérité, en signalant par des blancs la plupart des désordres qui lui semblaient manifestes.

Sl¹ Salzburg, *Stiftsbibliothek Sankt Peter* a VII 31   s. XI

Parchemin   116 ff.   240 × 180 mm   25 l.

Ce volume contient les œuvres suivantes: Qvodv., *Haer.* (f. 1r-16v) – Avg., *Gen. c. Man.* (f. 17r-55r) – Avg., *Fid. et symb.*(f 55r-66r) – Vigil. Thaps., *C. ar.* (forme courte, livre I abrégé et l. II: f. 67r-96r) – Ambr., *Bon. mort.* (f. 96r-116r). La succession du *Contra arrianos* de Vigile et du *De bono mortis* d'Ambroise se retrouve dans le ms. de Graz, *Universitätsbibl.* 724. Les deux exemplaires de Vigile ont d'ailleurs d'innombrables leçons communes, sans doute en dépendance d'un même archétype.

Sg¹ Sankt Gallen, *Stiftsbibliothek* 90   s. IX

Parchemin   170 p.   275 × 195 mm   22 l.

Bibl.: G. Scherrer, *Verzeichnis der Handschriften der Stiftsbibliothek von St. Gallen*, Halle 1875, p. 35.

Attesté dans le catalogue du IXᵉ s. de l'abbaye[12], ce beau volume à la pagination continue, contient les deux œuvres qui constituent le noyau primitif de la famille β^2 et que nous avons déjà rencontrées dans les mss de *Ld¹*, *Mu¹*, *R¹*, mais présentes ici dans l'ordre inverse: Vigil. Thaps., *C. ar.* (forme longue interpolée: p. 1-130) – Hier., *Lucif.* (p. 130-169). Le ms. a subi une correction importante à l'encre noire et l'on ne s'étonnera pas que le texte du *C. ar.* soit très proche de celui de Zürich, *Zentralbibliothek* Car. C 116 (cfr *infra*, p. 207-208).

Tl¹ Toulouse, *Bibliothèque Municipale* 182   s. XIII ex.

Parchemin   319 ff.   319 × 180 mm   2 col. 38 l.

Bibl.: *Catalogue Général*, in 4°, t. 7, Paris, 1885, p. 109-111.

Le ms. renferme les traités suivants: Ildef. Tol., *Virg. s. Mariae* (f. 1r-22v) – Vigil. Thaps., *C. ar.* (forme longue originelle: f. 23v-53v) – Ps-Ath., *Doct. Ant.* (*CPG* 2255) (f. 54r-60v). C'est l'un des trois témoins de la version latine de cet opuscule, sans doute d'origine espagnole (voir *supra*, la description de *P⁵*) – Avg., *Ench.* (f. 60v-84v) – Id. *Ser. 9 De decem chord.* (f. 84v-93r) – Bernard., *Consid.* (f. 93r-124v) – Avg., *Doct. chr.* (f. 125r-178v) – Avg., *Trin.* (f. 179r-319v). Le texte du *C. ar.* de Vigile est très proche de celui de *P⁵* (Moissac) et de *P⁹* (Ripoll). Le volume provient peut-être de la Cathédrale de Carcassonne. La séquence Idelf. Tol., *Virg. S. Mariae* – Vigil. Thaps. *C. ar.* – Avg., *Ench.* – Avg., *De decem chord.* figure en tout cas dans un volume de la bibliothèque de cette cathédrale, décrit par B. de Montfaucon, *Bibliotheca Bibliothecarum*, Parisiis, 1739, t. 2, p. 1353.

---

[12] Voir G. Becker, *Catalogi Antichi, op. cit.*, p. 45 n° 139.

Tr¹ TRIER, *Stadtbibliothek-Stadtarchiv* 118/106   s. IX inc.-XIV

Parchemin   395 ff.   228 × 164 mm   18 l.
Provient du monastère de Saint-Eucharius et Saint-Matthias

Bibl.: Max KEUFFER, *Beschreibendes Verzeichnis der Handschriften der Stadtbibliothek zu Trier*, Bd. 2, Trier, 1891, p. 6-10; P. BECKER, *Die Benediktinerabtei St. Eucharius-St. Matthias vor Trier*, Walter de Gruyter, Berlin – New York, 1996, p. 106 (melior).

Cet important ms. se compose de parties d'époques très différentes:

I.   s. XI: AMBR., *Hex.* (f. iv-89r) – *Parad.* (f. 89v-111v)
II.   s. XI/XII: ANONYM. *Com. Ct.* (f. 112r-121v)
III.   s. IX inc.: VIGIL. THAPS., *C. ar.* (forme courte, l. I abrégé et l. II: f. 123r-183v). Le f. 122r est blanc et porte seulement le titre *Disputatio inter Arrium et Athanasium* d'époque tardive, et sur le f. 122v figure la *Préface anonyme* dans une écriture du XVIe s.
IV.   s. XIII: ISID., *Praef. Test.* (f. 184rv) – HIER., *Nom. hebr.* (f. 184v-211v) – ISID., *Ortu et obit.* (f. 211v-231v)
V.   s. IX: HIER., *Epist. Damas.* – *In Matth. Praef.* (f. 232r-236v)
VI.   s. XIII ex.: BERNARD., *Consid.* (f. 237v-275r)
VII.   s. XIV: PETR. ROGER (Clément VI), *Ser. s. Io. Bapt.* et *Ser. s. Io. eu.* (f. 276r-295r)
VIII.   s. XI: *Vit. s. Symeon.* et *Séquence sur la vie du saint* (f. 296v-312r)
IX.   s. IX: PS-ATH., *Trin.* l. I-VIII, IX, XII (f. 313v-392v).

Le *C. ar.* de Vigile est l'un des 4 témoins carolingiens de la forme courte et son texte est le texte standard de la famille allemande.

Tr² TRIER, *Bistumsarchiv* 95/133c   s. XI-XIII

Parchemin   122 ff.
Provient du monastère de Saint-Eucharius et Saint-Matthias

Bibl.: P. BECKER, *Die Benediktinerabtei St. Eucharius – St. Matthias vor Trier*, Walter de Gruyter, Berlin – New York, 1996, p. 112-113.

Comme le précédent, ce ms. réunit des textes d'époques diverses et contient un grand nombre de petites pièces en tous genres: homélies anonymes, textes hagiographiques, hymnes, glossaires, extraits de Prosper d'Aquitaine, etc. La seule œuvre d'importance est le *Contra arrianos* de Vigile de Thapse, dans sa forme courte (f. 46r-64r). L'écriture permet de le dater du XIe s.

Ty¹   TROYES, *Bibliothèque Municipale* 895   s. XII

Parchemin   194 ff.   300 × 205 mm   27/29 l.
Provient de Clairvaux (f. ɪv; 194v).

Bibl.: *Catalogue général*, s. in 4°, t. 2, Paris, 1855, p. 370-371; G. LAGARRIGUE, dans *Salvien de Marseille, Œuvres*, Sources Chrétiennes 220, p. 49-50.

Ce volume, composé de trois parties anciennement réunies, rassemble les œuvres suivantes: SALV. MASS., *Gubern.* (f. 1r-81v) (Ms. C dans l'édition de *SC* 220) – FERRAND. CARTH., *Epist. 7 ad Regin. com.* (f. 82r-98v) – VIGIL. THAPS., *C. ar.* (forme courte: f. 98v-121r) – VICTOR POET., *In Apoc.* (recension de Jérôme – Ms. C dans l'édition du *CSEL* 49) (f. 122r-135v) – ANGEL. Lvx., *In Cant. Cant.* (*PL* 115, 551-628) (f. 135v-194v). Le texte du *C. ar.* de Vigile étant le jumeau de celui du ms. de Dijon, on y retrouve la grave perturbation signalée dans ce dernier.

Ty²   TROYES, *Bibliothèque Municipale* 2405   s. IX

Parchemin   146 ff.   265 × 145 / 200 × 140 mm   30 l.

Bibl.: *Catalogue général*, s. in 4°, t. 2, Paris, 1855, p. 1001-1002; A.-M. TURCAN-VERKERK, « Mannon de Saint-Oyen dans l'histoire de la transmission des textes », *Revue d'histoire des textes* 29 (1999), p. 169-243.

Ce vénérable ms. fut copié par le secrétaire et collaborateur de Florus de Lyon, Mannon († 893), qui le légua avec ses autres livres à l'abbaye de Saint-Oyen, comme l'atteste son testament où le ms. est identifiable sous le n° LXXXIII (cfr A.-M. TURCAN-VERKERK, *op. cit.* p. 197-198). La description du *Catalogue général* étant imprécise, nous donnons ici le contenu exact: VIGIL. THAPS, *C. Felic.* (f. 3r-14r) – AVG., *Epist.* 187 (f. 14r-26r); 132 (f. 26r-26v); 135 (= Volusianus) (f. 26v-27v); 137 (f. 27v-34v) – VIGIL. THAPS., *C. ar.* (forme courte: f. 35r-51r); *C. Eut.* l. I-III (f. 51v-67v; les deux derniers livres manquent) – FERRAND. CARTH., *Epist. 2 ad Fulg.* (= FVLG. RVSP., *Epist.* 13) (f. 68r-69r) – FVLG. RVSP, *Epist. 14 ad Ferrand.* (f. 69r-98r) – FERRAND. CARTH., *Epist. 3 ad Anatol.* (f. 98r-111r); *Epist. 5 ad Seuer.* (f. 111r-118v); *Epist. 6 ad Pelag. et Anatol.* (f. 118v-123r); *Epist. 7 ad Regin. comit.* (f. 123r-140v) – LEO M., *Epist. 15 ad Turib.*(f. 140v-145v) – HIL., *Trin.* I, 10-15 (transcrit après Mannon) (f. 145v-146r). Aux f. 48v-49r, on retrouve l'insertion incongrue de l'*Epist.* 28, 3-4 de Léon le Grand, comme dans tous les mss de δ. *Ty²* est l'un des deux mss (avec *R¹*) utilisé par P.-F. Chifflet pour son édition de la version courte du traité de Vigile (cfr *PL* 62, 475 D: « codex Jurensis »).

Vl^{1a} VALENCIA, *Biblioteca Universitaria* 1221   s. XV
Vl^{1b}

Parchemin   91 ff.   295 × 210 / 225 × 150 mm   2 col. 55 l.
Nombreuses lettrines et miniatures en or et couleurs.

Bibl.: M. GUTIÉRREZ DEL CANO, *Catálogo de los manuscritos existentes en la Biblioteca Universitaria de Valencia*, t. 2, Valencia, 1913, p. 159.

Le volume ne comprend que les œuvres suivantes: CHRYS., *In Matth.* (f. 3r-77r) et VIGIL. THAPS., *C. ar.* avec deux versions l'une à la suite de l'autre, comme dans les 5 mss de ε et v, à savoir: la *Préface* de Vigile et le l. I complet (= Vl^{1a}), puis, sans transition, la version courte avec l'introduction historique à la seconde édition, le l. I abrégé et le l. II (= Vl^{1b}) (f. 77r-88r). Le traité de Vigile est suivi des mêmes Professions de foi (Symbole de Nicée et *Damnatio Arrii*, Symbole d'Athanase, de Damase, de Grégoire le Thaumaturge, etc.) que celles présentes dans les autres mss de ε et v. Bien que tardive cette copie du *C. ar.* vaut largement celle de P^6 et P^7.

V^1 VATICANO, *Biblioteca Apostolica Vaticana* Lat. 262   s. XV

Parchemin   128 ff.   263 × 182 mm   2 col. 44 l.
Initiales peintes et dorées.

Bibl.: M. VATTASSO – P. FRANCHI DE' CAVALIERI, *Codices Vaticani Latini*, vol. I, Città del Vaticano, 1902, p. 189; F. GEORGES-PICHOT, « Lire la plume à la main: Tommaso Parentucelli et le *De vocatione omnium gentium* de Prosper d'Aquitaine (autour du Ms. Vat. lat. 262) », *The Journal of Medieval Latin* 17 (2007), p. 342-360.

Ce *codex* fut en partie copié et annoté par l'humaniste et bibliographe Tommaso Parentucelli, le futur pape Nicolas V (1447-1555), et contient le *Contra arrianos* de Vigile de Thapse dans sa forme longue (f. 1r-57r), l'Acrostiche de la Sybille d'Érythrée (*Oracula Sibyllina* VIII, 217-243) (f. 57v-58v), et le *De uocatione gentium* de Prosper d'Aquitaine (f. 59r-108v), suivi de l'*Epistula ad Demetriadem* du même (f. 109r-122v). Les deux premiers textes ont sans doute été copiés d'après ABERDEEN, *Univ. Libr.* 984 qui provient d'Italie.

V^2 VATICANO, *Biblioteca Apostolica Vaticana* Lat. 511   s. XIV-XV

Parchemin   81 ff.   473 × 320 mm   2 col. 92 l.

Bibl.: M. VATTASSO – P. FRANCHI DE' CAVALIERI, *Codices Vaticani Latini*, vol. I, Città del Vaticano, 1902, p. 388-389.

Ce grand volume, à l'écriture minuscule et serrée, s'ouvre avec le *Contra Felicianum* de Vigile de Thapse (f. 1r-2v) et le *Contra arrianos* du même (forme courte: f. 3r-5r). Suivent des traités d'Augustin (*Doct. chr. – Vera rel. – Sol. – Conf. I-X – Retract.*) et d'Alcuin (*De fide – De Trin. ad Fredeg.*), puis de nouveau d'Augustin (*Epist.* 221-224 *– Haer. – Trin.*). À la fin se trouve le *De corpore et sanguine* de Paschase Radbert. Le texte du *C. ar.*, proche de celui de P^4, a sans doute été copié d'après un modèle ancien. Mais il n'apporte rien de plus que les deux mss du groupe δ qui ont été retenus dans l'apparat, et comme tous les mss de ce groupe, il insère étrangement un extrait de l'*Epist.* 28 de Léon le Grand (cfr *supra*, $Gr^1, Ml^{1b}, N^{2b}, P^4$).

V^3 VATICANO, *Biblioteca Apostolica Vaticana* Lat. 10803   s. XV-XVI

Papier   215 ff.   Cahiers ou feuillets de différentes grandeurs.

Bibl.: I.-B. BORINO, *Biblioteca Apostolica Vaticana. Codices Vaticani Latini*. Codices 10701-10875, Biblioteca Vaticana, 1947, p. 314-320.

Pour la description précise de ce volume, on se reportera au catalogue de I.-B. Borino qui ne distingue pas moins de 14 parties différentes (mais toutes du XVe et XVIe s.), réunies à une date indéterminée. L'ensemble est une compilation de textes les plus divers: opuscules augustiniens ou pseudo-augustiniens, extraits des *Hermetica*, textes médicaux, fragments de livres astronomiques ou mathématiques, documents relatifs à l'Ordre dominicain, ou encore le livre *De plantis* de Nicolas de Damas. Aux ff. 45r-54r, figure un extrait du *Contra arrianos* de Vigile de Thapse dans sa forme courte; très exactement la section qui va de *Qui temporibus suis* (*Praef. sec. ed. l.* 39) à *ut documentum nudi sermonis* (I, XXIII l. 24), l'opuscule s'arrêtant net avec ces mots. Les différents textes du volume ont été copiés en Allemagne (I.-B. Borino note plusieurs fois une « manus germanica »), et l'extrait du *C. ar.* le confirme, puisqu'il appartient incontestablement à la famille allemande (ζ).

V^4 VATICANO, *Biblioteca Apostolica Vaticana* Reg. lat. 185   s. XII

Parchemin   60 ff.   190 × 140 / 145 × 104 mm   22 l.

Bibl.: *Bibliothecae Apostolicae Vaticanae codices manu scripti recensiti*. Codices Reginenses Latini recensuit A. WILMART, t. 1 (cod. 1-250), Biblioteca Vaticana, 1937, p. 445-446.

Le volume provient de la France du Nord, sans doute de l'abbaye d'Ourscamp (cfr f. 60v), et renferme: VIGIL. THAPS., *C. ar.* (forme longue interpolée: f. 1r-54r) – PS-ATH., *De obseru. monach.* (*CPL* 1155) (f. 54v-

60v) – Ps-Avg., *De xii abus. saec.* (f. 60v). Le *C. ar.* appartient au groupe σ.

Vc¹   Vic, *Biblioteca Episcopal* 40   s. XI ex.

Parchemin   95 ff.   220 × 160 mm   24 l.

Bibl.: J. Gudiol, *Catàleg dels llibres manuscrits anteriors al segle XVIII del Museu Episcopal de Vich*, Barcelone, 1934, p. 57-58.

Ce petit volume contient quatre œuvres relatives à la confession de foi christologique ou trinitaire. On trouve d'abord des extraits (§ 3-5, 7-8, 11-13) du *Liber ad Scarilam* de Fulgence de Ruspe (f. 1v-3r), puis le *De fide ad Petrum* du même auteur (le texte commence avec le § 47: *firmissime itaque tene et nullatenus dubites*) (f. 3r-12r). Viennent ensuite une antique version latine du *De incarnatione et contra arrianos* (*CPG* 2800)[13] (f. 12r-27v) et le *Contra arrianos* de Vigile de Thapse sous sa forme longue (f. 27v-94v). Les feuillets 25 à 31 sont déchirés en haut à droite et quelques mots manquent. La qualité textuelle du traité de Vigile est quelconque, mais c'est le plus ancien témoin de sa forme longue originelle transmise par la famille espagnole.

W¹   Wolfenbüttel, *Herzog August Bibliothek* Guelf. 3104   s. X-XI

Parchemin   118 ff.   205 × 155 mm   20 l.

Bibl.: O. von Heinemann, *Die Augusteischen Handschriften*, Bd. 4, Frankfurt am Main, 1966², p. 215-216.

Deux œuvres principales composent ce ms.: Radbert., *Corp. Dom.* (f. 1r-65r) et Vigil. Thaps., *C. ar.* (forme courte: f. 68r-118r). Entre elles, ont été insérées la Profession de foi eucharistique de Bérenger de Tours (f. 65r) et une exhortation sur l'aumône (f. 65v-67v). Le texte du *C. ar.* est très proche de celui de Trier, *Stadtbibliothek-Stadtarchiv* 118/106.

W²   Wolfenbüttel, *Herzog August Bibliothek* Guelf. 3346   s. XV

Papier   65 ff.   205 × 140 mm   18 l.

Bibl.: O. von Heinemann, *Die Augusteischen Handschriften*, Bd. 4, Frankfurt am Main, 1966², p. 356.

---

[13] Elle est anonyme dans le ms. de Vic et son attribution reste disputée: Athanase? Ps-Athanase? Marcel d'Ancyre? Nous publierons prochainement cette version latine inédite qui est peut-être de nature à éclairer une œuvre encore mystérieuse.

Ce ms. ne contient que le *Contra arrianos* de Vigile de Thapse sous sa forme courte. Le catalogue cité indique une origine italienne, mais c'est peu probable. Plusieurs variantes semblent rattacher le texte de Vigile à celui de TRIER, *Stadtbibliothek-Stadtarchiv* 118/106. De plus, le f. 1 porte des armes que nous avons pu identifier commme étant celles de Johannes von Dalberg, évêque de Worms de 1482 à 1503 et grand humaniste. Le blason de gauche est celui de la ville de Worms, et celui de droite, celui des Kämerer, la famille de J. von Dalberg.

Z^1 ZÜRICH, *Zentralbibliothek* Car. C 116 (Mohlberg 281)   s. IX

Parchemin   66 ff.   278 × 180 mm   2 col. 44 l.

Bibl.: L. C. MOHLBERG, *Katalog der Handschriften der Zentralbibliothek Zürich*, I, Mittelalterliche Handschriften, Zürich, 1952, p. 119.

Comme plusieurs témoins de la famille β^2, en particulier de SANKT GALLEN, *Stiftsbibl.* 90 dont il est très proche, le ms. ne contient que deux œuvres: VIGIL. THAPS., *C. ar.* (forme longue interpolée: f. 1r-50v), et HIER., *Lucif.* (f. 51v-66r), utilisé par A. Canellis pour l'édition critique du traité (*CC SL* 79B – 2000).

LA TRADITION MANUSCRITE DU *CONTRA ARRIANOS SABELLIANOS FOTINIANOS DIALOGVS* DE VIGILE DE THAPSE

Première partie

Une tradition multiforme

1. *Le* Contra Arrianos *de Vigile de Thapse:* Status quaestionis

Le *textus receptus* du *Contra Arrianos Sabellianos Fotinianos dialogus* de Vigile de Thapse figure au tome 62 de la Patrologie latine de Migne, c. 179-238. L'œuvre se présente comme un débat fictif où Athanase, Sabellius, Photinus et Arius s'affrontent sous la présidence du juge Probus qui conduit la discussion.

L'ensemble du traité comporte les éléments suivants: a) une «*Praefatio incerti auctoris*»; b) une *Préface* due à Vigile lui-même; c) le livre I où dialoguent Athanase, Arius, Sabellius, Photinus et Probus; d) le livre II où ne dialoguent plus qu'Athanase, Arius et Probus; e) la *Sententia Probi*, où Probus rend le jugement final en faveur d'Athanase.

Ce texte est précédé d'un autre opuscule, intitulé *Contra Arrianos dialogus* (c. 155-180), qui semble une version courte du *Contra Arrianos Sabellianos Fotinianos dialogus* et comprend: a) une «Introduction historique» où sont rapportées les circonstances du débat; b) le livre I, globalement conforme au livre I du traité précédent, mais omettant toutes les sections où Sabellius et Photinus interviennent – seuls y dialoguent Athanase, Arius et Probus; c) le livre II, nettement plus court que dans l'ouvrage précédent, et de plus ordonné différemment pour les sections communes. Il n'y a pas de *Sententia Probi*.

Cette double édition de Migne, habituellement dénommée version «longue» et version «courte», reproduit celle publiée à Dijon en 1664 par le savant jésuite Pierre-François Chifflet qui fit paraître les deux textes, l'un à la suite de l'autre, dans son maître ouvrage consacré à Victor de Vita et Vigile de Thapse [14].

Mais Chifflet n'avait pas été le premier à publier le traité de Vigile. Avant lui, on recense trois éditions du texte, toutes différentes au demeurant :

1. Bruxelles, 1475/1476 (Fratres Vitae Communis) [15].

    Au sein d'un volume composite mêlant des œuvres de Jean de Torquemada, Denis le Chartreux, Nicolas de Lyre, Prosper d'Aquitaine, Augustin, etc., le traité de Vigile est publié sous le nom d'Athanase avec pour titre : *Liber sancti Athanasii habitus contra hereticos, Sabellium Fotinum et Arrium* et comprend : a) La *Préface anonyme* (*Praefatio incerti auctoris*) ; b) l'*Introduction historique* ; c) le livre I complet ; d) le livre II avec le même ordre des sections que chez Chifflet ; e) la *Sententia Probi*. Le texte est donc assez proche de la version longue de Chifflet, mais à la différence de celle-ci, l'*Introduction historique* est présente, et la *Préface* de Vigile absente.

2. Paris, 1500 (André Bocard pour Jean Petit) [16]

    Sous le titre général *Illustrium uirorum opuscula*, le volume regroupe diverses œuvres patristiques et s'ouvre avec le traité de Vigile publié de nouveau sous le nom d'Athanase : *Diui Athanasii contra Arrium hereticum de homousio subtilissima coram Probo iudice gentili controuersia*. Le texte est proche de la version courte de Chifflet, mais plus long d'environ 150 lignes, car le début du livre II est ici complet. Il comporte :

---

[14] P.-F. Chifflet, *Victoris Vitensis et Vigilii Tapsensis provinciae Bizacenae episcoporum opera*, Divione, Apud Viduam Philiberti Chavance, MDCLXIV. La version courte (« *Contra arrianos dialogus* ») figure p. 84-117, et la version longue (« *Adversus Arrianos, Sabellianos, Photinianos dialogus* »), p. 118-198.

[15] Voir http://istc.bl.uk/search/search.html?operation=record&rsid=556883&q=11 ; *Incunabula Printed in the Low Countries*. A census edited by Gerard van Thienen & John Goldfinch, Nieuwkoop & B. De Graaf Publishers, 1999, p. 393. Il subsiste une quinzaine d'exemplaires de cet incunable. Nous avons collationné celui de la *Bibliothèque Municipale* de Cambrai, l'un des rares qui soit complet.

[16] Voir http://istc.bl.uk/search/search.html?operation=record&rsid=556883&q=1 ; Bibliothèque Nationale, *Catalogue des Incunables*. T. I, Fasc. 1, Paris, 1992, p. 155. Il reste une soixantaine d'exemplaires de ce volume. Nous avons collationné celui de la *Bayerische Staatsbibliothek* de Munich.

a) *La Préface anonyme* (absente de la version courte actuelle); b) l'*Introduction historique*; c) le livre I, sans les sections où interviennent Sabellius et Photinus; d) le livre II sous sa forme courte (mais dont le début est complet).

Au cours du XVIe s., ce texte a souvent été repris au sein de différentes éditions d'Athanase: en 1522 à Strasbourg chez Jean Knoblochus[17]; en 1532 à Lyon chez Melchior et Gaspar Trechsel[18]; en 1548 à Cologne chez Melchior Novesianus[19]; en 1572 à Paris chez Sébastien Nivelle[20].

3. Cologne, 1555 (chez les héritiers d'Arnold Birckmann)[21]

En 1555, l'humaniste Georges Cassander († 1566) a publié en un seul volume les deux œuvres majeures de Vigile, le *C. arrianos* et le *C. Eutychetem*, mais en confondant Vigile de Thapse et Vigile de Trente, l'ami d'Ambroise et de Simplicianus, qui fut tué par des païens vers 405. D'où le titre donné à son livre: *B. Vigilii Martyris et Episcopi Tridentini opera, quorum aliqua nunquam antehac integre edita, et nunc demum suo auctori uendicata*. Quoiqu'il en soit de cette confusion grossière, il revient à Cassander d'avoir restitué au même auteur le *C. Eutychetem* et le *C. arrianos*, enlevant du même coup à ce dernier sa paternité athanasienne ou pseudo-athanasienne. Une partie du titre de l'ouvrage est reprise pour le *C. arrianos* proprement dit: *Disputatio inter Sabellium, Fotinum, Arrium et Athanasium nunquam antehac integre edita et nunc demum suo auctori uendicata*. Ce titre semble indiquer que Cassander ne connaissait jusqu'alors que la version courte publiée en 1500 et plusieurs fois réimprimée, et qu'il a mis la main sur des manuscrits transmettant la version étendue. De fait, son

---

[17] *Athanasii episcopi Alexandrini opera studiosius quam antea fuerint, a situ uindicata*, Argentinae, 1522, p. 262v-271v.

[18] *Diui Athanasii Alexandrini uero episcopi opera omnia quae quidem hactenus latinitate donata sunt, quam fieri potuit adcuratissime castigata*, Lugduni, 1532, p. 231r-239r.

[19] *Diui Athanasii archiepiscopi Alexandrini, uiri undecunque tum doctissimi tum sanctissimi, atque pro catholica fide athletae inuictissimi opera omnia, quae hactenus apud Latinorum officinas reperiri potuerunt*, Coloniae, 1548, p. 60r-70v.

[20] *Diui Athanasii Magni Alexandrini archiepiscopii, scriptoris grauissimi et sanctissimi Christi martyris, omnia quae extant opera*, Parisiis, 1572, c. 804-830.

[21] Le livre peut être consulté sur: http://www.mdz-nbn-resolving.de/urn/resolver.pl?urn=urn:nbn:de:bvb:12-bsb10189079-6. Le *C. ar.* se trouve p. 1r-73v.

texte est très proche de la version longue de Chifflet. On y trouve en effet: a) la *Préface anonyme*; b) l'*Introduction historique*; c) le livre I complet; d) le livre II avec le même ordre des sections que dans le *textus receptus* (la version longue de Chifflet), à cette différence près qu'il comporte la section II, 25 (1) – II, 26 (40) (*Athanasius dixit: Priusquam – omnibus uobis*), absente chez Chifflet; e) la *Sententia Probi*.

Selon toute vraisemblance, P.-F. Chifflet ne connaissait pas les éditions que nous venons de citer, à l'exception de celle de G. Cassander. Mais il a apporté une contribution majeure aux études vigiliennes; à vrai dire, il les a inaugurées. Dans le volume qu'il fit paraître à Dijon en 1664, il restitua en effet à Vigile de Thapse, l'évêque africain du Ve s., le *C. Eutychetem* et le *C. arrianos*, et publia une longue étude sur cet auteur et ses différents ouvrages. La critique moderne n'a pas retenu toutes les attributions de Chifflet, mais son travail reste un passage obligé pour qui s'intéresse à Vigile et d'une manière plus large à la production africaine, spécialement antiarienne, des IVe et Ve s.

En ce qui concerne le *C. arrianos*, on doit d'abord à Chifflet la découverte de l'un des cinq mss qui transmettent la *Préface* authentique de Vigile, et donc la première édition de celle-ci. Dans cette préface, Vigile affirme avoir écrit un débat imaginaire entre différents hérétiques et Athanase, mais il ne se nomme pas. Cependant, depuis Chifflet l'attribution de la *Préface* et du traité à Vigile n'a jamais été remise en cause. Elle s'appuie en effet sur le témoignage de *C. Eutychetem* V, 2 où Vigile rapporte qu'il a écrit « aduersus Sabellium, Fotinum et Arrium, sub nomine Athanasii, tamquam si praesentes cum praesentibus agerent ». Il convient cependant de noter que la tradition manuscrite est presque totalement silencieuse sur la paternité vigilienne du *C. ar.* Seul le ms de Boulogne-sur-Mer, *Bibl. Mun.* 29 en fait mention; encore s'agit-il d'une mention *post correctionem*[22]. En effet, tandis que l'*incipit* du *C. ar.* (f. 60v) est « Incipit eiusdem (*sc.* Athanasii[23]) altercatio contra arrium sabellium et fotinum hereticos », on trouve, au verso du premier feuillet, la table des matières du *codex* et une autre désignation du *C. ar.*, avec la mention même de Vi-

---

[22] Cette mention est reprise par les quatre mss qui dépendent de celui de Boulogne. Cfr *infra*, p. 195.

[23] Le *C. ar.* fait suite au *De Trinitate* pseudo-athanasien (ou pseudo-eusébien) qui s'achève avec ces mots: « Sancti athanasii de trinitate liber explicit ».

gile: « *Contra arrium sabellium et fotinum altercatio quam uigilius nomine athanasii quasi coram ipsis hereticis disputando edidit, medium eorum interponens probum iudicem* ». Ce sommaire est d'une main postérieure, et il est dû probablement à l'un des correcteurs du traité qui, manifestement, a bénéficié d'une source transmettant le nom de l'évêque de Thapse. Le fait ne laisse pas d'être étonnant, car en l'état actuel de notre documentation, aucun ms. ne transmet le *C. ar.* sous le nom de Vigile (hors ceux qui dépendent du ms. de Boulogne). Si le correcteur avait eu accès à l'un des mss transmettant la *Préface* authentique de Vigile, celle-ci lui aurait révélé que le *C. ar.* était un pseudo-épigraphe mis sous le nom d'Athanase par son auteur, sans lui donner pour autant le nom de Vigile. On reste donc devant une énigme. Mais le fait témoigne qu'au XIIe s. (date probable du sommaire porté sur *Bl¹*) circulait soit une tradition orale qui associait l'œuvre à son véritable auteur, soit un ms. qui portait le nom même de Vigile en tête du *C. ar.* Ce n'est pas impossible, car il faut encore noter un fait que nous avions déjà signalé en éditant les *Solutiones obiectionum arrianorum*[24]. Le catalogue de l'abbaye de Saint-Oyen rédigé v. 890 par Mannon de Saint-Oyen lui-même décrit avec précision un ms. côté LXXXIII (= TROYES, *Bibl. Mun.* 2405) où il est dit à propos des 6ème et 7ème œuvres: « Item liber Vigilii episcopi continens altercatione[m] sancti Atanasii contra Arrium; Item eiusdem Vigilii libri III contra Nestorium et Uticetem »[25]. L'indication relative au *C. ar.* est d'autant plus intéressante qu'elle ne correspond à rien dans le ms. Car non seulement le nom de Vigile ne figure pas en tête du traité, mais celui-ci s'ouvre par la mention traditionnelle d'Athanase: « Incipit altercatio sancti Athanasii contra Arrium ». Mannon savait donc que l'œuvre était de Vigile, tout comme le *C. Eutychetem*[26].

On doit aussi à Chifflet une double édition du *C. arrianos*, longue et courte, ainsi qu'une hypothèse ingénieuse pour expliquer ces deux états du texte.

---

[24] Cfr P.-M. HOMBERT, « Les *Solutiones obiectionum arrianorum*: une œuvre authentique de Vigile de Tapse. Édition intégrale, traduction et commentaire », *Sacris Erudiri* 49 (2010), p. 185 n. 45. Mais c'est à tort que dans cette note nous disions le sommaire du ms. de Boulogne-sur-Mer être de la même main que le manuscrit.

[25] Cfr A.-M. TURCAN-VERKERK, « Mannon de Saint-Oyen dans l'histoire de la transmission des textes », *Revue d'Histoire des Textes* 29 (1999), p. 198.

[26] Pour ce dernier, l'*incipit* du ms. de Troyes porte bien « Incipit liber uigili episcopi tapsensis ecclesie contra eutycetem » (f. 51v).

En effet, selon le savant jésuite, la version longue du traité serait une reprise, amplifiée par Vigile lui-même, de la version courte. Cette dernière aurait été écrite quand Vigile était directement sous la menace des Vandales et devait se cacher sous un pseudonyme, Athanase, pour ne pas encourir les représailles de ceux dont il réfutait l'arianisme. Plus tard, se sentant plus libre, il aurait repris son ouvrage et l'aurait augmenté. Il en aurait aussi assumé la paternité en rédigeant une Préface où il annonçait clairement que le débat entre Athanase et ses adversaires était une fiction littéraire destinée à rendre plus compréhensibles les différentes doctrines théologiques. Cette seconde version, théologiquement plus ambitieuse, réfute en effet les principales hérésies trinitaires et christologiques des IIIe et IVe s., incluant donc les doctrines de Sabellius et Photinus.

Les travaux de Chifflet ont été vigoureusement réfutés à la fin du XIXe s. par Gerhard Ficker à qui l'on doit ce qui demeure la principale étude d'ensemble sur l'écrivain africain, bien que le livre ne soit pas très étendu[27]. Ficker a retiré à Vigile la plupart des ouvrages que Chifflet lui avait attribués, ne lui laissant de manière certaine que la paternité du *C. Eutychetem* et du *C. arrianos*. On peut lui donner raison, en particulier pour les 12 livres du *De Trinitate* pseudo-athanasien ou pseudo-eusébien.

S'agissant du *C. arrianos*, Ficker a réfuté l'idée que la version courte (avec, au livre I, Athanase et Arius comme seuls interlocuteurs) serait la première en date. Pour lui, la version brève résulterait de la suppression tardive (VIe-VIIIe s.) des sections avec Sabellius et Photinus, et il n'y aurait jamais eu qu'un seul écrit de Vigile: la version longue actuelle. Le jugement de Ficker s'est partout imposé et demeure à ce jour l'opinion commune des historiens et patrologues. Ficker avait aussi repéré 32 mss du *C. arrianos* et entrevu une tradition textuelle complexe[28]. D'où son souhait d'une édition critique. Mais tel n'était pas son projet et il aura fallu plus d'un siècle pour que son vœu soit exaucé.

Nous sommes heureux d'offrir aujourd'hui cette édition critique qui renouvelle totalement notre compréhension de l'œuvre. En effet, Chifflet et Ficker ont perçu l'un et l'autre plusieurs faits exacts,

---

[27] G Ficker, *Studien zu Vigilius von Thapsus*, Leipzig, 1897, 79 p.
[28] *Studien*, p. 35-38.

mais l'histoire du *C. ar.* est tout autre encore que ce qu'ils ont affirmé.

Pour le dire d'un mot, le traité de Vigile a bien connu deux rédactions successives, mais très différentes de celles envisagées par Chifflet. D'autre part, Ficker a eu raison de rejeter l'explication avancée par Chifflet à propos de l'absence des sections avec Sabellius et Photinus dans le livre I. Mais il n'a pas du tout vu que la version longue qu'il tenait pour la seule authentique était gravement interpolée. À vrai dire, il ne le pouvait pas en l'absence d'une connaissance exhaustive de la tradition manuscrite, en particulier d'une branche capitale que nous avons eu le bonheur de mettre au jour, la famille espagnole.

Au terme d'une enquête longue et difficile, nous sommes parvenu à classer l'ensemble des manuscrits subsistant et à établir un *stemma* précis, mais surtout à proposer une organisation du texte totalement nouvelle et solidement justifiée.

2. *La tradition manuscrite du* Contra Arrianos: *première vue d'ensemble*

La tradition manuscrite actuellement connue comporte 82 mss (près de trois fois le nombre avancé par Ficker). Quelques-uns ne contiennent que le livre I, d'autres que les livres I et II, d'autres encore ne rapportent que la *Sententia Probi*. De plus, à l'intérieur de ces différents groupes, on trouve des mss avec ou sans les sections où interviennent Sabellius et Photinus, avec ou sans la *Préface* de Vigile, avec ou sans l'*Introduction historique*. On relève aussi des mss offrant la version longue du traité, mais dont le livre II est organisé de manière totalement différente. Enfin, sept mss contiennent deux fois une partie du traité, dans des versions différentes. La tradition est donc multiforme et se révèle au premier abord très déroutante. Au total, on dispose de 89 témoins textuels. Tous ont été soigneusement examinés et presque tous intégralement collationnés.

Pour jeter quelque lumière à l'intérieur d'une tradition si vaste et si peu homogène, on dispose de deux types de données: d'une part les différentes versions du traité, définies non seulement par le nombre de livres transmis, mais aussi par les sections internes aux livres I et II, omises ou situées à des endroits différents, et d'autre part les variantes textuelles portant sur un ou plusieurs mots, ou sur une phrase entière. À vrai dire, les deux types de données ne divergent pas vraiment. En effet, il s'agit toujours d'accords textuels. Mais le nombre et l'étendue des sections omises par plusieurs branches de la tradition – et pouvant représenter jusqu'à quinze ou vingt pages de la présente édition – confèrent à ces accords un poids particulier. La « signature » est alors manifeste, écrite en gros caractères, et permet d'opérer un premier tri des témoins, aussi aisé que solide. C'est par là que nous commencerons. Mais deux remarques préalables sont nécessaires:

- D'abord, il s'agit d'une première approche de la tradition et plusieurs questions seront pour l'heure laissées de côté, comme celle des différentes « préfaces ». Il ne sera même pas question pour l'instant de la *Sententia Probi*, car les manuscrits qui ne transmettent qu'elle trouveront plus facilement leur place dans le *stemma*, une fois ses grandes lignes établies. Ce *stemma* préliminaire est donc fondé sur l'examen des deux premiers livres, préfaces exclues. C'est d'ailleurs le livre II qui concentre la plupart des permutations ou omissions textuelles.
- Ensuite, les sections situées à des endroits différents du livre II en fonction des manuscrits demandent que l'on considère attentivement leur environnement et leur contenu. La *cohérence* de l'argumentation ou, à l'inverse, les *ruptures* du discours sont en effet des éléments essentiels pour identifier les désordres d'un texte, que ceux-ci soient dus aux étapes de sa rédaction ou de sa publication, ou aux aléas de l'histoire: déplacement accidentel, erreur d'un copiste, chute mal réparée d'un cahier.

Le paragraphe qui suit se contente donc de décrire sommairement le *stemma* auquel nous sommes parvenu, sans chercher à entrer dans les détails, ni à prouver pour l'instant ce que nous avançons. Il s'agit simplement de familiariser le lecteur avec une tradition particulièrement embrouillée. La justification des propos sera donnée ensuite, de manière aussi précise qu'on est en droit de l'attendre.

3. *Les deux grandes familles de la tradition: première description*

La famille α

Cette première famille comporte 37 mss, dont 7 contiennent deux versions (partielles) du traité; soit au total 44 textes. Son identité est assurée par des variantes textuelles que nous examinerons le moment venu, mais surtout par l'organisation du livre II. La famille α est cependant disparate, car elle regroupe *quatre sous-familles* dont les différences sont très importantes.

La première sous-famille (γ) est composée de 11 mss et nous l'appellerons « bourguignonne ». Ses témoins ont le livre I dans sa version courte, c'est-à-dire sans les sections Sabellius-Photinus (mais toujours avec l'*Introduction historique*), puis le livre II, également dans sa version courte. Il n'y a pas de *Sententia Probi*. Cette sous-famille se subdivise elle-même en deux branches, dont l'une est représentée par le deuxième texte des « doublons » dont il va être question.

La deuxième sous-famille (ζ) réunit 15 mss dont la majorité relève de l'aire germanique. Nous l'appellerons donc « allemande ». Elle est proche de la précédente, car tous ses membres ont en commun d'avoir, après l'*Introduction historique*, le livre I dans sa version courte (sans les interventions de Sabellius et de Photinus), puis le livre II, lui aussi dans sa version courte, mais un peu moins courte que dans la famille précédente, car sans l'omission que cette dernière présente en début de livre. Il n'y a pas de *Sententia*.

La troisième sous-famille (ν) regroupe 5 mss, ou plus exactement le premier texte de 5 mss. Ceux-ci ont en effet la particularité d'offrir deux versions du traité de Vigile, l'une à la suite de l'autre. Pour cette raison, nous appellerons ces mss « doublons ». La première version s'ouvre avec la *Préface* de Vigile (ce sont les seuls mss de la tradition à la transmettre), et se poursuit avec le livre I *complet* (c'est-à-dire avec les sections Sabellius-Photinus). Nous appellerons donc ces cinq témoins « doublons longs ». Mais leur texte ne comporte ni le livre II, ni la *Sententia Probi*. Il est suivi en revanche, sans transition aucune, d'une deuxième version du *C. ar.* à laquelle il a été fait allusion en décrivant la première sous-famille.

La quatrième sous-famille (ξ) regroupe 13 mss, dont 3 ne transmettent que la *Sententia Probi*. Les 10 autres ont en commun d'avoir, après l'*Introduction historique*, le livre I complet (avec les sections où interviennent Sabellius et Photinus), puis le livre II sous sa forme longue, mais avec une distribution du texte très différente de celle publiée par Chifflet, et enfin la *Sententia Probi*. Le plus ancien des mss complets provenant de Vic, et plusieurs autres se rattachant à l'Espagne, nous appellerons cette sous-famille « espagnole ».

Les deux premières sous-familles (γ et ζ) ont des similitudes importantes que nous étudierons plus avant et qui permettent de les regrouper dans un même ensemble (α¹). Il en va de même pour les deux dernières (ν et ξ) qui constituent un autre ensemble (α²).

La famille β

Cette seconde famille, beaucoup plus homogène, regroupe 45 mss qui transmettent la version longue publiée par Chifflet (à part deux témoins fragmentaires et quelques exceptions qui seront étudiées en leur temps). On y trouve le livre I complet, avec les interventions d'Athanase, Arius, Sabellius, Photinus et Probus, toujours précédé de l'*Introduction historique* (que Chifflet avait cependant publiée avec la version courte), puis le livre II, avec un ordre très spécifique des sections, et enfin la *Sententia Probi*.

Malgré sa grande unité, la famille β se répartit aisément en deux sous-familles bien typées: β¹ et β². Font également partie de β 2 témoins qui ne transmettent que la *Sententia Probi*. Les plus anciens mss provenant du Nord-Est de la France, nous l'appellerons « famille septentrionale ».

Un schéma permettra de mémoriser ces premières données:

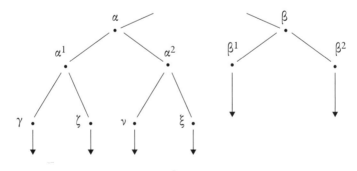

4. Première justification des deux familles et des sous-familles

Pour confirmer l'identité de chaque famille ou sous-famille qui vient d'être décrite, nous nous appuierons d'une part sur l'étendue et l'organisation interne du texte, en particulier du livre II, et d'autre part sur les variantes textuelles.

4.1. L'étendue et l'organisation du texte

S'agissant du livre I proprement dit (c'est-à-dire sans l'*Introduction historique*), l'étendue et l'organisation du texte sont aisées à repérer. Tous les mss ont en effet le texte complet agencé de la même façon, à l'exception des sous-familles bourguignonne (γ) et allemande (ζ) qui omettent, comme nous l'avons déjà dit, les sections où interviennent Sabellius et Photinus, en s'arrêtant et en recommençant aux mêmes endroits. Ces deux sous-familles constituent donc un même ensemble (α'). Les variantes textuelles le confirmeront amplement.

S'agissant du livre II, les choses sont beaucoup plus complexes. Rappelons d'abord que quelques mss ne le transmettent pas et constituent donc *a priori* un groupe homogène (ν), d'autant qu'ils rapportent aussi, eux-seuls, la *Préface* de Vigile. Les variantes textuelles confirmeront ici encore l'identité du groupe.

Pour tous les autres mss, l'étendue et l'organisation du livre II offrent une grande variété de cas, à tel point qu'un premier inventaire laisse désorienté. La manière la plus simple d'y voir clair est de diviser le texte en différentes sections, ce qui permet comparaisons et classements. Nous le fractionnons en fonction de la présente édition, mais en indiquant les correspondances avec le *textus receptus*, c'est-à-dire la version longue de Chifflet ou, si besoin, avec sa version courte.

Section A

Elle commence avec les premiers mots du livre « Item die sequenti Probus dixit » (II, 1 l. 1 = *PL* 62, 197 C) et va jusqu'à « ut data est, conseruari » (II, 19 l. 27 = *PL* 62, 210 B).

Cette section :

- est en tête du livre, dans tous les mss de α (sous-familles γ, ζ, ξ) et de β;
- comporte une grande omission allant de « Arrius dixit: Quod tam breuibus » (II, 10 l. 7 = *PL* 62, 204 B) à « unius adprobare substantiae » (II, 18 l. 3/4 = *PL* 62, 209 C) dans tous les mss de la sous-famille bourguignonne (γ).

Section B

Elle va de « Arrius dixit: Et superiore prosecutione mea » (II, 20 l. 1 = *PL* 62, 215 D) à « aut una cum eodem posse potestate potiri? » (II, 23 l. 20 = *PL* 62, 218 D).
Cette section:

- vient à la suite de la précédente dans tous les mss de α (sous-familles γ, ζ, ξ)
- suit l'intervention de Probus se terminant par « diuinis te conuenit testimoniis edocere » (III, 10 l. 5 = *PL* 62, 215 D) dans tous les mss de β. Le déplacement est d'une quinzaine de pages.

Section C

Elle se compose de deux déclarations d'Athanase et de Probus et va de « Athanasius dixit: Si iudicis clementia permissum tribuit » (II, 24 l. 1 = *PL* 62, 220 B) à « professione conuinctus abscedat » (II, 24 l. 11 = *PL* 62, 220 C).
Cette section:

- vient à la suite de la précédente dans tous les mss de α (sous-familles γ, ζ, ξ);
- suit l'intervention d'Arius se terminant par « per obsequium ministerii famulatur » (III, 12 l. 13 = *PL* 62, 220 B) dans tous les mss de β. Le déplacement est d'une douzaine de pages.

Section D

Elle consiste en une longue intervention d'Athanase et va de « Athanasius dixit: Priusquam Spiritum sanctum Deum esse perdoceam » (II, 25 l. 1) à « societas Spiritus sancti cum omnibus uobis » (II, 26 l. 40).

Cette section:

- figure à la suite de la précédente dans tous les manuscrits de α (sous-familles γ, ζ, ξ);
- est absente de tous les mss de β et ne figure pas non plus dans la version longue éditée par Chifflet, mais seulement dans la version courte: *PL* 62, 176 D – 178 C [29].

Section E

Elle correspond à l'intervention de Probus qui conclut le livre II (entrecoupée par deux propos d'Athanase et d'Arius) et va de « Probus iudex dixit: Si post innumerabilia testimonia » (II, 27, l. 1 = *PL* 62, 230 A) à « Athanasius purae fidei assertor ualeat peruenire » (II, 28 l. 20); les vingt dernières lignes sont bizarrement absentes de la version longue de Chifflet et de la *PL*. Le texte s'arrête chez eux à « respondisse sufficiat: *PL* 62, 230 C = II, 27 l. 20).

Cette section:

- vient à la suite de la précédente dans tous les manuscrits de α (sous-familles γ, ζ, ξ)
- suit l'intervention d'Athanase se terminant par « ultimam de cognitis ferre sententiam » (III, 27 l. 11 = *PL* 62, 230 A) dans tous les mss de β. Le déplacement est d'une vingtaine de pages.

Section F

Elle s'étend de « Probus iudex dixit: Licet congruo disputationis » (III, 1, l. 1 = *PL* 62, 210 B) à « diuinis te conuenit testimoniis edocere » (III, 10 l. 5 = *PL* 62, 215 D)

Cette section:

- est absente de tous les mss de α¹ (sous-familles γ, ζ)
- vient à la suite de la section E dans tous les mss de la sous-famille espagnole (ξ)

---

[29] Pour être précis, signalons qu'elle figure tout de même dans 4 mss d'une branche latérale (τ²). Nous reviendrons sur cette particularité due à une contamination.

– suit la section A dans tous les mss de β. Le déplacement est d'une huitaine de pages.

Section G

Elle va de «Athanasius dixit: Sapientiam et uirtutem» (III, 10, l. 6 = *PL* 62, 218 D) à «per obsequium ministerii famulatur» (III, 12 l. 13 = *PL* 62, 220 B)
Cette section:
- est absente de tous les mss de α^1 (sous-familles γ, ζ)
- suit la section précédente dans tous les mss de la sous-famille espagnole (ξ)
- suit la section B dans les mss de β. Le déplacement est d'une douzaine de pages.

Section H

Elle commence à «Athanasius dixit: Multo magis ex hoc apparet» (III, 13, l. 1 = *PL* 62, 220 C) et va jusqu'à «ultimam de cognitis ferre sententiam» (III, 27 l. 11 = *PL* 62, 230 A)
Cette section:
- est absente de tous les mss de α^1 (sous-familles γ, ζ)
- suit la section précédente dans tous les mss de la sous-famille espagnole (ξ)
- suit la section C dans tous les mss de β. Le déplacement est de trois pages.

Autrement dit, le livre II du *textus receptus* se présente ainsi:

famille α $\begin{cases} \alpha^1 \begin{cases} \text{sous-famille } \gamma\text{: sections A avec omission-B-C-D-E} \\ \text{sous-famille } \zeta\text{: sections A-B-C-D-E} \end{cases} \\ \alpha^2 \begin{cases} \text{sous-famille } \nu\text{: } \textit{absent} \\ \text{sous-famille } \xi\text{: sections A-B-C-D-E-F-G-H} \end{cases} \end{cases}$

famille β $\{$ sections A-F-B-G-C-H-E

Un tableau récapitulatif permet de visualiser aisément les différentes versions du *C. ar.*:

PREMIÈRE JUSTIFICATION DES FAMILLES

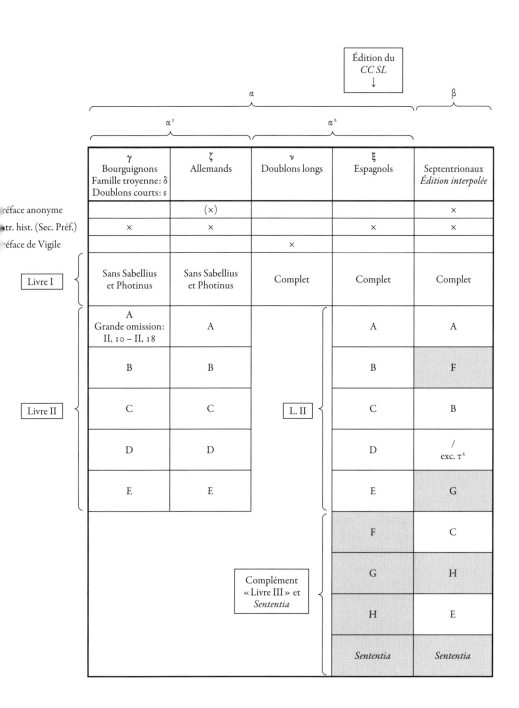

4.2. Les variantes textuelles

S'agissant des variantes textuelles proprement dites, il convient de les relever avant tout dans le tronc commun du *C. ar.*, c'est-à-dire dans les parties présentes dans la totalité des manuscrits, afin que ces variantes aient un maximum de signification. Ces parties communes représentent 18 % du traité, mais l'on monte à 40 %, si l'on ne tient pas compte des doublons longs (ν) qui ne transmettent que le livre I. Toutes les variantes textuelles qui seront indiquées relèveront de ces deux catégories, chaque fois précisées.

Le détail des variantes sera donné avec l'analyse détaillée de chaque famille et sous-famille, ainsi que de leurs différentes branches, dans la seconde partie de cette Introduction (« Discussion stemmatique »). Pour l'instant, notons simplement les points suivants:

- les variantes textuelles confirment totalement les familles établies jusqu'ici;
- en α, elles révèlent un même archétype pour les familles bourguignonne et allemande (α^1), et un même archétype pour les doublons longs et la famille espagnole (α^2). Elles permettent aussi de distinguer aisément deux branches dans la famille bourguignonne: la branche troyenne (δ) et les doublons courts déjà évoqués (ε);
- en β, elles permettent de distinguer clairement deux sous-familles: β^1 et β^2.

Tout cela doit être regardé comme certain, puisqu'il s'agit de données textuelles incontestables. Reste désormais à interpréter ces faits, c'est-à-dire à expliquer l'existence des différentes versions courtes (γ, ζ, ν), et surtout la différence entre la version longue des espagnols (ξ) et celle des septentrionaux (β), puisque l'ordre des sections du livre II diffère totalement dans les deux cas.

5. *Les différentes versions courtes*

Différentes remarques peuvent être faites qui permettent d'avancer des hypothèses possibles, probables ou très fondées:

1. En α^2, l'existence du seul livre I chez les doublons longs (ν) peut s'expliquer de deux manières:

- par l'interruption de la copie à un moment ou à un autre de la transmission du texte. C'est la solution la plus simple. Bien des transcriptions au cours des siècles n'ont été que partielles.
- par l'existence d'un tout premier état de l'œuvre dont ce serait ici la trace. Vigile se serait mis à écrire un traité sur les principales doctrines christologiques et trinitaires, en lui donnant la forme d'un débat contradictoire fictif (cfr la *Praefatio Vigilii* des doublons longs). Mais assez vite, après la rédaction du livre I, alors que l'essentiel de sa propre foi nicéenne restait à exposer (*sub nomine Athanasii*), il se serait arrêté, avant de reprendre son ouvrage sur d'autres bases et en lui donnant une signification nouvelle que nous préciserons plus loin. Mais entre temps, le livre I aurait déjà été recopié (avec ou sans son accord)[30], et se serait diffusé tel quel.

Cette hypothèse se heurte cependant au fait qu'il n'y a pas de vraie tradition manuscrite du livre I, puisque les manuscrits qui transmettent ce seul livre, ont à sa suite une autre version du même livre, cette fois avec l'*Introduction historique* et sans les interventions de Sabellius et Photinus (ce sont les 5 mss avec les doublons longs, puis courts); ce qui est pour le moins étrange et révèle certainement une transmission complexe (la circulation conjointe de différents états du traité), et beaucoup de perplexité chez les copistes, certains choisissant de ne rien exclure, quitte à confectionner des doublons. Néanmoins l'hypothèse d'une première diffusion de l'œuvre, avec la *Préface* de Vigile et le seul livre I, peut être gardée en mémoire.

2. Pour expliquer les différentes versions courtes, une autre hypothèse, à première vue séduisante, se présente à l'esprit: les 5 mss qui contiennent les doublons longs, puis les doublons courts, reproduiraient le contenu même de l'archétype de Vigile. Celui-ci, en reprenant son travail, aurait fait figurer à la suite l'une de l'autre deux versions de son traité. Cette conjecture pourrait se prévaloir d'une autre hypothèse, sur laquelle nous reviendrons plus avant pour en démontrer la justesse, mais que l'on peut déjà formuler d'un mot: un cer-

---

[30] On connaît le précédent célèbre du *De Trinitate* d'Augustin, recopié à l'insu de son auteur dans une version inachevée.

tain temps après en avoir écrit une première version, Vigile aurait actualisé son ouvrage en fonction de la situation de l'Église africaine soumise au roi Huniric. Il aurait alors écrit l'*Introduction historique* qui ouvre le texte des doublons courts et, se concentrant désormais sur l'arianisme, aurait supprimé de son texte antérieur (le livre I) les mentions de Sabellius et Photinus, de peu d'actualité. On reviendrait ainsi à l'hypothèse de Chifflet (les versions courtes et longues du livre I sont dues à Vigile), mais en intégrant aussi une idée de Ficker (la version longue du livre I, avec Sabellius et Photinus, est antérieure). Nous allons voir cependant que, si le texte long avec Sabellius et Photinus est effectivement antérieur, l'idée que son amendement soit le fait de Vigile n'est pas défendable.

3. Ficker avait vu juste: le texte long du livre I a précédé le texte court, et dans les mss de $\alpha^{\scriptscriptstyle 1}$ (familles bourguignonne et allemande), l'absence des sections avec Sabellius et Photinus résulte d'une suppression volontaire de ces protagonistes. La démonstration peut en être faite sans difficulté.

Rappelons d'abord un argument majeur de Ficker. Cet auteur remarque que le juge Probus demande aux débatteurs s'ils veulent bien *euidentioribus scripturae diuinae testimoniis adsertionum uestrarum sententias communire* (I, 5 l. 15/16 = *PL* 62, 159 C; 183 B), puis il continue en disant, selon la version longue: *Et ne longo orationis ambitu ipsius permixtae disputationis confusione procul euagemini, singillatim unusquisque uestrum aduersus ceteros dimicet, ita ut omnes contra unum quaestionis arma sumentes, in his quae uobis esse communia nostis, contra dissentientem uobis inuicem suffragemini.* Autrement dit, chacun doit lutter séparément contre les autres, ou, comme le dit Ficker, « contre l'adversaire commun, les attaquants doivent s'appuyer sur ce qu'ils professent en commun, et s'ils le vainquent, celui-ci doit se retirer. Ainsi Photinus, Arius et Athanase doivent d'abord lutter contre Sabellius; ensuite Arius et Athanase contre Photinus; et en dernier lieu Arius contre Athanase ». Or Ficker note avec pertinence que cela invalide la recension courte où Probus dit simplement: *singillatim fidem uestram, ut dixi, edicite. Sed Arrius nunc prosequatur et suam fidem astruere non grauetur*. « Cette invitation, écrit-il, n'a pas de sens, parce que, dans la recension courte, Arius et Athanase ont déjà exposé leur *credo*. Elle ne peut se comprendre que comme un expédient d'un excerpteur maladroit » [31]. L'argument est décisif.

Ajoutons, pour notre part, qu'à la suite du passage cité par Ficker, les brefs propos tenus par Sabellius dans la version longue (I, 6 l. 1/3 : *Sabellius dixit: Quoniam mecum – fateantur*, et I, 6 l. 5/6 : *Sabellius dixit: Respondeant – sunt*), le sont par Arius dans la version courte (cfr *PL* 62, 159 C), et qu'une phrase dite par Arius dans la version longue (I, 6 l. 4 : *Arrius dixit: Quis hoc impius negauerit?*), l'est par Athanase dans la version courte (cfr *PL* 62, 159 C), et ce, juste avant que deux autres phrases, l'une d'Arius et l'autre de Photinus, présentes dans la version longue (I, 6 l. 7/9), ne soient absentes dans la version courte. Tout cela serait assez incompréhensible si Vigile avait simplement décidé d'amplifier son premier ouvrage en insérant les figures de Sabellius et Photinus. Il ne se serait pas donné la peine de procéder à ce travail de microchirurgie qui révèle au contraire un réviseur expurgeant avec soin un texte préexistant.

Notons encore qu'en I, 21 l. 23/25, Athanase s'adresse à Arius en évoquant les doctrines de Sabellius et de Photinus dans des termes tels qu'il semble avoir ceux-ci devant lui et qu'il vient de les entendre. Or, toute la section figure *dans la version courte du livre I*. Certes, on pourrait imaginer que l'auteur des suppressions dans la version courte a compris le propos d'Athanase comme un énoncé général sur des doctrines théologiques, et non comme une référence aux deux hérésiarques qui seraient présents et viendraient de parler. Mais ce serait tout de même très étonnant, vu le contexte, et plus encore en regard de cette phrase d'Athanase à Arius : « Iam *hic* Fotino, qui ex humanae generationis natura initium *tribuit* Filio, quanta calumniandi occasio pateat, ipse tu, quaeso, metire ». Tout porte donc à croire que le réviseur de la version courte a été ici moins attentif en procédant à ses corrections. Par là-même, il a attesté l'antériorité de la version longue avec Sabellius et Photinus.

---

[31] G. FICKER, *Studien zu Vigilius von Thapsus, op. cit.*, p. 28-29.

4. Mais autant la version courte du livre I est postérieure, autant Vigile ne peut pas en être l'auteur. Certes, redisons-le, on pourrait imaginer que Vigile, après avoir entamé un ouvrage sur les principales hérésies trinitaires et christologiques, en convoquant même des hérésiarques anciens tel Sabellius, aurait décidé, devant la persécution vandale toujours plus forte, de se concentrer sur le seul vrai danger contemporain: l'arianisme. Il aurait alors repris son opuscule, modifié son début en écrivant l'*Introduction historique,* et supprimé les passages avec Sabellius et Photinus.

Mais s'il y a quelque chose de vrai dans cette hypothèse, à savoir une deuxième rédaction du *C. ar.* due à Vigile et directement liée à la situation ecclésiale – c'est une idée que nous avons déjà évoquée et que nous allons vérifier en détail – cette rédaction n'a pas comporté de révision drastique du livre I, avec la suppression de Sabellius et Photinus, pour la raison suivante: dans la famille espagnole, le livre II comporte les sections A-B-C-D-E *et* F-G-H, c'est-à-dire se présente *dans sa version longue*; une version qu'il faut certainement attribuer à la deuxième rédaction du traité par Vigile, comme nous allons le voir. Or ce livre II *complété* y est précédé du livre I *complet* (avec Sabellius et Photinus). Il est donc logique de penser que Vigile, en remettant sur le chantier son ouvrage, a repris l'intégralité du livre I qu'il avait antérieurement écrit. Dans le cas contraire, il faudrait imaginer une première version du traité avec le livre I complet; une seconde, avec le livre I expurgé de Sabellius et Photinus, mais enrichi du livre II (sections A-B-C-D-E); et une troisième où Vigile aurait complété le livre II (sections F-G-H), *tout en revenant à la version longue du livre I* qu'il avait abandonnée précédemment. C'est illogique et trop compliqué pour être sérieusement envisagé.

La version courte du livre I résulte donc, comme Ficker l'avait vu, et comme nous l'avons montré pour notre part, d'un travail d'abréviation dû à quelque copiste qui a opéré entre le VIe et le VIIIe s. en travaillant avec soin, mais en laissant cependant des traces de son intervention.

5. Nous avons vu que les mss de α^1 (les familles bourguignonne et allemande) s'arrêtent tous avec la section « E » qui est une conclusion du débat par Probus. Il s'agit d'une fin natu-

relle, parfaitement normale, qui permet d'inférer avec un très haut degré de probabilité l'existence d'un premier état du traité s'achevant avec cette conclusion. Sur ce point, Chifflet avait fait preuve de bon sens, tandis que Ficker a défendu l'existence d'une unique rédaction du *C. ar.*, mais n'a aucunement expliqué l'existence de deux conclusions (la section «E» et la *Sententia Probi*), contradictoires au demeurant, puisque dans la première Probus annonce que le jugement sera rendu par l'empereur, tandis que dans la seconde il rend lui-même, dans l'instant, le jugement. Les deux conclusions-sentences du *C. ar.* ne peuvent raisonnablement s'expliquer que par une double rédaction du traité.

6. En quoi exactement a consisté la deuxième rédaction du *C. ar.*? À notre avis, en trois choses: le complément apporté au livre II (les sections F-G-H), une nouvelle conclusion (la *Sententia Probi*), mais aussi le remplacement de la *Praefatio Vigilii* par l'*Introduction historique* qui ouvre désormais le livre I. Cette *Introduction historique* ou «Préface de la seconde édition», que nous étudierons en détail plus loin, est donc due, croyons-nous, à Vigile lui-même et s'inscrit parfaitement dans sa volonté de compléter le *C. ar.* en fonction de la situation politique et ecclésiale de l'heure. Un point cependant reste à éclaircir: son existence dans les mss de α^1. Puisque ces mss s'arrêtent avec la conclusion initiale de Probus (section «E»), et représentent donc la première rédaction du *C. ar.*, ils ne devraient pas contenir l'*Introduction historique*. La question est importante et ne peut être éludée, mais nous la traiterons à la fin de cette première partie, quand nous étudierons aussi la «Préface anonyme».

7. Notons une dernière chose à propos des versions courtes. Dans la sous-famille bourguignonne, la section «A» du livre II omet un très long passage. Plutôt que de la suppression volontaire d'un passage qu'un copiste aurait jugé superflu, il s'agit certainement de la chute d'un cahier, car la section «A» complète est attestée dans tous les autres mss de α^1, comme d'ailleurs de la tradition.

6. Deux versions longues: la famille espagnole et la famille septentrionale

Les analyses précédentes commencent à éclaircir l'horizon et fournissent plusieurs éléments de réponse, probables ou même certains, aux diverses questions que pose la tradition manuscrite du *C. ar.* Elles montrent aussi l'importance de la famille espagnole, témoin évident d'un important complément apporté au traité initial.

Mais une question capitale se pose désormais, que ni Chifflet ni Ficker n'ont soupçonnée, parce qu'ils ignoraient l'existence de cette famille espagnole[32]. Les mss de cette dernière ont en effet *en commun avec les mss de α¹* la première partie du livre II selon le même ordre des sections: A-B-C-D-E, et *en commun avec les mss de β* la présence des sections F-G-H. Cependant, cette double parenté va de pair avec une différence considérable, puisque l'ordre des sections diffère radicalement entre les deux familles: A-B-C-D-E-F-G-H pour les espagnols (ξ); A-F-B-G-C-H-E pour les septentrionaux (β).

Cette différence est déroutante. Mais l'on commence à voir clair, si l'on passe d'une analyse purement littéraire à une *analyse théologique* qui s'attache aux propos des différents interlocuteurs et à la logique du discours. Une analyse précise de l'argumentation va nous permettre en effet de répondre à cette question: quel est le bon ordre des sections du livre II ? celui des mss espagnols ou celui de β ? Et si, comme nous l'avons laissé entendre, l'ordre exact est celui de la famille espagnole pour l'ensemble du livre II (en accord aussi avec les mss de α¹ pour la première partie du livre II), qu'en est-il de l'ordre des sections attesté en β ? D'où vient-il et comment peut-il se justifier ? La question est d'autant plus importante que cet ordre s'est imposé jusqu'à ce jour comme le texte officiel du *C. ar.* Y aurait-il eu grave méprise à son sujet ? Pour répondre à cela, il faut donc confronter de près l'organisation du livre II chez les espagnols et chez les septentrionaux.

---

[32] Sur la base des catalogues, Ficker avait repéré l'existence des mss de Bordeaux et de Toulouse qui appartiennent à la famille espagnole et il avait entrevu leur particularité. Mais manifestement il ne les a pas examinés ou n'en a rien retiré. Cfr *Vigilius*, p. 33-34.

7. Les livres II et III : analyse théologico-littéraire et ordre des sections

Rappelons d'abord que le *textus receptus* du *C. ar.* (la version longue de Chifflet) ne distingue que deux livres dans le traité de Vigile : les livres I et II (auxquels s'ajoute la *Sententia Probi*), tandis que la présente édition en distingue trois (plus la *Sententia*), puisque nous scindons le livre II de Chifflet en livre II et livre III. Pour la clarté du propos, nous suivrons notre propre organisation du texte, mais notre but est évidemment de la justifier en détail. L'analyse suivante envisagera successivement notre livre II puis notre livre III.

Ce qui suit résume brièvement le contenu des différentes sections afin de mettre en évidence la cohérence du discours ou au contraire ses ruptures.

7.1. Livre II

Section « A » (fin)

– c. XVI l. 22/30 (ζ, ξ, β) : Arius accuse Athanase de professer les idées de Photinus en attribuant à l'humanité du Christ les paroles où celui-ci atteste qu'il est inférieur au Père et différent de lui en substance, en particulier Ioh. 14, 28 : *Le Père est plus grand que moi*.
– c. XVII (ζ, ξ, β) : Athanase contraint Arius à reconnaître que certaines paroles du Christ doivent être attribuées à son humanité, d'autres à sa condition divine, et illustre son propos avec plusieurs citations scripturaires.
– c. XVIII l. 1/4 (ζ, ξ) : Probus demande alors à Athanase de prouver par l'Écriture que le Père, le Fils et l'Esprit-Saint sont d'une seule substance : « Conuenit a tuis partibus Patrem et Filium et Spiritum sanctum, diuinorum testimoniorum lectione, unius adprobare substantiae ». Ces lignes sont omises par β, mais c'est une lacune fautive, car Athanase va répondre en reprenant les mots de Probus. Chifflet avait édité ce paragraphe.
– c. XVIII l. 5/22 (α^{1}, ξ, β) : Athanase annonce qu'il va satisfaire Probus : « Patrem et Filium et Spiritum sanctum unius

esse substantiae demonstremus, atque Filium de Patris substantia natum ex diuinis uoluminibus adprobemus ».
- c. XIX (α^1, ξ, β): Athanase fournit ses arguments scripturaires: Hebr. 1, 3; Ier. 33, 22; Ier. 32, 18; Ps. 44, 2; Ioh. 1, 1; Eccli. 42, 15; Ps. 32, 6. Ces textes prouvent que le Fils est né « de la substance du Père » et qu'il est « non tantum similis sed et coaequalis Patri ».
- Ensuite, α et β divergent: on a la section « B » en α (α^1 ξ), et la section « F » en β. Mais tout indique qu'il faut suivre l'ordre de α.

Section « B »

- c. XX (α^1, ξ, β): Arius répond en disant que dans un propos précédent (*et superiore prosecutione*) il a montré qu'Athanase attente à l'Écriture en affirmant une égalité de substance, puisque le Fils dit en Ioh. 14, 28: *Le Père est plus grand que moi*. Cela se réfère à ce qu'il a dit deux pages plus haut, à la fin du c. XVI (cfr ci-dessus). Mais si l'on suit la tradition textuelle de β, ce c. XX (= c. XXIX de *Chifflet/ PL*) vient après plusieurs interventions d'Arius dont aucune n'évoque Ioh. 14, 28, et le renvoi au c. XVI semble d'autant plus difficile, puisqu'il y a entre la citation de Ioh 14, 28 à laquelle se réfère Arius et les mots « superiore prosecutione » la très longue section « F » (III, 1 l. 1 à III, 10 l. 5), soit 7 pages de la présente édition.

  - En α, il y a une parfaite continuité avec le chapitre précédent et le thème du Fils égal ou non au Père quant à la substance. En effet, tandis qu'Athanase vient de conclure en disant « Multa sunt enim quae de Filio scripturae diuinae perhibent testimonia quod de substantia Patris... genitus demonstretur, de qua substantia non tantum similis sed et *coaequalis* Patri Filius comprobatur », Arius répond: « in crimine uersatur scripturae diuinae, dicendo eo quod in substantia Dei *coaequet* filium genitori »[33].
  - Au florilège d'Athanase (c. XIX), Arius oppose immédiatement un florilège inverse (c. XX) prouvant que le Fils est inégal au Père en substance: Ioh. 14, 28; Ioh. 12, 49; Ioh.

---

[33] *Sed et coaequalis* est absent de Chifflet-Migne, car absent des principaux mss de β, mais il est partout attesté dans α et présent aussi dans $Sm^{1p.c.}$.

8, 42; Ioh. 6, 38; Ioh. 12, 50; Ioh. 17, 12; Ioh. 6, 39; Matth. 26, 53; Matth. 26, 42; Matth. 26, 39; Ioh. 8, 29; Matth. 20, 23; Phil. 2, 9; Act. 3, 13; Ps. 44, 8; Eph. 1, 20.

- Si on adopte l'ordre de β (celui du *textus receptus*), on passe brusquement d'un sujet : le Fils est-il égal en substance ? (fin de la section «A ») à un autre : le Fils est-il engendré par nature ou par volonté ? (section «F »). Il y a une solution de continuité évidente.

- c. XXI l. 1/7 (α^1, ξ, β) : Probus invite Athanase à répondre aux arguments bibliques avancés par Arius.
- c. XXI l. 8 – XXII l. 50 (α^1, ξ, β) : longue réfutation athanasienne des textes allégués par Arius. Athanase les reprend successivement et les explique de son point de vue, puis conclut avec un nouveau florilège sur l'égalité du Fils et du Père.
- c. XXIII l. 1/7 : Probus approuve Athanase.
- c. XXIII l. 8/20 : battu sur le Fils, Arius se rabat sur l'Esprit-Saint : de lui au moins, on ne peut pas dire qu'il soit égal au Père et au Fils ! Il fournit un florilège biblique prouvant l'infériorité de l'Esprit et sa condition de créature : Ioh. 16, 14 ; Ioh. 15, 26 ; Is. 57, 16 ; Ioh. 14, 26 ; Ez. 37, 5 ; Am. 4, 13, et conclut qu'on ne pourra jamais le convaincre que la créature puisse être égale au créateur et posséder avec lui un même pouvoir.

Puis α et β divergent une nouvelle fois : on a la section « C » en α (α^1 et ξ), et la section « G » en β. Mais tout indique qu'ici encore il faut suivre l'ordre de α.

Section « C »

- c. XXIV l. 1/4 (α^1, ξ, β) : Athanase affirme qu'il peut prouver, sur la base des Écritures, que l'Esprit Saint est « Dieu » et « créateur », et non « créature ». Le propos s'enchaîne donc parfaitement avec celui d'Arius.
- c. XXIV l. 5/11 : Probus demande alors à Athanase de fournir ces preuves attestant que l'Esprit est co-égal au Père et au Fils, qu'il est Dieu et créateur avec eux, afin qu'Arius soit confondu.

En revanche, si l'on suit la tradition attestée en *β* (*textus receptus*), il y a une évidente rupture de sens en passant de la section «B» à la section «G». À la fin de la section «B», Arius affirme en effet que l'*Esprit-Saint* est créature et qu'on ne pourra jamais le persuader qu'il est Dieu, et Athanase répond en parlant du *Fils* «Puissance et Sagesse» de Dieu: «Athanasius dixit: Sapientiam et uirtutem, Dei Filium esse, iam quidem superius demonstraui» (début de la section «G») (cfr Chifflet c. XXXII; *PL* 62 c. 218 D).

Ensuite, il faut encore poursuivre avec *α* et la section «D». Celle-ci n'est pas transmisse en *β*, mais s'impose en toute logique.

Section «D»

– c. XXV l. 1/3: Athanase introduit sa démonstration sur l'Esprit-Saint en disant: «Avant d'exposer que l'Esprit-Saint est *Dieu*, je vais démontrer par des paroles canoniques qu'il est *créateur* de toutes choses». Ces mots reprennent les deux propositions qui viennent d'être formulées à la fin du c. XXIV: «Spiritum sanctum non creaturam, sed Deum et creatorem cum Patre et Filio esse demonstrabo». S'ensuit une démonstration en deux temps:

  – c. XXV, l. 3/32: un florilège biblique prouve que l'Esprit est *créateur*
  – c. XXVI l. 1/33: un autre florilège prouve que l'Esprit est *Dieu*.

– c. XXVI l. 34/40: Athanase conclut son exposé en réaffirmant que l'Esprit est «unius potestatis uel societatis cum Patre et Filio». L'expression *potestas uel societas* fait le lien entre le terme *potestas* récusé par Arius en XXIV l. 20 et le terme *societas* présent dans la citation de 2 Co 13, 13 qui clôt le chapitre.

En revanche, si l'on suit la tradition transmise par *β*, la logique du discours est bien moindre. Après la section «C» et la demande faite à Athanase de prouver par l'Écriture que l'Esprit est égal au Père et au Fils, et qu'il est Dieu et créateur avec eux, on enchaîne avec la section «H» qui porte certes sur l'Esprit-Saint, mais ne répond pas aux thèmes annoncés, à savoir l'action créatrice de l'Esprit et sa divinité. Le début de cette section «H» traite de l'Esprit qui ne parle pas de lui-même, mais communique ce qui vient du Christ ; ce qui s'enchaîne au contraire parfaitement avec la fin de la section « G » (cfr *infra*).

En continuant avec la tradition α, on parvient à la section « E », tandis que β fait se suivre les sections « G » et « C ».

Section « E »

Les deux chapitres qui composent cette section constituent manifestement une conclusion du débat :

- c. XXVII : le juge Probus donne une dernière fois la parole à Arius, pour qu'il ajoute quelque chose s'il le désire. Celui-ci reconnaît ne pas avoir réussi à convaincre Athanase et en appelle au jugement de l'empereur. Athanase affirme pour sa part avoir répondu à toutes les objections qui lui avaient été adressées.
- c. XXVIII : Probus accepte la requête d'Arius et promet de transmettre fidèlement à l'empereur tout ce qu'il a entendu de part et d'autre. Cette dernière intervention de Probus est bizarrement absente du texte long de Chifflet, alors qu'elle figure dans tous les mss de α. Mais nous verrons pourquoi.
- Ces deux chapitres constituent d'autant plus une conclusion que pour les familles de $α^I$ ($γ$ et $ζ$) le *C. ar.* s'arrête là.

Cette première série de remarques nous permet de conclure que la séquence transmise par α, à savoir l'enchaînement des sections A-B-C-D-E, offre la plus grande logique. L'argumentation se déroule sans accroc, les propos s'articulent parfaitement les uns sur les autres, sans ruptures de sens ni disjonctions. Cette cohésion et cette limpidité attestent certainement l'ordre originel du traité.

Une série de faits continue d'opposer ensuite la tradition de α – désormais réduite à la famille espagnole ($ξ$) – à celle de β, et dont l'interprétation d'ensemble est délicate, même si l'analyse littéraire et théologique fournit des points d'appui incontestables.

7.2. Livre III

Nous venons de voir que la section « E » est à l'évidence une conclusion du débat, comme le confirment plusieurs familles de α

(γ, ζ) qui arrêtent le traité de Vigile avec elle. Cependant, la famille espagnole, qui appartient incontestablement à α, poursuit aussitôt le dialogue entre les protagonistes. Il y a donc chez elle une solution de continuité évidente entre les sections « E » et « F ». Quelle qu'en soit la raison, il faudra en rendre compte.

La section « F » s'ouvre par un propos de Probus estimant que des questions sont restées en suspens et qu'Athanase n'a pas répondu à tous les arguments d'Arius. La discussion reprend donc. Il sera question :

- de la génération du Fils « de la volonté du Père » (Arius) ou « de la substance du Père » (Athanase). C'est la section « F ».

- du Fils *Virtus et Sapientia Dei* (1 Co 1, 24). Athanase explicite ce qu'il a dit plus haut (au c. VI). C'est la section « G ».

- de la divinité de l'Esprit. C'est la longue section « H ».

À la fin, Athanase résume tout ce qu'il professe et invite Probus à rendre son jugement. La *Sententia* suit alors immédiatement.

Devant ces faits, une question se pose : les sections F-G-H s'enchaînent-elles de manière logique et harmonieuse ? Si c'est le cas, c'est bien la tradition de la famille espagnole qu'il faut suivre, plutôt que celle de β où les trois sections sont dispersées à l'intérieur du livre II. L'examen de ce dernier nous a montré que l'ordre de α est certainement l'ordre original, et il est probable qu'il en soit de même ici. Mais seule l'analyse de l'argumentation et de l'enchaînement des idées pourra le confirmer. Reprenons donc en détail l'examen des sections.

Section « F »

- c. I : Probus estime qu'Athanase a omis, par oubli ou par difficulté, de répondre à toutes les questions, en particulier à celle de savoir si le Fils est engendré de la nature du Père, ou s'il est le fruit de son amour et de sa volonté.

- c. II l. 1/9 : Arius remercie le juge Probus et confirme sa position : la génération du Fils ne peut être un fait de nature, auquel cas elle ne serait plus un acte libre.

- c. II l. 10/25 : Athanase contraint Arius à confesser que Dieu est immuable, et lui demande si c'est « uoluntate an natura ».
- c. III : Arius élude et ne répond pas, malgré les invitations répétées de Probus. Athanase commence alors un long exposé en remarquant d'abord qu'Arius n'a pas voulu répondre pour ne pas se piéger lui-même. Car s'il avait dit « natura », on lui aurait objecté qu'il devait alors confesser que Dieu n'était ni bon ni mauvais, puisque privé de toute liberté, selon la conception arienne de la nature.
- c. IV : Athanase poursuit en disant que si le Fils était engendré « uoluntate », cela signifierait que Dieu est susceptible d'accroissement et de progrès grâce à l'engagement d'une volonté bonne. Puis il énonce sa propre thèse : en Dieu, la volonté et la nature ne font qu'une.
- c. V : Toutes les vertus divines – sagesse, bonté, toute-puissance, perfection – sont une seule et même chose, au sens où elles ne peuvent aller les unes sans les autres. La nature divine est simple, mais les limites de l'intelligence humaine empêchent de le comprendre et obligent à multiplier les noms.
- c. VI : Athanase confirme son propos par l'Écriture et conclut qu'en Dieu « la volonté n'est pas différente de la sagesse, ni la sagesse de la nature qui est aussi appelée puissance » ; ce qu'est justement le Christ (cf. 1 Co 1, 24).
- c. VII-IX : Arius revient à l'argument de l'impossibilité pour Dieu d'engendrer, car une génération ne peut être qu'un accroissement ou une division de la substance divine. Athanase répond qu'il raisonne grossièrement en concevant la nature divine à la manière des corps. Or Dieu engendre de manière impassible et la naissance du Fils est « spiritalis ». Pour le faire comprendre, l'Écriture donne divers noms au Fils : *sensus, sapientia, uirtus, uerbum, lumen*, qui tous évoquent une réalité immatérielle ainsi qu'une inséparabilité de celui qui engendre et de celui qui est engendré.
- c. X l. 1/5 : Probus approuve, mais réclame des témoignages scripturaires.

Ensuite la famille espagnole et β divergent : on a la section « G » en ξ, et la section « B » en β. Mais tout indique qu'il faut suivre l'ordre de ξ. En β, on passe en effet brusquement à autre chose. Non seulement Athanase ne fournit aucun des témoignages scripturaires réclamés par Probus, mais c'est Arius qui reprend la parole pour affirmer que le Fils n'est pas égal au Père; ce qu'il prouve par un ample dossier scripturaire commençant par Ioh. 14, 28 : *Le Père est plus grand que moi.*

En revanche, dans la famille espagnole, la section « G » s'articule parfaitement sur la section « F » qui vient d'être analysée.

Section « G »

- c. X l. 6/46 : Athanase répond à Probus et fournit les preuves scripturaires réclamées. Il renvoie d'abord à 1 Co 1, 24 (le Christ *uirtus et sapientia*) qu'il avait cité au c. VI, puis à différents textes de l'Écriture utilisant les noms qu'il vient d'attribuer au Fils au c. IX : *sapientia, splendor, lumen, uerbum, uirtus, sensus.*
- c. XI : Probus se déclare satisfait et convaincu, tandis qu'Arius prétend qu'Athanase n'a pas répondu à tout, mais refuse d'en dire davantage.
- c. XII : Probus invite alors les adversaires à se prononcer sur l'Esprit-Saint pour que sa sentence soit la plus complète possible. Arius s'exécute et professe ce qu'il croit sur l'Esprit : celui-ci est inférieur au Père. Il est « minister ». Preuve par Ioh. 16, 13 : *Il ne parlera pas de lui-même, mais ce qu'il entendra, il le dira.*

Puis une nouvelle fois la famille espagnole et β divergent. Tandis qu'on a la section « H » en ξ, on a la section « C » en β ; et une nouvelle fois aussi, tout indique qu'il faut suivre l'ordre de ξ. Certes, il n'y a pas de rupture violente en β, car la fin de la section « G » porte sur l'Esprit-Saint, puis les sections « C » et « H » également. Mais nous avons vu que dans les mss de α, le lien entre les sections « B » et « C » était très fort, beaucoup plus fort que celui entre les sections « G » et « C » dans les mss de β. De plus, le lien entre « G » et « H » dans la famille espagnole est lui aussi très fort, évident même, puisque Arius termine son propos en citant Ioh. 16, 13, et qu'Athanase rebondit immédiatement sur le thème de l'Esprit qui ne parle pas de lui-même, non parce qu'il est inférieur au Père, mais parce qu'il est d'une seule substance avec le Père et le Fils, ce qu'il démontre à partir du contexte de Ioh. 16, 13, à savoir Ioh. 16, 14.15.10.

Section « H »

Cette longue section est donc consacrée à la divinité de l'Esprit-Saint, ainsi qu'à la Tri-Unité divine. Il n'est pas nécessaire d'en donner le détail, car nous importe surtout l'enchaînement des sections, et nous venons de voir que cette section « H » s'inscrit parfaitement à la suite de la section « G ». Notons simplement ceci:

- c. XIII: Athanase explique pourquoi l'Esprit ne parle ni n'agit « de lui-même », bien qu'il soit Dieu.
- c. XIV-XVII: il montre, textes scripturaires à l'appui, que l'Esprit a en partage les prérogatives divines, en particulier qu'il est créateur, législateur et donateur de vie.
- c. XVIII: Arius objecte que si l'Esprit est Dieu, on est amené à confesser trois dieux, à moins de professer l'impiété de Sabellius.
- c. XIX-XXIV: Athanase répond en démontrant sur la base de l'Écriture qu'il y a bien trois Personnes, mais un seul Dieu.
- c. XXV-XXVI: Arius se lasse et dit qu'il est inutile de toujours répéter les mêmes choses. Il en appelle désormais à la sentence de Probus. Dans une sorte de péroraison, Athanase rappelle quant à lui tous les arguments scripturaires des ariens en disant que ces textes doivent s'entendre de l'humanité du Christ, non de sa divinité, et en leur opposant des textes antithétiques.
- Le c. XXVII est important car il rompt en quelque sorte la fiction littéraire du débat. Bien que ce soit toujours Athanase qui parle, c'est en fait Vigile qui s'exprime. Il dit qu'il a répondu « breuiter », parce qu'Ambroise a déjà longuement traité de tout cela. Certes, Ambroise a été réfuté par Palladius (qu''Arius' ne fait que répéter), mais Vigile a réfuté à son tour Palladius dans un « libellus » auquel 'Arius' est prié de se reporter. Sa dernière phrase est pour inviter Probus à rendre son jugement: « Quamobrem dignare, optime Probe, ultimam de cognitis ferre sententiam ». Elle introduit au mieux la « Sententia Probi » qui suit immédiatement.

Une conclusion s'impose au terme de cette analyse du livre III: l'enchaînement des sections F-G-H-*Sententia* est parfait et plaide résolument pour l'authenticité de l'ordre transmis par la famille espagnole. C'est d'autant plus vrai que la fin du livre II (du *textus receptus*) n'est pas cohérente en *β*. En effet, la section « H » se termine par l'invitation faite à Probus de rendre son jugement: « Quamobrem dignare, optime Probe, ultimam de cognitis ferre sententiam ». Mais Probus redonne un temps la parole à Arius et Athanase (début de la section « E »). La rupture, il est vrai, semble légère, car après les deux petites interventions d'Arius qui en appelle à l'empereur, et d'Athanase qui dit n'avoir plus rien à ajouter, Probus accepte l'appel d'Arius et annonce qu'il soumettra tout ce qu'il a entendu à l'empereur. C'est sa déclaration « Imperitorum et minus de scientia » (II, 28; fin de la section « E »). Cependant, juste après ces propos vient la longue *Sententia Probi* qui contredit formellement les derniers mots de « E », puisque Probus y prononce lui-même le jugement et donne raison à Athanase.

C'est certainement pour éviter cette contradiction que, dans son édition longue, Chifflet n'a pas reproduit la déclaration « Imperitorum » de Probus, alors qu'elle est attestée dans tous les manuscrits de *β*. Il faut certainement la maintenir en raison de la tradition manuscrite unanime, mais aussi de l'expression *adsertor fidei* qu'elle contient deux fois (II, 28 l. 3 et 20). C'est en effet un trait stylistique de Vigile et du *C. ar.*, puisqu'on la retrouve à trois reprises dans la « Sententia Probi »: *fides ueris adsertionibus* (I, l. 3/4), *fidei adsertio* (IX, l. 36), *fidelis adsertor* (XII, l. 17).

Conclusion

Au terme de cette analyse littéraire et théologique des livres II et III, *deux conclusions* se dégagent clairement, mais *deux questions* se posent également.

Les deux conclusions ont déjà été partiellement formulées:

1. S'agissant du livre II (et III) du *C. ar.*, on se trouve en présence de deux séquences très homogènes:

    - celle constituée par les sections A-B-C-D-E qui s'enchaînent parfaitement comme nous l'avons vu. Cette séquence est celle de tous les manuscrits de *α*.
    - celle constituée par les sections F-G-H-*Sententia*, qui viennent à la suite de la séquence précédente dans la famille espagnole.

2. Dans cette dernière, il y a une rupture entre les deux séquences (c'est-à-dire entre les sections « E » et « F »). Cette rupture, évidente quant au contenu du discours, est confirmée, en ce qui concerne la transmission du texte, par le fait que tous les manuscrits de α^1 se terminent par la section « E » et n'ont pas la séquence F-G-H-*Sententia*. Celle-ci relève donc manifestement d'une autre tradition.

Les deux questions sont les suivantes:

1. Comment expliquer la séquence F-G-H-*Sententia* de la famille espagnole?
2. Comment expliquer l'ordre des sections en β, étrange et manifestement perturbé?

Pour y répondre au mieux, il faut revenir à l'hypothèse déjà formulée d'une *double rédaction* du *Contra arrianos*. Il convient sans doute de parler « d'hypothèse », car la preuve irréfutable qu'il en fut ainsi fait défaut. Mais après avoir travaillé des années durant sur le traité de Vigile, retourné en tous sens la tradition manuscrite, réfléchi longuement aux différents aspects des problèmes soulevés, nous avons acquis l'intime conviction de cette double rédaction, car elle seule, jusqu'à preuve du contraire, rend compte de manière simple et cohérente des diverses particularités textuelles.

La première rédaction comportait:

– le livre I en entier (sans les coupures attestées en α^1 et relatives à Sabellius et Photinus);
– le livre II avec les sections A-B-C-D-E.

Cette première rédaction ne comportait pas la *Sententia Probi*, le dernier paragraphe de la section « E » renvoyant le jugement final à la charge de l'empereur.

La deuxième rédaction comportait:

– le livre I en entier (sans les coupures relatives à Sabellius et Photinus)
– le livre II avec les sections A-B-C-D-E.
– les sections F-G-H, ainsi que la *Sententia Probi*.

Autrement dit, la deuxième rédaction est une reprise amplifiée de la première version du traité. Le travail initial a été complété et une « suite » a été ajoutée, à savoir les sections F-G-H, ainsi que la *Sententia Probi*.

Mais deux questions se posent encore: cet ajout est-il de Vigile lui-même? et quelle a pu en être la raison?

Que l'ajout soit de Vigile ne fait guère de doute. Il aurait fallu une bien grande audace pour s'approprier l'œuvre de l'évêque de Thapse et lui apporter un complément substantiel sans le dire. L'Antiquité n'avait pas notre conception moderne de la « propriété intellectuelle », mais endosser les habits d'autrui de manière anonyme et aussi importante paraît inconcevable. Il aurait d'ailleurs fallu que Vigile fût mort pour qu'une telle appropriation fût possible. Or, si l'on ignore presque tout de sa vie et si la date du *C. ar.* nous est inconnue, on sait tout de même que Vigile était encore en vie en 484, puisque son nom figure dans la liste des évêques ayant participé au concile de Carthage de cette année[34]. Il faudrait donc reporter la seconde édition du *C. ar.* aux dernières années du Ve s., sinon plus tard encore. Cela semble difficile. Nous allons d'ailleurs émettre une hypothèse qui rattache la seconde édition du *C. ar.* à la conférence de 484[35]. De plus, le complément s'inscrit parfaitement à la suite de la première version: mêmes interlocuteurs (mais cela va de soi), même style, mêmes interventions de Probus, plus ou moins artificielles et simplement destinées à ponctuer le discours, même type d'argumentation, même usage de florilèges bibliques. On n'éprouve aucun dépaysement en passant du livre II (sections A-B-C-D-E) au livre III (sections F-G-H-*Sententia*). On notera d'ailleurs que la *Sententia Probi*, qui appartient à la deuxième rédaction pour les raisons que l'on a dites, fait de nombreuses et précises références aux propos tenus par Sabellius, Photinus, Arius et Athanase depuis le début du débat. Cela trahit une parfaite connaissance de l'œuvre,

---

[34] Cfr *Notitia Prouinciarum et Ciuitatum Africae – Nomina episcoporum prouinciae Byzacenae* n° 109 (éd. S. LANCEL, *Victor de Vita, Histoire de la persécution vandale en Afrique. La passion des sept martyrs. Registre des provinces et des cités d'Afrique*, Les Belles Lettres, coll. des Universités de France, Paris, 2002, p. 264).

[35] On sait qu'en *Contra Eutychetem* V, 2, Vigile se réfère explicitement aux livres (*libri*) qu'il a écrit « aduersus Sabellium, Fotinum et Arrium, sub nomine Athanasii ». Mais il est difficile d'en tirer un indice chronologique, car on ignore la date exacte du *C. Eut.* (vers 475?), et le propos peut très bien s'entendre de la première version du *C. ar.*

jusqu'en ses moindres détails. De sorte que l'attribuer toute entière à un seul et même auteur semble le plus naturel.

Si le complément est de Vigile, on peut supposer que celui-ci a voulu étoffer son traité et développer davantage ce qu'il avait à dire sur le Fils et surtout sur l'Esprit à propos duquel il s'était peu étendu (la section « D » est courte). D'où un deuxième volet du débat: une nouvelle discussion sur le Fils (section « F »), puis sur l'Esprit (première partie de la section « H ») et sur la Tri-Unité (deuxième partie de « H »), avec une section médiane (« G ») qui sert en quelque sorte de transition, puisque son début porte encore sur le Fils et que sa fin introduit le thème de l'Esprit. On notera aussi que les premières lignes de « F » sont manifestement rédigées pour justifier ce qui va désormais constituer la deuxième partie du débat. Probus y dit en effet qu'il reste des questions en suspens et qu'Athanase n'a pas répondu à toutes les demandes d'Arius.

Mais ici, de deux choses l'une: ou bien la seconde édition du traité est conforme à ce que transmet la famille espagnole, c'est-à-dire que Vigile a ajouté la séquence F-G-H-*Sententia* à ce qu'il avait écrit précédemment; ou bien il a procédé à une réorganisation complète de son ouvrage en insérant les parties nouvelles là où elles se trouvent en β.

La question est à vrai dire rhétorique, car il est impensable que Vigile soit l'auteur de la tradition textuelle attestée en β. Certes, on peut trouver à cette tradition une certaine logique et une organisation qui prend en compte le contenu théologique des sections, et donc la parfaite connaissance du traité par son auteur. Dès lors, pourquoi ne serait-ce pas Vigile? De fait, la section « F », qui porte sur le Fils, est mise logiquement dans la première partie du livre, et la section « H », qui traite longuement de l'Esprit, dans la seconde partie. De plus, cette nouvelle section sur l'Esprit étant bien étoffée, la petite section antérieure sur l'Esprit (« D ») est supprimée sans grand dommage, afin de ne pas faire double emploi. Les quelques lignes de « C » sont quant à elles gardées et mises entre « G » et « H » (la logique thématique est assez bien respectée). Quant à la section « E », la première conclusion, renonçant à la supprimer, Vigile l'aurait reportée à la fin du débat pour servir de transition à la « Sententia Probi », la véritable conclusion de la *disputatio*.

Mais tout cela se heurte à trois objections majeures qui tranchent le débat:

1. la parfaite homogénéité de la séquence F-G-H-*Sententia*, dont nous avons rendu compte. L'enchaînement rigoureux des sections impose de les tenir écrites l'une à la suite de l'autre. Dès lors, si l'on voulait maintenir l'hypothèse précédente, il faudrait imaginer que Vigile ait opéré en deux temps: l'écriture des sections F-G-H-*Sententia*, puis leur dispersion dans une réorganisation complète du traité. C'est invraisemblable.

2. en β, des ruptures d'argumentation entre les sections «F» et «B», mais aussi entre les sections «B» et «G». Il serait vraiment étonnant que Vigile ne s'en soit pas rendu compte ou les ait tenues pour rien, car elles sont réelles. Il est vrai que jusqu'à ce jour, personne ne les avait remarquées, alors qu'elles sont évidentes quand on regarde le texte de près, comme nous l'avons fait ci-dessus. Mais Vigile connaissait parfaitement son texte, et il était certainement plus sensible à la logique exacte de son propos que des lecteurs peu alertés, car trop confiants dans le *textus receptus* qu'ils ont entre les mains.

3. la famille espagnole qui transmet la séquence homogène F-G-H-*Sententia*, *à la suite* de la séquence A-B-C-D-E. Il y a donc eu une diffusion du *C. ar.* sous sa forme longue «complétée». Dès lors, comment imaginer une réorganisation du traité par Vigile lui-même postérieurement à cette diffusion? Pourquoi donc l'aurait-il faite? C'est pareillement invraisemblable.

Reste la rupture entre les sections «E» (première conclusion) et «F» (reprise du débat). Mais somme toute, elle est beaucoup moins violente que la juxtaposition de deux conclusions, et qui plus est de deux conclusions contradictoires, en β. Faut-il s'en étonner d'ailleurs? Un complément rédactionnel laisse forcément des traces et l'on ne peut attendre, à moins d'une réécriture totale du texte, une parfaite logique du propos. Dans le cas présent, la section «E» est effectivement une conclusion de la discussion, avec renvoi du jugement à l'empereur. Mais, selon la fiction même du traité, rien n'interdisait à Probus de relancer le débat. Ce que Vigile lui fit faire lorsqu'il reprit et compléta son ouvrage.

La réorganisation du livre II, attestée en β, a sans doute été le fait d'un copiste qui, s'étant aperçu des deux grandes parties juxtaposées, a voulu donner plus de logique au propos. Il a ainsi permuté les sections, supprimé la section « D » qui lui paraissait faire double emploi avec ce qui était dit plus loin sur l'Esprit, et regroupé les deux conclusions. Ce faisant, il a créé lui-même plusieurs illogismes dans l'argumentation, comme nous l'avons vu.

Plusieurs questions demeurent, mais on peut résumer ainsi les points acquis :

- Une 1ère édition comporte les sections A-B-C-D-E, précédées de la *Préface* de Vigile. Cette édition se diffuse très vite et sera à l'origine des mss de α'.
- Une 2ème édition reprend les sections A-B-C-D-E et leur ajoute les sections F-G-H-*Sententia*. Elle supprime aussi la *Préface* de Vigile et la remplace par une autre « Préface » : l'introduction historique « Cum apud Nicaeam ». Mais ce point reste à démontrer (cfr *infra*). Cette seconde édition se diffuse elle aussi.

À une époque indéterminée (VIe-VIIIe s.), quelqu'un procède à une réorganisation profonde de la seconde édition. C'est l'origine du texte reçu jusqu'à ce jour, qui est une *édition interpolée* de l'œuvre de Vigile. Ce nouveau texte connaît une forte diffusion.

Par la suite encore (à l'époque carolingienne?), un copiste supprime, à partir d'un témoin issu de la première édition, les parties du livre I où apparaissent Sabellius et Photinus pour ne garder que le plus connu des hérésiarques, Arius.

8. *Le contexte de la seconde rédaction du* Contra Arrianos *et de sa préface*

En évoquant le désir de Vigile de compléter son premier ouvrage, nous avons laissé entendre que ce fut sans doute lié à des circonstances précises : un affrontement accru avec le pouvoir vandale arien. L'hypothèse nous paraît en effet plausible, sinon même probable.

Victor de Vita nous informe non seulement de la violente persécution que l'Église catholique subit sous le règne du roi Geiseric et plus encore sous son successeur Huniric (477-484), mais aussi de la « conférence » de Carthage où devaient débattre les évêques catholiques et ariens. Victor nous a transmis l'édit d'Huniric en date du 20 mai 483 qui convoquait les évêques catholiques pour le 1er février 484 « afin de pouvoir engager avec nos vénérables évêques un débat sur les principes de la foi, et que sur la foi des homoousiens, que vous défendez, vous argumentiez de façon appropriée sur la base des divines Écritures, afin que puisse être reconnu si vous êtes en possession de la pure foi » (*Hist. persec.* II, 39). Il nous relate en détail les pourparlers préliminaires entre l'évêque de Carthage, Eugenius, et le roi Huniric, le début de la conférence, présidée par l'évêque arien Cyrila, et comment le débat tourna court en raison de la mauvaise volonté évidente du parti arien et de subtilités procédurières. Victor ajoute alors: « Prévoyant cette attitude, les nôtres avaient rédigé un mémoire sur la foi, fort soigné et complet dans sa rédaction, qu'ils présentèrent à la lecture en disant: 'Si vous voulez connaître notre foi, voici la vérité que nous observons' » (II, 55). Il transcrit alors l'intégralité de ce *libellum de fide*, couramment appelé *Liber fidei catholicae* (II, 56-101). Cet important document est communément attribué à Eugène de Carthage sur la foi de Gennade[36], mais certains auteurs n'excluent pas que les évêques qui le transmirent à Huniric et qui sont nommés dans l'eschatocole, ou d'autres encore, aient participé à sa rédaction[37]. Or, si le *Liber fidei* utilise abondamment des textes antérieurs, identifiés pour la plupart depuis longtemps (les *Consultationes Zacchaei et Apollonii*, le *De Trinitate* pseudo-athanasien, ainsi que les *Instructiones* de Nicétas de Remesiana), nous avons montré ailleurs qu'il exploite aussi de manière certaine les *Solutiones obiectionum arrianorum* de Vigile de Thapse[38]. Il se pourrait donc que Vigile ait participé à la rédaction du *Liber fidei*. En tout cas, il était certainement parmi les théologiens les plus compétents et les plus reconnus de ces années. La première édition

---

[36] Cfr. GENNADE, *De uiris inlustr.* 98. L'attribution est reprise par la *Clavis Patrum*.

[37] S. LANCEL, *op. cit.*, p. 67, note que « Victor, dans son insérende, le présente plutôt, de façon impersonnelle, comme une œuvre collective ». Les évêques catholiques avaient prévu de lire le *Liber fidei* à la conférence. Mais S. Lancel note avec raison, sur la base du témoignage de Victor (*Hist. persec.* III, 1) que les évêques ariens n'ont certainement pas laissé les catholiques lire leur long mémoire (*op. cit.*, p. 174 n. 359). Celui-ci est d'ailleurs daté du « douze des calendes de mai » (*Hist. persec.* II, 101). Lancel (p. 313, n. 358) pense que le *Liber fidei*, préparé pour la conférence de février, a sans doute été transmis à Huniric sous sa forme définitive seulement en avril 484.

[38] Cfr P.-M. HOMBERT, « Les *Solutiones obiectionum arrianorum*: une œuvre authentique de Vigile de Tapse. Édition intégrale, traduction et commentaire », *Sacris Eruditi* 49 (2010), p. 187-190.

du *C. ar.* avait déjà été publiée, sans doute aussi le *Contra Felicianum* et les écrits auxquels fait allusion le *C. ar.* III, 23 et 27 : l'ouvrage contre le diacre arien Marivadus et celui contre Palladius, le contradicteur d'Ambroise ; peut-être également le *C. Eutychetem*[39]. Il serait donc étonnant que Vigile n'ait pas participé à la préparation du débat contradictoire, car l'enjeu était de taille. Huniric précise d'ailleurs dans son édit du 24 mai 484 qu'entre la convocation de la conférence et la conférence elle-même « un laps de temps de neuf mois [avait] été accordé en vue du débat, au cas où quelque élément de leur doctrine dût être mis au point » (*Hist. Persec.* III, 4). Mais comme il a été dit, la conférence ne put se dérouler normalement et le débat théologique n'eut pas lieu[40]. Nul doute que la partie catholique en fut profondément dépitée, d'autant qu'une répression violente s'ensuivit. Elle s'était préparée à la confrontation et ses meilleurs théologiens avaient fourbi leurs arguments. En vain.

C'est dans ce contexte que nous placerions volontiers la seconde édition du *C. ar.* Déçu par l'occasion manquée de débattre en vérité pour défendre la foi catholique et la doctrine de la consubstantialité, Vigile aurait repris son ancien ouvrage et l'aurait complété avec les longues sections (F-G-H) où il explique la génération du Fils de la substance du Père, la divinité de l'Esprit et la Tri-unité divine. Il aurait voulu offrir en quelque sorte un équivalent de ce qu'aurait pu être ou dû être la conférence avortée de février 484.

Cette hypothèse peut se prévaloir d'une similitude frappante entre la « Préface de la seconde édition », plus précisément entre la pseudo-lettre de l'empereur Constance ordonnant qu'un débat ait lieu entre Athanase et Arius, et deux édits du roi Huniric, celui du 20 mai 483 ordonnant la tenue de la conférence de février 484, et celui du 25 février 484 décrétant les sanctions à l'encontre des

---

[39] L'œuvre est diversement datée : vers 470 (M. Simonetti), 470-482 (S. Petri). Mais sur la base du témoignage (problématique) de Théodulfe d'Orléans, on a aussi placé l'ouvrage à Constantinople autour de 490.

[40] Dans son édit du 24 mai 484, Huniric en attribue la faute aux évêques catholiques qui refusèrent la confrontation et ameutèrent la foule (*Hist. persec.* III, 6-7). Mais S. Lancel remarque à juste titre qu'il s'agit là de la version « officielle » de cet escamotage du débat, car « les évêques catholiques n'avaient aucun intérêt à fomenter un soulèvement, à supposer que cela leur fût possible ». Et d'ajouter : « L'attitude prêtée par Huniric à l'épiscopat catholique est invraisemblable ; il n'avait rien à perdre à accepter le débat » (*op. cit.*, p. 314-315 n. 369 et 370).

catholiques après la conférence manquée [41]. Les deux textes sont parallèles. Il s'agit en effet de part et d'autre: 1) d'un édit; 2) émanant d'un roi ou d'un empereur; 3) ordonnant un débat contradictoire; 4) pour trancher un conflit doctrinal opposant ariens et homoousiens. Davantage, on remarque non seulement des similitudes d'idées – le fait de ne pas vouloir qu'il y ait divergence d'opinions et hérésie dans l'empire (ou le royaume) que Dieu a donné aux souverains, ou le fait que le mépris des ordres donnés par mansuétude entraînera colère et sévérité –, mais aussi des formulations très proches, et même identiques, en particulier la phrase « asserentes integram regulam fidei tenere ». Une recherche approfondie nous a d'ailleurs permis de constater que l'association du verbe *tenere/retinere* et des mots *regula*, *integra* et *fides* n'est attestée nulle part ailleurs dans la littérature patristique latine [42]. Le fait est d'autant plus frappant que le contexte – celui d'un décret impérial ordonnant un débat ariens-nicéens – est strictement le même. On notera en outre d'autres accords de vocabulaire, tels les mots ou expressions *seductio* et *plerique/plurimi reperire*. Nous invitons à lire ces textes avec attention [43]:

VIGILE, *C. ar.* Praef. sec. ed. l. 61/85:

PROBVS iudex dixit: Ergo uenerandi Augusti sacra legatur. Et recitauit ita:

> Constantinus Constantius pius, perpetuus ac triumphator semper Augustus, Probo iudici salutem. Diuino munere paternum adeptus imperium, illud nobis est primitus enitendum ut, haeretica conuersatione deleta, sacrae se nostrae fidei coniunctus orbis gaudeat uniuersus, quoniam qui de peruerso itinere conuerterit impium, saluat animam eius, et suorum cooperit multitudinem peccatorum, et quoniam nunc plerosque repperimus huius sceleris socios, hanc perfidiam ritu sacrilego percolentes, asserentes se integram fidei regulam retinere, qui non solum homines impia seductione fallentes, uerum etiam et ingenitae maiestati iniuriam inrogantes et Filii creatam substantiam

---

[41] Je remercie Robin Whelan d'avoir attiré mon attention sur la parenté de ces textes. Voir sa thèse sur la politique religieuse dans l'Afrique Vandale: Robin WHELAN, *Being Christian in Vandal Africa: the politics of orthodoxy in the post-imperial West*, University of California Press, 2017.

[42] Le seul texte qui s'en approche figure dans le *Praedestinatus* 44: « Vnde ego credo regulam eos baptismatis integram non tenere ».

[43] Ceux d'Huniric sont pris à l'édition de l'*Historia persecutionis* de Victor de Vita due à S. LANCEL, éd. Les Belles Lettres, Paris, 2002.

eius diuinitati iungentes. Monemus itaque ut nostrae mansuetudinis auctoritate percepta, inter Arrium uenerabilem presbyterum et Athanasium eiusdem actorem erroris episcopum, huius negotii examen facias agitari, praecipue suadens ut animi peruersitate deposita, uerae fidei ac probatae colla submittant, ne nostrae pietatis ac mansuetudinis praecepta solita temeritatis audacia contemnentes, ad grauem nos prouocent iracundiam. Et licet huius fidei munus necdum perceperis, sapientia tamen qua prae ceteris polles, cuncta te credimus posse sine cuiusquam susceptione personae, fideliter definire, Deo plus quam hominibus placiturum. Et alia manu: Optamus te bene ualere. Data Constantinopoli die XII calendas Ianuarias.»

Édit d'Huniric du 20 mai 483 (VICTOR DE VITA, *Hist. persec.* II, 39)

Rex Hunirix Wandalorum et Alanorum uniuersis episcopis omousianis.

Non semel sed saepius constat esse prohibitum ut in sortibus Wandalorum sacerdotes uestri conuentus minime celebrarent, ne sua seductione animas subuerterent Christianas. Quam rem spernentes *plurimi reperti sunt* contra interdictum missas in sortibus Wandalorum egisse, asserentes se integram regulam Christianae fidei tenere. Et quia *in prouinciis a Deo nobis concessis scandalum esse nolumus*, ideo Dei prouidentia cum consensu sanctorum episcoporum nostrorum hoc nos statuisse cognoscite ut, ad diem calendarum Februariarum proxime futurarum, amissa omni excusatione formidinis, omnes Carthaginem ueniatis, ut de ratione fidei cum nostris uenerabilibus episcopis possitis inire conflictum et de fide omousianorum, quam defenditis, de diuinis scripturis proprie adprobetis, quo possit agnosci si integram fidem teneatis [44]. Huius autem edicti tenorem uniuersis coepiscopis tuis per uniuersam Africam constitutis direximus. Data sub die tertio decimo calendas Iunias anno septimo Hunirici.

Édit d'Huniric du 25 février 484 (VICTOR DE VITA, *Hist. persec.* III, 3-4; 14)

Rex Hunirix Wandalorum et Alanorum uniuersis populis nostro regno subiectis.

---

[44] Nous gardons la leçon *teneatis* de Petschenig (*CSEL* 7, p. 39 l. 15), plutôt que *habeatis* de S. Lancel. Mais ni l'un ni l'autre n'indique de variante dans son apparat.

Triumphalis et maiestatis regiae probatur esse uirtutis, mala in auctores consilia retorquere: quisquis enim aliquid prauitatis inuenerit sibi imputat quod incurrit. In qua re nutum diuini iudicii clementia nostra secuta est, quod quibusque personis, prout eorum facta meruerint, seu bona seu forte talibus contraria, dum facit expendi, simul etiam prouenit compensari. Itaque his prouocantibus qui contra praeceptionem inclitae recordationis patris nostri uel mansuetudinis nostrae crediderint esse temnandam censuram seueritatis adsumimus. Auctoritatibus enim cunctis populis fecimus innotesci, ut in sortibus Wandalorum nullos conuentus omousiani sacerdotes adsumerent nec aliquid mysteriorum – quae magis polluunt – sibimet uindicarent. Quod cum uideremus esse neglectum et *plurimos esse repertos* dicentes se integram regulam fidei retinere, postmodum uniuersos constat fuisse commonitos, spatia temporis praerogata mensuum nouem contentioni, si quid ab eorum proposito posset aptari, ut ad calendas Februarias anni octaui regni nostri sine metu aliquo conuenirent. [...] Optamus uos bene ualere. Data sub die VI cal. Mart. Carthagine.

D'autres rapprochements encore peuvent être faits, comme ce qui est dit du culte catholique. Tandis que Huniric se plaint que beaucoup de clercs aient célébré des messes à l'encontre de l'interdiction qui leur avait été faite (II, 39: «*plurimi reperti sunt* contra interdictum *missas* ... egisse»), Constance tient un propos très proche: «*plerosque repperimus* huius sceleris socios hanc perfidiam *ritu sacrilego* percolentes». On aura également remarqué la même formule conclusive «Optamus te/uos bene ualere», même s'il s'agit d'une formule de salutation traditionnelle. Ajoutons que l'on trouve un indice non négligeable de l'authenticité vigilienne de la «seconde préface» avec l'expression «solita temeritatis audacia» que l'on retrouve en C. Eut. I, 13 mais, à notre connaissance, nulle part ailleurs dans la littérature latine [45].

Bref, nous croyons que cette parenté s'explique par la volonté de Vigile de plagier discrètement, mais clairement, l'édit d'Huniric, et donc de faire du débat entre Athanase et Arius au livre I du *C. ar.*, mais surtout aux livres II et II complété, un équivalent de ce qu'aurait dû être la conférence manquée de février 484. Si notre

---

[45] Signalons aussi que l'expression «rabidi furoris arreptus insania» (*Praef. sec. ed.* l. 43) rappelle de très près celle de *C. Eut.* V, 22, 1: «effrenati furoris uestri erupit insania». Les mots *furor* et *insania* sont souvent associés dans la littérature latine, mais non *insania* avec une expression double comme *effrenati furoris* ou *rabidi furoris*.

hypothèse est exacte, Vigile, au cours de l'année 484, ou un peu plus tard, mais probablement pas après 485, reprend son premier écrit et le complète, souhaitant offrir en même temps que le *Liber fidei* envoyé par l'épiscopat catholique, un écrit plus riche et plus développé que celui-ci, et fournissant la réponse dogmatique argumentée que les catholiques n'avaient pu exposer à la conférence de février 484. En raison du cadre historico-littéraire qui était désormais celui du *C. ar.* – un débat contradictoire ordonné par le pouvoir politique et dirigé avec impartialité par un juge respectueux des partis en présence –, les catholiques remportaient une victoire, certes purement littéraire, mais néanmoins très forte sur leurs adversaires; celle-là même qui, aux yeux de Vigile, aurait dû être la leur en février 484.

8.1. Conclusion

En considération des données précédentes, on peut tenir pour hautement probable que l'histoire du *C. ar.* de Vigile de Thapse se soit déroulée de la manière suivante. La première édition a comporté la *Préface* de Vigile (transmise par les « Doublons longs »), les livres I et II avec les sections A-B-C-D-E – cette dernière section étant la conclusion du débat. Cette première édition se diffuse. Un certain temps après – qu'il est difficile d'évaluer –, mais selon toute vraisemblance en 484, dans la suite immédiate de la conférence de Carthage, ou au cours de l'année 485, Vigile reprend son œuvre, remplace sa *Préface* initiale par une « Introduction historique », complète le livre II avec les sections F-G-H et ajoute la *Sententia Probi*. Puis, entre le VIe et le VIIIe s., un copiste réorganise l'ensemble du livre II. C'est l'origine de la famille septentrionale (β) et de l'édition interpolée de Chifflet, reprise dans Migne. Enfin, à une époque également indéterminée, mais sans doute carolingienne, un copiste en possession d'un témoin issu de la première édition supprime les sections avec Sabellius et Photinus, les jugeant de peu d'intérêt et préférant centrer le traité sur les deux figures emblématiques d'Arius et Athanase. C'est l'origine des mss de α^1.

Si l'on veut respecter la double rédaction du *C. ar.*, il n'y a donc aucun autre ordre possible pour l'édition du texte que celui-ci: Préface de Vigile / *Introduction historique (Préface de la seconde édition)* / Livre I (complet) / Livre II (sections A-B-C-D-E) / *Livre III* (sections F-G-H) / *Sententia Probi*.

9. *La « Préface anonyme » et celle de la seconde édition*

Avant d'aborder la discussion stemmatique, il reste un point à aborder: la « Praefatio incerti auctoris » et sa tradition manuscrite. Il convient aussi de revenir sur la « Préface » de la seconde édition et sa présence en tête des mss de $α^1$.

9.1. La Préface anonyme

Les premières éditions du *C. ar.* (Bruxelles 1475, A. Bocard et G. Cassander) ont toutes fait précéder le traité de Vigile par une « Praefatio incerti auctoris » selon le titre que lui a donné ensuite P.-F. Chifflet. Celui-ci l'a en effet transcrite également en tête de sa version longue où elle précède la *Préface* proprement dite de Vigile. Le savant jésuite ne pouvait la rattacher qu'à sa version longue, puisque cette dédicace anonyme mentionne les trois adversaires d'Athanase: Arius, Sabellius et Photinus. Mais comme cette préface se trouve en tête des mss de la famille septentrionale (β) qui transmettent le livre I complet (avec Sabellius et Photinus), mais aussi en tête de certains mss de la famille allemande (ζ) qui transmettent la version « courte » du livre I (c'est-à-dire sans les sections avec Sabellius et Photinus), on est obligé de dissocier son sort de l'une et l'autre rédaction du traité de Vigile. Tout porte à croire qu'elle leur est largement postérieure et qu'elle s'est fixée à l'une et l'autre branche de la tradition au gré des aléas de la transmission et des contaminations [46].

Cette préface est adressée à un certain « Maternus » qualifié de « *papa* ». Mais cela n'est d'aucun secours pour éclairer les circons-

---

[46] Précisons la tradition manuscrite de cette « Préface ». On la trouve donc dans *tous* les mss de la famille septentrionale β (la version interpolée du *C. ar.*). En ce qui concerne la famille allemande (ζ), certains manuscrits l'ont bel et bien, après l'*incipit* du traité et avant la Préface de la seconde édition (*Cum apud Nicaeam*). C'est le cas de 5 témoins: Mu^2 (IXᵉ s.), Tr^2 (XIᵉ s.), P^8 (XIIᵉ s.), Sl^1 (XIᵉ s.), Mu^3 (XVᵉ s.). En revanche, elle est absente dans 6 autres témoins: Cr^1 (XVᵉ s.), W^1 (X-XIᵉ s.), W^2 (XVᵉ s.), Ty^1 (XIIᵉ s.), Dj^1 (XIIᵉ s.), Bx^1 (XI-XIIᵉ s.). Enfin en Cb^1 (IXᵉ s.), elle a été ajoutée au Xᵉ s. en tête du *C. ar.*; en Tr^1 (IXᵉ s.), elle a été ajoutée au XVIᵉ s. en tête du *C. ar.* au verso d'un feuillet resté blanc jusque là; et en Gz^1 (XIIIᵉ s.), elle figure à la suite du *C. ar.* (mais de la même main que celui-ci). La tradition est donc éclatée, mais il est clair que l'absence de la Préface l'emporte et qu'à l'origine la Préface ne figurait pas dans l'archétype de ζ. Ceci s'accorde d'ailleurs avec l'ensemble de la tradition attestée en α. Partout ailleurs la tradition manuscrite ne la transmet pas.

tances de sa rédaction. L'auteur est convaincu que la dispute entre Athanase et ses adversaires s'est vraiment déroulée et veut répondre à la difficulté de savoir comment un tel débat a pu avoir lieu, alors qu'Arius mourut rapidement de mort ignominieuse. Il résout la difficulté en renvoyant à la *Chronique* de Sulpice Sévère qui évoque deux personnages du nom d'Arius et pense que le débat eut lieu soit avec le deuxième Arius, soit avec l'un de ses partisans (*aliquo ariomanita*). Rien de tout cela n'est évidemment attribuable à Vigile. Mais l'ancienneté de ce texte – antérieur au IXe s., puisque de nombreux mss carolingiens le transmettent – et le fait que près des deux tiers de la tradition manuscrite l'englobent dans le traité de Vigile en le plaçant après l'*incipit* du traité, demandent qu'on y fasse droit. Nous en donnons donc une édition critique fondée sur les mss retenus pour le *C. ar.*, en sachant que la *traditio textus* comporte dans le cas présent 9 mss de β et 2 mss de ζ.

« Praefatio incerti auctoris »

Cum in manus strenui lectoris, beatissime papa Materne, liber iste a catholico sacerdote et probatissimae uitae beato Athanasio contra haereticos, id est Sabellium, Fotinum et Arrium, disputatus peruenerit, illico respondebit: 'Et quomodo fieri potest ut cum
5 sancto Athanasio successore beati Alexandri episcopi habuerit Arrius conflictum, cum constet eum, sicut in historia ecclesiastica legitur, turpissima morte, id est exemplo Iudae traditoris Domini nostri Iesu Christi, fuisse fusum, ut quod fetida mente conceperat fetido terminaret fine?' Sed illud recolat, quod in chronica sua
10 beatae memoriae Sulpicius Seuerus posuit dicens: « Duo Arii tanquam duo serpentes ex uno ore sibilabant », duos Arrios fuisse euidenter repperiet. Vnde intellegitur aut cum Arrio superstite, non cum illo qui fusus est, aut cum aliquo ariomanita sanctum Athanasium habuisse conflictum. Quapropter oportet opus ut
15 credimus a Deo impletum, a catholicis saepius relegatur, ut cognoscant qualiter haereticorum possint uitare uenena et fidem suam absque ulla haesitatione, Deo auxiliante, ualeant custodire.

---

2 beato] beatoque *Sm¹*; id est] *om. Cass Ch¹*;   3/4 disputatus] disputaturus *Fra, om. Tr¹*;   4 respondebit] respondit *N¹O³*   et] s.l. *Cb¹pc, om. Mu²*   5/6 habuerit arrius] *tr. Sg¹*   6/7 historia ecclesiastica] *tr. Tr¹ Cass Ch¹*   8 fuisse fusum] *tr. Mu² Sg¹* mente] morte *Mu²*   9 terminaret fine] *tr. Mu²*   sed] si *add. Tr¹ Sm¹ N¹O³*   recolat]

recolens *Mu¹*   10 chronica sua] chronicis suis *Cass Cb¹*   11 sibilabant] sibilant *Tr¹ Mu² Sm¹*   12 aut] *om. Fra*   13 aut] autque *R¹*   14 oportet] hoc *add. Cb¹*, ut hoc *add. Mu²*, ut haec *add. Cass. Ch¹*   15 ut credimus a deo] a deo ut credimus *Cb¹ Mu²* impletum] ut *add. Sg¹ K²ˢ·ˡ·ᵖ·ᶜ·*   relegatur] relegantur *Ch¹*   16 cognoscant] agnoscant *β¹ Fra*   qualiter] quomodo *Cass.*   possint] possent *O³·ᵃ·ᶜ·*, possit *R¹·ᵃ·ᶜ·*   17/ 18 custodire] explicit *add. Cb¹ Mu² K²·ᵃ·ᶜ· R¹*, explicit praefatio *add. O³ Sg¹¹ⁿ ᵐᵃʳᵍ·ᵖ·ᶜ· K²ᵖ·ᶜ·*, explicit prologus *add. Fra*.

9.2. La *Préface de la seconde édition* (ou « Introduction historique »)

Il est frappant de constater que la famille de la tradition qui transmet la *Préface* de Vigile (*v*) n'a pas l' « Introduction historique », et que les familles qui transmettent cette dernière (*α¹*, *ξ* et *β*) n'ont pas la *Préface* de Vigile. C'est parfaitement logique du point de vue littéraire, car la *Préface* de Vigile annonce clairement que le débat entre les différents personnages est une fiction destinée à rendre plus compréhensibles les questions théologiques; un moyen pédagogique en quelque sorte, pour typer facilement les positions et les hérésies. Ce propos était donc inconciliable avec la volonté de présenter le débat comme la transcription d'un événement réel, ce qui est le point de vue de l' « Introduction historique ». C'est d'ailleurs pourquoi celle-ci puise à une source historique: la continuation par Rufin de l'*Histoire ecclésiastique* d'Eusèbe. Le subterfuge était sans doute grossier, puisqu'à la fin du *C. ar.* – dans le complément ajouté pour la seconde édition du traité (notre livre III) – Vigile parle en son propre nom en évoquant les livres qu'il a écrits précédemment contre les ariens. Grossier aussi, puisque le débat donne la parole à Sabellius qui vécut bien avant Athanase, et que les allusions à la situation contemporaine et aux actions d'Huniric étaient à peine voilées, selon l'hypothèse que nous avons avancée. Cette « Introduction historique » avait pourtant la volonté d'inscrire le débat contradictoire dans l'histoire et ne présentait pas celui-ci comme un procédé littéraire. Bref, la *Préface* de Vigile et cette « Introduction » ne pouvaient coexister. La suppression de la *Préface* originelle allait donc de soi quand Vigile reprit son ouvrage et l'actualisa en fonction des événements que l'Église africaine vivait sous le roi vandale.

Reste cependant un fait étonnant qui demande à être éclairci: la présence de cette seconde *Préface* en tête des familles qui transmettent la version courte du *C. ar.*, c'est-à-dire la première édition avec les seuls livres I et II. C'est le cas des familles *γ* et *ζ* (*α¹*). En toute logique, cette *Préface* ne devrait pas s'y trouver, puisqu'elle fait corps, croyons-nous, avec la seconde édition du *C. ar.* Il est vrai qu'elle s'accorde bien avec un livre I expurgé de Sabellius et de Photinus, car elle ne parle que d'Arius et d'Athanase. Mais nous avons exclu précédemment que Vigile pût être l'auteur de la nouvelle version du livre I. Il faut donc envisager d'autres explications. Nous n'en voyons que deux possibles, dont seule la seconde nous paraît réellement crédible.

On peut d'abord envisager une étape supplémentaire dans l'histoire du traité, c'est-à-dire non plus deux, mais trois rédactions. Avant la reprise du *C. ar.* et l'ajout des sections F-G-H, et de la *Sententia Probi*, Vigile aurait actualisé son ouvrage en fonction de la situation politique et ecclésiale de l'époque, remplaçant simplement sa première préface par l'*Introduction historique*. Ce *C. ar.* révisé et adapté aux circonstances, plus que vraiment complété, aurait connu une certaine diffusion. Il n'en subsiste pas de témoins, mais ce serait l'origine des mss de α^1 qui ne diffèrent de cette seconde rédaction que par l'omission postérieure de Sabellius et Photinus au livre I. Par la suite, Vigile aurait encore repris son traité et ajouté les sections F-G-H et la *Sententia*. Cette solution n'est pas en soi impossible, mais trois rédactions du même ouvrage – une première écriture, puis deux reprises – seraient tout de même étonnantes. De plus, le texte des mss de α^1 n'est pas très bon et trahit, déjà dans les mss anciens, beaucoup d'interventions de copistes. Cette branche de la tradition atteste un texte fortement retravaillé et l'insertion de l'*Introduction historique* a sans doute fait partie de ce travail des copistes.

Nous croyons en effet beaucoup plus probable que la présence de l'*Introduction historique* en tête des mss de α^1 est due à une contamination au sein de la tradition manuscrite. Le fait n'aurait rien d'étonnant. Nos plus anciens témoins ne datent que du IXe s., et il s'est certainement passé bien des choses qui nous échappent depuis le moment où Vigile rédigea son ouvrage. De plus, nous venons de voir que la *Préface anonyme*, qui date probablement de l'époque où la version longue fut interpolée, avait contaminé la famille allemande et s'était greffée sur certains de ses membres. Il en fut sans doute de même avec l'*Introduction historique* de la seconde édition. Les deux versions du *C. ar.* ont sans aucun doute circulé conjointement, et des copistes qui constatèrent que l'une des deux versions avait une « Introduction » absente ailleurs, l'ont probablement intégrée pour ne pas perdre un texte qui leur paraissait important. De fait, elle rappelait les premiers événements de la controverse arienne, la condamnation d'Arius, puis sa réintégration, l'implication de l'empereur dans la controverse et la *Sacra* (fictive) ordonnant un débat contradictoire entre Arius et Athanase. Bref elle fournissait un cadre historique précis, imaginaire mais documenté, à la *disputatio* qui suivait. Les copistes qui la lisaient ne pouvaient pas raisonnablement la délaisser, d'autant que beaucoup tenaient l'œuvre pour un authentique écrit d'Athanase. C'est ainsi que les témoins qui ne l'avaient pas l'ont accueillie, puis transmise. À cet égard, n'oublions pas que le *C. ar.* a connu très tôt une grande diffusion (pas moins de 14 mss carolingiens gardés à ce jour), et donc que les contaminations ont dû être rapides (nous en verrons plusieurs exemples dans la discussion stemmatique). Mais devant des textes qui leur parvenaient sous différentes formes, bien des copistes ont dû rester perplexes.

C'est sans doute leur embarras qui explique les fameux « doublons » qui transmettent à la suite la version courte du *C. ar.* (livre I abrégé et livre II), puis sa version longue (livre I complet, précédé de la *Préface* de Vigile). Le fait est si étrange qu'il ne peut s'expliquer que par la volonté d'un copiste de ne rien sacrifier d'une tradition qui lui parvenait sous deux formes et qu'il se faisait un devoir de transmettre telle quelle. C'est probablement un même souci d'intégrité qui explique l'insertion de l'*Introduction historique* en tête d'un exemplaire du *C. ar.* qui ne l'avait pas.

Deuxième partie

Discussion stemmatique

La première partie de notre étude de la tradition manuscrite du *C. ar.* nous a permis de mettre au jour les grandes familles de cette tradition. Nous nous sommes fondé pour cela sur les différents états du traité de Vigile et l'organisation interne du texte. Les résultats nous ont paru certains, mais nous n'avons cité aucun ms., nous contentant de nommer les familles ou sous-familles. Il convient d'entrer désormais dans le détail de la tradition et d'identifier pour chaque famille ses différentes branches et les mss qui les composent. Nous classerons de la manière la plus précise possible l'ensemble des témoins subsistant à ce jour à l'aide de la méthode stemmatique et des variantes textuelles. L'existence des différentes familles de la tradition précédemment identifiées, à commencer par les deux principales (α et β), est en effet corroborée par les variantes textuelles propres à chacune d'elles.

Mais avant d'entrer dans le vif du sujet, nous tenons à préciser que les variantes qui seront indiquées au fil des pages suivantes seront des variantes rigoureusement *pures*, c'est-à-dire caractérisant exclusivement telle famille. C'est la règle que nous nous sommes donnée et que nous avons partout suivie. Chaque fois que nous parlerons de « variantes pures », il s'agira donc de variantes strictement propres aux manuscrits indiqués, sans que nous nous soyons permis la moindre exception. Ce faisant, nous nous sommes rendu la tâche difficile. On sait en effet que certaines leçons, ou des fautes banales – par exemple un saut du même au même, un tilde oublié, une abréviation mal lue, une dittographie ou une haplographie, ou encore des corrections aisées de fautes manifestes – peuvent se trouver dans des manuscrits totalement étrangers l'un à l'autre. On serait alors tenté d'ignorer ces cas, pour rechercher un accord global, estimé suffisant. Mais cela affaiblirait l'argument avancé. N'ayant admis aucune exception à notre règle, nous espérons donner du poids aux faits rapportés, d'autant que le nombre de mss est considérable. Cela dit, nous avons quelquefois ajouté une liste de variantes supplémentaires en précisant pourquoi elles peuvent être considérées comme des variantes pures.

1. *Préliminaires*

Les variantes textuelles caractérisant les familles α et β

Pour confirmer l'existence des familles α et β (comme aussi de chaque groupe ou sous-groupe) il convenait de nous appuyer avant tout sur les sections présentes dans la totalité des mss, c'est-à-dire sur les parties du livre I communes à toute la tradition. Mais il nous a paru légitime de prendre aussi en compte les sections A-B-C-E du livre II, puisqu'elles sont communes à la majorité des mss, seuls faisant exception les cinq « doublons longs » qui ne transmettent que le livre I. Mais pour plus de précision, nous distinguerons presque toujours ces deux catégories [47].

Voici les variantes pures caractérisant α et β :

a) dans les parties du livre I communes à toute la tradition :

I, 2 (27) ambiguitatis caligine] α, *tr.* β ; I, 4 (21) tamen potest] α, *tr.* β ; I, 5 (9) natura una] α, *tr.* β ; I, 5 (9) est] α, *om.* β ; I, 5 (14) quae] α, ut *praem.* β ; I, 6 (6) essentiam] α, substantiam β ; I, 6 (15) se²] α, cum *praem.* β ; I, 6 (23) essentiam] α, substantiam β ; I, 6 (27) essentiam] α, substantiam β ; I, 18 (14) non²] α, nullis β ; I, 20 (30) nouitatem insinuent] α, *tr.* β ; I, 20 (33) nouorum dogmatum] α, *tr.* β ; I, 21 (9) obuertere] α, uerte-re(t) β

On peut ajouter à cette liste plusieurs variantes où les familles α et β s'opposent de manière quasi complète, à l'exception de quelques rares mss contaminés. C'est en particulier le cas de $Bl^{1p.c.}$ et des 4 mss qui en dépendent. On y trouve en effet les leçons de α alors que $Bl^{1a.c.}$ appartient incontestablement à la famille β. Ainsi :

I, 2 (6) religiones iudaeorum, paganorum et christianorum] α $Bl^{1p.c.}$ sq., religiones iudaeorum, paganorum et christianorum β $Bl^{1a.c.}$; I, 6 (24) intellegi] α $Bl^{1p.c.}$ sq., *om.* β $Bl^{1a.c.}$; I, 22 (4) est] α + $Bl^{1p.c.}$ sq., sit β $Bl^{1a.c.}$

b) dans les parties du livre II communes à toute la tradition (*om. v*) :

---

[47] Nous avons indiqué ci-dessus (cfr *supra*, p. 70) qu'elles représentaient respectivement 18% et 40% du *C. ar.* Dans les deux cas, il s'agit donc d'une partie restreinte du traité de Vigile. Les variantes qui seront indiquées en auront d'autant plus de poids.

II, 1 (15) notionis] α, rationis β; II, 2 (16) in] α, ex β; II, 4 (28) penitus] α, *om.* β;   II, 5 (44) unius cum patre] α, cum patre unius β;   II, 6 (20) legibus] α, *om.* β;   II, 7 (1) negari] α, denegari(-re) β;   II, 8 (13) notam] α, notas β;   II, 9 (25) rursus] α, rursum β;   II, 22 (14) erit ut] α, *om.* β;   II, 22 (30) non se] α, *tr.* β;   II, 27 (7) adimitur] α, adimatur β;   II, 28 (8) ueritati] α, *om.* β

Viennent encore s'ajouter des variantes que l'on peut considérer comme « pures » si l'on ne tient pas compte:

- de la branche contaminée de $Bl^{1p.c.}$:

II, 20 (6) ipse mihi] α $Bl^{1p.c.}$ *sq.*, *om.* β $Bl^{1a.c.}$;   II, 22 (35) meam] α $Bl^{1p.c.}$ *sq.*, suam β $Bl^{1a.c.}$;   II, 23 (6) nebulosam] α $Bl^{1p.c.}$ *sq.*, nebulo(a)rum β $Bl^{1a.c.}$;   II, 27 (5) de] α $Bl^{1p.c.}$ *sq.*, *om.* β $Bl^{1a.c.}$

- de l'omission de la grande section II, 10 (7) – II, 18 (4) par les mss de γ:

II, 11 (3) generasse] α (*om.* γ), genuisse β;   II, 12 (6) mihi uidetur] α (*om.* γ), *tr.* β;   II, 13 (22) uideatur] α (*om.* γ), uidetur β

- ou de la contamination de $Cb^{1p.c.}$ par la famille β:

II, 11 (23) dictum] β $Cb^{1p.c.}$, multum α $Cb^{1a.c.}$;   II, 16 (17) cum] α $Cb^{1a.c.}$, quomodo *praem.* β $Cb^{1p.c.}$;   II, 16 (21) imitatus] β $Cb^{1p.c.}$, imitatum α $Cb^{1a.c.}$;   II, 16 (22) utrumne] β $Cb^{1p.c.}$, utrum α $Cb^{1a.c.}$;   II, 17 (1/2) profiteris – an non] β $Cb^{1p.c.}$, duas in Christo profiteris esse naturas an non α $Cb^{1a.c.}$;   II, 17 (3/4) sicut deum, ita quoque uerum hominem] β $Cb^{1p.c.}$, deum et hominem α $Cb^{1a.c.}$

L'existence des deux grandes familles de la tradition étant ainsi confirmée, nous pouvons passer à l'examen de chacune d'elle.

2. *La famille α*

Des deux familles, la première est la plus complexe. Elle comporte en effet plusieurs sous-familles dont les différences sont notoires, comme on l'a vu en étudiant le contenu et l'organisation du traité de Vigile. Il s'agit désormais de le vérifier à partir des variantes textuelles, en dénombrant aussi leurs diverses branches. Nous étudierons successivement les sous-familles $α^1$ et $α^2$ avec leurs groupes et sous-groupes.

2.1. La sous-famille $α^1$

Cette première sous-famille comprend 26 témoins qui se répartissent en deux groupes, le premier comportant lui-même deux sous-ensembles. Nous avons déjà nommé par convention le premier groupe « famille bourguignonne » et le second « famille allemande ». Pour éviter les répétitions, leurs manuscrits seront indiqués en commençant l'étude de chacune d'elles.

L'identité de $α^1$ est très forte et repose sur trois faits majeurs:

1. le livre I du *C. ar.* est abrégé et ne comporte pas les interventions de Sabellius et de Photinus, ni celles d'Athanase, Arius et Probus qui s'y rapportent directement. Ces grandes omissions, qui représentent 45% du livre I, ont déjà été indiquées, mais nous les rappelons:

    I, 3 (12) – I, 4 (14) sabellius dixit – diuisioni subiectus] *om.*
    I, 5 (18/31) unusquisque – caelestius adprobare] *om.*
    I, 7 (1) – I, 16 (10) sabellius dixit – non moretur] *om.*

    Ces suppressions ont entraîné aussi plusieurs modifications du texte vigilien pour des besoins de suture ou d'adaptation au nouveau contexte, ainsi que le report sur Arius de quelques propos tenus initialement par Sabellius. Deux modifications sont particulièrement importantes:

    – l'ajout, entre I, 3 (11) et I, 3 (12), des phrases suivantes:

    Arrivs et Athanasivs dixerunt: Non quod tres deos in fidei numero professione fatemur, sed credere nos in patrem et filium et spiritum sanctum fideliter confitemur.

PROBVS iudex dixit: Satius fidem uestram exponite, et quae uel qualis sit in eadem uestra credulitate declarate [48].

Ces phrases sont dues à l'évidence au copiste qui a ôté les sections Sabellius-Photinus. Comme il supprimait l'intervention de Sabellius commençant en I, 3 (12), mais voulait garder l'idée émise par l'hérésiarque au début de son propos, il a pris ses premières phrases et les a attribuées à Arius et Athanase, créant ainsi de toute pièce leur intervention.

– le remplacement des propos de Probus en I, 5 (18/31), où le juge annonce qu'il va donner la parole à Sabellius puis à Photinus, par cette phrase:

(singillatim) fidem uestram, ut dixi, edicite. Sed nunc Arrius prosequatur et suam fidem ueridicis testimoniis adstruere non grauetur.

Les autres modifications textuelles dues aux suppressions des sections Sabellius-Photinus seront indiquées avec la liste des variantes pures.

2. À la suite du livre I, figure le livre II avec les sections A-B-C-D-E, la dernière étant la fin du traité de Vigile. C'est la version courte publiée par P.-F. Chifflet.

3. Un nombre important de variantes pures:

a) dans les sections communes du livre I:

I, 1 (18) omnes] Arrius et Athanasius α^1 (+ $Bl^{1p.c.}$ sq.); I, 3 (1) omnes] Arrius et Athanasius α^1; I, 6 (1/3) Sabellius dixit: Quoniam mecum omnibus congredi praecepisti, respondeant utrum simplicis naturae deum esse fateantur] Arrius dixit: Quoniam me primitius congredi praecepisti, respondeat Athanasius utrum simplicis naturae sit deus α^1; I, 6 (4) Arrius] Athanasius α^1; I, 6 (5) Sabellius dixit: respondeant] Arrius dixit: respondeat α^1; I, 6 (7) Arrius dixit: Ista nostrae fidei propria esse noscuntur] om. α^1; I, 6 (8) Fotinus dixit: Adsentio cuncta de deo secundum essentiam dici] om. α^1; I, 6 (29/30) Sabellius] Arrius α^1;

---

[48] Nous avons transcrit le texte de la famille allemande et des doublons courts. Celui de la famille troyenne a quelques variantes: ILLI dixerunt: Non quod tres deos in fidei *nostrae professionibus* fatemur, sed credere nos in patrem et filium et spiritum sanctum fideliter *profitemur*. PROBVS iudex dixit: Satius *ergo* fidem uestram exponite, et quae *uel sit* uel qualis in *ea de fide* uestra *credulitas* declarate.

I, 6 (30) prosequatur] Arrius (qui ζ) dixit: Si ea quae in principio prosecutus sum diligenter aduertas illic omnem fidei nostrae credulitatem inuenies *add.* α¹;   I, 18 (4) omnium] *om.* α¹;   I, 18 (10) quae in caelo et quae in terra] siue in caelo siue in terra α¹ (siue quae in caelo siue quae in terra δ);   I, 18 (12) ascendit in caelos] *tr.* α¹;   I, 18 (16) dicunt esse conuertibilem et demutabilem filium dei] dicentes mutabilem aut (et δ) conuertibilem deum α¹;   I, 19 (6) usque ad illud] *tr.* α¹;   I, 19 (8) dicimus] dicemus α¹;   I, 24 (2) reuocari] remoueri (-re) α¹;   I, 24 (21) nequiuerit] non potuit α¹;   I, 25 (18) demonstrante] ostendente α¹

b) dans les sections communes du livre II (*om. v*):

II, 1 (13) panderentur] paterentur;   II, 4 (28) substantiae credere] religiosae ac piae (accipi ε) susbtantiae profiteri;   II, 5 (8) manifestiore utor expositione] manifesta expositione adsigno;   II, 7 (8) diversis] diverso;   II, 7 (18) et] sed;   II, 7 (31) retinendum] tenendum;   II, 9 (16/17) corruptionis uitio] pudoris damno filium;   II, 9 (28) non] nullatenus.

Beaucoup d'autres variantes significatives, présentes dans les sections inégalement représentées dans la tradition, seraient encore à citer. Mais nous nous en tenons au principe formulé en commençant. On se rappellera seulement que les sections prises en compte représentent au maximum 40% du *C. ar.* Autrement dit, le nombre de variantes données est pratiquement à doubler, voire à tripler, si l'on veut avoir une vision juste des choses.

La sous-famille α¹ comporte deux groupes bien distincts: la famille bourguignonne (γ) et la famille allemande (ζ).

2.1.1. La famille bourguignonne

γ | TROYES, *Bibl. Mun.* 2405 (*Ty²* – IXᵉ s.) – GRENOBLE, *Bibl. Mun.* 258 (*Gr¹* – XIIᵉ s.) – MILANO, *Bibl. Ambr.* H 74 sup (*Ml¹ᵇ* – XVᵉ s.) – NEW YORK, *Pierpont Morgan Libr.* 738 (*N²ᵇ* – XVᵉ s.) – PARIS, *Bibl. Nat.*, lat. 1686 (*P⁴* – XIᵉ-XIIᵉ s.) – VATICANO, *Bibl. Apost. Vat.*, lat. 511 (*V²* – XIVᵉ-XVᵉ s.) – PARIS, *Bibl. Nat.*, lat. 2076ᵇ (*P⁶ᵇ* – Xᵉ s.) – PARIS, *Bibl. Nat.*, lat. 2341ᵇ (*P⁷ᵇ* – IXᵉ s.) – VALENCIA, *Bibl. Univ.* 1221ᵇ (*Vl¹ᵇ* – XVᵉ s.) – ERLANGEN, *Universitätsbibl.* 170 (*Er¹ᵇ* – inc. XIVᵉ s.) – NÜRNBERG, *Stadtbibl.* Cent. I, 54 (*Nu¹ᵇ* – XVᵉ s.)

Nous donnons à ces onze mss le nom de famille « bourguignonne » par convention, ses deux plus anciens mss étant originaires de Montier-en-Der (Haute-Marne) (*P⁶*) et de Saint-Oyen (Jura) (*Ty²*). Ils constituent un groupe à l'identité bien marquée en raison des faits suivants:

1. une lacune très étendue, due sans doute à la chute d'un cahier, qui court de II, 10 (7) à II, 18 (4): *Arrius dixit – adprobare substantiae* (6 pages de cette édition, soit un quart du livre II);

2. des variantes pures significatives:

   a) dans les parties du livre I communes à toute la tradition:

   I, 17 (21) offertur] refertur γ; I, 19 (2/3) temerariae praesumptionis] temerario γ; I, 21 (21) prosequuntur iidem ipsi qui sirmio conuenerant] idem ipsi prosequimini γ (*Ty²ᵃ·ᶜ·*); I, 24 (9/12) id est tres substantias confiteris. Ostende igitur mihi ubi legisti tres usias. Si enim ego unam, hoc est homousion, ideo negare debeo, quia hoc nude scriptum non inuenio, tu quemadmodum audes tres usias] *om.* γ.

   b) dans les parties du livre II communes à toute la tradition (*om. v*):

   II, 4 (27) et quod pium sit ac religiosum] aut δ, an ε; II, 5 (18) esse] *om.* γ; II, 5 (31) generis] *om.* γ; II, 6 (23) congruat] conueniat γ; II, 6 (31) contractio] *om.* γ; II, 7 (7) in] *om.* γ; II, 7 (21) filii natiuitatis] illius diuinitatis γ; II, 9 (15) substantia generare non potuisse] non potuisse substantia generare γ; II, 9 (23) utrumne] utrum γ; II, 10 (1) quidquid] quid γ; II, 20 (4) in²] *om.* γ; II, 20

(13) tu] uis *add.* γ;   II, 28 (1) scientia] sua *praem.* γ;   II, 28 (17) adempto] sibi *add.* γ

Ils se répartissent en deux sous-groupes dont l'identité est bien plus forte encore, mais il ne fait pas de doute que tous les mss de γ dépendent d'un archétype aujourd'hui disparu, car on ne s'expliquerait pas autrement les traits communs qui viennent d'être relevés. Rien en effet n'indique la prééminence de l'un des mss du groupe ou la dépendance de l'un des sous-groupes à l'égard de l'autre. Chacun d'eux a en effet trop d'omissions et de variantes propres pour qu'une telle relation soit envisageable.

Nous nommerons le premier sous-groupe « famille troyenne », en raison de son plus ancien témoin, aujourd'hui à Troyes, et le second « doublons courts » pour une raison déjà dite, mais qui sera rappelée plus loin.

2.1.2. La famille troyenne

δ | TROYES, *Bibl. Mun.* 2405 (Ty^2 – IXe s.) – GRENOBLE, *Bibl. Mun.* 258 (Gr^1 – XIIe s.) – MILANO, *Bibl. Ambr.* H 74 sup (Ml^{1b} – XVe s.) – NEW YORK, *Pierpont Morgan Libr.* 738 (N^{2b} – XVe s.) – PARIS, *Bibl. Nat.*, lat. 1686 (P^4 – XIe-XIIe s.) – VATICANO, *Bibl. Apost. Vat.*, lat. 511 (V^2 – XIVe-XVe s.)

Cette famille est modeste par le nombre de ses représentants, et son texte ne brille pas par sa qualité. Mais elle revêt une certaine importance du point de vue historique, puisque c'est principalement d'après son ms. le plus ancien, TROYES, *Bibl. Mun.* 2405, que P.-F. Chifflet a édité sa version courte du traité de Vigile[49]. Elle comporte 6 témoins dont un carolingien, le ms. de Troyes précisément.

L'identité de la famille est extrêmement forte et se déduit aisément des faits suivants:

1. l'aberration textuelle signalée dans la description des mss. En II, 23 (8), après les mots *quia ex diuinis oraculis*, les 6 mss transcrivent, sans solution de continuité aucune, un long ex-

---

[49] Le *codex* provient de l'abbaye de Saint-Oyen et Chifflet l'appelle « Iurensis » (cfr *PL* 62, 471 C et 475 D). Une note marginale du ms. précise d'ailleurs que Chifflet édita le traité de Vigile: « ex hoc codice quem Iuresem uocat » (f. 1r).

LA FAMILLE *A* 111

trait de l'*Epist.* 28 de Léon le Grand (§3-4 : *uoluntas non potest – euidenter humanum est*; l. 82-112 de l'éd. Silva-Tarouca), avant de reprendre le texte du *C. ar.*

2. un nombre impressionnant de variantes pures.:

a) dans les parties du livre I communes à toute la tradition :

I, 1 (5) quoniam] cum δ; *ibid.* christiani] christi δ; I, 1 (7) sentiendo] sectando δ; *Ibid.* sectando] imitando δ; I, 1 (8) nunc] *om.* δ; I, 1 (9) inhaerere] inserere δ; I, 1 (10) erroris caecitate] errore caecitatis δ; I, 1 (14) nostro] *om.* δ; I, 1 (16) credamus] cedamus δ; I, 1 (23/24) modo profunda mysteriorum] *om.* δ; I, 1 (24/25) desidero sed illa nunc mihi] *om.* δ; I, 1 (28) ore] opere δ; I, 1 (29) ut] et δ; I, 1 (30) possit] clarescere *add.* δ; I, 2 (8) seipsa] semetipsa δ; I, 2 (9) dum] quod δ; I, 2 (10) praeferentis] praesentis δ; I, 2 (12) per deuia oberrans] praua operans δ; I, 2 (16) ut] et *praem.* δ; I, 2 (20) adiectis] abiectis δ; I, 2 (28/29) ut est ab apostolis tradita] *om.* δ; I, 4 (22) deum] dominum δ; I, 4 (26) sicut] enim *add.* δ; I, 4 (29) filii – bonitatis] *om.* δ; I, 4 (30) unicus] unus δ; I, 4 (31) negando] generando δ; I, 4 (32) penes] per δ; I, 5 (15) diuinae] *om.* δ; I, 6 (1) quoniam] cum δ; I, 6 (14) id est] *om.* δ; I, 6 (22) instabili mobilitate] instabilitate δ; I, 6 (29) fatus sum] iam praefatus sum δ; I, 17 (3) nunc] *om.* δ; I, 17 (19) recitetur concilii] concilii in medio proferatur δ; I, 18 (1) praefati] praefatio δ; I, 18 (16) conuertibilem et demutabilem] mutabilem et conuertibilem δ; I, 19 (2)] ausu] casu δ; I, 19 (4) regulis] uocabulis δ; I, 19 (15) utquid – imponit] *om.* δ; I, 19 (16) huius rei] huiusmodi δ; I, 19 (18) uspiam] quippiam δ; I, 19 (21) homousii adsertio falsa est] *om.* δ; I, 19 (25) reuolue] recole δ; I, 20 (11) quod] quia δ; I, 20 (12) pariter rem] *tr.* δ; I, 20 (14) demonstrauero] monstrauero δ; I, 20 (33) nominabantur] dicebantur δ; I, 20 (37) theodae] cephae δ; I, 20 (42) communi] communione δ; I, 21 (3) sanae] sanctae δ; I, 21 (10) uti] *om.* δ; I, 21 (12) non solum] *om.* δ; I, 21 (31) legeristis] legistis δ; I, 22 (3) hoc] haec δ; I, 22 (6) insolentes] intellegentes δ; I, 22 (10) religioso] *om.* δ; I, 22 (18) hoc] aut δ; I, 23 (17) litteris ostendas] *tr.* δ; I, 23 (23) contentionis] canonicis δ; I, 24 (1) quantiscumque] quantis δ; I, 24 (17) a] *om.* δ; I, 25 (3/5) arrius – cognoscatur] *om.* δ; I, 25 (6) athanasius] arrius δ; I, 25 (8) lege] athanasius dixit *praem.* δ; I, 25 (13) positum] *om.* δ; I, 25

(24) hic] *om. δ*; I, 26 (3) ualetis] ualebitis *δ*; I, 26 (9) quoniam] quomodo *δ*; I, 26 (12) me] *om. δ*

b) dans les parties du livre II communes à toute la tradition (*om. ν*).

Elles sont tout aussi nombreuses, à tel point qu'il est inutile de les rapporter toutes. Voici celles des premiers chapitres:

II, 1 (6) puri] proprii *δ*; II, 1 (16) et] *om. δ*; II, 1 (18) agite rebus] agitetur *δ*; II, 2 (4) haec] *om. δ*; II, 2 (18) meae] *om. δ*; II, 3 (20) nostrae] fidei *praem. δ*; II, 3 (21/22) fidei non posse praeiudicium in his uerbis adferri] *om. δ*; II, 3 (24) quoque de patre] de patre quod *δ*; II, 3 (25) ostenderet] ostendat *δ*; II, 3 (27) et ego de deo patre exiui] *om. δ*; II, 3 (28) filium de patre natum] de patre natum filium *δ*; II, 4 (2) quo dicas] ut diceres *δ*; *Ibid.* hoc] *om. δ*; II, 4 (3) ut²] *om. δ*; II, 5 (2) poterit] poteris *δ*; II, 5 (5) et est quidem] at equidem *δ*, etc.

L'examen de ces leçons révèle un si grand nombre de fautes de lecture, d'omissions d'un ou plusieurs mots, mais aussi d'une ligne ou deux, d'incongruités et d'inepties, qu'il faut en déduire un archétype très dégradé dû à un copiste tout à la fois négligent et ignare. Ce n'est évidemment pas le très docte Mannon de Saint-Oyen, secrétaire de Florus de Lyon et auteur du ms. de Troyes, qu'il faut incriminer, d'autant que son ms. n'est pas la source des autres. On distingue en effet deux rameaux dans la famille troyenne: $δ^1$, où figure le ms. de Troyes, et $δ^4$.

$δ^1$ | Troyes, *Bibl. Mun.* 2405 (Ty^2 – IXe s.) – Grenoble, *Bibl. Mun.* 258 (Gr^1 – XIIe s.) – Milano, *Bibl. Ambr.* H 74 sup (Ml^{1b} – XVe s.) – New York, *Pierpont Morgan Libr.* 738 (N^{2b} – XVe s.)

Les quatre mss de ce premier rameau ont des variantes pures dans les sections communes du livre I comme dans celles du livre II:

a) dans les parties du livre I communes à toute la tradition:

I, 6 (13) eloquium] eloquii $δ^1$; I, 17 (4) ut] *om.* $δ^1$; I, 17 (16) patrum] patribus $δ^1$; I, 23 (3) auctoritate] auctoritatem $δ^1$; I, 23 (7) professionis] professione $δ^1$; I, 23 (19) quae] si $δ^1$; I, 26 (11) id] uel $δ^1$; I, 26 (17) mendaciorum] mendaciora $δ^1$

b) dans les parties du livre II communes à toute la tradition (*om. v*):

II, 1 (2) seruare] sermone $\delta^{\scriptscriptstyle I}$; II, 3 (24) in] *om.* $\delta^{\scriptscriptstyle I}$; II, 4 (22) professio] *om.* $\delta^{\scriptscriptstyle I}$; II, 5 (5) unius generis] unigeneris $\delta^{\scriptscriptstyle I}$; II, 5 (23) quae quoniam] quaque nostram $\delta^{\scriptscriptstyle I}$; II, 6 (33) conueniunt] ueniunt $\delta^{\scriptscriptstyle I}$; II, 7 (30/31) contestatione] constitutione $\delta^{\scriptscriptstyle I}$; II, 10 (2) ultima] ultimam $\delta^{\scriptscriptstyle I}$; II, 20 (5) coaequet] coaequetur $\delta^{\scriptscriptstyle I}$; II, 21 (27) hominum genus] in humano genere $\delta^{\scriptscriptstyle I}$; II, 24 (7) scripturarum] congruentium *add.* $\delta^{\scriptscriptstyle I}$

Le lien entre les quatre mss se vérifie aussi aux nombreux accords entre le ms. de Troyes *post correctionem* et les trois autres mss $Gr^{\scriptscriptstyle I}$ $Ml^{\scriptscriptstyle Ib}$ $N^{\scriptscriptstyle 2b}$ (= $\delta^{\scriptscriptstyle 2}$). Il s'agit toujours de corrections erronées que l'on retrouve dans les autres témoins. Voici celles relevées dans le livre I:

I, 1 (25) quae] sed *praem.* $Ty^{\scriptscriptstyle 2p.c.}$ $\delta^{\scriptscriptstyle 2}$; I, 4 (20) pudoris] seminis $Ty^{\scriptscriptstyle 2p.c.}$ $\delta^{\scriptscriptstyle 2}$; I, 4 (26) adimitur] adimit $Ty^{\scriptscriptstyle 2p.c.}$ $\delta^{\scriptscriptstyle 2}$; I, 4 (27) solus] ipse *praem.* $Ty^{\scriptscriptstyle 2p.c.}$ $\delta^{\scriptscriptstyle 2}$; I, 5 (9) horum] harum $Ty^{\scriptscriptstyle 2p.c.}$ $\delta^{\scriptscriptstyle 2}$; I, 6 (21) mutabilia] mutabilitatem $Ty^{\scriptscriptstyle 2p.c.}$ $\delta^{\scriptscriptstyle 2}$; I, 16 (23) unum] deum *add.* $Ty^{\scriptscriptstyle 2p.c.}$ $\delta^{\scriptscriptstyle 2}$; I, 17 (3) id nunc] id ut $Ty^{\scriptscriptstyle 2a.c.}$, ut $Ty^{\scriptscriptstyle 2p.c.}$ $\delta^{\scriptscriptstyle 2}$; I, 19 (4) hoc] id est *add.* $Ty^{\scriptscriptstyle 2p.c.}$ $\delta^{\scriptscriptstyle 2}$; I, 20 (19) probus iudex dixit et quae] athanasius dixit haec quae $Ty^{\scriptscriptstyle 2a.c.}$, quae enim $Ty^{\scriptscriptstyle 2p.c.}$ $\delta^{\scriptscriptstyle 2}$; I, 20 (36) siue] cum *praem.* $Ty^{\scriptscriptstyle 2p.c.}$ $\delta^{\scriptscriptstyle 2}$; I, 20 (41) appelant] appelarunt $Ty^{\scriptscriptstyle 2p.c.}$ $\delta^{\scriptscriptstyle 2}$; I, 20 (43) seruientibus] seruientes $Ty^{\scriptscriptstyle 2p.c.}$ $\delta^{\scriptscriptstyle 2}$; I, 21 (1/2) utendo nominibus] *del.* $Ty^{\scriptscriptstyle 2p.c.}$, *om.* $\delta^{\scriptscriptstyle 2}$; I, 21 (6) hanc] hac $Ty^{\scriptscriptstyle 2a.c.}$, haec $Ty^{\scriptscriptstyle 2p.c.}$ $\delta^{\scriptscriptstyle 2}$; I, 21 (10) cur] qui $Ty^{\scriptscriptstyle 2a.c.}$, quid $Ty^{\scriptscriptstyle 2p.c.}$ $\delta^{\scriptscriptstyle 2}$; I, 21 (21) prosequuntur iidem ipsi] idem ipsi prosequimini $Ty^{\scriptscriptstyle 2a.c.}$, idem ipsi $Ty^{\scriptscriptstyle 2p.c.}$ $\delta^{\scriptscriptstyle 2}$; I, 23 (16) ipse] tu *praem.* $Ty^{\scriptscriptstyle 2p.c.}$ $\delta^{\scriptscriptstyle 2}$; I, 24 (9) tu autem tres usias] tuam tres usias $Ty^{\scriptscriptstyle 2a.c.}$, tu tres usias $Ty^{\scriptscriptstyle 2p.c.}$ $\delta^{\scriptscriptstyle 2}$; I, 25 (9) si tres sunt] tres $Ty^{\scriptscriptstyle 2a.c.}$, *del.* $Ty^{\scriptscriptstyle 2p.c.}$, *om.* $\delta^{\scriptscriptstyle 2}$

Le livre II contient encore de nombreux cas similaires.

Comme le ms. TROYES, *Bibl. Mun.* 2405 ($Ty^{\scriptscriptstyle 2}$) n'a aucune variante ou faute qui lui soit propre, on peut le tenir pour la source des trois autres[50]. C'est un ms. vénérable, copié par Mannon de

---

[50] Nous n'avons relevé que trois fautes mineures dont la correction s'imposait à tout copiste ultérieur en raison du contexte. Par exemple I, 26 (18): claritatis lumine] caritatis lumine $Ty^{\scriptscriptstyle 2}$, claritatis lumine $\delta^{\scriptscriptstyle 2}$.

Saint-Oyen et légué à cette abbaye. Il procède d'un souci dogmatique et ne regroupe que des œuvres christologiques et trinitaires, presque toutes d'origine africaine (Augustin, Vigile de Thapse, Ferrand de Carthage, Fulgence de Ruspe). Il dérive donc probablement d'un archétype antique. Mais comme on l'a dit, son texte est très dégradé. Le correcteur de Ty^2 a remédié à beaucoup de fautes. Mais plus avec bon sens qu'à partir d'un autre témoin, semble-t-il, puisqu'il a laissé subsister un nombre très important de fautes et d'omissions. Au demeurant, bien des corrections sont erronées au regard du texte originel.

Les trois mss qui dérivent de Ty^2 forment à leur tour un sous-groupe:

δ^2 | GRENOBLE, *Bibl. Mun.* 258 (Gr^1 – XIIe s.) – MILANO, *Bibl. Ambr.* H 74 sup (Ml^{1b} – XVe s.) – NEW YORK, *Pierpont Morgan Libr.* 738 (N^{2b} – XVe s.)

L'identité du sous-groupe n'est pas très marquée, mais se déduit néanmoins de quelques variantes pures: I, 19 (23) sicuti est] *om.*; I, 20 (30) nouitatem] nouitatis; I, 23 (16) exigis] exigas; II, 4 (9) est] *om.*, comme aussi de trois accords significatifs. Le premier figure dans l'*Incipit* du traité: athanasii] alexandrini *add.*; le second, en *Praef. sec. ed.* (30/31) dum post sui genitoris obitum adueniens suscepisset imperium] post eius obitum adueniens; le troisième en tête du petit ajout dû au copiste qui procéda à la suppression des sections Sabellius/Photinus et que l'on trouve dans les mss de α^1 entre I, 3 (11) et I, 3 (12). Nos trois mss ont alors: *Arrius et athanasius dixerunt*, tandis que les autres membres de la famille troyenne ont: *Illi dixerunt*.

Le ms. de GRENOBLE, *Bibl. mun.* 258 est quasi conforme à son modèle Ty^2, et ses fautes personnelles sont très rares. C'est ce qui explique le petit nombre de leçons propres à δ^2, car il est probable que les deux derniers mss du groupe dérivent de lui. Ceux-ci constituent en revanche un bloc très homogène.

δ^3 | MILANO, *Bibl. Ambr.* H 74 sup (Ml^{1b} – XVe s.) – NEW YORK, *Pierpont Morgan Libr.* 738 (N^{2b} – XVe s.)

Il ne fait pas de doute que le ms. de New York est l'apographe de celui de Milan. Il vient de Lombardie, comme ce dernier, comporte quasiment les mêmes ouvrages que lui, ainsi que nous l'avons vu en décrivant les volumes. Dans tous deux également, le *C. ar.* se trouve réparti en deux endroits: la *Sententia Probi*, puis plus loin, après les *Epist.* 156-157 d'Augustin, et relevant d'une autre tradition textuelle, les livres I et II. Ce sont ces deux livres qui appartiennent à la famille troyenne. Les deux mss ont en outre de nombreuses variantes pures. Voici celles des sections communes du livre I:

> I, 1 (11) ullo] ullis δ^3; I, 1 (14) quia] *om.* δ^3; I, 1 (26) idemque uerus] uerusque idem δ^3; I, 2 (15) regium iter] iter rectum δ^3; I, 5 (14) sit] *om.* δ^3; I, 6 (20) laeta] laetitiam δ^3; I, 16 (31/32) potestate aequales nec magnitudine similes] aequales potestate nec similes magnitudine δ^3; I, 17 (19) concilii] in medium *add.* δ^3; I, 18 (6) nostrum] omnipotentem δ^3; I, 18 (11) descendit] de caelis *add.* δ^3; I, 19 (6) qui] *om.* δ^3; I, 21 (25) pateat] patet δ^3; I, 22 (1) patri] patrem δ^3; I, 22 (12) ex] *om.* δ^3; I, 22 (14) suadente] persuadente δ^3; I, 25 (2) substantiae] sanctae δ^3; I, 25 (7) testimoniorum] ubi testimonio δ^3

Les deux mss sont contemporains, mais c'est bien le ms. de New York qui est l'apographe de celui de Milan, car il contient une quinzaine de fautes absentes de Ml^{1b}. On relève aussi quelques corrections erronées portées sur Ml^{1b} *post correctionem* et qui se retrouvent en N^2. Par exemple I, 3 (8) credideram] crediderim $Ml^{1b p.c.}$ N^2; I, 21 (9) propositionis] proponis $Ml^{1b p.c.}$ N^2.

Le deuxième rameau de la famille troyenne comporte deux mss:

δ^4 | PARIS, *Bibl. Nat.*, lat. 1686 (P^4 – XIe-XIIe s.) – VATICANO, *Bibl. Apost. Vat.*, lat. 511 (V^2 – XIVe-XVe s.)

Un certain nombre de variantes pures rapprochent ces deux témoins:

> I, 17 (15) antiquis] antiquorum δ^4; I, 21 (9) ut tu] uti δ^4; I, 21 (10) cur] quia δ^4; I, 22 (25) implicitum] implicito δ^4; I, 23 (19) quae] sic δ^4; I, 24 (2) potest] poteris δ^4; I, 24 (5) posse superari] superari possit δ^4; I, 25 (26) ad] a δ^4; I, 26 (15)] intentio euagata] intentione uaga δ^4; II, 1 (2) seruare] seruari δ^4; II, 3 (13) esse] est δ^4

Plusieurs fois, il s'agit de fautes de l'archétype de la famille troyenne que δ^4 a tenté de corriger pour le mieux. Comme on constate aussi l'existence de leçons propres à P^4, donc absentes de V^2, il faut en déduire, malgré leur petit nombre [51], l'existence d'un archétype commun.

On relève aussi souvent des accords fautifs entre nos deux mss et celui de Troyes *ante correctionem* [52]. Cela confirme l'existence d'un archétype pour tout le groupe; archétype dont les fautes se sont transmises à P^4 et V^2, mais qui, corrigées en $Ty^{2p.c.}$, ne figurent pas dans les 3 mss qui en dépendent ($Gr^1\ Ml^{1b}\ N^{2b}$). Et comme l'on a aussi des fautes de Ty^2 *ante correctionem* qui ne figurent pas dans P^4 et V^2, cela confirme l'indépendance des deux branches de la famille troyenne. Cela dit, les deux branches restent très proches l'une de l'autre et l'on se rappelle que le contenu des mss de Troyes et de Paris est presque identique [53].

Au final, la première branche de la famille bourguignonne se présente ainsi:

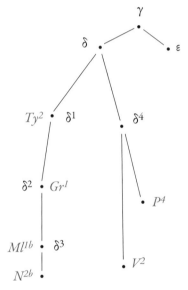

---

[51] I, 17 (23) copia] *om.* P^4; I, 19 (3/4) nouum hoc] *om.* P^4; I, 20 (3) uirtutem] nouitatem P^4; I, 20 (28) causarum] rerum uel causarum P^4; I, 22 (12) ostende] hoc *praem.* P^4; II, 2 (3) a me] *om.* P^4.

[52] Par exemple: I, 1 (15) ut examinatione] examinatione sua $Ty^{2a.c.}\ \delta^4$; I, 2 (11) derelinquit] relinquit $Ty^{2a.c.}\ \delta^4$; I, 2 (21/22) apostolico ... congruente testimonio] apostolicum ... congruens testimonium $Ty^{2a.c.}\ \delta^4$; I, 6 (20) cadat] cadit $Ty^{2a.c.}\ \delta^4$; I, 16 (14) paternae] paterna $Ty^{2a.c.}\ \delta^4$; I, 20 (19) probus iudex dixit et] athanasius dixit haec $Ty^{2a.c.}\ \delta^4$; I, 21 (32) prophetis] propheticis $Ty^{2a.c.}\ \delta^4$; I, 22 (18) docet] iesus *add.* $Ty^{2a.c.}\ \delta^4$

[53] Cfr *supra*, p. 39.

La deuxième branche de la famille bourguignonne comporte cinq mss que nous avons appelés « doublons courts ».

2.1.3. Les doublons courts

ε | Paris, *Bibl. Nat.*, lat. 2076 (P^{6b} – Xe s.) – Paris, *Bibl. Nat.*, lat. 2341 (P^{7b} – IXe s.) – Valencia, *Bibl. Univ.* 1221 (Vl^{1b} – XVe s.) – Erlangen, *Universitätsbibl.* 170 (Er^{1b} – inc. XIVe s.) – Nürnberg, *Stadtbibl.* Cent. I, 54 (Nu^{1b} – XVe s.)

Rappelons que cette appellation de convention renvoie au fait que les cinq mss cités comportent deux versions du *C. ar.*, l'une à la suite de l'autre (d'où le nom de « doublons »). La première version transmet la *Préface* de Vigile puis le livre I *complet*, c'est-à-dire avec les sections Sabellius-Photinus (d'où le nom de « doublons *longs* »), et la seconde, le livre I *abrégé*, sans les sections Sabellius-Photinus (d'où le nom de « doublons *courts* »), puis le livre II (section A-B-C-D-E). Les cinq textes de ε sont donc les seconds dans l'ordre de lecture des volumes. Ils forment un groupe très homogène que sa particularité codicologique atteste déjà. Mais l'identité du groupe apparaît surtout avec un nombre extrêmement élevé de variantes pures :

a) dans les parties du livre I communes à toute la tradition :

I, 1 (3) quibus] a *praem.* ε;   I, 1 (23) modo mihi *praem.* ε; I, 1 (28) uno ore profiteri] *tr.* ε;   I, 2 (24) inuestigando] festines *add.* ε;   I, 3 (10) breuiter] *om.* ε;   I, 4 (21) potest genitori suo aut in omnibus] genitori suo potest ε;   I, 4 (31/32) filium deum] *tr.* ε;   I, 5 (17) procul] longius ε;   I, 6 (11/12) de deo dicuntur – secundum usitatum] *om.* ε;   I, 6 (18) passibilem sine dubio] haec sine dubio passibilem ε; I, 6 (24) intellegi] accipi *praem.* ε;   I, 16 (25) uero] *om.* ε; I, 17 (11) dogmatibus] doctrinis ε;   I, 18 (14) unum] *om.* ε; I, 19 (4) regulis] paganis *add.* ε;   I, 19 (19) possit] potest ε; I, 20 (4/8) arrius dixit – damnetur] *om.* ε;   I, 20 (19 causae] *om.* ε;   I, 20 (25) si] ut *praem.* ε;   I, 20 (35) erat] *om.* ε; I, 20 (36) christi] christiani ε;   I, 21 (6) ingenitum contra hanc confitendo ecclesia tradidit] contra hanc ecclesia(m) tradidit ingenitum ε;   I, 21 (8) suam] protendere et *add.* ε; I, 21 (11/12) profitendo – ualetis] *om.* ε;   I, 21 (25) enim] *om.* ε;   I, 22 (20) me] a *praem.* ε;   I, 23 (21) illa] *om.* ε; I, 23 (25) scripturis] diuinis *add.* ε;   I, 24 (5) posse] *om.* ε;

I, 24 (17) quo] quod ε;   I, 24 (19) in scripturis positum] *tr.* ε;   I, 25 (7/8) testimoniorum – flagitatur] *om.* ε;   I, 25 (10) possum ueracius] *tr.* ε;   I, 25 (16) hoc] *om.* ε;   I, 25 (23) filii] et spiritus sancti *add.* ε;   I, 26 (4) puri] pura. ε

b) dans les parties du livre II communes à toute la tradition (*om. v*):

II, 1 (6) puri uocabuli] *om.* ε;   II, 2 (4) amplius addi] *tr.* ε;   II, 2 (6) in] *om.* ε;   II, 2 (12) primum] primitus ε;   II, 2 (15) rationibus quibus denique documentis] documentis quibus denique rationibus ε;   II, 2 (18) nuper] actis *add.* ε;   II, 2 (20)] id] idem ε;   II, 2 (24) esse] *om.* ε;   II, 2 (26) professione] *om.* ε;   II, 2 (27) filium uere] *tr.* ε;   II, 2 (29) patrem] *om.* ε;   II, 3 (9) putas] potest ε;   II, 3 (20) quod] *om.* ε;   II, 3 (21/22) in his uerbis] *om.* ε;   II, 4 (28) substantiae] accipi *praem.* ε;   II, 5 (2) filioque] et filio ε;   II, 5 (9/11) rursus si quid – possidet] *om.* ε;   II, 5 (16) denique] *om.* ε;   II, 5 (21/23) alterius – quoniam] *om.* ε;   II, 5 (23) pergit] uergit ε;   II, 5 (29) genere] generis; II, 5 (36) non] *om.* ε;   II, 5 (42) lucem] lumen ε;   ibid. erit e] est de ε;   II, 6 (6) generando aut partem substantiae] generari deo aut patrem substantiam ε;   II, 6 (10) accessionis] cessionis ε;   II, 6 (14) ex se ipso id est] de se ipso ε;   II, 6 (16/17) sollicitudinis] sollicitudinibus ε;   II, 6 (21) erigite] et *praem.* ε;   II, 6 (22) terrificum] terrificam ε;   II, 6 (27) id astruo] *om.* ε;   II, 6 (29) id potuisse de sua] ergo de sua potuisse ε;   II, 6 (32) corporeis] corporibus ε;   II, 6 (35) potest] potuit ε;   II, 7 (1) num] *om.* ε;   II, 7 (4) ut] *om.* ε;   II, 7 (6) credamus] credatur ε;   II, 7 (7) pergit] egit ε;   II, 7 (10) fidelium] fidei ε;   II, 7 (20) obiectionibus] properare contendis *add.* ε;   II, 7 (24) et intra] *om.* ε;   II, 7 (27) humanis] in *praem.* ε;   II, 7 (30) diuinae professionis] diuina ε;   II, 7 (31) substantia] *om.* ε;   II, 7 (33) hanc] hunc ε;   II, 7 (37) potuisse] posse ε;   II, 8 (5) obnoxius] obnoxium ε;   II, 8 (11) nuncupationem] nuncupatione ε;   II, 8 (13) doceret] doceatur ε;   II, 8 (15) eris] es ε;   II, 9 (12) credamus] credatur ε;   II, 9 (23) conueniat] *om.* ε;   II, 9 (27) per sui ineffabilem potentiam] *om.* ε;   II, 9 (34) poterit] erit ε;   II, 10 (4) uestrae] *om.* ε;   II, 10 (6) indagare] indicare ε;   II, 18 (8) natum] ita se habere ε;   II, 18 (12) generet] gignat ε;   II, 18 (15) ne sine] ne ab his quae ε;   II, 19 (3) hieremias] *om.* ε;   II, 19 (4) dei] *om.* ε;   II, 19 (6) dixisse] *om.* ε;   II, 19 (7) substantia mea] substantiam meam ε;   II, 19 (21) diuinae] *om.* ε;

II, 20 (1) Arrius] prosecutio (-ne/-nem) arrii hic requires praem. ε;   II, 20 (17) his] alia ε;   II, 21 (3) athanasio] remanserit et add ε;   II, 21 (24) aequanimiter fecit] tr. ε;   II, 22 (6) ab ea quam habet dedit] habet ε;   II, 22 (7) dedit uel] habet et ε;   II, 22 (12) sua] om. ε;   Ibid. sunt] sua add. ε;   II, 22 (25) fragilitatis] infirmitate ε;   II, 23 (2) nisus fuerit] uoluerit ε;   II, 23 (5) unius permultis ostendit documentis] per multum unius substantiae documentum ostendit ε;   II, 24 (3) esse] om. ε;   II, 27 (16) cauillationibus] om. ε;   II, 28 (11) aduersum] aduersus ε;   II, 28 (16) refrenabo] refrenando ε;   II, 28 (18) prolata] probata ε

Il n'est guère besoin de commenter une liste aussi longue. Ces variantes étant des fautes, sans contestation possible, dans presque tous les cas, il faut en déduire l'existence d'un archétype très dégradé.

Au sein de ce groupe, on identifie clairement deux branches, l'une constituée par les deux mss anciens ($ε^1$), l'autre par les trois mss tardifs ($ε^2$).

$ε^1$ | Paris, *Bibl. Nat.*, lat. 2076 (P^{6b} – Xe s.) – Paris, *Bibl. Nat.*, lat. 2341 (P^{7b} – IXe s.)

Ces deux mss ont à leur tour un nombre très élevé de leçons qui leur sont propres :

a) dans les parties du livre I communes à toute la tradition :

I, 1 (13) ignoro] ignora $ε^1$;   I, 2 (3) nouitatum] nouitatem $ε^1$;   I, 2 (9) sectas] secta $ε^1$;   I, 2 (16) indicia demonstrarem] indiciam demonstrare $ε^1$;   I, 3 (2) in^2] om. $ε^1$;   I, 3 (8) credideram] crederam $ε^1$;   I, 4 (9) ipsius] ipsi $ε^1$;   I, 6 (14) coaptantur] captantur $ε^1$;   I, 16 (21) oratione] orationem $ε^1$;   I, 16 (32) consortes] consertos $ε^1$;   I, 17 (5) uenientium] inuenientium $ε^1$;   I, 17 (11) fuisse] fuisset $ε^1$;   I, 17 (20) utriusque] utrisque $ε^1$;   I, 19 (23/24) expers uera – fidei nominis] om. $ε^1$;   I, 20 (12) nomenque] nomen quae $ε^1$;   I, 20 (21) proprietate] proprietatem $ε^1$;   I, 20 (26) quaestionum] quaestio nam $ε^1$;   I, 21 (1) ergo] om. $ε^1$;   I, 21 (26) intendat] intendant $ε^1$;   I, 22 (19) inquam] in quem quam $ε^1$;   I, 22 (20) probatione] probationem $ε^1$;   I, 23 (4) uestiantur] uentiantur $ε^1$;   I, 23 (19) patri] patrem $ε^1$;   *ibid.* quae] quem $ε^1$;   I, 23 (24) ut] om. $ε^1$;   I, 23 (26) quaere] om. $ε^1$;   I, 24 (18) declinare. Cum enim triusion] *om. ε'*; I, 25 (2) homousion] *om. ε'*; I, 25 (8) dicere] didicere ε'; I, 26 (7) appellatione] appellationis ε'; I, 26 (12) ueritatis] unitatis ε'

b) dans les parties du livre II communes à toute la tradition (*om. v*):

II, 1 (15) luculenta] luculento ε'; II, 1 (16) cupida] cupidam ε'; *ibid.* exploso] exploro ε'; II, 1 (19) ambitum] ambitu ε'; II, 1 (21) ueritate] uetustatem ε'; *ibid.* ornetur] *om.* ε'; II, 2 (14) percipiant] percipiunt ε'; II, 3 (22) munire] munere ε'; II, 3 (24) documento] documen ε'; II, 4 (3) suspicionis] suspectionis ε'; II, 4 (16) quia] obuiam ε'; II, 4 (22) professio] professionem ε'; II, 5 (4) appelationum] appellationem ε'; II, 5 (17) substantiae] substantia ε'; II, 5 (28) fulgorem] fulgore ε'; II, 5 (32/33) substantiam] substantia ε'; II, 5 (40) intellegi] filium *add.* ε'; II, 6 (4) qui] quid ε'; II, 6 (8) substantiam] substantia ε'; II, 6 (18) ob] *om.* ε'; II, 6 (26) substantia] *om.* ε'; II, 6 (27) potuisse] potuisset ε'; *ibid.* professione] professionem ε'; II, 7 (5) subsistere] substantiae ε'; II, 7 (13) uitium] uitiorum quam ε'; II, 9 (5) naturam] naturarum ε'; II, 9 (8) corruptioni] corruptione ε'; II, 10 (1) hac prosecutionum] hanc prosecutionem ε'; II, 18 (11) nec] ne hoc ε'; II, 19 (15) operis] operum ε'; II, 19 (16) creatione] creationem ε'; II, 19 (4) contionatur] conscionat ε'; II, 20 (19) uoluntate] uoluntatem ε'; II, 20 (23) patri] patris ε'; II, 21 (8) elatione] obuelationem ε'; II, 22 (9) a filo dicitur] ad filio dicetur ε'; II, 22 (11) uidentur] uidetur ε'; II, 22 (13) qui] quae ε'; II, 22 (28) ipsius] sua ε'; II, 24 (3) creatorem] creaturae ε'; II, 28 (2) prauitati] prauitate ε'; II, 28 (10/11) conflictu] conflicto ε'

Les mss Paris, *Bibl. Nat.*, lat. 2076^b (P^{6b}) et Paris, *Bibl. Nat.*, lat. 2341^b (P^{7b}) sont les deux plus anciens témoins des « doublons courts » et à ce titre ne peuvent être négligés. Malheureusement le texte qu'ils transmettent est très défectueux, puisqu'on dénombre quelque deux cents leçons fautives qui sont communes aux deux mss, presque autant qui sont propres à P^{6b} et plus d'une centaine propres à P^{7b}. De l'existence de leçons communes à P^{6b} et P^{7b} et de leçons propres à chacun d'eux, on peut déduire que les deux témoins dérivent d'un archétype commun. Il s'agit sans doute d'un *codex* espagnol ou d'origine espagnole, car P^{6b} et P^{7b} proviennent de Montier-en-Der et du Puy-en-Velay, mais P^{7b} a probablement été copié à Ripoll en Catalogne[54], la branche de ε qui leur est parallèle contient un ms. espagnol (Valencia), et les doublons longs, qui ouvrent les *codices* où P^{6b} et P^{7b} figurent, ont des affinités indéniables avec la famille espagnole (ξ), comme on le verra.

La seconde branche de ε contient donc un témoin espagnol, mais s'est diffusée en Allemagne où elle est attestée par deux mss. Les trois textes sont des XIVe et XVe s.

$ε^2$ | VALENCIA, *Bibl. Univ.* 1221 (Vl^{1b} – XVe s.) – ERLANGEN, *Universitätsbibl.* 170 (Er^{1b} – inc. XIVe s.) – NÜRNBERG, *Stadtbibl.* Cent. I, 54 (Nu^{1b} – XVe s.)

De nombreuses variantes pures rapprochent ces trois témoins:

a) dans les parties du livre I communes à toute la tradition:

I, 2 (8) religio] *om.* $ε^2$;   I, 4 (24) non] nec $ε^2$;   I, 6 (13) sermonis] *om.* $ε^2$;   *ibid.* prolatos qui] prolata sunt $ε^2$;   I, 19 (15) hoc nomen sequendum] sequendum hoc nomen $ε^2$;   I, 20 (10) si] sicut $ε^2$;   I, 21 (8) in] et *praem.* $ε^2$;   I, 21 (9) uertere] obtendere. $ε^2$;   I, 22 (8) consequenti] consenti $ε^2$;   I, 22 (15) uerborum] uocabula *add.* $ε^2$;   *ibid.* ostende] *om.* $ε^2$;   I, 23 (1) mos] *om.* $ε^2$;   I, 23 (3) quae] qua $ε^2$

b) dans les parties du livre II communes à toute la tradition (*om. v*):

II, 1 (7) id iam] idioma $ε^2$;   II, 1 (10) rei] *om.* $ε^2$;   II, 2 (16) promulgationem] promulgationis $ε^2$;   II, 4 (2) quo] qua $ε^2$;   II, 4 (22) uergat] emergat $ε^2$;   II, 5 (15) id] uel $ε^2$;   II, 5 (33) id] uel $ε^2$;   II, 6 (4) qui] quod $ε^2$;   II, 6 (18) ob hoc] *om.* $ε^2$;   II, 7 (13) uitium] uicio $ε^2$;   II, 8 (5) habet] habeat $ε^2$;   II, 8 (14) uterum] eo *add.* $ε^2$;   II, 9 (17) incorporaliter] corporaliter $ε^2$;   II, 9 (22) optime probe] *tr.* $ε^2$;   II, 9 (25) natus] ortus $ε^2$;   II, 18 (14) non debeo deum] non desino dixisse arrium deum non $ε^2$;   II, 19 (4) dei patris persona] persona patris $ε^2$;   II, 20 (5/6) protestetur] profitetur $ε^2$;   II, 21 (10) uidelicet] scilicet $ε^2$;   II, 21 (31) mihi] pater *add.* $ε^2$;   II, 22 (16) et] ac $ε^2$;   II, 22 (28) ipsius] sui $ε^2$;   II, 22 (37) qui] *om.* $ε^2$;   II, 23 (16) uel] et a

---

[54] Cfr *supra*, p. 41.

filio ε^2; II, 24 (8) aut] et ε^2; *ibid.* uel] et ε^2; II, 27 (16) argumentis] argumentationibus ε^2

On a le sentiment que plusieurs de ces variantes sont des essais de correction de l'archétype de ε dont le texte était très dégradé comme on l'a vu[55]. En tout cas, les trois mss ont un ancêtre commun et se divisent en deux branches. Le ms. VALENCIA, *Bibl. Univ.* 1221 constitue à lui seul une branche indépendante. On y recense en effet une soixantaine de fautes qui lui sont spécifiques. Ce nombre est à vrai dire bien moindre que celui attesté dans les autres mss du groupe; ce qui fait de Vl^{1b} un texte plus propre que celui de P^{6b} et P^{7b}, meilleur aussi que celui des deux mss allemands qui accumulent les erreurs comme on va le voir. L'ancienneté de P^{6b} et P^{7b} nous a cependant conduit à retenir ces deux mss pour l'apparat en tant que représentants des doublons courts.

Les deux mss allemands forment le second rameau de ε^2 :

ε^3 | ERLANGEN, *Universitätsbibl.* 170 (Er^{1b} – inc. XIVe s.) – NÜRNBERG, *Stadtbibl.* Cent. I, 54 (Nu^{1b} – XVe s.)

Les deux mss offrent un nombre considérable de variantes pures:

a) dans les parties du livre I communes à toute la tradition:

I, 1 (2) ueri] ueram ε^3; I, 1 (6) a ueritate] qui *praem.* ε^3; I, 1 (15/16) firmior] est *add.* ε^3; I, 1 (20) ueri] in *praem.* ε^3; I, 1 (30/31) patientiae] *om.* ε^3; I, 2 (14) ideo] idcirco ε^3; I, 4 (20) pudoris permixtione suscepit] permixtione suscepit pudoris ε^3; I, 4 (33) constituentes] constituimus ε^3; I, 5 (7) genitum] unigenitum ε^3; I, 6 (25) eius] *om.* ε^3; I, 16 (19) propositae] *om.* ε^3; I, 17 (22/23) athanasius – negetur] *om.* ε^3; I, 20 (27) significantius] significatarum ε^3; I, 21 (7/8) nusquam legimus patrem] patrem nusquam legimus ε^3; I, 21 (15) promulgauerant] promulgauimus ε^3; I, 21 (22) de filio] *om.* ε^3; I, 21 (31) ibi] si *praem.* ε^3; I, 22 (4) an filius] ad filium ε^3; I, 22 (13) ad] id *add.* ε^3; I, 22 (14) pietate fidei] *tr.* ε^3; I, 22 (26) mihi] *om.* ε^3; I, 23 (16) manifestiorem] et ipse manifestius ε^3; I, 26 (9) decreuit] discernit ε^3

---

[55] Par exemple: II, 6 (4) qui] quid ε^1, quod ε^2, (*quod* est acceptable); II, 6 (18) ob hoc] hoc ε^1, *om.* ε^2, (*hoc* seul n'ayant pas de sens, l'archétype de ε^2 le supprime); II, 9 (25) dinoscitur natus] dinoscitur ornatus ε^1, dinoscitur ortus ε^2 (*ornatus* est une dittographie due à la fin de *dinoscit*ur, et l'archétype de ε^2 l'interprète au mieux).

b) dans les parties du livre II communes à toute la tradition (*om. v*) :

II, 1 (1) die] in *praem.* ε^3 ; II, 1 (12) si] *om.* ε^3 ; II, 1 (13) comperendinatione] perendinatione ε^3 ; II, 1 (19) locutionum] *om.* ε^3 ; II, 1 (20) narratio] intentio ε^3 ; II, 2 (21) descendi] conscendi ε^3 ; II, 2 (25/26) quod satis improuida] et satis proinde ε^3 ; II, 3 (11) ualueris] uolueris ε^3 ; II, 3 (14) in] ut ε^3 ; II, 3 (15) unius] de *praem.* ε^3 ; II, 4 (2) meae munitionem] mea imitatorum ε^3 ; II, 4 (10) quia deus deum genuit, lux lucem genuit, perfectus perfectum genuit] lux lucem genuit perfectus perfectum genuit quia deus genuit deum ε^3 ; II, 4 (29) non] nobis *add.* ε^3 ; II, 5 (6) existentis] exigentis ε^3 ; II, 5 (9) substantia] *om.* ε^3 ; II, 5 (13/14) nos de illo – natura] *om.* ε^3 ; II, 5 (16) pater] ergo ε^3 ; II, 5 (27) ex se] *om.* ε^3 ; II, 5 (37) in] ut ad ε^3 ; II, 5 (45/46) quae proprietatem – non potuit et] *om.* ε^3 ; II, 6 (9) in partium] inperitium ε^3 ; II, 6 (11) confiteor] *om.* ε^3 ; II, 6 (20) quidue sanctius] quid nostris ε^3 ; II, 7 (15) artius] arrius ε^3 ; II, 7 (16) molimina] uolumina ε^3 ; II, 8 (16) membrorum] *om.* ε^3 ; II, 9 (11) se] seipso ε^3 ; II, 9 (14/15) ne corruptionis uitio] qui corruptioni uitio non ε^3 ; II, 9 (18) hoc sibi prestare] *om.* ε^3 ; II, 10 (2) potui] potuerit ε^3 ; II, 18 (11) genus] genera ε^3 ; II, 19 (10/11) apud – id est] *om.* ε^3 ; II, 21 (15) nihilominus] *om.* ε^3 ; II, 21 (20) patris] *om.* ε^3 ; II, 21 (23) magis] non *praem.* ε^3 ; II, 22 (10) et tua omnia mea sunt] *om.* ε^3 ; II, 22 (14) sic erit] suscitauerit ε^3 ; II, 22 (17) contulisse] dicitur *add.* ε^3 ; II, 22 (19) gestare] gessisse ε^3 ; *Ibid.* deitatis] diuinitatis ε^3 ; II, 22 (48) si] sed ε^3 ; II, 23 (9) articulis] artibus ε^3 ; II, 24 (9) operis] corporis ε^3 ; II, 27 (3) reor] eo ε^3 ; II, 28 (9) liberalis] liberatur ε^3 ; II, 28 (13) quem] quod ε^3

Ces similitudes étendues s'expliquent par l'état dégradé du texte de Er^{1b} et le fait que Nu^{1b} en est l'apographe. En décrivant les mss, nous avons vu que les deux *codices* ont exactement le même contenu. Mais le copiste de Nu^{1b} a travaillé avec soin, car ses propres fautes sont infimes (quelques inversions, quelques abréviations mal lues....), et son scrupule était tel qu'il a plusieurs fois reproduit les espaces blancs de son modèle, comme il l'avait fait pour le texte du doublon long, ainsi que nous le verrons.

La seconde branche de la famille bourguignonne se présente donc de la manière suivante:

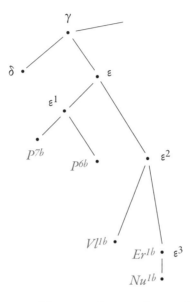

Un fait cependant semble contredire ce schéma. Il s'agit d'accords purs entre les deux mss de ε^1 et le ms. de Valence. On en dénombre une vingtaine d'exemples dans les parties du livre I communes à toute la tradition [56], et une dizaine dans les sections communes du livre II [57]. Mais la difficulté peut aisément être solutionnée. En effet, quand on examine de près chaque cas, on acquiert la conviction que ces accords sont à l'origine des leçons fautives de l'archétype de ε que Er^{1b} n'a pas reproduites (ni par conséquent

---

[56] I, 1 (11) discrimine] crimine ε^1 Vl^{1b}; I, 1 (25) demonstrari] demonstrare ε^1 Vl^{1b}; I, 2 (14) ideo] merito ε^1 Vl^{1b}; I, 2 (15) iter] om. ε^1 Vl^{1b}; I, 2 (22) congruens] congruere ε^1 Vl^{1b}; I, 4 (17/18) generis] hominis add. ε^1 Vl^{1b}; I, 4 (22) in] om. ε^1 Vl^{1b}; I, 6 (23) comprobatur] comprobantur ε^1 Vl^{1b}; I, 17 (20) quid] adsensum add. ε^1 Vl^{1b}; I, 19 (5/6) ordinem] ordines ε^1 Vl^{1b}; I, 19 (8) ueritate] ueritatis ε^1 Vl^{1b}; I, 19 (12) ingestae] ingens tuae ε^1 Vl^{1b}; I, 21 (22) confessionis] mentis ε^1 Vl^{1b}; I, 21 (22/23) ex deo] deum praem. ε^1 Vl^{1b}; I, 21 (24) initium tribuit] traxit initium ε^1 Vl^{1b}; I, 22 (14) non ex uerisimilibus] similibus ε^1 Vl^{1b}; I, 23 (17) litteris] om. ε^1 Vl^{1b}; I, 23 (24) sermonis] sermonibus ε^1 Vl^{1b}; I, 24 (6) sermonis] sermonibus ε^1 Vl^{1b}; I, 24 (17) athanasius] athanasium ε^1 Vl^{1b}; I, 25 (24) proprietatis] et praem. ε^1 Vl^{1b}.

[57] II, 2 (30) subiacere] deum add. ε^1 Vl^{1b}; II, 7 (29) testatur] testantur ε^1 Vl^{1b}; II, 7 (32) corrumperetur] corumpetur ε^1 Vl^{1b}; II, 8 (2) corruptioni] corruptionis ε^1 Vl^{1b}; II, 8 (12) sua] om. ε^1 Vl^{1b}; II, 9 (10) non] om. ε^1 Vl^{1b}; II, 10 (5) queamus] queramus ε^1 Vl^{1b}; II, 19 (26) eam] eum ε^1 Vl^{1b}; II, 22 (9) probatur] probantur ε^1 Vl^{1b}; II, 22 (33/34) patri placita fecit] patri facit placita ε^1 Vl^{1b}; II, 24 (5) ut et] et ut ε^1 Vl^{1b}.

Nu^{1b} son apographe), parce que lui-même s'est trompé à cet endroit (par exemple en faisant une mauvaise lecture ou une inversion), ou bien a intelligemment corrigé (ce qui est assez fréquent), ou bien encore a tenté de corriger, mais sans y parvenir, de sorte qu'il reste chaque fois un accord $ε^1\ Vl^{1b}$. Ainsi en I, 4 (17/18), là où $ε^1\ Vl^{1b}$ ont: *propter humani generis hominis salutem*, Er^{1b} enlève avec bon sens le *hominis* superfétatoire; en I, 19 (5/6) là où $ε^1\ Vl^{1b}$ ont: *per ordines*, Er^1 remet avec intelligence au singulier (*omnes per ordinem successores*); en I, 21 (22/23), là où $ε^1\ Vl^{1b}$ ont: *Deum eum, inquiunt, dicentes deum ex deo*, Er^{1b} supprime avec raison le second *deum*; en II, 8 (12), là où $ε^1\ Vl^{1b}$ ont omis le pronom *sua*, Er^{1b} le restitue avec bon sens, mais pas à la bonne place (*substantia sua* et non *sua substantia*); en II, 22 (33/34), à la place du texte originel (*patri placita fecit*), l'archétype de ε fait une inversion ainsi qu'une faute de temps, et il écrit *patri facit placita*, leçon que l'on retrouve en $ε^1\ Vl^{1b}$, tandis que Er^{1b} refait une deuxième inversion et écrit *placita patri facit*, etc. Bref, nous croyons que tous les accords $ε^1\ Vl^1$ s'expliquent aisément sans contredire le précédent schéma.

2.1.4. La famille allemande

ζ | BRUXELLES, *Bibl. Royale* 10274-80 (Bx^1 – XI-XIIe s.) – CAMBRIDGE, *Pembroke College* 108 (Cb^1 – IXe s.) – CREMONA, *Bibl. Statale* 51 (Cr^1 – XVe s.) – DIJON, *Bibl. Mun.* 151 (Dj^1 – XIIe s.) – GRAZ, *Universitätsbibl.* 724 (Gz^1 – XIIIe s.) – MÜNCHEN, *Bayerische Staatsbibl.* Clm 14679 (Mu^2 – IXe s.) – MÜNCHEN, *Bayerische Staatsbibl.* Clm 23828 (Mu^3 – XVe s.) – PARIS, *Bibl. Nat.* lat. 5073 (P^8 – ex. XIIe s.) – SALZBURG, *Stiftsbibl. Sankt Peter* a VII 31 (Sl^1 – XIe s.) – TRIER, *Stadtbibl.* 118/106 (Tr^1 – inc. IXe s.) – TRIER, *Bistumsarchiv* 95/133c (Tr^2 – XIe s.) – TROYES, *Bibl. Mun.* 895 (Ty^1 – XIIe s.) – VATICANO, *Bibl. Apost. Vat.* lat. 10803 (V^3 – XV-XVIe s.) – WOLFENBÜTTEL, *Herzog August Bibl.* Guelf. 3104 (W^1 – X-XIe s.) – WOLFENBÜTTEL, *Herzog August Bibl.* Guelf. 3346 (W^2 – XVe s.)

Forte de quinze témoins, la famille allemande a une identité incontestable. Au sein des mss qui transmettent la forme courte du *C. ar.* (c'est-à-dire la première édition de l'ouvrage), elle constitue un bloc homogène avec un texte bien spécifique. Rappelons d'abord que si elle omet les passages avec Sabellius et Photinus dans le livre I, à l'instar de la famille bourguignonne, elle a en revanche le livre II complet, c'est-à-dire avec la longue section (plus du quart du livre) omise par les autres mss de $\alpha^{\scriptscriptstyle I}$. Elle est surtout spécifiée par un nombre considérable de variantes pures:

a) dans les sections du livre I communes à toute la tradition[58]:

I, 1 (7) sentiendo] *om.* ζ;   I, 1 (24) profunda mysteriorum arcana mihi] mihi profunda mysteriorum arcana ζ;   I, 1 (26/27) uerus sit] *tr.* ζ;   I, 1 (28) quid causae] quae causa ζ;   I, 2 (3) plurima] *om.** ζ; *ibid.* et] *om.* ζ;   I, 2 (12) deuia] uiam praue* ζ;   I, 2 (16) clarissima explorandae ueritatis] clarissimae ueritatis explorandae ζ;   I, 4 (21) deus et] *om.** ζ;   I, 4 (22) suum] *om.* ζ;   I, 4 (29/30) deitas eius] *tr.* ζ;   I, 4 (31) profitemur deum] deum confitemur* ζ;   I, 6 (5) etiam utrum] *tr.* ζ;   I, 6 (11) dicuntur secundum essentiam] secundum essentiam dicuntur ζ;   I, 6 (15) dicit] *om.** ζ;   I, 6 (17/18) uelimus] uolumus ζ;   I, 6 (20) cognitio] cogitatio ζ;   I, 6 (26/27) laudabili breuitate] laudabiliter ζ;   I, 16 (28) substantias] esse *add.* ζ;   I, 7 (13) decreta concilii] *tr.* ζ;   I, 17 (21) est quod] *om.* ζ;   I, 18 (14) et quod] *tr.* ζ;   I, 19 (3) praesumptionis] adsumptionis* ζ;   I, 19 (6) in christi confessione uiuentes] uiuentes in christi confessione ζ;   I, 20 (7) nominis nouitate] *tr.* ζ;   I, 20 (33) quia] *om.** ζ;   I, 21 (7) et] *om.* ζ;   I, 21 (25) quaso] quoque ζ; *ibid.* metire] non pigeas *add.* ζ;   I, 21 (29) fidei] filii dei ζ;   I, 22 (6) scriptum] positum in scripturis ζ;   I, 22 (15/16) scriptum ostende ingenitum aut impassibilem patrem] ostende scriptum ingenitum patrem aut impassibilem ζ;   I, 22 (16) uero] uerum ζ;   I, 22 (22/23) uocabulorum] uocabula ζ;   I, 22 (26) facultas] tibi *praem.* ζ;   I, 23 (25) in] *om.* ζ;   I, 23 (27) pariter inuenisse] *tr.* ζ;   I, 25 (24) ergo et tu] *om.** ζ;   I, 25 (17/18) positum] haec posita ζ;   I, 26 (5) et ex consequenti ratione] *om.** ζ; I, 26 (12) demonstrandae ueritatis nudi me] nudi me demonstrandae ueritatis ζ

b) dans les sections du livre II communes à toute la tradition (*om. v*):

II, 1 (4) consequentia] consequentium* ζ;   II, 1 (7) id] *om.* ζ;   II, 1 (10) doceatis] proferatis ζ;   II, 1 (13) compe-

---

[58] L'astérisque signale les cas où la variante concerne le ms. de Cambridge *ante correctionem* et par le fait même les cas où manque à l'appel le ms. PARIS, *Bibl. Nat.* lat. 5073 copié sur $Cb^{tp.c.}$, bien que ce ne soit pas systématique. Précisons aussi que les six dernières variantes n'incluent pas le ms. VATICANO, *Bibl. Apost.*, lat. 10803 dont le texte mutilé s'arrête en I, 23 (24).

LA FAMILLE *A*

rendinatione] conferendi ratione ζ; II, 2 (6) mittere] comprobare ζ; II, 2 (11/12) praeoptatur] prouocatur ζ; II, 2 (22) factitare] actitare ζ; II, 2 (26) et nimis] nimisque ζ; II, 3 (4) facillime scriptum] *tr.* ζ; II, 3 (20) certa] cura ζ; II, 5 (1) sermonis] rerum ζ; II, 5 (11) possidet] possidendarum ζ; II, 5 (18) unius substantiae esse dicuntur] suae substantiae hominem generat ζ; II, 5 (48) degeneratus] degener natus ζ; II, 6 (31) qua] similia *add.* ζ; II, 7 (35) descendentia] descendit* ζ; II, 8 (14) potius] *om.* ζ; II, 9 (10) generauit] genuit ζ; II, 10 (2) cognoscere] agnoscere ζ; II, 18 (11) et] *om.* ζ; II, 19 (27) fideliter ut data est] ut data est fideliter ζ; II, 20 (14) meam] *om.* ζ; II, 21 (11) sequestrare] et *add.* ζ; II, 22 (1) pater filio] *tr.* ζ; II, 22 (14) ait] dixit ζ; II, 22 (15) ac] aut ζ; II, 22 (40) pater[2]] quae *praem* ζ; II, 22 (42) patrem] quia ego et pater unum sumus *add.* ζ; II, 27 (6/7) locus adimitur] *tr* ζ; II, 27 (19) proposita] posita ζ

Cette liste serait facilement doublée si l'on prenait en compte d'autres variantes, quasi pures, c'est-à-dire réunissant 12, 13 ou 14 témoins, au lieu des 15 de la famille complète, ou encore la partie du livre II omise par les doublons courts et la famille troyenne. C'est dire combien le texte des allemands est spécifique. Nous aurons à l'évaluer, mais on peut déjà entrevoir qu'il s'agit d'un texte fortement et sans doute volontairement amendé, puisqu'il constitue clairement un bloc particulier au sein de la famille *a* qui comporte quatre, et même cinq sous-groupes.

La famille allemande comporte 3 mss carolingiens qui attestent, à une date ancienne, un texte homogène et bien typé dérivant d'un archétype commun. Chacun a sans doute été copié plusieurs fois, et l'on peut identifier pour les uns et les autres au moins un de leurs descendants. Nous les étudierons donc successivement avec leur proche parent. Nous regarderons ensuite les autres groupements de deux ou trois témoins que l'on peut repérer au sein de la famille, et terminerons par les mss isolés, mais toujours très proches de l'archétype.

η | CAMBRIDGE, *Pembroke College* 108 (*Cb[1]* – IXe s.) – PARIS, *Bibl. Nat.* lat. 5073 (*P[8]* – ex. XIIe s.)

Comme on l'a dit dans la fiche descriptive du *codex*, le ms. CAMBRIDGE, *Pembroke College* 108 est originaire du Nord-Est de la

France, et dérive peut-être d'un exemplaire de la Cour palatine. C'est un témoin typique de l'activité des écoles carolingiennes dans le champ patristique et le traité de Vigile y voisine avec d'autres œuvres trinitaires[59]. Le texte du *C. ar.* qu'il contient est le texte standard de la famille allemande, quasi identique à celui des deux autres mss carolingiens. Mais il a subi d'importantes corrections dues à deux mains différentes. L'écriture de la première main, responsable du plus grand nombre de corrections, est épaisse et d'une encre très noire. Elle est la plus ancienne, car l'autre main, plus légère et d'une encre plus claire, a écrit plusieurs fois au-dessus d'elle, et l'on ne comprendrait pas qu'elle l'ait fait à cet endroit si elle n'intervenait pas en second. Pour le reste, on ne peut établir aucune relation particulière entre ces diverses corrections et les autres mss de la famille allemande, à l'exception du ms. de Paris dont il va être question. La plupart du temps, elles correspondent au texte commun de la famille β auquel les correcteurs ont donc eu accès[60], et parfois au texte de la sous-famille β^2. Mais les correcteurs n'ont pas agi de manière systématique, car le plus souvent ils ont laissé inchangé le texte de Cb^1 avec ses leçons particulières, celles de la famille allemande (ζ) ou celles de α^1.

Il faut situer à proximité de Cb^1 le ms. PARIS, *Bibl. Nat.*, lat. 5073 qui appartint à l'abbaye cistercienne de Mortemer. On relève en effet une dizaine de variantes pures entre ces deux témoins. Ce sont toujours des accords entre les corrections portées sur Cb^1 (par l'une ou l'autre main) et le texte courant de P^8, et ils figurent tous dans le début du traité de Vigile – ce qui ne manque pas d'étonner. Mais il s'agit de variantes lourdes qui attestent une relation étroite, probablement une filiation directe:

> *Praef. sec. ed.* (15) pomum uenenati] pomum ueneni $Cb^{1 a.c.}$, ueneni pomum *suprascr.* $Cb^{1 p.c.}$, ueneni pomum P^8; *ibid.* (17) adcommodans] accommodare uidetur *suprascr.* $Cb^{1 p.c.}$,

---

[59] Nous renvoyons de nouveau à l'étude de S. MEEDER, « Defining Doctrine in the Carolingian Period: The Contents and Context of Cambridge, Pembroke College, Ms 108 », *Transactions of the Cambridge Bibliographical Society* 13 (2005), p. 133-151. L'auteur penche en faveur d'une origine rémoise, mais note aussi que la succession bien spécifique du *C. ar.* de Vigile et de la *Conf. fidei* de Justinien, qui figurait initialement en Cb^1, se retrouve dans un ms. de l'abbaye de Lobbes attesté dans le catalogue de 1049. Voir F. DOLBEAU, « Un nouveau catalogue des manuscrits de Lobbes aux XIe et XIIe siècles », *Recherches augustiniennes* 13 (1978), p. 25 (sub n° 156).

[60] On ne peut s'en étonner, car le texte interpolé (β) était très présent à la même époque dans le Nord-Est de la France et les contaminations eurent lieu dans les deux sens, comme nous le verrons plus avant.

accommodare uidetur P^8; *ibid.* (24) exinde] existerent et *suprascr. Cb*$^{\textit{1p.c.}}$, existerent et P^8; *ibid.* (28) ordinato] ordine *suprascr. Cb*$^{\textit{1p.c.}}$, ordine P^8; *ibid.* (74) mansuetudinis] maiestatis *suprascr. Cb*$^{\textit{1p.c.}}$, maiestatis P^8; *ibid.* (77) agitari] uentilari *suprascr. Cb*$^{\textit{1p.c.}}$, uentilari P^8; *ibid.* (80) prouocent] concitent *suprascr. Cb*$^{\textit{1p.c.}}$, concitent P^8; I, 2 (18) instituta] fundamenta *suprascr. Cb*$^{\textit{1p.c.}}$, fundamenta P^8; I, 5 (3) an] uel *suprascr. Cb*$^{\textit{1p.c.}}$, uel P^8; I, 6 (21) mutabilia] mutari *suprascr. Cb*$^{\textit{1p.c.}}$, mutari P^8

Si P^8 a bien été copié d'après Cb^1, il faut imaginer qu'après le début du livre I, le copiste s'est contenté de transcrire le texte initial de son modèle, sans plus prêter attention à ses corrections ni chercher à les introduire dans son texte – ce qu'il n'avait d'ailleurs pas toujours fait auparavant. Ses propres particularités, quelques rares points de contact avec l'un ou l'autre mss de la famille, Bx^1 par exemple, sont des détails trop infimes pour qu'on en tire quelque conclusion que ce soit. En revanche, il est probable que P^8 ait servi pour l'édition du traité de Vigile publiée à Paris en 1500 par l'imprimeur A. Bocard pour le compte du libraire Jean Petit, comme nous le verrons plus avant [61].

x | TRIER, *Stadtbibl.* 118/106 (Tr^1 – inc. IXe s.) – WOLFENBÜTTEL, *Herzog August Bibl.* Guelf. 3346 (W^2 – XVe s.)

Le deuxième binôme de la famille allemande contient le précieux ms. TRIER, *Stadtbibl.* 118/106 (Tr^1), réunion de nombreuses pièces datant du début du IXe au XIVe s. Le *C. ar.* de Vigile est la plus ancienne. Écrit en grands caractères et de belle manière, il offre le texte standard de la famille allemande. Mais une correction a rectifié l'orthographe (e/i, u/o), généralisé l'assimilation, pallié quelques fautes, mais en a introduit plusieurs. On note quelques accords minimes, à notre avis fortuits, à tout le moins sans qu'on puisse en conclure quelque chose, avec les autres *antiquiores* de la

---

[61] Cfr *infra*, p. 226. Le lien entre Cb^1 et P^8 est de nature à éclairer l'histoire du ms. aujourd'hui à Cambridge. Il est arrivé en Angleterre en venant du Nord ou de l'Est de la France et en passant par la Normandie où il demeura un certain temps. Outre la relation avec le ms. de Mortemer qui vient d'être évoquée, on aura en effet l'occasion de voir quelques accords étonnants qu'il entretient avec un autre ms. normand, PARIS, *Bibl. Nat.*, lat. 1684, originaire de Rouen (à 40 km de Mortemer). L'abbaye de Mortemer ayant été fondée en 1134, et P^8 datant de la fin du XIIe s., Cb^1 n'est pas passé en Angleterre avant la fin du XIIe s., sinon même avant le XIIIe s. S. MEEDER, *art. cit.*, p. 140-141, reste prudente, mais rapporte l'opinion d'auteurs qui ont parlé du XIe s.

famille. En revanche, les accords purs entre Tr^1 *post correctionem* et le ms. WOLFENBÜTTEL, *Herzog August Bibl.* Guelf. 3346 (W^2) sont nombreux et significatifs, car les corrections portées sur Tr^1 sont erronées, et se retrouvent dans le texte courant de W^2. Les voici, prises dans l'ensemble du *C. ar.*:

> I, 20 (34) omnes] omnesque $Tr^{1 p.c.}$ W^2; I, 20 (38) qui] cum *add.* $Tr^{1 p.c.}$ W^2; I, 21 (32) mihi] si *praem.* $Tr^{1 p.c.}$ W^2; I, 24 (2) intentione] me *praem.* $Tr^{1 p.c.}$ W^2; I, 24 (8) id] quod $\varkappa$; I, 26 (10) persuasionibus] persuasionis $Tr^{1 p.c.}$ W^2; II, 1 (7) ipsius] ipsiusque $Tr^{1 p.c.}$ W^2; II, 2 (4/5) eminus] minus $\varkappa$; II, 2 (21) descendi] ascendi $Tr^{1 p.c.}$ W^2; II, 7 (35) obstacula] quae *add.* $Tr^{1 p.c.}$ W^2; II, 13 (21) uita] uocatur $Tr^{1 p.c.}$ W^2; II, 13 (24) sic] si *praem.* $Tr^{1 p.c.}$ W^2; II, 14 (16) quaedam] nisi *praem.* $Tr^{1 p.c.}$ W^2; II, 16 (26) simulata] similata $\varkappa$; II, 20 (4) dicendo] *del.* $Tr^{1 p.c.}$, *om.* W^2; II, 21 (27) genus] *del.* $Tr^{1 p.c.}$, *om.* W^2; II, 22 (7) alia sunt *praem.* $Tr^{1 p.c.}$ W^2; II, 25 (31) minoris] non *praem.* $Tr^{1 p.c.}$ W^2; II, 27 (13) artes] uersutiam *add.* $Tr^{1 p.c.}$ W^2

Il est donc raisonnable de penser que W^2 est une copie tardive de Tr^1. Mais le texte du *C. ar.* est assez dégradé, avec de nombreuses omissions de un à dix mots.

Le troisième binôme de ζ est composé des deux témoins munichois:

λ | MÜNCHEN, *Bayerische Staatsbibl.* Clm 14679 (Mu^2 – IXe s.) – MÜNCHEN, *Bayerische Staatsbibl.* Clm 23828 (Mu^3 – XVe s.)

Le ms. MÜNCHEN, *Bayerische Staatsbibl.* Clm 14679 (Mu^2) est un beau *codex* carolingien dont les pièces hagiographiques sont précédées du *C. ar.* de Vigile. Mais tout en offrant le texte standard de la famille allemande, il contient beaucoup de variantes spécifiques – des fautes assurément – qui font de son texte un témoin quelque peu dégradé. Comme les autres témoins carolingiens de la famille, il a subi une correction, souvent originale, que l'on retrouve au titre de texte courant en MÜNCHEN, *Bayerische Staatsbibl.* Clm 23828 qui en dérive sans doute directement. On ne relève en effet aucune variante en Mu^2 qui ne soit présente en Mu^3, hormis quelques détails microscopiques, et les deux témoins ont un grand nombre de variantes pures qui sont précisément les leçons spécifiques de Mu^2 que Mu^3 a recopiées fidèlement. Voici celles relevées dans les sections des livres I et II communes à tous les mss [62] :

> I, 2 (8) desciscens] dehiscens λ; I, 2 (17) queas illum] *tr.* λ; I, 3 (6) miraculi] et mirabili λ; I, 17 (20) ut] ex λ; I, 19 (11) introducebatur] inducebatur λ; I, 20 (2) nominis] an *praem.** λ; I, 20 (34) exstiterant] qui *add.** λ; I, 21 (9) quaestionem – genere] *om.* λ; I, 21 (10) dicat] dicitur λ; I, 21 (11/12) scriptum] est *add.* λ; I, 21 (22) statuunt] statuentes* λ; I, 22 (28) sunt tibi] tibi sint λ; I, 24 (12) scriptum] sit *add.** λ; I, 24 (29) positum] positam λ; *ibid.* apparebit] *om.* λ; I, 25 (22) enim] ergo λ; I, 26 (8) copiosa] copiosae λ; II, 1 (28) de necessariis agite] necessariis cogitate λ; II, 3 (21) posse esse λ; II, 3 (25) se de patre] de patre se λ; II, 5 (33) si ut dixi] ut dixi si λ; II, 5 (35) substantiae dici] *tr.* λ; II, 5 (38) facta] factae λ; II, 5 (41) filium dei *praem.* λ; II, 7 (9) sua] suae* λ; II, 7 (11) amouendum] mouendum λ; II, 7 (22/23) uelut] quasi λ; II, 7 (25) constitutionum] institutionum λ; II, 8 (17) manus] nares λ; II, 9 (10) incorruptionis integritate] *tr.* λ; II, 19 (4) concionatur et dicit] concionatus ait λ; II, 19 (25) peruenit] peruenerat λ; II, 20 (12) transeat a me calix iste] calix iste transire λ; II, 20 (14) uobis] sed quibus paratum est] *add.* λ; II, 23 (20) aut] ut λ; II, 27 (10) erga] ergo λ; II, 27 (17) nunc id] *tr.* λ

Les leçons fautives communes aux deux mss sont plus nombreuses encore, car on en dénombre dix-huit dans la section du livre II absente de la famille bourguignonne (II, 10 – II, 18). Malgré son texte inférieur à celui des autres témoins allemands, l'antiquité de Mu^2 imposait de le prendre en compte pour notre édition. En revanche, son descendant tardif, MÜNCHEN, *Bayerische Staatsbibl.* Clm 23828, n'a aucun intérêt textuel, car il ajoute aux fautes qu'il reprend à son modèle une centaine d'autres dues à son copiste.

Sans que l'on puisse la faire remonter aussi haut dans le temps que les rameaux précédents, mais toujours au sein de la famille allemande, on distingue une branche composée de deux témoins autrichiens et d'un autre, aujourd'hui au Vatican.

---

[62] Les astérisques signalent les cas où la variante indiquée est celle de Mu^2 *post correctionem.*

μ | GRAZ, *Universitätsbibl.* 724 (*Gz¹* – XIIIᵉ s.) – SALZBURG, *Stiftsbibl.* *Sankt Peter* a VII 31 (*Sl¹* – XIᵉ s.) – VATICANO, *Bibl. Apost. Vat.* lat. 10803 (*V³* – XV-XVIᵉ s.)

Les deux premiers mss en particulier font bloc. La proximité de leur abbaye d'origine (Seckau et Salzburg) et quelques similitudes dans le contenu des *codices* (en particulier la présence du *De bono mortis* d'Ambroise à la suite du *C. ar.* de Vigile), le laissaient déjà entrevoir. Mais deux faits majeurs le confirment :

- une interpolation de 90 lignes entre II, 7 (14) *Athanasius dixit* et II, 10 (8/9) *christiani pudoris*. Le passage se trouve trois pages plus loin après les mots *procul dubio substantiae* (II, 13 l. 18).
- une série de variantes pures dans les parties communes des livres I et II :

    I, 2 (10) ueritatis similitudinem] *tr.* μ; I, 17 (22) rerum] rem μ; I, 19 (22) longo] longe μ; I, 20 (16) simul] *om.* μ; I, 22 (23) nomina] in hominum μ; I, 22 (25) tuis] *om.* μ; I, 26 (6) colligite] intellegite μ; I, 26 (12) ueritatis] ueritatem μ; II, 1 (12) ita est] *tr.* μ; II, 3 (14) locis] *om.* μ; II, 5 (7) genus] *om.* μ; II, 7 (32) aut ne corrumperetur omnino non genuit] *om.* μ; II, 8 (16) uterus] *om.* μ; II, 20 (7) ego] ex me ipso *add.* μ; II, 20 (20) si sibi data] si quae sibi dat μ; II, 21 (6) ac rationi] sacratione μ; II, 21 (8) elatione] electione μ; II, 21 (21/22) diabolus] angelus μ; II, 22 (45) humanae] *om.* μ; II, 27 (4) unius] unitate μ; II, 28 (6) uenire] peruenire μ

Le ms. SALZBURG, *Stiftsbibl. Sankt Peter* a VII 31 est très propre, car en dehors des variantes fautives qu'il partage avec *Gz¹*, on ne relève chez lui qu'une vingtaine d'erreurs mineures, le plus souvent des micro-lacunes d'un mot. Mais elles empêchent que *Sl¹* puisse être la source directe de *Gz¹*. L'un et l'autre dépendent certainement d'un même ancêtre. Notons qu'il a subi diverses corrections, souvent exactes, mais quelquefois erronées. Le texte de GRAZ, *Universitätsbibl.* 724, frère de celui de Salzburg, est moins propre et son copiste s'est permis certaines libertés. À l'inverse de *Sl¹*, il n'a pas subi de corrections.

Quant au ms. VATICANO, *Bibl. Apost. Vat.* lat. 10803, très mutilé, il ne transmet que les trois quarts du livre I, comme cela a été dit dans sa fiche descriptive. Mais sa place dans le *stemma*, non seulement à l'intérieur de la famille allemande, mais à proximité des deux mss autrichiens, est certaine. En effet, les six premières variantes de la liste précédente figurent également chez lui; et sans doute en aurait-il eu davantage si son texte avait été complet. On relève même deux variantes pures avec le ms. de Graz[63]. Faute de mieux, c'est donc à proximité immédiate de celui-ci que nous le rangeons.

Une étroite relation, due pareillement à une même origine géographique, s'observe aussi entre deux mss, français cette fois.

ϑ | DIJON, *Bibl. Mun.* 151 (*Dj¹* – XIIe s.) – TROYES, *Bibl. Mun.* 895 (*Ty¹* – XIIe s.)

La parenté de ces deux mss, originaires des abbayes voisines de Cîteaux et Clervaux, est une évidence en regard des faits suivants:

1. une grande interpolation, due vraisemblablement à la chute mal réparée d'un cahier. En I, 6 (28/29), après les mots *tui loci disputatio*[*nis*], les deux mss insèrent en effet la section qui va de II, 6 (2) [*compe*]*tere nouit edicere* à II, 20 (4) *dicendo eo quod*, avant de reprendre, sans solution de continuité aucune, la suite du texte de I, 6 (29): *-nis tempus adfuerit.*

2. Un nombre très important de variantes pures. Ainsi dans les parties communes du l. I:

   I, 1 (10) exui cupiens] excutiens me ϑ; I, 1 (29) sectas] *om.* ϑ; *ibid.* uera quaeue] *om.* ϑ; I, 2 (5) cum] *om.* ϑ; I, 2 (13/14) incedens] tramitis *add.* ϑ; I, 2 (14) minus] multum ϑ; I, 2 (22) quo] qui ϑ; I, 2 (27) lucem] lumen ϑ; I, 2 (29) intimate] inserte ϑ; I, 3 (2) dominum] unicum *praem.* ϑ; I, 4 (18) hominem] corpus ϑ; I, 4 (21) potest] *om.* ϑ; I, 4 (22) coaequari] potest *add.* ϑ; I, 6 (15) aut] ut ϑ; I, 6 (21) quod] *om.* ϑ; I, 17 (14) agnosces] cognoscis ϑ; I, 17 (15) adiectione uerborum ϑ; I, 17 (20) ex] *om.* ϑ; I, 18 (12) in] *om.* ϑ; I, 19 (4) dogmatum regulis] *tr.* ϑ; I, 19 (23) expers uera] expressura ϑ; I, 20 (6) utique] quoque ϑ; I, 20 (33/35) et quia – nominabant] *om.* ϑ; I, 20 (40) antiochiam] ad *praem.* ϑ; I, 21 (4) patri nouum] pater in nouum ϑ; I, 21 (5/6) ex uirgine – ingenitum] *om.* ϑ; I, 21 (23) fotino qui]

---

[63] I, 4 (22) deum] dei *Gz¹ V³*; I, 21 (29) fidei] filii dei *Gz¹ V³*.

furtiuo quam ϑ;   I, 21 (34) quod] quae ϑ;   I, 23 (20) ualueris] ualueritis ϑ;   I, 23 (22) uobis] *om.* ϑ;   I, 24 (9) scriptum ostendam] *tr.* ϑ;   I, 24 (13) scriptum] *om.* ϑ;   I, 25 (26) ad] *om.* ϑ

Le livre II recèle aussi plus de cinquante accords spécifiques qu'il ne semble pas utile de reporter. Parmi eux figurent beaucoup de micro-lacunes, mais aussi des fautes lourdes, par exemple: II, 1 (2/3) id uobis] e duobus ϑ; II, 2 (8) arrii replicationibus] triplicationibus ϑ; II, 10 (40) coactus] coaeternus ϑ, etc.

Les deux mss sont du XIIe s. et il est difficile de savoir lequel est antérieur à l'autre. L'écriture plaide plutôt pour celui de TROYES, *Bibl. Mun.* 895. Son texte est d'ailleurs plus propre que celui de Dijon, car ses fautes personnelles sont rares et minimes. Il porte aussi quelques mentions *supra lineam* ou *in margine* qui proposent une leçon alternative et parfois le texte exact. Mais il est douteux qu'il ait servi de modèle à Dj^1, car le copiste de ce dernier pouvait sans doute corriger avec perspicacité quelques fautes ou lacunes de Ty^1, mais c'est improbable pour d'autres. Il est donc préférable de postuler un ancêtre commun pour ces deux témoins.

Plusieurs autres mss appartiennent assurément à la famille allemande, mais leur lien avec les autres témoins de cette famille est difficile à préciser.

C'est d'abord le cas du ms. WOLFENBÜTTEL, *Herzog August Bibliothek* Guelf. 3104 (W^1). Après les trois mss carolingiens, c'est le témoin le plus ancien de la famille allemande (X[e]-XIe s.). Mais tandis que ses devanciers ont subi diverses corrections, W^1 est indemne de tout amendement. Il offre le texte allemand standard et il est quasi superposable à $Tr^{1a.c.}$ ou à $Cb^{1a.c.}$. Comme pour les autres membres de la famille, on relève quelques points de contact avec l'un ou l'autre d'entre eux (Sl^1 et Gz^1 en particulier). Mais ils sont rares et peut-être fortuits[64]. En revanche, W^1 entretient un lien particulier avec Tr^1 ou $Tr^{1a.c.}$. Une dizaine de variantes pures (partagées aussi par W^2 apographe de Tr^1, cfr *supra*) semble bien l'attester: II, 10 (10) perspicuae] praespicuae $Tr^{1a.c.}$ W^1; II, 12 (9) praetextu] praetextum $Tr^{1a.c.}$ W^1; II, 17 (19) aliquis] aliqui $Tr^{1a.c.}$ W^1; II, 21 (3) edicere] et dicere $Tr^{1a.c.}$ W^1 (+ N^1); II, 21 (25) inquit]

---

[64] Par exemple I, 2 (8) institutionis] institutionibus Tr^1 W^1 μ (Sl^1 Gz^1 V^3); I, 21 (6) confitendo] confidendi Tr^1 W^1 Sl^1; II, 12 (15) exuberatione] exuberationem Tr^1 W^1 Sl^1 Gz^1; II, 16 (15) exempla] exemplo Tr^{1ac} W^1 Sl^1 Gz^1.

om. Tr¹ W¹ (+ *W²*); II, 26 (7) uentura adnuntiabit uobis] adnuntiabit uobis uentura *Tr¹ W¹* (+ *W²*); II, 26 (25/26) contristare] contrari *Tr¹ᵃ·ᶜ· W¹*; II, 27 (9/10) tramitem] tramitatem *Tr¹ W¹ᵃ·ᶜ·*. Notons aussi qu'en II, 22 (6/7) *Tr¹* et *W¹* (+ *W²*) ont la leçon *quantum ... tantum*, quand tous les autres allemands ont *quantam ... tantam*, et qu'en II, 23 (14), *Tr¹· W¹* (+ *W²*) ont *procedit* alors que les autres allemands ont *procedet*. Ces variantes sont mineures mais révèlent probablement une relation spécifique entre les deux mss. On peut même avancer l'hypothèse d'une copie de *Tr¹* par *W¹*. Rien en tout cas ne s'y oppose formellement.

C'est aussi le cas du ms. BRUXELLES, *Bibliothèque Royale* 10274-80 (*Bx¹*). Le *codex* date du XIIᵉ s., mais transmet, au moins en partie, un fond ancien, puisque le *C. ar.* de Vigile est suivi des premiers chapitres de la continuation de l'*Histoire ecclésiastique* d'Eusèbe, où Rufin relate l'histoire d'Arius et sa condamnation, comme dans le ms. carolingien CAMBRIDGE, *Pembroke College* 108, le plus ancien témoin de la famille allemande. On relève d'ailleurs ici ou là quelques accords entre *Bx¹* et ce dernier, mais on se gardera de les majorer, car ils sont de peu d'importance et peut-être dus au hasard. Rien ne permet d'établir avec quelque assurance une relation étroite entre les deux mss. Plus significatives, peut-être, sont quelques variantes communes entre *Bx¹* et les deux mss de Dijon et Troyes (ϑ): *Praef. sec. ed.* (14) fratris] fraterna *Bx¹ ϑ*; *ibid.* (87) adiecit] addidit *Bx¹ ϑ*; I, 3 (7) ad quos] qui *Bx¹ ϑ*; I, 25 (24) manifestiore] manifestiori *Bx¹ ϑ* (+ *Tr²*); II, 13 (20) pater] patrem *Bx¹ ϑ*; II, 15 (29) notionis] notionem *Bx¹ ϑ* (+ *W²*). On peut encore ajouter deux accords qui figurent dans les phrases dues au responsable des grandes coupures du livre I (voir l'apparat sur I, 3 l. 12). Dans le propos d'Arius, là où tous les allemands ont *non quod tres deos*, les trois mss ont *non tres deos*, et dans le propos du juge Probus, ils ont *latius* là où tous les autres allemands ont *satius*. Mais c'est bien peu eu égard à l'ensemble de l'œuvre. Au demeurant, si le texte de *Bx¹* correspond pour l'essentiel au texte standard des mss de la famille allemande, c'est tout de même celui qui offre le plus de leçons propres et de particularités diverses qui viennent sans doute d'un modèle un peu dégradé et des libertés du copiste. Mais leur examen minutieux n'a pas permis de situer de manière plus précise le ms. par rapport aux autres membres de la famille. Dans le *stemma*, nous l'avons placé à proximité de *Dj¹* et *Ty¹*.

Le ms. Trier, *Bistumsarchiv* 95/133c (*Tr²*) appelle des remarques similaires. Malgré un examen attentif, il est difficile de déterminer avec certitude sa place dans la famille allemande. Son texte offre en effet toutes les leçons caractéristiques de la famille. Sa qualité est cependant moindre que celle de ses voisins. On relève une cinquantaine de micro-lacunes, et une centaine d'autres fautes diverses: inversions, changements morphologiques ou syntaxiques, erreurs de lecture, abréviations. Rien n'est bien grave, mais cela finit par peser. La copie a cependant subi d'assez nombreuses corrections. Pour le reste, si l'on relève quelques accords, à notre avis fortuits, avec divers mss de la famille, c'est avec München, Clm 14679 (et par le fait même avec son apographe München, Clm 23828) qu'il offre le plus de rapport. Les indices sont petits, mais ils méritent d'être notés.

Relevons d'abord quatre variantes pures avec les mss de Munich: *Praef. sec. ed.* (33/34) familiaritate est] *tr. Tr² λ*; II, 5 (16) homo pater] *tr. Tr² λ*; II, 7 (34/35) ulla ... obstacula] ullo ... obstaculo *Tr² λ*; II, 21 (12) ulla] *om. Tr² λ*. C'est évidemment très peu. Mais on peut ajouter les cas suivants où les trois mêmes mss s'accordent avec un ou deux autres témoins: *Praef. sec. ed.* (28) trigesimo primo] trigesimo secundo *Tr² λ ϑ*; I, 23 (18) aut¹] *om. Tr² λ Cb¹*; II, 9 (22) fassus] fatus *Tr² λ Cb¹*; ainsi que la leçon étonnante de nos mss en II, 26 (9). À la place de *florifera*, la plupart des allemands ont *petrifera*; ce qui est aussi la leçon de *Cb¹ᵃ·ᶜ·*. Mais *Cb¹ᵖ·ᶜ·* a *uel fructifera* au-dessus de la ligne, les deux mss de Munich ont *uel fructifera petrifera*, et le ms. de Trèves *uel fructifera*. Le contact est donc certain. Mais le bilan est malgré tout assez maigre. Faute de mieux, nous avons placé dans le stemma le ms. de Trèves à proximité de *Mu²*.

C'est vrai encore du ms. Cremona, *Biblioteca Statale* 51 (*Cr¹*). Ce témoin ne manque pas d'étonner, car, écrit sur papier à la fin du XVᵉ s., le *C. ar.* qu'il transmet est un représentant exemplaire de la famille allemande, extrêmement proche des carolingiens du groupe (*Cb¹ Tr¹ Mu²*) avec lesquels il s'accorde quasiment toujours, lors même que les autres témoins de la famille divergent. De plus, ses fautes personnelles sont très rares (moins de cinquante pour l'ensemble du *C. ar.*) et minimes. Mais il est impossible de le localiser au sein de la famille allemande, tant il offre peu de particularités. On constate bien quelques points de contact avec les *antiquiores* de la famille, par exemple avec *Tr¹ ante correctionem*; mais ailleurs c'est avec *Cb¹* et *Mu²*, et ailleurs encore avec *Cb¹* et *W¹*. De sorte qu'il est difficile d'en conclure quelque chose, sauf que le texte de *Cr¹* dérive certainement, peut-être en droite ligne, d'un très ancien exemplaire, contemporain des carolingiens de la famille allemande.

Le *stemma* de la famille allemande est relativement complexe, notamment en raison des témoins plus ou moins isolés. On peut néanmoins le représenter avec le graphisme suivant où les relations sûres ou très probables entre les mss sont signifiées par des traits pleins, et les relations hypothétiques par des traits en pointillé.

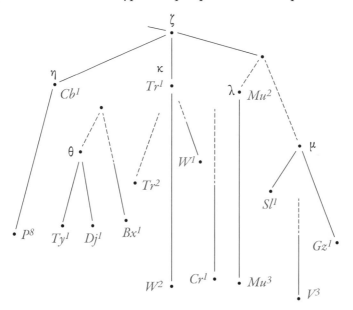

2.2. La sous-famille α^2

La deuxième sous-famille de α comprend 18 témoins qui se répartissent en deux groupes dont on se rappelle les noms : « doublons longs » et « famille espagnole ». Les différents manuscrits qui les composent seront indiqués en ouvrant l'étude de chaque groupe.

L'identité de α^2 se définit *négativement* par son opposition à la sous-famille α^1 très caractérisée par l'omission des interventions de Sabellius et Photinus, ainsi que par l'absence de toutes les variantes propres à α^1. Mais elle se définit aussi *positivement* par les variantes qui lui sont spécifiques. Les identifier est cependant plus délicat que d'habitude en raison de l'absence des doublons longs pour le livre II. Force est donc d'élargir ici le champ d'investigation. On peut ainsi retenir comme variantes propres à α^2:

a) dans les sections du livre I communes à toute la tradition:

I, 16 (31) unde] et ideo pater et filius et spiritus sanctus α^2; I, 18 (9/10) omnia facta sunt] α^2; I, 19 (26) poteris] poterit α^2; I, 21 (20) tenet] α^2; I, 26 (3) positum] *om.* α^2

b) dans les sections du livre I où α^2 s'oppose à β (on notera que ce sont presque toujours les leçons retenues dans l'édition):

I, 4 (10) aliquem] α^2, alium β; I, 4 (11) habere] α^2, haberet β; praedicat] α^2, deum *add.* β; I, 7 (9) ipse sum] α^2, *tr.* β; I, 7 (11) eum] α^2, eundem β; I, 7 (39) praeter] α^2, absque β; I, 7 (40) absque] α^2, praeter β; I, 8 (11) quidam] α^2, quidem β; I, 8 (17) intellegendus ... locutus] α^2, intellegendum ... locutum β; I, 8 (28) caelitus] α^2, *om.* β; I, 9 (7) mihi] α^2, deo *add.* β; I, 9 (10) filium] α^2, dei *add.* β; I, 9 (10) ait] α^2, *om.* β; I, 9 (18) filius] α^2, *om.* β; I, 9 (34/35) faciendo uoluntatem] α^2, *tr.* β; I, 10 (16) partu] α^2, per partum β; I, 10 (25) sunt nomina] α^2, cuncta omnia β; I, 10 (32) insipiens] α^2, est ut *add.* β; I, 11 (12) quoque] α^2, *om.* β; I, 11 (20) factus oboediens] α^2, humiliauit seipsum β; I, 11 (30) puerum suum iesum] iesum puerum suum α^2; I, 13 (11) omnem] α^2, omnium β; I, 13 (30) est] α^2, *om.* (ex *al.*) β; I, 13 (31) praedestinatur] praedicatur α^2; I, 14 (2) aut ipse se] α^2, ait se de patre β; I, 15 (30) seruilis naturae] α^2, *tr.* β

Pour le livre II, α^2 étant incomplet du fait de l'absence des doublons longs (ν), seule subsiste la famille espagnole. Les variantes qui sont propres à celle-ci ne caractérisent donc pas réellement α^2. Nous les indiquons cependant en tant qu'elles s'opposent aussi bien à α^1 qu'à β. À deux exceptions près, ce sont cette fois des fautes de manière quasi certaine [65]:

II, 2 (17) postulabimus] postulemus ξ; II, 2 (20/21) omissis superfluis] homousii superfluis contentionibus derelictis ξ; II, 5 (4) quidem duobus] *tr.* ξ; II, 5 (27) uniuscuiusque] si *praem.* ξ; II, 7 (11) amouendum] quod *add.* ξ; II, 7 (22) obuius] obiectionis huius uaniloquio ξ;

---

[65] Les astérisques indiquent les cas où le ms. de Salamanque fait défaut par suite de ses nombreuses et longues lacunes.

II, 7 (37/38) potuerit] possit ξ; II, 9 (7) substantialis] corporalis ξ; II, 10 (2) adsertione cognoscere potui] agnoscere potui adsertione ξ; II, 10 (32) deum] deo ξ; II, 10 (41) id] *om.* ξ; II, 11 (5) sit] est ξ; II, 13 (25) non] unde *praem.* ξ; II, 13 (25) essentiae] substantiae ξ^*; II, 14 (12) nos] *om.* ξ^*; II, 16 (9) num] nunc ξ; II, 17 (34) apostolus] dauid ξ; II, 22 (9) indigenti] non *praem.* ξ^*; II, 22 (14) fallitur] numquid et ipse *praem.* ξ^*; II, 22 (36) et] alio loco *add.* ξ^*; II, 22 (39) non] ξ^*; II, 22 (43) clarifica] pater *praem.* ξ^*; II, 26 (35) societatis] substantiae ξ; II, 28 (14/15) penitus non] nullatenus ξ

Il est vraiment regrettable que les parties communes de la sous-famille α^2 se réduisent au livre I du *C. ar.* En effet, les doublons longs ont pour eux de transmettre la *Préface* de Vigile – ce qui les crédite d'un a priori favorable –, et les espagnols transmettent les deux éditions du traité dans l'ordre authentique du texte – ce qui plaide là encore en leur faveur. De sorte que les leçons communes aux deux groupes requièrent la plus grande attention pour l'établissement du texte. De fait, beaucoup nous paraisent originelles.

2.2.1. Les doublons longs

ν | Paris, *Bibl. Nat.*, lat. 2076 (P^{6a} – Xe s.) – Paris, *Bibl. Nat.*, lat. 2341 (P^{7a} – IXe s.) – Valencia, *Bibl. Univ.* 1221 (Vl^{1a} – XVe s.) – Erlangen, *Universitätsbibl.* 170 (Er^{1a} – inc. XIVe s.) – Nürnberg, *Stadtbibl.* Cent. I, 54 (Nu^{1a} – XVe s.)

Les cinq textes ici concernés figurant dans les *codices* avant les cinq doublons courts précédemment analysés, on peut s'attendre à ce que leurs relations soient en tous points identiques à celles de leurs suiveurs. C'est bien ce que l'on constate. À l'instar des doublons courts, les doublons longs forment un groupe très homogène qui se subdivise en deux branches et trois sous-groupes.

L'identité du groupe repose sur les faits suivants:

1. Seuls ces 5 témoins ont en commun d'avoir:

  – la *Préface* de Vigile
  – la présence du seul livre I
  – une importante lacune de 43 lignes au sein de ce livre (I, 14 (20) – I, 15 (28): *Ergo ei qui – ante mundi pos-*

sedisse principium), probablement due à la chute d'un feuillet.

2. De très nombreuses variantes pures. Voici celles présentes dans les sections du livre I communes à toute la tradition:

> I, 1 (2) consistere] rationem *add. v*; I, 1 (10) queam] quam *add. v*; I, 1 (15/16) firmior] plenior *v*; I, 1 (19) rei] re *v*; I, 1 (23) sacramenta] secreta *v*; I, 2 (11) eo] et enim *v*; I, 2 (13/14) incedens] incedent *v*; I, 4 (24) non] unus *v*; I, 4 (24) solus] et *praem. v*; I, 6 (5) dixit] respondit *v*; I, 6 (17) omnia] ei *add. v*; I, 6 (28) audire] *om. v*; I, 16 (12) natus sit] *tr. v*; I, 16 (29) alia est enim – spiritus sancti substantia] *om. v*; I, 17 (1) si hoc totum est in quo] hoc si tantum quod *v*; I, 17 (12) ita] *om. v*; I, 18 (12) in] ad *v*; I, 19 (16) rei] *om. v*; I, 20 (3) etiam] *om. v*; I, 20 (16) sic] sicut *v*; I, 20 (27) immuntare] mutare *v*; I, 20 (27/28) exprimere] exponere *v*; I, 21 (14) sirmium] sirmio *v*; I, 21 (17) idem illa] identidem *v*; I, 21 (29) utrum in] utrumne *v*; I, 21 (34) patiatur] patitur *v*; I, 22 (1) item] et *v*; I, 22 (7/8) nomina ... praesumpta] normam ... praesumptam *v*; I, 22 (8) collecta] collectam *v*; I, 23 (22) conciliis] codicibus *v*; I, 24 (15) adprobetur] probetur *v*; I, 24 (17) confessione] confessionis *v*; I, 24 (20/21) confessione] contentione *v*; I, 25 (13) ingredi penitus] *tr. v*; I, 25 (25) exigitur] cogitur *v*; I, 25 (25) si] tu *add. v*; I, 26 (5) desinite] discedite *v*; I, 26 (8) congestio] collectio *v*; I, 26 (15) orationis intentio] intentionis oratio *v*; I, 26 (18) dissipat] dissipauit *v*

Les variantes propres à *v* sont en fait bien plus nombreuses, si l'on prend aussi en compte les sections où α^1 est absent de la tradition textuelle (omission des sections Sabellius/Photinus). Les doublons longs s'opposent alors aux familles espagnole (ξ) et septentrionale (β). On en dénombre une trentaine dont voici quelques-unes, significatives:

> I, 4 (9) inuiolabilis] inuisibilis *v*; I, 7 (32) habitantem] inhabitantem *v*; I, 7 (42) ne] forte *add. v*; I, 8 (11) assumens] *om. v*; I, 9 (31/32) qualibet composita] quodlibet tempore *v*; I, 9 (35) indissolubili] inuisibili *v*; I, 12 (11) opinionis] opinatus *v*; I, 12 (13) tempora substitisse] tempora cuncta subsistere *v*; I, 13 (22) ante saecula] ante

mundi constitutionem *v*; I, 13 (33) initium accepisse] processisse *v*.

À l'intérieur de ce groupe très compact, on distingue aisément deux rameaux, les mêmes que dans les doublons courts. Le premier comporte les deux mss anciens du groupe, dont celui qui permit à P.-F. Chifflet la première édition de la *Préface* de Vigile:

v¹ | Paris, *Bibl. Nat.*, lat. 2076 (*P⁶ᵃ* – Xᵉ s.) – Paris, *Bibl. Nat.*, lat. 2341 (*P⁷ᵃ* – IXᵉ s.)

Comme pour les doublons courts de ces mêmes mss, les deux textes ont de multiples variantes pures:

a) dans les sections du livre I communes à toute la tradition:

I, 1 (6) censeantur] cessantur *v¹*; I, 1 (21) probus iudex dixit] *om. v¹*; I, 5 (12) magnam] magna *v¹*; I, 6 (17) ostendit] ostendat *v¹*; I, 16 (21) grauem] grauemur *v¹*; I, 19 (17) nec²] ne *v¹*; I, 20 (25) exsurgit] exsurgat *v¹*; I, 20 (36) siue²] *om. v¹*; I, 21 (25) metire] mentire *v¹*; I, 21 (26) ipse] ipsa *v¹*; I, 21 (29) ostendite] extende *v¹*; I, 21 (33) quis has uocum] quia suo cum *v¹*; I, 21 (33) quis²] qui *v¹*; I, 21 (34) patiatur] patitur *v¹*; I, 23 (24) fidei] fides *v¹*; I, 25 (17) si] *om. v¹*; I, 25 (22) quo] quod *v¹*

b) dans les sections du livre I où *α¹* est absent:

I, 4 (6) sumentem] sumentes *v¹*; I, 4 (13) cumulatus] commaculatus *v¹*; I, 5 (12) magnam] magna *v¹*; I, 7 (25) seipso] seipsa *v¹*; I, 8 (9) auctoritate] auctoritatem *v¹*; I, 10 (19) esuriem] esuriam *v¹*; I, 10 (29) passionis formidine] par simoniis fortitudine *v¹*; I, 11 (40) mihi domum] *tr. v¹*; I, 12 (17) obice] obicem *v¹*; I, 12 (27) affectu] affectum *v¹*; I, 13 (9) luciferum] lucifero *v¹*; I, 13 (29) natiuitas] natiuitatis *v¹*; I, 13 (31) natiuitas] natiuitatis *v¹*; I, 14 (9) aufertur] aufert *v¹*; I, 16 (4) nebulosae] nebolusa *v¹*

En étudiant les doublons courts, nous avons vu que *P⁶* (Xᵉ s.) est postérieur à *P⁷* (IXᵉ s.), mais ne dérive pas de lui en raison des variantes ou des micro-lacunes présentes dans ce dernier et absentes de son jumeau. On observe la même chose ici, avec une vingtaine de cas dans les sections du livre présentes dans toute la tradition. Compte tenu des leçons communes relevées précédemment, il faut postuler un même archétype pour les deux témoins.

Pour le reste, P^7 est, ici encore, un peu meilleur que P^6. On y dénombre en effet une trentaine de fautes ou lacunes contre une cinquantaine en P^6. La qualité d'ensemble des deux textes est meilleure que celle des doublons courts des mêmes mss, mais elle reste assez quelconque, malgré la présence de nombreuses leçons originelles.

v^2 | VALENCIA, *Bibl. Univ.* 1221 (Vl^{1a} – XVe s.) – ERLANGEN, *Universitätsbibl.* 170 (Er^{1a} – inc. XIVe s.) – NÜRNBERG, *Stadtbibl.* Cent. I, 54 (Nu^{1a} – XVe s.)

Les trois mss du second rameau de v ont à leur tour des variantes communes :

a) dans les sections du livre I communes à toute la tradition :

I, 1 (2/3) maiestatem christianis memetipsum dogmatibus subicere] magis christianis memetipsum subicere dogmatibus v^2; I, 1 (6) eius] huius v^2; I, 1 (13) necne] nec v^2; I, 2 (5) quot] quotquot v^2; I, 4 (25) pater] et *praem.* v^2; I, 5 (6) naturae confiteor] *tr.* v^2; I, 20 (25) exsurgit] insurgat v^2; I, 23 (17) aut] atque v^2; I, 24 (9/10) substantias] esse *add.* v^2; I, 24 (16) fateris] fatearis v^2

b) dans les sections du livre I où α^1 est absent :

I, 3 (14) professi] ab apostolis confessi v^2; I, 4 (14) deriuando] deuaricando v^2; I, 4 (24) non deus quia solus] unus deus quia et solus v^2; I, 4 (25) pater] et *praem.* v^2; I, 5 (6) naturae confiteor] *tr.* v^2; I, 7 (29) horum] eorum v^2; I, 7 (30) alicui] *om.* v^2; I, 7 (32) permixtius] mixtius v^2; I, 9 (5) singulari umquam] *tr.* v^2; I, 9 (9) dicens] *om.* v^2; I, 9 (33/34) praeparamus] praeparemus v^2; I, 10 (1) clarissimis] duris v^2; I, 11 (7) multiplicati] multiplici v^2; I, 11 (9) similique] simili quoque v^2; I, 11 (9) perfecti] perfecti v^2; I, 12 (17) obice] obicere v^2; I, 13 (10) filii sui] dei filii v^2; I, 14 (7) num] probus iudex dixit *praem* v^2

Le ms. de Valence a de nombreuses fautes personnelles qui empêchent de le considérer comme la source des deux autres témoins[66]. Au sein de v^2, il constitue donc une branche à part. Mais

---

[66]. Ainsi dans les sections communes du livre I : I, 2 (27) remota omni] remotam omnem Vl^{1a}; I, 2 (29) intimate] intimato Vl^{1a}; I, 3 (6) magno] magna Vl^{1a}; I, 4 (17) inuisibiles] uisibiles creaturas Vl^{1a}; I, 20 (6) uirtus] uirtutis Vl^{1a}; I, 20 (7) simul a te cum]

LA FAMILLE *A* 143

sa qualité d'ensemble vaut celle des *antiquiores* P^6 et P^7 qui est plutôt médiocre.

Enfin, au sein de v^2, les deux mss allemands forment un dernier groupe.

v^3 | ERLANGEN, *Universitätsbibl.* 170 (Er^{1a} – inc. XIVe s.) – NÜRNBERG, *Stadtbibl.* Cent. I, 54 (Nu^{1a} – XVe s.)

Er^{1a} et Nu^{1a} ont des variantes propres, particulièrement nombreuses. Voici celles des sections communes à toute la tradition :

> I, 1 (10) erroris] horroris v^3; I, 1 (10) maioribus] ne *praem.* v^3; I, 1 (18) mysterii secreta] secreti mysteria v^3; I, 2 (5) continentur] continet v^3; I, 2 (10/11) inlectus] rectam v^3; I, 2 (17) prisca] pristina v^3; I, 2 (18/19) uoluntatis] nouitatis v^3; I, 2 (26) asseritis] astruis v^3; I, 6 (19) profitemur] fatemur v^3; I, 6 (23) non omnia] si aliqua v^3; I, 16 (15/16) dispensationis ratione patri subiectum] dispensatione patris solui v^3; I, 16 (29) nec] non v^3; I, 16 (30) substantiae] *om.* v^3; I, 17 (22/23) lectionis] locutionis v^3; I, 18 (3) et lectum est ita] incipit propositio prima v^3; I, 18 (7) de] *om.* v^3; I, 19 (22) tempore] pro *praem.* v^3; I, 20 (7) nominis] uocabuli v^3; I, 20 (16) cum] *om.* v^3; I, 20 (19) et] *om.* v^3; I, 20 (39) censerentur] censentur v^3; I, 21 (17) quousque] cur sic v^3; I, 21 (41) nouo] uno v^3; I, 22 (3) scriptum] *om.* v^3; I, 22 (4) an] ad v^3; I, 23 (10) eludere] refellere v^3; I, 23 (20) imminebit] imminebat v^3; I, 24 (10) mihi] tu *add.* v^3; I, 24 (14) aliquod] *om.* v^3; I, 25 (4) persona separatim] *tr.* v^3; I, 25 (14/15) et tu ratione] ratione tu v^3; I, 25 (15) specialiter] spiritaliter v^3; I, 25 (16) nude] ubi sit v^3; I, 25 (29) tuis] *om.* v^3; I, 26 (6) aut^1] utrique v^3; I, 26 (12) me uocabuli] ineuitabili v^3

Dans les autres sections du livre I pour lesquelles α^1 manque, on en relève aussi une quarantaine qu'il ne paraît pas utile de rapporter.

Ces leçons communes s'expliquent par le fait que Nu^{1a} est un apographe de Er^{1a}, comme nous le savons depuis l'étude des doublons courts. Ici encore, le copiste de Nu^{1a} a travaillé avec grand

---

simulatim Vl^{1a}; I, 21 (6) asserere] et *praem.* Vl^{1a}; I, 21 (7) ingenitum] genitum Vl^{1a}; I, 21 (12) item] etiam Vl^{1a}; I, 22 (3) scriptum] hoc *add.* Vl^{1a}; I, 22 (4) an filius] ad filium Vl^{1a}; (I, 22 (26)) ulla] illa Vl^{1a}; I, 22 (28) quia] qua Vl^{1a}; I, 23 (20) cui] cum Vl^{1a}.

soin, et l'on ne trouve aucune variante qui lui soit propre, à part une poignée de détails infimes. Sa copie scrupuleuse s'observe d'ailleurs dans la reproduction fidèle des espaces blancs ou des corrections marginales de *Er¹ᵃ*: I, 1 (13) nec – ueritatem] *in marg. Er¹ᵃ Nu¹ᵃ*; I, 6 (29) fatus sum] *uac. sp. rel. Er¹ᵃ Nu¹ᵃ*; I, 9 (32) substantiae] *uac. sp. rel. Er¹ᵃ Nu¹ᵃ*; I, 11 (8) elicita] *uac. sp. rel. Er¹ᵃᵃ·ᶜ· Nu¹ᵃᵃ·ᶜ·*, electa *in marg. Er¹ᵃᵖ·ᶜ· Nu¹ᵃᵖ·ᶜ·*. Mais *Er¹ᵃ* étant lourd de fautes, les deux témoins n'ont pas d'intérêt textuel.

Les sous-groupes qui viennent d'être identifiés sont confirmés par les variantes pures présentes dans la *Préface* de Vigile:

- v^1: (5) compendioso] compendio; (7) utile] utilem; (8) sui dogmatis] suis dogmatibus; (13) discernente] discernentem
- v^2: (3) numerosas] uniuersas; (14) ergo] quoque; (17) uel] et
- v^3: (1) dum] cum; (9) professionibus] persuasione; (9) quasi] quid

Au final, on obtient le schéma suivant, identique à celui des doublons courts:

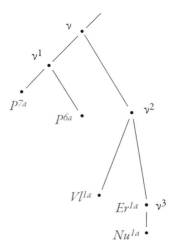

On relève cependant une vingtaine de variantes pures communes à *P⁶ᵃ P⁷ᵃ* et *Vl¹ᵃ*, qui semblent contredire ce schéma. Mais nous avions déjà rencontré la même difficulté avec les doublons courts des mêmes mss, et l'on se souvient comment nous l'avions résolue.

LA FAMILLE *A* 145

Il en va de même ici. En effet, quand on examine de près ces variantes, on constate, soit qu'elles sont mineures ou fortuites (variantes orthographiques, inversions) – on notera en particulier qu'il n'y a pas de lacunes –, soit qu'elles s'expliquent aisément comme étant des fautes évidentes de l'archétype du groupe (passées en P^{6a} et P^{7a} par l'archétype de v^1, et en Vl^{1a} par l'achétype de v^2) que le copiste de Er^{1a} a intelligemment corrigées, retrouvant ainsi le bon texte [67], ou bien qu'il a pareillement corrigées avec bon sens, sans toutefois retrouver le texte original [68].

2.2.2. La famille espagnole

ξ | ABERDEEN, *University Library* 984 (*Ab¹* – XVᵉ s.) – BORDEAUX, *Bibl. Mun.* 11 (*Bd¹* – XIIᵉ s.) – CAMBRAI, *Bibl. Mun.* 436 (*Ca¹* – IXᵉ s.) – MILANO, *Bibl. Ambrosiana* H 74 sup (*Ml¹ᵃ* – XVᵉ s.) – NEW YORK, *Pierpont Morgan Libr.* 738 (*N²ᵃ* – XVᵉ s.) – OXFORD, *Bodl. Libr.* Rawlinson C 398 (*O⁴* – XVᵉ s.) – OXFORD, *Corpus Christi College* 43 (*O⁶* – ex. XIIIᵉ s.) – PARIS, *Bibl. Nat.* lat. 1715A (*P⁵* – inc. XIIᵉ s.) – PARIS, *Bibl. Nat.* lat. 5132 (*P⁹* – XIIIᵉ s.) – SALAMANCA, *Bibl. Universitaria* 2687 (*Sa¹* – XIIᵉ s.) – TOULOUSE, *Bibl. Mun.* 182 (*Tl¹* – ex. XIIIᵉ s.) – VATICANO, *Bibl. Apost. Vat.* lat. 262 (*V¹* – XVᵉ s.) – VIC, *Bibl. Episcopal* 40 (*Vc¹* – ex. XIᵉ s.)

Cette famille comporte 13 témoins. Mais trois d'entre eux (Cambrai, Milan, New York) forment une branche à part en ne transmettant que la *Sententia Probi*. Nous verrons plus avant pourquoi ils se rattachent à la famille espagnole, même si la brièveté de la

---

[67] Par exemple: I, 1 (11) implicer] implicarer P^{6a} P^{7a} Vl^{1a} , implicer Er^{1a} Nu^{1a} (le contexte exige le sujonctif présent et non le subjonctif imparfait); I, 11 (35/36) excellentius ... nomen] excellentiorem... nomen P^{6a} P^{7a} Vl^{1a} , excellentius... nomen Er^{1a} Nu^{1a} (dans cette citation biblique qu'il connaissait par cœur, Er^{1a} restitue aisément le neutre); I, 15 (33) se formam exinanisse] se formam se exinanisse P^{6a} P^{7a} Vl^{1a} , se formam exinanisse Er^{1a} Nu^{1a} (Er^{1a} supprime avec bon sens la répétition du pronom *se*); I, 23 (15) articulis] articulos P^{6a} P^{7a} Vl^{1a} , articulis Er^{1a} Nu^{1a} (le contexte exige l'ablatif); I, 24 (15) proprie] propriis P^{6a} P^{7a} Vl^{1a} , propie Er^{1a} Nu^{1a} (le contexte indique que *propriis* n'a pas de sens et permet de supputer *proprie* qui s'accorde avec le deuxième adverbe: *proprie et specialiter*);

[68] Par exemple: I, 15 (34) item] id P^{6a} P^{7a} Vl^{1a} , idem Er^{1a} Nu^{1a}; I, 19 (14) praescribere] perscribere P^{6a} P^{7a} Vl^{1a} , praescribitur Er^{1a} Nu^{1a}. Le bons sens du copiste se vérifie encore au fait que plusieurs fois, devant une incongruité évidente de l'archétype, le copiste de Er^{1a} se garde de la recopier et préfère laisser un espace blanc. Ainsi: I, 9 (32) substantiae] sententia P^{6a} P^{7a} Vl^{1a}, *uac. sp. rel.* Er^{1a} Nu^{1a}; I, 11 (8) elicita] electa P^{6a} P^{7a} Vl^{1a} , *uac. sp. rel.* Er^{1a} Nu^{1a}.

Sententia ne permet pas un jugement aussi sûr que pour les autres mss.

Pour l'heure, nous nous concentrons sur le groupe très compact des dix autres témoins. Nous lui donnons le nom de famille « espagnole », car le plus ancien ms. (XIe s.) se trouve à Vic; un autre, aujourd'hui à Paris, fut écrit à Ripoll; et plusieurs autres, originaires d'abbayes situées dans le Sud-Ouest de la France (Toulouse, Bordeaux, Moissac), dérivent sans aucun doute d'ancêtres situés au-delà des Pyrénées.

C'est un groupe très important, certainement le plus précieux de la tradition manuscrite du *C. ar.* Lui seul en effet nous transmet le traité de Vigile dans son état complet (les deux éditions successives) et sa disposition normale (sans interpolation). La qualité textuelle des différents mss n'est pas très bonne, mais la famille garde souvent, elle seule, les leçons originelles de Vigile.

L'identité du groupe découle d'abord de la structure du *C. ar.* qui vient d'être rappelée. Seule la famille espagnole transmet le traité de Vigile avec l'ordre des sections A-B-C-D-E-F-G-H-*Sententia*. Elle découle aussi d'un nombre très élevé de variantes pures:

    a) dans les parties du livre I communes à toute la tradition:

I, 2 (12) deuia] ξ; I, 2 (26) ut haec quae adseritis] haec quae adseritis ut ξ; I, 6 (23) dicta] ξ; I, 17 (21) extrinsecus] altrinsecus ξ; I, 20 (10) nouum nomen] *tr.* ξ; I, 20 (32) domino] in *praem.* ξ (+ L^{o})[69]; I, 20 (39) censerentur] censebantur ξ (+ L^{o}); I, 21 (18) scriptum non legistis] non legistis scriptum ξ; I, 22 (3) ubi²] hoc *add.* ξ; I, 22 (4) an filius] *om.* ξ; I, 22 (16) filium] aut ex patre *praem.* ξ; I, 22 (27) fidem] filium cum patre ξ (+ L^{o}); I, 23 (19/20) demonstrare minime] ostendere non ξ; I, 24 (5) posse] sentiet *add.* ξ; I, 25 (16) ideo homousion uocabulum] homousion uocabulum ideo ξ; I, 25 (26) proprietate testimoniorum ad] *om.* ξ

    b) dans les parties du livre II communes à toute la tradition (*om. v*):

II, 2 (17) postulabimus] postulemus ξ; II, 5 (4) quidem duobus] *tr.* ξ; II, 5 (27) uniuscuiusque] si *praem.* ξ; II, 7

---

[69] La famille espagnole a contaminé le ms. LONDON, Lambeth Palace 215 (L^{o}). Cfr *infra*, p. 175-177.

(11) in] quod *praem.* ξ;   II, 7 (22) obuius] obiectionis huius uaniloquio ξ;   II, 7 (37/38) potuerit] possit ξ; substantialis] corporalis ξ;   II, 10 (2) adsertione cognoscere potui] agnsocere potui (poterit) adsertione ξ;   II, 18 (15) ne sine] ξ;   II, 20 (28) et] si ξ;   II, 22 (9) indigenti] non *praem.* ξ;   II, 22 (14) fallitur] numquid et ipse *praem.* ξ;   II, 22 (36) et] alio loco *add.* ξ;   II, 22 (39) non] ξ;   II, 22 (43) clarifica] pater *praem.* ξ;   II, 24 (9) communis] communione ξ

Dans les sections du livre I où la famille espagnole ne peut être confrontée qu'aux doublons longs et à la famille septentrionale, on relève encore plus de trente variantes qui lui sont propres. C'est dire si cette famille se signale par une identité forte. C'est d'autant plus vrai si l'on ne tient pas compte du ms. de Vic qui fait assez souvent cavalier seul. Les neuf autres mss ont en effet en commun une trentaine de leçons spécifiques.

Au sein de ξ, on distingue clairement deux branches principales. La première se compose de quatre mss:

ξ^1 | PARIS, *Bibl. Nat.* lat. 1715A (P^s – XIIe s.) – PARIS, *Bibl. Nat.* lat. 5132 (P^9 – XIIIe s.) – TOULOUSE, *Bibl. Mun.* 182 – (Tl^1 – XIIIe s.) – VIC, *Bibl. Episcopal* 40 (Vc^1 – ex. XIe s.)

Ces quatre mss constituent un même groupe en raison de leurs variantes pures. Voici celles relevées dans les parties des livres I et II communes à toute la tradition:

> I, 1 (26) et publice praedicantur] ut publicae praedicentur ξ^1;   I, 1 (28) non] audio ξ^1;   I, 19 (10) christum] filium dei omnipotentis *add.* ξ^1;   *ibid.* nobis] omnibus *add.* ξ^1;   I, 20 (31) praedicationis] et *praem.* ξ^1;   II, 3 (17) factum sit] *om.* ξ^1;   II, 3 (25) filius] ipse *praem.* ξ^1;   II, 4 (8) aliquid] *om.* ξ^1;   II, 4 (27) et^2] an ξ^1;   II, 6 (4) adseruit] astruit ξ^1;   II, 21 (19) indicat] uocat ξ^1

Bien qu'elles ne soient pas très abondantes, ces leçons suffiraient déjà pour assurer l'identité du groupe[70]. En fait, leur nombre pourrait être facilement doublé, car la tradition attestée en ξ^1 a contaminé un autre rameau de la famille espagnole (ξ^5), comme

---

[70] Rappelons à cette occasion que « les parties des livres I et II communes à toute la tradition », dans lesquelles nous prenons toujours nos variantes pures, ne représentent que 40% du *C. ar.*

on le verra ci-dessous, de sorte que bon nombre des quelque vingt-cinq variantes communes à ξ^1 et ξ^5 sont en fait des variantes caractérisant ξ^1.

Au sein du groupe, le ms VIC, *Bibl. Episc.* 40 (Vc^1) constitue un rameau indépendant. Le *codex* rassemble des œuvres christologiques et trinitaires et descend d'un exemplaire antique, peut-être d'origine africaine, mais qui s'est ramifié en Espagne de manière certaine. C'est ainsi que le *Liber ad Scarilam* de Fulgence de Ruspe, dont Vc^1 transmet des extraits, est attesté par 7 témoins dont 5 proviennent de la péninsule ibérique[71]; et que le ms. PARIS, *Bibl. Nat.* 5132, dont le *C. ar.* est très proche de celui de Vic, provient comme ce dernier de Catalogne (Ripoll).

Vc^1 étant le plus ancien témoin de la famille espagnole, on pouvait en attendre beaucoup. Mais son texte est décevant: nombreuses fautes d'orthographe, fréquents changements du temps des verbes, mots coupés en dépit du bons sens, fautes de lecture grossières (orationis] ora ternis; uerborum] malorum, etc.), confusions répétées (et/ut; non/num), lacunes parfois étendues (de 1 à 15 mots), réécriture de certains membres de phrases, mots ajoutés, suppressions de plusieurs introductions: « Athanasius dixit » ou « Probus dixit », etc. Malgré tout, Vc^1 est précieux. Il arrive d'abord qu'il ait le bon texte, tandis que les autres témoins de la famille espagnole sont fautifs. On dénombre une vingtaine de cas de ce type[72]. Le fait étonne et semble même contredire notre stemma. Mais il est probable que tout en s'inscrivant à l'intérieur de ξ^1, le modèle immédiat de Vc^1 ait subi une contamination bénéfique. Au demeurant, si Vc^1 constitue ainsi un rameau légèrement indépendant à l'intérieur de la famille espagnole, lorsque ses leçons s'accordent avec celles des autres mss de la famille, et qui plus est avec celles des doublons longs, on a de grandes chances d'être en présence du texte originel de Vigile. Nous l'avons maintes fois vérifié. Il arrive d'ailleurs qu'une leçon propre

---

[71] PARIS, *Bibl. Nat.*, Nouv. Acq. lat. 2176 et 2177 (Silos); ESCORIAL, L III 15; SALAMANQUE, *Bibl. Univ.* 2687 (le ms contient aussi le *C. ar.* de Vigile); LISBOA, *Bibl. Nac.*, cod. Alcob. CCVII. Les extraits du ms. de Vic ne sont pas connus de J. Fraipont, l'éditeur de Fulgence de Ruspe (cfr *CC SL* 91, p. 310).

[72] Par exemple: I, 3 (16) intellegi] $Vc^1\,\beta$, intellegere $\xi^2\,\xi^3$; I, 8 (17/18) ut sibi ipse diceret] $Vc^1\,\nu\,\beta$, *om.* $\xi^2\,\xi^3$; I, 8 (19) namque ut] $Vc^1\,\nu\,\beta$, nam quem $\xi^2\,\xi^3$; I, 9 (35) pro] $Vc^1\,\nu^2\,\beta$, per $\nu^1\,\xi^2\,\xi^3$; I, 10 (9) expedire] $Vc^1\,\nu\,\beta$, experiri $\xi^2\,\xi^3$; I, 11 (27) praeclarum] $Vc^1\,\nu\,\beta$, clarum $\xi^2\,\xi^3$; I, 12 (9) quoque] $Vc^1\,\nu\,\beta$, *om.* $\xi^2\,\xi^3$; I, 22 (15) pura et nuda] $\alpha^1\,\nu\,Vc^1\,\beta$, *tr.* $\xi^2\,\xi^3$; III, 10 (11) clamitat] $Vc^1\,\beta$, clamat $\xi^2\,\xi^3$; III, 10 (37) et] $Vc^1\,\beta$, *om.* $\xi^2\,\xi^3$.

aux doublons longs et à *Vc¹* soit manifestement à retenir. Ainsi en I, 9 (13) ad confusionis errorem] *v Vc¹*, ad confessionis errorem *alii mss, edd*. En III, 20 (11/12), *Vc¹* nous semble même le seul témoin de la tradition à transmettre le bon texte. Les autres mss de la famille espagnole ont en effet une lacune de deux lignes par homeoteleuton, et les mots *autem... uero* de la citation de Gen. 18, 16 (et non *inde... autem* en *β*) sont appuyés par le *Contra Maximinum* d'Augustin. Bref, malgré ses faiblesses réelles, *Vc¹* devait être pris en compte pour l'édition et ses variantes figurer dans l'apparat textuel.

En descendant d'un étage, nous trouvons les trois autres mss de ξ^1 qui forment un sous-groupe très compact:

ξ^2 | PARIS, *Bibl. Nat.* lat. 1715A (*P⁵* – XIIᵉ s.) – PARIS, *Bibl. Nat.* lat. 5132 (*P⁹* – XIIIᵉ s.) – TOULOUSE, *Bibl. Mun.* 182 – (*Tl¹* – XIIIᵉ s.)

Les textes du *C. ar.* de ces trois témoins sont particulièrement proches, comme en témoignent leurs nombreuses variantes pures. On en dénombre plus de quatre-vingts pour l'ensemble du *C. ar.*; une trentaine pour les parties communes des livres I et II:

> I, 3 (7) praedicari] praedicare ξ^2; I, 4 (23) dii] *om.* ξ^2; I, 6 (27) breuitate] ueritate ξ^2; I, 19 (17) quidem] *om.* ξ^2; I, 19 (23) huius] *om.* ξ^2; I, 21 (16) religiose eos] uos religiose ξ^2; I, 21 (21) qui syrmio conuenerant] *om.* ξ^2; I, 21 (33) uocum toleret] *tr.* ξ^2; I, 22 (3) dissimilem] patri filium *add.* ξ^2; I, 22 (25) implicitum] implicatum ξ^2; I, 22 (28) ea] haec ξ^2; I, 25 (16/17) scriptum nude] nude positum scriptum ξ^2; I, 25 (18) demonstrante] monstrante ξ^2; I, 25 (19) sbstitit proprie pater] substitisse proprie patrem fateris ξ^2; II, 1 (1) initi] initiis ξ^2; II, 3 (25) filius dicit] *tr.* ξ^2; II, 4 (28) penitus] perfidie *praem.* ξ^2; II, 5 (2) adsigna] adfirma ξ^2; II, 5 (28) ut²] et ξ^2; II, 5 (47) ratio] ratione ξ^2; II, 5 (49) uidebitur] fatebitur ξ^2; II, 6 (26) ex²] de ξ^2; II, 9 (4/5) ex uirgine contra rerum naturam] contra rerum naturam ex uirgine ξ^2; II, 9 (17) cunctis naturis] *tr.* ξ^2; II, 21 (23) huius uerbi] eius obedientia ξ^2; II, 21 (26) quia] et *praem.* ξ^2; II, 22 (31/32) qui ait] quia addidit ξ^2; II, 22 (37) ait] dixit ξ^2

Les trois textes dérivent d'un même ancêtre, car ils sont indépendants les uns des autres, chacun ayant un lot de fautes propres.

Mais ils demeurent très proches et souvent superposables. Leur texte est le texte standard de la famille espagnole, avec un léger avantage pour le ms. Paris, *Bibl. Nat.* 1715A (Moissac), transcrit de manière soignée, et légèrement meilleur que les deux autres, malgré diverses lacunes, beaucoup de confusions orthographiques (i/e, a/o) et quelques pataquès. Nous l'avons pris en compte pour l'édition, afin d'avoir un deuxième témoin de la première branche de la famille espagnole. Le ms. Paris, *Bibl. Nat.* 5132 (Ripoll) est un peu plus tardif, mais guère inférieur. Il en va de même du ms. Toulouse, *Bibl. Mun.* 182 malgré la découpe de plusieurs lettrines qui ont ainsi emporté une partie du texte. On constate quelques accords purs entre P^5 et P^9, et d'autres entre P^9 et Tl^1. C'est certainement la trace de mss intermédiaires aujourd'hui disparus.

Au final, la première branche de la famille espagnole se présente ainsi:

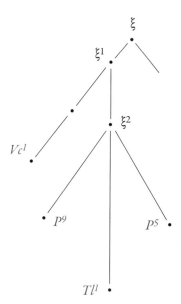

La seconde branche de ξ comporte quant à elle six mss:

ξ^3 | ABERDEEN, *University Library* 984 (*Ab¹* – XVᵉ s.) – BORDEAUX, *Bibl. Mun.* 11 (*Bd¹* – XIIᵉ s.) – OXFORD, *Bodl. Libr.* Rawlinson C 398 (*O⁴* – XVᵉ s.) – OXFORD, *Corpus Christi College* 43 (*O⁶* – ex. XIIIᵉ s.) – SALAMANCA, *Bibl. Universitaria* 2687 (*Sa¹* – XIIᵉ s.) – VATICANO, *Bibl. Apost. Vat.* lat. 262 (*V¹* – XVᵉ s.)

L'identité du groupe est quelque peu affaiblie en raison du ms. d'Aberdeen et de son apographe du Vatican qui sont contaminés et n'offrent pas tous les traits spécifiques que l'on relève chez les autres témoins. Néanmoins, ils font partie de ξ^3. Les six mss ont en effet en commun une interpolation significative et un lot de variantes pures.

L'interpolation figure en II, 17, où les lignes 1/4 (*Athanasius dixit – hominem confitendum*) sont déplacées et se trouvent un peu plus loin, entre les lignes 11 et 12, après *fuisse putemus*. Quant aux variantes pures, voici celles relevées dans les parties des livres I et II communes à toute la tradition (*om. v*):

> I, 2 (27) omni] *om.* ξ^3; I, 20 (40) luca narrante] luculenta ξ^3; I, 21 (33) toleret] tolerare ξ^3; I, 23 (12) proprie positum] propositum ξ^3; I, 25 (6) ueritas] ubi *praem.* ξ^3; I, 25 (20) positas] *om.* ξ^3; II, 5 (25/26) sit substantiarum diuersitas] diuersitas sit substantiarum ξ^3; II, 7 (2) non potest] impossibilitas *praem.* ξ^3; II, 19 (4) de] ex ξ^3; II, 19 (16) facere creaturas] *om.* ξ^3

Les leçons communes à ξ^3 sont en fait plus nombreuses, car *Ab¹* a bénéficié d'une autre source et corrigé diverses erreurs ou lacunes présentes chez ses voisins. On relève donc des leçons propres à *Sa¹ O⁴ O⁶ Bd¹*. Par exemple:

> I, 4 (22/23) quem et deum – duo dii] *om. Sa¹ O⁴ O⁶ Bd¹*; I, 21 (24) quanta] quantum *Sa¹ O⁴ O⁶ Bd¹*; I, 24 (5/6) diffidentiae et timoris] differentia actionis *Sa¹ O⁴ O⁶ Bd¹*; I, 24 (22) tres usias] *om. Sa¹ O⁴ O⁶ Bd¹*; II, 4 (13) aut subsequente] *om. Sa¹ O⁴ O⁶ Bd¹*; II, 5 (7) quo] ut *Sa¹ O⁴ O⁶ Bd¹*; II, 9 (20) seipso] se *Sa¹ O⁴ O⁶ Bd¹*; II, 10 (26/27) filium genuit] *om. Sa¹ O⁴ O⁶ Bd¹*; II, 12 (10/11) omnimodis non recedit] uagatur *Sa¹ O⁴ O⁶ Bd¹*, etc.

Mais c'est aussi un étonnant doublon qui unit ces quatre témoins. On le trouve à la fin du traité, au terme de la *Sententia Probi*. Après la plaidoirie du juge et les mots « Explicit sententia iudicis », figure en effet un texte d'une trentaine de lignes qui reprend presque toute la conclusion de la première édition du traité (= section « E »). Nous transcrivons ce texte en abrégé, en mettant en caractères droits les phrases propres au doublon et en italique les parties reprises de la fin du livre II:

> Incipit appellatorium Arrii
> ARRIVS per hunc libellum apellatorium haec dicit:
> *Nulli dubium est quod magicis artibus ... posse credendum est* (= II, 27 l. 8/14)
> Explicit appellatorium Arrii
> Responsio Athanasii
> ATHANASIVS *dixit: Qui suis adsertionibus ... respondisse sufficiat* (= II, 27 l. 15/20)
> Interlocutio iudicis aduersus Arrii appellatorium
> *Probus iudex dixit: Imperitorum et minus ... ualeat peruenire* (= II, 28 l. 1/20)

À la suite de cet « appellatorium Arrii », vient l'*explicit* final du traité: « Explicit altercatio fidei inter Arrium et Athanasium episcopum »

Comment interpréter ce doublon? On ne peut qu'émettre une hypothèse. Sans doute résulte-t-il d'une tentative d'harmonisation entre les deux éditions du traité. On se rappelle en effet que la première édition se termine par une conclusion où Arius en appelle au jugement de l'empereur; ce que le juge Probus accepte. Il ne croit pas aux idées de l'hérésiarque, mais laisse à l'empereur le soin de prononcer la sentence. Or dans la seconde édition, Vigile entend trancher clairement le débat et présenter *hic et nunc* Arius comme réellement vaincu et condamné. C'est l'objet de la *Sententia Probi* qui clôt désormais l'ouvrage. Mais Probus ne peut pas se prononcer si le plaignant a fait appel à une autorité judiciaire supérieure. En bonne logique, l'appel d'Arius ne peut donc figurer qu'après la sentence du juge. Le doublon des quatre mss est donc probablement l'œuvre d'un copiste qui a voulu rendre plus logique le déroulement de la sentence. Car ce n'est certainement pas Vigile qui en est l'auteur. Celui-ci a repris son ouvrage en raison du combat que l'Église d'Afrique menait contre le pouvoir vandale, et il avait d'autres préoccupations qu'une parfaite vraisemblance juridique. Que l'appel d'Arius à la suite de la *Sententia Probi* ait été le fait d'un copiste découle d'ailleurs de la tradition manuscrite. Il s'agit bien en effet d'un *doublon*. La conclusion du livre II – avec les mots introductifs de Probus, l'appel d'Arius, la réplique d'Athanase et la conclusion de Probus (= section « E ») – figure en effet à sa place normale dans nos six manuscrits qui s'accordent en cela avec les autres mss de la famille espagnole. Le moins que l'on puisse dire est donc qu'il s'agit d'une tentative d'harmonisation bien maladroite[73]. Dans ce contexte, on comprend facilement que le copiste du ms. d'Aberdeen, qui travaillait avec une double source, se soit abstenu de transcrire cet « Appellatorium » et qu'il ait suivi le modèle s'achevant avec la *Sententia Probi* et dérivant de ξ^1 comme on l'a vu.

Au sein de ξ^3, le ms. SALAMANQUE, *Bibl. Univ.* 2687 (Sa^1) constitue un rameau indépendant. Mais nous avons dit en décrivant le *codex* l'état déplorable du *C. ar.* qu'il transmet. Ce qu'on en possède n'est pas en soi inférieur en qualité aux autres témoins espagnols, loin de là, car les fautes propres de Sa^1 sont rares – l'écriture est d'ailleurs très soignée – mais les lacunes étendues et les interpolations aussi nombreuses qu'importantes qui affectent le livre II et la *Sententia* en font un témoin de second ordre. Son copiste n'est pas responsable du fait, car il a transcrit le mieux qu'il pouvait son modèle en reproduisant fidèlement les espaces blancs qu'il avait sous les yeux et qui signalaient des perturbations déjà anciennes.

En descendant d'un échelon, nous retrouvons les cinq autres mss qui forment de nouveau un groupe bien identifiable:

ξ^4 | ABERDEEN, *University Library* 984 (Ab^1 – XVe s.) – BORDEAUX, *Bibl. Mun.* 11 (Bd^1 – XIIe s.) – OXFORD, *Bodl. Libr.* Rawlinson C 398 (O^4 – XVe s.) – OXFORD, *Corpus Christi College* 43 (O^6 – ex. XIIIe s.) – VATICANO, *Bibl. Apost. Vat.* lat. 262 (V^1 – XVe s.)

Les parties communes des livres I et II (*om. v*) recèlent les variantes pures suivantes:

I, 1 (21/22) cognoscere] agnoscere ξ^4; I, 1 (28) profiteri non] profitemini ξ^4; I, 5 (2) arrius sua professione] sua professione arrius ξ^4; I, 20 (24) moris] mos ξ^4; I, 21 (8) ergo] *om.* ξ^4; I, 21 (22) fidem] *om.* ξ^4; I, 21 (25) ipse tu quaeso] quaeso tu ipse ξ^4; I, 24 (11/12) nude scriptum]

---

[73] Le copiste qui, le premier, a copié l' « Appellatorium Arrii » à la suite de la *Sententia*, l'a sans doute fait à partir d'un autre témoin que celui qu'il venait de transcrire. On relève en effet quelques légères différences entre le texte de la fin du livre II et celui de l' « Appellatorium », ce dernier étant d'ailleurs meilleur en trois endroits.

tr. ξ^4; I, 25 (4) tres] et praem. ξ^4; II, 2 (2) unitate substantiae] diuinitatis substantia ξ^4; II, 3 (10) dicatur] dicamus ξ^4; II, 3 (14) hisdem] quidem add. ξ^4; II, 4 (3) sensibus tuis] tr. ξ^4; II, 5 (20) dixerim] dicam ξ^4; II, 5 (28) uidetur] uideatur ξ^4; ibid. ut²] aut ξ^4; II, 6 (16) quae] uel praem. ξ^4; II, 23 (14) et¹] iterum spiritum sanctum add. ξ^4

Il faut certainement postuler un ancêtre commun au groupe, car le ms. le plus ancien (Bd^1) ne peut pas être la source des autres, comme on le précisera plus loin. Au sein de ce groupe, on distingue enfin les deux dernières branches de la famille espagnole; l'une comprend deux témoins (ξ^5) et l'autre trois (ξ^6).

ξ^5 | ABERDEEN, *University Library* 984 (Ab^1 – XVᵉ s.) – VATICANO, *Bibl. Apost. Vat.* lat. 262 (V^1 – XVᵉ s.)

Les deux mss ont un si grand nombre de variantes propres qu'il est impossible de les transcrire toutes. Voici celles de la première partie du livre I:

a) dans les sections communes à toute la tradition:

I, 1 (2) ueri] om. ξ^5; I, 1 (22/23) oporteat occulti mysterii] occulti mysterii oporteat ξ^5; I, 1 (26) id est] om. ξ^5; I, 2 (27) ambiguitatis caligine] ambiguitate caliginis ξ^5; I, 3 (7) tres] deos add. ξ^5; I, 4 (21) deus et dominus] dominus ac deus ξ^5; I, 4 (28) aufertur] aufero ξ^5; I, 4 (30) non] nec ξ^5

b) dans les sections communes à toute la tradition excepté α^1:

I, 4 (1) sabellius] dixit add. ξ^5; I, 4 (3) ut] om. ξ^5; I, 4 (8) in] om. ξ^5; I, 6 (7) propria] om. ξ^5; I, 7 (3) a nobis] om. ξ^5; I, 7 (6) omnipotentis] omnipotentissimi ξ^5; I, 7 (8) id est] om. ξ^5; I, 7 (18) seipsa] ipsa seipsam ξ^5; I, 7 (29) dicas unam] tr. ξ^5; I, 7 (35) praeconia] animi praem. ξ^5; I, 7 (41) dei] om. ξ^5; I, 8 (21) esset] est et ξ^5; I, 9 (4) deo] domino praem. ξ^5; I, 9 (6) altero] alio ξ^5; I, 10 (5) et²] om. ξ^5; I, 10 (14) purumque] plenumque ξ^5; I, 10 (31) multa quae commemorare longum est] plura quae longum est commemorare ξ^5; I, 10 (31/32) conuenientia patitur] patitur conuenientia ξ^5; I, 11 (2) eum] ipsum ξ^5; I, 11 (4) quia] et ξ^5; I, 11 (15/16) custodiam meam] iudicia mea ξ^5; I, 11 (17) inquam] inquit ξ^5; I, 11 (30) puerum] filium ξ^5; I, 11 (40) aedificauit mihi] *tr.* ξ^5, etc.[74]

Cette parenté étroite s'explique par une filiation directe. Les deux témoins sont en effet deux mss humanistiques copiés en Italie au XVe s., et celui qui est aujourd'hui à Aberdeen a certainement servi de modèle à celui du Vatican. Non seulement la séquence très spécifique: Vigile de Thapse, *C. ar.* – Acrostiche de la Sibylle d'Erythrée (*Oracula Sibyllina* VIII, 217-243) ouvre les deux *codices*, mais on relève des leçons propres à Ab^1 *post correctionem* que l'on retrouve intégrées en V^1. Par exemple: I, 7 (16) ipsa] interius *add.* $Ab^{1s.l.\ p.c.}$, interius *add.* V^1; I, 9 (5) istud] qui $Ab^{1a.c.}$ *sed* istud *suprascr.* $Ab^{1p.c.}$, istud qui V^1.

Pour le reste, nous avons déjà dit que le ms. ABERDEEN, *Univ. Libr.* 984 (Ab^1) était un ms. contaminé. Les copies réalisées pour les mécènes humanistes du XVe s. étaient souvent des textes soignés pour lesquels on confrontait divers témoins, et ce fut certainement le cas pour Ab^1. Nous savons que ξ^5 (Aberdeen et son apographe) partagent quelque vingt-cinq leçons communes avec la tradition attestée en ξ^1. Nous pouvons préciser qu'il s'agit soit des quatre mss de ξ^1, soit des trois mss de ξ^2, soit du seul ms. de Toulouse (Tl^1). Voici quelques-unes de ces leçons communes prises au livre I:

> I, 1 (29) sectas] id est *add.* Tl^1 ξ^5; I, 1 (30) certamine] confligatis *add.* ξ^1 ξ^5; I, 1 (31) congruum] uestro affatu *add.* ξ^1, uestro affectu *add.* ξ^5; I, 2 (9) suauitate] sua(m) nouitate(m) ξ^1 ξ^5; I, 5 (8) tres] *om.* Tl^1 ξ^5; I, 5 (8) proprietate] ac potestate *add.* ξ^1 ξ^5; I, 6 (4) impius] impie Tl^1 ξ^5; I, 7 (7) facit] ipse *praem.* ξ^5; I, 7 (11) me] est *add.* Tl^1 P^5 ξ^5; I, 7 (26) ne] *om.* ξ^2 ξ^5; I, 10 (30) calicem] passionis *add.* ξ^2 ξ^5

Les trois derniers témoins constituent un bloc pareillement homogène.

---

[74] Au total on dénombre plus de 80 leçons communes pour le seul livre I. Les deux pages de la *Préface* de la seconde édition en comptent déjà treize.

ξ⁶ | BORDEAUX, *Bibl. Mun.* 11 (*Bd¹* – XIIᵉ s.) – OXFORD, *Bodl. Libr.* Rawlinson C 398 (*O⁴* – XVᵉ s.) – OXFORD, *Corpus Christi College* 43 (*O⁶* – ex. XIIIᵉ s.)

Les textes du *C. ar.* de ces trois mss sont quasiment superposables. On relève d'abord un nombre très étendu de fautes qui leur sont propres. Ainsi:

a) dans les sections du livre I communes à toute la tradition:

I, 2 (8) propriae] *om.* ξ⁶; I, 3 (2) dominum nostrum] *om.* ξ⁶; I, 4 (31/32) non negando, ut dixi, filium deum] *om.* ξ⁶; I, 6 (13) personis] sermonibus ξ⁶; I, 19 (17) quidem] fidem ξ⁶; I, 19 (19/20) religionis] religiones ξ⁶; I, 20 (40) id est christianos appelant] compellant id est christianos ξ⁶; I, 21 (21) syrmio] sirmium ξ⁶; I, 22 (17) nolo mihi] quod si ξ⁶; I, 22 (24) quorsum] sursum ξ⁶; I, 23 (15) hisdem] eis ξ⁶; I, 23 (17) canonicis nude positum litteris] canonicae scripturae litteris nude positum ξ⁶; I, 23 (19) esse] *om.* ξ⁶; I, 23 (20) necessitas] similis ξ⁶; I, 24 (10) enim] *om.* ξ⁶; I, 24 (11/12) nude scriptum] *tr.* ξ⁶

b) dans les sections du livre II communes à toute la tradition (*om. ν*):

II, 2 (19) gestis] *om.* ξ⁶; II, 2 (20/21) omissis superfluis] homousii (homo usu) superfluis contentionibus derelictis ξ⁶; II, 3 (15) sed] *om.* ξ⁶; II, 3 (15) unius] eiusdem ξ⁶; II, 3 (27) et] alibi *add.* ξ⁶; II, 5 (14) subsistit] uel essentia uel *add.* ξ⁶; II, 6 (4) adseruit] asseuerat ξ⁶; II, 6 (10) huiusmodi] passam *add.* ξ⁶; II, 6 (17) timore] amore ξ⁶; II, 6 (19) potuisse] posse filium ξ⁶; II, 7 (22) euagantem] euagitantem ξ⁶; II, 8 (12) de²] *om.* ξ⁶; II, 20 (4) uersatur] uniuersa ξ⁶; II, 20 (7) dixit mihi pater] mihi pater dixit ξ⁶; II, 20 (13) ei placita] *tr.* ξ⁶; II, 20 (22) sedes] se ξ⁶; II, 21 (22) uenerunt] accesserunt ξ⁶; II, 21 (24) qui] quod ξ⁶; II, 22 (7/8) indiuisibiliter et inseparabiliter contulisse] contulisse indiuisibiliter ξ⁶; II, 22 (22) fontem] uiuum *add.* ξ⁶; II, 22 (28) prioris] primi ξ⁶; II, 22 (49) perfidis] *om.* ξ⁶; II, 23 (2) nisus fuerit obuiare] obuiare nisus fuerit ξ⁶; II, 27 (6) ad respondendum locus] locus ad respondendum ξ⁶

Dans le livre III de la présente édition (les sections F-G-H), là où la famille espagnole s'oppose seulement à β, les fautes propres de ξ⁶ se comptent aussi par dizaines. Signalons en particulier une lacune de 9 lignes en III, 2 (10/19). Le texte commun de ξ^6 est donc fortement dégradé. Celui du ms. OXFORD, *Bodl. Libr.* Rawlinson C 398 (O^4) ajoute peu de fautes personnelles, mais le début du *C. ar.* est mutilé et commence en I, 1 l. 11, comme il a été dit dans la fiche descriptive du *codex*. Celui du ms. OXFORD, *Corpus Christi College* 43 (O^6) ajoute en revanche une quarantaine de micro-lacunes ou erreurs à toutes celles du groupe. C'est le moins bon des trois. Quant au ms. BORDEAUX, *Bibl. Mun.* 11 (Bd^1), c'est le plus ancien du groupe et nous l'avons pris en compte pour l'apparat, avec les deux autres espagnols précédemment nommés, car l'accord de trois témoins représente assurément l'archétype de la famille et celui-ci requiert la plus grande attention, surtout quand il y a convergence aussi avec les doublons longs. De plus, Bd^1 a plusieurs fois gardé des leçons originelles, absentes dans les autres témoins de ξ. Cela dit, sa copie ne brille pas par ses qualités. Ses fautes personnelles sont assez rares et minimes, mais on relève quand même plusieurs lacunes d'une ligne, de nombreuses phrases écrites dans la marge, et d'autres transcrites deux fois de suite. Tout cela exclut que Bd^1 ait servi de modèle aux deux autres témoins. Nous postulons donc un ancêtre commun pour le groupe, assurément originaire de la France du Sud-Ouest, et qui a sans doute migré en Angleterre en raison des possessions françaises des Plantagenêts.

Avant d'en venir aux trois témoins de la famille espagnole qui ne transmettent que la *Sententia Probi*, un fait doit être encore noté à propos de cette famille. Bien que ses branches soient fortement typées, on observe une importante contamination entre deux d'entre elles. On relève en effet de multiples accords entre les quatre mss de ξ^1 (Vic 40, Paris 1715A, Paris 5132, Toulouse 182), ou seulement les trois de ξ^2 (Paris 1715A, Paris 5132, Toulouse 182), et les deux mss de ξ^5 (Aberdeen 984, Vatican 262). Voici ceux des parties communes des livres I et II :

> I, 1 (30) certamine] confligatis *add.* ξ^1 ξ^5; I, 2 (9) suauitate] sua(m) nouitate(m) ξ^1 ξ^5; I, 5 (8) proprietate] ac potestate *add.* ξ^1 ξ^5; I, 24 (16/17) naturas] personas ξ^2 ξ^5; I, 25 (1) usias] in scripturis *add.* ξ^1 ξ^5; I, 25 (24) non opus est] non potest ueritas operiri ξ^1 ξ^5; II, 1 (5) comprobetis] comprobaretis ξ^1 ξ^5; II, 3 (12) inde] exinde ξ^1 ξ^5; II, 6 (33/34) schematis] *om.* ξ^1 ξ^5; II, 8 (3) appellationem] substantiam *add.* ξ^2 ξ^5; II, 8 (20) genuit] filium *add.* ξ^1 ξ^5; II, 9 (20) et] ut ξ^2 ξ^5; II, 18 (20) obmutescat] non habens

quod respondeat $\xi^2\ \xi^5$; II, 19 (2) gerens] omnia uerbo(i) uirtutis suae *add.* $\xi^1\ \xi^5$; II, 19 (4) persona] assumens *add.* $\xi^1\ \xi^5$; II, 20 (12) non] uerumtamen *praem.* $\xi^1\ \xi^5$; II, 21 (11) cuncta] sed *praem.* $\xi^1\ \xi^5$

Ces accords ne peuvent représenter le texte originel, puisque le reste de la famille espagnole ($Sa^1\ \xi^6$) s'accorde ici avec l'ensemble de la tradition (α^1, ν, β). Il s'agit donc bien d'une contamination et elle vient probablement de la copie d'Aberdeen qui a été corrigée d'après la tradition de ξ^1. Les faits manquent pour l'affirmer avec certitude, mais la leçon de I, 10 (13): calicem] passionis *add.* ξ^1, passionis *add.* $Ab^{1in\ marg.\ p.c.} V^1$ en est un fort indice.

Au final, la seconde branche de la famille espagole se présente ainsi:

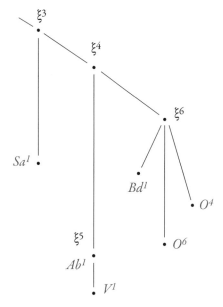

L'étude de la famille espagnole requiert maintenant que nous nous penchions sur les trois mss mentionnés en commençant et laissés de côté jusqu'à maintenant:

CAMBRAI, *Bibl. Mun.* 436 (*Ca¹* – IXᵉ s.) – MILANO, *Bibl. Ambrosiana* H 74 sup (*Ml¹ᵃ* – XVᵉ s.) – NEW YORK, *Pierpont Morgan Libr.* 738 (*N²ᵃ* – XVᵉ s.)

Ces trois témoins ont la particularité de ne transmettre que la *Sententia Probi*. Le premier figure dans un ms. carolingien que nous n'avons pas encore rencontré, les autres dans deux *codices* qui comportent aussi la version courte du *C. ar.* appartenant à la famille troyenne. La présence, dans un même volume, de la version courte du *C. ar.* et de la *Sententia Probi* appartenant à la version longue espagnole est une nouvelle preuve d'une tradition manuscrite complexe et multiforme.

Les trois mss n'ont pas de variantes qui leur soient propres, mais leur proximité est réelle et il est certain aussi qu'ils se rattachent à la famille espagnole. Relevons d'abord ces deux variantes significatives qui rapprochent assurément nos témoins: 3 (1/2) sabellium conticescere*] *Ca¹ N²ᵃ Ml¹ᵃ* (+ *Sm¹*); 4 (25) putabat*] curabat *Ca¹ N²ᵃ Ml¹ᵃ*. Il ne s'agit pas de variantes vraiment « pures », car la première est partagée par un témoin de *β*, le ms. Saint-Mihiel Z 28 (*Sm¹*), et toutes deux concernent également un autre témoin de *β*, le ms. Boulogne-sur-Mer 29 (*Bl¹*). Mais *Sm¹* entretient justement un lien étroit avec la famille espagnole, comme nous le verrons [75], et *Bl¹* a été contaminé, selon toute vraisemblance, par le ms. de Cambrai [76]. Ainsi les deux variantes citées témoignent incontestablement de la parenté des trois témoins.

À vrai dire, cette parenté est surtout attestée par les accords qu'ils ont entre eux et avec la famille espagnole. Ces accords sont d'autant plus frappants que la *Sententia Probi* est brève et qu'il s'agit de variantes lourdes – un texte transmis par nos seuls témoins et certainement authentique:

3 (12) et lassauerit] *Ca¹ N²ᵃ Ml¹ᵃ ξ*; 5 (23) ut quia] *Ca¹ N²ᵃ Ml¹ᵃ ξ*; 6 (16) esse] *Ca¹ N²ᵃ Ml¹ᵃ ξ*; 11 (12) filium*] *Ca¹ N²ᵃ Ml¹ᵃ ξ*

---

[75] Cfr *infra*, p. 164-165.

[76] *Bl¹* porte de nombreuses corrections conformes au texte de *Ca¹*. Cfr *infra*, p. 193-194. On ne peut exclure, bien sûr, que la source en soit, sinon *Ca¹*, du moins un ms. très proche de *Ca¹*. Cependant le fait que les corrections viennent du ms. de Cambrai est probable, en raison de la proximité géographique des témoins, *Bl¹* provenant en effet de Saint-Vaast d'Arras, à 30 km de Cambrai. Les corrections de *Bl¹* sont passées dans les 4 mss qui en dérivent. Dans toutes les variantes relatives à *Ca¹* un astérisque signale donc les cas où viennent s'ajouter *Bl¹ᵖ·ᶜ· sq.*

On relève aussi de nombreux accords entre le seul ms. de Cambrai et la famille espagnole. Mais dans plusieurs cas, on peut se demander si le modèle ou l'ancêtre de Ml^{1a} et N^{2a} n'était pas concerné lui aussi, puisque ces deux mss ont une longue omission de 97 lignes entre 6 (24) et 9 (38) (près du tiers de la *Sententia*). Ainsi:

> 1 (6) agnoscere] $Ca^1\,\xi$; 2 (19) et reuera*] $Ca^1\,\xi$; 4 (21) si*] $Ca^1\,\xi$; 5 (23) ut quia*] $Ca^1\,\xi$; 7 (7) quodammodo*] $Ca^1\,\xi\,(+\,Sm^1)$; 7 (15) se ipse*] $Ca^1\,\xi$; 7 (16) sit*] $Ca^1\,\xi\,(+\,Sm^1)$

Notons encore cet accord où Ml^{1a} et N^{2a} sont pareillement lacunaires: 11 (14/15) perfidiae*] $Ca^1\,\xi$. Relevons enfin un passage du c. 10 dont la tradition est quelque peu embrouillée mais qui atteste l'intérêt des mss de Cambrai et de Saint-Mihiel et leur lien avec la famille espagnole. Le voici, tel que nous l'éditons:

> Dum siue caelestem siue terrenam dixerint (*sc.* Arrius et Fotinus), minime tamen a creaturae confessione discedunt, adimentes utrique Filio id quod de Patre natus est et hoc solum *profitentes quod creatus est. Ac per hoc non solum* ipso adsertionis genere idonei utrique sunt Athanasio testes, sed et dum Christum creaturam fatentur, errore consimili repperiuntur aequales (10, l. 29/34).

Tels quels, les mots *solum profitentes quod creatus est. Ac per hoc non* ne sont attestés que dans les deux mss de π (Saint-Mihiel Z 28 et Londres, Add. 26762), un rameau de la tradition qui appartient incontestablement à la famille septentrionale (β), mais qui entretient un rapport spécifique avec la famille espagnole, comme nous le verrons bientôt. Or il est clair qu'ils sont authentiques. Ils s'insèrent parfaitement dans le contexte et sans eux la phrase serait bancale, et même bizarrement contruite. Leur absence n'a en fait rien d'étonnant, car il s'agit d'un saut du même au même.

Mais avec cette phrase, deux faits encore sont notables:

- tout d'abord on la retrouve quasiment dans le ms. de Cambrai, la seule différence étant la chute de l'adverbe *non*: « et hoc solum *profitentes quod creatus est. Ac per hoc solum* ipso adsertionis genere ». Or ce même texte (sans *non*) figure dans le ms. de Boulogne-sur-Mer comme correction marginale. Ce qui est une nouvelle preuve que Bl^1

a vraisemblablement été corrigé d'après le ms. de Cambrai ou un très proche parent;
- ensuite, et surtout, la famille espagnole porte à l'évidence une trace du texte originel transmis par π. On y lit en effet: « id quod de Patre natus est. *Ac per hoc non solum* ipso adsertionis genere ». Les mots *ac per hoc non solum* sont authentiques, mais ce qui précède (*et hoc solum profitentes quod creatus est*) est tombé. Il est d'ailleurs possible que ce soit plus ou moins un saut du même au même, le copiste étant passé de *et hoc solum* à *ac per hoc non solum*. En tout cas, les mots *ac per hoc solum* attestent de manière certaine la relation entre la famille espagnole et le ms. de Saint-Mihiel – ce que nous aurons bientôt l'occasion de vérifier davantage –, mais aussi que le ms. de Cambrai se rattache bien à cette famille.

La fiabilité des accords entre la famille espagnole et le ms. de Cambrai apparaît encore quelques lignes plus loin en *Sent.* 11 (14/15): *per uarios errorum incesserint calles, ad unum tamen perfidiae compitum peruenerunt*. Le mot *perfidiae* n'est attesté que par Ca^1 et ξ. Mais il se recommande en raison du sens et d'une phrase très proche qu'on lit en II, 15 (17): *licet aliis uiarum indicii gradiens, ad eundem tamen infidelitatis compitum peruenisti*.

Le ms. de Cambrai se révèle donc d'un grand prix et il faut regretter qu'il ne transmette que la *Sententia*. Mais il n'est pas exempt de fautes personnelles: environ soixante-dix, avant qu'un correcteur n'en supprime une trentaine.

Quant aux deux mss de Milan et de New York, ils sont très proches de celui de Cambrai, comme on vient de le voir, mais ils n'en dérivent pas. Trop de fautes présentes en Ca^1 et absentes chez eux empêchent une relation directe. Avec une vingtaine d'erreurs communes, la longue lacune déjà signalée, et beaucoup d'autres encore de moindre importance, ils n'ont pas d'intérêt textuel. Copies tardives d'un modèle peut-être ancien, leur origine demeure mystérieuse. En revanche, il est sûr que le ms. de New York est un apographe de celui de Milan [77].

---

[77] Nous renvoyons sur ce point à la description des volumes et à ce que nous avons dit à propos de la version courte du *C. ar.* qu'ils transmettent l'un et l'autre (cfr *supra*, p. 114-115). La *Sententia* contient plusieurs preuves de la copie de N^{2a} d'après Ml^{1a}. Par exemple: 3 (7) probae] robe $Ml^{1aa.c.}$, robore $Ml^{1ap.c.}$ N^{2a}; 11 (4) normam] *om.* $Ml^{1aa.c.}$, communis naturae unionem $Ml^{1ain\ marg.\ p.c.}$ N^{2a}.

Avec ces trois témoins de la *Sententia Probi* s'achève l'examen de la première partie de la tradition manuscrite du *C. ar.*, celle de la famille *α*. Nous en avons vu les traits communs, mais aussi la grande diversité. Davantage encore, nous avons constaté son importance décisive, puisqu'elle atteste les deux éditions du traité de Vigile et nous livre, avec la famille espagnole et celle des doublons longs, nombre de leçons originelles.

3. La famille β

La famille septentrionale β, dont les caractéristiques ont été établies précédemment[78], comporte 45 mss, complets ou partiels, et correspond globalement au *textus receptus* du *C. ar.* (la version longue de Chifflet). On y distingue clairement une branche isolée, composée de deux mss (π), et deux sous-familles comportant 27 et 16 mss. Nous appellerons la première « rémoise » (β¹), et la seconde « alpine » (β²). L'une et l'autre ont une identité bien définie: 1) par des groupements d'œuvres, présents dans de nombreux *codices*; 2) par des variantes textuelles spécifiques.

Le premier point est facile à établir, mais le second beaucoup moins, car une branche de β¹ (τ) a été contaminée à plusieurs reprises par β². De sorte que dans la liste des variantes propres à β¹, les mss de τ, ou certains d'entre eux, manquent souvent à l'appel, et qu'à l'inverse, dans la liste des variantes propres à β², on doit fréquemment inclure les mss de τ, ou certains d'entre eux. Néanmoins, l'identité de β¹ et β² ne fait aucun doute.

3.1. Les deux manuscrits de π

Il s'agit des mss SAINT-MIHIEL, *Bibl. mun.* Z 28 (ex. VIIIᵉ s. – inc. IXᵉ s.) (*Sm¹*) et LONDON, *Brit. Libr.* Add. 26762 (XIIᵉ s.) (*L⁵*). Ces deux témoins transmettent la collection antiarienne « luciférienne », et l'édition des *Solutiones obiectionum arrianorum* de Vigile de Thapsé nous avait déjà révélé leur étroite parenté[79]. Les coûts prohibitifs pratiqués par la *British Library* nous ont empêché de collationner l'ensemble de *L⁵* et nous avons dû nous limiter à la *Sententia Probi*. Mais le résultat est éloquent et confirme pleinement la relation mise au jour avec les *Solutiones*. Pour la seule *Sententia Probi* on relève en effet les variantes pures suivantes:

> 2 (1/2) consultatione] disputatione *Sm¹ L⁵*; 3 (4) et uerbi diuinitate] *om. Sm¹ L⁵*; 3 (6) eminuisse] adparuisse *Sm¹ L⁵*; 4 (6) unius] esse *add. Sm¹ L⁵*; 5 (9) ipsa] ipsius *Sm¹ L⁵*; 5 (12) tradidit] in *add. Sm¹ L⁵*; 6 (19) paterna] pater

---

[78] Cfr *supra*, p. 104-105.

[79] Voir P.-M. HOMBERT, « Les *Solutiones obiectionum arrianorum*: une œuvre authentique de Vigile de Tapse. Édition intégrale, traduction et commentaire », *Sacris Erudiri* 49 (2010), p. 170-171.

est $Sm^1 L^5$; 8 (2) quod] quia $Sm^1 L^5$; 8 (7) homo] hominis $Sm^1 L^5$; 8 (9) pater] etiam $Sm^1 L^5$; 8 (31) honorem] honoribus $Sm^{1 a.c.} L^5$; 9 (1) autumabat] adunabat $Sm^1 L^5$; 9 (2) tribus] in *praem.* $Sm^1 L^5$; 9 (3) personis] posse *praem.* $Sm^1 L^5$; 10 (13) dicit facere] dicere $Sm^1 L^5$; 10 (20/21) tantis necessitatum conditionibus] actis neccesitatis occasionibus $Sm^1 L^5$; 10 (30) confessione] confusione $Sm^1 L^5$; 11 (25) ostendens] ostendit $Sm^1 L^5$

Comme la *Sententia* de Sm^1 comporte de nombreuses fautes absentes de celle de L^5, force est de conclure que les deux textes dérivent d'un ancêtre commun.

Sm^1 est un ms. de grande importance, sans doute le plus précieux de β. En effet, tandis qu'il s'accorde très souvent avec le texte commun de β, au moins avec celui transmis par les *antiquiores*, il présente en même temps des traits spécifiques qui le distinguent des autres témoins de la famille. Il offre en effet de multiples variantes, uniques parmi tous les mss de β, mais que l'on trouve dans α, soit dans la totalité de la famille, soit dans l'une de ses parties (α^1, α^2 ou ξ), au minimum dans la famille espagnole (ξ), ce qui révèle assurément un lien particulier avec cette dernière. À une exception près, ce sont toujours les leçons que nous avons retenues. On en relève au moins une dizaine:

I, 5 (16) sententias] α Sm^1, sententiam $\beta^1 \beta^2$; II, 4 (17) id est pater filium genuit] ξ Sm^1, *om.* $\beta^1 \beta^2$; III, 1 (11) haeret] $\beta^1 \beta^2$, erit ξ Sm^1; III, 12 (2) et] ξ Sm^1, *om.* $\beta^1 \beta^2$; III, 15 (9/12) et ut intellegeremus – in uos regnum dei] ξ Sm^1, *om.* $\beta^1 \beta^2$; III, 17 (12) sanctum] ξ Sm^1, *om.* $\beta^1 \beta^2$; III, 19 (24) unum sunt] ξ Sm^1, unus est $\beta^1 \beta^2$; III, 25 (6) plenissime (-ma)] ξ Sm^1, plenius $\beta^1 \beta^2$; III, 25 (29) patri] ξ Sm^1, patre $\beta^1 \beta^2$; III, 26 (11) diuinitatis] ξ Sm^1, humanitatis $\beta^1 \beta^2$

À cette liste, on peut ajouter encore les cas suivants:

I, 8 (12) medio] ξ (*exc. Vc^1*) Sm^1, medium $\beta^1 \beta^2$; II, 7 (6) nefanda] γ ξ Sm^1 (+ $Bl^{1 p.c.}$ et L^6 par contamination), nefandae ζ, *om.* $\beta^1 \beta^2$; II, 16 (11) non de muliere] ζ ξ Sm^1 (+ $Bl^{1 p.c.}$ par contamination), *om.* $\beta^1 \beta^2$; III, 10 (39) plenitudine et qui nascitur in generantis perfectae] ξ Sm^1 (+ L^6 par contamination), *om.* $\beta^1 \beta^2$

Ces accords s'expliquent parce que Sm^1 est le ms. de β qui reste le plus proche de la tradition originelle du *C. ar.*, représentée par la famille espagnole. Il assure en quelque sorte le lien entre cette tradition, avec ces deux éditions successives (α), et la tradition interpolée (β) qui a mêlé les deux éditions. Il appartient clairement à la tradition interpolée, mais il a gardé plusieurs traces de son ancienne famille et c'est parmi ses proches ancêtres qu'a dû se produire le passage d'une tradition à l'autre. En achevant l'étude de la famille espagnole, nous avons déjà évoqué cette spécificité de Sm^1 et l'intérêt de plusieurs de ses leçons, en particulier quand il s'accorde, pour la *Sententia*, avec le ms. de Cambrai[80]. Cela dit, son texte ne brille pas par sa qualité. Il contient quantité de fautes de tous genres, notamment des lacunes, parfois assez longues, qui l'isolent des autres mss de β, comme aussi de L^5, et empêchent de lui attribuer une postérité, du moins connue à ce jour[81]. Mais il a subi une correction qui en a effacé un certain nombre. Quant à son frère jumeau, le ms. de Londres, ce que nous en avons collationné ne le montre guère inférieur. Mais il accumule lui aussi des fautes personnelles et n'a pas bénéficié d'un correcteur.

À ce stade de notre étude, la famille β se présente de la manière suivante:

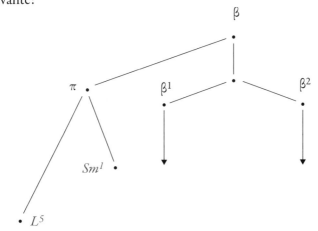

[80] Cfr *supra*, p. 159-161 avec notamment les leçons de *Sent*. 3 (1/2) (*sabellium contitescere*) et 10 (31/32) (*et hoc solum profitentes quod creatus est. Ac per hoc non solum*). Ajoutons deux variantes que Sm^1 partage avec le seul ms. de Cambrai: *Sent*. 1 (10) obnitentibus] obtinentibus $Ca^1 Sm^1$; 2 (16) exstare] stare $Ca^1 Sm^1$.

[81] Ainsi: I, 4 (5/6) dominum] *om*. Sm^1; I, 9 (3/4) item: ascende, inquit, in bethel] *om*. Sm^1; I, 10 (13/14) ego domino nostro iesu christo ex maria uirgine initium tribuo purumque] *om*. Sm^1; I, 10 (23/24) et mortis dispendia perpetitur] *om*. Sm^1; I, 11 (46) fuisse] *om*. Sm^1; I, 16 (19) disputationis] *om*. Sm^1; II, 15 (20/23) cum ratione consimili – generatione processisse] *om*. Sm^1; II, 17 (21) pari] *om*. Sm^1 II, 22 (24) terrestria] *om*. Sm^1; II, 22 (34) nam] *om*. Sm^1; III, 6 (31) sicut splendor sese a lumine proprio] *om*. Sm^1

3.2. La sous-famille rémoise: $β^1$

$β^1$ | NEW YORK, *Pierpont Morgan Libr.* G 33 (N^1 – inc. IXe s.) – OXFORD, *Bodl. Libr.* Canonici Patr. lat. 112 (O^3 – XIe s.) – PARIS, *Bibl. Nat.* lat. 1684 (P^2 – XIe s.) – OXFORD, *Bodl. Libr.* Bodley 147 (O^1 – XIIe s.) – OXFORD, *Bodl. Libr.* Rawlinson G 62 (O^5 – XIIIe s.) – OXFORD, *Jesus College* 43 (O^7 – XIIe s.) – OXFORD, *Trinity College* 25 (O^8 – XIIe s.) – LONDON, *Brit. Libr.* Royal 6 B XIII (L^2 – XIIe s.) – LONDON, *Lambeth Palace* 215 (L^6 – XIIe s.) – ROUEN, *Bibl. Mun.* 425 (Ro^1 – XIIe s.) – PARIS, *Bibl. Nat.* lat. 1683 (P^1 – XIIe s.) – CAMBRIDGE, *Trinity College* 1286 (Cb^2 – ex. XIVe s.) – LONDON, *Brit. Libr.* Arundel 370 (L^3 – XIIe-XIIIe s.) – BRUXELLES, *Bibl. Royale* 19076 (Bx^2 – XIIIe s.) – PARIS, *Bibl. de l'Arsenal* 341 (P^{12} – XVe s.) – VATICANO, *Bibl. Apost. Vat.* Reg. lat. 185 (V^4 – XIIe s.) – LONDON, *Brit. Libr.* Add. 15608 (L^4 – inc. XIVe s.) – BRUGGE, *Openbare Bibl.* 120 (Bg^1 – XII-XIIIe s.) – AIX-EN-PROVENCE, *Bibl. Mun.* 1535 (Ax^1 – XVe s.) – BOULOGNE-SUR-MER, *Bibl. Mun.* 29 (Bl^1 – XIe s.) – DOUAI, *Bibl. Mun.* 296 (D^1 – XIIe s.) – FIRENZE, *Bibl. Med. Laur.* Ashb. 1196 (F^1 – XIIe s.) – BRUXELLES, *Bibl. Royale* 4797-99 (Bx^4 – XIIIe s.) – BRUXELLES, *Bibl. Royale* II 1061 (Bx^5 – XIIIe s.) – PARIS, *Bibl. Nat.* lat. 12131 (P^{10} – XIIe s.) – PARIS, *Bibl. Nat.* lat. 1685 (P^3 – ex. XIIe s.) – LONDON, *Brit. Libr.* Royal 6 A VIII (L^7 – XVe s.)

Telle qu'elle se présente aujourd'hui, cette famille a son origine dans le Nord-Est de la France. Nous l'appellerons donc par convention « rémoise ». Elle compte 27 mss, dont plusieurs carolingiens, et se subdivise en trois groupes principaux ($ρ$, $σ$, $τ$) auxquels s'ajoutent deux mss indépendants (N^1 et O^3).

Son homogénéité est moins forte que celle d'autres familles de la tradition, mais elle est réelle, assurée par le contenu des *codices*, au moins pour les mss anciens, et par des variantes significatives.

S'agissant du contenu des *codices*, on trouve dans $β^1$ la collection antiarienne dite « lucifèrienne » que nous avons analysée en éditant les *Solutiones obiectionum arrianorum*[82], à savoir: 1) Ps-Athanase (Ps-Eusèbe de Verceil), *De Trinitate* l. I-VIII, IX, XII[83] – 2) Vigile de Thapse, *Contra arrianos, sabellianos, fotinianos dialogus* – 3) Potamius, *Epistula ad Athanasium* – 4) Ps-Athanase,

---

[82] Voir *Sacris Erudiri* 49 (2010), p. 151-241.

[83] L'œuvre a été éditée par V. BULHART (*CC SL* 9, 1957) et mise au compte d'Eusèbe de Verceil en reprenant une vieille hypothèse de Dom G. Morin. Mais l'attribution n'a pas été retenue par la critique.

Epistula ad Luciferum[84] – 5) Vigile de Thapse, *Solutiones obiectionum arrianorum* – 6) Ps-Jérôme, *De fide sancti Hieronymi* (*CPL* 553) – 7) Ps-Jérôme, *De fide apud Bethleem* (*CPL* 554). Cette collection (qui peut souffrir de légères variantes, en particulier en raison de la présence ou de l'absence des deux professions de foi pseudo-hiéronymiennes) se retrouve dans les deux mss indépendants (N^1 et O^3), dans la plupart des mss du groupe ρ (P^2, O^1, O^7 O^8, L^2, Ro^1, P^1, Cb^2), et dans trois mss du groupe τ (Bl^1, L^1, P^{10}). Seul le groupe σ ne l'a pas, bien que son appartenance à β^1 soit certaine, comme on le verra plus loin. Cette collection, qui remonte sans doute à une date très ancienne, figurait dans l'archétype de β^1 et assure incontestablement une première unité à cette famille.

S'agissant des variantes communes, la question est plus délicate. En effet, comme on l'a déjà dit, l'un des trois groupes de β^1 (τ) a été fortement contaminé par la famille β^2, et manifestement à plusieurs reprises. De plus, un témoin du groupe ρ (P^2) a également été corrigé d'après un ms. de β^2, de sorte que les mss qui en dépendent n'ont plus leurs traits originels. Tout cela explique l'absence de variantes pures communes à la totalité des 27 témoins de β^1. Néanmoins, une multitude de leçons révèle une parenté indéniable entre les différents mss de la famille et il convient d'en faire état.

Par souci d'exactitude, nous préciserons dans la liste des variantes les faits suivants:

- quand sont exclus les 8 mss de τ, en raison d'une première contamination qui a affecté l'archétype du groupe. Nous indiquerons alors: *exc.* τ;
- quand sont exclus les 5 mss de τ^1, en raison d'une correction de l'archétype Bl^1 à partir de la tradition représentée par β^2. Nous indiquerons alors: $Bl^{1a.c.}$, puisque Bl^1 était concerné *ante correctionem*, comme le ms. l'atteste clairement;
- quand sont exclus les 3 mss de τ^4, en raison d'une deuxième contamination ayant touché l'archétype de τ^4. Nous indiquerons alors: *exc.* τ^4;

---

[84] Cette lettre, qui n'existe qu'en latin, est transmise sous le nom d'Athanase, mais elle est inauthentique (cfr *CPG* 2232). Il s'agit d'une fraude luciférienne, comme l'a démontré L. SALTET, « Fraudes littéraires des schismatiques lucifériens aux IVe et Ve siècles », *Bulletin de littérature ecclésiastique* 8 (1906), p. 300-326.

– quand sont exclus les mss dérivant de $P^{2p.c.}$, également corrigé d'après β^2. Nous indiquerons alors: $P^{2a.c}$, puisque P^2 était concerné *ante correctionem*, comme le montre le manuscrit[85].

Si l'on veut bien tenir compte de ces faits, on relève alors comme variantes propres à β^1, les leçons suivantes[86]:

> I, 2 (25)* antiquo] antiquorum β^1 ($P^{2a.c.}$, *exc.* τ); I, 7 (21) euacuatam] euacuatum β^1 (*exc.* τ); I, 11 (12) placita sunt ei] sunt placita ei β^1 (*exc.* τ); I, 16 (14)* dum eum] quem cum β^1 ($Bl^{1a.c.}$ $P^{2a.c.}$); I, 18 (9)* quod] et *add.* β^1 (*exc.* τ^4); I, 19 (19)* christianae] *om.* β^1 ($Bl^{1a.c.}$ $P^{2a.c.}$, *exc.* τ^4); I, 21 (27/28)* sequendum uestro] secundum uestrum β^1 ($Bl^{1a.c.}$, *exc.* τ^4); I, 22 (29)* utique] ubique β^1 ($Bl^{1a.c.}$ $P^{2a.c.}$, *exc.* τ^4); II, 5 (21)* pecus] *om.* β^1 ($Bl^{1a.c.}$); II, 6 (21)* pensate] libramine *add.* β^1 ($Bl^{1a.c.}$, *exc.* τ^4); II, 10 (23) accipit] accipiat β^1 (*exc.* τ^4); II, 10 (29) sibi] *om.* β^1 ($Bl^{1a.c.}$ $P^{2a.c.}$, *exc.* τ^4); II, 10 (31) et] aut β^1 ($Bl^{1a.c.}$ $P^{2a.c.}$, *exc.* τ^4); II, 15 (2) aliter enim filius] *om.* β^1 ($Bl^{1a.c.}$ $P^{2a.c.}$, *exc.* τ^4); II, 16 (24) non] *om.* β^1 ($Bl^{1a.c.}$ $P^{2a.c.}$, *exc.* τ^4); II, 18 (15)* posse] esse β^1 ($Bl^{1a.c.}$ $P^{2a.c.}$, *exc.* τ^4); II, 22 (50)* superadiiciamus] superiora dicemus β^1 ($Bl^{1a.c.}$ $P^{2a.c.}$, *exc.* τ^4); II, 24 (3)* et] sed β^1 ($Bl^{1a.c.}$ $P^{2a.c.}$, *exc.* τ^4)

À cette liste, on peut ajouter une série de cas où font exception différents mss, surtout tardifs, mais où l'on a chaque fois au minimum les quatre mss les plus anciens de β^1 *ante correctionem*: les deux mss indépendants N^1 et O^3, P^2 pour le groupe ρ, et Bl^1 pour le groupe τ. En voici quelques-uns:

> I, 17 (16)* inhaesere] inire N^1 O^3 $P^{2a.c.}$ Ro^1 P^1 $Bl^{1a.c.}$; I, 23 (15)* te] *om.* β^1 ($Bl^{1a.c.}$, *exc.* σ, τ^4); II, 6 (33)* nullis] nullius β^1 ($P^{2a.c.}$, *exc.* τ^4) + Vc^1; II, 9 (15)* sua] *om.* N^1 O^3 $P^{2a.c.}$ Ro^1 P^1 $Bl^{1a.c.}$ σ^1); II, 12 (3) specie] speciem N^1 O^3 P^2 Ro^1 P^1 $Bl^{1a.c.}$; II, 14 (19) ne sic] nisi N^1 O^3 $P^{2a.c.}$ σ $Bl^{1a.c.}$ (+ Bd^1)

Comme il a été dit, on distingue au sein de β^1 deux mss indépendants (N^1 et O^3) et trois sous-groupes (ρ, σ, τ).

---

[85] Dans la liste qui va suivre, la plupart des variantes concerne aussi les deux mss de π (Sm^1 et L^5) dont nous avons dit l'étroite parenté avec β^1, même si nous en avons fait une branche à part pour les raisons qui ont été données.

[86] Nous regroupons les variantes situées dans les parties des livres I et II communes à toute la tradition et les indiquons par un astérisque. Nous leur adjoignons d'autres variantes prises dans le reste des livres I et II.

3.2.1. Deux manuscrits indépendants: N^1 et O^3

Le ms. NEW YORK, *Pierpont Morgan Libr.* G 33 (N^1) est un important ms. du début du IXe s. et l'un des plus anciens de la tradition du *C. ar.* Originaire du Nord ou du Nord-Est de la France, c'est aussi le plus ancien exemplaire de la collection antiarienne «lucifériennne» avec celui de Saint-Mihiel (Sm^1). Le texte du *C. ar.* qu'il contient est le texte standard de la forme interpolée dont il offre la plupart des leçons spécifiques (mais beaucoup sont déjà fautives). Il est très proche de celui de Saint-Mihiel (Sm^1), sans toutefois contenir les leçons authentiques que ce dernier a gardées; très proche aussi de ceux d'Oxford (O^3) et de Boulogne-sur-Mer *ante correctionem* ($Bl^{1 a.c.}$).

Cela dit, le copiste de N^1 a œuvré de manière défectueuse. En tout cas, son texte fourmille d'erreurs en tous genres. Si les omissions sont rares[87], les fautes d'accord sont quant à elles extrêmement nombreuses, et tout autant les erreurs de lecture. Manifestement, le copiste ne comprenait pas ce qu'il transcrivait. Voici, par exemple, quelques-unes des méprises grossières que contient le livre I:

> aberrare] labore; fulta] stulta; spreto] spiritu; utitur] ut iter; minus] unus; ista trium] istarum; hunc] nunc; intemeratam] ut temeratam; ancipitis] concipitis; qui amentiae] quia mente; sanxisset] fecisset; augmenti accessione] a mentie cessionem; non qualibet] num quamlibet; agitari] cogitari; maternis] matris; mali] alii; multum] altum; sic] soli; apostoli conuenientes] apostolico uenientes; nude posita] nullo deposita, etc.

Originaire de Corbie, le ms OXFORD, *Bodl. Libr.* Canonici Patr. lat. 112 (O^3) date du XIe s. Il est donc plus tardif que N^1, mais se révèle très proche de lui. On relève en effet diverses leçons communes aux deux témoins[88]. Cependant, la plupart des leçons qu'ils partagent sont communes également au ms. de Boulogne-sur-Mer, mais aussi, quoique dans une moindre mesure, au ms. PARIS, *Bibl. nat.* lat 1684. En fait, nous avons alors affaire aux leçons de l'archétype de β^1 (que l'on retrouve aussi souvent en Sm^1). On

---

[87] On relève cependant une très longue lacune en *Sent.* 2 (12) – 3 (10) (22 lignes).
[88] Par exemple: *Praef. sec. ed.* (6) inserere] insererent N^1 O^3; *ibid.* (29) quam] qua N^1 O^3; I, 4 (31) negando] negandum N^1 O^3; I, 7 (32) ratione] rationem N^1 O^3; I, 13 (5/6) genitum – saecula] *iter.* N^1 O^3; I, 18 (9) dicunt] dicuntur N^1 O^3.

peut même tenir que ce sont les leçons de l'archétype de β, car β^2 en a conservé quelques-unes, malgré son texte souvent corrigé et normalisé.

Les leçons de l'archétype de β^1, attestées en *N[1] O[3] Bl[1] (ou Bl[1a.c.])*, et aussi en *Sm[1]*, sont souvent fautives. Mais quand elles s'accordent avec des leçons présentes dans la famille α, spécialement en α^2 (doublons longs et espagnols) ou en ξ (espagnols), elles requièrent la plus grande attention, et nous les avons souvent adoptées.

Au-delà de ces traits qu'il partage avec les mss anciens de β^1 ou avec N^1, O^3 n'a pas de variantes particulières qui retiennent l'attention. Son texte est plus propre que celui de N^1, mais il souffre tout de même de nombreuses négligences, étourderies ou omissions. Il a cependant subi une correction qui a pallié beaucoup d'entre elles.

Comme N^1 *et* O^3 n'ont pas de postérité connue, nous les rattachons directement à l'archétype de β^1 :

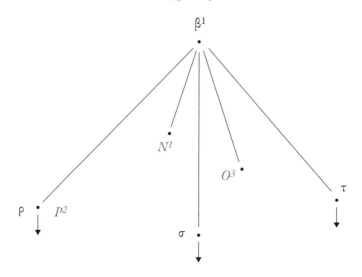

Attachons-nous maintenant au premier des trois groupes de β^1.

3.2.2. Le groupe anglo-normand

ρ   Paris, *Bibl. Nat.* lat. 1684 (P^2 – XI[e] s.) – Oxford, *Bodl. Libr.* Bodley 147 (O^1 – XII[e] s.) – Oxford, *Bodl. Libr.* Rawlinson G 62 (O^5 – XIII[e] s.) – Oxford, *Jesus College* 43 (O^7 – XII[e] s.) – Oxford, *Trinity College* 25 (O^8 – XII[e] s.) – London, *Brit. Libr.* Royal 6 B XIII (L^2 – XIIe s.) – London, *Lambeth Palace* 215 (L^6 – XIIe s.) – Rouen, *Bibl. Mun.* 425 (Ro^1 – XIIe s.) – Paris, *Bibl. Nat.* lat. 1683 (P^1 – XIIe s.) – Cambridge, *Trinity College* 1286 (Cb^2 – ex. XIVe s.)

Ce premier groupe comporte dix mss qui appartiennent tous à l'aire anglo-normande. Sept d'entre eux ont été collationnés. Trois n'ont pu l'être pour des raisons de coûts ($O^7\,O^8\,L^2$), mais leur place dans le stemma est assurée, car il s'agit de témoins dérivant du ms. Oxford, *Bodl. Libr.* Bodley 147 (O^1), comme l'édition des *Solutiones* de Vigile nous l'avait révélé. Il s'agit de trois mss dont le contenu est strictement identique, à savoir la collection antiarienne « luciférienne », et O^1 a été copié par O^8 qui lui-même a été copié par O^7 et L^2[89]. Les variantes de ρ dont il va être question sont donc celles communes aux sept mss collationnés, mais il ne fait guère de doute qu'elles concernent également les trois autres mss. À vrai dire, elles ne regroupent souvent que six mss, puisqu'on ne peut guère prendre en compte Oxford, *Bodl. Libr.* Rawlinson G 62 (O^5) qui comporte d'innombrables omissions volontaires totalisant près de la moitié du *C. ar.*, comme on l'a dit en décrivant le ms. Quand O^5 est lacunaire, nous l'indiquerons par un astérisque.

En sus de la collection antiarienne, présente dans 8 des 10 mss que comporte ρ, l'identité du groupe est donc assurée par les variantes pures suivantes:

    a) dans les parties du livre I communes à toute la tradition:

        I, 8 (9) potuero] potero ρ;   I, 20 (39) uno] hoc ρ;   I, 22 (19) consequentia] consequentiae ρ;   I, 25 (27) conscientiae] conscientia ρ

---

[89] Ces trois mss sont Oxford, *Trinity College* 25, Oxford, *Jesus College* 43 et London, *Br. Libr.* R 6 B XIII. Voir la description des mss et *Sacris Erudiri* 49 (2010), p. 176-178. En sus de L^5, évoqué ci-dessus et dont seule la *Sententia* a été collationnée, ce sont les trois seuls témoins de la tradition manuscrite du *C. ar.* qui n'ont pas été collationnés pour raison de coûts prohibitifs pratiqués par les bibliothèques anglaises.

b) dans les parties du livre II communes à toute la tradition (excepté *v*):

II, 2 (8) replicationibus] repugnationibus *p*; II, 5 (40) ex] per *p**; II, 6 (10/11) sit passioni] passioni est *p*; II, 18 (19) ueniente] uenientibus *p**; II, 19 (6) de filio dixisse] *tr. p**; II, 19 (19) esse] inesse *p**; II, 22 (6) aliam] alteram *p**; II, 22 (19/20) intimaret potentiam] *tr. p*; II, 22 (25) humanae fragilitatis] humanitatis ac fragilitatis *p**; II, 22 (26) eum] eo *p**; II, 24 (7) scripturarum testimonii] *tr. p**; II, 28 (2/3) patientiam] parentiam *p**

Dans les autres sections du *C. ar.* on relève encore les accords suivants:

II, 10 (21) aut] ad *p**; II, 10 (23) qui] quae *p**; II, 11 (9) torpidi] horridi *p*; II, 11 (13/14) omnis] *om. p**; II, 13 (19) hoc est] idem est ei *p**; II, 18 (18) examine] ordine *p**; III, 3 (20) praescripsit] perstrepit *p*; III, 6 (21) putatur] operatur *p*; III, 9 (5) forti] uirtute *p**

On peut aussi tenir pour significatifs les cas suivants, même si manque à l'appel *L⁶* qui est un ms. contaminé puisant à une autre source, comme nous le verrons; ou bien *Cb²* qui corrige souvent avec bon sens son modèle fautif: I, 4 (1) est] *om. P² Ro¹ P¹ O¹ O⁵*; I, 5 (6) uniusque] unius *P² Ro¹ P¹ Cb² O¹ O⁵*; I, 11 (21) deus illum] *tr. P² Ro¹ P¹ Cb² O¹ O⁵*; II, 6 (20) diuinis] diuinitate *P² Ro¹ P¹ O¹ L⁶ O⁵*

Des dix mss de *p*, Paris, *Bibl. Nat.* lat. 1684 (*P²*) est le plus ancien et tout invite à le tenir pour l'archétype du groupe. Le ms. vient de Rouen et il est quasi semblable à celui décrit dans le catalogue de la bibliothèque du Bec-Hellouin du XIIᵉ s.[90] Peut-être même s'agit-il de celui-là. La seule différence est l'absence, dans le ms. du Bec, du l. IX du *De Trin.* pseudo-athanasien et des deux professions de foi pseudo-hiéronymiennes. Mais le premier texte tient sur un feuillet et les deux derniers sont aussi courts. Il est donc possible, sinon probable, que l'auteur du catalogue n'en ait pas tenu compte, d'autant que le l. XI pseudo-athanasien est attesté dans tous les exemplaires de la collection antiarienne « luciférienne » et que son absence serait ici étrange.

---

[90] Cfr Avranches, *Bibl. mun.* 159, f. iv-3r, repris dans *PL* 150, 769-782 et dans *CGM* 2, p. 391 (n° 113).

P^2 offre le texte standard de β^1, mais il est plutôt meilleur que N^1 et O^3, en raison des nombreuses fautes de ces derniers. De plus, une correction a pallié beaucoup de fautes qu'il partageait *ante correctionem* avec les témoins de β^1 (mais non pas toutes), ou celles que son copiste avait faites. Il est cependant difficile d'en dire la provenance, car ces corrections s'accordent parfois avec le texte de β^2, parfois avec celui de $Bl^{1 p.c.}$, et sont d'autres fois originales. Dans le paragraphe suivant, on fera état d'une autre série de corrections très spécifiques, identiques à celles que l'on trouve dans un ms. de la famille allemande qui a séjourné un temps en Normandie.

Notons pour finir que P^2 a contaminé le ms. PARIS, *Bibl. Nat.* lat. 12131 qui appartient au troisième groupe de β^1 (τ) et provient d'une autre abbaye normande, Saint-Évroult. La contamination de Paris 12131 est passée dans son apographe Paris, *Bibl. Nat.* lat. 1685. Nous y viendrons plus loin.

De P^2 dérivent deux rameaux (ρ^1 et ρ^2) comportant respectivement 6 mss et 3 mss.

ρ^1 | OXFORD, *Bodl. Libr.* Bodley 147 (O^1 – XIIe s.) – OXFORD, *Bodl. Libr.* Rawlinson G 62 (O^5 – XIIIe s.) – OXFORD, *Jesus College* 43 (O^7 – XIIe s.) – OXFORD, *Trinity College* 25 (O^8 – XIIe s.) – LONDON, *Brit. Libr.* Royal 6 B XIII (L^2 – XIIe s.) – LONDON, *Lambeth Palace* 215 (L^6 – XIIe s.)

Cette première branche de ρ comporte six mss, mais seuls trois d'entre eux ont été collationnés, comme cela a été dit, sans que l'identité du groupe en soit fragilisée. Tous ces mss dérivent directement ou indirectement du ms. OXFORD, *Bodl. Libr.* Bodley 147 (O^1) qui dérive lui-même en droite ligne de P^2, l'archétype de ρ; mais de P^2 *post correctionem*, alors que la seconde branche issue de P^2 (ρ^2) en dérive *ante correctionem*.

La dépendance directe de O^1 à l'égard de $P^{2 p.c.}$ se vérifie au fait que plusieurs corrections portées sur P^2 à titre de leçons alternatives, uniques en leur genre, ont été scrupuleusement reproduites par le copiste de O^1:

> I, 19 (12) ingestae] uel iniectae *suprascr.* $P^{2 p.c.}$, ingestae *et suprascr.* uel iniectae O^1; I, 23 (7) conuenientes] conuenientis $P^{2 a.c.}$, uel conuenientes $P^{2 s.l. p.c.}$, conuenientis *et suprascr.* uel conuenientes O^1; III, 6 (30) fortem sua uirtus] fontem sua uirtus $P^{2 a.c.}$, uel fortem sua fortitudo *suprascr.*

$P^{2p.c.}$, fontem sua uirtus *et suprascr.* uel fortem sua fortitudo O^1.

Elle se déduit aussi d'autres accords où les leçons de $P^{2p.c.}$ sont toujours conformes à celles de O^1 et à celles des mss qui en dérivent[91] :

> I, 10 (25) sunt nomina] cuncta omnia $P^{2a.c.}$, constat nomina $P^{2p.c.}$ O^1 L^6 $(+\tau^s)$;   II, 2 (7) sententia roborari] roborari $P^{2a.c.}$, roborari sententia $P^{2p.c.}$ O^1 L^6;   II, 5 (22) pecudem] *del. et suprascr.* aliquod $P^{2p.c.}$, aliquod O^1 L^6 O^5 $(+\tau^s)$;   II, 9 (15) sua substantia] substantia $P^{2a.c.}$, substantia sua $P^{2p.c.}$ O^1 L^6;   II, 27 (13) non posse] *del.* $P^{2p.c.}$, *om.* O^1 L^6 O^5 $(+\tau^s)$;   III, 1 (7) hunc] adhuc P^2 O^1 L^6 $(+\tau^s)$;   III, 10 (43) ultra] extra $P^{2p.c.}$ O^1 L^6 $(+\tau^s)$;   III, 12 (2) uestra] quod *praem.* $P^{2s.l.\,p.c.}$ O^1 L^6 $(+\tau^s)$;   *Sent.* 4 (21) quando] quod *praem.* $P^{2p.c.}$ O^1 L^6 $(+\tau^s)$;   *ibid.* 5 (12/13) tradidisse] tradidissent $P^{2p.c.}$ O^1 L^6 $(+\tau^s)$;   *ibid.* 5 (14) posse] posset $P^{2p.c.}$ O^1 L^6 $(+\tau^s)$;   *ibid.* 6 (4) hinc] adhuc $P^{2p.c.}$ O^1 L^6 $(+\tau^s)$;   *ibid.* 6 (5) apertum] apertius $P^{2p.c.}$ O^1 L^6 $(+\tau^s)$;   *ibid.* 7 (6) unus] sit *praem.* $P^{2p.c.}$ O^1 L^6 $(+\tau^s)$

Il faut encore faire état d'accords de $P^{2p.c.}$ et des mss qui en découlent (ρ^1) avec les corrections portées sur un ms. de la famille allemande, CAMBRIDGE, *Pembroke College* 108 :

> I, 16 (21) tuos] uestros $Cb^{1s.l.\,p.c.}$ $P^{2s.l.\,p.c.}$, uestros ρ^1;   I, 23 (7/8) probari] ualeat *add.* $Cb^{1s.l.\,p.c.}$ $P^{2s.l.\,p.c.}$, ualeat *add.* ρ^1;   I, 25 (13/14) homousion] ad *praem.* $Cb^{1s.l.\,p.c.}$ $P^{2in\,marg.\,p.c.}$, ad *add.* ρ^{1*} $(+\tau^s)$;   II, 9 (5) naturam] corruptibilium *add.* $Cb^{1s.l.\,p.c.}$ $P^{2in\,marg.\,p.c.}$, corruptibilium *add.* ρ^{1*} $(+\tau^s)$

Le fait n'est pas étonnant car, originaire du Nord-Est de la France, le ms. de Cambridge a migré en Angleterre en passant de manière somme toute naturelle par la Normandie. C'est là qu'il a séjourné un certain temps, et nous avons déjà évoqué la relation étroite qu'il entretient avec un ms. de l'abbaye normande de Mortemer (P^8), sans doute son apographe. Son lien à P^2 confirme ce séjour normand au cours duquel le copiste de P^2 l'a confronté à son propre exemplaire du *C. ar.* On peut d'ailleurs se demander si Cambridge *post correctionem* ne dépend pas de $P^{2p.c.}$ plutôt que l'inverse, car on relève au moins deux cas où l'accord se fait avec P^2 sans correc-

---

[91] Les astérisques indiquent les cas où sont aussi concernés les deux mss contaminés de τ^s évoqués ci-dessus (Paris 12131 et Paris 1685).

tion[92]: II, 16 (19) uerbis] ueris $Cb^{1a.c.}$, uerbis $\rho^1\ \rho^2\ Cb^{1p.c.}$; II, 22 (6) aliam] aliam $Cb^{1a.c.}$, alteram $\rho^1\ \rho^2\ Cb^{1p.c.}$. Quoi qu'il en soit, tout ceci confirme que P^2 est l'archétype de ρ, puisque, quand elles s'accordent avec le ms. de Cambridge, ses leçons se retrouvent en τ, et, quand il s'agit de $P^{2p.c.}$, en ρ^1.

Directement issu de P^2, le ms. OXFORD, *Bodl. Libr.* Bodley 147 (O^1) a donc été copié sur le continent d'où il est rapidement passé en Angleterre pour être de suite reproduit par OXFORD, *Trinity College* 25, qui en est très proche dans le temps; ce dernier ayant lui-même servi de modèle à OXFORD, *Jesus College* 43 et LONDON, *Brit. Libr.* Royal 6 B XIII, comme on l'a déjà dit. O^1 est un ms. à l'écriture soignée, et illustré de superbes lettrines à entrelacs et personnages. Son copiste a œuvré avec diligence, car ses fautes sont rares et mineures.

Il n'est pas nécessaire de nous attarder sur le *C. ar.* du ms. OXFORD, *Bodl. Libr.* Rawlinson G 62, dont nous avons dit quelques mots en présentant l'ensemble du *codex*. C'est l'œuvre d'un copiste qui a travaillé avec la plus extrême désinvolture, ne nous transmettant pas plus de la moitié de l'œuvre, tant il l'a résumée, abrégée, et pour tout dire mutilée.

En revanche, il convient de considérer de près le ms. LONDON, *Lambeth Palace* 215 (L^0) qui est unique en son genre et vraiment étonnant. On pourrait même l'appeler un ms. «mixte», car il puise à une double source, à savoir les deux grandes familles de la tradition: α et β, même s'il appartient principalement à la famille β. Nous l'avons déjà dit en décrivant le *codex*, mais il convient de reprendre la question en détail.

L^0 appartient incontestablement à β^1 pour deux raisons:
- la présence en son sein d'une part importante de la collection antiarienne qui constitue le fond primitif de β^1: le *De Trinitate* pseudo-athanasien (l. I-VIII et IX), suivi du *C. ar.* de Vigile, et un peu plus loin des deux professions de foi pseudo-hiéronymiennes. Redisons que la collection antiarienne est présente de manière complète dans 7 des 10 mss de β^1;
- le très grand nombre de variantes textuelles qu'il partage avec l'ensemble de la famille β et avec la sous-famille β^1.

---

[92] Ces leçons se retrouvent donc dans les deux rameaux de ρ (ρ^1 et ρ^2).

Davantage encore, au sein de β^1, il a toutes les leçons qui ont été données ci-dessus et qui caractérisent le groupe ρ. On vient également de relever sept leçons qu'il a en commun avec O^1 et les mss qui en dérivent (O^7 O^8 L^2 O^5). Mais il y en a d'autres encore: *Praef. sec. ed.* (3) ibique] ibiquoque O^1 L^6 O^5; *ibid.* (27) suburbano] suburbio O^1 L^6 O^5 (+ τ^5); I, 7 (29) defendis] *om.* O^1 L^6 O^5; I, 14 (3) pater] quem *praem.* $O^{\text{ıs.l. p.c.}}$ L^6 O^5; II, 13 (17) et¹] *om.* O^1 L^6 O^5. L^6 a aussi en commun avec O^1 le même *incipit* (avant la *Préface anonyme*): «Incipit prologus *in altercatione* sancti athanasii episcopi et confessoris contra arrium, sabellium uel fotinum hereticos». Les mots *in altercatione* sont propres aux deux mss.

Mais deux faits majeurs rapprochent également L^6 de la famille α, spécialement de la famille espagnole (ξ):

- une ordonnance du livre II du *C. ar.* quasi identique à celle des mss de ξ. On y trouve en effet un ordre des sections qui suit globalement la succession des deux éditions du traité, à savoir l'ordre: A-B-C-D-F-G-H-E. La différence entre L^6 et les mss espagnols tient à ce que, dans ces derniers, la section «E» conclut la première édition, et que l'on a donc les sections A-B-C-D-E, auxquelles font suite les sections F-G-H et la *Sententia Probi*. En L^6 en revanche, la conclusion de la première rédaction (la section «E») est reportée à la fin du livre et précède directement la *Sententia Probi*. Les deux conclusions (contradictoires au demeurant) se succèdent donc. Ce n'est évidemment ni naturel ni originel. Cependant, il est incontestable que la disposition générale de L^6 est beaucoup plus proche de celle de la famille espagnole que de l'édition interpolée de β;
- de nombreuses variantes pures: a) avec l'ensemble de la sous-famille α^2 (doublons longs + espagnols); ou b) avec l'ensemble de la famille espagnole, ou bien c) avec l'un des groupes ξ^3 ξ^4 ou ξ^5 (les rameaux de la deuxième branche de la famille espagnole):

    a) I, 7 (35) sanctionum] α^2 L^6;   I, 11 (14) dicens] α^2 L^6; II, 26 (35) societatis] substantiae α^2 L^6

b) *Praef. sec. ed.* (4) detegeretur] ξ *L⁶*;   *ibid.* (40) insecutionem] persecutionem ξ *L⁶*;   *ibid.* (51) litterarum] uel *add.* ξ *L⁶*;   I, 10 (13/14) uirgine] ξ *L⁶*;   I, 18 (3) lectum est] recitauit ξ *L⁶*;   I, 20 (32) domino] in *praem.* ξ *L⁶*;   I, 20 (39) censerentur] censebantur ξ *L⁶*;   I, 22 (27) fidem] filium cum patre ξ *L⁶*;   II, 17 (34) apostolus] dauid ξ *L⁶*;   II, 18 (5) quoniam] uir nobilis (uir nobis *Vc¹*) *add.* ξ *L⁶*;   II, 18 (15) sine] ξ *L⁶*;   II, 22 (39) non] ξ *L⁶*;   III, 1 (20) constrictus] ξ *L⁶*;   III, 3 (26) si] ξ *L⁶*;   III, 5 (4/5) neque aliter omnipotens] ξ *(exc. Vc¹) L⁶*;   III, 7 (13) et] ut ξ *(exc. Vc¹) L⁶*;   III, 8 (1) contrectabilem] ξ *L⁶*;   III, 9 (24) pro rata] prolata ξ *L⁶*;   III, 23 (17) in persona dei] ξ *L⁶*

c) I, 1 (28) profitemini, nescio] ξ⁴ *L⁶*;   I, 5 (3) aliunde] non negando, ut dixit, filium deum substantialiter] ξ⁴ *L⁶*;   I, 12 (6) ut puta] quomodo ξ⁵ *L⁶*;   I, 20 (16) an etiam sic] tuamque sententiam qua sic ξ⁵, tuamque sententiam quasi *L⁶*;   I, 23 (22) nude] noua ξ⁴ *L⁶*;   I, 25 (6) hic] ubi *add.* ξ³ *L⁶*;   II, 12 (14/15) eadem] *om.* ξ⁵ *L⁶*;   II, 15 (6) hi] haec ξ⁵ *L⁶*;   II, 26 (15) dominus] dabo legem meam in mente eorum et in corda eorum superscribam eam *add.* ξ⁴ *L⁶*;   II, 26 (36/37) esse docuimus – cum patre et filio] *om.* ξ⁵ *L⁶*;   II, 26 (38) demonstrauit] declarauit ξ⁴ *L⁶*;   III, 6 (8) counit] coadunauit ξ⁴ *L⁶*;   III, 9 (14) effluere] se *praem.* ξ⁵ *L⁶*

Ces variantes s'accordent avec le point précédent: une disposition du traité globalement conforme à celle de la famille espagnole. Mais autant elles sont nombreuses, autant *L⁶* est loin de suivre toujours le texte des espagnols, auquel cas nous l'aurions intégré à ce groupe dont il ne serait qu'une version particulière. Nous avons vu au contraire que *L⁶* a des liens très forts avec la famille *β¹* dont il reprend globalement le texte.

Tout cela ne manque pas d'étonner, mais s'explique sans doute par le travail très élaboré d'un copiste qui a confronté les deux traditions textuelles. C'est tout à fait possible, car *L⁶* fut écrit en Angleterre où la famille espagnole était certainement représentée à l'époque. En tout cas, deux mss de cette famille s'y trouvent aujourd'hui: OXFORD, *Bodl. Libr.* Rawlinson C 398 et OXFORD, *Corpus Christi College* 43[93]. Ces témoins furent copiés sur l'île, peut-être à partir d'un exemplaire importé du Sud-Ouest de la

---

[93] Cfr *supra*, p. 156-157.

France qui appartenait à la Couronne anglaise [94]. Il faut donc imaginer que le copiste a lu attentivement les deux versions qu'il avait à sa disposition, a remarqué leur forte différence et a décidé de suivre l'exemplaire de la famille β^1, O^1, de manière presque assurée, mais en le confrontant sans cesse à l'autre exemplaire qu'il détenait, et en se réservant le droit d'en retenir certaines leçons. Il a pris aussi l'initiative de déplacer la première conclusion du traité (section «E») – jugeant sa place illogique, puisqu'ensuite la discussion reprend aussitôt – et de la reporter avant la *Sententia Probi*. Tout cela reste une hypothèse, mais on ne voit pas comment expliquer d'une autre manière le texte de L^6.

On pourrait éventuellement avancer une autre hypothèse: L^6 descendrait d'un exemplaire du *C. ar.* qui serait encore très proche de la disposition originale du traité selon ses deux rédactions successives, donc d'un exemplaire antérieur à l'interpolation des mss de β. Mais cela nous paraît tout à fait improbable. Outre qu'il faudrait faire dépendre de lui toute la famille β – ce qui entraînerait une réorganisation totale du *stemma* et des difficultés insurmontables –, les liens spécifiques que L^6 entretient avec le groupe ρ et spécialement avec O^1 nous convainquent de lui garder la place que nous lui attribuons.

ρ^2 | Rouen, *Bibl. Mun.* 425 (Ro^1 – XIIe s.) – Paris, *Bibl. Nat.* lat. 1683 (P^1 – XIIe s.) – Cambridge, *Trinity College* 1286 (Cb^2 – ex. XIVe s.)

Ce rameau est très proche du précédent et la géographie l'explique aisément. Ro^1 provient en effet de Fécamp et dérive directement de P^2 qui vient de Rouen, comme nous l'avons dit en décrivant le *codex*. Outre que le contenu des deux volumes est strictement identique, différentes leçons attestent cette filiation (à partir de P^2 *ante correctionem*): I, 12 (1) intentatis] intentis $P^{2a.c.}$ $Ro^{1a.c.}$; I, 16 (29) est] *om.* $P^{2a.c.}$ Ro^1 *sq.*; I, 25 (15) et] *om.* $P^{2a.c.}$ Ro^1 *sq.*; II, 2 (6/7) tui iudicii] tuo iudicio $P^{2a.c.}$ Ro^1 *sq.*; II, 4 (14) id quod] *iter.* $P^{2a.c.}$ Ro^1 *sq.* Notons aussi cette bizarrerie en II, 17 (22) où le copiste de P^2 a porté un signe diacritique sur le mot «eius» et inscrit dans la marge «parentesis»; ce qui explique le texte de Ro^1: «eius» et dans la marge: «par $^>$», puis celui de P^1 et de Cb^2 «par eius».

---

[94] La famille espagnole a son origine au-delà des Pyrénées, mais elle a gagné le Sud-Ouest de la France où l'on trouve plusieurs de ses représentants (Moissac, Toulouse, Bordeaux). Cfr *supra*, p. 145-146.

Pour le reste, de nombreuses variantes pures spécifient ces 3 mss :

a) dans les parties du livre I communes à toute la tradition :

I, 16 (29) est] *om. p²*; I, 25 (15) et] *om. p²*; II, 2 (7) sententia] *om. p²*; II, 6 (21) pensate] et iusto *add. Ro¹ᵖ·ᶜ· P¹ Cb²*; II, 6 (36) impassibiliter] impassibilitatem *Ro¹ᵖ·ᶜ· P¹ Cb²*; II, 9 (7/8) corruptibilis naturae] corruptibili natura *Ro¹ᵖ·ᶜ· P¹ Cb²*; II, 20 (7) non¹] a me ipso *add. Ro¹ⁱⁿ ᵐᵃʳᵍ· ᵖ·ᶜ· P¹ Cb²*; II, 21 (2) prolata] sublata *p²*; II, 21 (22) obicit] ob id *p²*; II, 22 (22) salientis] salientem *p²*; II, 27 (5) depellere] deuellere *Ro¹ᵃ·ᶜ·*, diuellere *Ro¹ᵖ·ᶜ· P¹ Cb²*

b) dans les parties du livre II communes à toute la tradition (*om. v*) :

I, 10 (26) sunt nomina] cuncta omnia *Ro¹ᵃ·ᶜ·*, cuncta sunt omnia *Ro¹ᵖ·ᶜ· P¹ Cb²*; I, 11 (45) aliis] modis *add. Ro¹ᵖ·ᶜ· P¹ Cb²*; I, 16 (4) quastiones] questionis *Ro¹ᵃ·ᶜ·*, questioni *Ro¹ᵖ·ᶜ· P¹ Cb²*; I, 16 (9) negabant] negant *Ro¹ᵖ·ᶜ· P¹ Cb²*; II, 10 (28/29) secretam a sese ac resectam] secta a sese ac resecata *Ro¹ᵖ·ᶜ· P¹ Cb²*; II, 12 (12) idcirco] non *praem. Ro¹ᵖ·ᶜ· P¹ Cb²*; II, 13 (1) redundantis] redundantius *Ro¹ᵃ·ᶜ·*, redundantem *Ro¹ᵖ·ᶜ· P¹ Cb²*; II, 13 (2) neque] eum *p²*; II, 15 (25) diuinitus] diuinitatis *p²*; II, 17 (26) et] *om. p²*

Le livre III en contient aussi beaucoup d'autres[95]. Quant à la relation entre les trois mss, il semble que *P¹* et *Cb²* soient des mss jumeaux, tous deux apographes de *Ro¹ post correctionem*. Rien n'indique en effet une relation particulière entre *P¹* et *Cb²*, d'autant que tous deux ont quelques fautes propres, quoique rares, car ce sont visiblement des mss soignés, comme l'attestent les très belles lettrines dorées de *P¹* et les remarquables enluminures du ms. de Cambridge. Ce dernier est passé en Angleterre à une date tardive, car il n'a été copié sur le ms. de Fécamp qu'à la fin du XIVᵉ s. Son copiste a aussi fait œuvre de bon sens, en corrigeant de lui-même quelques fautes mineures de son modèle[96].

---

[95] III, 3 (14) tantis] et tis *Ro¹ᵃ·ᶜ·*, et tantis *Ro¹ᵖ·ᶜ· P¹ Cb²*; III, 3 (35) in] *om. p²*; *ibid.* arcentibus] arguentibus *p²*; III, 7 (25) conditionum] conditionis *p²*; III, 10 (2) uel] ut *p²*.

[96] De là les quelques accords *Ro¹ P¹* : II, 3 (21) fidei] fide *Ro¹ P¹*; II, 11 (4) absurdum] absurde *Ro¹ P¹*; II, 22 (25) superiora] inferiora *Ro¹ P¹*; III, 7 (17/18) conspectus intuitu] conspectu intuitus *Ro¹ P¹*;

En résumé, le stemma du groupe anglo-normand se présente ainsi:

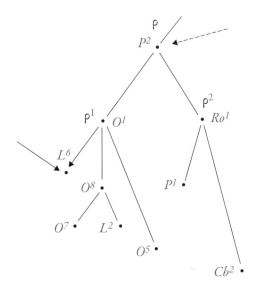

3.2.3. Le groupe anglo-flamand

σ | LONDON, *Brit. Libr.* Arundel 370 (*L³* – XII⁰-XIII⁰ s.) – BRUXELLES, *Bibl. Royale* 19076 (*Bx²* – XIII⁰ s.) – PARIS, *Bibl. de l'Arsenal* 341 (*P¹²* – XV⁰ s.) – VATICANO, *Bibl. Apost. Vat.* Reg. lat. 185 (*V⁴* – XII⁰ s.) – LONDON, *Brit. Libr.* Add. 15608 (*L⁴* – inc. XIV⁰ s.) – BRUGGE, *Openbare Bibl.* 120 (*Bg¹* – XII-XIII⁰ s.) – AIX-EN-PROVENCE, *Bibl. Mun.* 1535 (*Ax¹* – XV⁰ s.)

Ce deuxième groupe de $β^1$ offre une identité très forte qui se déduit d'un grand nombre de variantes pures, mais aussi de deux faits caractéristiques: l'ajout d'une conclusion au livre I et la division du livre II en un « Liber secundus » et un « Liber tertius », avec chaque fois des compléments textuels.

1. Un nombre très important de variantes pures:

    On en dénombre une cinquantaine pour les seules sections présentes dans toute la tradition. Ces accords concernent la plupart du temps les sept mss du groupe, mais parfois il s'agit de six mss et de PARIS, *Bibl. de l'Arsenal* 341 *ante correctionem* (*P¹²*). Celui-ci a subi en effet une correction très

LA FAMILLE *B*   181

soignée qui a effacé les leçons propres au groupe. Le fait n'est visible que sur le ms. lui-même, tant les grattages et corrections ont été opérés avec un soin extrême. Mais le fait ne laisse aucun doute: l'encre des corrections est un peu plus foncée et légèrement brillante. Parfois aussi l'écriture est plus petite, le copiste ayant dû écrire deux mots là où il n'y en avait originairement qu'un seul. Les accords avec $P^{12a.c.}$ sont signalés par un astérisque:

a) dans les parties du livre I communes à toute la tradition:

I, 1 (6) eius] eiusdem σ; I, 1 (18) omnes] conuentus σ; I, 2 (21) nuper] in *praem.* σ; I, 3 (1) omnes] conuentus σ; I, 3 (5) in nomine] baptizantes eos *praem.* σ; I, 3 (7) ad quos ob] cum sub σ*; I, 3 (7/8) singularis] et *praem.* σ*; I, 3 (8) esse] *om.* σ*; *ibid.* credideram] crediderim σ*; I, 5 (13) tamen] *om.* σ*; I, 5 (16) communire] munire σ*; I, 6 (12) relatiuos nominum] *tr.* σ; I, 16 (25) antea non] non ante σ; I, 17 (11) eisdem] eis σ; I, 17 (13) lectione] *om.* σ; I, 17 (16) inhaesere] innitebantur σ; I, 20 (14) igitur] itaque σ; I, 20 (37) theodae] theodon σ*; I, 20 (41) appellant] appellabant σ; I, 21 (4) imposuit] posuit σ; I, 21 (14) sirmium conuenientes] smirmium uenientes σ; I, 23 (19/20) demonstrare] monstrare σ; I, 24 (7) professionibus] confessionibus σ*; I, 24 (8) id est] *om.* σ*; I, 24 (9) scriptum] *om.* σ*; I, 24 (12) audes tres usias] tres usias audes σ; I, 24 (17) proferatur] ostende σ; I, 25 (15/16) ideo homousion] *tr.* σ; I, 26 (3) ne] igitur *add.* σ

b) dans les parties du livre II communes à toute la tradition (*om. v*):

II, 1 (8/9) diuinarum auctoritatum uoluminibus] diuinorum auctoritatibus uoluminum σ; II, 2 (4/5) eminus] *om.* σ*; II, 2 (5) eadem] *om.* σ*; II, 2 (8) replicationibus] publicationibus σ*; II, 2 (10) proponuntur] proferuntur σ; II, 2 (11) patrocinio] patrocinium σ; II, 4 (17) si] *om.* σ; II, 6 (34/35) schematis] stigmate σ; II, 6 (34) signis] nec *praem.* σ; II, 6 (37) confiteor] profiteor σ; II, 7 (21) filii natiuitatis] *tr.* σ; II, 7 (25) professionis] auctoritatis σ; II, 18 (9) adprobemus] comprobemus σ; II, 19 (5) auerterem] auertissem σ; II, 19 (16) creatione] procreatione σ; II, 22 (1) pater filio] deus pater deo filio σ; II, 22 (16) sicut] sicuti σ; II, 22 (24) adorent] ipsum *praem.* σ; *ibid.* exaltatus] et *praem.* σ; II, 23 (9) patri] om. σ;   II, 23 (10/11) spiritum sanctum] spiritus σ;   II, 23 (16) mittitur uel procedit] tr. σ;   II, 24 (8) ipse] tu praem. σ;   II, 27 (9) non sinat] nouit σ;   II, 27 (11) tui culminis] tr. σ;   II, 27 (16) fallacibus] fallaciae σ;   II, 28 (19) principis] pii praem. σ

Plus de soixante autres figurent dans les parties du livre I représentées seulement en α² et β. Au total, c'est près de deux cents variantes propres à σ que l'on dénombre. Toutes dérivent d'un archétype commun, car aucun des sept mss ne peut être la source des autres, comme on va le vérifier. Beaucoup d'elles sont des fautes d'inadvertance, mais beaucoup relèvent de libertés prises par le copiste de l'archétype. C'est du moins ce qu'on peut déduire de la suppression systématique du verbe « dixit » après les noms Athanasius, Arrius, Sabellius, Probus, en tête de leurs interventions, de divers changements gratuits (omnes remplacé plusieurs fois par conuentus, confiteri remplacé systématiquement par profiteri, etc.), ainsi que de mots ajoutés par souci de précision ou d'élégance. Cette liberté se vérifie encore aux additions que l'on trouve à la fin des livres I et II, et à la création d'un livre III qui s'ouvre par une phrase introductive. Ces passages propres à σ nous ont un temps laissé perplexe, mais examinés de près et en regard de la tradition, ils se révèlent être de la main d'un faussaire. Nous les transcrivons et les évaluerons ensuite.

2. L'ajout d'une conclusion au livre I:

Après les derniers mots du livre (« adminiculis adiuuari » : I, 26 l. 19), on trouve ces lignes:

> « Probvs dixit: Iam quia tandem post meridianus sol diem pronum trahit in uesperam uestraeque fidei discussio integri temporis quaerit spatia, paululum nunc relaxate animos uestrarumque prosecutionum bene memores interim quiescite. Nam et nos uocant priuata nostrorum studia, et quae nemini negligenda est qualiscumque corporum cura. Luce crastina adestote uestrae fidei boni defensores et nos intenti aderimus auditores. Explicit liber primus. »

3. La division du livre II:

Le livre II du textus receptus est scindé en un « Liber secundus » et un « Liber tertius », avec l'ajout d'une conclusion

LA FAMILLE *B* 183

et d'une introduction[97]. Après les mots « disputando proferre » (III, 12 l. 3/4), figurent en effet ces lignes qui terminent le livre II :

> « nisi forte huic disputationi hodierni diei reliquiae non sufficiant poscatque negotii pondus diei spatia integra. Quod si ita est, non erimus difficiles in praestando prompti sitis tantum in reddendo sitque diei crastinae aditulata haec tertia disputatio, tertia ut aitis de deitatis persona. Respirate iam nunc si placet. Huius gratia pro quo uos manent rediuiua certamina uestrarumque prosecutionum non immemores, quod hodie non ualetis, crastinae disputationis lucta rimetis. Explicit liber secundus. »

Et aussitôt après, figurent ces lignes qui ouvrent le livre III :

> « Incipit tertius. PROBVS : Quia in hoc hodie descendimus ut de Spiritu sancto quem Athanasius unam in trinitate personam, Arrius uero creaturam fatetur, agatur disputatio, iam de ipso placeat uobis exordium sumere nisi forte habet aliquid Arrius de rebus exactis in quo sibi figendam adhuc disputationis manum sperat, idque agat breuius, ne rebus necessariis concessum tempus effluat et noua dilatio mentes auditorum ueritatis auidas coangustet. »

Nous nous sommes interrogé un moment sur la possible authenticité de ces lignes, mais il nous est vite apparu qu'elles avaient été ajoutées par un copiste faussaire. Plusieurs raisons plaident en ce sens :

- Tout d'abord, un ajout se comprend beaucoup mieux qu'une suppression. Il n'y avait aucune raison de supprimer ces passages, au cas où ils auraient fait partie du texte original du *C. ar.* En revanche, leur insertion permet d'aérer le texte de Vigile et d'y mettre un peu d'ordre : le « Liber tertius » porte sur la troisième Personne divine, l'Esprit Saint.
- D'autre part, si certains mots ou expressions sont bien attestés dans le *C. ar.* (*fateri, disputatio, trinitas, prosecutio, poscere, tandem, interim, pondus negotii*), beaucoup d'autres n'apparaissent jamais chez Vigile (ni dans le

---

[97] Cette division n'a rien à voir avec celle que nous adoptons et qui se fonde sur les deux éditions de Vigile.

C. ar. ni dans le *C. Eut.*). Ainsi: *discussio, dilatio, coangustare, defensor, ponus, negligere, relaxare, rediuiuus, memor, immemor*, etc.

- On relève aussi des expressions stéréotypées reprises plusieurs fois. Certes, comme il s'agit de dialogues fictifs, on pourrait concevoir que Vigile fasse dire à Probus un même propos avec les *topoi* habituels en pareilles circonstances: le jour baisse, on ne dispose plus de temps pour finir le débat, chacun est fatigué, on reprendra la discussion demain. Mais la formulation semble quand même bien similaire entre la conclusion du premier jour et celle du deuxième jour. On retrouve en effet de part et d'autre les expressions: 1) *integrum spatium* («discussio *integri temporis* quaerit *spatia*» et «poscatque negotii pondus *diei spatia integra*»; 2) *prosecutionum memor* («uestrarumque *prosecutionum* bene *memores*» et «uestrarumque *prosecutionum non immemores*); 3) des expressions comme *nunc relaxate* et *nunc respirate*, ou encore *nisi forte*.

- Enfin et surtout, le *stemma* s'oppose résolument à l'authenticité de ces lignes. Pour qu'elles soient originelles, il faudrait admettre que σ constitue une branche indépendante, à part de α et β, ayant seule gardé le texte initial de Vigile. C'est tout à fait impossible, car σ fait assurément partie de la famille β qui présente le texte interpolé du *C. ar.*, et les raisons codicologiques, textuelles et théologiques qui fondent l'ensemble de notre *stemma* se trouveraient toutes invalidées, au défi de l'évidence.

Notons pour finir que σ offre quelques accords avec la famille espagnole, notamment dans la *Préface* de la seconde édition: *Praef. sec. ed.* (14) perfrueretur] ξ σ; *ibid.* (17) persuasionibus] ξ σ; *ibid.* (43) furoris] ξ σ; *ibid.* (83) hominibus] ξ σ; I, 5 (27) conflictationis] ξ (*exc. Vc[1]*) σ; I, 15 (36) deputabitur] reputabitur ξ σ; III, 10 (18) cum] ξ σ. Ces accords ne laissent pas d'étonner et relèvent sans doute d'une contamination très ancienne. Le fait accuse un peu plus l'originalité de σ. C'est ce que montre aussi le fait que σ soit la seule branche de β[1] où n'apparaisse aucune trace de la collection antiarienne luciférienne, attestée partout ailleurs par un ou plusieurs mss: *Sm[1]* et *L[5]* dans π, *P[2]* dans ρ, *Bl[1]* dans τ[1], *P[10]* et *L[1]* dans τ[4], *N[1], O[3]*.

À l'intérieur de σ, on distingue nettement deux sous-groupes: σ¹ et σ².

σ¹ | LONDON, *Brit. Libr.* Arundel 370 (*L³* – XIIᵉ-XIIIᵉ s.) – BRUXELLES, *Bibl. Royale* 19076 (*Bx²* – XIIIᵉ s.) – PARIS, *Bibl. de l'Arsenal* 341 (*P¹²* – XVᵉ s.)

Ces témoins ont en effet un grand nombre de variantes pures. Voici celles présentes dans les parties communes des livres I et II:

> I, 1 (19) inexpertae] inexpertum σ¹; I, 4 (28) sit deus] *tr.* σ¹; I, 6 (13) personis] de *praem.* σ¹; I, 17 (1) a uobis] ab σ¹; I, 23 (15) te quibus] quibus tu σ¹; II, 4 (17) id²] hoc σ¹; II, 4 (27) patris et filii substantias] *tr.* σ¹; II, 5 (8) quod dico] *om.* σ¹; II, 5 (9) quid] *om.* σ¹; II, 5 (10) id est] etiam σ¹; II, 5 (31) materiam] naturam σ¹; II, 5 (36) uidetur] uideatur σ¹; II, 5 (46/47) disputationis] disputantis ¹; II, 6 (7) generationem] cognationem σ¹; II, 6 (13) diuinam] obnoxiam *praem.* σ¹; II, 6 (20) ac] aut σ¹; II, 7 (3) incorrupta] incorruptibilitatem σ¹; II, 7 (4) ualde inhonestum et satis] satis inhonestum et ualde σ¹; II, 7 (7) perfidiae huius] eius perfidiae σ¹; II, 7 (10/11) et procul a fidelium mentibus amouendum] *om.* σ¹; II, 7 (31/32) filium] *om.* σ¹; II, 8 (8) habere uterum propria temeritatis praesumptione] propria temeritatis praesumptione habere uterum σ¹; II, 9 (19) generare potuerit] posset generare σ¹; II, 9 (31) confessionis] confessionem σ¹; II, 10 (2) ultima] ultimi σ¹; II, 18 (18) ut dum] non σ¹; II, 18 (18/19) examine, non ex] *om.* σ¹; II, 20 (3) dum enim] cum σ¹; II, 22 (26) sedet] sedens σ¹

Le texte du ms. LONDON, *Brit. Libr.* Arundel 370 (*L³*) est très propre. On n'y dénombre qu'une trentaine de fautes personnelles, souvent mineures, mais qui suffisent à faire de ce témoin un rameau distinct au sein de σ¹. Il faut en dire autant du ms. BRUXELLES, *Bibl. Royale* 19076 (*Bx²*), tout aussi propre que *L³*. On relève quelques accords entre *L³* et *Bx²*, mais ils sont si rares et si minimes[98] qu'il serait imprudent d'en déduire un ancêtre commun. Quant au ms. PARIS, *Arsenal* 341, on a déjà dit la correction soignée dont il a été l'objet. Elle a été faite d'après un témoin de la

---

[98] II, 2 (18) meae] me *L³ Bx²*; II, 3 (27) et] *om. L³ Bx²*; II, 7 (34) famulandum] fabulandum *L³ Bx²*.

famille α, vraisemblablement de la famille allemande ζ avec laquelle on relève quelques accords significatifs[99].

σ^2 | VATICANO, *Bibl. Apost. Vat.* Reg. lat. 185 (V^4 – XIIe s.) – LONDON, Brit. Libr. Add. 15608 (L^4 – inc. XIVe s.) – BRUGGE, *Openbare Bibl.* 120 (Bg^1 – XII-XIIIe s.) – AIX-EN-PROVENCE, *Bibl. Mun.* 1535 (Ax^1 – XVe s.)

Ces quatre témoins ont également un grand nombre de leçons qui leur sont propres:

I, 1 (11) examinis discrimine] *tr.* σ^2;   I, 2 (14) aut] dum σ^2; I, 4 (26) et] omnium σ^2;   I, 4 (27) filii professione] *tr.* σ^2; I, 5 (1/2) ineffabiliter ante omnia tempora] ante omnia tempora ineffabiliter σ^2;   I, 5 (11) et longe] longeque σ^2; I, 6 (20) quam] quem σ^2;   I, 17 (1/2) a uobis inuicem dissentire] dissentire ab inuicem σ^2;   I, 19 (9/10) praedicationis adsertione] adsertionis praedicatione σ^2;   I, 19 (23) nominis expers] *tr.* σ^2;   I, 19 (26) alicubi homousion] *tr.* σ^2;   I, 20 (6) rei] *om.* σ^2;   I, 21 (2) diuersos haereticos] *tr.* σ^2;   I, 21 (7) diuinis scripturis] *tr.* σ^2;   I, 21 (21) prosequuntur] prosequitur σ^2;   I, 21 (27) dicitis] facitis σ^2; I, 21 (28) posteris traditis] *tr.* σ^2;   I, 21 (34) neque] nec σ^2; I, 22 (3) legistis] audistis σ^2;   I, 22 (7) intellegentiae prauitates] prauitatis intellegentias σ^2;   I, 22 (9) nouorum uerborum] *tr.* σ^2;   I, 22 (11) id] *om.* σ^2;   I, 23 (10) enim] *om.* σ^2;   I, 23 (22) uobis] nobis σ^2;   I, 25 (26) ad] et σ^2; II, 3 (3) dixerim natum] *tr.* σ^2;   II, 3 (17) aliquod potest] *tr.* σ^2;   II, 3 (27) deo] *om.* σ^2;   II, 5 (22) gignat asinum] *tr.* σ^2;   II, 5 (33) minsitret ex sese] *tr.* σ^2;   II, 5 (44) filius cum patre unius substantiae erit] cum patre unius substantiae erit filius σ^2;   II, 6 (14) adseruit] asserit σ^2;   II, 6 (25) an] aut σ^2;   II, 7 (34) suadet] docet σ^2;   II, 7 (35) ulla humanae passionis] illa humanae opinionis uel passionis σ^2; II, 9 (21) superiore] *om.* σ^2;   II, 18 (19) philosophicae artis ueniente] philosophica arte σ^2;   *ibid.* ex[2]] *om.* σ^2;   II, 19 (2) gerens] *om.* σ^2;   II, 19 (12/13) id est adnuntiationis suae] *om.* σ^2;   II, 19 (22) quod[1]] quibus σ^2;   II, 20 (12) non] sed *praem.* σ^2;   II, 27 (17) id facere arrium] arrium id facere σ^2

---

[99] *Paef. sec. ed.* (76) episcopum], episcopum $P^{12a.c.}$, diaconum ζ, uel diacomun $P^{12in\ marg.\ p.c.}$; I, 25 (16/17) non ostendo] demonstrare non ualeo $\zeta\ P^{12in\ ras.\ p.c.}$; II, 4 (16) genuit] id est pater filium *add.* ζ, hoc est pater filium *add.* $P^{12in\ marg.\ p.c.}$.

Au sein de ce groupe très homogène, la place exacte de LONDON, *Brit. Libr.* Add. 15608 (L^4) n'est pas facile à fixer avec précision. On relève en effet une vingtaine de cas où L^4 fait cavalier seul et offre le bon texte, tandis que les trois autres témoins ont un accord fautif. Mais il est difficile de dire si le modèle de L^4 s'origine plus haut que les trois autres, ou bien si le copiste de L^4 a de lui-même corrigé les fautes de son modèle – cela paraît douteux, mais pas impossible –, ou encore si L^4 a travaillé en bénéficiant d'une autre source. Nous n'avons pas réussi à éclaircir ce point. Il semble toutefois qu'une filiation directe entre VATICANO, *Bibl. Apost. Vat.* Reg. lat. 185 (V^4) et L^4 soit envisageable, car on relève au moins deux cas où une correction portée sur V^4 se retrouve dans le texte même de L^4. Ainsi *Praef. sec. ed.* (27/28) finali] sinali $V^{4\,a.c.}$, sinodali $V^{4\,p.c.}$ L^4; *ibid.* (76) episcopum] diaconum $V^{4\,in\ marg.\ p.c.}$ L^4. Le premier cas est bien spécifique; le second le confirme, et révèle peut-être aussi la correction de V^4 d'après un témoin de la famille ζ, la seule à avoir *diaconum*. Mais il est difficile d'en tirer quelque chose, car le cas semble unique.

En revanche, V^4 est sans aucun doute la source de BRUGGE, *Openbare Bibl.* 120 qui a lui-même servi de modèle à AIX-EN-PROVENCE, *Bibl. Mun.* 1535. Le premier fait se déduit de l'absence totale de cas où V^4 serait fautif ou lacunaire et Bg^1 exact[100]. Mais Bg^1 a été copié sur V^4 *ante correctionem*, car les quelques corrections que V^4 a subies, n'y figurent pas. Quant au ms. d'Aix-en-Provence, c'est certainement un apographe de Bg^1. On peut le déduire des faits suivants:

- l'absence de toute leçon ou faute propre à Bg^1, à part deux omissions d'un mot que le copiste d'Aix a pu combler de lui-même;
- les deux *incipit* du *C. ar.* qui, sans être absolument identiques, sont néanmoins très proches et différent de tous ceux de la tradition. Bg^1: *De fide catholica tractatus sancti athanasii contra sabellium, arrium et fotinum*; Ax^1: *De fide catholica tractatus sancti athanasii episcopi aduersus sabellium, arrium et fotinum*. Aucun autre *incipit* ne commence par les mots: *De fide catholica tractatus*. Relevons aussi l'*explicit* de la *Préface anonyme*, unique dans la tradition: *Epistola*;

---

[100] À part deux détails infimes que le copiste de Bg^1 a corrigés avec bon sens: I, 20 (2) nominis] dominis V^4, nominis Bg^1; I, 21 (1) in] *om.* V^4, in Bg^1.

– quelques variantes pures: *Praef. sec. ed.* (20/21): adfirmabat ab episcopis fuisse damnatum] damnatum ab episcopis adfirmabat *Bg¹ Ax¹*; I, 2 (12) deuia] inania *Bg¹ Ax¹*; I, 16 (8) fotinusque] et fotinus *Bg¹ Ax¹*; II, 12 (3) nam] sicut *add. Bg¹ Ax¹*; II, 19 (24) comprobatur] sed etiam spiritus sanctus *add. Bg¹ Ax¹*

L'ensemble du groupe anglo-famand se présente donc ainsi:

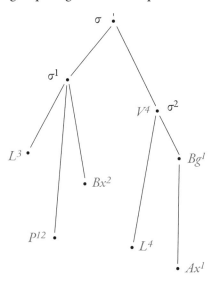

3.2.4. Le groupe nordique

τ | BOULOGNE-SUR-MER, *Bibl. Mun.* 29 (*Bl¹* – XIᵉ s.) – DOUAI, *Bibl. Mun.* 296 (*D¹* – XIIᵉ s.) – FIRENZE, *Bibl. Med. Laur.* Ashbur. 1196 (*F¹* – XIIᵉ s.) – BRUXELLES, *Bibl. Royale* 4797-99 (*Bx⁴* – XIIIᵉ s.) – BRUXELLES, *Bibl. Royale* II 1061 (*Bx⁵* – XIIIᵉ s.) – PARIS, *Bibl. Nat.* lat. 12131 (*P¹⁰* – XIIᵉ s.) – PARIS, *Bibl. Nat.* lat. 1685 (*P³* – ex. XIIᵉ s.) – LONDON, *Brit. Libr.* Royal 6 A VIII (*L¹* – XVᵉ s.)

Il s'agit du troisième et dernier groupe de β¹, qui se décompose lui aussi en deux sous-groupes: τ¹ et τ⁴. Ses principaux représentants viennent du Nord de la France ou de Belgique (Arras, Anchin, Cambron).

Son identité est moins claire que celle des groupes précédents, car τ est une branche de β¹ fortement contaminée par β², comme on l'a déjà dit, de sorte que l'on pourrait même se demander s'il ne

LA FAMILLE *B* 189

s'agit pas d'une branche de β^2 contaminée par β^1. Mais plusieurs faits s'opposent à cette hypothèse:

1. la présence de la collection antiarienne luciférienne dans trois mss de τ: Bl^1, P^{10} et L^1. C'est un fait majeur qui, à lui seul, tranche la question. Notons d'ailleurs qu'en Bl^1, le *C. ar.* de Vigile, qui suit le *De Trinitate* du Ps-Athanase et qui est attribué à Athanase selon la fiction littéraire de l'œuvre, a comme *incipit*: « Incipit *eiusdem* altercatio contra arrium... ». La séquence Ps-Ath., *De Trin.* – Vigil., *C. ar.* y est donc originelle, et c'est un marqueur identitaire incontestable. Cet *incipit* est aussi celui que l'on retrouve dans d'autres mss de β^1: N^1 et O^3;

2. le fait que Bl^1 (ou $Bl^{1a.c.}$) suive le plus souvent le texte de de β^1;

3. les accords spécifiques entre Bl^1 et plusieurs mss de β^1 en particulier les deux mss indépendants N^1 et O^3, mais aussi P^2. À titre d'exemple, voici quelques accords $Bl^1 O^3$. Ils sont minimes, parfois même ce sont de simples questions d'orthographe, mais ils sont significatifs, d'autant qu'il s'agit toujours d'accords purs:

> I, 17 (4) poscit] possit O^3 $Bl^{1a.c.}$; I, 20 (22) uidetur] uideretur O^3 $Bl^{1a.c.}$; I, 20 (40) antiochiam] aniziochiam O^3 $Bl^{1a.c.}$; I, 21 (27) idem ille] tr. O^3 Bl^1 sq.; I, 22 (8) consequenti] consequentis O^3 $Bl^{1a.c.}$; I, 22 (22) syllabis] psyllabis O^3 $Bl^{1a.c.}$; I, 26 (13) decreti] decreta $O^{3a.c.}$ $Bl^{1a.c.}$; II, 2 (8) replicationibus] republicationibus O^3 $Bl^{1a.c.}$; II, 6 (19) uidetur his] tr. O^3 Bl^1 sq.; II, 13 (16/17) uitam habere in semetispo] habere in semetipso uitam O^3 Bl^1 sq.; II, 14 (7) ita est] idem O^3 $Bl^{1a.c.}$; II, 15 (6) protulisti] protulisse $O^{3a.c.}$ $Bl^{1a.c.}$; II, 21 (20) ministerium] mysterium O^3 Bl^1; III, 8 (4) rebus] tribus O^3 $Bl^{1a.c.}$; III, 9 (28) diuisione] diuisio O^3 $Bl^{1a.c.}$; III, 19 (5) tamque] tamquam O^3 $Bl^{1a.c.}$; III, 26 (39) est patri] tr. O^3 Bl^1 sq.

Cela dit, τ a bel et bien été contaminé par β^2, et à plusieurs reprises. L'identité du groupe en a été brouillée et nous avançons ici en terrain incertain. On distingue cependant trois types de contamination selon qu'a été affecté l'ensemble du groupe (τ) ou seulement l'un de ses rameaux (τ⁴), ou un seul de ses membres (L¹)[101]:

a) exemples de contamination ayant affecté l'archétype de τ:

Praef. sed. ed. (13/14) haec igitur cum] cum igitur β² Bl^{ta.c.} L¹ P^{toa.c.}; *ibid.* (14) fratris] huius *add.* β² Bl^{ta.c.} L¹ P^{toa.c.}; *ibid.* (33) idem] *om.* β² τ; I, 3 (7) ad quos] a quibus β² τ; I, 3 (18) opplens] implens β² τ; I, 5 (27) omnes] omnem β² τ; I, 7 (2) et²] *om.* β² τ; I, 8 (24) cum] *om.* β² τ; I, 10 (22/23) ludibriis] ludibribus β² *(exc. Mu¹)* Bl^{ta.c.} L¹ P^{toa.c.}; I, 10 (26) locorum] de *praem.* β² τ; I, 11 (9) quo] quam β² Bl^{ta.c.} L¹; I, 11 (12) placita sunt ei] sunt ei placita β² τ; I, 11 (19) et] ac β² τ; I, 13 (30) temporum] tempore β² Bl^{ta.c.} τ⁴

b) exemples de contamination ayant affecté l'archétype de τ⁴:

I, 17 (15) ut] et β² P^{toa.c.} L¹; I, 20 (18) arrius dixit: hoc non ostendes] *om.* β² P^{toa.c.} L¹; I, 23 (2) ob] ab β² P^{toa.c.} L¹; II, 1 (3) inuicem] non *add.* β² τ⁴; II, 4 (13) ex¹] *om.* β² P^{toa.c.} L¹; II, 6 (20/21) aequa, obsecro uos, o auditores, iudicii] obsecro uos, o auditores, iudicii aequa β² τ⁴; II, 6 (33/34) schematis] stigmatum β² τ⁴; II, 9 (15) non potuisse] potuisset β² P^{toa.c.} L¹; II, 14 (20) perfecta] et *praem.* β² τ⁴; II, 16 (19/20) uerbis similibus tamen] uerumtamen similibus β² P^{toa.c.} L¹; II, 21 (4) ex] *om.* β² P^{toa.c.} L¹; II, 22 (8) nascenti] habenti β² τ⁴; II, 22 (47) proferam testem] protestante β² P^{toa.c.} L¹

c) exemples de contamination ayant affecté L¹:

I, 4 (18/19) in mundo gestauit] *tr.* β² (+L¹); I, 20 (4) non satis] *tr.* β² (+ L¹); II, 3, (12) sentire debeam] *tr.* β² L¹; II, 8 (8) habere uterum] *tr.* β² L¹; II, 18 (20) demonstrauero] monstrauero β² L¹; II, 20 (9) dedit] pater *add.* β² L¹

Dans tous les cas qui viennent d'être cités, L¹ s'accorde avec l'ensemble de β². En réalité, la contamination de L¹ est bien plus importante encore, car on relève de nombreux accords purs de L¹ avec deux mss particuliers de β², et plus encore avec l'un d'eux. Mais de cela, il sera question plus loin quand nous traiterons en propre de L¹.

---

[101] Les variantes qui suivent sont prises exceptionnellement à l'ensemble de la tradition du *C. ar.*, hormis la *Sententia Probi*.

Pour le reste, on dénombre peu de variantes propres à τ. Cela s'explique aisément en raison des différentes contaminations qui viennent d'être relevées, des corrections abondantes portées sur Bl^1 qui ont effacé les leçons de l'archétype, ainsi que d'une autre contamination ayant affecté l'un des témoins de τ^4, P^{10}, et donc aussi son apographe P^3.

Mais il faut certainement mettre au compte de l'identité de τ la dizaine de leçons données ci-dessus en a) et relatives à la contamination ayant affecté l'archétype du groupe (et donc ses deux branches τ^1 et τ^4). On leur ajoutera quelques autres qu'on ne trouve qu'au sein de τ et qui attestent une parenté entre ses deux branches τ^1 et τ^4 : Praef. sec. ed. (76) auctorem] om. $Bl^{1a.c.}$ $P^{10a.c.}$; I, 8 (12) ullo] ulla τ^1 $P^{10a.c.}$; I, 8 (19) ad alterum] om. $Bl^{1a.c.}$ $P^{10a.c.}$.

Examinons maintenant chacune de ces branches.

τ^1 | BOULOGNE-SUR-MER, Bibl. Mun. 29 (Bl^1 – XIe s.) – DOUAI, Bibl. Mun. 296 (D^1 – XII[e] s.) – FIRENZE, Bibl. Med. Laur. Ashbur. 1196 (F^1 – XII[e] s.) – BRUXELLES, Bibl. Royale 4797-99 (Bx^4 – XIIIe s.) – BRUXELLES, Bibl. Royale II 1061 (Bx^5 – XIIIe s.)

Ces cinq mss forment un bloc compact et leurs rapports se laissent bien identifier. Le ms. de Douai est en effet un apographe de celui de Boulogne, celui de Florence un apographe de celui de Douai, et de Florence dérivent directement les deux mss de Bruxelles, comme on va le montrer. Rappelons d'abord que Bx^4 a été très endommagé par le feu et qu'un tiers de chaque feuillet est perdu. Quand des variantes concerneront tous les mss hormis Bx^4 en raison de sa mutilation, le fait sera signalé par un astérisque. Par ailleurs, le ms. de Boulogne a été fortement corrigé et ses corrections sont passées dans les quatre mss qui en dépendent et qui constituent le sous-groupe τ^2. En tenant compte de ces corrections, on relève les variantes pures suivantes qui caractérisent τ^1 :

a) dans les parties du livre I communes à toute la tradition :

I, 1 (2) maiestatem] culturam τ^{1*}; I, 5 (3) essentia] substantia τ^1; I, 20 (5/6) accepit] et add. $Bl^{1s.l.\ p.c.}$ τ^2; I, 20 (34) apostolicae] qui add. τ^1; I, 22 (2) eunomius] et praem. $Bl^{1s.l.\ p.c.}$ τ^{2*}; I, 22 (17) hoc] enim add. $Bl^{1s.l.\ p.c.}$ τ^2; I, 22 (25) tuis] tuae scrips. $Bl^{1s.l.\ p.c.}$ τ^2; I, 23 (7) qualitates] debeat add. $Bl^{1s.l.\ p.c.}$ τ^2; I, 23 (12) conscriptum] sit add. $Bl^{1s.l.\ p.c.}$ τ^2; I, 23 (16) manifestiorem] manifestiore $Bl^{1a.c.}$, manifesta Bl^{1pc} τ^2; I, 25 (13) specialiter] ubi praem.

$Bl^{1s.l.\ p.c.}\ \tau^2$; *ibid.* positum] sit *add.* $Bl^{1s.l.\ p.c.}\ \tau^2$; I, 25 (17) ostendo] ostendam τ^1; I, 25 (30) satisfaciam] ut *praem.* $Bl^{1s.l.\ p.c.}\ \tau^2$

b) dans les parties du livre II communes à toute la tradition (*om. v*):

II, 2 (4/5) eminus] comminus τ^1; II, 2 (21) debere] deberetis $Bl^{1p.c.}\ \tau^2$; II, 6 (21) lance] aequoque *add.* $Bl^{1s.l.\ p.c.}\ \tau^{2*}$; II, 6 (28) impassibilis ita et omnipotens] omnipotens ita et impassibilis $Bl^{1p.c.}\ \tau^2$; II, 6 (29) ergo id] id $Bl^{1a.c.}$, itaque eum $Bl^{1s.l.\ p.c.}\ \tau^2$; II, 9 (2) quem] qui *add.* τ^{1*}; II, 9 (29) pedem] perfidiae $Bl^{1a.c.}$, immo perfidiae pedem $Bl^{1s.l.\ p.c.}\ \tau^2$; II, 21 (10) cuncta] *del.* $Bl^{1p.c.}$, *om.* τ^2; II, 21 (31) mihi] pater *add.* $Bl^{1s.l.\ p.c.}\ \tau^2$; II, 22 (6) quantum] in *praem.* τ^1; II, 22 (24) adorent] adorarent $Bl^{1p.c.}\ \tau^{2*}$

Dans les autres parties du *C. ar.*, on relève encore plus de trente variantes pures qui confirment l'identité de τ^1. Relevons celle-ci, très typique: III, 10 (34/35): de quo sensu esaias et apostolus dicit: quis cognouit sensum domini? secundum illud euangelicum] de quo sensu secundum illud euangelicum $Bl^{1a.c.}$, de quo sensu scriptum illud euangelio audi $Bl^{1p.c.}\ \tau^2$.

Le ms. BOULOGNE-SUR-MER, *Bibl. Mun.* 29 (Bl^1) est un témoin important déjà évoqué à propos de l'*incipit* du *C. ar.* On se rappelle en effet que dans le sommaire du *codex*, d'une écriture postérieure, le traité est attribué à Vigile[102]. Nous avons également souligné son lien avec le noyau ancien de β^1, spécialement avec O^3, ainsi que sa contamination par β^2 à travers l'archétype du groupe.

Mais Bl^1 a aussi été abondamment corrigé, manifestement à plusieurs reprises. On dénombre en effet plus de deux cents interventions portées sur le texte initial et relevant de traditions textuelles diverses. Il est difficile d'identifier les correcteurs, car les écritures se ressemblent, mais le contenu de leurs apports se laisse reconnaître et l'on peut classer les corrections en cinq types:

– celles portant sur les propres fautes de Bl^1; sans doute l'œuvre d'un réviseur;
– celles portant sur les leçons de β^1 (visibles au minimum en $N^1\ O^3\ P^2$), et conformant le texte de Bl^1 à celui de α:

I, 2 (6) religiones iudaeorum, paganorum et christianorum] religiones iudaeorum, paganorum et christianorum

---

[102] Cfr *supra*, p. 58-59.

Bl$^{ta.c.}$ (= β), iudaeorum, paganorum et christianorum religiones *Bl*$^{tp.c.}$ (= α);   I, 5 (16) orationis] rationis *Bl*$^{ta.c.}$ (= β), orationis *Bl*$^{tp.c.}$ (= α);   I, 26 (15) orationis] rationis *Bl*$^{ta.c.}$ (= β), orationis *Bl*$^{tp.c.}$ (= α);   II, 5 (21) pecus] *om.* *Bl*$^{ta.c.}$ (= β^{1}), potest *Bl*$^{tp.c.}$ (= α);   II, 9 (29) pedem referat] referre *Bl*$^{ta.c.}$ (= β), pedem referat *Bl*^{tpc} (= α);   II, 20 (6) ipse mihi] *om.* *Bl*$^{ta.c.}$ (= β), ipse mihi *Bl*$^{ts.l. p.c.}$ (= α);   II, 20 (18) si ergo maiorem habet si] si ergo ab eo *Bl*$^{ta.c.}$ (= β) *sed del. et suprascr.* si ergo maiorem habet si *Bl*$^{tp.c.}$ (= α);   II, 20 (22) potestate] uoluntate *Bl*$^{ta.c.}$ (= β), potestate *Bl*$^{tp.c.}$ (= α);   II, 21 (1) tam] ista *Bl*$^{ta.c.}$ (= β), tam *Bl*$^{tp.c.}$ (= α);   II, 22 (34/35) qui ait: ueni non ut faciam uoluntatem meam] quia uenit non ut faceret uoluntam suam *Bl*$^{ta.c.}$ (= β), qui ait ueni non ut faciam uoluntatem meam *Bl*$^{tp.c.}$ (= α);   II, 22 (35) me misit] misit illum *Bl*$^{ta.c.}$ (= β), me misit *Bl*$^{tp.c.}$ (= α)

– celles conformant le texte de *Bl*^{1} à celui de α^{1} ou, le plus souvent, de la seule famille allemande (ζ):

I, 1 (13) fulta] *Bl*$^{ta.c.}$ (= β), suffulta *Bl*$^{tp.c.}$ (= ζ);   I, 1 (18) omnes] *Bl*$^{ta.c.}$ (= β), *del. et scrips. in marg.* arrius et athanasius *Bl*$^{tp.c.}$ (= α^{1});   I, 17 (34) ait] *Bl*$^{ta.c.}$ (= β), necnon et psalmigraphus *add.* *Bl*$^{tin\ marg.\ p.c.}$ (= ζ);   I, 22 (6) scriptum] *Bl*$^{ta.c.}$ (= β), positum in scripturis *Bl*^{tpc} (= ζ);   I, 22 (13) uicinis] *Bl*$^{ta.c.}$ (= β), uicini sermonis *Bl*^{tpc} (= ζ);   I, 23 (3/4) ratione ex consequentia] rationem ex consequentia *Bl*$^{ta.c.}$ (= β), ratione consequentium *Bl*^{tpc} (= ζ);   II, 4 (7) ex seipso] *Bl*$^{ta.c.}$ (= β), ex se id est de seipso *Bl*^{tpc} (= ζ ε);   II, 4 (19) poterit] *Bl*$^{ta.c.}$ (= β), potest *Bl*^{tpc} (= ζ ε);   II, 5 (7) quod] *Bl*$^{ta.c.}$ (= β), et *Bl*^{tpc} (= ζ);   II, 7 (34) famulandum] *Bl*$^{ta.c.}$ (= mss *exc.* ζ) famulari *Bl*$^{tp.c.}$ (= ζ);   II, 9 (15) generare non potuisset] *Bl*$^{ta.c.}$ (= β^{1}), generaret *Bl*$^{tp.c.}$ (= ζ);   II, 9 (28/29) positus est, ut quo iam] positus est et quoniam *Bl*$^{ta.c.}$ (= β), positus quo *Bl*$^{tp.c.}$ (= ζ);   II, 18 (1/4) probus iudex – substantiae] *om.* *Bl*$^{ta.c.}$ (= β); *scrips.* *Bl*$^{tin\ marg.\ p.c.}$ (= ζ);   II, 18 (15) ne sine] neque *Bl*$^{ta.c.}$ (= β), ut *Bl*^{tpc} (= ζ);   II, 18 (18) examine] *om.* *Bl*$^{ta.c.}$ (= β γ), tramite *Bl*$^{ts.l. pc}$ (= ζ);   II, 22 (40) pater] *Bl*$^{ta.c.}$ (= β), quae *praem.* *Bl*$^{tp.c.}$ (= ζ)

– celles présentes dans la *Sententia* et conformant le texte de *Bl*^{1} à celui de la famille espagnole (ξ) et à celui de Cambrai (*Ca*^{1}) qui lui est très proche:

Sent. 2 (19) reuera] *Ca¹ ξ Bl¹ᵖ·ᶜ·*, uera *Bl¹ᵃ·ᶜ·*; 3 (12) sabellium conticescere] *Ca¹ ξ Bl¹ⁱⁿ ᵐᵃʳᵍ· ᵖ·ᶜ·*, *om. Bl¹ᵃ·ᶜ·*; 4 (21) si] *Ca¹ ξ Bl¹ᵖ·ᶜ·*, *om. Bl¹ᵃ·ᶜ·*; 6 (24) est] *Ca¹ ξ Bl¹ᵖ·ᶜ·*, *om. Bl¹ᵃ·ᶜ·*; 7 (7) quodammodo] *Ca¹ ξ Bl¹ᵖ·ᶜ·*, ammodum *Bl¹ᵃ·ᶜ·*; 7 (15) ipse] *Ca¹ ξ Bl¹ᵖ·ᶜ·*, *om. Bl¹ᵃ·ᶜ·*; 7 (16) sit] *Ca¹ ξ Bl¹ᵖ·ᶜ·*, *om. Bl¹ᵃ·ᶜ·*; 7 (21) nullum] *Ca¹ ξ Bl¹ᵖ·ᶜ·*, *om. Bl¹ᵃ·ᶜ·*; 11 (12) filium] *Ca¹ ξ Bl¹ˢ·ˡ· ᵖ·ᶜ·*, *om. Bl¹ᵃ·ᶜ·*; 11 (14/15) perfidiae *Ca¹ ξ Bl¹ˢ·ˡ· ᵖ·ᶜ·*, *om. Bl¹ᵃ·ᶜ·*.

ou à celui de Cambrai seul:

4 (25) putabat] *Bl¹ᵃ·ᶜ·*, curabat *Ca¹*, uel curabat *suprascr. Bl¹ᵖ·ᶜ·*; 8 (12) nobis] nobis *Bl¹ᵃ·ᶜ·*, modi *Ca¹*, uel modi *suprascr. Bl¹ᵖ·ᶜ·*; 8 (31) qui] *Bl¹ᵃ·ᶜ·*, is *praem. Ca¹ Bl¹ᵖ·ᶜ·*; 9 (38/39) comprobetur] *Bl¹ᵃ·ᶜ·*, ea *praem. Ca¹ Bl¹ᵖ·ᶜ·*; 10 (23) uiriliter] *Bl¹ᵃ·ᶜ·*, uiliter *Ca¹*, uel uiliter *suprascr. Bl¹ᵖ·ᶜ·*; 10 (31/32) profitentes quod creatus est. Ac per hoc (non) solum] *Ca¹ Sm¹ Bl¹ˢ·ˡ· ᵖ·ᶜ·*, *om. Bl¹ᵃ·ᶜ·*.

— celles venant d'une source inconnue ou d'une initiative du correcteur:

I, 4 (2) quod] dicens *praem. Bl¹ᵖ·ᶜ·*; I, 8 (17) fuisse] eum *praem. Bl¹ᵖ·ᶜ·*; I, 14 (2) aut²] quia *add. Bl¹ᵖ·ᶜ·*; I, 16 (13) proprietate] *Bl¹ᵃ·ᶜ·*, uel confessione *suprascr. Bl¹ᵖ·ᶜ·*; I, 20 (6) non] et *praem. Bl¹ᵖ·ᶜ·*; I, 22 (2) eunomius] et *praem. Bl¹ᵖ·ᶜ·*; I, 22 (17) hoc] enim *add. Bl¹ᵖ·ᶜ·*; I, 23 (7/8) probari] debeat *praem. Bl¹ᵖ·ᶜ·*; I, 23 (12) conscriptum] sit *add. Bl¹ᵖ·ᶜ·*; I, 25 (13) specialiter positum] ubi specialiter sit *Bl¹ᵖ·ᶜ·*; II, 6 (28) impassibilis ita et omnipotens] omnipotens et impassibilis *Bl¹ᵖ·ᶜ·*.

En résumé, on peut dire que dans *Bl¹ᵖ·ᶜ·* prédominent surtout les corrections venant de la famille allemande et, dans la *Sententia*, de la famille espagnole, peut-être à travers le ms. de Cambrai[103]. Mais il n'y a rien de systématique, même si les corrections d'après la famille allemande sont très fréquentes. *Bl¹* garde en effet son fond premier, celui de *β¹*, et les divers correcteurs ont fait preuve de liberté. *Bl¹* offre donc un texte complexe et chargé d'histoire. Il témoigne de l'abondance des différentes versions du *C. ar.* circulant dans le Nord de la France au Moyen-Âge et du souci que les co-

---

[103] Le fait que *Bl¹* soit originaire de Saint-Vaast d'Arras, à 30 km de Cambrai, et surtout que les accords entre *Bl¹ᵖ·ᶜ·* et *Ca¹* se trouvent tous dans la *Sententia Probi* et que le ms. de *Ca¹* ne transmette que la *Sententia*, tendent à conforter cette hypothèse.

pistes avaient d'améliorer sans cesse leurs manuscrits en les confrontant les uns aux autres.

En descendant d'un étage, nous trouvons le groupe τ^2, qui provient incontestablement de Bl^1, tout en ayant une identité spécifique.

τ^2 | Douai, *Bibl. Mun.* 296 (D^1 – XIIe s.) – Firenze, *Bibl. Med. Laur.* Ashbur. 1196 (F^1 – XIIe s.) – Bruxelles, *Bibl. Royale* 4797-99 (Bx^4 – XIIIe s.) – Bruxelles, *Bibl. Royale* II 1061 (Bx^5 – XIIIe s.)

Ces quatre mss ont en commun d'avoir, eux seuls dans toute la famille β, la section « D » du livre II. C'est une particularité forte et très étonnante. Mais au lieu de se trouver à sa place normale comme dans les mss de α, elle est insérée au sein de la section « H », après les mots *creaturam esse confiteor* (III, 14, l. 2/3) et avant *Athanasius dixit: Hinc praecipue declaratur* (III, 14, l. 4). Les quatre témoins de τ^2 ont aussi le même *incipit* très développé mentionnant explicitement Vigile: *Incipit egregia contra Arrium, Sabellium et Fotinum altercatio quam Vigilius nomine Athanasii quasi coram ipsis hereticis disputando edidit, medium eorum interponens Probum iudicem.* Ce qui, là encore, est un fait unique.

Il ne fait pas de doute que le ms. Douai, *Bibl. Mun.* 296 (D^1) a été copié d'après celui de Boulogne-sur-Mer étudié ci-dessus. La proximité géographique des deux mss explique d'ailleurs aisément la chose, D^1 provenant de l'abbaye d'Anchin et celui de Boulogne, de l'abbaye Saint-Vaast d'Arras, à 25 km d'Anchin. La filiation directe de D^1 se déduit non seulement du fait que toutes les corrections portées sur Bl^1 figurent en D^1 (on en dénombre plus de cent) mais que celles qui ont été écrites sur Bl^1 *supra lineam* à titre de variantes possibles se retrouvent telles quelles en D^1, le copiste ayant reproduit scrupuleusement son modèle. Ainsi:

> I, 26 (5) documenti] documenti $Bl^{1a.c.}$, uel uocabuli *suprascr.* $Bl^{1p.c.}$, documenti *et suprascr.* uel uocabuli D^1; I, 26 (19) eget] exigit $Bl^{1a.c.}$, uel eget *suprascr.* $Bl^{1p.c.}$, exigit *et suprascr.* uel eget D^1; II, 1 (3) concessisse] consensisse $Bl^{1a.c.}$, uel concessisse *suprascr.* $Bl^{1p.c.}$, consensisse *et suprascr.* uel concessisse D^1; II, 10 (28) pro rata] pro rata $Bl^{1a.c.}$, uel praerepta *suprascr.* $Bl^{1p.c.}$, prorata *et suprascr.* uel praerepta D^1, etc.

Mais, comme il a été dit, le ms. de Douai offre deux particularités fortes: l'*incipit* qui mentionne Vigile et la section « D » du livre II (quoique insérée à la mauvaise place). En ce qui concerne l'*incipit*, la source de D^1 est ici assurément le ms. de Boulogne-sur-Mer *post correctionem*. Le copiste de D^1 a en effet inséré comme titre du *C. ar.* celui qu'il trouvait dans le sommaire du *codex* de Boulogne. Les deux textes sont en tous points identiques. Quant à la présence de la section « D », c'est une énigme pour laquelle nous n'avons pas de réponse. Mais il est clair que c'est ici le copiste même de D^1 qui a bénéficié d'une autre source, puisque la section « D » est absente de Bl^1. Cette source ne peut être qu'un témoin appartenant à la famille α qui seule transmet la section en question. Mais le fait n'est pas en soi étonnant, car nous avons déjà dit que les deux familles α et β étaient toutes deux présentes dans le Nord-Est de la France depuis l'époque carolingienne, et des contaminations se sont nécessairement produites. D'ailleurs, beaucoup de corrections portées sur Bl^1 relèvent de la tradition représentée par α, comme on l'a vu. On peut supposer que le copiste de D^1, ayant à sa disposition un témoin transmettant la première édition, ou les deux éditions du *C. ar.* (nos familles α^1 et ξ), l'a soigneusement confronté au ms. de Boulogne qui lui servait de modèle, et que, s'apercevant de l'absence, dans ce dernier, d'un passage ayant trait à l'Esprit Saint, aura décidé de l'insérer à l'endroit qui lui semblait le meilleur. De fait, la présence anormale de la section « D » au beau milieu de la section « H » fait suite à une question d'Arius sur l'Esprit Saint (III, 14 l. 1/3) et précède la réponse que lui donne Athanase (III, 14 l. 4 sq.). On notera d'ailleurs une habile suture opérée par le copiste qui reprend la transcription du propos d'Athanase en omettant les mots « Athanasius dixit » qui avaient introduit l'insertion, et ajoutant un « etiam » de son cru[104].

Notons pour finir que l'identité de τ^2 est encore appuyée par quelques variantes pures propres au groupe: II, 9 (33) siue propheticis siue apostolicis] siue apostolicis siue propheticis τ^2; II, 10 (11) firmitatem] ueritatem τ^2 ($+ Vc^1 Sm^{1 a.c.}$); II, 11 (8) uel] aut τ^2; II, 19 (15) scriptura] scriptum τ^2; II, 21 (17) esse] *om*. τ^2

En descendant encore d'un étage, on se trouve en présence d'un sous-groupe, lui aussi très homogène.

---

[104] Cfr III, 14 (4) Athanasius dixit: Hinc praecipue declaratur Spiritum] hinc etiam praecipue declaratur Spiritum τ^2.

τ^3 | FIRENZE, *Bibl. Med. Laur.* Ashbur. 1196 (F^1 – XIIe s.) – BRUXELLES, *Bibl. Royale* 4797-99 (Bx^4 – XIIIe s.) – BRUXELLES, *Bibl. Royale* II 1061 (Bx^5 – XIIIe s.)

Ces 3 mss ont en effet en commun une trentaine de variantes pures. Voici celles présentes dans les parties communes des livres I et II:

> I, 4 (30) ac] aut τ^3; I, 6 (27) de deo] *om.* τ^3; I, 21 (22) deum] deus τ^3; I, 21 (23 iam] nam τ^3; I, 22 (24/25) euadas] uadas τ^3; I, 23 (7/8) probari] proferri τ^3; I, 24 (14) exstat aliquod ex diuinis auctoritatibus] aliquod de diuinis auctoritatibus existat τ^3; II, 2 (21) descendi] descendere τ^3; II, 9 (8) et corruptioni] *om.* τ^3; II, 10 (4) fidei uestrae congruentia] congruentia fidei uestrae τ^3; II, 24 (5) ut] si τ^3

Le ms. FIRENZE, *Bibl. Med. Laur.* Ashbur. 1196 (F^1) est un apographe du ms. de Douai, comme nous l'avons déjà mentionné. La proximité des abbayes dont ils procèdent (Cambron et Anchin) explique aisément le fait. Mais en témoignent surtout le contenu exactement similaire des deux *codices* (CASSIOD., *Hist.* – VIGIL. THAPS., *C. ar.* – ID., *Sol. obiect. ar.*) et l'absence totale de leçons propres à D^1 qui ne se retrouveraient pas en F^1. On relève en revanche quelques très rares fautes de D^1 reprises par F^1, au moins *ante correctionem*. Par exemple: I, 1 (8) dogmatis] dogmati D^1 $F^{1a.c.}$.

F^1 a servi à son tour de modèle aux deux mss bruxellois. C'est la raison des variantes communes au groupe qui sont nombreuses, car en sus de celles notées ci-dessus, on en dénombre encore une trentaine. Quelques corrections fautives portées sur F^1, et présentes dans le texte même de Bx^4 et Bx^5, confirment cette filiation. Ainsi en I, 2 (26) ut haec] et haec $F^{1a.c.}$, et ut haec $F^{1p.c.}$ Bx^5 (Bx^4 est ici mutilé); I, 20 (1) probus iudex] probus iudex $F^{1a.c.}$, *del et scrips. in marg.* Athanasius $F^{1p.c.}$, athanasius Bx^4 Bx^5; II, 22 (14) uirtute] ueritate *in ras.* $F^{1p.c.}$; ueritate Bx^4 Bx^5.

Les mss BRUXELLES, *Bibl. Royale* 4797-99 et BRUXELLES, *Bibl. Royale* II 1061 ont chacun leur lot de fautes propres, ce qui rend impossible une dépendance de l'un envers l'autre. Tous deux ont été copiés d'après $F^{1p.c.}$ qu'ils suivent en définitive d'assez près. Mais Bx^4 est très endommagé par suite d'un incendie, comme il a été dit.

Cette première branche du groupe nordique se présente donc ainsi:

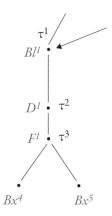

La seconde branche de τ ne comporte que trois mss:

τ^4 | LONDON, *Brit. Libr.* Royal 6 A VIII (L^1 – XVe s.) – PARIS, *Bibl. Nat.* lat. 12131 (P^{10} – XIIe s.) – PARIS, *Bibl. Nat.* lat. 185 (P^3 – ex. XIIe s.)

Ces trois mss dépendent d'un même ancêtre qui a subi une contamination importante de la part de la sous-famille β^2, que nous avons déjà évoquée. Cette contamination est différente de celle qui a affecté l'archétype de τ, car elle est propre aux trois mss de τ^4. Souvent, elle ne concerne que P^{10} *ante correctionem* et L^1, car P^3, l'apographe de P^{10}, a intégré la plupart des corrections que P^{10} a subies et qui l'ont rendu conforme au texte de β^1. Rappelons les exemples de cette contamination, déjà notés dans l'introduction à la famille τ, car ce sont eux qui assurent, par soustraction de β^2, l'identité du groupe:

I, 17 (15) ut] et β^2 $P^{10 a.c.}$ L^1; I, 20 (18) arrius dixit: hoc non ostendes] *om.* β^2 $P^{10 a.c.}$; L^1; I, 23 (2) ob] ab β^2 $P^{10 a.c.}$ L^1; II, 1 (3) inuicem] non *add.* β^2 τ^4; II, 4 (13) ex^1] β^2 $P^{10 a.c.}$ L^1; II, 6 (20/21) aequa, obsecro uos, o auditores, iudicii] obsecro uos, o auditores, iudicii aequa. β^2 τ^4; II, 6 (33/34) schematis] stigmatum β^2 τ^4; II, 9 (15) non potuisse] potuisset β^2 $P^{10 a.c.}$ L^1; II, 14 (20) perfecta] et *praem.* β^2 τ^4; II, 16 (19/20) uerbis similibus tamen] uerumtamen similibus β^2 $P^{10 a.c.}$ L^1; II, 21 (4) ex] *om.* β^2 $P^{10 a.c.}$ L^1; II, 22 (8) nascenti] habenti β^2 τ^4; II, 22 (47) proferam testem] protestante β^2 $P^{10 a.c.}$ L^1

Au sein du groupe, le ms. LONDON, *Brit. Libr.* Royal 6 A VIII (L^1) se distingue particulièrement. C'est un ms. tardif, copié pour l'abbaye de Spanheim à la demande du père Abbé, le célèbre Jean Trithème, qui réforma le monastère à la fin du XVe s. et en quelques années multiplia par dix le nombre de volumes de la bibliothèque, faisant de celle-ci l'une des plus riches d'Allemagne. Le modèle de L^1 – l'archétype de τ^4 – se trouvait peut-être dans les régions rhénanes. Cela expliquerait sa contamination par la famille β^2 surtout présente dans l'aire germanique. Mais L^1 a manifestement subi une deuxième contamination, et tout porte à croire que le copiste a travaillé avec deux témoins qu'il confrontait. En effet son texte garde de nombreux contacts avec la tradition textuelle de β^1 et le contenu du *codex* est celui du fond ancien de β^1, à savoir toute la collection antiarienne « luciférienne » et rien qu'elle. Nous avons vu aussi son appartenance au groupe τ et son lien avec le ms. de Boulogne-sur-Mer. Mais dans le même temps, son texte est très proche de celui transmis par β^2, et souvent plus proche de β^2 que de β^1. L^1 n'est donc pas loin d'être un ms. « mixte ». S'agissant du lien avec la tradition de β^2, on relève même une série d'accords très spécifiques avec deux mss jumeaux: SANKT GALLEN, *Stiftsbibl.* 90 et ZÜRICH, *Zentralbibl.* Car. C 116 [105]. Cette relation s'explique sans doute par un témoin très proche d'eux, qui aurait migré des Alpes vers la Rhénanie et qui aurait servi de source, à l'égal d'un descendant de l'antique collection antiarienne de β^1. C'est du moins l'hypothèse que l'on peut avancer pour rendre compte au mieux d'un ms. qui reste étonnant [106]. Quant à sa qualité textuelle, elle est correcte sans être exceptionnelle: on dénombre une centaine de fautes dont une quinzaine de micro-lacunes et beaucoup d'inversions.

Les deux derniers mss de τ sont aujourd'hui à Paris.

τ^5 | PARIS, *Bibl. Nat.* lat. 12131 (P^{10} – XIIe s.) – PARIS, *Bibl. Nat.* lat. 185 (P^3 – ex. XIIe s.)

Les deux mss font bloc, car P^3 est issu en droite ligne de P^{10}. La filiation ne fait aucun doute en raison du contenu identique des

---

[105] Pour éviter les répétitions, nous en ferons état en étudiant ces derniers. Cfr *infra*, p. 206-207.

[106] La présence d'un proche parent des mss de Zurich et de Saint Gall dans les régions septentrionales n'a rien d'étonnant, si l'on considère que le ms. BRUGGE, *Openbare Bibl.* 151 est un descendant direct du ms. de Saint Gall. Cfr *infra* p. 209-210.

volumes – la collection antiarienne suivie de l'*Epistula ad Erfastum* de Guitmond d'Aversa; une séquence très spécifique –, de l'absence de leçons propres à P^{10} et, à l'inverse, de la présence dans le texte même de P^3 de toutes les corrections portées sur P^{10}, et enfin de nombreuses variantes pures communes aux deux témoins. Voici celles présentes dans les parties du *C. ar.* communes à toute la tradition:

I, 1 (24) patefieri] pandi τ^s; I, 1 (27) hoc] haec τ^s; I, 16 (21/22) sensus fidem meam] sententias uel intellectus sensus fidei meae τ^s; I, 19 (5) discipuli] sequaces τ^s; I, 25 (3) sanctus] *om.* τ^s; II, 6 (16) passionis] passionum τ^s; II, 6 (32) et] atque $P^{10p.c.}$ P^3; II, 7 (19) diuinae maiestatis] *tr.* τ^s; II, 7 (33) ego] et *praem.* τ^s; II, 9 (29) referat] rem ferre τ^s; II, 21 (13) frustrabitur] frustrabuntur τ^s; II, 22 (36) deus] omnipotens τ^s; II, 23 (16/17) aequari] coaequari τ^s

Une vingtaine de cas supplémentaires figurent dans les autres parties du *C. ar.*

Le ms. Paris, *Bibl. Nat.* lat. 12131 (P^{10}) a été copié à Saint-Evroult (Normandie) et la présence d'autres témoins du *C. ar.* dans la région (P^2 Ro^1 O^1) a favorisé les corrections mutuelles ainsi que les contaminations. À cet égard, il faut souligner la minutieuse correction-révision dont P^{10} a fait l'objet, certainement à partir d'un exemplaire régional, P^2 probablement. La reproduction dont nous disposions ne nous a pas permis de distinguer plusieurs mains, mais le correcteur-réviseur semble avoir été unique. En revanche, on remarque clairement dans son travail deux types d'interventions: des corrections proprement dites portées sur le texte, et des variantes textuelles transcrites dans la marge.

Dans le corps même du texte, les corrections en tous genres sont innombrables. Il s'agit d'abord des corrections des propres fautes de P^{10} ou des leçons dues à son modèle, l'archétype de τ^4, ou dues à l'archétype de τ. Quelquefois, on trouve une variante écrite sur la ligne et introduite par « uel », mais ces cas sont rares. Ces corrections correspondent presque toujours au texte de base de β^1. La contamination venant de β^2 a ainsi été fortement minorée. Mais on ne voit pas que le correcteur ait agi de manière systématique, car ses interventions souffrent diverses exceptions. En revanche, on relève une révision complète de l'orthographe. La dissimilation a été partout modifiée au profit de l'assimilation.

Notons enfin que la plupart de ces corrections intra-textuelles sont passées dans l'apographe P^3.

Quant aux marges de P^{10}, on y relève un nombre très élevé de variantes textuelles: plus de 150 pour l'ensemble du *C. ar.* Le phénomène affecte à vrai dire tous les textes du *codex* et nous avait déjà frappé en éditant les *Solutiones*. Nous nous étions même demandé s'il ne s'agissait pas d'une « édition critique »; le copiste, ayant à sa disposition deux modèles qu'il confrontait, aurait majoritairement suivi l'un, tout en transcrivant dans la marge les variantes significatives de l'autre. Le fait que les variantes marginales soient toujours introduites par « uel » le laisserait penser. En tout cas, ces mentions témoignent du soin extrême avec lequel ce réviseur-correcteur a travaillé, car elles portent sur des membres de phrase ou des groupes de mots, mais souvent sur un seul mot ou sur un simple pronom. Cependant, le plus intéressant tient à ce que ces variantes marginales correspondent non seulement au texte standard de β^1, mais à celui du groupe ρ. Il est même possible que ce soit P^2 (PARIS, *Bibl. Nat.* lat. 1684) qui ait été utilisé pour la révision. En étudiant ce ms., nous avions fait allusion à la relation particulière qu'il entretient avec P^{10}, sans approfondir le fait. Voyons maintenant ce qu'il en est.

À vrai dire, et pour autant qu'on puisse en juger – nous restons ici prudent –, la relation entre les deux mss est double. Il s'agit à la fois d'une correction de P^2 à partir de P^{10}, et d'une révision-correction de P^{10} sans doute à partir de P^2. Les deux points peuvent se déduire de nombreuses variantes pures [107]:

a) correction de P^2 à partir de P^{10}

Avant d'en faire état, précisons que P^{10} constituant avec son apographe P^3 un bloc homogène (τ^5), on ne peut exclure *a priori* que P^2 ait été corrigé à partir de P^3 (ou d'un autre ms. très proche), plutôt qu'à partir de P^{10}. C'est pourquoi nous indiquerons le sigle τ^5 dans la liste qui va suivre, puisque de toute façon les corrections portées sur P^2 correspondent aux leçons de P^{10} et de P^3. Mais il est tout de même probable que ce soit P^{10} qui ait servi au correcteur de P^2, car P^3 date de la fin du XIIe s., c'est-à-dire après qu'a été copié O^1 (XIIe s.) qui intègre déjà dans son texte toutes les corrections de P^2. Précisons également qu'on ne peut envi-

---

[107] Nous parlons de variantes pures, mais il va de soi que les corrections portées sur P^2 sont passées dans les mss qui en dépendent (ρ^1).

sager une dépendance inverse, c'est-à-dire de P^{10} à l'égard de $P^{2p.c.}$. L'ensemble du stemma de la sous-famille β^1 s'oppose en effet à ce que P^{10} descende de P^2. Voici quelques exemples de ces corrections de P^2 à partir de P^{10}:

I, 25 (13/14) homousion] ad *praem.* τ^5, ad *praem.* $P^{2in\ marg.\ p.c.}$; II, 5 (22) pecudem] aliquod τ^5, *del. et suprascr.* aliquod $P^{2p.c.}$; II, 9 (5) incorruptibiliter] corruptibilium *praem.* τ^5, corruptibilium *praem.* $P^{2in\ marg.\ p.c.}$; II, 20 (2) praecipitatus] praecipitatur τ^5 $P^{2p.c.}$; II, 27 (14) non posse] *om.* τ^5, *del.* $P^{2p.c.}$; III, 1 (7) hunc] adhuc τ^5 $P^{2p.c.}$; III, 2 (14) stultissime] stultissima τ^5 $P^{2p.c.}$; III, 6 (30) uirtus] fortitudo τ^5, uel fortitudo $P^{2s.l.\ p.c.}$; III, 8 (1) qui] quid τ^5, uel quid $P^{2s.l.\ p.c.}$; III, 9 (14) arrius] ut *praem.* τ^5, ut $P^{2s.l.\ p.c.}$; III, 10 (43) ultra] extra. τ^5 $P^{2p.c.}$; III, 12 (2) referre] quod *add.* τ^5 $P^{2s.l.\ p.c.}$

b) correction-révision de P^{10} sans doute à partir de P^2

Sont ici concernées les leçons alternatives portées dans les marges de P^{10}. Elles sont extrêmement nombreuses, comme on l'a dit, et correspondent *toujours* au texte de ρ et aux leçons spécifiques que nous avons relevées pour ce groupe. C'est un fait indéniable et important. Mais peut-on préciser lequel des mss de ρ a servi à cette correction-révision ? C'est difficile, car le groupe a certainement été plus important qu'il ne l'est aujourd'hui. Cependant, parmi les témoins dont nous disposons, P^2 est le candidat le mieux placé. L^6 est en effet exclu, car le ms. fut copié en Angletterre. O^1 l'est aussi, bien qu'il ait été écrit en Normandie, car il a plusieurs fois un texte différent aux endroits concernés[108]. Ro^1 est envisageable, mais P^2 nous paraît convenir davantage, en raison d'un cas où la variante notée par P^{10} correspond au seul texte de P^2 : I, 10 (25) sunt nomina] cuncta omnia $P^{2a.c.}$, constat nomina $P^{2in\ ras.\ p.c.}$, cuncta omnia $P^{10a.c.}$, uel constat omnia *suprascr.* $P^{10p.c.}$ [109]. Comme précédemment, la relation inverse est impossible à envisager, car P^2 est antérieur (XIe s.) à P^{10} (XIIe s.). D'ailleurs, on imagine mal qu'une simple variante marginale introduite par «uel» ait été intégrée dans le texte

---

[108] Par exemple en I, 22 (21) ferto] fer id P^2 Ro^1, fer hic O^1 L^6, ferto $P^{10a.c.}$, uel fer id $P^{10in\ marg.\ p.c.}$; II, 15 (18) compitum] O^1 L^6 $P^{10a.c.}$, compitem P^2 Ro^1, uel compitem $P^{10in\ marg.\ p.c.}$.

[109] La correction de P^2 se retrouve chez ses descendants (O^1 L^6), mais ceux-ci viennent d'être exclus.

même de P^2. Quoi qu'il en soit du ms. précis qui a servi à la correction-révision de P^{10}, voici quelques exemples d'accords entre les variantes marginales de P^{10} et le groupe ρ:

I, 22 (19) consequentia] consequentiae ρ, uel consequentiae $P^{10\,in\,marg.\,p.c.}$; II, 2 (8) replicationibus] repugnationibus ρ, uel repugnationibus $P^{10\,in\,marg.\,p.c.}$; II, 6 (10/11) sit passioni] passioni est ρ, uel sit passioni $P^{10\,in\,marg.\,p.c.}$; II, 11 (9) torpidi] horridi ρ, uel horridi $P^{10\,in\,marg.\,p.c.}$; II, 13 (19) sed hoc est] sed idem est ei ρ, uel sed idem est ei $P^{10\,in\,marg.\,p.c.}$; II, 18 (18/19) et dum luculento disputationis examine, non ex argumento philosophicae artis ueniente] et dum luculento disputationis ordine, non ex argumento philosophiae artis uenientibus ρ, uel et dum luculento disputationis ordine, non ex argumento philosophiae artis uenientibus $P^{10\,in\,marg.\,p.c.}$; II, 19 (19) esse] inesse ρ, uel inesse $P^{10\,in\,marg.\,p.c.}$; III, 6 (21) putatur] operatur ρ, uel putatur $P^{10\,in\,marg.\,p.c.}$; III, 7 (7) secretam] resecatam ρ, resectam $P^{10\,a.c.}$, uel resecatam $P^{10\,in\,marg.\,p.c.}$.

Quant au ms. PARIS, *Bibl. Nat.* lat. 1685 (P^3), nous avons dit qu'il fut directement copié d'après P^{10} dont il reprend la plupart des corrections intratextuelles, mais non les variantes marginales qu'il ne reproduit ni n'intègre dans sa copie, sauf à de très rares exceptions. Ses fautes personnelles sont mineures et sans excès (une cinquantaine).

L'ensemble du groupe nordique, avec ses deux branches, peut être schématisé ainsi:

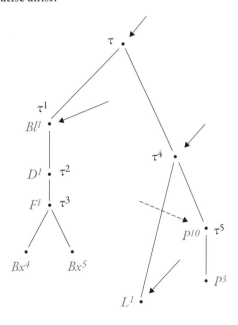

3.3. La sous-famille alpine: β^2

β^2 | Karlsruhe, *Bad. Landesbibl.* Aug. XVIII (K^1 – inc. IXe s.) – Karlsruhe, *Bad. Landesbibl.* Aug. CCXXXVIII (K^2 – inc. IXe s.) – Sankt Gallen, *Stiftsbibl.* 90 (Sg^1 – IXe s.) – Zürich, *Zentralbibl.* Car. C 116 (Z^1 – IXe s.) – Leiden, *Universiteitsbibl.* Voss. lat. Q 72 (Ld^1 – IXe s.) – Reims, *Bibl. Carnegie* 385 (R^1 – IXe s.) – Fulda, *Hessischen Landesbibl.* Aa 2 (Fu^1 – IXe s.) – München, *Bayerische Staatsbibl.* Clm 6294 (Mu^1 – Xe s.) – Roma, *Bibl. Vallicelliana* Tomo 18 (Rm^1 – Xe s.) – Poitiers, *Bibl. Mun.* 66 (Pt^1 – XIIe s.) – Paris, *Bibl. Nat.* lat. 13334 (P^{11} – XIIe s.) – Oxford, *Bodl. Libr.* Bodley 705 (O^2 – XIIIe s.) – Brugge, *Openbare Bibl.* 151 (Bg^2 – XIII-XIVe s.) – Bruxelles, *Bibl. Royale* 2573-75 (Bx^3 – XVe s.) – Düsseldorf, *Universitäts- und Landesbibl.* B 6 (Dl^1 – XVe s.) – Augsburg, *Staats- und Stadtbibl.* 2° 517 (Ag^1 – XVIe s.)

Nous appellerons «alpine» cette sous-famille, car ses témoins majeurs proviennent des Alpes suisses et allemandes (Reichenau, Saint Gall, Zürich, Munich). Elle compte 16 mss, mais 3 sont incomplets:

- Fulda, *Hessischen Landesbibl.* Aa 2 qui ne comporte que trois feuillets, comme on l'a dit en décrivant le *codex*. Dans le relevé des variantes qui va suivre, nous n'avons donc pas tenu compte de ce témoin. Néanmoins, sa place dans la famille alpine se fonde sur trois variantes de la *Préface* de la seconde édition qui seront citées plus avant.
- Karlsruhe, *Bad. Landesbibl.* Aug. XVIII et Augsburg, *Staats- und Stadtbibl.* 2° 517 qui ne transmettent que la *Sententia Probi*. Étant donnée la relative brièveté de ce texte, la confrontation de K^1 et de Ag^1 avec le reste de la tradition est moins parlante que pour le reste du *C. ar.* C'est pourquoi nous traiterons de ces deux témoins au terme de l'étude de β^2, sans les prendre en compte pour l'instant, même si leur appartenance à la sous-famille alpine ne fait aucun doute [110].

L'homogénéité de β^2, au sein de laquelle on notera la présence de nombreux manuscrits carolingiens, est forte. Elle est assurée d'abord par la séquence caractéristique: Hier., *Lucif.* – Vigil.

---

[110] Dans ce qui suit, le sigle β^2 renvoie donc à 13 mss (ceux de Fulda Aa 2, Karlsruhe XVIII et Augsburg 2 517 étant exclus).

THAPS., *C. ar.*, présente dans six mss et que l'on peut considérer comme le noyau primitif du groupe [111]. Elle est assurée aussi par des variantes textuelles spécifiques. Mais il convient de rappeler une nouvelle fois que β^2 a fortement contaminé une branche de β^1, comme on l'a vu [112]. De sorte qu'on ne relève qu'une seule variante strictement propre à β^2 : II, 2 (26) iactitare] actitare β^2. Mais sitôt qu'on intègre aux 13 mss complets de β^2 l'un ou l'autre ms. de τ (le groupe de β^1 que β^2 a contaminé), ces variantes deviennent très nombreuses. Voici celles prises aux sections des livres I et II communes à toute la tradition (les mss de τ qui viennent s'ajouter sont indiqués entre parenthèses) :

> I, 4 (18/19) in mundo gestauit] *tr.* β^2 $(+ L^1)$; I, 20 (4) non satis] *tr.* β^2 $(+ L^1)$; I, 20 (18) arrius dixit: hoc non ostendis] *om.* β^2 $(+ P^{Ioa.c.} L^1)$; II, 3 (12) sentire debeam] *tr.* β^2 $(+ L^1)$; II, 4 (13) ex^1] *om.* β^2 $(+ P^{Ioa.c.} L^1)$; II, 5 (22) generet] generat β^2 $(+ P^{Ioa.c.} L^1)$; II, 6 (20/21) aequa, obsecro uos, o auditores, iudicii] obsecro uos, o auditores, iudicii aequa β^2 $(+ \tau^4)$; II, 6 (33/34) schematis] stigmatum β^2 $(+ \tau^4)$; II, 8 (8) habere uterum] *tr.* β^2 $(+ L^1)$; II, 18 (20) demonstrauero] monstrauero β^2 $(+ L^1)$; II, 20 (9) dedit] pater *add.* β^2 $(+ L^1)$; II, 21 (4) ex] *om.* β^2 $(+ P^{Ioa.c.} L^1)$; II, 22 (8) nascenti] habenti β^2 $(+ \tau^4)$; II, 22 (47) proferam testem] protestante β^2 $(+ P^{Ioa.c.} L^1)$

On ne saurait négliger non plus les variantes suivantes, même si elles figurent dans des sections où la tradition est incomplète (α^1 pour le l. I, et γ pour le l. II) :

> I, 7 (2) et] *om.* β^2 $(+ Bl^1 sq.)$; I, 11 (9) quo] quam β^2 $(+ Bl^{1p.c.} sq.)$; I, 11 (19) et] ac β^2 $(+ Bl^1 sq. \tau^4)$; I, 13 (30) temporum] tempore β^2 $(+ Bl^{1a.c.} sq. \tau^4)$; II, 14 (20) perfecta] et *praem.* β^2 $(+ \tau^4)$; II, 16 (19/20) uerbis similibus tamen] uerumtamen similibus β^2 $(+ \tau^4)$; III, 1 (16) deum] deo β^2 $(+ \tau^4)$

À ces vingt-six variantes, on peut en ajouter au moins autant, si l'on ne tient pas compte de l'absence fortuite d'un ou deux témoins (par exemple les deux mss de χ^1 : P^{11} et O^2) ou inversement d'un accord avec deux ou trois témoins supplémentaires en raison

---

[111] Il sagit de REIMS, *Bibl. Carnegie* 385 – SANKT GALLEN, *Stiftsbibl.* 90 – ZÜRICH, *Zentralbibl.* Car. C 116 – LEIDEN, *Universiteitsbibl.* Voss. lat. Q 72 – MÜNCHEN, *Bayerische Staatsbibl.* Clm 6294 – POITIERS, *Bibl. Mun.* 66.

[112] Cfr *supra*, p. 163 et 167-168.

de la contamination du groupe τ^4 par β^2, étudiée précédemment[113]. Sans nous attarder sur tout cela, notons simplement quelques exemples du premier cas: I, 23 (2) ob] ab β^2 (*exc.* χ^1); II, 1 (3) consensisse] non *praem.* β^2 (*exc.* $\psi^1 \chi^1$); II, 1 (15) desideret] desiderat β^2 (*exc.* χ^1); II, 19 (21) perhibent] perhibentes β^2 (*exc.* $\chi^1 Mu^{1p.c.}$ *sq.*). L'unité de β^2 et l'existence d'un archétype ne font donc aucun doute.

Au sein de la famille, on distingue aisément plusieurs branches: φ, χ, ψ et ω. Nous les examinerons successivement et traiterons ensuite des deux mss qui ne transmettent que la *Sententia Probi*.

La première branche comporte trois mss dont deux carolingiens:

φ | SANKT GALLEN, *Stiftsbibl.* 90 (Sg^1 – IXe s.) – ZÜRICH, *Zentralbibl.* Car. C 116 (Z^1 – IXe s.) – BRUGGE, *Openbare Bibl.* 151 (Bg^2 – XIII-XIVe s.)

L'unité du groupe est réelle, mais n'apparaît qu'avec un peu d'attention. Les deux mss anciens ont en effet subi d'importantes corrections; il faut donc les considérer *ante* ou *post correctionem*. De plus, on a vu que β^2 avait contaminé certains rameaux de β^1. Or, c'est un ms. de φ, ou très proche de φ, qui a contaminé le ms. LONDON, *Brit. Libr.* Royal 6 A VIII (L^1) appartenant à τ^4. D'où un bon nombre de variantes non totalement « pures », mais néanmoins révélatrices. En voici quelques-unes, avec entre parenthèses les cas où L^1 vient s'ajouter aux mss de φ[114]:

1. dans les sections communes du livre I:

I, 1 (13) quid] quod φ (+ L^1); I, 6 (13) prolatos] prolatus $Z^1 Sg^{1a.c.} Bg^2$ (+ L^1); I, 18 (11) est³] *om.* φ (+ L^1); I, 20 (22) nullam] nullum φ (+ L^1); I, 24 (1) eo] eorum $Z^1 Sg^{1a.c.}$ (+ L^1); I, 25 (6) nulla] ulla $Z^1 Sg^{1a.c.}$ (+ L^1)

2. dans les sections communes du livre II:

II, 2 (14) percipiant] percutiant $Z^1 Sg^{1a.c.}$ (+ L^1); II, 6 (6) generando] generanda $Z^1 Sg^{1a.c.}$ (+ L^1); II, 9 (15/16) uo-

---

[113] Cfr *supra*, p. 189-190.
[114] Le ms. de Bruges est un apographe de celui de Saint Gall, comme on va le préciser, et il en reprend très souvent les corrections (mais pas toujours), de sorte que certains accords ne concernent que Z^1 et $Sg^{1a.c.}$.

lente] uolenti Z^1 $Sg^{1a.c.}$ (+ L^1); II, 21 (18) noscitur] cognoscitur φ (+ L^1); II, 22 (14) nec] ne φ (+ L^1); II, 24 (9) esse ostende] *tr.* φ (+ L^1); II, 28 (13) obseruantiam] obseruare non iam φ (+ L^1); II, 28 (18) cognitione] conitione $Sg^{1a.c.}$, contione Z^1 $Sg^{1p.c.}$ Bg^2 (+ L^1)

Ajoutons ces autres, elles aussi significatives, même si elles se trouvent dans les sections inégalement représentées dans la tradition :

Praef. sec. ed. (36/37) iussionem] imperium φ (+ L^1); I, 7 (37) ut] *om.* φ (+ L^1); I, 12 (6) puta] puto φ (+ L^1); I, 14 (31) deum] *om.* φ (+ L^1); II, 10 (26) effluit] fundit Z^1 $Sg^{1a.c.}$ (+ L^1); II, 11 (7) in sensibili] insensibus Z^1 $Sg^{1a.c.}$ (+ L^1); II, 13 (14) pater uitam] *tr.* Z^1 $Sg^{1a.c.}$ (+ L^1); II, 16 (23) demonstrandam] demonstrandum φ (+ L^1); II, 17 (25) homine] homini φ (+ L^1)

Cette parenté entre les trois témoins en cache une autre, plus fondamentale, entre les mss de Zurich et de Saint Gall qui sont issus d'un même modèle et quasi superposables.

SANKT GALLEN, *Stiftsbibl.* 90 (Sg^1 – IXe s.) – ZÜRICH, *Zentralbibl.* Car. C 116 (Z^1 – IXe s.)

Comme la plupart des mss anciens de β^2, les deux mss ont à la suite l'*Altercatio Luciferiani et Orthodoxi* de Jérôme et le *Contra arrianos* de Vigile, mais dans un ordre ici inverse : Vigile-Jérôme. C'est un premier trait qui les distingue. Ils recèlent aussi un nombre important de variantes pures, si du moins on les considère *ante correctionem*, car l'un et l'autre ont subi une correction méticuleuse qui a remédié aux fautes de la copie initiale. Voici quelques-unes de ces variantes où l'on remarquera la fréquence des omissions :

a) dans les sections communes du livre I :

I, 1 (8) recti] *om.* $Sg^{1a.c.}$ $Z^{1a.c.}$; I, 4 (17) qui] quo $Sg^{1a.c.}$ $Z^{1a.c.}$; I, 4 (18) humani] homini $Sg^{1a.c.}$ $Z^{1a.c.}$; I, 5 (13) ut] non $Sg^{1a.c.}$ $Z^{1a.c.}$; I, 21 (18) non] *om.* $Sg^{1a.c.}$ $Z^{1a.c.}$; I, 22 (8) ratione] ratio $Sg^{1a.c.}$ $Z^{1a.c.}$; I, 22 (9) ut] *om.* $Sg^{1a.c.}$ $Z^{1a.c.}$; I, 23 (1) ecclesiasticae] ecclesias $Sg^{1a.c.}$ $Z^{1a.c.}$; I, 24 (22) si uero – ualueris] *om.* $Sg^{1a.c.}$ $Z^{1a.c.}$

b) dans les sections communes du livre II (*om. v*) :

II, 1 (16) fidelium] filium $Sg^{1a.c.}$ $Z^{1a.c.}$; II, 2 (14) quibusque] que $Sg^{1a.c.}$ $Z^{1a.c.}$; II, 3 (11) arrius dixit – de patre natum] *om.* $Sg^{ta.c.}$ $Z^{ta.c.}$; II, 4 (10) perfectus perfectum genuit] *om.* $Sg^{ta.c.}$ $Z^{ta.c.}$; II, 6 (36) genuit – confiteor] *om.* $Sg^{ta.c.}$ $Z^{ta.c.}$; II, 7 (20) quantum] quantam $Sg^{ta.c.}$ $Z^{ta.c.}$; II, 7 (34) contestanti] contesti $Sg^{ta.c.}$ $Z^{ta.c.}$; II, 8 (3) in] *om.* $Sg^{ta.c.}$ $Z^{ta.c.}$; II, 8 (5) aut] ut $Sg^{ta.c.}$ $Z^{ta.c.}$; II, 8 (13) uitiosae] uotio $Sg^{ta.c.}$ $Z^{ta.c.}$; II, 8 (14) habes] habet $Sg^{ta.c.}$ $Z^{ta.c.}$; II, 8 (16) uterus] uteros $Sg^{ta.c.}$ $Z^{ta.c.}$; II, 8 (20) est] *om.* $Sg^{ta.c.}$ $Z^{ta.c.}$; II, 9 (9/10) et infractis – integritate] *om.* $Sg^{ta.c.}$ $Z^{ta.c.}$; II, 9 (22) fassus est – optime] *om.* $Sg^{ta.c.}$ $Z^{ta.c.}$; II, 10 (3) de] *om.* $Sg^{ta.c.}$ $Z^{ta.c.}$; II, 18 (20) obmutescet] obtescit $Sg^{ta.c.}$ $Z^{ta.c.}$; II, 22 (4) coequali aequalitatem] *om.* $Sg^{ta.c.}$ $Z^{ta.c.}$; II, 22 (41/42) ita et – uiuificat] *om.* $Sg^{ta.c.}$ $Z^{ta.c.}$.

Comme on le voit, il s'agit d'accords *ante correctionem*. C'est également le cas pour une cinquantaine d'autres leçons que l'on pourrait ajouter à cette liste. Mais ce sont aussi des accords *post correctionem*, car les deux mss ont bénéficié de corrections justes et en tous points similaires, de sorte que l'un et l'autre ont désormais le bon texte. Ils datent tous deux du IXe s. et il est difficile de dire lequel est antérieur. En tout cas, aucun ne peut être l'apographe de l'autre, car chacun est plusieurs fois meilleur que l'autre, même s'il s'agit de points mineurs. De plus le ms. de Saint Gall a subi plusieurs corrections exactes dont celui de Zurich n'a pas bénéficié (on relève une vingtaine de cas de ce type), tandis que l'inverse s'observe également, quoique plus rarement. Une filiation directe de l'un ou de l'autre paraît donc impossible et il est raisonnable de postuler un modèle commun.

Un fait retient encore l'attention: la présence d'accords spécifiques entre Sg^1 Z^1 (ou $Sg^{1p.c.}$ $Z^{1p.c.}$) et K^2 (ou $K^{2p.c.}$). Le fait est frappant, car bien attesté, mais il est difficile de l'expliquer. Une chose cependant est certaine: $K^{2p.c.}$ ne peut pas être la source de Sg^1 et Z^1 en raison des nombreuses variantes présentes chez lui (celles du groupe ω et celles qui lui sont propres) et absentes des deux mss suisses, mais aussi de son *codex* qui ne contient pas la séquence Hier., *Lucif.* – Vigil. Thaps., *C. ar.*, tandis que les deux mss suisses l'ont, à l'instar des autres mss anciens de β^2 (Munich, Reims, Leiden). Pour le reste, certains accords se comprendraient aisément comme une correction de K^2 à partir de Sg^1 ou de Z^1[115].

---

[115] Par exemple: I, 16 (3) qui] quia Sg^1 Z^1 $K^{2p.c.}$; I, 18 (11) est[3]] *om.* Sg^1 Z^1 $K^{2p.c.}$; II, 10 (43) adaeque] *om.* Sg^1 Z^1, *del.* $K^{2p.c.}$; II, 15 (16) in] *om.* Sg^1 Z^1, *del.* $K^{2p.c.}$.

Mais d'autres orientent clairement dans le sens inverse, celui d'une correction de Sg^1 et/ou de Z^1 à partir de K^2, puisque la correction portée sur Sg^1 et/ou Z^1 fait partie du texte de K^2[116]. Bref, dans l'état actuel de nos connaissances, il est impossible d'expliquer vraiment ces accords. Il est hautement probable que plusieurs mss intermédiaires aient disparu et que bien des contaminations se soient produites au sein de la région restreinte d'où proviennent nos mss (Saint Gall – Reichenau – Zurich).

Bien que $Sg^1 Z^1$ soient tous deux antiques et vénérables, il était inutile de les faire figurer tous deux dans l'apparat. Leur texte est en effet presque identique, souvent similaire aussi aux autres témoins de $β^2$, un groupe pour lequel on constate en quelque sorte un texte « standard ». Nous avons retenu le ms. de Saint Gall pour l'apparat.

Revenons maintenant au troisième membre de $φ^1$, le ms. de Bruges. C'est probablement un apographe du ms. de Saint Gall.

$φ^1$ | SANKT GALLEN, *Stiftsbibl.* 90 (Sg^1 – IXᵉ s.) – BRUGGE, *Openbare Bibl.* 151 (Bg^2 – XIII-XIVᵉ s.)

Les deux témoins partagent en effet nombre de variantes pures, présentes dans les sections communes des livres I et II:

> I, 5 (4) interim] inter $Sg^{1a.c.}$, in $Sg^{1p.c.}$ Bg^2; II, 1 (15) ne tam] etiam $Sg^{1a.c.}$, ne etiam $Sg^{1p.c.}$ Bg^2; II, 3 (19) diligenti] diligentiae $φ^1$; II, 21 (6) demonstretur] demonstraretur $φ^1$; II, 27 (15) adsertionibus] adsermonibus $Sg^{1a.c.}$, sermonibus $Sg^{1p.c.}$ Bg^2; II, 28 (7) potioris] potiores $φ^1$; II, 28 (20) purae fidei] *tr.* $φ^1$

mais aussi dans les autres sections du *C. ar.*:

> *Praef. sec. ed.* (44) iussionem] imperium $Sg^{1a.c.}$, iussionis *add. in marg.* $Sg^{1p.c.}$, iussionis imperium Bg^2; I, 9 (5) singulari] al. singuli *add. in marg.* $Sg^{1p.c.}$, singuli singulari Bg^2; I, 12 (4/5) cognoscis] agnoscis $φ^1$; I, 14 (30) desinat] desinet $φ^1$; II, 15 (9) apparet] apparat $Sg^{1a.c.}$, appara $Sg^{1p.c.}$ Bg^2; II, 15 (15) per] pro $φ^1$; II, 15 (15/16) gratiam] gratia $Sg^{1p.c.}$ Bg^2

---

[116] Ainsi: I, 9 (5) singulari] singuli K^2, singulari $Sg^{a.c.}$, uel singuli *add. in marg.* $Sg^{p.c.}$; II, 19 (21) quae] quod K^2 $Sg^{p.c.}$; III, 1 (18) uoluntatis] affectu *add.* K^2 $Sg^{p.c.}$ $Z^{1p.c.}$.

Comme il s'agit très souvent de variantes erronées portées sur *Sg¹ post correctionem* et que l'on retrouve dans le texte même de *Bg²*, on est en droit de penser que celui-ci dérive directement du ms suisse, sans que l'on puisse dire de quelle manière cela s'est fait. Pour le reste, *Bg²* n'offre pas d'intérêt pour l'édition du traité de Vigile.

La première branche de *β²* se présente donc ainsi:

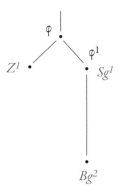

La seconde branche comporte également trois mss:

χ | ROMA, *Bibl. Vallicelliana* Tomo 18 (*Rm¹* – Xᵉ s.) – PARIS, *Bibl. Nat.* lat. 13334 (*Pⁱⁱ* – XIIᵉ s.) – OXFORD, *Bodl. Libr.* Bodley 705 (*O²* – XIIIᵉ s.)

Il convient certainement de rapprocher ces trois mss, bien que leurs traits communs soient peu nombreux. Cette rareté s'explique par le caractère lacunaire du ms. de Rome qui ne transmet que la première partie du *C. ar.* jusqu'à II, 15 (5), et par le fait que le ms. de Paris, dont celui d'Oxford est l'apographe, relève d'une tradition beaucoup plus tardive qui, au fil des ans, a multiplié les fautes et les corrections en tous genres.

Au premier rang des caractères propres aux trois témoins, il faut mentionner une lacune de dix lignes qui court de II, 3 (19): *Athanasius dixit: In hac tua prosecutione*, jusqu'à II, 4 (5/6): *in aliquo afferre praeiudicium*. Il s'agit d'un saut du même au même qui ne trahit pas nécessairement un même ancêtre, mais l'hypothèse d'un archétype commun se renforce en raison des variantes pures suivantes: I, 20 (22) nullam mihi rationis consequentiam] nulla mihi ratione consequentia χ; II, 10 (41) genitum] genitus χ; II, 12

(21) ambage] ambagem χ; II, 14 (6) essentiam] *iter.* χ. Les trois dernières variantes appartiennent à la partie du livre II absente de la sous-famille bourguignonne (γ), mais méritaient d'être relevées, surtout la troisième qui est spécifique. On note aussi quelques leçons qui situent le ms. de Rome non loin de ceux de Saint Gall et de Zurich : I, 14 (8) humanae] unae $Sg^{1 a.c.}$ $Z^{1 a.c.}$ Rm^1 ; I, 14 (25) deus erat] *om.* Sg^1 $Z^{1 a.c.}$ Rm^1 ; I, 15 (24) pater] *om.* $Sg^{1 a.c.}$ $Z^{1 a.c.}$ χ.

C'est finalement assez peu pour caractériser un groupe dont la place exacte reste difficile à déterminer, bien qu'il fasse assurément partie de la famille alpine. Dans le stemma, nous l'avons situé à proximité immédiate du groupe précédent.

Le ms. ROMA, *Bibl. Vallicelliana* Tomo 18, outre son caractère lacunaire, est de qualité fort médiocre. Son écriture malhabile, les mots souvent liés les uns aux autres en dépit du bon sens, ses innombrables fautes de lecture, de syntaxe et de compréhension, ainsi que ses fréquentes omissions, trahissent un copiste inexpérimenté, voire inculte. Pour le seul *C. ar.* I, on en dénombre plus de cent. Malgré sa date ancienne, Rm^1 n'offre donc pas d'intérêt pour l'établissement du texte, à tout le moins rien que les autres témoins du groupe ne transmettent. Rm^1 désormais à part, restent les deux autres mss qui forment un bloc compact.

$χ^1$ | PARIS, *Bibl. Nat.* lat. 13334 (P^{II} – XIIe s.) – OXFORD, *Bodl. Libr.* Bodley 705 (O^2 – XIIIe s.)

En effet, autant les variantes que les mss de Paris et d'Oxford ont en commun avec Rm^1 sont rares, autant celles qui les rapprochent sont innombrables. On en relève plus de cent pour le seul livre I du *C. ar.* Voici celles présentes dans les sections communes à toute la tradition :

> I, 1 (2) numinis] luminis $χ^1$;   I, 1 (14) debet] quod rectum est *add.* $χ^1$;   I, 3 (8) potentiae maiestatem] potentiam maiestatemque $χ^1$;   I, 3 (10) nomina] *om.* $χ^1$;   I, 4 (32) diuinitatis] deitatis $χ^1$;   I, 5 (6) esse naturae] essentiae ac naturae $χ^1$;   I, 5 (15) euidentioribus] euidentioris $χ^1$;   I, 6 (21) uegetando] *om.* $χ^1$;   I, 16 (14) naturae] gloria naturae et $χ^1$;   I, 16 (21) grauem] grauet $χ^1$;   I, 16 (25) unius eam] *tr.* $χ^1$;   I, 17 (16/17) usi censuerint feralibus relegandos edictis] uti consuescentes feralibus religasse dictis $χ^1$;   I, 19 (8) sacrilegium] sacrilegia $χ^1$;   I, 19 (12/13) nouae a nobis ingestae doctrinae] nouam a nobis ingestam doctrinam $χ^1$;

I, 19 (15) me] mihi χ^t; I, 19 (20) honore] honores χ^t; I, 19 (22) hoc nomine] *tr.* χ^t; I, 19 (24) erit] est χ^t; I, 20 (4) quid] quod χ^t; I, 20 (6) uirtus accessit] uirtutem accepit χ^t; I, 20 (9) stultitiae] stultitia et χ^t; I, 20 (10) enim] *om.* χ^t; I, 20 (25) doctrina] secta χ^t; I, 20 (29) quae] *om.* χ^t; I, 20 (34) omnes] et *praem.* χ^t; I, 20 (37) iudae cuiusdam] *tr.* χ^t; I, 20 (43) oraculi] *om.* χ^t; I, 21 (3) nominum] nouorum *add.* χ^t; I, 21 (6) confitendo] *om.* χ^t; I, 21 (9) ut tu] *om.* χ^t; I, 21 (17) uestrae] *om.* χ^t; I, 22 (24/25) erumpas... euadas] erumpat... euadat χ^t; I, 22 (26) facultas] falsitas *add.* χ^t; I, 23 (7) qualitates] qualitatesque χ^t; I, 23 (14) uides] uide χ^t; I, 24 (1) cum eo] *om.* χ^t; I, 24 (3) certissime] *om.* χ^t; I, 24 (7) professionibus] professionis articulis χ^t; I, 24 (8) filii] et spiritus sancti *add.* χ^t; I, 24 (8/9) homousion] ut *praem.* χ^t; I, 24 (15) quo] per *praem.* χ^t; I, 25 (2) cessionem] confessionem χ^t; I, 25 (8) coniciendo] coniciendum χ^t; I, 25 (14) testimonium] testimonio χ^t; I, 25 (24/25) manifestiore proprietatis testimonio] manifestioris proprietate testimonii χ^t; I, 26 (5) desinite] desistite χ^t; I, 26 (11) nominum] *om.* χ^t; I, 26 (12/13) proprietatis] proprietate χ^t; I, 26 (17) crassiora] quae et *praem.* χ^t

Il serait fastidieux de transcrire les autres leçons communes à P^{11} et O^2, tant elles sont nombreuses, et surtout inutile, car l'étroite parenté des deux témoins est une évidence. En fait, il est certain que O^2 est un apographe de P^{11}. On le déduit aisément du fait que l'intégralité des leçons de P^{11} se retrouve en O^2, et plus encore du fait que les corrections erronées portées sur P^{11} par une main ultérieure ont toutes été intégrées par O^2, et figurent chez lui au titre de texte normal. On recense une dizaine de cas très parlants[117]. Quand on regarde de près les leçons communes à P^{11} et O^2, on s'aperçoit qu'à côté de fautes d'inattention, beaucoup relèvent de libertés prises par le copiste de P^{11} ou de son modèle. Aux fautes de son modèle, O^2 ajoute les siennes propres, généralement minimes, mais qui finissent par s'accumuler (une quarantaine pour le

---

[117] *Pref. Sec. ed.* (19) reuocatur et fidem] reuocauit qui fidem $P^{11s.l. p.c.}$ O^2; I, 9 (20/21) sine cetera] prae ceteris $P^{11a.c.}$, praeteritis $P^{11s.l. p.c.}$ O^2; I, 9 (28) de idiota] dei dicta $P^{11a.c.}$, dei dicit ita $P^{11s.l. p.c.}$ O^2; I, 13 (16) dictum accipitur] dictum $P^{11a.c.}$, dictum est $P^{11p.c.}$ O^2; I, 13 (23) praedestinatione] ante constitutionem mundi *add.* $P^{11s.l. p.c.}$ O^2; I 14 (26) existimet] quis *add.* $P^{11s.l. p.c.}$ O^2; I, 21 (6) ecclesia] ecclesia $P^{11a.c.}$, exclamans *suprascrips.* $P^{11p.c.}$, exclamans O^2.

C. ar. I). De plus, le *C. ar.* est mutilé par la chute de deux feuillets qui se trouvaient primitivement entre les f. 31v et 32r et entre les f. 37v et 38r.

La relation entre les trois mss de χ se résume en définitive de cette manière très simple:

La troisième branche comporte une nouvelle fois trois mss, un carolingien et deux mss tardifs:

ψ | MÜNCHEN, *Bayerische Staatsbibl.* Clm 6294 (*Mu¹* – Xe s.) – DÜSSELDORF, *Universitäts- und Landesbibl.* B 6 (*Dl¹* – XVe s.) – BRUXELLES, *Bibl. Royale* 2573-75 (*Bx³* - XVe s.)

Ces trois témoins ont de nombreuses variantes pures communes:

a) dans les sections communes du livre I:

I, 2 (22) ipsud] illud ψ; I, 2 (25) fidei sacramento] testimonio ψ; I, 4 (26) sed] *om.* ψ; I, 5 (6) esse naturae] *tr.* ψ; I, 5 (8) sua proprietate] *tr.* ψ; I, 5 (17) confusione] diffusione ψ; I, 16 (15) ratione patri] rationi patre ψ; I, 16 (29) patris] dei *praem.* ψ; I, 17 (14) eius] huius ψ; I, 17 (15) eatenus] hactenus ψ; I, 19 (3) nouum] nouo ψ; I, 20 (14) si] cum ψ; I, 21 (19) symboli] singuli ψ; I, 22 (7/8) nomina] *om.* ψ; I, 22 (10) exstiterint] steterint ψ; I, 24 (4/5) quod est homousion] *om.* ψ; I, 25 (10) quia] quod ψ

b) dans les sections communes du livre II (*om. v*):

II, 1 (6/7) exigente] exeuntis ψ; II, 1 (21) ornetur] ordinetur ψ; II, 4 (5) penitus in aliquo adferre praeiudicium] in aliquo praeferre ad iudicium ψ; II, 5 (6) quae] quaedam ψ; II, 5 (8) manifestiore] manifestiori ψ; II, 5 (30) uero] autem ψ; II, 22 (6) ab ea quam habet] quam habet ab ea ψ; II, 22 (49/50) quibus patrem et filium unum esse docuimus, perfidis non sufficiunt] perfidis non sufficiunt quibus patrem et filium unum esse docuimus ψ; II, 23 (20) aut] an ψ

Beaucoup d'autres leçons figurent ailleurs dans le livre II. Mais cette liste est suffisante pour établir la forte unité du groupe. Celle-ci s'explique par un archétype commun qui n'est autre, selon toute vraisemblance, que le ms. MÜNCHEN, *Bayerische Staatsbibl.* Clm 6294 lui-même. On ne trouve en effet chez ce dernier aucune variante qui ne figure aussi en Dl^1 et Bx^3, à part une poignée de détails infimes et sans importance. Les leçons propres de Mu^1 (passées dans ses descendants) étant assez abondantes, mais peu significatives, le texte de Munich reste très proche du texte standard transmis par β^2. Il nous a semblé utile de le prendre en compte pour l'édition.

Les deux autres mss forment à leur tour un sous-groupe très compact.

ψ^1 | BRUXELLES, *Bibl. Royale* 2573-75 (Bx^3 - XVᵉ s.) – DÜSSELDORF, *Universitäts- und Landesbibl.* B 6 (Dl^1 – XVᵉ s.)

Les variantes pures communes à ce deux témoins sont extrêmement nombreuses: près de deux cents. Notons en particulier:

a) dans les sections communes du livre I:

I, 1 (13) uel] *om.* ψ^1; I, 1 (16) huic] hanc ψ^1; I, 1 (23) neque] non ψ^1; I, 1 (28) uno ore] *tr.* ψ^1; I, 2 (19) sequi] se *praem.* ψ^1; I, 2 (19) somniatur] seminat ψ^1; I, 2 (26) adseritis] asseris ψ^1; I, 4 (16) filium ineffabiliter] *tr.* ψ^1; I, 4 (27) professione] processione ψ^1; I, 5 (5) unius] scilicet *praem.* ψ^1; I, 5 (12) diuersitas] *om.* ψ^1; I, 6 (21) quod quid] quid igitur ψ^1; I, 6 (23/24) dicta debere] debere dici ψ^1; I, 16 (23) deitate] scilicet *praem.* ψ^1; I, 17 (21) illud est] *tr.* ψ^1; I, 18 (15) alia] aliqua ψ^1; I, 20 (23) optime] dicis *add.* ψ^1; I, 20 (34) auctores] *om.* ψ^1; I, 21 (15) sanctiones] quaestiones uel *praem.* ψ^1; I, 23 (23) contentionis] contractionis ψ^1; I, 24 (5) superari] sciat *add.* ψ^1; I, 24 (11) nude] ubi sit ψ^1; I, 24 (15) proprie] *om.* ψ^1; I, 24 (16) esse] *om.* ψ^1; I, 25 (2) substantiae] subsistere ψ^1;

I, 25 (8) positum] positis ψ^I; I, 26 (18) claritatis] ueritatis ψ^I

b) dans les sections communes du livre II (*om. v*):

II, 1 (1) die] alia namque *praem.* ψ^I; II, 2 (6) mittere] remittere ψ^I; II, 2 (12) quod] quae ψ^I; II, 3 (13) uerum quia in plerisque] utrum quia in pluribus ψ^I; II, 3 (17) adferre] auferre ψ^I; II, 4 (10) deum genuit] *tr.* ψ^I; II, 5 (15) genuerit] genuit ψ^I; II, 5 (20) substantiae est] *tr.* ψ^I; II, 5 (23) generet] gignat ψ^I; II, 5 (33) hoc] id ψ^I; II, 5 (40) dixit] dicit ψ^I; II, 5 (46) potuit] poterit uel *praem.* ψ^I; II, 6 (26) seipso] se ψ^I; II, 7 (4) esse] *om.* ψ^I; II, 7 (7) in] ibi ψ^I; II, 7 (15) nefandae] infandae ψ^I; II, 7 (37/38) potuerit subiacere] *tr.* ψ^I; II, 7 (39) quem] quod ψ^I; II, 8 (6) sua substantia] *tr.* ψ^I; II, 9 (12/13) infandum monstruosae opinionis] infandae opinionis monstruosae ψ^I; II, 18 (25) eloquiis] *om.* ψ^I; II, 19 (9) testatur] protestatur ψ^I; II, 19 (21) multa sunt enim] mira sunt ψ^I; II, 19 (24) est] *om.* ψ^I; II, 20 (1) et] quod ψ^I; II, 20 (19/20) non fecit] *om.* ψ^I; II, 21 (3) aliquid] quid ψ^I; II, 21 (4) non] ne ψ^I; II, 21 (29) tunc] *om.* ψ^I; II, 22 (38) et³] *om.* ψ^I; II, 24 (9) esse ostende] eum ostender ψ^I

Les deux mss sont du XVe, et il est difficile de dire lequel est antérieur; sans doute celui de Bruxelles, car Dl^I date de l'extrême fin du siècle (v. 1485-1490). Mais aucun ne peut descendre de l'autre, car tous deux ont des leçons fautives ou des lacunes qui leur sont propres. Ces fautes sont légères, mais en nombre suffisant (une trentaine de part et d'autre) pour interdire une filiation directe. Il faut donc postuler un modèle commun qui se conçoit d'autant mieux que l'origine géographique de Bx^3 et de Dl^I est sensiblement la même. Bx^3 provient en effet de la Chartreuse de Wesel, fondée en 1417 et située à 50 km au nord de Düsseldorf.

Le schéma de ψ est simple à transcrire:

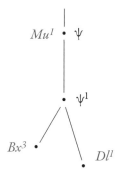

La quatrième et dernière branche de β² comporte quatre mss dont trois carolingiens:

ω | Karlsruhe, *Bad. Landesbibl.* Aug. CCXXXVIII (*K²* – inc. IXᵉ s.) – Leiden, *Universiteitsbibl.* Voss. lat. Q 72 (*Ld¹* – IXᵉ s.) – Reims, *Bibl. Carnegie* 385 (*R¹* – IXᵉ s.) – Poitiers, *Bibl. Mun.* 66 (*Pt¹* – XIIᵉ s.)

Ces quatre témoins ont en commun les variantes pures suivantes:

a) dans les sections communes du livre I:

I, 6 (25) certo certius profiteri] *om.* ω (*K*$^{2a.c.}$); I, 16 (20) materia] *om.* ω (*K*$^{2a.c.}$); I, 16 (29) substantia] *om.* ω (*K*$^{2a.c.}$); I, 17 (19) hoc quoque] hocque ω (*K*$^{2a.c.}$); I, 19 (9) nominis] *om.* ω (*K*$^{2a.c.}$); I, 22 (3) et] *om.* ω (*K*$^{2a.c.}$); I, 23 (14) uides] *om.* ω (*K*$^{2a.c.}$); I, 23 (23) uitio] uitium ω (*K*$^{2a.c.}$); I, 25 (14) demonstrandum] demonstrando ω (*K*$^{2a.c.}$); *ibid.* testimonium] uel *add.* ω (*K*$^{2a.c.}$); I, 25 (22) uis] quis ω (*K*$^{2a.c.}$); I, 26 (2) et] *om.* ω (*K*$^{2a.c.}$); I, 26 (10) persuasionibus] et suasionibus ω

b) dans les sections communes du livre II (*om.* ν):

II, 1 (17) orationis] rationis ω (*K*$^{2a.c.}$); II, 3 (25) et] *om.* ω (*K*$^{2a.c.}$); II, 3 (26) est] *om.* ω (*K*$^{2a.c.}$); II, 4 (3) omnis] *om.* ω (*K*$^{2a.c.}$); II, 4 (21) quantos ... errores] quanto ... errore ω (*K*$^{2a.c.}$); II, 5 (5) distinguitur] distribuitur ω (*K*$^{2a.c.}$); II, 7 (22) dicit] dixit ω (*K*$^{2a.c.}$); II, 20 (2) uoluntariae] uoluntario ω (*K*$^{2a.c.}$); II, 22 (6) ea] eo ω

On relève encore une vingtaine d'accords dans les autres parties du traité. Leur parenté est donc certaine et s'explique par un ancêtre commun, car aucun des mss ne peut être la source des autres. C'est évident pour *Pt¹* qui date du XIIᵉ s., mais aussi pour les trois carolingiens qui ont chacun leurs leçons spécifiques, bien qu'ils soient extrêmement proches les uns des autres. On notera cependant que le ms. Karlsruhe, *Bad. Landesbibl.* Aug. CCXXXVIII n'a pas la séquence Hier., *Lucif.* – Vigil. Thaps., *C. ar.* qui figure chez les trois autres. Cela confirme qu'il constitue un rameau indépendant. Ses fautes personnelles sont rares, surtout après la soigneuse correction qu'il a subie et qui a pallié aussi la quasi-totalité des variantes fautives qu'il partageait *ante correctionem* avec les autres témoins de ω qui forment à leur tour, semble-t-il, un rameau distinct.

ω¹ | Leiden, *Universiteitsbibl.* Voss. lat. Q 72 (*Ld¹* – IXᵉ s.) – Reims, *Bibl. Carnegie* 385 (*R¹* – IXᵉ s.) – Poitiers, *Bibl. Mun.* 66 (*Pt¹* – XIIᵉ s.)

L'homogénéité du groupe est mal assurée, mais peut se recommander de quelques variantes pures dans les sections communes des livres I et II : I, 17 (7) tuae] suae *ω¹*; I, 23 (27) nomen] *om. ω¹*; II, 4 (14) quam id quod] quod quam *ω¹*; et ailleurs de quelques autres encore : I, 14 (10) principium mundi] *tr. ω¹*; II, 13 (21) compositus] compositum *ω¹*.

Le texte de Reims, *Bibl. Carnegie* 385 est très propre et correspond sans doute à peu de chose près à ce que fut l'archétype de ω. Il fut utilisé par Chifflet pour éditer la version longue du *C. ar.*, parallèlement à l'édition de Cassander[118]. Celui de Poitiers, *Bibl. Mun.* 66 est aussi de qualité, malgré sa date plus tardive. Celui de Leiden, *Universiteitsbibl.* Voss. lat. Q 72 est le moins bon des trois. On y relève en effet, malgré l'intervention d'un correcteur, une soixantaine de fautes, ainsi que diverses lacunes de un à cinq mots.

La dernière branche de *β²* se présente donc ainsi :

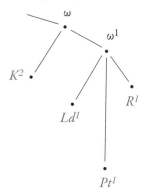

Achevons l'étude de la sous-famille *β²* avec les trois mss dont nous avions reporté l'examen après celui des autres témoins.

Il s'agit d'abord du ms. Fulda, *Hessischen Landesbibl.* Aa 2 (*Fu¹* – IXᵉ s.), qui ne transmet que la *Préface anonyme* et les deux tiers de l'*Introduction historique*, comme on l'a dit. La brièveté du fragment permet cependant de le localiser au sein de *β²*, en raison de trois variantes pures qu'il partage avec l'ensemble des mss de la

---

[118] Cfr *infra*, p. 228.

famille: *Praef. sec. ed.* (13/14) haec igitur cum] cum igitur *Fu¹ β²* (+ *Bl¹ᵃ·ᶜ· P¹⁰ᵃ·ᶜ· L¹*); *ibid.* (14) fratris] huius *add. Fu¹ β²* (+ *Bl¹ᵃ·ᶜ· P¹⁰ᵃ·ᶜ· L¹*); *ibid.* (33) idem] *om. Fu¹ β²* (+ *Bl¹ sq. τ⁴*), et plus encore à côté de *Z¹* et de *Sg¹ ante correctionem* avec lesquels on note un accord précis: *Praef. sec. ed.* (16/17) uiam dilabitur qui uiperinis] *om. Sg¹ᵃ·ᶜ· Z¹ᵃ·ᶜ· Fu¹*. Mais on ne peut en dire plus. Faute de mieux, nous l'avons situé dans le stemma près de ces deux témoins.

Il s'agit également des mss KARLSRUHE, *Bad. Landesbibl.* Aug. XVIII (*K¹* – inc. IXᵉ s.) et AUGSBURG, *Staats- und Stadtbibl.* 2° 517 (*Ag¹* – XVIᵉ s.), qui ne transmettent que la *Sententia Probi*. Comme le ms. de Fulda, ils appartiennent assurément à la sous-famille alpine. On les trouve en effet souvent en accord avec l'ensemble des mss de *β²*[119]:

> *Sent.* 3 (19) testimonio claruit] *tr. β²* K¹ Ag¹*; 3 (25/26) expressum, prolata sunt] et praesunt prolata *β² K¹ Ag¹*; 7 (13) nullo] illo *β²* K¹ Ag¹*; 7 (15) testatus sit] testatur *β²** (*exc.* testatus ω) *K¹ Ag¹*; 8 (20) intellegatur] *om. β²* K¹ Ag¹*; 8 (25) deum] deo *β²* K¹ Ag¹*; 9 (5) fuerat] fuerit *β²* K¹ Ag¹*; 9 (21) plurale] plura *β²** (*exc. Sg¹ᵖ·ᶜ· Bg²*) *K¹ Ag¹*; 12 (5) ad purum usque] usque ad purum *β²* K¹ Ag¹*

Ils ont aussi plusieurs variantes pures avec le sous-groupe *φ* (= *Z¹ Sg¹ Bg²*) ou bien avec *Z¹* ou *Sg¹ ante correctionem*:

> *Sent.* 3 (15) munere] numine* *Z¹ Sg¹ᵃ·ᶜ· K¹ Ag¹* (+ *K²ᵖ·ᶜ·*); 7 (11) quoniam] quod* *φ K¹ Ag¹* (+ *K²ᵖ·ᶜ·*); 7 (26) natura] natu *Z¹ᵃ·ᶜ· Sg¹ᵃ·ᶜ· K¹ᵃ·ᶜ·*; 8 (8) diuersae ab eo] ab eo diuersae* *φ K¹ Ag¹*; 12 (2) manifestata] manifestatae* *φ K¹ Ag¹*; 12 (14) praetextu] praetextatu *Z¹ᵃ·ᶜ· Sg¹ᵃ·ᶜ· K¹ᵖ·ᶜ·*

Il semble donc raisonnable de les placer non loin de ces deux témoins. Peut-être même à proximité immédiate du ms. de Zurich, puisqu'on relève deux accords purs avec ce seul ms.: *Sent.* 3 (11) aetatis] et *praem. Z¹ K¹ Ag¹*; *ibid.* 10 (11) illa] ille *Z¹ᵃ·ᶜ· K¹ Ag¹*.

Pour le reste, *Ag¹* est un apographe certain de *K¹*. On se reportera sur ce point à la fiche descriptive des *codices* et à ce que l'on a dit sur leur contenu et le lieu de copie d'*Ag¹*. Ajoutons seulement que les deux témoins ont plusieurs variantes pures qui confirment cette filiation:

---

[119] Dans les différentes listes qui suivent, l'astérisque signale les cas où vient s'ajouter *L¹*, le ms. de *β¹* contaminé par un très proche parent de *Z¹*. Cfr *supra*, p. 203 et 206-207.

Sent. 3 (17) documentis] adiumentis $K^1 Ag^{1a.c.}$; 3 (18) et²] ut $K^1 Ag^1$; 4 (7) referebat] referat $K^1 Ag^1$; 4 (21) consuetudinis esse] *tr.* $K^1 Ag^1$; 5 (8) cum] eum $K^1 Ag^1$; 5 (16) ostenditur] docendus *add.* $K^{1in\ marg.\ p.c.}$ Ag^1; 7 (23) inexplicabili] inextricabili $K^1 Ag^1$

Aux fautes de son modèle, Ag^1 en ajoute environ vingt-cinq dont une dizaine de micro-lacunes.

En résumé, l'ensemble de la sous-famille alpine avec ses quatre branches et les trois mss qui viennent d'être examinés peut être schématisé de cette façon :

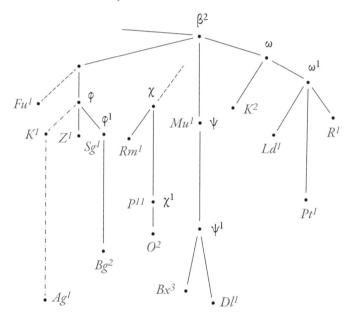

4. *Évaluation générale de la tradition manuscrite du* Contra Arrianos *de Vigile de Thapse*

Au terme de cette discussion stemmatique, nous pouvons en récapituler les principaux acquis et procéder à l'évaluation générale des différentes familles de la tradition.

4.1. Une tradition vaste et complexe

Le lecteur en est désormais pleinement convaincu: la tradition du *C. ar.* est aussi vaste que complexe. Son ampleur tient certainement au fait que, transmis sous le nom d'Athanase, le traité de Vigile a bénéficié du prestige dont jouissait l'évêque d'Alexandrie, héros de Nicée et garant absolu de l'orthodoxie trinitaire. Fort de ce patronyme, le *C. ar.* a été abondamment récopié dès l'Antiquité et jusqu'à l'extrême fin du Moyen Âge. Le nombre considérable de témoins conservés l'atteste. Mais il ne doit pas faire oublier que celui des exemplaires ayant existé fut probablement le double, voire le triple. Le stemma auquel nous sommes parvenu postule déjà au minimum quarante exemplaires perdus. C'est dire aussi ses limites [120].

Quant à la complexité de la tradition, elle tient à la multiplication des transcriptions – plus une œuvre est copiée, plus les familles et sous-familles se multiplient –, et à ses conséquences inévitables: les contaminations qui se produisent entre les familles. Mais plus fondamentalement, elle tient aux deux étapes de la rédaction du *C. ar.*, chacune d'elle ayant connu une vaste diffusion. On retiendra aussi comme facteur supplémentaire de cette complexité, l'initiative déterminante de deux copistes; l'un supprima les sections avec Sabellius et Photinus dans le livre I, et l'autre procéda à une réorganisation profonde du texte long de Vigile, inaugurant ainsi la version interpolée de l'œuvre.

4.2. L'importance décisive de la famille espagnole

Il n'est pas nécessaire de revenir sur la priorité absolue qui doit être accordée à la famille espagnole, non d'abord en ce qui concerne ses

---

[120] Il subsiste des traces de mss disparus ayant contenu le *C. ar.* Ainsi le ms. PARIS, *Bibl. Nat. Nouv. Acq. Lat.* 2389 rassemble des *membra disiecta* parmi lesquels la page de garde et le sommaire d'un volume qui transmettait la Collection antiarienne lucifériene et s'ouvrait par l'« Altercatio cum Arrio Sabellio et Fotino » (f. 19). Cfr H. OMONT, in *Bibliothèque de l'École des Chartes* 64 (1903), p. 29. Le catalogue de 1372 de l'abbaye Saint-Père de Chartres (cfr *Catalogue Général*, t. II, p. XXX n° 92) mentionne pour sa part le ms. suivant: « Ieronimus contra Luciferanum et Athanasius contra Arrium, contra Sabellium, contra Fotinum. In uno uolumine ». Le *codex* était depuis longtemps à l'abbaye, car il correspond certainement au volume intitulé « Ieronimus contra Luciferanum » du catalogue du XIe s. (cfr *ibid.*, p. XXII n° 30). Tout en ayant le même contenu que le ms. de Leiden, il ne peut donc s'agir de ce dernier qui se trouvait au XIIe s. à l'abbaye de Saint-Denis.

leçons textuelles spécifiques qui sont souvent exactes, mais souvent aussi erronées, mais pour la disposition générale du traité de Vigile. La démonstration a été faite en détail que seul l'ordre A-B-C-D-E-F-G-H des sections du livre II-III est authentique. Même si la deuxième rédaction du *C. ar.* reste une hypothèse, cet ordre s'impose avec force pour toutes les raisons de logique argumentative que nous avons données[121]. Seule l'ignorance totale de la famille espagnole a pu laisser croire que le texte interpolé était celui écrit par Vigile. Il est vrai que cette famille reste très minoritaire au sein de la tradition. Mais cela s'explique aisément, car la quantité et la vitalité des abbayes des pays rhénans, du Nord-Est de la France et de la Normandie furent sans commune mesure avec celles de l'aire espagnole, même élargie au Sud-Ouest de la France.

Il y aurait lieu d'ailleurs de chercher en détail si la transmission des œuvres antiariennes latines – en particulier originaires d'Afrique – ne s'est pas faite de manière spécifique et souvent meilleure via l'Espagne. La raison pourrait en être le maintien de l'hérésie en ces régions jusqu'à la fin du VIe s., et donc l'actualité des œuvres antiariennes écrites aux siècles précédents et le soin que l'on en prenait. La longue citation du traité de Vigile dans la lettre du roi wisigoth Sisebut en est un bel exemple.

4.3. L'égale importance des familles α et β

Pour le reste, la tradition manuscrite nous a mis en présence de deux grandes familles, α et β, qui présentent chacune un véritable intérêt. Le texte de α se recommande *a priori* par le fait que la famille espagnole dont nous venons de rappeler toute l'importance, mais aussi les doublons longs qui transmettent la *Préface* authentique de Vigile, et le groupe α^1 qui transmet la première version du *C. ar.*, appartiennent les uns et les autres à cette famille. Les accords textuels de α^1 et α^2, ou bien, pour le livre II, de α^1 et de ξ, méritent donc la plus grande attention. Mais le texte de β se recommande lui aussi *a priori* par le fait que, même s'il s'agit de la version interpolée du traité, c'est tout de même du texte long, celui que transmet la famille espagnole, dont il s'agit. Nous avons vu à cet égard la place privilégiée que le ms. de Saint-Mihiel (Sm^1)

---

[121] Cfr *supra*, p. 77-86.

occupe en faisant, par diverses variantes, le lien entre la famille β et la famille espagnole.

Bref, on ne peut privilégier de manière aveugle, ou même simplement habituelle, l'une ou l'autre des deux grandes familles. Nous avons acquis la conviction que toutes deux ont gardé une partie des leçons originelles de Vigile. C'est pourquoi aussi, selon la règle d'or de la méthode stemmatique, l'accord des mss anciens de α et de β doit être retenu de manière absolument prioritaire. La présente édition apporte à cet égard de très nombreux changements, car Chifflet, comme on le verra plus loin, a surtout suivi pour sa version longue un ms. de β, ainsi que l'édition de G. Cassander, elle-même principalement fondée sur un autre ms. de β, qui plus est, tardif et très fautif.

Cela dit, on est souvent amené à choisir entre α et β. Comme toujours en pareil cas, ce sont des raisons philologiques, stylistiques ou théologiques qui motivent la décision que l'on prend, sans que l'on soit toujours sûr de sa justesse.

4.4. Évaluation particulière de α

Au sein de α, les accords entre les doublons longs et la famille espagnole réclament un examen attentif, et correspondent le plus souvent, croyons-nous, au texte original; *a fortiori* quand c'est également le texte de Sm^1 et des mss anciens de $β^1$ (N^1 O^3). Nous avons quasiment toujours suivi les leçons communes à $α^2$ (v et $ξ$) Sm^1 N^1 O^3.

Les cinq mss de v (doublons longs) ne comportent malheureusement que le livre I, comme on le sait, et sont très proches les uns des autres, bien qu'il s'agisse de deux mss anciens et de trois mss tardifs. Mais les deux mss anciens (P^{6a} P^{7a}) sont de piètre qualité et leur intérêt tient surtout, comme on vient de le dire, à ce qu'ils appuient fréquemment les leçons de la famille espagnole ($ξ$).

Cette dernière joue un rôle essentiel pour l'établissement du texte. Mais aucun de ses mss ne se recommande par une qualité exemplaire. Vc^1 est le plus ancien du groupe, mais ses fautes sont nombreuses, et P^5 est souvent meilleur. Les trois mss de $ξ^6$ sont presque superposables, et Bd^1 est un ms. important, plus d'une fois supérieur à Vc^1 et P^5. À vrai dire, c'est l'accord de tous les mss de $ξ$ qui a une très grande autorité, bien que celle-ci ne soit pas infaillible. Il convient aussi de rappeler l'importance du ms. de

Cambrai. Bien qu'il ne transmette que la *Sententia Probi*, ses leçons s'accordent plusieurs fois avec celles de ξ et du ms. de Saint-Mihiel, attestant ainsi qu'un exemplaire de la famille espagnole a migré au VIIIe-IXe s. dans les régions septentrionales où il a donné naissance à la version interpolée du *C. ar.*

Quant à la famille α^1, elle comporte de nombreux carolingiens, mais son intérêt est moindre que celui de α^2. Outre qu'elle omet toutes les sections avec Sabellius et Photinus, ses leçons propres sont quasiment toujours fautives. Cependant son texte vient plusieurs fois appuyer celui attesté en α^2. La famille allemande offre un texte très homogène qui témoigne d'un archétype quelque peu « revu et corrigé ». Ses leçons spécifiques n'offrent pas de garantie valable. Au sein de la famille bourguignonne, le sous-groupe troyen (δ) témoigne pareillement d'un texte passablement révisé et rempli de lacunes. Ty^2 et P^4 gardent cependant quelques leçons originelles.

4.5. Évaluation particulière de β

La qualité d'ensemble de β est globalement meilleure que celle de α : moins de fautes, de lacunes, d'erreurs de lecture, d'incongruités diverses, etc. De plus, les *antiquiores* de β témoignent de la morphologie et de la syntaxe du latin de la Basse Antiquité – confusions de genre (masculin/neutre), de cas (ablatif/accusatif : *ob* suivi de l'ablatif, *sine* ou *ab* suivi de l'accusatif), constructions anormales de verbes –, bien plus souvent que ceux de α. Mais des leçons originales attestées en α^2 sont perdues.

Rappelons cependant que le ms. de Saint-Mihiel (Sm^1), tout en contenant beaucoup de fautes, recèle des leçons primitives très importantes, inconnues ailleurs en β, et présentes seulement dans la famille espagnole.

À l'intérieur de β^1, les mss carolingiens se distinguent nettement par leurs leçons anciennes, tandis que les témoins plus récents ont corrigé morphologie et syntaxe. L'accord de Sm^1, N^1, O^3 et P^2 est d'un grand poids et représente la tradition la plus fiable de la famille β. Ces quatre mss figurent bien sûr dans l'apparat.

Comme nous l'avons dit, β^2 offre un texte manifestement révisé et normalisé par les copistes. Mais ses mss carolingiens ($Sg^1 K^2 R^1$) ne pouvaient être négligés, même s'ils sont très proches les uns des autres. Leurs leçons figurent donc elles aussi dans l'apparat.

La famille β est également caractérisée par plusieurs contaminations importantes. C'est particulièrement vrai de la branche τ, fortement influencée par β², mais aussi par la famille allemande, et du ms. de Boulogne-sur-Mer. Mais le savoir n'apporte rien à l'établissement du texte. Cela nous renseigne seulement sur la circulation des mss et leur histoire.

5. Les différentes éditions imprimées

Complétons le propos précédent en disant quelques mots sur les premières éditions du traité. Nous les avons déjà évoquées en notant leurs caractéristiques majeures[122], mais il est utile d'y revenir pour préciser leurs sources manuscrites possibles, sinon probables.

5.1. L'édition de Bruxelles de 1475/1476 due aux Frères de la Vie Commune

Cette première édition du traité de Vigile offre toutes les caractéristiques des mss du groupe anglo-flamand (le groupe σ au sein de la sous-famille β'), avec la division du livre II en livres II et III, les introductions et conclusions ajoutées par un faussaire, ainsi que les variantes propres au groupe. Davantage, son texte suit toujours celui du sous-groupe σ' dont il a toutes les leçons spécifiques. On note même des accords purs avec le seul ms. de BRUXELLES, *Bibl. Royale* 19076 (Bx^2) dont il reproduit les quelques très rares fautes :

> II, 18 (6) instantissime] intentissime Bx^2 *Fra;* III, 1 (18) paternae] patrem Bx^2 *Fra;* III, 7 (5) tantumque] tamque Bx^2 *Fra; Sent.* 4 (20) flagitaret] proprietatem *praem.* Bx^2 *Fra; ibid.* 7 (8) capitulum] caput Bx^2 *Fra; ibid.* 9 (20/21) commune] nomen *add.* Bx^2 *Fra*

Il semble donc que la toute première édition du *C. ar.* de Vigile ait été faite d'après le ms. de Bruxelles cité, et lui seul, car rien n'indique que d'autres sources aient été utilisées.

5.2. L'édition parue à Paris en 1500 chez l'imprimeur André Bocard

Cette édition reproduit la tradition manuscrite de la famille allemande (ζ) de manière certaine, puisqu'on est en présence de la version courte du *C. ar.*, sans les sections avec Sabellius et Photinus, mais, au livre II, avec la section « A » complète. Les variantes textuelles confirment le fait, car on relève des accords purs avec deux mss de ζ: PARIS, *Bibl. Nat.*, lat. 5073 et CAMBRIDGE, *Pembroke College* 108 *post correctionem.* On ne les trouve que dans la *Préface*

---
[122] Cfr *supra*, p. 56-58.

de la seconde édition et le début du livre I, mais le fait est frappant, car il s'agit de variantes lourdes. Nous les avons déjà indiquées comme étant des variantes pures communes à Cb^1 et P^8. En fait, toutes concernent aussi l'édition de 1500[123].

À l'hypothèse déjà émise que Cb^1 ait été la source de P^8, on peut donc ajouter celle que P^8 ait été la source de l'édition de 1500. On relève en effet un nombre important de leçons propres aux deux textes:

> *Praf. sec. ed.* (17) arrius] ergo *add. P^8 Boc*; I, 20 (42) eos] *om. P^8 Boc*; I, 21 (2) retinens] tenens P^8 *Boc*; I, 22 (25) tuis] ne *praem. P^8 Boc*; I, 24 (2) agas] agat P^8 *Boc*; I, 24 (19) positum ostenderis] *tr. P^8 Boc*; I, 25 (28) nos] *om. P^8 Boc*; I, 25 (29) soluerimus] solueris P^8 *Boc*; II, 1 (6) documentum] *om. P^8 Boc*; II, 1 (7) nunc] et *add. P^8 Boc*; II, 1 (19) uagantes] euagantes P^8 *Boc*; II, 2 (9) nostra] uestra P^8 *Boc*; II, 3 (15) de] ex P^8 *Boc*; II, 3 (25) filius] dominus P^8 *Boc*; II, 5 (21) a se] *om. P^8 Boc*; II, 6 (6) quod ipse est] *om. P^8 Boc*; II, 7 (20) arcere] arceris P^8 *Boc*; II, 12 (2) atque] *om. P^8 Boc*; II, 15 (23/24) narrationem] narrationes P^8 *Boc*; II, 17 (24) alium] eum P^8 *Boc*; II, 17 (26) ipse] *om. P^8 Boc*; II, 19 (20) secutus est dicens] ait P^8 *Boc*; II, 21 (2) de filii] *om. P^8 Boc*; II, 21 (24) aequanimiter] *om. P^8 Boc*; II, 22 (50) superadiiciamus] superadiciam P^8 *Boc*

Cependant, on note une douzaine de cas où l'édition de Bocard diffère de P^8. Certes, il s'agit plusieurs fois de simples inversions, mais on trouve aussi des différences plus significatives, et d'autant plus frappantes que le texte de *Boc* est alors conforme à celui de Cb^1, et à lui seul:

> *Praef. sec. ed.* (84) data] datum Cb^1 *Boc*, data P^8; I, 1 (13) uel] uel $Cb^{1\,a.c.}$ P^8, an *suprascr.* $Cb^{1\,p.c.}$, an *Boc*; I, 1 (17) hanc] hanc $Cb^{1\,a.c.}$ P^8, huic *suprascr.* $Cb^{1\,p.c.}$, huic *Boc*; I, 1 (29) sit ... sit] sint ... sint $Cb^{1\,a.c.}$ P^8, sunt ... sunt *suprascr.* $Cb^{1\,p.c.}$, sunt ... sunt *Boc*; I, 16 (31) potestate] in *praem.* $Cb^{1\,p.c.}$ *Boc*; I, 20 (11) quod] quin *suprascr.* $Cb^{1\,p.c.}$, quin *Boc*

---

[123] La liste donnée *supra*, p. 128-129 se lira donc désormais ainsi: *Praef. sec. ed.* (15) pomum uenenati] pomum ueneni $Cb^{1\,a.c.}$, ueneni pomum *suprascr.* $Cb^{1\,p.c.}$, ueneni pomum P^8 *Boc*; *ibid.* (17) adcommodans] accommodare uidetur *suprascr.* $Cb^{1\,p.c.}$, accommodare uidetur P^8 *Boc*; *ibid.* (24) exinde] existerent et *suprascr.* $Cb^{1\,p.c.}$, existerent et P^8 *Boc*; *ibid.* (28) ordinato] ordine *suprascr.* $Cb^{1\,p.c.}$, ordine P^8 *Boc*, etc.

Ces accords sont assurément mineurs. Mais sont-ils dus au hasard? Cela semble tout de même étonnant. Comme en 1500 le ms. de Cambridge était en Angleterre depuis longtemps, sans doute faut-il supposer pour l'édition de Bocard une source aujourd'hui inconnue, très proche à la fois de Cb^1 et de P^8.

5.3. L'édition parue à Cologne en 1555, due à G. Cassander

On dénombre dans cette édition de nombreux accords avec les mss de BRUXELLES, *Bibl. Royale* 2573-75 (originaire de la Chartreuse de Wesel) et de DÜSSELDORF, *Universtäts- und Landesbibl.* B 6 (le groupe ψ^1 au sein de la sous-famille β^2). Voici ceux relevés dans le seul livre I:

I, 1 (16) huic] hanc ψ^1 *Cass*; I, 1 (23) neque] non ψ^1 *Cass*; I, 5 (19) unum quaestionis] unius sententiam ψ^1 *Cass*; I, 5 (25) uindicet] uiridicet ψ^1 *Cass*; I, 7 (10) et] etiam ψ^1 *Cass*; I, 7 (31) prominentem] pertinentem ψ^1 *Cass*; I, 7 (43) tormenta subeamus] *tr.* ψ^1 *Cass*; I, 10 (6) numerum] naturam ψ^1 *Cass*; I, 10 (7) de hoc] *om.* ψ^1 *Cass*; I, 10 (18) qui profectum accepit aetatis] *om.* ψ^1 *Cass*; I, 11 (26) semper] semel ψ^1 *Cass*; I, 12 (13) deum] *om.* ψ^1 *Cass*; I, 15 (10) esse] *om.* ψ^1 *Cass*; I, 15 (31) aequalem] similem ψ^1 *Cass*; I, 16 (23) deitate] scilicet *praem.* ψ^1 *Cass*; I, 17 (21) illud est] *tr.* ψ^1 *Cass*; I, 20 (23) optime] dicis *add.* ψ^1 *Cass*; I, 21 (15) sanctiones] quaestiones uel *praem.* ψ^1 *Cass*; I, 24 (11) nude] ubi sit ψ^1 *Cass*.

Cette liste pourrait être aisément triplée. Il est donc probable que Cassander se soit servi de l'un des deux mss, mais il est difficile de savoir lequel, car nous avons vu leur très grande similitude. Œuvrant à Cologne, il aura sans doute utilisé le témoin le plus proche, celui de Düsseldorf. Cependant, Cassander n'a pas recopié servilement son modèle. Il a en effet opéré maintes corrections qu'il jugeait nécessaires – il a commis aussi diverses fautes – et surtout, il a utilisé une deuxième source. Son édition comporte en effet la section «D» (II, 25 l. 1 – II, 26 l. 40: *Athanasius dixit: Priusquam – omnibus uobis*) à la suite de la section «C». Or cette section ne figure pas dans les mss de ψ^1, ni d'ailleurs dans aucun ms. de β (à l'exception de la branche τ^2 où elle figure à une place aberrante). La séquence C-D est celle que l'on trouve dans la famille α, en particulier dans la famille allemande (ζ). On relève aussi dans les marges de son texte environ quatre-vingts mentions indiquant une variante introduite par « al. ». Dans la plupart des cas, le texte noté en marge est le texte normal, présent dans la plupart des familles de la tradition, tandis que celui adopté par Cassander est un texte fautif propre à ψ^1. Mais ces variantes correspondent aussi souvent au texte de la famille allemande. En fait, plutôt que d'un ms. de ζ, il est possible que Cassander se soit tout simplement servi de l'édition de Bocard de 1500[124] qui avait reproduit le texte de la famille allemande, spécialement à travers le ms. PARIS, *Bibl. Nat.* lat. 5073 (P^8)[125]. On relève en effet plusieurs accords spécifiques entre l'édition de 1500 et celle de Cassander. Par exemple: II, 4 (27) filii] et spiritus sancti *add*. *P⁸ Boc Cass*; II, 26 (9) florifera] pastifera *P⁸ Boc Cass*; II, 26 (26) sanctum] *om*. *P⁸ Boc Cass*. Mais il n'est pas exclu qu'il ait utilisé d'autres sources encore pour son édition, car nous n'avons pu identifier l'origine de toutes ses variantes marginales. En définitive, Cassander a eu le tort de prendre comme modèle principal un ms. dégradé, celui de Düsseldorf sans doute, mais il faut lui reconnaître le mérite d'avoir tenté la première édition critique du *C. ar.*

5.4. L'édition parue à Dijon en 1664, due à P.-F. Chifflet.

Il s'agit d'une double édition, comme nous le savons: le *C. ar.* dans sa version courte et sa version longue. Chifflet nous a donné quelques indications précieuses sur les mss qu'il a utilisés. La plus importante est la mention du « codex Thuanus » dans lequel il dit avoir trouvé la *Préface* de Vigile *Dum mecum de fidei ueritate*. Il s'agit assurément du ms. PARIS, *Bibl. Nat.* lat. 2076, l'un des cinq mss à transmettre cette *Préface* et le seul qui ait appartenu à Jacque-Auguste de Thou. Plus loin, Chifflet écrit encore cette phrase: « e quatuor praesertim mss codicibus recensuimus, uno Jurensi, altero et tertio Thuanis, quarto S. Mariae Remensis », où l'on identifie de nouveau le ms. PARIS, *Bibl. Nat.* lat. 2076, mais aussi celui de TROYES, *Bibl. Mun.* 2405 qui provient de l'abbaye de Saint-Oyen (*Jurensis*), et celui de REIMS, *Bibl. Carnegie* 385 qui appartint à l'archevêque Hincmar qui le légua à la bibliothèque de la Cathédrale (*Remensis*). Le quatrième ms. (*alter*) reste mysté-

---

[124] Plusieurs fois réimprimée durant la première moitié du XVIᵉ s., en particulier en Allemagne. Cf. *supra*, p. 57.
[125] Cfr. *supra*, p. 226.

rieux. Le *Jurensis* a fourni à Chifflet le texte de la version courte du *C. ar.*, tandis que le *Remensis* lui a procuré celui de la version longue. L'identité des mss utilisés est confirmée quand Chifflet note ailleurs que la section située entre *indagare* (II, 10 l. 7) et *quoniam excellentiam tuam* (II, 18 l. 4) manque « in codicibus Jurensi, Thuano et Arvernensi », et qu'il l'a omise lui aussi « ex fide horum codicum ». Il s'agit de nouveau des mss Troyes 2405 (*Jurensis*) et Paris 2076 (*Thuanus*), qui font partie de la famille bourguignonne (γ) où effectivement ce long passage manque. Quant à l'*Arvernensis*, c'est sans aucun doute le ms. PARIS, *Bibl. Nat.* lat. 1686 qui provient des Carmes de Clermont-Ferrand et appartient pareillement à γ.

Peut-être Chifflet a-t-il eu accès aussi à l'un ou l'autre ms. de la famille allemande car, à propos des mots « athanasium eiusdem erroris episcopum » (*Praef. sec. ed.* l. 76), il note: « ita codices Jurensis, Remensis et Thuanus », et ajoute « cum alioquin in nonullis exemplaribus *diaconus* legatur pro episcopo ». Or *diaconum* est une leçon propre aux mss de ζ. Il se pourrait toutefois qu'il fasse simplement allusion à une variante lue dans la marge de l'édition de Cassander. Il est en effet certain qu'il a connu et utilisé l'édition de l'humaniste colonais. Non seulement il la cite à plusieurs reprises, mais on relève aussi de nombreux accords purs entre sa version longue et le texte de ψ[126]. La raison en est que Cassander s'est principalement servi de Bx^3 ou de Dl^1, comme nous l'avons vu, et que Chifflet a souvent suivi le texte de Cassander.

Cette dépendance de Chifflet à l'égard de Cassander, et de la tradition dégradée utilisée par celui-ci, explique pourquoi il y a tant de changements textuels entre le texte reçu jusqu'à ce jour et celui que nous éditons[127]. De fait, en suivant principalement le ms. Reims 385, la version longue de Chifflet se mettait déjà sous la

---

[126] En voici quelques-uns: I, 3 (23) colimus deum] *tr.* ψ^1 *Cass Ch²*; I, 8 (17) neque] non ψ^1 *Cass Ch²*; I, 11 (45/46) euidentius demonstratur] *tr.* ψ^1 *Cass Ch²*; I, 15 (32) ergo] igitur ψ^1 *Cass Ch²*; I, 18 (2) lectio] fidei nicaene *praem.* ψ^1 *Cass Ch²*; I, 20 (14) si] cum ψ^1 *Cass Ch²*; I, 26 (18) claritatis] ueritatis ψ^1 *Cass Ch²*; II, 4 (9) deum genuit] *tr.* ψ^1 *Cass Ch²*; II, 5 (15) genuerit] genuit ψ^1 *Cass Ch²*; II, 5 (20) substantiae est] *tr.* ψ^1 *Cass Ch²*; II, 5 (30) uero] autem ψ^1 *Cass Ch²*; II, 5 (40) dixit] dicit ψ^1 *Cass Ch²*; II, 12 (12) idcirco] ideo ψ^1 *Cass Ch²*; II, 19 (9) testatur] protestatur ψ^1 *Cass Ch²*; II, 19 (26/27) ab initio fideliter] *tr.* ψ^1 *Cass Ch²*.

[127] On se rappelle que l'on dénombre près de deux cents variantes fautives propres à ψ^1. Certes, Cassander a fait œuvre critique et ne les a pas toutes reproduites. Mais on trouve aussi chez lui nombre de variantes fautives propres à ψ (*Mu¹ Bx³ Dl¹*), et beaucoup d'entre elles ont été reprises par *Ch²*.

dépendance de la sous-famille β^2, la moins bonne des familles de la tradition, et en s'inspirant de surcroît régulièrement de Cassander, elle accentuait cette dépendance en recevant indirectement les leçons de la moins bonne des branches de β^2.

BIBLIOGRAPHIE

Les titres qui suivent ne se veulent ni une bibliographie complète sur l'arianisme et les autres hérésies christologiques de l'Antiquité – l'entreprise serait d'ailleurs impossible –, ni sur l'Afrique de l'époque vandale. Pour cette dernière, on se reportera à la liste quasi exhaustive établie par Roland STEINACHER et disponible sur internet sous le titre *Bibliographie zur Geschichte der Vandalen*. Nous nous limitons aux ouvrages historiques essentiels et aux études qui concernent la vie religieuse en Afrique aux Ve et VIe s., en particulier celles qui ont trait à l'arianisme.

BACHELET, Daniel (éd.), *Fulgence de Ruspe. Lettres ascétiques et morales*. Introduction, traduction et notes par D. BACHELET, Paris, 2004 (*Sources Chrétiennes* 487).

—, « Fulgence et l'arianisme vandale », in A. PIRAS (éd.), *Lingua et ingenium. Studi su Fulgenzio di Ruspe e il suo contesto*, Studi e Ricerche di cultura religiosa, Nuova Serie 7, Ortacesus – Cagliari, 2010, p. 3-16.

BAISE, Ignace, « La *Disputatio Cerealis contra Maximinum*. Tradition manuscrite et édition critique », *Revue Bénédictine* 116 (2006), p. 233-286.

BERNDT, Guido M., *Konflikt und Anpassung: Studien zu Migration und Ethnogenese der Vandalen*, Husum, 2007.

BERNDT, Guido M. – Roland (éd.), *Das Reich der Vandalen und seine (Vor-)geschichten*, Wien, 2008.

—, *Arianism: Roman Heresy and Barbarian Creed*, Farnham, 2014.

BERTINI, Ferruccio, *Autori latini in Africa sotto la dominazione vandalica*, Genova, 1974.

BRAUN, René, *Opera Quoduultdeo Carthaginiensi episcopo tributa*, CC SL 60, Turnhout, 1976.

BRENNECKE, Hanns Christof, *Studien zur Geschichte der Homöer. Der Osten bis zum Ende der homöischen Reichskirche*, Tübingen 1988.

—, « Lateinischer oder germanischer 'Arianismus'? Zur Frage einer Definition am Beispiel der religiösen Konflikte im nordafrikanischen

Vandalenreich », in H. MÜLLER – D. WEBER – C. WEIDMANN (éd.), *Collatio Augustini cum Pascentio. Einleitung, Text, Übersetzung*, Wien, 2008, p. 135–144.

CAIN, Andrew, « Miracles, Martyrs and Arians: Gregory of Tours' Sources for his Account of the Vandal Kingdom », *Vigiliae Christianae* 59 (2005), p. 412-437.

CASERTA, Aldo, « Cereale di Castello (Sec. V) in difesa del dogma trinitario », in *Ecclesiae sacramentum. Studi in onore di P. Alfredo Marranzini S.J.*, G. LORIZIO – V. SCIPPA (ÉD.), Napoli, 1986, p. 91-109.

CASTAGNA, Luigi, *Studi draconziani (1912-1996)*, Napoli, 1997.

CASTRITIUS, Helmut, *Die Vandalen. Etappen einer Spurensuche*, Stuttgart, 2007.

—, « Das vandalische Doppelkönigtum und seine ideell-religiösen Grundlagen », in Guido M. BERNDT – Roland STEINACHER (éd.), *Das Reich der Vandalen und seine (Vor-)geschichten*, Wien, 2008, p. 79-86.

COSTANZA, Salvatore, « „Vandali-Arriani" e „Romani-Catholici" nella Historia persecutionis Africanae provinciae di Vittore di Vita. Una controversia per l'uso del latino nel concilio cartaginese del 484 », in *Oikoumene. Studi paleocristiani pubblicati in onore del Concilio Ecumenico Vaticano II*, Catania, 1964, p. 223-241.

—, « Vittore di Vita e la *Historia persecutionis Africanae provinciae* », *Vetera Christianorum* 17 (1980), p. 230-268.

—, (éd.), *Vittore di Vita, Storia della persecuzione vandalica in Africa*. Traduzione, introduzione e note a cura di S. COSTANZA, Roma, 1981.

COURCELLE, Pierre, *Histoire littéraire des grandes invasions germaniques*, Paris, ²1964.

COURTOIS, Christian, *Victor de Vita et son œuvre. Étude critique*, Alger, 1954.

—, *Les Vandales et l'Afrique*, Paris, 1955.

DE BRUYNE, Donatien – SCHWANK, Benedikt (éd.), *Florilegia biblica africana saec. V*, CC SL 90, Turnhout, 1961.

DÍAZ, Pablo C. y GONZÁLEZ SALINERO, Raul, « Invasión y retroceso de la Iglesia en el norte de Africa: Quodvultdeus de Cartago frente a vándalos y arrianos », *Kolaios* 4 (1995), p 479-492.

DIESNER, Hans-Joachim, *Der Untergang der römischen Herrschaft in Nordafrika*, Weimar, 1964.

—, *Fulgentius von Ruspe als Theologe und Kirchenpolitiker*, Berlin 1966.

—, *Das Vandalenreich. Aufstieg und Untergang*, Stuttgart – Berlin, 1966.

—, *Die Auswirkungen der Religionspolitik Thrasamunds und Hilderichs auf Ostgoten und Byzantiner*, Berlin, 1967.

DOSSEY, Leslie, « The last days of Vandal Africa: an Arian commentary on Job and its historical context », *Journal of Theological Studies* 54 (2003), p. 60-138.

ENO, Robert B., « Christian Reaction to the Barbarian Invasions and the Sermons of Quodvultdeus », in D. G. HUNTER (éd.), *Preaching in the Patristic Age. Studies in Honor of Walter J. Burghardt*, New York – Mahwah, 1989, p. 139-161.

—, « How original is Vigilius of Thapsus ? », *Augustinianum* 30 (1990) p. 63-74.

FIALON, Sabine, « Arianisme "vandale" et controverse religieuse: le cas de la *Disputatio Cerealis contra Maximinum* », in WOLFF, Etienne (éd.), *Littérature, politique et religion en Afrique vandale*, Paris, 2015, p. 137-155.

FICKER, Gerhard, *Studien zu Vigilius von Thapsus*, Leipzig, 1987.

FOLLIET, Georges, « L'épiscopat africain et la crise arienne au IVe siècle », *Revue des Études Byzantines* 24 (1966), p. 196-223.

FOURNIER, Eric, « Rebaptism as a Ritual of Cultural Integration in Vandal Africa », in *Shifting Cultural Frontiers in Late Antiquity*, (éd. D. BRAKKE – D. DELIYANNIS – E. WATTS), Burlington (VT), 2012, p. 243-54.

—, « Victor of Vita and the Conference of 484: A Pastiche of 411 ? », *Studia Patristica* 62, vol. X, Leuven, 2013, p. 395-408.

FRAIPONT, Jean (éd.), *Sancti Fulgentii episcopi Ruspensis opera*, CC SL 91-91A, Turnhout, 1968.

FRANCOVICH ONESTI, Nicoletta, *I Vandali. Lingua e storia*, Roma, 2002.

GARCÍA MORENO, Luis Agustín, « El Arrianismo vándalo y gótico en Sicilia », in R. BARCELLONA – S. PRICOCO (éd.), *La Sicilia nella tarda antichità e nell'alto Medioevo: Religione e società. Atti del Convegno di studi (Catania-Paternò, 24-27 settembre 1997)*, Soveria Mannelli, 1999, p. 33-52.

GAUTHIER, Émile-Félix., *Genséric, roi des Vandales*, Paris, 1951.

GAVIGAN, John J., « Vita monastica in Africa desiitne cum invasione Wandalorum ? », *Augustinianum* 1 (1961) p. 7-49.

GELARDA, Igor, « Persecuzioni religiose dei Vandali in Sicilia », *Historia. Zeitschrift für Alte Geschichte* 59 (2010) p. 239-252.

GONZÁLEZ SALINERO, Raúl, « La invasión vándala en los Sermones de Quodvultdeus de Cartago », *Florentia iliberritana* 12 (2001), p. 221-237.

—, *Poder y conflicto religioso en el norte de África: Quodvultdeus de Cartago y los vándalos*, Madrid, 2002.

GUIDI, Patrizia (éd.), *Vigilio di Tapso. Contro gli Ariani*, Introduzione, traduzione e note a cura di P. GUIDI, Roma, 2005.

HAINTHALER, Theresa, « Zur Christologie des Fulgentius von Ruspe in der Frage des Wissens Christi » in *Studia Patristica* XLIII (2006), p. 396-400.

HAUBRICHS, Wolfgang, « Nescio latine! Volkssprache und Latein im Konflikt zwischen Arianern und Katholiken im wandalischen Afrika nach der Historia persecutionis des Victor von Vita », *Geschichtsvorstellungen. Bilder, Texte und Begriffe aus dem Mittelalter. Festschrift für Hans-Werner Goetz zum 65. Geburtstag*, S. PATZOLD – A. RATHMANN-LUTZ – V. SCIOR (éd.), Böhlau Verlag, Wien – Köln – Weimar, 2012, p. 13-42.

HEATHER, Peter J., « Christianity and the Vandals in the Reign of Geiseric », in *Wolf Liebeschuetz reflected: essays presented by colleagues, friends & pupils* (John DRINKWATER – Benet SALWAY éd.), Bulletin of the Institute of Classical Studies. Supplement 91, London 2007, p. 137-146.

HEIL, Uta, « Augustin-Rezeption im Reich der Vandalen. Die Altercatio sancti Augustini cum Pascentio Arriano », *Zeitschrift für antikes Christentum* 11 (2007), p. 6-29.

—, « The Homoians », in R. STEINACHER – G. M. BERNDT (éd.), *Arianism: Roman Heresy and Barbarian Creed*, Farnham, 2014, p. 85–115.

HOMBERT, Pierre-Marie (éd.), *Augustinus, Contra sermonem arrianorum – Conlatio cum Maximino – Contra Maximinum*, CC SL 87A, Turnhout, 2009.

—, « Les *Solutiones obiectionum arrianorum*: une œuvre authentique de Vigile de Tapse. Édition intégrale, traduction et commentaire », *Sacris Erudiri* 49 (2010), p. 151-241.

HORVÁTH, Emőke, « The Role of Arianism in the Vandal Kingdom », in J. CARVALHO (éd.), *Religion, Ritual and Mythology. Aspects of Identity Formation in Europe*, Pisa, 2006, p. 171-179.

HOWE, Tankred, *Vandalen, Barbaren und Arianer bei Victor von Vita*, Frankfurt am Main, 2007.

ISOLA, Antonino (éd.), *Fulgenzio di Ruspe. Salmo contro i vandali ariani*. Introduzione, testo critico, traduzione, commento, glossario e indici a cura di A. ISOLA, Torino, 1983.

—, *I Cristiani dell'Africa vandalica nei* sermones *del tempo* (429-534), Milano, 1990.

—, « Note sulle eresie nell'Africa del periodo vandalico », *Vetera Christianorum* 34 (1997), p. 231-249.

—, « Persecuzione e testimonianze di fede comunitaria nei sermones africani di età vandalica » in A. ISOLA, *Lente pertexere telam. Saggi di letteratura cristiana tardoantica*, Spoleto, 2011, p. 45-56.

—, (éd.), *Fulgenzio di Ruspe. Le lettere*, Introduzione, traduzione e note a cura di A. ISOLA, Roma, 1999.

—, (éd.), *Anonymus. Vita S. Fulgentii episcopi*, CC SL 91F, Turnhout, 2016.

KAEGI, Walter Emil, « Arianism and the Byzantine Army in Africa (533-546) », *Traditio* 21 (1965), p. 23-53.

LANCEL, Serge, « Victor de Vita témoin et chroniqueur des années noires de l'Afrique romaine au Ve siècle », *Comptes rendus de l'Académie des inscriptions et belles lettres* (2000), p. 1199-1219.

—, *Histoire de la persécution Vandale en Afrique. La passion des sept martyrs. Registre des provinces et cités d'Afrique*. Textes établis, traduits et commentés par S. LANCEL, Paris, 2002.

LAPEYRE, Gabriel Guillaume (éd.), *Ferrand, Vie de saint Fulgence de Ruspe*, Paris, 1929.

—, *Saint Fulgence de Ruspe. Un évêque catholique africain sous la domination vandale*, Paris, 1929.

—, « La Politique religieuse des rois vandales », *L'Ancienne Église de Carthage: Études et documents* II, 1932, p. 11-151.

LIEBESCHUETZ, John Hugo Wolfgang, « Gens into Regnum: the Vandals », in H. W. GOETZ – J. JARNUT – W. POHL (éd.), *Regna and Gentes: the Relationship between Late Antique and Early Medieval Peoples and Kingdoms in the Transformation of the Roman World*, Leiden 2003, p. 55-83.

MAIER, Jean-Louis, *L'épiscopat de l'Afrique romaine, vandale et byzantine*, Rome, 1973.

MAPWAR, Bashuth, *La polémique anti-arienne de St. Fulgence de Ruspe en Afrique du Nord (Ve – VIe siècles)*, Roma, 1988.

—, *« La résistance de l'Église catholique à la foi arienne en Afrique du Nord: un exemple d'une Église locale inculturée »* in *Cristianesimo e specificità regionali nel Mediterraneo latino (sec. IV-VI)*, Roma, 1994 (Studia Ephemeridis Augustinianum, 46), p. 189-213.

MARKSCHIES, Christoph, « The Religion of the Late Antiquity Vandals: Arianism or Catholicism? in *The True Story of the Vandals*, Värnamo, 2001, p. 87-97.

MATHISEN, Ralph W. « Sigisvult the Patrician, Maximinus the Arian and political strategems in the Western Roman Empire c.425–40 », *Early Medieval Europe* 8 (1999), p. 173–196.

MBONIGABA, Félicien, *La Traditio Symboli nell'Africa cristiana all'epoca dell'invasione dei Vandali*, Roma, 2015.

MERRILLS, Andy (éd.), *Vandals, Romans and Berbers. New Perspectives on Late Antique North Africa*, Aldershot, 2004.

—, « Vandals, Romans and Berbers: Understanding Late Antique North Africa », in A. H. Merrills (éd.), *Vandals, Romans and Berbers. New Perspectives on Late Antique North Africa*, Aldershot, 2004, p. 3-28.

MERRILLS Andy – MILES Richard, *The Vandals*, Oxford, 2010.

MICAELLI, Claudio, « Osservazioni sulla cristologia di Fulgenzio di Ruspe », *Augustinianum* 25 (1985), p. 343-360.

MÎRŞANU, Dragoş, « The Imperial Policy of Otherness: Justinian and the Arianism of the Barbarians as a Motive for the Recovery of the West », *Ephemerides Theologicae Lovanienses* 84 (2008), p. 477-498.

MKACHER, Anis, « L'historiographie de l'Afrique vandale », in É. WOLFF (éd.), *Littérature, politique et religion en Afrique vandale*, Paris, Institut d'Études Augustiniennes, 2015, p. 93-106.

MODÉRAN, Yves, « La chronologie de la vie de saint Fulgence de Ruspe et ses incidences sur l'Histoire de l'Afrique vandale », in *Mélanges de l'École française de Rome* 105 (1993), p. 135-188.

—, « L'Afrique et la persécution vandale », in J.-M. MAYEUR – C. PIETRI – A. VAUCHEZ – M. VENARD (éd.), *Histoire du Christianisme des origines à nos jours* T. III, Paris, 1998, p. 247-278.

—, « Une guerre de religion. Les deux Églises d'Afrique à l'époque vandale », *Antiquité Tardive* 11 (2003), p. 21-44.

—, « La *Notitia provinciarum et civitatum Africae* et l'histoire de l'Afrique vandale », *Antiquité Tardive* 14 (2006), p. 165-185.

—, *Les Vandales et l'Empire romain*, Arles, 2014.

MOORHEAD, John, « Gregory of Tours on Arian Kingdoms », *Studi Medievali* 36 (1995), p. 903-915.

—, éd.), *Victor of Vita: History of the Vandal Persecution*. Translated with notes and introduction, Liverpool 1992.

MÜLLER, Hildegund – WEBER, Dorothea – WEIDMANN, Clemens (éd.), *Collatio Augustini cum Pascentio: Einleitung, Text, Übersetzung*, Österreichische Akademie der Wissenschaften, Wien, 2008.

NISTERS, Bernhard, *Die Christologie des hl. Fulgentius von Ruspe*, Münster, 1930.

PARSONS, Jonathan Kendall, *The African Catholic church under the Vandals (429-533)*, Diss. University of London, 1994 (publ. on line).

PETRI, Sara (éd.), *Vigilio di Tapso. Contro Eutiche*, Introduzione, traduzione e note a cura di S. Patri, Brescia, 2003.

PIRAS, Antonio (éd.), *Lingua et ingenium. Studi su Fulgenzio di Ruspe e il suo contesto*, Studi e Ricerche di cultura religiosa. Nuova Serie 7, Ortacesus-Cagliari, 2010.

PLACANICA, Antonio, « La Cristianità africana tra *Arrianus furor* e *Subreptiones Acephalorum* » in P. DELOGU (éd.), *Le invasioni barbariche nel meridione dell'impero: Visigoti, Vandali, Ostrogoti. Atti del Convegno svoltosi alla Casa delle Culture di Cosenza (24-26 luglio 1998)*, Soveria Mannelli, 2001, p. 181-242.

POTTIER, Bruno, « Les donatistes, l'arianisme et le royaume vandale », in É. WOLFF (éd.), *Littérature, politique et religion en Afrique vandale*, Paris, Institut d'Études Augustiniennes, 2015, p. 109-125.

RODOLFI, Alessandra, « A Difficult Co-existence in Vandal Africa: King Genseric and Catholics », *Studia Patristica* XXXIX, Leuven, 2006, p. 117-124.

SCHMAUS, Michael, *Die Trinitätslehre des Fulgentius von Ruspe*, in *Charisteria A. Rzach zum Achtzigsten Geburtstag dargebracht*, Reichenberg, 1930, p. 166-175.

SCHMIDT, Ludwig, *Geschichte der Wandalen*, Leipzig, 1901, Munich 1942[2]; tr. fr.: *Histoire des Vandales*, Paris, 1953.

SCHWANK, Benedikt, « Zur Neuausgabe von *Contra Varimadum* nach dem Codex Paris. B. N. Lat. 12217 », *Sacaris Erudiri* 12 (1961), p. 112-196.

SCHWARCZ, Andreas, « Bedeutung und Textüberlieferung der *Historia persecutionis Africanae provinciae* des Victor von Vita », in *Historiographie im frühen Mittelalter*, Anton SCHARER – Georg SCHEIBELREITER (éd.), Wien-München 1994, p. 115-140.

—, « Religion und ethnische Identität im Vandalenreich. Überlegungen zur Religionspolitik der vandalischen Könige », in Guido M. BERNDT – Roland STEINACHER (éd.), *Das Reich der Vandalen und seine (Vor-)geschichten*, Wien, 2008. p. 227-232.

SCHWARTZ, Michael, *Der Kampf der arianischen Vandalen gegen die Kirchenpolitik Roms und Byzanzs*, Leipzig, 1938.

SHANZER, Danuta, « Intentions and Audiences: History, Hagiography, Martyrdom, and Confession in Victor of Vita's *Historia Persecutionis* » in *Vandals, Romans and Berbers. New Perspectives on Late Antique North Africa* (A. H. MERRILLS éd.), Aldershot, 2004, p. 271-290.

SIMONETTI, Manlio, « Studi sulla Letteratura Cristiana d'Africa in Età Vandalica », *Rendiconti dell'Istituto Lombardo di Lettere e Scienze Morali e Storiche. Classe di Lettere* 83 (1950), p. 407-424.

—, « Letteratura antimonofisita d'Occidente », *Augustinianum* 18 (1978), p. 487-532.

—, *La produzione letteraria latina fra romani e barbari (sec. V-VIII)*, Roma, 1986.

—, « Di alcuni caratteri specifici della letteratura africana nei secoli V e VI », in *Cristianesimo e specificità regionali nel Mediterraneo latino (sec. IV-VI)*, Roma, Institutum Patristicum Augustinianum, 1994, p. 127-136.

—, « Fulgenzio e un ariano fastidioso », in *Lingua et ingenium. Studi su Fulgenzio di Ruspe e il suo contesto*, Studi e Ricerche di cultura religiosa. Nuova Serie 7, Ortacesus – Cagliari, 2010, p. 265-277.

SPIELVOGEL, Jörg, « Arianische Vandalen, katholische Römer: die reichspolitische und kulturelle Dimension des christlichen Glaubenskonfliktes im spätantiken Nordafrika », *Klio. Beiträge zur alten Geschichte* 87 (2005), p. 201-222.

SPICKERMANN, Wolfgang, « Arianische Vandalen, katholische Provinzialrömer und die Rolle kirchlicher Netzwerke im Nordafrika des 5. Jh. n. Chr. », in D. BAUERFELD – L. CLEMENS (éd.), *Gesellschaftliche Umbrüche und religiöse Netzwerke. Analysen von der Antike bis zur Gegenwart*, Bielefeld (2014), p. 65-86.

STEINACHER, Roland, *Die Vandalen. Aufstieg und Fall eines Barbarenreichs*, Stuttgart, 2016.

—, « Der vandalische Königshof als Ort der öffentlichen religiösen Auseinandersetzung, in M. BECHER – A. PLASSMANN (éd.) *Streit am Hof im frühen Mittelalter*, Bonn, 2011 p. 45-74.

SUMRULD, William A., *Augustine and the Arians. The Bishop of Hippo's Encounters with Ulfilan Arianism*, Selinsgrove, 1994.

VAN DER LOF, L. J., « Der fanatische Arianismus der Wandalen », *Zeitschrift für die neutestamentliche Wissenschaft und die Kunde der älteren Kirche* 64 (1973), p. 146-151.

VIAN, Giovanni Maria, « Ariani d'Africa », in *Africa cristiana: storia, religione, letteratura*, in M. MARIN – C. MORESCHINI (éd.), *Africa cristiana: storia, religione, letteratura*, Brescia, 2002, p. 241-254.

VISMARA, Giulio, « Gli editti dei re Vandali », in *Studi in Onore di Gaetana Scherillo*, Milano, 1972, II, p. 849-878.

VÖSSING, Konrad, « 'Barbaren' und Katholiken. Die Fiktion der *Collatio sancti Augustini cum Pascentio Arriano* und die Parteien des vandalischen Kirchenkampfes", in *Collatio Augustini cum Pascentio. Einleitung, Text, Übersetzung*, ed. H. MÜLLER – D. WEBER – C. WEIDMANN, Wien, 2008, p. 173-206.

—, *Victor von Vita. Kirchenkampf und Verfolgung unter den Vandalen in Africa*. Lateinisch und deutsch. Herausgegeben, eingeleitet und übersetzt, Darmstadt, 2011.

—, *Das Königreich der Vandalen. Geiserichs Herrschaft und das Imperium Romanum*, Darmstadt, 2014.

WHELAN, Robin, « Arianism in Africa », in *Arianism: Roman Heresy and Barbarian Creed*, Guido M. BERNDT – Roland STEINACHER (éd.), Farnham, 2014, p. 239-255.

—, *Being Christian in Vandal Africa: the politics of orthodoxy in the post-imperial West*, University of California Press, 2017.

WISNIEWSKI, Robert, « Local and Overseas Saints and Religious Identity in Vandal Africa », *Sacris erudiri* 52 (2013) p. 103-117.

WOLFF, Étienne (éd.), *Littérature, politique et religion en Afrique vandale*. Textes réunis et édités par É. Wolff, Paris, Institut d'Études Augustiniennes, 2015.

ZEILLER, Jacques, « L'Arianisme en Afrique avant l'invasion vandale », *Revue Historique* 173 (1934), p. 535-540.

ZOCCA, Elena, « Mutazioni della tipologia martiriale in età vandalica: un diverso punto di osservazione sulla "persecutio" anticattolica », in A. BARTOLOMEI ROMAGNOLI – U. PAOLI – P. PIATTI (éd.), *Hagiologica. Studi per Réginald Grégoire*, Fabriano, Monastero San Silvestro Abate, 2012, p. 597-631.

CAMBRIDGE, *Trinity College Library*, ms. 1286 (O.5.5), f. 48v
Athanase et les Pères du concile de Nicée

CAMBRIDGE, *Trinity College Library*, ms. 1286 (O.5.5), f. 50v
Athanase, le juge Probus et les trois hérésiarques, Arius, Sabellius et Photinus

CAMBRIDGE, *Trinity College Library*, ms. 1286 (O.5.5), f. 51v
Athanase, le juge Probus, Arius, Sabellius et Photinus

CAMBRIDGE, *Trinity College Library*, ms. 1286 (O.5.5), f. 50v
Athanase, le juge Probus et les trois hérésiarques, Arius, Sabellius et Photinus

CAMBRIDGE, *Trinity College Library*, ms. 1286 (O.5.5), f. 83v
Le juge Probus rend sa sentence

CONTRA ARRIANOS
SABELLIANOS FOTINIANOS
DIALOGVS

CONSPECTVS SIGLORVM

saec.

Ty²	Troyes, *Bibl. Mun.* 2405	VIII/IX
N¹	New York, *Pierpont Morgan Libr.* G. 33	IX inc.
K¹	Karlsruhe, *Bad. Landesbibl.* Aug. XVIII	IX inc.
K²	Karlsruhe, *Bad. Landesbibl.* Aug. CCXXXVIII	IX inc.
Tr¹	Trier, *Stadtbibl.-Stadtarchiv* 118/106	IX inc.
Sm¹	Saint-Mihiel, *Bibl. Mun.* Z 28	IX
Sg¹	Sankt Gallen, *Stiftsbibl.* 90	IX
R¹	Reims, *Bibl. Carnegie* 385	IX
Ca¹	Cambrai, *Bibl. Mun.* 436	IX
P⁷ᵃ	Paris, *Bibl. Nat. lat.* 2341 (1ᵉʳ texte)	IX
P⁷ᵇ	Paris, *Bibl. Nat. lat.* 2341 (2ᵉᵐᵉ texte)	IX
Cb¹	Cambridge, *Pembroke College* 108	IX
Mu²	München, *Bayer. Staatsbibl.* Clm 14679	IX
P⁶ᵃ	Paris, *Bibl. Nat. lat.* 2076 (1ᵉʳ texte)	X
P⁶ᵇ	Paris, *Bibl. Nat. lat.* 2076 (2ᵉᵐᵉ texte)	X
Mu¹	München, *Bayer. Staatsbibl.* Clm 6294	X ex.
O³	Oxford, *Bodl. Libr.* Can. Patr. lat. 112	XI
P²	Paris, *Bibl. Nat. lat.* 1684	XI
Vc¹	Vic, *Bibl. Episcopal* 40	XI ex.
P⁴	Paris, *Bibl. Nat. lat.* 1686	XI-XII
P⁵	Paris, *Bibl. Nat. lat.* 1715A	XII inc.
Bd¹	Bordeaux, *Bibl. Mun.* 11	XII
Vl¹ᵃ	Valencia, *Bibl. Univ.* 1221 (1ᵉʳ texte)	XV

α *consensus familiarum* $\alpha^1\ \alpha^2$
α^1 *consensus familiarum* $\gamma\ \zeta$
    γ *consensus familiarum* $\delta\ \varepsilon^1$
      δ *consensus codicum* $Ty^2\ P^4$
      ε^1 *consensus codicum* $P^{7b}\ P^{6b}$
    ζ *consensus codicum* $Cb^1\ Mu^2\ Tr^1$
α^2 *consensus familiarum* $\nu^1\ \xi$
    ν^1 *consensus codicum* $P^{6a}\ P^{7a}$
    ξ *consensus codicum* $Vc^1\ P^5\ Bd^1$

β	*consensus familiarum β¹ β² + Sm¹*
β¹	*consensus codicum N¹ O³ P²*
β²	*consensus codicum Sg¹ Mu¹ K² R¹*
mss	*consensus omnium codicum*
Fra	*editio* « Fratres uitae communis » 1475-1476
Boc	*editio* A. Bocard 1500
Cass	*editio* G. Cassander 1555
Ch¹	*editio* P.-F. Chifflet 1664, p. 84-117 (version courte)
Ch²	*editio* P.-F. Chifflet 1664, p. 118-198 (version longue)
edd.	*consensus editionum*
PL	Patrologia Latina, *curante* I. P. Migne, t. 62

NOTA BENE

L'apparat est généralement négatif. Mais chaque fois que nous l'avons estimé important, en particulier quand il était bon de mettre en évidence la branche de la tradition dont nous avons retenu la leçon, l'apparat est également positif.

Précisons aussi que $Ty^{2a.c.}$ = Ty^2 *ante correctionem* et $Ty^{2p.c.}$ = Ty^2 *post correctionem*, sans que soient notifiées explicitement les deux leçons; celle *ante* ou *post correctionem* se comprenant aisément. Ainsi: omnibus] hominibus $Ty^{2a.c.}$ signifie que $Ty^{2p.c.}$ est revenu à la leçon *omnibus*.

PRAEFATIO VIGILII
‹AD PRIMAM TRACTATVS EDITIONEM›

Dum mecum de fidei ueritate diu multumque tractarem, atque scripturae consideratione requirerem quonam modo multiplices et numerosas haereticorum quaestiones responsionis breuitate refellerem, et eorum sacrilega dicta uariis et longis diffusa tracta-
5 tibus compendioso disputationis luctamine superarem, ne prolixioribus prolixiora referens interminabilem et nimis laboriosam legentibus materiam reliquissem, utile hoc et ualde commodum apparuit, ut uniuscuiusque haeretici personam cum sui dogmatis professionibus, qui praesentes cum praesentibus agerent, in-
10 troducerem. Et ne singulorum prosecutiones in dubium nullo examinante uenirent, arbitrum quemdam nomine Probum, auctoritate iudiciaria functum interesse feci, quo de singulis quibusque probabiliter discernente, impiae prauitatis cassaretur intentio. Sabellium ergo, Fotinum, Arrium, atque a nostra parte
15 Athanasium introduxi, ut ueritas, summo confligentium certamine eliquata, ad omnium notitiam perueniret, et diuersitate personarum et responsionum ac interlocutionum huius operis uariata digestio fastidium legentibus amputaret.

Trad. text.: $v\ Ch^2$ (om. $\alpha^1\ \xi\ \beta$ Fra Boc Cass Ch^1)

Tit. ad primam tractatus editionem] *addidi*
Inc. incipit altercatio athanasi cum heresibus v^1, incipit altercatio athanasii et arrii Vl^{ta}, incipit altercatio inter athanasium et arrium v^3
1 dum] cum v^3 mecum] tecum Vl^{ta} 3 numerosas] uniuersas v^2 responsionis] rationis v^2, $Vl^{ta\ in\ ras.}$ 4 sacrilega] sacrilegam $P^{7aa.c.}\ P^{6a}$ dicta] dictam P^{6a} 4/5 tractatibus] tractabus $P^{6aa.c.}$ 5 compendioso] compendio v^1 6 referens] referentes P^{7a} 7 utile] utilem v^1 8 sui dogmatis] suis dogmatibus v^1 9 professionibus] professione Vl^{ta}, persuasione v^3 qui] quasi Ch^2 10 prosecutiones] persecutiones Vl^{ta} 12 quo] quid P^{6a}, quod P^{7a}, quod est Vl^{ta} 13 discernente] discernentem v^1 14 ergo] quoque v^2 a nostra parte] ad nostra parte P^{6a}, ad nostras partes Ch^2 16 omnium] hominum P^{7a} 17 et] uel $v^1\ Ch^2$ ac] hac P^{7a}

‹INITIVM SECVNDAE TRACTATVS EDITIONIS AB IPSO VIGILIO›

Cum apud Nicaeam urbem, a trecentis decem et octo episcopis, ex euangelicis apostolicisque doctrinis, spiritali uigore praeditis,

---

Trad. text.: $\alpha^1 \xi \beta$ (exc. P^2 mutilatus) Fra Boc Cass Cb^1 (om. ν Cb^2)

1/9 cum – relegari] cfr Rvfin., *Hist.* 1 (10), 1-6; Socr., *Hist.* 1, 8-9; Soz., *Hist.* 1, 17.20-21; Thdt., *Hist.* 1, 7-8

Tit. initium secundae tractatus editionis ab ipso uigilio] *addidi*
  Inc. α^1: incipit disputatio fidei inter arrium et athanasium $Cb^1 Tr^1$, incipit praefatio altercationis athanasii contra arrium, sabellium uel fotinum hereticos, *deinde sequitur* 'Praefatio incerti auctoris', *et postremo*: incipit disputatio fidei inter arrium et athanasium Mu^2, incipit altercatio sancti athanasii contra arrium Ty^2, *deperd.* P^4
  ξ: incipit altercatio fidei catholice inter arrium presbiterum et athanasium episcopum probo iudice residente Vc^1, incipit altercatio inter arrium et athanasium episcopum probo iudice residente P^5, disceptatio athanasii contra arrium fotinum et sabellium Bd^1
  β: incipit eiusdem altercatio contra arrium, sabellium uel fotinum $Sm^1 N^1 O^{3a.c.}$ (et fotinum $O^{3p.c.}$), incipit altercatio athanasii contra arrium, sabellium uel fotinum hereticos $Sg^{1a.c} R^{1.}$, incipit altercatio athanasii gloriosissimi episcopi contra arrium, sabellium uel fotinum hereticos Mu^1, incipit altercatio athanasii contra arrium, sabellium uel fotinum hereticum $K^{2a.c.}$, incipit prologus altercationis athanasii contra arrium, sabellium uel fotinum hereticos $Sg^{1p.c} K^{2p.c.}$, *deperd.* P^2. *In his mss sequitur* 'Praefatio incerti auctoris' (« Cum in manus strenui lectoris », *cfr supra, p. 99*), *deinde alius titulus*: incipit qualiter res a principio gesta est $Sm^1 N^1 O^3 Sg^1 K^2 R^1$, incipit ordo qualiter res a principio gesta est Mu^1
  edd.: incipit prologus in libro sancti Athanasii contra hereticos Sabellium, Fotinum et Arrium, *deinde* 'Praefatio incerti auctoris', *et postremo*: incipit liber primus de fide catholica *Fra*, disputationis atque controuersiae super fide catholica inter diuinum Athanasium prius diaconum, deinde quoque episcopum, coram Probo iudice gentili a Constantio imperatore delegato habitae praefatio: docens contemporaneos fuisse inter quos iis acta dicitur, *deinde* 'Praefatio incerti auctoris', *et postremo*: eiusdem disputationis introductio, originem eius et arrii perfidiam declarans *Boc*, 'Praefatio incerti auctoris' *opus incipit, deinde sequitur titulus*: Disputatio inter Sabellium, Fotinum, Arrium et Athanasium, de Christo Domino nostro et fide sanctae trinitatis, Vigilio episcopo tridentino autore *Cass*, Vigilii Tapsensis contra arianos dialogus Athanasio, Ario et Probo iudice interlocutoribus. Liber primus Cb^1, Vigilii Tapsensis episcopi contra arrianos, sabellianos et photinianos dialogus. Athanasio, Arrio, Sabellio, Photino et Probo iudice interlocutoribus, *deinde* 'Praefatio incerti auctoris' et 'Praefatio Vigilii', *et postremo*: Dialogi liber primus. Probus iudex dixit: Perspiciens ... (*cfr I, I, l. 1*) Cb^2
  1 nicaeam] nicheam $N^1 O^3 K^{2a.c} R^1 Tr^1$, niceam $P^4 \varepsilon^1 Cb^{1a.c} Mu^2 \xi Sg^1 K^{2p.c}$ Fra Boc, nicenam $Cb^{1p.c.**}$ urbem] *om.* ε^1, bithiniae *add.* δ, bithyniae *add.* Cb^1 2 ex euangelicis apostolicisque doctrinis spiritali uigore] spiritali uigore euangelicis apostolicisque doctrinis δ, ex euangelicis apostolicisque spiritali uigore doctrinis Cb^1 ex euangelicis] et *praem.* P^{6b}, e*uangelicis Vc^1, exuangelicis $Ty^{2a.c.}$, euangelicis $Ty^{2p.c.}$ apostolicisque] et apostolis Vc^1 praeditis] *om.* γ Cb^1

PRAEFATIONES 247

fides ecclesiae confirmaretur, ibique Arrii perfidia Constantino imperatore praesente detegeretur, et cum eius perfidiae dogma eo-
5 rumdem episcoporum sententia refutaretur, ab ecclesia separatur, ne tam impia doctrina diu in ecclesia latens cunctorum insereret mentes. Sed ubi imperator comperit integram ab episcopis fidem ecclesiae, ut est ab apostolis tradita, sanctius confirmari, praecepit eumdem Arrium, ut rebellem sacrae fidei, exilio relegari. Sed sicut
10 Euam serpens in paradiso dolosis persuasionibus laqueauit, ita quoque Constantiam germanam eiusdem principis per quemdam satellitem Arrii perfidia inretiuit. Et latuit in ea diaboli uirus, donec tempus erumpendi quo eam repleuerat inueniret. Haec igitur cum in ultimo sui obitus die fratris uisitatione perfrueretur,
15 statim ab ea innocenti fratri pomum uenenati uerbi porrigitur. Et

---

Trad. text.: $α^1\,ξ\,β$ (exc. P^2 mutilatus) Fra Boc Cass Ch^1 (om. ν Ch^2)

11/25 constantiam – pergeretur] cfr RVFIN, *Hist.* I (10), 12; SOCR., *Hist.* 1, 25; SOZ., *Hist.* 2, 27; THDT., *Hist.* 2, 3

3 confirmaretur] confirmatur $δ$ $Cb^{1a.c.}$ $Tr^1 Mu^2$ Boc   ibique] ubique R^1, ibi $Ty^{2p.c.}$ $Mu^{1p.c.}$ edd.   3/4 constantino imperatore praesente] constantini imperatoris praesentia $δ$ 4 praesente] *om.* $ε^1$ detegeretur] $ξ$, detegitur $α^1\,β$ edd.   eius] suae $γ$ Bd^1 Ch^1 perfidiae] perfidia P^5 dogma] dogmate $Ty^{2p.c.}$ Ch^1 5 refutaretur] $ξ\,ε^1$ $N^1 O^3$ $β^2$ Fra, refutatur $ζ$ Sm^1 Boc, refutatus $δ$ Ch^1, arrius *add.* $ζ$ Boc Cass   ab ecclesia – doctrina] $Sm^{1s.l.\,p.c.}$ separatur] separetur $Bd^{1a.c.}$ $K^{2p.c.}$, separareturVc$^{1p.c.}$ 6 diu in ecclesia] diuina ecclesia $ε^1$ $Cb_1^{a.c.\,*} Tr^{1a.c.}$, diuinam ecclesiam $δ$ in] *om.* Sm^1 insereret] se *praem.* $δ$ $Tr^{1p.c.}$ Ch^1, insererent $N^1 O^3$, inficeret $Cb^{1p.c.\,**}$ Boc, inserperet Fra   7 mentes] mentibus $Ty^{2p.c.}$ P^4 Fra Ch^1. Vide adnotationes   ab episcopis] a patribus $δ$ Ch^1 8 ecclesiae] *om.* $δ$ ut] quae Bd^1 ab] $O^{3s.l.\,p.c.}$, *om.* Vc^1 tradita] traditam $ε^1$ $Cb_1^{a.c.\,**}$ confirmari] confirmare $K^{2a.c.}$ $R^1 Mu^1$ 9 eundem] eundemque $Ty^{2p.c.}$ P^5 Mu^1 Cass, et eundem Fra   rebellem] sacrilegium et *praem.* Bd^1 exilio] iussit *praem.* $δ$ sicut] uidelicet *praem.* Bd^1 10 euam] *om.* $K^{2a.c.}$ R^1 11 quoque] etiam $δ$ constantiam] substantiam $P^{6ba.c.}$ sed corr. in marg. $P^{6bal.m.}$ eiusdem] eius $Cb^{1a.c.}$, eiusdem $Cb^{1p.c.\,*} Tr^{1a.c.} Mu^2$ 12 arrii] presbiterum *praem.* Bd^1 inretiuit] inretiit $ε^1$ $N^1 O^{3a.c.} Sg^{1a.c.}$ Fra Ch^1, interiit PL   diaboli uirus] *tr.* Mu^1 Cass   uirus] uirtus $ε^1$ 13 quo] quod $ε^1$ $N^1 O^3$ $P^5 Bd^1$ Fra   repleuerat] impleuerat $Cb^{1p.c.\,**}$ Boc   inueniret] inuenit $K^{2a.c.}$ R^1 13/14 haec igitur cum] cum igitur $β^2$ Cass   13 haec] *om.* Boc   14 cum] *om.* $ε^1$ ultimo] ultima Vc^1 sui obitus] *tr.* Bd^1, obitu sui $P^5 Sg^1$ sui] *om.* $ε^1$ die] diem $Sm^{1a.c.}$ $N^1 O^3$ fratris uisitatione] eius *add.* $Cb^{1a.c.}$, frater uisitatione $Cb^{1p.c.\,**}$, frater uisitatione eius $Tr^1 Mu^2$ Boc, fratre huius uisitatione $K^{2a.c.} Sg^1 R^1$, frater huius uisitatione Mu^1 Cass, fratri sui uisitatione $δ$ Ch^1 perfrueretur] $ξ$ Fra, perfruitur *al. mss* Boc Cass Ch^1 14/15 fratris – innocenti] *om.* P^{7b} 15 statim] statimque P^{6b} ea] eadem $ξ$ pomum uenenati uerbi] pomum ueneni uerbi $Cb^{1a.c.}$, pomum uenenati uerbi $Cb^{1p.c.}$, ueneni pomum uerbo $Cb^{1p.c.\,**}$ Boc   pomum] potum P^4, potus Ty^2 uenenati uerbi] P^4 $ξ$ $Sm^{1p.c.}$, ueneni uerbi Ty^2 $Tr^{1a.c.} Mu^2$ $Sm^{1a.c.}$ O^3, uenenosi uerbi $Tr^{1p.c.}$ Fra, ueneno uerbo $β^2$ Ch^1 uenenati] *om.* $ε^1$ porrigitur] proicitur Fra

ilico exemplo primi hominis, nescius per transgressionis uiam dilabitur uiperinis persuasionibus sensum adcommodans. Arrius, qui dudum ab eo tamquam sacrilegus fuerat relegatus, ad necem fidelium animarum de exilio reuocatur, et fidem suam principi callidis seductionibus pandens, frustra se adfirmabat ab episcopis fuisse damnatum. Ea scilicet causa, idem imperator praecepit apud Alexandriam synodum congregari, ut si uera eius adsertio doceretur, uenia post sententiam subsecuta, ecclesiae redderetur et, omnes de eius correctione gaudentes, exinde ad dedicationem Hierosolymitanae ecclesiae pacatius pergeretur. Denique cum causa eius ab episcopis diutius contractaretur, idem Constantinus imperator in suburbano quodam, cui Nicomedia nomen est, finali ordinato iudicio, tricesimo et primo imperii sui anno diem clausit extremum. Quam ordinationem praedicto satelliti tradi-

Trad. text.: $\alpha^1 \xi \beta$ (exc. P^2 mutilatus) Fra Boc Cass Ch^1 (om. v Ch^2)

29/36 quam – addictus] cfr RVFIN., *Hist.* 1 (10), 12; SOCR., *Hist.* 1, 39; THDT., *Hist.* 2, 3

16 transgressionis uiam] transgressionem sui Sm^1 16/17 uiam – uiperinis] *om.* $Sg^{1a.c.}$ *sed suppl. in marg.* $Sg^{1p.c.}$ dilabitur] δ $Tr^{1a.c.}$ P^5 Bd^1 Sm^1 *edd.*, delabitur $Cb^{1a.c.}$ $Tr^{1a.c.}$ Mu^2 Vc^1 N^1 O^3 $K^2 R^1 Sg^{1p.c.}$ 17 uiperinis] quo *praem.* Bd^1, et *praem.* δ, qui *praem.* ε^1 ζ $Vc^1 P^5$ β *edd.*   persuasionibus] ξ *Fra*, postulationibus *al. mss* Boc Cass Ch^1 adcommodans] adcommodare uidetur *suprascr.* $Cb^{1p.c.**}$, accommodare uidetur *Boc*   arrius] arrium ε^1 β^2, ergo *add. Boc*, enim *add. Cass*   18 dudum ab eo tamquam] ab eo dudum ut δ relegatus] relegatur $K^{2a.c.}$ 19 fidelium animarum] *tr.* P^4 de] ex $Cb^{1s.l.\,p.c.**}$ reuocatur] reuocat ε^1 $K^{2p.c.}$ et] qui ε^1 principi] $K^{2s.l.\,p.c.}$ 20 seductionibus] disputationibus δ Ch^1 20/21 adfirmabat – damnatum] ab episcopis damnatum adfirmabat *Fra*   21 fuisse] fuisset Vc^1 ea scilicet] cuius rei δ ea] eam Vc^1 idem] id est R^1 22 congregari] congregare ε^1 eius] *om.* Ch^1 23 doceretur] nosceretur δ Ch^1 uenia] ueniam P^{6b} ξ post sententiam] *om.* δ subsecuta] subsecutam ε^1, subiectae Ty^2, sublatae P^4, consecutus ξ, consecuta $K^{2a.c.} R^1$ ecclesiae] ecclesiam ε^1 23/25 redderetur – ecclesiae] *om. homoeot.* Mu^1 24 omnes] ut *praem.* $\zeta K^2 R^1 Sg$ Boc Cass Ch^1, omnibus $\varepsilon^1 Bd1$, *om.* δ gaudentes] gaudentibus $\varepsilon^1 Bd^1$, gaudenter $K^{2a.c.}$, existerent et *add. s.l.* $Cb^{1p.c.**}$ Boc Cass   25 hierosolymitanae] hierosolymae $\varepsilon^1 Vc^1 P^5 \beta$, hierosolonimitatae Bd^1 pacatius] pacatis Vc^1 denique] itaque δ 25/26 cum causa eius] dum eius causa δ Ch^1 26 causa] causae ζ diutius] *om.* $K^{2a.c.} R^1$ contractaretur] contractaretur ξ, contrectaretur P^{7b} N^1, contractatur P^{6b} O^3, contractarentur $Cb^1 R^1$ Boc, contrectarentur $Tr^1 Mu^2$ Cass, tractaretur *Fra*, retractatur δ Ch^1 constantinus] constantius piissimus $Ty^{2a.c.} P^4$, constantinus piisimus $Ty^{2p.c.}$ 27 quodam] quondam $N^1 O^3 Sm^{1p.c.}$ 27/28 finali] finale $Ty^{2a.c.} P^4 N^1 O^3 Sm^{1a.c.}$ 28 ordinato] ordine $Cb^{1p.c.**}$ Boc   tricesimo et primo] tricesima et prima $N^{1a.c.}$, XXXII $Cb^{1a.c.} Tr^1$, XXXI $Cb^{1p.c.**}$, tricesimo secundo Mu^2, triginta uno Ty^2, tricesimo primo $P^4 Mu^1$ Boc, anno *add.* δ 28/29 imperii – extremum] $Tr^{1in\,marg.}$ 28 anno] imperii ε^1 29 quam] quem $Ty^{2a.c.}$, qua $N^1 O^3$ ordinationem] ordinatione P^5, testamenti sui *praem.* δ Ch^1 praedicto] praedicta Vc^1, praedicti $Ty^{2p.c.}$ satelliti] arrii *praem.* δ Ch^1

dit, Constantio reseruandam. Qui dum post sui genitoris obitum adueniens suscepisset imperium, sicut a Constantino delegatum fuerat, ab eodem presbytero Constantio testamentum contraditur. Huius rei gratia, in tanta apud eum idem presbyter familiaritate est habitus, ut non iam presbyter, sed pater imperii uocaretur, et qui ob imperandum imperator fuerat eleuatus, sub huius presbyteri imperio uidebatur addictus. Ad cuius iussionem Arrius est ecclesiae reuocatus. Cuius doctrinam, rudis princeps impiis sensibus retinens, fidem catholicam respuit, et a paternis traditionibus sacrilego more desciuit. Qui, temporibus suis, non leuem ecclesiae Dei uel sacerdotibus insecutionem intulisse uidetur. Quo etiam tempore plurimos martyres multosque fecit confessores; alios quoque effossis oculis ac poplitibus amputatis semiuiuos reliquit. Nonnullos uero rabidi furoris arreptus insania, ex propriis sedibus relegando damnauit. In quibus Domini dictum uidetur esse com-

45 pletum: *Si me*, inquit, *persecuti sunt, et uos persequentur*. Hic igitur priusquam Arimino uel Seleucia ex uniuerso orbe dolo congregaret Domini sacerdotes, totum unum facere cupiens, iudicem quemdam nomine Probum, sua auctoritate suffultum, arbitrum inter eumdem Arrium atque Athanasium adesse praecepit – il-
50 lum utique, quem fidelem in regno suo et omnium mundanarum litterarum artium prae ceteris hominibus probauerat eruditum. Qui, omnibus curis publicis procul amotis, iniuncta sibi omni celeritate maluit adimplere, ut iussis imperialibus pareret et fidem ueracissimam suo examine comprobaret. Hic itaque cum apud
55 Laodiciam urbem Syriae secundo Constantii imperii anno uenisset, pro tribunali in auditorio sedens, turbis hinc atque inde adstantibus, Arrium atque Athanasium his adloquitur uerbis:

Gloriosi ac piissimi imperatoris Constantii sacra commonitus, praecepi inter uos fidei negotium uentilari.

Trad. text.: $\alpha^1\,\xi\,\beta$ (exc. P^2 mutilatus) Fra Boc Cass Ch^1 (om. ν Ch^2)

45 Ioh. 15, 20

45 me inquit] *tr.* δ hic igitur] si itaque $Ty^{2a.c.}\,P^4$, hic itaque $Ty^{2p.c.}$ hic] *om.* P^5
46 priusquam] prius $Cb^{1a.c.}$, priusquam $Cb^{1p.c.}$*   arimino] ariminum $Cb^{1s.l.\,p.c.}$** Fra, arimini $Ty^{2p.c.}\,P^4\,Ch^1$ seleucia] seleuciam $\varepsilon^1\,Cb^{1s.l.\,p.c.}$** $Tr^{1a.c.}\,Sm^1\,\beta^1$ Fra Boc, seleuciae $Vc^1\,\delta$ dolo] *om.* P^5 46/47 congregaret] congregarentur P^5 47 domini] *om.* Bd^1 unum facere cupiens] inconfuso deducens δ 47/49 iudicem – praecepit] qua feritate subintrans inter eundem arrium atque athanasium iudicem esse praecepit nomine probum ε^1
47/48 iudicem quemdam] *tr.* Boc   47 iudicem] *om.* $Cb^{1a.c.}\,Tr^1\,Mu^2$, $Cb^{1s.l.\,p.c.}$**
48 arbitrum] arbitrem $P^4\,Vc^1\,P^5\,K^2\,Sg^{1a.c.}\,R^1$ 50 in regno suo] regni sui δ mundanarum] mundarum Cass   51 litterarum] *om.* δ Ch^1 artium] uel *praem.* ξ, *deperd.* Vc^1, diuinarum *suppl. in marg.* $Vc^{1p.c.}$, *om.* ε^1, artiumque Cass   probauerat] adprobauerat δ, *om.* P^{6b} 52 qui] *deperd.* Vc^1, ille uero *suppl. in marg.* $Vc^{1p.c.}$ sibi] *in marg.* $Vc^{1p.c.}\,Mu^1$
52/53 celeritate] sceleritate P^5, cleritate Cass   53 iussis] et *praem.* δ Cass Ch^1 pareret] $Cb^{1p.c.}$** $Vc^1\,P^5$ Boc Cass Ch^1, paruisset γ $Cb^{1a.c.}\,Tr^1\,Mu^2\,Bd^1\,\beta$ Fra   54 comprobaret] comprobasset δ hic] his $Ty^{2a.c.}$, is $Ty^{2p.c.}\,P^4$ itaque] igitur ε^1 55 laodiciam] laodicenam δ, laudaciam ε^1, laudociam $Tr^1\,Sm^{1a.c.}\,K^2\,R^1$, laudotiam $Cb^{1a.c.}$, laodociam $Sm^{1p.c.}$, lauditiam N^1, laoditiam $Cb^{1p.c.}$*$Mu^1\,P^5\,P^2$ Boc   syriae] *om.* δ secundo constantii imperii anno uenisset] secundum constantii imperatoris aduenisset imperium ε^1 constantii] constantini N^1 56 pro tribunali in auditorio sedens] sedens in auditorio δ 56/57 adstantibus] adsistentibus δ 57 adloquitur uerbis] *tr.* N^1 adloquitur] adgreditur δ 58 gloriosi] probus *praem.* Boc   ac] atque Cass   sacra] epistola *suprascr.* $Cb^{1p.c.}$**, epistola *praem.* Boc   commonitus] commonitio P^4 59 praecepi] praecepit $Ty^{2a.c.}\,P^4\,\varepsilon^1\,Cb^{1a.c.}\,Tr^{1a.c.}\,Vc^1\,\beta$ (exc. $P^{2p.c.}$), praecipientis P^5 inter] ut *praem.* δ fidei negotium] *tr.* ζ uentilari] uentiletur δ

60 ATHANASIVS dixit: Et quis tam uecors audeat principalia praecepta abnuere?
PROBVS iudex dixit: Ergo uenerandi Augusti sacra legatur.
Et recitauit ita: 'Constantinus Constantius pius, perpetuus ac triumphator semper Augustus, Probo iudici salutem. Diuino mu-
65 nere paternum adeptus imperium, illud nobis est primitus enitendum ut, haeretica conuersatione deleta, sacrae se nostrae fidei coniunctus orbis gaudeat uniuersus, quoniam qui de peruerso itinere *conuerterit* impium, *saluat animam eius et* suorum *cooperit multitudinem peccatorum*, et quoniam nunc plerosque repperi-
70 mus huius sceleris socios, hanc perfidiam ritu sacrilego percolentes, asserentes se integram fidei regulam retinere, qui non solum homines impia seductione fallentes, uerum etiam et ingenitae maiestati iniuriam inrogantes et Filii creatam substantiam eius di-

---

Trad. text.: $\alpha^1 \xi \beta$ (exc. P^2 mutilatus) Fra Boc Cass Ch^1 (om. ν Ch^2)

68/69   Iac. 5, 20

69/72   nunc plerosque – fallentes] cfr VICT. VIT., *Hist. persec.* 2, 39; 3, 4

---

60   athanasius dixit] arrius et athanasius dixerunt δ Ch^1 athanasius] episcopus *add.* Vc^1 P^5 dixit] respondit ζ, *om.* Boc   uecors] est *add.* P^5 audeat – abnuere] $Sm^{1s.l.\ p.c.}$ audeat] ut *praem.* Vc^1 P^5 Ch^1, ut *add. s.l.* $Cb^{1p.c.**}$ $P^{2p.c.}$, *om.* δ principalia] ut *praem. s.l.* $Ty^{2p.c.}$ 61 abnuere] rennuere ζ Boc, abnuerit δ 62 probus iudex dixit] $Sm^{1in\ marg.\ p.c.}$ iudex dixit] *om.* Boc   iudex] *om.* Mu^2 Fra   sacra] publicę *add.* δ legatur] relegatur $Sm^{1a.c.}$ Cass, legantur P^5, epistola *add.* $Cb^{1p.c.**}$ Boc, recitentur $Ty^{2a.c.}$ P^4, recitetur $Ty^{2p.c.}$
63 recitauit] recitata est ζ Boc, recitatum est δ Ch^1, *om.* Fra   ita] *om.* ζ ξ Boc   constantinus constantius] *tr.* δ constantinus] *iter.* $P^{7ba.c.}$ P^{6b}, constantini Vc^1, epistola constancii augusti *praem.* Fra, epistola constantini augusti *praem.* Cass   perpetuus] et *praem.* Ty^2, uictor *add.* $Cb^{1p.c.**}$ β^2 Boc Cass Ch^1, augustus *add.* P^5 Bd^1 63/64 ac triumphator semper augustus] augusti ac triumphator semper ε^1 ac triumphator] *om.* $Cb^{1a.c.}$ Tr^1 Mu^2 Vc^1 *sed suppl. in marg.* $Cb^{1p.c.*}$ 64 semper] *om.* δ Vc^1 65 paternum] *om.* δ adeptus] adeptis $Cb^{1p.c.**}$ nobis est] *tr.* ζ Boc Cass   66 deleta] delata Vc^1, de mentibus perfidorum *add.* δ Ch^1 sacrae se nostrae] sacre sancte nostre *suprascr.* $Cb^{1p.c.**}$ sacrae se] se sacre $Ty^{2a.c.}$ P^4 *sed se del.* $Ty^{2p.c.}$ se] *om.* ε^1 Fra Boc Ch^1 67 coniunctus] coniunctum $Sm^{1p.c.}$ $P^{2p.c.}$ Bd^1 orbis] orbe Vc^1 gaudeat] congaudeat δ qui de] quia ε^1 de] a ζ Boc, ab δ Ch^1 67/68 peruerso itinere] itinere erroris δ Ch^1 68 conuerterit] conuertit ζ Boc Cass   saluat] saluabit Ty^2 P^5 Bd^1 Ch^1, saluauit P^4 animam] anima N^1
68/69 cooperit multitudinem peccatorum] multitudinem peccatorum cooperit Boc cooperit multitudinem] *tr.* ζ 68 cooperit] cooperiet δ Ch^1 69 quoniam] *om.* δ Ch^1 nunc] cum δ, *om.* ε^1 69/70 repperimus] †...†rimus Vc^1, comperimus *suppl.* $Vc^{1p.c.}$
70 hanc] et *praem.* Vc^1 P^5 perfidiam] perfidia N^1 71 retinere] tenere $P^{2a.c.}$ qui] *del.* $P^{2p.c.}$ 71/74 qui – iungentes] *om.* δ 72 homines] hominis $Sm^{1a.c.}$, sunt *praem.* Cass   fallentes] fallunt ε^1 Ch^1 et] *om.* Vc^1 P^5 β Fra Cass   73 iniuriam] *om.* Mu^1 Cass inrogantes] inrogant ε^1 Ch^1, blasphemantes Cass   et] *om.* ε^1 $P^{2p.c.}$ Ch^1 substantiam] substantia ε^1 eius] *om.* ε^1 Ch^1

uinitati iungentes. Monemus itaque ut nostrae mansuetudinis auctoritate percepta, inter Arrium uenerabilem presbyterum et Athanasium eiusdem actorem erroris episcopum, huius negotii examen facias agitari, praecipue suadens ut animi peruersitate deposita, uerae fidei ac probatae colla submittant, ne nostrae pietatis ac mansuetudinis praecepta solita temeritatis audacia contemnentes, ad grauem nos prouocent iracundiam. Et licet huius fidei munus necdum perceperis, sapientia tamen qua prae ceteris polles, cuncta te credimus posse sine cuiusquam susceptione personae, fideliter definire, Deo plus quam hominibus placiturum. Et alia manu: Optamus te bene ualere. Data Constantinopoli die XII calendas Ianuarias'.

Cumque recitaretur, PROBVS iudex dixit: Venerandi principis sacra quae lecta est, gestis indatur. Et adiecit: Perspiciens in idolorum cultura, *etc.*

Trad. text.: $\alpha^t \xi \beta$ (*exc.* P^2 *mutilatus*) Fra Boc Cass Ch^t (*om.* ν Ch^2)

78/80 ne – iracundiam] cfr VICT. VIT., *Hist. persec.* 3, 3

---

74 itaque] *del.* $P^{2p.c.}$, *om.* δ Fra Ch^1 mansuetudinis] maiestatis *suprascr.* $Cb^{1p.c.**}$, maiestatis Boc   75 uenerabilem presbyterum] *tr.* Ty^2 76 athanasium] aliter episcopum *subscr.* $Cb^{1p.c.*}$ actorem] *correxi*, auctorem ζ $Bd^1 P^5 \beta$ Fra Boc Cass, auctoris $\varepsilon^1 Vc^1$, *om.* δ Ch^1 Vide adnotationes   episcopum] diaconum ζ Boc   77 agitari] uentilari *suprascr.* $Cb^{1p.c.**}$, uentilari Boc   suadens] suademus Cass   78 colla] utrique *praem.* δ Ch^1 78/80 ne nostrae – iracundiam] *om.* δ 79 pietatis ac mansuetudinis] *tr.* ζ Boc   solita] sollicita P^{ob} 80 ad grauem nos] nos ad grauem $Vc^1 P^5$ nos] *om.* $\varepsilon^1 \zeta \beta$ Fra   prouocent] concitent *suprascr.* $Cb^{1p.c.**}$, concitent Boc   81 huius] huiusce δ, *om.* $Cb^{1a.c.}$ $Tr^1 Mu^2$, huius $Cb^{1s.l. p.c.*}$ munus] manus Ch^1 necdum] $P^{2s.l.}$ perceperis] perciperis $Sm^{1a.c.}$ qua] quae $Ty^{2a.c.}$, quam P^{ob} 81/82 prae ceteris] preceperis P^{ob} 82 sine] et *praem.* Vc^1 cuiusquam] alicuius δ 82/83 susceptione] suspitione $Cb^{1a.c.}$ $Tr^1 Mu^2$ sed uel susceptione *suprascr.* $Cb^{1p.c.**}$, susceptionem ε^1 83 hominibus] ξ (*exc.* P^5), omnibus P^5, homini $\gamma \zeta \beta$ Boc Cass Ch^1 84 placiturum] placitam P^5, placaturum P^{7b} et alia manu] alme ζ, et alia manibus P^5 optamus] opto Sm^1 ualere] ualens Sm^1 data] datum ζ Boc   84/85 constantinopoli] constantinopolim $Vc^1 P^5$ Fra   85 die] sub *praem.* ζ, *om.* Ty^2 Ch^1 calendas] calendarum Bd^1 ianuarias] iaunurii Bd^1 Fra Boc Cass   86 cumque recitaretur] $\gamma \beta$ Cass Ch^1, QR ζ, quae dum recitaretur $Vc^1 P^5$, quo supra rectore Bd^1, *om.* Fra Boc   iudex dixit] *om.* Fra Boc   iudex] *om.* Cass   uenerandi] uenerandis $Sm^{1a.c.}$, ueneranda Mu^1 Cass   principis] principes Ty^2 87 quae lecta est] *om.* Fra   est] sunt Sm^1 indatur] indantur Sm^1, indicatur N^1, indicantur P^5, ind†...† Vc^1, indiget $Vc^{1in\ marg.\ p.c.}$ et adiecit] et adii $Cb^{1a.c.}$ $Tr^1 Mu^2$, et adiecit $Cb^{1p.c.*}$, *om.* Fra

LIBER PRIMVS

[I. Probvs iudex dixit: Perspiciens in idolorum cultura] nullam ueri numinis consistere maiestatem, christianis memetipsum dogmatibus subicere uolo, quibus adstruitur unus et uerus esse Deus, qui uniuersa quae uidentur et quae non uidentur, uirtute uerbi sui creauit. Et quoniam, cum plures christiani nominis titulo censeantur, a ueritate eius fidei procul aberrare dicuntur, diuersa scilicet sentiendo et uaria dogmatum instituta sectando, scire nunc magnopere desidero quae sit recti dogmatis fides, cui remotis omnibus dubietatis ambagibus tenaciter inhaerere queam, ne erroris caecitate exui cupiens maioribus tenebrarum erroribus implicer, si passim et sine ullo examinis discrimine, alicuius sectae quae prima occurrerit imitator existam, quae utrum praua sit necne uel ueritate fulta, ignoro. Et ideo si placet, immo

---

Trad. text.: *α β edd.*

I. 4/5 uniuersa quae uidentur et quae non uidentur, uirtute uerbi sui creauit] Rvfin., *Hist.* 1 (10), 3 (p. 962, l. 20-21)

I. 1 probus iudex dixit] *v¹*   iudex dixit] *om. Boc*   perspiciens] prospiciens *Cb¹ Tr¹*, praespiciens *Mu²*   in] *om. ζ*   cultura] culturam *ζ Bd¹ N¹*   nullam] nulla *Cb¹ᵃ·ᶜ Mu²ᵃ·ᶜ*   2 numinis] nominis *δ v¹*   consistere maiestatem] *ε¹ Boc*   maiestatem] maiestate *Cb¹ᵃ·ᶜ Mu²*, rationem *praem. v*, rationem magis *Vl¹ᵃ*   memetipsum] meipsum *Vc¹*   3 subicere] subiacere *N¹ O³ᵃ·ᶜ*   quibus] a *praem. ε¹*   unus] unius *P⁶ᵃ*   3/4 esse deus] *tr. ε¹ ζ Mu¹ Boc Cass*   5 quoniam] cum *δ*   cum] quam *Bd¹*   cum plures] conplures *δ ζ*   nominis] huius *add. Vc¹*   5/6 titulo] titulos *Ty²ᵃ·ᶜ P⁴*   6 censeantur] censentur *ε¹ Bd¹*, cessantur *v¹*   a] et *praem. δ ε¹ ζ ξ Cass*   eius] et *N¹*, ius *O³*   procul] *om. Mu¹ δ*   aberrare] labore *N¹*, oberrare *v¹*   dicuntur] dicantur *Tr¹ Vc¹ P⁵ Cass*   6/7 diuersa] et *praem. ε¹*, diuersas *P⁷ᵇ*   7 scilicet sentiendo] *om. Boc*   sentiendo] sectando *δ, om. ζ*   dogmatum] dogmatis *ζ Boc*   sectando] imitando *δ*   8 nunc] *om. δ*   recti] recte *Ty²ᵃ·ᶜ O³·*, recta *Cb¹ᵃ·ᶜ*, *Sg¹ˢ·ˡ· ᵖ·ᶜ·*   dogmatis] dogmati *ε¹ v¹*   9 omnibus] *om. Cb¹ᵖ·ᶜ· Boc.*   dubietatis] dubitatis *ε¹*, dubietatibus *v¹ Boc*, dubietatibus *suprascr. Cb¹ᵖ·ᶜ·**   ambagibus] ambagimus *Tr¹ᵃ·ᶜ N¹ Sg¹ˢ·ˡ· ᵖ·ᶜ·*, omnibus *add. Boc*   9/10 tenaciter inhaerere queam] queam tenaciter inherere *Vc¹ P⁵*   9 inhaerere] inserere *δ*   10 queam] qua eam *P⁷ᵇ N¹ O³ᵃ·ᶜ·*, quem *P⁴, om. Bd¹*, quam *add. v¹*   ne] *om. v¹*   erroris caecitate] errore caecitatis *δ*   caecitate] caecitatem *v¹*   10/11 erroribus] nexibus *Vc¹*   11 implicer] implicarer *v¹*, implerer *suprascr. Cb¹ᵖ·ᶜ·** Boc*   discrimine] discriminis *P²ᵃ·ᶜ·*, crimine *ε¹*   11/12 alicuius] ab *praem. N¹*   12 quae] qui *K²ᵃ·ᶜ P⁶ᵇ*   prima] primo *ε¹ Cb¹ᵃ·ᶜ Tr¹ Mu² Boc Cass*   13 praua] proba *ε¹ v¹ Bd¹ P⁵ Ch¹*, probata *Vc¹*   uel] ulla *Vc¹*, an *suprascr. Cb¹ᵖ·ᶜ·**, an *Boc*   fulta] suffulta *ζ Boc Cass Ch²*   ignoro] ignorem *ε¹ v¹ Ch¹*, ignora *ε¹*

quia placere debet, unusquisque uestrum in conspectu nostro fidei suae sententiam pandat, ut examinatione habita, quae firmior cunctis et uerior reperta fuerit, huic omnes iure credamus, et hanc indubitanter spreto falsitatis errore sequamur.

OMNES dixerunt: Quomodo tibi tanti mysterii secreta committere possumus, et rei inexpertae arbitrium conlocare, cum necdum gentilitatis maculas ueri dogmatis perceptione ablueris?

PROBVS iudex dixit: Hoc est utique quod totis uiribus cognoscere cupio, quod sit rectum et ueridicum dogma, in quo me oporteat occulti mysterii sacramenta percipere. Neque enim modo profunda mysteriorum arcana mihi patefieri desidero, sed illa nunc mihi flagito demonstrari, quae in uestra fide extrinsecus habentur et publice praedicantur, id est quod unus idemque uerus sit Deus uisibilium et inuisibilium conditor rerum. Et quia hoc uos uno ore profitemini, nescio quid causae extiterit, ut in tam uarias diuidamini sectas, ut quae sit uera quaeue sit falsa intellegi

---

Trad. text.: $\alpha\ \beta\ edd.$

---

14 nostro] *om.* δ **15** sententiam] sententia N^1, sententias $\gamma\ v^1$ pandat] pandere $N^1 O^3 P^{2a.c.}$, pandere ne pigeat Sm^1 ut] $Ty^{2s.l.\ p.c.}$, *om.* P^4 examinatione] sua *add.* $Ty^{2a.c.} P^4$ **15/16** firmior cunctis et uerior] uerior et firmior cunctis $Bd^1 P^5$ firmior] plenior v^1 **16** cunctis et uerior] et uerior cum et Vc^1, et uerior cunctis $\varepsilon^1 v^1$ et uerior] *om.* $\delta\ Cb^{1a.c.} Tr^1 Mu^2$ sed *suppl.* $Cb^{1s.l.\ p.c.*}$ huic] hanc *Cass*   omnes] omni $Cb^{1a.c.} Tr^1 Mu^2$, omnes *suprascr.* $Cb^{1p.c.**}$ credamus] cedamus $\delta\ Ch^{1.2}$ **17** hanc] huic *suprascr.* $Cb^{1p.c.**}$, huic *Boc*   spreto] spiritu N^1, expreto *Boc*   **18** omnes] arrius et athanasius $\alpha^1\ Boc\ Ch^1$ dixerunt] *om. Boc*   tibi] *om.* $K^{2a.c.} R^1$ **19** rei] re P^{7a}, rem Ty^2 inexpertae] tante Vc^1 arbitrium] arbitrum $\varepsilon^1\ Cb^{1a.c.}\ v^1\ Boc$, aribitrium Vc^1, arbitrem P^5 cum] qui $\varepsilon^1\ Boc\ Ch^1$ **20** maculas] maculam $Cb^1 Tr^1 Boc$, macula Mu^2 **21** probus iudex dixit] *om.* v^1 iudex dixit] *om. Fra Boc*   uiribus] uisceribus Vc^1 **21/22** cognoscere] agnoscere Bd^1 **22** quod] quid $Cb^{1p.c.} K^{2a.c.} Mu^{1a.c.}$ ueridicum] ueri iudicum P^{6a} me] *om.* Bd^1 **22/23** oporteat] oportet Sm^1 **23** sacramenta] secreta v^1 neque] non *Cass*   enim] *om.* v^1 **23/24** modo profunda mysteriorum arcana mihi] modo mihi profunda mysteriorum arcana $\zeta\ Boc\ Ch^1$, mihi modo profunda arcana ε^1 modo – mysteriorum] *om.* δ **24** mysteriorum] *om.* ε^1 desidero – nunc] *om.* δ **25** nunc mihi] *tr.* β^2 mihi] *om.* $\zeta\ Boc\ Ch^1$ demonstrari] demonstrare ε^1 quae] sed *praem.* $Ty^{2p.c.}$ **26** et] ut $Vc^1 P^5$ praedicantur] praedicentur $Vc^1 P^5$, praeiudicantur P^{7a} **26/27** uerus sit] *tr.* $\varepsilon^1\ \zeta$ **27** sit] *om. Boc*   conditor] sit *add. Boc*   **28** uno ore profitemini, nescio] Bd^1, uno ore profiteri non nescio $\zeta\ v\ \beta\ edd.$, uno opere profiteri non nescio δ, profiteri uno ore non nescio ε^1, uno ore profiteri audio nescio $Vc^1 P^5$ ore] hore P^{6a} quid] quod $K^2 Sg^{1a.c.}$, quae $\zeta\ Boc$ causae] causa $P^{6a}\ \zeta\ Boc$ **29** diuidamini] diuidamus P^5 ut] et δ sit^1] sint $\varepsilon^1\ Cb^{1a.c.} Tr^1 Mu^2\ \xi$, sunt *suprascr.* $Cb^{1p.c.**}$, sunt *Boc*   quaeue] quae $P^{7a} K^{2a.c.}$, et quae α^1, uel quae Bd^1, uel qui P^5 sit^2] sint $\varepsilon^1\ Cb^{1a.c.} Tr^1 Mu^2 Vc^1 P^5$, sunt *suprascr.* $Cb^{1p.c.**}$, sunt *Boc*, *om.* $Mu^1\ Cass\ Ch^2$ **29/30** intellegi a] intellegentia δ, intellegentia quia $Ty^{2p.c.}$

30 a nobis omnino non possit, priusquam uestro certamine, digno patientiae moderamine habito, quid sit congruum diligentius cognoscamus.

II. ATHANASIVS dixit: Cum sis omni litterarum genere imbutus et philosophicis disciplinis admodum eruditus, mirari usquequaque non debes plurima penes nos et uaria nouitatum dogmata extitisse, cum et apud uos tot sententiarum nouitates emerserint
5 quot pene nomina ipsorum continentur auctorum. Nam cum tres sint in mundo religiones iudaeorum, paganorum et christianorum, multis et longe discretis sententiarum diuersitatibus, unaquaeque religio a seipsa desciscens in uarias propriae institutionis sectas diuisa est, dum unusquisque, suauitate recentioris senten-
10 tiae, non ueritatem sed ueritatis similitudinem praeferentis, inlectus, antiquitus a patribus traditam lineam derelinquit, eo inremediabiliter per deuia oberrans, quo nouitate pro uetustate utitur, tanquam antiqui limitis et a patribus traditi uiam ince-

---

Trad. text.: $\alpha\beta$ edd.

30 a nobis omnino] tr. Cass Cb² omnino non] communioni P⁶ᵃ non] Sg^{ts.l. p.c.} possit] possint Ty²ᵃ·ᶜ P⁴ ζ ξ Boc, possunt ε¹ priusquam] clarescere praem. δ certamine] confligatis et add. Vc¹, confligatis add. P⁵ 31 habito] habitu Cb^{ta.c.} Tr^{ta.c.} quid] quod Sg¹ congruum] uestro affatu add. Vc¹ P⁵ diligentius] om. Bd¹ 32 cognoscamus] agnoscamus Sg¹

II. 1 dixit] om. Mu² Fra Boc omni] omne K²ᵃ·ᶜ, omnium ε¹ δ ξ 2/3 usquequaque] usque Fra 3 plurima] om. Cb^{ta.c.} Tr¹ Mu², Cb^{ts.l. p.c.**} et] om. Cb^{ta.c.} Tr¹ Mu², Cb^{ts.l. p.c.**} nouitatum] nouitates ε¹ 4 et] om. ζ Bd¹ Fra Boc emerserint] emerserunt v¹ 5 quot] quod ε¹ Tr^{ta.c.} v¹ continentur] continet N^{ta.c.}, continent N^{tp.c.} 6/7 in mundo – christianorum] α Boc Cb¹, in mundo iudaeorum, paganorum et christianorum religiones β Fra Cass Cb² 6 et] om. Fra 8 religio a seipsa] religiosae ipsa v¹ seipsa] om. Vc¹ Bd¹, semetipsa δ desciscens] dihiscens Mu², discutiens Vc¹, disciscens v¹ uarias] uarie Vc¹ institutionis] institutiones et Vc¹ P⁵, institutionum Bd¹, institutionibus Tr¹ 9 sectas] secta ε¹ dum] quod δ suauitate] suam nouitatem Vc¹, sua nouitate P⁵, suauitatem ε¹, del. Ty²ᵖ·ᶜ recentioris] recenseri Vc¹ 9/10 sententiae] sententia Vc¹, nouitate add. Ty² Boc 10 non ueritatem sed] nouitatem ueri se Ty²ᵃ·ᶜ, nouitate Ty²ᵖ·ᶜ Boc, uac. sp. rel. et nouitate ueri se scr. in marg. P⁴ᵖ·ᶜ ueritatem] ueritate P⁷ᵇ Cb^{ta.c.} Tr¹ Mu², om. P⁶ᵇ similitudinem] similitudine Ty²ᵖ·ᶜ P⁴ Cb^{ta.c.} Mu² praeferentis] P⁷ᵇ v¹ Cb¹ Mu² Sm¹ Boc Cass Cb^{1.2}, proferentes N¹ P²ᵃ·ᶜ K² Sg^{ta.c.} R^{1·}, proferens P⁵ Sg^{tp.c.} Fra, praeferens Vc¹ Bd¹, praeferentes P⁶ᵃ O³ Tr^{ta.c.}, proferentis P²ᵖ·ᶜ P⁶ᵇ, praesentis δ 10/11 inlectus] intellectus Vc¹ P⁵ O³ 11 traditam] tradita P⁶ᵃ derelinquit] relinquit Ty²ᵃ·ᶜ P⁴, dereliquit ε¹ P²ᵃ·ᶜ Mu¹ eo] et enim v¹ 12 per deuia oberrans] praua operans δ deuia] ζ, auia β edd., ac uia P⁶ᵃ, hac uia ε¹,P⁷ᵃ, uiam Cb^{ta.c.} Tr¹ Mu², uel auia suprascr. Cb^{tp.c.*} quo] quod δ, qui Sm¹ N¹ O³ P²ᵃ·ᶜ nouitate] nouitatem Ty²ᵃ·ᶜ P⁴ P⁵ Sm¹ N¹ O³ 13 utitur] ut iter N¹ traditi] tradita Sm^{ta.c.}, traditam P⁵ 13/14 incedens] incedent v¹

dens. Aut enim multum sentit aut minus credit, et ideo medium
15 et regium iter incedere nescit. Haec idcirco praefatus sum, ut tibi
clarissima explorandae ueritatis indicia demonstrarem, ut agnoscere facillime queas illum prauitatis errore inuolui, qui prisca
apostolicae fidei instituta derelinquens, ipse sibi pro suae uoluntatis arbitrio, fidem quam sequi debeat, somniatur.
20 ARIVS dixit: Optime Athanasius errorem perfidiae in adiectis
et nuper inuentis rerum nouitatibus consistere profitetur, apostolico in hoc ipsud congruens testimonio, quo ait: *Profanas autem
uocum nouitates deuita*. Vnde obsecro ut ab hoc inquisitionis tramite non recedas, diligentius atque adtentius inuestigando quis
25 nouo quisue antiquo utitur fidei sacramento.

PROBVS iudex dixit: Vt haec quae adseritis facillime innotes-
cant, et ad lucem ueritatis remota omni ambiguitatis caligine ueniant, antiquae fidei regulam pandite, et ita ut est ab apostolis
tradita nostris auribus intimate.

Trad. text.: α β edd.

II. 14/15 medium et regium iter] cfr Num. 20, 17; 21, 22 22/23 I Tim. 6, 20

II. 20/25 optime – sacramento] cfr VINCENT. LER., *Comm.* 21-22.24

---

14 aut¹] ante P^2 aut²] et ζ *Boc*   minus] unus N^1 ideo] merito ε^1 15 et] *om.* δ
regium] rectum α^1 *Boc* Ch^1 iter] *om.* ε^1 haec] *om.* Vc^1, tibi *add.* P^5 16 clarissima]
clarissimae P^5 $Cb^{1a.c.}$ Tr^1Mu^2, clarissima $Cb^{1p.c.*}$ explorandae ueritatis] *tr.* ζ *Boc*   indi-
cia] indiciam ε^1 demonstrarem] demonstrare ε^1 Vc^1 ut] et *praem.* δ 16/17 agnos-
cere] agnoscerem $P^{7aa.c.}$ P^{6a} P^{6b} 17 queas illum] *tr.* Mu^2, qua eas P^{6b} errore] errorem
Ty^{2a} $\varepsilon^{1.c.}$ Vc^1 v^1 inuolui] uolui v^1 18 instituta] fundamenta *suprascr.* $Cb^{1p.c.**}$, fundamenta *Boc*   derelinquens] derelinqueris P^{6a}, deserens ζ *Boc*   19 somniatur] somniat
$Ty^{2p.c.}$ Vc^1Bd^1 *Fra Boc* $Ch^{1.2}$, somnit *Cass*   20 dixit] *om. Fra Boc*   errorem] error
suprascr. $Cb^{1p.c.**}$ in] *om.* $Cb^{1a.c.}$ Tr^1Mu^2 sed *suppl. s.l.* $Cb^{1p.c.*}$ adiectis] abiectis δ Ch^1
21 et] in *add. Fra*   inuentis] interuentis $Ty^{2a.c.}$ profitetur] profitentur Vc^1 21/
22 apostolico] apostolicum $Ty^{2a.c.}$ P^4 $P^{2a.c.}$ 22 ipsud] ipsum $Ty^{2p.c.}$ P^4 $Cb^{1p.c.}$ ξ β^1
K^2 $R^1Sg^{1p.c.}$ *edd.*, ipsut ε^1, illud Mu^1, dicto *add.* Sm^1 congruens] $Ty^{2a.c.}$ P^4 Sm^1 N^1 O^3
$P^{2a.c.}$ α^2, congruente $Ty^{2p.c.}$ ζ $P^{2p.c.}$ β^2 *edd.*, congruere ε^1 testimonio] testimonium
$Ty^{2a.c.}$ P^4 $P^{2a.c.}$ quo] quid N^1, quod O^3 $P^{2a.c.}$, qui ε^1 23 uocum] uocauit P^{6a} noui-
tates] nouitatis $Sg^{1a.c.}$ deuita] euita ε^1 ζ *Boc*   unde] et *add.* P^{6b} 24 non recedas]
tr. Bd^1 inuestigando] festines *add.* ε^1 quis] tramite non – inuestigando *(iter.) add.*
Bd^1 25 antiquo] antiquorum Sm^1 β^1 *(exc.* $P^{2p.c.}$*) Fra*   fidei sacramento] testimonio
Mu^1 *Cass*, fidei testimonio Ch^2 26 iudex] *om.* Mu^2 iudex dixit] *om. Fra Boc*   ut]
post adseritis *pos.* ξ haec] hoc Vc^1 adseritis] asseris *Cass* Ch^2 facillime] facile α^1 ξ
Boc Ch^1 27 et] ut et $O^{3a.c.}$, et ut $O^{3p.c.}$ omni] omnis $Cb^{1a.c.}$ Tr^1Mu^2 δ, omni *suprascr.*
$Cb^{1p.c.**}$, omnia v^1, *om.* Bd^1 ambiguitatis caligine] *tr.* β *Fra*   caligine] caliginem ε^1 v^1
28 antiquae] atque $Sg^{1a.c.}$, antiqui P^{7b} fidei] $Ty^{2s.l.}$ ut] autem P^{7a} 28/29 ut – tra-
dita] *om.* δ 29 tradita] traditam P^{6b}

III. OMNES dixerunt: Credimus in Deum Patrem omnipotentem, et in Iesum Christum Filium eius Dominum nostrum, et in Spiritum sanctum. Haec est fidei nostrae regula, quam caelesti magisterio Dominus tradidit apostolis, dicens: *Ite, baptizate omnes gentes, in nomine Patris et Filii et Spiritus sancti.*

PROBVS iudex dixit: Magno miraculi stupore adtonitus haereo, tres a uobis deos praedicari conspiciens, ad quos ob unius Dei singularis potentiae maiestatem confugiendum esse credideram. Vnde quae sit huius ratio fidei, uel quid ista trium rerum triumque uocabulorum nomina indicent, quaeso nos breuiter informare dignemini.

SABELLIVS dixit: Plane a nobis tres praedicari deos non audisti, sed credere nos in Patrem et Filium et Spiritum sanctum, sicut nobis est ab apostolis traditum, simpliciter professi sumus. Cum

---

Trad. text.: 1/11 α β edd.   III. 12 / IV. 14 α² β *Fra Cass Ch²* (*om.* α¹ *Boc Ch¹*)

III. 4/5 Matth. 28, 19

III.14/24 cum – profitentes] cfr HIPP.,*Haer.* 9,12,16-18; NOVATIAN., *Trin.*12,65-66; ATHAN.,*Dion.* 5; *Arian.* 3, 4; PS. ATHAN.,*Arian.* 4, 2-3; *Sabell.* 2; EPIPH.,*Haer.* 62,1; *Anc.* 116; BASIL.,*Epist.* 210, 3; 214, 3; 226, 4; 236, 6; GREG. NYSS.,*Ar. et Sab.* 1; HIL., *Trin.* 1, 16; 2, 4; 2, 23; 7, 5; LVCIF.,*Non conu.* 9; FAVSTIN., *Trin.*12; PHOEBAD.,*C. Arrian.*14,1; AMBR., *Fid.* 3, 8, 58; AVG., *In euang. Ioh.* 29, 7; 39, 9; 40, 4; *Ciu.* 10, 24; *Haer.* 41; QVODV.,*Haer.* 3

III. 1 omnes] arrius et athanasius γ *Cb*¹ᵃ·ᶜ· *Tr*¹ *Mu*² *Ch*¹, omnes *suprascr. Cb*¹ᵖ·ᶜ·* credimus] credis *P*ᵒᵇ, creditis *P*⁷ᵇ   2 dominus nostrum] *om. Bd*¹, natum ex patre *add. Vc*¹   4 dominus tradidit] *tr.* ε¹   apostolis] suis *praem. Vc*¹   ite] *om.* ν¹ *Bd*¹   4/5 omnes] *om.* ε¹ *Cb*¹ᵃ·ᶜ· *Tr*¹ *Mu*² *P*⁶ᵃ *sed suppl. s.l. Cb*¹ᵖ·ᶜ·*   5 gentes] *om. Vc*¹, baptizantes *add. Fra*   6 iudex dixit] *om. Fra Boc*   iudex] *om. Mu*²   magno] magni *Fra*   miraculi] miraculo *P*²ᵃ·ᶜ·, mirabili *Mu*², et mirabili *Mu*²ᵖ·ᶜ·   7 tres] *om. P*⁷ᵃ   praedicari] praedicare *P*⁵   ad quos] *Ty*² *Cb*¹ᵖ·ᶜ·* ν¹ *Vc*¹ *P*⁵ *Sm*¹ β¹, quo *Cb*¹ᵃ·ᶜ· *Tr*¹, quos ε¹, qui *Bd*¹, a quibus *P*⁴ *Cb*¹ᵖ·ᶜ·** β² *Boc Cass Ch*¹·², cum *Fra*   ob] ad *Ty*²ᵃ·ᶜ· *P*⁴ ε¹ *Cb*¹ᵖ·ᶜ·** *Tr*¹ *Mu*² β² *Boc Cass Ch*¹·², sub *Fra*   dei] et *praem. Fra*   7/8 singularis] singularitatis *Vc*¹   8 maiestatem] maiestate *O*³ᵃ·ᶜ· *Fra*   confugiendum] fugiendum *N*¹ᵃ·ᶜ·   esse] *om. Fra*   credideram] crederam ε¹, crediderim *Fra*   9 huius ratio] *tr. Fra*   ratio fidei] rationis fides ζ β² *Boc Cass Ch*² ista trium] istarum *N*¹   10 nomina] *om. Boc*   quaeso] que *Boc*   breuiter] *om.* ε¹   11 dignemini] dignamini ν¹   12 sabellius] ARRIVS dixit: non quod tres deos in fidei numero professione fatemur, sed credere nos in patrem filium (patrem filium) patre et filio ε¹) et spiritum sanctum fideliter confitemur (profitemur) ε¹). PROBVS iudex dixit: satius fidem uestram exponite, et quae uel qualis sit in eadem uestra credulitate declarate *praem.* ζ ε¹, ILLI dixerunt: non tres deos in fidei nostrae professionibus fatemur, sed credere nos in patrem et filium et spiritum sanctum profitemur. PROBVS iudex dixit: satius ergo fidem uestram exponite, et quae sit uel qualis in ea de fide uestra credulitas declarate *praem.* δ, ARRIVS ET ATHANASIVS: non tres deos *etc.* (sicut δ) *praem. Ch*¹. Hae sententiae ab auctore qui exclusit capitula cum Sabellio et Photino scriptae atque insertae sunt. Cfr supra, p. 106   praedicari deos] *tr. Sm*¹   praedicari] praedicare *P*⁵ *Bd*¹ *N*¹   audisti] audistis *Sm*¹   13 sed] se *P*⁷ᵃ   nos] *N*¹ˢ·ᴸ·   et filium] *om. Mu*¹   14 est] *om. Cass*

enim Patrem nominamus, non alium Patrem, alium uolumus intelligi Filium, sed hunc eumdemque et Patrem et Filium praedicamus. Deus enim ineffabili uirtutis potentia, qua omnia implet, Mariae uirginis uterum opplens, atque ex ea, ob humanis piaculis expiandis, carnalis materiae substantiam sine sui immutatione suscipiens, uisibiliter sese humanis obtutibus demonstrauit, et in eo ipso homine quem adsumpsit Filius nuncupatur, cum non alius atque alius, sed idem Pater intelligatur. Et hac ratione unum colimus Deum, non alium, ut dixi, atque alium introducentes, sed hunc eumdemque unum et uerum profitentes.

IV. FOTINVS dixit: Impie Sabellius professus est Deum Patrem per uirginem natum, nescio quod protensionis uitium tantae ingerens maiestati, ut per id quod extensus in uirgine est, ipse sibi Pater, ipseque sit Filius, quod nullus ei christianorum iure concesserit. Vnde magis ego dico Deum Patrem Filium habere Dominum Iesum Christum, ex Maria uirgine initium sumentem, qui per sanctae conuersationis excellentissimum atque inimitabilem

---

Trad. text.: α^2 β Fra Cass Ch² (om. α^1 Boc Ch¹)

IV. 5/6 unde – sumentem] cfr Symb. Ant. 344 (Ἔκθεσις μακρόστιχος in ATHAN., Syn. 26, 5-6); EPIPH., Haer. 71, 2.5; HIL., Coll. Antiar. 2, 19; Syn. 50.60-61; Trin. 7, 7; 10, 20-21.51; AMBROSIAST., Quaest. Test. 91; AMBR., Fid. 1, 1, 6; 3, 8, 58; MAR. VICTORIN., Adu. Arium 1, 21.28.45; 2, 2; RVFIN., Symb. 37; AVG., Conf. 7, 19, 25; Epist. 120, 3; 147, 7.19; CHROMAT., In Matth. 35; VINCENT. LER., Comm. 12; FVLG. RVSP., Ad Tras. 1, 6, 1

---

15 uolumus] nolumus Cass   16 hunc] nunc N^1 eumdemque] eundem Mu^1 Cass Ch²   17 uirtutis potentia] tr. P^5 potentia] potentiam v^1 implet] impletur Vc^1 18 mariae] maria $Sg^{ta.c.}$ opplens] v^1 Sm^1 $β^1$ Fra, complens Vc^1 P^5, compleuit Bd^1, implens $β^2$ Cass Ch²   ea] se Sm^1 O^3 $β^2$ Cass Ch², eo P^2 Fra, om. N^1 18/19 ob humanis piaculis expiandis] P^5 Sm^1 O^3 Sg^1 K^2 R^1, ab humanis piaculis expiandis v^1, humanis piaculis expiandis N^1 P^2, ob humana piacula expianda Vc^1 Bd^1 Mu^1 Cass Ch², pro humanis piaculis expiandis Fra. Vide adnotationes   19 carnalis] carnaliter Bd^1 19/20 substantiam – uisibiliter] om. Bd^1 19 substantiam] substantia $Sm^{ta.c.}$ N^1 O^3 20 sese humanis obtutibus demonstrauit] humanis sese demonstrauit obtutibus Vc^1 20/22 et in eo – intellegatur] $Bd^{tin\ marg.}$ 21 homine] hominem $P^{7aa.c.}$ P^{6a} 22 hac] ac N^1 P^{6a} colimus deum] tr. Cass Ch²   23 introducentes] intelligentes Cass Ch²   24 unum et uerum] om. ξ

IV. 1 dixit] om. Fra   est] om. P^2 2 quod¹] qua N^1, quo O^3 $β^2$, quur Sm^1 3 quod²] quo Bd^1, om. P^{6a} in uirgine est] tr. $β^2$ Ch²   est] om. Cass   sibi] tibi Mu^1, ibi P^{7a}, sit add. ξ   4 nullus ei] tr. P^5 ei christianorum] tr. Cass Ch²   iure] ore $β^1$ $β^2$, om. Cass Ch²   5 dico] om. $Vc^{ta.c.}$, profiteor $Sm^{ts.l.\ p.c.}$ deum] $P^{2s.l.}$ filium] et praem. P^5 $β^1$ Sg^1 K^2 R^1 Fra   habere] aberet P^5 5/6 dominum] om. Sm^1, iter. $P^{2a.c.}$ 6 iesum] nostrum praem. Fra   maria uirgine] uirgine mariae P^{6a} sumentem] sumentes v^1 7 inimitabilem] P^5 O^3, imitabilem Sm^1 N^1, inmutabilem v^1, imitabile Vc^1, mutabile Mu^1, inimitabile Bd^1 Sg^1 K^2 R^1 Fra Cass Ch². Vide adnotationes

beatitudinis meritum, a Deo Patre in Filium est adoptatus, et eximio diuinitatis honore donatus. Ceterum Deus inuiolabilis et immensus, nec ex se aliquem genuit, nec ipse umquam genitus fuit, ut merito aut de se Filium habere, aut ipse sibi Filius esse credatur. Sed est unicus et singularis, nec generando passioni obnoxius, nec seipsum protendendo cumulatus, nec suam in uirginem portionem deriuando, diuisioni subiectus.

ARRIVS dixit: Ego confiteor ingenitum Patrem ante omnia tempora Filium ineffabiliter genuisse, per quem et in quo uisibiles creaturas atque inuisibiles fecit, qui nouissimis temporibus propter humani generis salutem a Patre missus, uerum hominem in mundo gestauit, quem inuiolabiliter de uirgine Maria sine humani pudoris permixtione suscepit. Qui cum sit creaturae suae Deus et Dominus, non tamen potest genitori suo aut in omnibus conferri aut in aliquo coaequari, quem et Deum suum et suae ori-

---

Trad. text.: α^2 β *Fra Cass Ch²* (om. α^1 *Boc Ch¹*) IV. 15 / V. 17 α β edd.

IV. 16/17 per quem – fecit] cfr Col. 1, 16 17/18 nouissimis temporibus] cfr I Petr. 1, 20 22 deum suum] cfr Ioh. 20, 17

15/16 ego – genuisse] cfr ARIVS, *Epist. Eus.* 4 (πρὸ χρόνων καὶ πρὸ αἰώνων); *Epist. Alex.* 2 (γεννήσαντα υἱὸν μονογενῆ πρὸ χρόνων αἰωνίων ... γεννήσαντα δὲ οὐ δοκήσει ἀλλὰ ἀληθείᾳ); EVN., *Exp. fid.* 3 (ed. Vaggione, p. 152, l. 1-3: τὸν μονογενῆ θεόν ... ἀληθῶς γεννηθέντα) 20/21 creaturae – dominus] cfr *Serm. Arian.* 4 (omnium futurorum deus et dominus); *Serm. fragm. Arian.* (AN. BOB.) 17 (f. V 72, l. 43) (deus omnium); 17 (f. V 197, l. 26-28) (filius autem deus est unigenitus et dominus omnium quae per ipsum facta sunt); 17 (f. V 197, l. 44-45) (omni creaturae dominus et deus). 20/23 qui cum – auctorem] cfr PALLAD., *C. Ambr.* (f. 345v, l. 35 – 346, l. 36)

---

8 in filium] in filio v^1 Sm^1 N^1 O^3 9 donatus] dona P^{7a} inuiolabilis] inuisibilis v^1 10 aliquem] α^2, alium β edd. 11 habere] α^2 Ch^2, haberet β *Fra Cass* filius] filium $Sg^{1a.c.}$ $K^{2in\ marg.\ p.c.}$ 12 est] om. ξ passioni] passionis Sg^1 13 cumulatus] commaculatus v^1 13/14 uirginem] uirgine P^5 β 14 deriuando] deuariando v^1 subiectus] subiectos $P^{5a.c.}$ 15 dixit] om. *Fra Boc* ego] enim add. α^1 β^2 *Boc Cass* $Ch^{1.2}$ ingenitum] unigenitum P^5 16 filium ineffabiliter] tr. *Cass Ch²* uisibiles] uisibilis N^1 O^3 $P^{2a.c.}$ 17 creaturas atque inuisibiles] om. N^1 O^3 $P^{2a.c.}$ *Fra sed suppl. in marg.* $P^{2p.c.}$ qui] quo $Sg^{1a.c.}$, in add. P^5 18 humani] homini $Sg^{1a.c.}$ generis] hominis add. ε^1 18/19 in mundo] om. ε^1 in mundo gestauit] tr. β^2 *Cass Ch²* 19 quem] atque $Ch^{1a.c.}$ Tr^1 Mu^2, uel quem *suprascr.* $Ch^{1p.c.\ *}$ uirgine maria] tr. ε^1 ζ Ch^1 sine] siue *Cass* 19/20 humani] generis add. β 20 pudoris] generis $Sm^{1a.c.}$ β^1 β^2 *Fra Cass*, seminis *suprascr.* $Sm^{1p.c.}$, uel generis *suprascr.* $Ch^{1p.c.\ *}$, *del. et seminis scr. in marg.* $Ty^{2p.c.}$ pudoris permixtione] tr. Bd^1 21 deus et] om. $Ch^{1a.c.}$ Tr^1 Mu^2, $Ch^{1s.l.\ p.c.\ *}$ tamen potest] tr. β *Fra Cass* potest genitori suo] genitori suo potest ε^1 in omnibus] om. ε^1 omnibus] hominibus P^{7a} 22 in] om. ε^1 et] ut P^5 deum] dominum δ suum] om. ζ *Boc Cass* 22/23 quem et – duo dii] om. Bd^1

ginis profitetur auctorem. Nec tamen ideo duo dii, quia et hic Deus, nec ideo non Deus, quia solus Pater Deus. Sicut non ideo non bonus, quia solus Pater bonus, cum sit et Filius non solum bonus, sed et bonorum creator. Et sicut ei non adimitur ut non bonus sit, cum solus Pater ipsius Filii professione sit bonus, sic ei non aufertur ne Deus sit, cum solus Pater sit Deus. Et sicut bonitas Filii non praeiudicat singularitati paternae bonitatis, sic deitas eius non officit Patri, ne unicus ac singularis sit Deus. Et hoc modo unum profitemur Deum, non negando, ut dixi, Filium Deum, sed penes solum Patrem unius diuinitatis auctoritatem constituentes.

V. ATHANASIVS dixit: Bene Patrem ex se Filium ineffabiliter ante omnia tempora genuisse Arrius sua professione definiuit, sed utrum Filium ex ipsa Patris essentia uel natura, an aliunde geni-

---

Trad. text.: α β edd.

---

25 solus pater bonus] cfr Marc. 10, 18   27 solus – bonus] cfr Marc. 10, 18

24/33 nec ideo – constituentes] cfr MAXIMINVS in AVG., Coll. c. Maximin. 15, 12 (non quia filius non sit potens); Serm. fragm. Arian. (AN. BOB.) 17 (f. V 197, l. 22-37) (non quia filius non sit deus); 17 (f. V 72, l. 17-36); PALLAD., C. Ambr. (f. 339v, l. 40-44)

---

23 profitetur] profitetur $Cb^{1p.c.**}$ ideo] om. P^{6a} dii] om. P^5 24 non] unus v^1 solus] et praem. v^1 non^2] om. ε^1 Fra   24/25 deus^2 – pater] om. homoeot. P^{7a} Sm^1 25 non^1] om. ε^1 quia – bonus] iter. Bd^1, $Ty^{2in\ marg.}$ cum] et praem. Sm^1 N^1 O^3 $P^{2a.c.}$ 26 sed] om. Mu^1 et] om. $Vc^1 P^5 \alpha^1$ sicut] sed praem. ζ $Vc^1 P^5$ Boc, enim add. δ adimitur] admittitur $N^1 O^3$ ε^1, adimit $Ty^{2p.c.}$, adhibetur Sm^1, pater add. Ty^2 ut non] ne v^1 $Vc^1 P^5 \alpha^1 Ch^1$ 27 cum solus pater] cum bonus sit $Ty^{2a.c.}$, cum solus ipsius $Ty^{2p.c.}$, cum ipse solus $Ty^{2p.c.*}$ 27/28 ipsius – pater] $Vc^{1in\ marg.}$ 27 ipsius] ipsi ε^1 28 ne] ut suprascr. $Cb^{1p.c.**}$, nec v^1, ut Fra Boc   sit deus] tr. Fra   29 filii – bonitatis] om. δ singularitati] singularitate Tr^1 v^1 $Vc^1 P^{5a.c.}$ N^1 $Sg^{1a.c.}$ 29/30 deitas eius] tr. ζ,   30 eius] quae N^1, ei P^{7b} officit] obsit $Cb^{1a.c.}$ $Tr^1 Mu^2$ sed officit suprascr. $Cb^{1p.c.**}$ unicus] unus δ ac] $O^{3s.l.\ p.c.}$ 31 profitemur deum] deum confitemur $Cb^{1a.c.}$ $Tr^1 Mu^2$, deum profitemur $Cb^{1p.c.**}$ Boc Ch^1, deum profitetur P^{6b} negando] negandum $N^1 O^3$, generando δ 31/32 filium deum] tr. ε^1 32 penes] v^1 $Bd^1 P^{5p.c.}$ $Ch^{1.2}$, pene (paene/poene) α^1 β^1 β^2 Fra Boc Cass, pane $Sm^{1a.c.}$, plane $Sm^{1p.c.}$, per δ auctoritatem] auctoritate ε^1 ζ Vc^1, auctorem β Fra Boc Cass   33 constituentes] constituens $Cb^{1a.c.}$ $Tr^1 Mu^2$ ε^1

V. 1 dixit] om. Fra   ex se] om. ζ, $Cb^{1s.l.\ p.c.*}$ filium ineffabiliter ante omnia tempora] ante omnia tempora filium ineffabiliter ε^1 2 arrius sua professione] sua professione arrius Bd^1 3 filium] filius $Sm^{1a.c.}$ an] $Sg^{1s.l.\ p.c.}$, uel suprascr. $Cb^{1p.c.}$, uel Boc   aliunde] non negando, ut dixi, filium deum substantialiter add. Bd^1 3/4 aliunde genitum] alium degenitum P^2

LIBER PRIMVS V

tum uelit adserere, hac interim prosecutione reticuit. Ego enim Patrem et Filium et Spiritum sanctum unius substantiae, uniusque esse naturae confiteor, ita ut non ex nihilo neque ex aliquo, sed de Patre Filium genitum, et de Patre Spiritum credam procedere sanctum. Et licet tres in sua proprietate subsistentes profitear esse personas, horum tamen natura una est unaque diuinitas comprobatur.

PROBVS iudex dixit: Quamquam haec uaria et longe dissimilis sententiarum uestrarum diuersitas magnam confusionis caliginem nostris mentibus incutiat, tamen ut cito his ambiguis exuamur et quae sit uerae fidei professio cognoscamus, dignamini euidentioribus diuinae scripturae testimoniis adsertionum

---

Trad. text.: α β edd.

V. 4/7 ego – genitum] cfr Symb. Nic. (325): ἐκ τοῦ Πατρὸς γεννηθέντα πρὸ πάντων τῶν αἰώνων ... ὁμοούσιον τῷ Πατρί; ATHAN., Arian. 1, 23-26; HIL., Trin. 3, 3 (ante omne tempus ex se Filium genuit, non ex aliqua subiacente materie, quia per Filium omnia; non ex nihilo, quia ex se Filium); 3, 4; 4, 4 (unius substantiae quod graece homousion dicitur); 7, 13 (unius naturae); LVCIF., Non parc. 18 (unius substantiae cum patre, quod graeci dicunt homoousion); MAR. VICTORIN., Adu. Arium 2, 10 (homousion sit eiusdem substantiae, ... non solum non ex nihilo, sed ne ex simili quidem substantia); AMBR., Fid. 5, 14, 175 (unius naturae); Incarn. 10, 113 (unius naturae adque substantiae); Ps. EVSEB. VERC., Trin. 9, 2 (= Symb. 'Fides Romanorum': non ex nihilo, sed ex patre, unius substantiae cum patre); AVG., C. Maximin. 2, 7 (non ex nihilo uel aliqua materia); 2, 14, 3 (quid est enim homousion, nisi unius eiusdemque substantiae); Ps. AVG., Solut. 89; CASSIAN., Incarn. 5, 4; Liber fidei 5 in VICT. VIT., Hist. persec. 2, 66 (non ex nihilo, non ex aliqua subiacenti materi, sed de deo ... et idcirco unius substantiae est)   7/8 et de patre – sanctum] cfr Symb. Nic.-CP. (381): τὸ Πνεῦμα τὸ Ἅγιον... τὸ ἐκ τοῦ Πατρὸς ἐκπορευόμενον   8/10 et licet – comprobatur] cfr TERT., Adu. Prax. 11, 10; BASIL., Eun. 2, 28; Epist. 236, 6; HIL., Syn. 81; AMBR., Abr. 1, 5, 38; AVG., Lib. arb. 3, 21, 60; Serm. 71, 18; Liber fidei 1 in VICT. VIT., Hist. persec. 2, 56; FVLG. RVSP., C. Arrian. (l. 660-666)

---

4 uelit] uellet Sm^1 adserere] assere v^1 hac interim prosecutione] δ (sed hac) ac $Ty^{2.a.c.}$) α² (sed hac) ac P^{6a}) Sm^1 $β^1$ (sed hac) ac N^1) Fra, haec interim prosecutione ε¹, haec (hac $Cb^{1p.c.}$) interim sua prosecutione ζ Boc, haec inter sua (in sua $Sg^{1p.c.}$) prosecutione $β^2$, haec in sua prosecutione Cass, hac interim sua prosecutione $Ch^{1.2}$ 5/6 unius substantiae uniusque esse] esse unius substantiae uniusque Boc   uniusque] unius P^2 6 esse naturae] tr. Mu^1 Cass Ch^2 naturae] natura v^1 ut] om. P^5 non] $N^{ts.l.}$ aliquo] alio praem. Vc^1 7 filium] $P^{6ain marg.}$ genitum] om. Boc   patre] et filio add. $Vc^1 P^5$ $Sm^{ts.l. p.c.}$ Fra   7/8 credam procedere sanctum] sanctum credam (-do ζ sed credam suprascr. $Cb^{1p.c.**}$) procedere ζ ξ Boc Ch^1 8 sua proprietate] tr. Mu^1 Cass   proprietate] ac potestate add. $Vc^1 P^5$ profitear] profitetur Mu^2 9 horum] harum $Ty^{2p.c.}$ natura una] tr. β Fra Cass Ch^2 est] om. β Fra Ch^2 unaque] tamen una quoque Vc^1, una quoque P^5 11 iudex dixit] om. Fra Boc   iudex] om. Mu^2 haec] hoc P^5 dissimilis] om. P^5 12 magnam] magna v^1 13 tamen] om. Fra   ut] non $Sg^{1a.c.}$ ambiguis] ambagibus ζ $β^2$ Fra Boc Cass Ch^2 14 et] ut add. β Fra Cass Ch^2 dignamini] dignemini P^5 15 diuinae scripturae] tr. ε¹ ζ Boc

uestrarum sententias communire. Et ne longo orationis ambitu ipsius permixtae disputationis confusione procul euagemini, singillatim unusquisque uestrum aduersus ceteros dimicet, ita ut omnes contra unum quaestionis arma sumentes, in his quae uobis esse communia nostis, contra dissentientem uobis inuicem suffragemini. Porro, si fidei nihil commune habetis, suis unusquisque nitatur professionibus, ut facile clarescat utrum in his quae in alio damnat, ipse penitus non impingat. Si placet igitur, cum Sabellio inite conflictum, et ille suas contra uos uindicet partes, ita ut si eum superare quiueritis, uictus abscedat. Post quem, Fotinus se certamini dare debebit et suam ueridicis tueri testimoniis fidem. Contra quem, omnes conflictationis aciem obfirmare debebitis, ut si et hic cesserit superatus, disputationis locum ceteris sequentibus derelinquat. Et hoc modo arbitror nos ad indaginem ueritatis posse quantocius peruenire. Permittatur itaque, ut dixi, Sabellius suam fidem documentis caelestibus adprobare.

VI. SABELLIVS dixit: Quoniam mecum omnibus congredi praecepisti, respondeant utrum simplicis naturae Deum esse fateantur.

ARRIVS dixit: Quis hoc impius negauerit?

Trad. text.: $\alpha\beta$ edd.   18/31 $\alpha^2\beta$ Fra Cass Ch² (om. α^1 Boc Ch¹)   VI. 1/31 $\alpha\beta$ edd.

---

16 sententias] sententiam $\beta^1\beta^2$ Fra   communire] communere P^{7b}, commouere P^{ob}, munire Fra   longo] longa Vc^1 orationis] rationis $Sm^1\beta^1 Sg^1 K^2 R^1$ Fra, ora ternis (!) Vc^1 17 confusione] diffusione Mu^1 Cass Ch²   procul] longius ε^1 18/31 unusquisque – adprobare] om. sed fidem uestram (uestram] om. δ) ut dixi (fidem – dixi] ut dixi fidem uestram ε^1) edicite. Sed nunc arrius prosequatur et suam fidem ueredicis testimoniis adstruere non graueturpraeb. $\alpha^1 Ch^1$ 18 aduersus] aduerso P^{7a}, aduersos P^{6a} ceteros] om. P^{7a} 19 unum quaestionis] unius sententiam Cass   quaestionis] $\xi\beta$, quaestionum $v^1 Ch^2$ 20 dissentientem] dissidentem v^1 uobis] om. Fra   21 suffragemini] suffragetis v^1 21/22 suis unusquisque] unus P^5 22 clarescat] pateat Bd^1 24 suas contra uos] contra uos suas Fra Cass Ch²   uindicet] indicet v^1, uendicet Bd^1, ueridicet Cass   25 ut] et Vc^1 superare] om. Vc^1 quiueritis] poteritis Mu^1 Cass   post quem] postquam Mu^1 26 se] om. Vc^1, sese β Fra Boc Ch²   dare debebit] det Fra   tueri testimoniis] testimonii tueatur Fra   27 omnes] omnis $Vc^{1a.c.}$ $O^3 P^2$, omnem β^2 Cass   conflictationis] $P^5 Bd^1$ Fra, conflictionis $v^1 Vc^1 \beta$ Fra Cass Ch²   obfirmare] confirmare β Fra   27/28 debebitis] Bd^1, debetis $v^1 Vc^1 P^5 \beta$ Fra Cass Ch²   28 et] om. Mu^1 Cass   hic] haec β^2 29 modo] om. Cass   nos] om. Fra   30 ueritatis] iter. P^2 quantocius] quam tocius P^{7a} peruenire] perueniri Fra   31 sabellius] sabellio $K^2 R^1$

VI. 1 sabellius] arrius α^1 Boc Ch¹   dixit] om. Fra Boc   quoniam] cum δ cum omnibus] primitus α^1 Boc Ch¹   2 respondeant] respondeat $v^1 Sg^{1a.c.}$, respondeat athanasius α^1 Boc Ch¹   2/3 deum esse fateantur] sit deus α^1 Boc Ch¹   fateantur] fatentur v^1 4 arrius] athanasius α^1 Boc Ch¹   dixit] om. Fra Boc

5 SABELLIVS dixit: Respondeant etiam utrum omnia quae de Deo dicuntur secundum essentiam accipienda sunt.

ARRIVS dixit: Ista nostrae fidei propria esse noscuntur.

FOTINVS dixit: Adsentio cuncta de Deo secundum essentiam dici.

10 ATHANASIVS dixit: Non temere pronuntiauerim uniuersa quae de Deo dicuntur, secundum essentiam debere accipi, propter nonnullos relatiuos nominum casus, secundum usitatum humani sermonis eloquium prolatos, qui non proprie Deo, sed personis et temporibus uel quibuscunque rerum generibus coaptantur; id est,
15 cum se nescire dicit uel se iterum cognouisse fatetur, aut cum rerum a se factarum paenitudinem gerit, et nunc se iratum, nunc etiam placatum ostendit. Quae omnia si secundum essentiam uelimus accipere, passibilem sine dubio et improuidam diuinam profitemur esse naturam, in qua aut ignoratio aut ex tempore orta

---

Trad. text.: $\alpha \beta$ *edd.*

VI. 15 se nescire – fatetur] cfr Gen. 3, 9; 4, 9; 11, 5; 18, 21; 22, 12; 32, 28   15/16 rerum – gerit] cfr Gen. 6, 6-7   16/17 se iratum – placatum] cfr Ex. 32, 12-14; Num. 25, 3-4; Deut. 13, 18; Ios. 7, 26; Is. 54, 8; 60, 10; Ier. 18, 8; 26, 3; Ez. 13, 42; Os. 14, 5; Ion. 3, 10

VI. 10/14 non – coaptantur] cfr GREG. NAZ., *Or.* 29, 6; FAVSTIN., *Trin.* 13; AVG., *Trin.* 5, 3, 4; 5, 5, 6; 15, 3, 5; *In Ps.* 68, 1, 5; *Ciu.* 10, 1   15/25 cum se – profiteri] cfr AVG., *Trin.* 5, 16, 17

---

5 sabellius] arrius α^1 *Boc Ch^1*   dixit] respondit v^1, *om. Fra Boc*   respondeant] respondeat α^1 *Boc Ch^1*   etiam utrum] *tr.* ζ *Boc*   utrum] uerum N^1 6 secundum] si *praem. Fra*   essentiam] $\delta \zeta \alpha^2$ *Boc Ch^1*, essentia ε^1, substantiam β *Cass Ch^2*   sunt] sint $Vc^1 \beta^2$ *Cass Ch^2*   7 arrius – noscuntur] *om.* α^1 *Boc Ch^1*   dixit] *om. Fra*   ista] *om.* v^1 nostrae fidei] *tr.* ξ propria] propriae $O^{3 a.c.}$ 8 dixit] *om. Fra*   adsentio] ξ, adsentior (adsertior $O^{3 a.c.}$) β *Cass Ch^2*   essentiam] substantiam β *Cass Ch^2*   8/9 fotinus – dici] *om.* $\alpha^1 v^1$ *Boc Ch^1*   10 dixit] *om. Fra Boc*   uniuersa] universe P^{6b} 11 de] *om.* P^{6a} essentiam] $\delta \zeta Bd^1 Ch^1$, substantiam $Vc^1 P^5 \beta$ *Fra Cass Ch^2*   propter] praeter Ch^1 11/12 de deo – usitatum] *om.* ε^1 12 relatiuos nominum] *tr. Fra*   nominum] hominum $Cb^{1a.c.} Tr^1 Mu^2$, *om.* δ secundum usitatum] *om.* δ usitatum] *om. Vc^1*   13 sermonis] sermone Ty^2 eloquium] eloquii Ty^2, eloquio P^4 prolatos] prolatis $Ty^{2 a.c.} v^1 Sm^{1 a.c.} N^1 O^3 P^{2 a.c.}$, prolatus $Sg^{1 a.c.}$, prolatum ε^1, probatos *suprascr.* $Cb^{1 p.c. **}$ qui] quid Ty^2 deo] de *praem.* $Ty^2 \varepsilon^1 \zeta$ *Fra*   personis] de *praem. Fra*   14 rerum] *om.* $\varepsilon^1 K^{2 a.c.} R^1$ coaptantur] captantur ε^1 id est] *om.* δ 15 dicit] *om.* ζ *Boc*, $Cb^{1 s.l. p.c. *}$ se^2] cum *praem.* β *Cass Ch^2*   16 paenitudinem] plenitudem $\varepsilon^1 v^1 Sm^{1 a.c.} \beta^1$, curam *Fra*   17 etiam] *om.* $\delta \zeta P^5 \beta^2$ *Boc Cass Ch^{1,2}*, se Bd^1 placatum] paccatum Bd^1 ostendit] ostendat v^1 omnia] ei *add.* v^1 essentiam] essentia $v^1 \varepsilon^1$ 17/18 uelimus] uolumus ζ *Boc Cass Ch^1*   18 passibilem sine dubio] haec sine dubio passibilem ε^1 improuidam] improuida P^{6a} 19 profitemur] profitebimur $\varepsilon^1 Cb^1 Tr^1 Boc Cass Ch^1$, profitetur P^{6a} esse naturam] essentiam $\varepsilon^1 Fra$ qua] quo N^1, quam $Cb^{1 p.c. **} Vc^1 P^5 \beta^2$ aut] ut P^{6a} ignoratio] ignorantia *suprascr.* $Cb^{1 p.c. **}$, ignorantia $v^1 Boc$ ex] $Sm^{1 s.l.}$

20 cognitio cadat, quam et tristitia paenitendo conficiat, et laeta subleuent uegetando. Quod quid aliud erit nisi mutabilia perpeti, et instabili mobilitate huc illucque diffluere? Vnde manifestissime comprobatur non omnia de Deo secundum essentiam dicta debere intellegi, sed aliquanta dispensationi respondentia, non na-
25 turae eius conuenientia certo certius profiteri.

PROBVS iudex dixit: Licet sufficienter et doctius, laudabili breuitate, responderis non omnia de Deo secundum essentiam dici, latius tamen haec abs te audire desidero, cum tui loci disputationis tempus adfuerit. Nunc interim, ut ante fatus sum, Sabel-
30 lius, ut coeperat, prosequatur.

VII. SABELLIVS dixit: Fidei nostrae professio, ut superius dixi, hunc eumdemque et Patrem et Filium praedicat, ne gentili errore duos deos adserere conuincamur, si alius Pater, alius a nobis Filius

---

Trad. text.: $\alpha\,\beta$ edd.   VII. 1 / XVI. 10 $\alpha^2\,\beta$ Fra Cass Ch^2 (om. α^1Boc Ch^1)

VII. 1/4 sabellius – praedicetur] cfr HIPP., Haer. 9, 12, 16-18; ORIG., In Ioh. 2, 2, 16; 10, 37, 246; DIONYSIVS ROMANVS in ATHAN., Decr. 26; EVSEB., Eccl. theol. 1, 5, 1-2; ATHAN., Arian. 3, 36; PS. ATHAN., Arian. 4, 2-3.9.25; BASIL., Epist. 210, 3; 214, 13; APOLL., Prof. fidei 13 (ed. Lietzmann, p. 171); EPIPH., Anc. 116; Haer. 42, 1   2/4 ne gentili – praedicetur] cfr AMBR., Fid. 1, 1, 6; CAES. AREL., Breu. (ed. Morin, p. 192, l. 18-19); FVLG. RVSP., C. Arrian. (l. 664)

---

20 cognitio] cogitatio ζ Boc   cadat] cadit $Ty^{2.a.c.}$ P^4 et] ex β^2 tristitia] tristitiam ε^1 ν^1, tristitiae ζ Boc, tristia Tr^1 Cass Ch^2 paenitendo] penitudo ξ conficiat] conficiant ν^1 P^5 Cass Ch^2 laeta] laetitia $Ty^{2.a.c.}$ P^4 Cb^1 Mu^2 Boc Ch^1, laetia Tr^1 21 subleuent] subleuet α^1 Ch^1 quod quid] quod quod N^1, quoue quid Vc^1, que quid P^5 mutabilia] mutabilia a Cb$^{1a.c.}$, mutabili ac Tr^1 Mu^2, mutari ac suprascr. Cb$^{1p.c.**}$, mutabilitatem $Ty^{2p.c.}$, mutari ac Boc, mutabili Cass   22 instabili] instabilitate δ huc] hoc N^1 23 comprobatur] comprobantur ε^1 essentiam] essentia ε^1, substantiam β Fra Cass Ch^2 23/24 dicta debere] ξ, dici debere δ Cb$^{1a.c.}$ Tr^1 Mu^2 ν^1 β Fra Ch^2, debere accipi ε^1, debere dici Cass, debere Boc   24 intellegi] om. β Fra Ch^2 dispensationi] dispensationis ε^1 25 eius] que N^1 certo – profiteri] om. $K^{2.a.c.}$ R^1 certo] om. ξ profiteri] profitemur α^1, confiteri P^5 26 iudex dixit] om. Fra Boc   iudex] om. Mu^2 doctius] totius Sg^1, doctis P^5 26/27 laudabili breuitate] laudabiliter Cb$^{1a.c.}$ Tr^1 Mu^2, laudabiliterque Cb$^{1p.c.**}$ Boc   27 breuitate] ueritate P^5 essentiam] essentia P^{6a} P^{7b}, substantiam β Fra Cass Ch^2 28 dici] dixi P^{6a} abs] a Vc^1 Cass, ad P^5 abs te audire] audire abs te β Fra Ch^2, absente audire P^{7b}, a te audire Vc^1 Cass   audire] om. ν^1 29 tempus adfluerit] locus adfluerit Vc^1 Bd^1, adfluerit locus P^5 nunc] autem add. O^3 ante] antea δ ζ Boc   fatus sum] factus sum P^{6a} P^{6b}, fassus suprascr. Cb$^{1p.c.**}$, fassus P^5 Boc, iam praefatus δ 30 coeperat] quae ceperat ε^1, cepit Fra   prosequatur] qui dixit: si ea quae in principio prosecutus sum diligenter aduertas, illic omnem fidei nostrae credulitatem inuenies add. Cb$^{1a.c.}$ Tr^1 Mu^2, arrius dixit: si ea quae, etc. add. γ Cb$^{1p.c.**}$ Boc Ch^1

VII. 1 dixit] om. Fra   ut] $Sg^{1s.l.\,p.c.}$ 2 eundemque] unum add. s.l. Sm$^{1p.c.}$, eundem $K^{2.a.c.}$ R^1 et] om. β^2 praedicat] deum add. β Cass Ch^2 3 conuincamur] conuincatur Bd^1 a nobis filius] tr. P^5

praedicetur. Vnde ex his ipsis quae a non intellegentibus uel minus sentientibus aduersa nobis esse putantur, apertissime demonstrabo summi atque omnipotentis Dei unam esse personam. Nam quid aliud est: *Pater in me manens facit opera*, nisi: 'Ego in me manens facio opera'? et: *Qui me uidit, uidit et Patrem*, id est: 'Ego ipse sum Pater qui et Filius', ut per unam diuinitatis contemplationem unam intelligas esse personam. Sed et quod ait: *Ego in Patre et Pater in me*, uel quod Esaias ad eum loquitur, dicens: *In te est Deus, et non est Deus praeter te*, id procul dubio manifestius uoluit indicare, sine alterius permixtione personae, in seipso ineffabiliter permanere. Si enim, ut ipsi quoque concedunt et ut superius fassi sunt, simplex est diuina natura, non fieri potest ut uelut ipsa intrinsecus uacua, alterius in se naturae personam contineat et ipsa uicissim contineatur ab altera. Necesse est enim ut seipsam aut minuendo contrahat, aut euacuando exinaniat, aut dilatando diffundat, quoniam receptorum uel recipientium conditio ista est, ut aut recepturus spatio dilatetur ad alterum recipiendum, aut recipiendus contractione aliqua minuatur, ut intra euacuatam ad suscipiendum se naturam ualeat contineri. Quae quoniam tam impia tamque absurda simplici illi et ineffabili naturae congruere minime possunt, id sine dubio restat intelligi ut unus idemque in seipso manens, de seipso singulariter dicere uideatur: *Ego in Patre et Pater in me*, et: *Qui me uidit, uidit et Patrem*, ne si de duobus dictum accipere uolueris, duos nihilominus deos separatim distinctos adserere conuincaris. Aut si ita eos in se inuicem permanere defendis, ut horum unam dicas esse naturam, nescio quam personarum biformitatem, portento alicui similem, ex unius rei initio prominentem, aut in unius naturae substantiam confusius et permixtius habitantem uideberis profiteri, et hac ratione simplicem et intemeratam diuinae uirtutis naturam indignis compositam qualitatibus defensare. Recurramus magis ad illa singularia caelestium praeconia sanctionum, quibus unius in una persona manentis diuinitas praedicatur, ut Moyses admonet dicens: *Audi, Israel, Dominus Deus tuus, Dominus unus est*; et ut ipse quoque Deus saepenumero contestatur: *Videte, uidete, quoniam ego sum Deus, et non est alius praeter me*; et iterum: *Testes uos estis, si est alius Deus absque me*. Non debemus tantae auctoritatis caelitus nobis sententiam depromptam alterius Dei confessione frustrare, ne in nostri perniciem tanti praeconii cassantes imperium, debita deorum cultoribus tormenta subeamus.

VIII. PROBVS iudex dixit: Si huic tam ualidae prosecutioni posse aliquid referri putatis, perorare dignemini.

ARRIVS dixit: Dum per unius Dei probabili quidem et admodum utili confessione bifariae deitatis errore Sabellius semetip-
5 sum conatur exuere, nefandam iudaici sensus impietatem incurrit, Filium Dei Deum in sua manere substantia, et propriam habere personam, mente sacrilega denegando. Cuius insanissimi furoris audaciam, quantocumque breuitatis compendio uti potuero, caelestium testimoniorum auctoritate frenabo, ad demons-
10 trandam proprie subsistentem Filii personam, non illa quae quidam homini suscepto congruere cauillantur adsumens, sed illa in medio proferens testimonia quae, sine ullo ancipitis intellegentiae scrupulo, diuinitati eius competere omnes pariter confiten-

---

Trad. text.: α^2 β *Fra Cass Ch*^{2} (*om.* α^1 *Boc Ch*^{1})

VIII. 5 iudaici sensus impietatem] cfr EVSEB., *Eccl. theol.* 2, 2, 5; 2, 14, 8; 2, 14, 19-20; ATHAN., *Epist. Serap.* 1, 28; BASIL., *Epist.* 210, 3; PS. ATHAN., *Arian.* 4, 17

---

42 ne] forte *add.* v^1 nostri perniciem] nostrae perniciae Sm^1 cassantes] crassantis Sm^1, cessantes $Vc^1 Mu^1$ 43 deorum] duorum Bd^1 tormenta subeamus] *tr. Cass*

VIII. 1 probus iudex dixit] *om.* Vc^1 iudex dixit] *om. Fra*   si] sed Vc^1 prosecutioni] prosecutione P^2 2 posse aliquid referri putatis] referri posse aliquid putatis $Vc^1 Bd^1$, referri posse putatis aliquid P^5 dignemini] dignamini $v^1 N^1 P^2$ 3 dum] cum *Fra*   3/4 per ... probabili ... utili confessione] $P^5 Sm^1 N^1 O^3 \beta^2 Cass$, per ... probabli ... fidei confessione P^{7a}, per ... probabli ... fideli confessione P^{6a}, pro ... probabli ... utili confessione Vc^1, per ... probabilem ... utilem confessionem $Bd^1 P^2 Fra$, probabili ... utili confessione Ch^2. *Vide adnotationes*   4 bifariae] bifario ξ 4/5 semetipsum] $K^{2s.l. p.c.}$, *om.* R^1 5 exuere] exorere N^1, eruere *Fra*   nefandam] nefanda $Sm^1 N^1 O^3$ iudaici] iudiici Vc^1, iudicii sui $P^5 Bd^1$ 5/6 impietatem incurrit] impietatemcurrit $Sm^{ta.c.}$, impietate incurrit $Sm^{tp.c.} N^1 O^3$ 6 deum] dominum v^1 sua ... substantia] suam ... substantiam P^5 manere] mare $Sg^{ta.c.}$ substantia] substantiam $v^1 \beta^1$ 7 denegando] denegande N^1 insanissimi] insanissime N^1 8 quantocumque] quantacumque v^1 breuitatis] breuitantis P^5, breuitate N^1 8/9 potuero] potero P^2 9 auctoritate] auctoritatem v^1 9/10 demonstrandam] demonstrandum Vc^1 10 proprie] *om. Cass* subsistentem] subsistentis β *edd.*   filii] $K^{2s.l. p.c.}$, *om.* R^1 illa] illam P^5 illa quae] utique v^1 11 quidam] α^2, quidem $Sm^1 O^3 P^2 \beta^2$ *edd.*, quid est N^1 homini] hominum Vc^1, hominis P^5 suscepto] susceptio P^5 congruere] congrue Bd^1 cauillantur] cauillanter $N^1 K^{2p.c.} Sg^1$, cauillatur *Fra*   adsumens] *om.* v^1 12 medio] $P^5 Bd^1 Sm^1$, medium $v^1 Vc^1 \beta^1 \beta^2$ *edd.*   sine] si non N^1 ancipitis] incapitis P^{7a}, ancapitis P^{6a}, concipitis N^1 13 diuinitati] diuinitatis P^{7a} eius] potius v^1

tur. In Genesi Deum dixisse legimus: *Faciamus hominem ad imaginem et similitudinem nostram*. Ecce pluraliter dixit 'Faciamus', alium uidelicet indicans ad quem loquentis Dei factus est sermo. Neque enim tam absurde intelligendus est fuisse locutus, ut sibi ipse diceret 'Faciamus', quod proprie illorum est qui amentiae passionem incurrunt. Namque ut alium ad alterum locutum fuisse scriptura monstraret, continuo subiecit, dicens: *Et fecit Deus hominem, ad imaginem Dei fecit illum*. Si unus esset, ad imaginem suam fecisse diceretur. Nunc autem alius ad alterius imaginem apertius fecisse describitur. Item cum ob multis nefandi sceleris facinoribus, sodomiticas cum suis incolis terras igneis diuinitas imbribus sanxisset urendas, ita refertur: *Pluit*, inquit, *Dominus a Domino ignem et sulphur*. Nihil tam euidentius ad ostendendum Patrem et demonstrandum Filium legaliter potuit intimari, ubi alius ab altero, non unus a seipso sulphureas caelitus iaculatus est flammas.

Trad. text.: α^2 β Fra Cass Ch^2 (*om.* α^1 Boc Ch^1)

VIII. 14/15 Gen. 1, 26   20/21 Gen. 1, 27   25/26 Gen. 19, 24

14/23 in genesi – describitur] cfr Theoph. Antioch., *Autol.* 2, 18; Ivst., *Dial.* 62, 1-2; Iren., *Haer.* 4, 20, 1; Tert., *Adu. Prax.* 12, 1; Novatian., *Trin.* 26, 146; Hil., *Trin.* 4, 18; Basil., *Hom. de creat. hom.* 1, 1; Ps. Basil., *Eun.* 5, 4; Avg., *Gen. ad litt.* 3, 19, 27; Ps. Evseb. Verc., *Trin.* 1, 33-35   **23/29** item – flammas] cfr Tert., *Adu. Prax.* 13, 4; Novatian., *Trin.* 26, 146; *Symb. Sirm.* I (351) anath. 17 (*in* Athan., *Syn.* 27, 3); Hil., *Trin.* 4, 29; Ps. Basil., *Eun.* 5, 4; Ps. Evseb. Verc., *Trin.* 1, 37

---

14 deum] dominum Bd^1 Cass Ch^2, quoque v^1 **15** dixit] dixi P^{7a} N^1 **16** loquentis] loquentes $O^{3a.c.}$, colentis $Bd^{1a.c.}$ sed del. $Bd^{1p.c.}$ **17** neque] non Cass Ch^2 intellegendus] intellegendum β edd.   est] deum add. Fra, om. Cass   locutus] locutum β edd.   **17/18** ut sibi ipse diceret] om. $P^5 Bd^1$ **17** ut] et v^1 **18** ipse] ipsi Vc^1 qui amentiae] qui admentiae P^{7a}, qui dementiae P^{6a}, quia mente P^5 N^1 **19** passionem] passionum $K^{2a.c.} R^1$, passionis v^1, passiones Vc^1 incurrunt] intercurrunt P^5 namque ut] nam quem $Bd^1 P^5$ alium] alterum β Fra Ch^2, om. Mu^1 Cass   **20** scriptura monstraret] tr. Fra   monstraret] demonstraret v^1 **21** illum] eum v^1 si] quod praem. Fra   **22** fecisse] fecis $K^{2a.c.}$ **23/24** ob multis – incolis terras] sodomitas per multis nefandi sceleris facinoribus suis in locis Fra   ob multis ... facinoribus] ob multa ... facinora β^2 Cass Ch^2, per multis ... facinoribus Vc^1, pro multis ... facinoribus Bd^1. *Vide adnotationes*   **24** sodomiticas] v^1, sodomitas ξ β Fra Cass, sodomitis Ch^2 cum suis incolis] α^2, cum suis in locis Sm^1 N^1 O^3 $P^{2a.c.}$, suis in locis $P^{2p.c.}$ β^2 Fra Cass   **24/25** diuinitas] diuinitus v^1 Cass   **25** sanxisset] sancisset v^1 Sm^1 K^2 Mu^1, fecisset N^1, statuisset ξ urendas] urendos $P^{2p.c.}$ Fra   **26** tam] tamen P^{7a} P^2 β^2 Cass, om. Bd^1 **27** ostendendum] ostendum Bd^1 **28** intimari] intimare P^5 ubi] ut Fra   altero] alio v^1 seipso] semetipso ξ sulphureas] sulphorea $K^2 R^1$ caelitus] om. α^2

IX. Item ipse Filius ad Iacob loquitur, dicens: *Ego sum Deus, qui uisus sum tibi in loco Dei.* Posset dicere 'qui uisus sum tibi in loco meo', si una loquentis intellegeretur esse persona. Item: *Ascende*, inquit, *in Bethel, et fac ibi altare Deo, qui apparuit tibi.* Nec istud singulari umquam personae congruere potest, ubi tam distinctius alius alteri sacrarium imperat construendum. Id enim solitario dicere conueniens erat: 'Fac altare mihi, qui apparui tibi'. Item Deus Pater de saluandis in Deo Filio populis per Osee prophetam loquitur, dicens: *Et saluabo eos in Domino Deo ipsorum.* Item Dauid ad Filium loquens ait: *Thronus tuus, Deus, in saeculum saeculi; uirga aequitatis, uirga regni tui. Propterea unxit te Deus, Deus tuus, oleo exultationis prae consortibus tuis.* Quid hoc ad confusionis errorem submouendum manifestius potuit dici, ubi Deus Deum unxisse perscribitur? Haec interim pauca de ueteri testamento decerpsi. Nam plura et manifestiora studio breuitatis omisi, quibus luce clarius comprobatur et Patrem et Filium distinctis et separatis substantiarum proprietatibus existere.

Quod autem Sabellius ex hoc quod Filius ait: *Ego in Patre, et Pater in me*, unam nisus est demonstrare naturam siue personam, quod uidelicet alia intra aliam sine confusionis permixtione uel sine cetera uitiorum genera, quae more sophismatum quaestionum uoluit intentare, inesse non possit, ita non unam indicat esse substantiam uel personam, sicut non una Dei et hominum potest esse natura, de quibus dicitur quod ipsi in Deo et Deus in eis. Denique idem ad Patrem de credentibus loquens Filius ait: *Vt sicut tu Pater in me et ego in te, ita et ipsi in nobis sint*; et iterum: *Qui edet carnem meam, et bibet sanguinem meum, in me manet, et ego in eum*. Apostolus quoque de idiota: *Et prostratus*, inquit, *confitebitur quia uere Deus in uobis est*. Sicut ergo cum Deus in nobis et nos in Deo sumus, non confusione personae, non unitate naturae, non augmenti accessione, non detrimenti subtractione, non qualibet composita uel ordinata mutabilis substantiae qualitate, sed pura et simplici fidei sanctitate Domino in nobis habitaculum praeparamus, et ille nos in suam recipit mansionem, dum eius fa-

LIBER PRIMVS IX - X   271

35 ciendo uoluntatem in ipso manemus, ita Pater et Filius pro indissolubili foedere uoluntatis in se inuicem manere noscuntur.

X. PROBVS iudex dixit: Quoniam tam clarissimis testimoniorum documentis et Patrem et Filium proprie subsistere demonstrasti – quod Sabellius humanis mentibus quaestionum nebulas offundendo negabat –, id nunc a tuis quaeritur partibus, quo-
5 modo Deum Patrem et Deum Filium separatim et distinctius profitendo, non pluralem diuinitatis numerum introducere uidearis. Et quamquam de hoc superiori prosecutione breuiter pauca perstrinxeris, lata tamen et propria quaestionis huiuscemodi debet esse probatio. Quam tunc copiosius expedire debebis, dum in-
10 ter te atque Athanasium disputationis examen coeperit agitari. Et quoniam nunc, ut dixi, adsertione ueridica Sabellii est perfidia refutata, fidei suae Fotinus certis, si ualet, testimoniis adsit.

FOTINVS dixit: Ego Domino nostro Iesu Christo ex Maria uirgine initium tribuo, purumque hominem fuisse adfirmo, et per
15 beatae uitae excellentissimum meritum, diuinitatis honorem fuisse adeptum. Qui enim femineo portatus utero, partu egeritur;

Trad. text.: α^2 β *Fra Cass Ch²* (*om. α^1 Boc Ch¹*)

X. 13/14 ego – adfirmo] cfr *supra* IV, l. 5-6 (*loc. sim.*); *Symb. Sirm.* I (351), anath. 4; 5; 9 (ἄνθρωπον μόνον); 27 (*in* ATHAN., *Syn.* 27, 3); FAVSTIN., *Trin.* 41 (nudum hominem); AMBROSIAST., *In Gal.* Prol. (hominem tantummodo); AMBR., *Fid.* 4, 3, 29 (hominem tantum); LVCIF., *Non parc.* 18 (hominem tantum); PS. EVSEB. VERC., *Trin.* 3, 46 (hominem purum tantummodo); AVG., *Serm.* 37, 17 (homo tantum); 183, 8 (solum homo); VINCENT. LER., *Comm.* 16 (hominem tantummodo)

---

35 filius] filium $Sg^{ta.c.}$ 35/36 pro indissolubili foedere uoluntatis] β *edd.*, pro indissolubilis foederis uoluntatis Vc^1, per indissolubilis foederis uoluntatem P^5Bd^1, per inuisibili foederis uoluntatem v^1 36 in] *om.* P^{6a}

X. 1 iudex dixit] *om. Fra*   clarissimis] claris v^1 2 et¹] *om. Ch²*   4 offundendo] α^2 *Cass Ch²*, effundendo β *Fra*   5 deum¹] et *praem.* β^2 *Cass Ch²*   deum²] *om.* P^5 *Cass* filium] nunc *add.* Vc^1 6 non] nunc ξ numerum] nominis $N^{ta.c.}$, naturam *Cass* 7 de hoc] *om. Cass*   superiori] α^2, superiore β *edd.* *Vide adnotationes*   prosecutione] prosecutionem N^1 8 lata] ita Vc^1 quaestioni] quaestioni Sm^1 N^1 O^3 $P^{2a.c.}$, questionibus P^5 huiuscemodi] huiusce Vc^1Bd^1, huius v^1, his P^5 9 tunc] tu v^1 copiosius] copiosi Vc^1 expedire] experiri P^5Bd^1 10 disputationis examen] disputatio ξ agitari] cogitari N^1 12 fidei suae fotinus certis si ualet testimoniis adsit] fotinus si ualet fidei suae certis adsit testimoniis *Fra*   13 fotinus] fotini P^{6a} dixit] *om. Fra*   domino] in *praem.* P^{6a} nostro] $Bd^{1 in marg.}$ 13/14 ego – purumque] *om. Sm¹*   ex maria uirgine] ξ, ex maria v^1, *om.* β *edd.*   14 fuisse] esse *Fra*   adfirmo] christum *praem. Sm¹* 15 beatae] beata N^1 honorem] honore K^2R^1 16 qui] $Vc^1Bd^1Sm^1$, quis β^1 β^2 *edd.* portatus] est *add. Sm¹*   partu] α^2, per partum β *edd.*   egeritur] egreditur N^1

272 LIBER PRIMVS X

qui puerperii cunas expertus et lactei poculi alimento nutritus, maternis gestatus est ulnis; qui profectum accepit aetatis, qui uniuersas corporeae fragilitatis conditiones impleuit, dum esuriem
20 patitur, dum nequissimi spiritus temptatione percellitur, dum lassitudine fatigatur, dum in somno resoluitur, dum comprehensus nexibus adligatur, dum flagellis uerberatur et palmis, dum ludibriis insultantium agitatur, dum crucis patibulo suspenditur et mortis dispendia perpetitur, quem humana conditio parentibus
25 subdidit, cuius fraterna utriusque sexus sunt nomina designata, qui locorum cognitione fallitur, qui de mali spiritus nomine sciscitatur, qui iudicii diem se ignorare fatetur, qui tribuendarum sedium potestatem se non habere testatur, qui in cruce se derelictum conqueritur, qui passionis formidine et mortis terrore con-

---

Trad. text.: α^2 β *Fra Cass Ch^2* (*om. α^1Boc Ch^1*)

X. 18 profectum accepit aetatis] cfr Luc. 2, 40.52   19/20 esuriem patitur] cfr Ioh. 4, 7; 19, 28   20 nequissimi – percellitur] cfr Matth. 4, 1-11   20/21 lassitudine fatigatur] cfr Ioh. 4, 6   21 in somno resoluitur] cfr Matth. 8, 24; Marc. 4, 38   21/22 comprehensus – adligatur] cfr Matth. 27, 2; Ioh. 18, 12.24   22 flagellis – palmis] cfr Matth. 26, 67; 27, 26; Marc. 14, 65; 15, 15; Ioh. 19, 1   22/23 ludibriis – agitatur] cfr Matth. 27, 29.31.39-44; Marc. 15, 20.31-32   23/24 crucis – perpetitur] cfr Matth. 27, 35.50; Marc. 15, 24.37; Luc. 23, 33.46; Ioh. 19, 18.30   24/25 parentibus subdidit] cfr Luc. 2, 51   25 fraterna – designata] cfr Matth. 13, 55-56; Marc. 6, 3   26 locorum – fallitur] cfr Marc. 9, 21; Ioh. 11, 34   26/27 de mali – sciscitatur] cfr Marc. 5, 9; Luc. 8, 30   27 iudicii – fatetur] cfr Marc. 13, 32   27/28 tribuendarum – testatur] cfr Matth. 20, 23; Marc. 10, 40   28/29 in cruce – conqueritur] cfr Matth. 27, 46; Marc. 15, 34   29/30 passionis – precatur] cfr Matth. 26, 37-39; Marc. 14, 33-36; Luc. 22, 42

---

17 qui] quis $P^{2p.c.}$ β^2 *edd.*   puerperii] ξ, puerperiae v^1 β *edd.*   cunas] canas P^{6a} poculi] copuli P^{6a} 18 maternis] matris N^1 gestatus] gestatis N^1, gustatus $Sg^{ta.c.}$ est] *om. Sm^1*   qui^1 – aetatis] *om. Cass*   qui^1] ξ, quis v^1 β *edd.*   profectum] fectum N^1, prouectum $Vc^1P^5Sm^1$ aetatis] aetates P^{6a} qui^2] ξ, quis v^1 β *edd.*   19 fragilitatis] fragilitates P^{6a} conditiones] conditionis β^1 $K^2R^1Sg^{ta.c.}$ esuriem] esuriam v^1 20 temptatione] temptationis N^1 percellitur] praecellitur N^1O^3, procellitur P^5 21 lassitudine] lassitudini P^{7a} somno] somnis $Sg^{ta.c.}$, somnos $K^2R^1Mu^1Sg^{tp.c.}$ 22/23 ludibriis] ludibribus $K^2R^1Sg^1$ 23 agitatur] ξ *Cass Ch^2*, agitur β *Fra*, igitur v^1 crucis] *om. P^5*   23/24 et mortis – perpetitur] *om. Sm^1*   24 dispendia] dispendio P^5, suspendia *Fra*   perpetitur] perpetit $Sg^{ta.c.}$, repetitur N^1, perpetratur P^5 25 subdidit] subdit *Fra*, subdinit *PL*   sunt nomina] α^2 *Ch^2*, cuncta omnia Sm^1 N^1O^3 $P^{2a.c.}$ $K^2R^1Sg^1$ *Fra*, constat nomina $P^{2in\,ras.\,p.c.}$, cuncta Mu^1 *Cass*   26 locorum] de *praem.* $P^{2p.c.}$ β^2 *Cass Ch^2*   mali] alii N^1 26/27 sciscitatur] citatur $K^{2a.c.}$, suscitatur $P^{6a}R^1$ 27 ignorare] ignore P^{6a} 28 se] $Sg^{ts.l.\,p.c.}$ se non] α^2, *tr.* β *edd.*   in cruce se] P^{6a} ξ, se in cruce $P^{7a}Sm^1K^2R^1Sg^1$ *Fra Ch^2*, se in crucem N^1O^3, se *Cass*   29 passionis formidine] parsimoniis fortitudine v^1 formidine] formidines $N^{ta.c.}$ formidinis $N^{tp.c.}$ terrore] timorem v^1 29/30 concutitur] conquiritur Bd^1, qui passionis formidine et mortis terrore concutitur *add.* P^{6a} $P^{7aa.c.}$ *sed del.* $P^{7ap.c.}$

LIBER PRIMVS X - XI 273

30 cutitur, propter quod et calicem a se transferri precatur, et quam multa, quae commemorare longum est, humanitati conuenientia patitur. Quis tam insipiens, haec Deo congruere arbitretur?

XI. Nam illa uirtutum miracula non propria perpetrasse uirtute, sed Deum per eum fecisse credendum est, sicut ipse ait: *Pater in me manens, facit opera*, et iterum: *Non potest Filius a se facere quicquam*. Quia enim multum Deo acceptus fuit, quidquid uoluit 5 orationibus impetrauit. Nam si mortuis est reddita uita, si caecis lumen, si debilibus uirtus, si leprosis munditia, si mare uentique cesserunt, si alimentorum creatura multiplicati fenoris sensit augmentum, non nisi haec omnia orationis munere elicita esse noscuntur; similique modo perfecta quo dudum prophetae in Dei 10 nomine perfecerunt. Verum quia hic in tantum se Deo dignum carioremque perseuerando in mandatis eius exhibuit, ut ipse ait: *Ego quae placita sunt ei facio semper*, et ut Pater quoque ad eum per

---

Trad. text.: α² β Fra Cass Ch² (om. α¹ Boc Ch¹)

XI. 2/3 Ioh. 14, 10   3/4 Ioh. 5, 19   5 mortuis – uita] cfr Matth. 9, 24-25; Marc. 5, 39-42; Luc. 7, 11-15; 8, 49-55; Ioh. 11, 11-44   5/6 caecis – lumen] cfr Matth. 9, 29-30; 12, 22; 20, 29-34; Marc. 8, 22-26; 10, 46-51; Luc. 7, 21; 18, 35-43; Ioh. 9, 1-7   6 debilibus uirtus] cfr Matth. 9, 1-7; 12, 13; 14, 14; 15, 35-36; Marc. 6, 5; 6, 56; Luc. 5, 24-25; 13, 11-13; Ioh. 5, 5-9   leprosis munditia] cfr Matth. 8, 2-3; Marc. 1, 40-42; Luc. 5, 12-13; 17, 11-14   6/7 mare – cesserunt] cfr Matth. 8, 26-27; 14, 32; Marc. 4, 39-41; 6, 51; Luc. 8, 24-25   7/8 si alimentorum – augmentum] cfr Matth. 14, 13-21; Marc. 6, 30-44; 8, 1-9; Luc. 9, 10-17; Ioh. 6, 1-15   8/9 haec omnia – noscuntur] cfr Matth. 14, 19; 17, 21; Marc. 6, 41; 9, 29; Ioh. 6, 11; 11, 41-42   12 Ioh. 8, 29

XI. 9/10 similique – perfecerunt] cfr HIL., *Trin*. 10, 21.50

---

30 calicem] passionis *add. Vc¹ P⁵*   transferri] transire *Fra*   32 insipiens] α², est ut *add.* β *edd.*   arbitretur] arbitratur ν¹

XI. 2 per eum fecisse] fecisse per eum K² R¹   est] *om.* Mu¹ Cass Ch²   ipse ait] ipse est ait Sg¹ᵃ·ᶜ·, est ait Sg¹ᵖ·ᶜ·   3 facit] ipse *praem. Fra*   iterum] item P⁵   filius a se] α², a se filius β *edd.*   4 multum] altum N¹   multum deo] *tr. Fra*   acceptus] acceptior ξ   5 orationibus] *om.* P⁵   impetrauit] impetrabit ν¹   mortuis] mortuus N¹   est reddita] *tr.* Cass Ch²   6 uirtus] uel elementorum *add. Vc¹*   mare uentique] uenti mareque *Cass*   mare] mari O³ P²ᵃ·ᶜ·   uentique] uenti ν¹   7 cesserunt] cessauerunt *Fra*, cessarunt Mu¹ᵖ·ᶜ· Cass   alimentorum] elementorum ν¹ P⁵ Bd¹ Sg¹ᵖ·ᶜ·   multiplicati] multiplicata Vc¹   fenoris] fenores N¹ O³   sensit] sentiat Sm¹, sentit β¹ Sg¹   8 elicita] elicitata K²ᵃ·ᶜ·, electa ν¹   9 perfecta] per facta Sm¹, perfecte ν¹   quo dudum] quam dudum β² Cass, quaedam ν¹ Ch²   in dei] *om.* P⁷ᵃ   10 deo dignum] dignum deo *Cass*   11 carioremque] carumque Vc¹ Fra   perseuerando] perseueranda P⁶ᵃ   12 placita sunt ei] α² Cass Ch², sunt placita ei Sm¹ β¹ Fra, sunt ei placita β²   quoque] α² Ch², *om.* β Fra Cass   12/13 ad eum per angelum] per angelum ad eum K² R¹   per angelum loquitur] loquitur per angelum *Fra*

angelum loquitur, dicens, sicut in Zacharia scriptum est: *Angelus*, inquit, *Domini stabat, et contestabatur Iesum dicens: Haec dicit Dominus Deus exercituum: Si in uiis meis ambulaueris, et custodiam meam custodieris, tu quoque iudicabis domum meam*, et ut mortem pro mundi salute aequanimiter tulerit, ob hoc, inquam, quod se tantum ac talem exhibuit, dedit illi Deus uniuersorum potestatem, et Deum illum totius creaturae constituit, sicut apostolus docet, dicens: *Factus oboediens usque ad mortem, mortem autem crucis. Propter quod et Deus illum exaltauit, et donauit illi nomen quod est super omne nomen, ut in nomine Iesu omne genu flectatur, caelestium, terrestrium et infernorum.* Vnde et ipse post passionem, quae ei tale contulit meritum, aiebat: *Data est mihi omnis potestas in caelo et in terra.* Quod utique si ante tempora Deus esset, potestatem ex tempore non accepisset, quam semper habuisse constabat. Sed, ut dixi, ob praeclarum obedientiae ac passionis meritum, diuino est honore donatus et super omnia exaltatus, sicut et Petrus loquitur dicens: *Deus patrum nostrorum exaltauit puerum suum Iesum*, et iterum: *Dextera igitur Dei exaltatus*, ac rursus: *Certissime*, inquit, *sciat omnis domus Israel, quia et Deum illum et Christum Deus fecit, hunc Iesum quem uos crucifixistis*, ostendens euidentius, propter passionem crucis, ex tempore Deum fuisse factum, non Deum ante tempora natum. Vnde

---

Trad. text.: α^2 β Fra Cass Ch^2 (om. α^1 Boc Ch^1)

13/16 Zach. 3, 5-7   21/23 Phil. 2, 8-10   24/25 Matth. 28, 18   29/30 Act. 3, 13   30/31 Act. 2, 33   31/33 Act. 2, 36

---

13 in] om. P^{6a} 14 domini] om. v^1 contestabatur] angelus add. v^1 dicens] α^2, om. β edd.   15 meis] $K^{2s.l.\,p.c.}$ ambulaueris] ambulaueritis Sg^1 15/16 custodiam meam custodieris] custodieris uiam meam custodieris $P^{7aa.c.}\,P^{6a}$, custodieris uiam meam $P^{7ap.c.}$ custodiam meam] custodia mea Sm^1, mandata mea Vc^1 16 et ut] $tr.\,v^1$ ut] om. Fra   17 salute] $N^1\,O^3$, salutem v^1 aequanimiter] om. Bd^1 tulerit] pertulerit $Vc^1\,Sm^1$, protulerit $P^5\,Bd^1$, toleret v^1, tulit Mu^1 Cass Ch^2 ob] ab v^1 18 ac] et v^1 uniuersorum] uniuersarum $v^1\,\beta^2$ 19 et] ac β^2 deum] dominum Bd^1, om. P^{7a} 20 docet] docuit ξ, edocet P^{7a}, edocens P^{6a} dicens] om. P^{7a} factus oboediens] α^2, humiliauit seipsum β, humiliauit semetipsum Cass Ch^2 21 donauit] α^2, dedit β edd.   22 flectatur] flectetur $Sg^{1a.c.}$ terrestrium] et praem. Sm^1 24 quae] quam P^5 ei] $K^{2s.l.\,p.c.}$, om. R^1 tale] talem $Sm^1\,N^1\,O^3\,P^{2a.c.}$, om. v^1 aiebat] agebat $P^{6a}\,Sm^{1a.c.}$ 25 omnis] om. P^2 quod] qui R^1 26 deus esset] $tr.\,P^5$ semper] semel Cass   27 habuisse] illum praem. Vc^1, eum praem. v^1 constabat] constaret Vc^1 ob praeclarum] hoc clarum P^5, obclarum Bd^1 ob] o P^{6a}, ut $Sm^{1a.c.}$ ac] et ξ 29 et petrus] om. P^5 30 puerum suum iesum] iesum puerum suum v^1 31 rursus] rursum ξ omnis] om. v^1 32 deum] dominum v^1 β edd. Vide adnotationes   deus] om. Fra   33 passionem] passione N^1 34 factum] om. Fra   tempora] tempore $N^1\,O^3$

35 et apostolus: *Tanto*, inquit, *melior angelis factus, quanto excellentius prae illis nomen accepit.* Quod enim fit uel accipitur, ex tempore sumit initium. Nam ex semine Dauid originis sumpsisse principium, diuina ubique testantur eloquia, sicut et Deus ad Dauid loquitur, dicens: *Filius qui egredietur de renibus tuis, ipse*
40 *aedificabit mihi domum*; et iterum: *De fructu uentris tui ponam super sedem tuam*; et Esaias: *Ecce radix Iesse exsurget regere gentes*; et apostolus: *De Filio*, inquit, *suo, qui factus est ei ex semine Dauid*; et iterum: *Memor esto Christum Iesum resurrexisse a mortuis ex semine Dauid*; et angelus ad Mariam: *Dabit*, inquit, *illi Deus se-*
45 *dem Dauid patris sui.* Ex his igitur atque aliis quam pluribus euidentius demonstratur non Deum ante saecula fuisse, sed in Deum bonae actionis merito profecisse.

XII. PROBVS iudex dixit: Intentatis a Fotino quaestionibus e diuerso uenientium responsionibus occurratur.

ATHANASIVS dixit: Si ea quae Arrius contra Sabellium prosecutus est diligenter aduertas, ibi etiam Fotini perfidiam pariter cognoscis exclusam.

Trad. text.: α^2 β Fra Cass Ch^2 (om. α^1 Boc Ch^1)

35/36 Hebr. 1, 4   39/40 III Reg. 8, 19   40/41 Ps. 131, 11   41 Is. 11, 10   42 Rom. 1, 3   43/44 I Tim. 2, 8   44/45 Luc. 1, 32

---

37 ex semine dauid] cfr AMBR., *Apol. Dau.* II 26

---

35 apostolus] paulus v^1 β inquit] igitur v^1 melior angelis factus] angelis factus minor $Sm^{1a.c.}$, angelis factus melior $Sm^{1p.c.}$ melior angelis] P^{7a} ξ, angelis melior P^2 β^2 Cass Ch^2, angelis excelsior Fra   melior] om. P^{6a} N^1 O^3 35/36 factus quanto excellentius] factis quantum excellentiorem v^1 35 factus] effectus Vc^1 37 semine] tempore ξ 38 ubique] utique $P^5 Bd^1$ et] om. β v^1 40 aedificabit] aedificauit $Sm^{1a.c.}$ $N^1 O^3$ $Sg^{1a.c.}$ mihi domum] tr. v^1 iterum] item P^5 41 super] om. P^5 tuam] $Vc^1 P^5$ Fra, meam v^1 Bd^1 β Cass Ch^2 ecce] erit Vc^1 exsurget regere] exsurgere P^5 exsurget] exsurgit $Sm^1 N^1 O^3$, exsurgeret P^{7a} 42 est] $Sg^{1s.l.\ p.c.}$ ei] om. Cass   dauid] secundum carnem add. $K^2 R^1$, secundum carnem scr. s.l. $Sg^{1p.c.}$ 43/44 et iterum – dauid] om. homoeot. ξ Fra   43 christum iesum] tr. Mu^1 Cass   iesum] om. v^1 resurrexisse] exsurrexisse $K^2 R^1 P^2$ 44 inquit illi] α^2, tr. β edd.   deus] dominus praem. P^5 Fra   45 ex] et praem. β (exc. Mu^1) Fra   atque] et ex Fra   45/46 euidentius demonstratur] tr. Cass Ch^2 46 euidentius] euidentibus Fra   fuisse] om. Sm^1 47 merito] meritum P^5

XII. 1 probus iudex dixit] om. Vc^1 iudex dixit] om. Fra   intentatis] intentis $P^{2a.c.}$ 3 athanasius dixit] om. Vc^1 dixit] om. Fra   4 est] fotinus Vc^1 aduertas] aduertis Sm^1, aduertat $P^5 Bd^1$ ibi] suam Vc^1, his P^5, se Bd^1 etiam] atque etiam add. $P^5 Bd^1$ fotini] fotinus $O^{3a.c.}$, sabelli Vc^1 pariter] $P^{2 in marg.\ p.c.}$ 4/5 cognoscis] agnoscis Sg^1, cognoscet Vc^1, cognoscit P^5 5 exclusam] exclusa Bd^1

PROBVS iudex dixit: Vt puta?

ATHANASIVS dixit: Sabellius unam confitendo personam, Filium ante cunctorum originem saeculorum subsistere denegauit; quod idipsum quoque Fotinus impiis adseuerare commentis adgreditur, dum Filio ex humani ortus natiuitate initium tribuens, omnino eum non fuisse testatur. Quae sacrilegae opinionis sententia, Arrio copiosius prosequente cassata est. Aperte enim et lucidius demonstrauit, Filium Dei Deum ante tempora substitisse.

PROBVS iudex dixit: Memini equidem Arrium de proprietate personae Filii subsistentis contra Sabellium satis egisse. Sed disputationis ordo uel ratio poscit ut Fotini quoque adsertio proprie debeat contra nitentium refutationis obice submoueri, ne dum nimis breuitati studetis, res necessarias omittere uideamini. Non enim paruam intulit suae fidei quaestionem, multis adseuerando documentis Filium Dei ex Maria initium accepisse, et in Deum clarissimae actionis merito profecisse.

ATHANASIVS dixit: Non pigebit aut me, aut Arrium, Fotini dementiam diuinae scripturae auctoritatibus arguere, qui in tantum prorupit insaniae, ut propheticis atque apostolicis dictis uesano furoris sui animo repugnans, nescio quae uilissima derogationis exempla, quae Deus pro nostrae redemptionis salute uoluntario subiit affectu, in iniuriam tantae protulit maiestatis.

Trad. text.: $α^2$ β Fra Cass Ch^2 (om. $α^1$ Boc Ch^1)

---

6 probus iudex dixit] *om. Vc¹ Fra* ut puta] ut puto *Sg¹*, quomodo *Bd¹* 7 athanasius dixit] *om. Vc¹ Fra* confitendo] profitendo *N¹* 9 idipsum] ξ *P² Fra*, idipsud *Sm¹ N¹ O³*, ipsud *v¹ Sg¹ᵃ·ᶜ· K²ᵖ·ᶜ·*, ipsum *K²ᵃ·ᶜ· R¹ Sg¹ᵖ·ᶜ· Mu¹ Cass Ch²* quoque] *om. Bd¹* impiis] impius *K²ᵃ·ᶜ· R¹*, assertionibus *add. P⁵* 10 humani] homine *v¹* natiuitate] natiuitatem *v¹* 11 eum] cum *v¹* sacrilegae] sacrilegi *P²ᵃ·ᶜ·*, sacrilega *v¹ β² Cass Ch²* opinionis] opinatus *v¹* 11/12 sententia] sententiam *P⁵* 12 arrio] arrii *v¹* copiosius prosequente] *tr.* ξ cassata] cassa *O³ᵃ·ᶜ·* 13 deum] *om. Cass* substitisse] cuncta subsistere *v¹* 14 probus iudex dixit] *om. Vc¹* iudex dixit] *om. Fra* equidem] quidem *Vc¹ Fra* 16 poscit] possit *P⁵* proprie] *v¹ Vc¹ P⁵*, proprio *Bd¹* β edd. 17 contra] econtra nitentium *v¹*, se contra nitentium *v¹* submoueri] submoueri *Sm¹* ne dum] necdum *R¹* 18/19 non enim] *om. P⁵* 19 intulit suae fidei] suae fidei intulit *v¹ Bd¹* intulit] *om. P⁵* 20 maria] uirgine *add. Mu¹ Cass* in deum clarissimae] inclarissimae *P⁵* 21 merito] meritum *P⁵* 22 dixit] *om. Fra* aut] ut *P⁶ᵃ* 22/23 dementiam] dementia *O³* 23/24 tantum ... insaniae] tantam ... insaniam *Vc¹* 24 prorupit] procedit ξ 25 furoris sui] *om. Fra* quae] quo *Sm¹*, qua *P⁷ᵃ P⁵ N¹ O³ P²ᵃ·ᶜ· K² R¹ Mu¹ᵃ·ᶜ·*, quia *P⁶ᵃ* 25/26 uilissima ... exempla] uilissimo ... exemplo *Sm¹* 26 redemptionis] redemptio *P⁵* salute] salutem *v¹ N¹*, salutae *P² P⁵* uoluntario] uoluntariae *K² R¹* 27 subiit] subiuit *Vc¹ Bd¹*, subibit *P⁷ᵃ*, subidit *P⁶ᵃ* affetu] affectum *v¹* protulit] protulerit *Ch²* maiestatis] maiestati *Vc¹ P⁵*

XIII. ARRIVS dixit: Tolerabilius Iudaeorum Christo insultantium uoces, aut crucifixi latronis blasphemiae audiuntur, quam nefanda huius Fotini perfidia sustinetur. Quis enim ferat purum hominem praedicari, aut ex Maria sumpsisse initium, eum qui se
5 de caelo uenisse et ante saecula genitum protestatur, sicut idem de Patre loquens, et aeternae natiuitatis mysterium pandens, ait: *Ante saecula fundauit me, et ante omnes colles genuit me. Cum pararet caelos, aderam illi.* Sed et Pater ad eumdem loquitur dicens: *Ex utero ante luciferum genui te.* Quia enim stellae in signis tem-
10 porum positae sunt, natiuitatem Filii sui Deus Pater ante astrorum originem, id est ante omnem temporum seriem exstitisse testatur. Siue ut spiritaliter dictum intelligamus, *ante luciferum*, id est ante angelorum creaturam, quoniam de angelo dictum est: *Lucifer qui mane oriebatur.*
15 FOTINVS dixit: Hoc secundum praedestinationis ueritatem dictum accipitur, apostolo contestante atque dicente: *Qui praedestinatus est Filius Dei in uirtute.* Nam sic dictum est: *Ante omnes colles genuit me*, uel: *Ante luciferum genui te*, cum tamen nouissimis temporibus fuerit natus, quomodo et apostolus electionem
20 sanctorum ante exordium factam adserit saeculorum. *Qui nos*, inquit, *elegit ante constitutionem mundi.* Et utique non sunt nisi in

---

Trad. text.: α² β *Fra Cass Ch²* (*om.* α¹ *Boc Ch¹*)

XIII. 4/5 se de caelo uenisse] cfr Ioh. 3, 13; 6, 38   5 ante – protestatur] cfr Ioh. 8, 58
7/8 Prou. 8, 23.25.27   9 Ps. 109, 3   14 Is. 14, 2   16/17 Rom. 1, 4   17/18 Prou.
8, 25   18 Ps. 109, 3   20/21 Eph. 1, 4

XIII. 15/30 hoc – orta] cfr *Symb. Sirm.* I (351), anath. 5 (κατὰ πρόγνωσιν) (*in* ATHAN., *Syn.* 27, 3); EPIPH., *Haer.* 71, 2 (προχρηστιτικῶς; προκαταγγελτικῶς)

XIII. 1 dixit] *om. Fra*   3 quis enim ferat] quid enim fuerat *P⁵*   4 praedicari] praedicare *P⁵*   ex] *om. P⁷ᵃ*   maria] uirgine *add. P⁵*   se] *om. Vc¹ Fra*   5/7 genitum – saecula] *iter. N¹ O³*   5 genitum – de] *om. P⁷ᵃ*   genitum] se *add. Vc¹*   6 mysterium] ministerium *Sg¹ᵃ·ᶜ·*   7/9 cum – genui te] *om. Fra*   7 colles] *K²ˢ·ˡ· ᵖ·ᶜ·* me] *om. Mu¹ Cass*   8 eumdem] eum *Cass*   9 luciferum] lucifero *v¹*   signis] signa *Vc¹ P⁵*   10 positae sunt] *tr. Bd¹*   sunt] erant *v¹*   sui] tui *K²ᵃ·ᶜ· R¹*   deus pater ante] os pater a me *K² R¹*   11 omnem] α², omnium β *edd.*   12 ut] *om. ξ Mu¹ Cass Ch²* dictum] dum *Sm¹*, ductum *P⁷ᵃ, om. Vc¹*   13 de] *om. Bd¹*   14 oriebatur] oriebaris *Vc¹*   15 fotinus dixit] *om. P⁵*   dixit] *om. Fra*   ueritatem] ueritate *N¹ P⁵*   17 sic] soli *N¹*, sicut *K² Sg¹*   omnes] *om. Cass Ch²*   18 uel – genui te] *om. Fra*   uel] et ξ   genui] genuit *P⁷ᵃ*   20 adserit] anserit *P⁷ᵃ*   20/21 inquit] inquod *N¹*   21 constitutionem mundi] *tr. Fra*   nisi] *om. P⁶ᵃ*

fine mundi electi. Sicut ergo apostoli, qui ante saecula non subsistebant, tamen in praedestinatione electi esse dicuntur, eodem intellegentiae genere et de Christo, quod ante saecula dictus est natus, cum nondum fuerit natus, in praedestinatione dictum accipitur. Moris est enim diuinae Scripturae id quod pro certo futurum est ac si iam factum sit enarrare. Vnde propheta de Deo ait: *Qui fecit quae futura sunt*, id est, in praedestinatione facta, in re autem necdum existentia. Ita et Filii natiuitas ante saecula praedestinata, in fine uero est temporum ueraciter orta.

PROBVS iudex dixit: Illa quae ante mundum praedestinatur Filii natiuitas, ex Dei Patris utero processisse describitur; tu uero Filium ex Maria initium accepisse testaris.

XIV. FOTINVS dixit: Sed non ideo intelligendum est Christum de Deo Patre esse natum, quia aut ipse se genitum aut Pater genuisse fatetur. Hoc enim Deus Pater de adoptatis uel adoptandis filiis dicere consueuit, sicut per Esaiam: *Filios*, inquit, *genui et exaltaui*; et iterum: *Filius primogenitus meus Israel*; et Ioannes:

Trad. text.: α^2 β *Fra Cass Ch²* (om. α^1 *Boc Ch¹*)

---

28 Is. 45, 11 (LXX)

XIV. 4/5 Is. 1, 2   5 Ex. 4, 22

22/23 sicut – dicuntur] cfr VIGIL. THAPS., *Solut. obi. Arrian.* 6 (l. 162-166)   27/30 unde – orta] cfr HIL., *Trin.* 12, 39; AMBR., *Fid.* 1, 15, 97-98

XIV. 1/5 sed – exaltaui] cfr EPIPH., *Haer.* 72, 9

---

22 fine] finem P^5 22/23 ante saecula – electi esse] ante mundi constitutionem electi esse dicuntur non nisi in fine mundi electi sunt v^1 subsistebant] ante saecula add. ξ 23 dicuntur] noscuntur ξ 24 genere] munere Bd^1 quod] qui $K^2R^1Sg^{1p.c.}$ *Fra*   est] sit v^1 25 cum nondum fuerit natus] *om.* β^2 *Cass Ch²*   dictum] *om.* P^5 26 moris] mos Vc^1 est enim] *tr. Mu¹ Fra Cass*   pro certo] profecto ξ 27 ac] hac $P^{7a}N^1$ propheta de deo] et propheta *Mu¹ Cass Ch²*   28 qui] quae O^3 29 natiuitas] natiuitatis v^1 30 est] $\alpha^2 Ch^2$, ex $N^1 O^3 \beta^2$ *Fra Cass*, *om. Sm¹ P²*   temporum] tempore β^2 ueraciter] ueracitate *Fra*   31 iudex dixit] *om. Fra*   mundum praedestinatur] mundi praedestinationem *Cass*   praedestinatur] praedestinat $K^{2a.c.}$, praedicatur α^2 31/32 filii] *om. Cass*   32 natiuitas] natiuitatis v^1 ex] est et Sm^1 33 maria] uirgine add. *Fra*   initium] *om.* v^1 accepisse] processisse v^1 testaris] testares $N^1 O^3$

XIV. 1 dixit] *om. Fra*   est] *om. Fra*   2 de] $Sg^{1s.l. p.c.}$ esse] *om. Cass*   quia aut] $\alpha^2 Ch^2$, qui ait $Sm^1 N^1 O^{3a.c.} P^2 Mu^1 Cass$, quia aut $K^2 R^1 Sg^1$ ipse] $\alpha^2 Ch^2$, *om.* β *Fra Cass*   se] *om.* Bd^1 genitum] de patre *praem.* β *edd.*   pater] patrem $K^{2p.c.} Sg^1 Mu^1 Cass$ 2/3 genuisse] genitusse (!) P^{6a} 3 uel] de add. $v^1 Bd^1$ 3/4 filiis] filius $Sm^{1a.c.}$, *om. Mu¹ edd.*   4 esaiam] dicitur add. *Mu¹ Cass Ch²*, dicit add. *Fra*   inquit] *om. Mu¹ Cass Ch²*   5 exaltaui] ipsi autem spreuerunt me add. *Fra*   filius primogenitus] $v^1 Sm^1$, primogenitus filius $\beta^1 K^2 R^1 Sg^1$ *Fra Ch²*   filius] *om.* ξ *Mu¹ Cass*

LIBER PRIMVS XIV

Omnis qui natus est, inquit, *ex Deo, non peccat, et non potest*, inquit, *peccare, quia natiuitas Dei seruat illum*. Num igitur quia homines fideles de Deo nati esse dicuntur, idcirco eis humanae natiuitatis aufertur origo? aut priusquam de hominibus nascerentur, ante mundi principium, per diuinae natiuitatis commemorationem exstitisse credendi sunt?

ARRIVS dixit: Quoniam manifestissimae ueritati callida disputationis arte Fotinus obnititur, euidentissima est diuinae scripturae auctoritate frangendus. Ioannes enim apostolus istius, credo, insaniam longe ante in Spiritu sancto conspiciens, ante principium saeculorum substantialiter apud Patrem, Deum Filium exstitisse testatur, et ac si Fotinum alto imperitiae sopore demersum, et letali quiete sepultum, clarissimo suae uocis praeconio excitat, dicens: *In principio erat Verbum, et Verbum erat apud Deum, et Deus erat Verbum. Hoc erat in principio apud Deum*. Ergo ei qui in principio erat apud Deum, non relinquitur ut nouissimo tempore originis suae principium ab homine sumpserit. Et ne hoc Verbum, quod in principio erat apud Deum, diuinae uocis transeuntem extimet sonum, ait: *Et Deus erat Verbum*. Quod si hoc Verbum Deus erat, substantia manens, non sonus transiens erat.

Fundatae enim naturae uirtus ostenditur, quae fuisse uel esse substantialiter praedicatur. Et quoniam nunc quoque Sabellium in hoc auditorio nobiscum adstare conspicio, in utrosque huius testimonii tela uibrabo, et inde Fotinum occido unde Sabellium perimo. Audiat ergo Sabellius Deum apud Deum fuisse, et desinat ab unitate personae. Audiat Fotinus hunc Verbum Deum in principio exstitisse, et desinat de Maria initium tribuere. *Hoc*, inquit, *erat in principio apud Deum. Omnia per ipsum facta sunt, et sine ipso factum est nihil. In hoc mundo erat, et mundus per eum factus est.* Antecedit creator creaturae suae opificium, an non?

XV. Probvs iudex dixit: Constat operis sui fabricam antecedere creatorem. Neque enim potest ulla ratione admitti ut postea ipse coeperit, qui facti auctor exstitit.

Arrivs dixit: Si ergo omnia per Filium facta sunt, et mundus per eum factus est, apparet ante mundum uel ante omnia quae facta sunt Filium exstitisse.

Probvs iudex dixit: Nihil hac probatione manifestius poterit demonstrari.

Arrivs dixit: Sed ne forte unius apostoli probatio insufficiens esse perfidis uideatur, alia, si praecipis, testimonia, Filium Dei ante saecula subsistentem contestantia, breui prosecutione subnectam.

Probvs iudex dixit: Licet, ut reor, utilius et ualidius hoc testimonio nihil sit, tamen, ut diuersis probationum testimoniis

---

Trad. text.: *α² β Fra Cass Ch²* (*om. α¹ Boc Ch¹*)

32/35 Ioh. 1, 2-3.10

26 fundatae] fundata ξ   quae] enim *add. K² R¹*   28 auditorio] adiutorio *Mu¹ Cass* nobiscum] uobiscum *Cass*   utrosque] utroque *Bd¹*   28/29 huius testimoniis] ξ, testimoniis huius *β² edd.*   29/30 perimo] primo *Sm¹*   30 desinat] desinet *Sg¹* 31 hunc] hoc *P² Cass Ch²*   deum] et *praem. Sm¹, om. Sg¹*   32 desinat] cesset insensate filio dei a ξ, ei *add. Fra*   maria] uirgine *add. Mu¹ Cass Ch²*   32/33 inquit erat] *tr.* ξ 34 est] *om. Bd¹ Mu¹*   eum] ipsum *Pˢ edd.*   35 antecedit] antecedet *N¹ O³ Fra*   opificium] officium *Sm¹*, principium ξ

XV. 1 iudex dixit] *om. Fra*   fabricam] fabrica *N¹*   2 neque – admitti] *om. Cass* 3 exstitit] exstiterit ξ   4 dixit] *om. Fra*   4/6 et mundus – facta sunt] *iter. Bd¹* 5 eum] ipsum *Bd¹ Fra*   ante] uel *praem. Fra*   7 dixit] *om. Fra*   nihil] de *Sm¹*   probatione] ratione *Pˢ*   9 dixit] *om. Fra*   10 esse] *om. Cass*   11 contestantia, breui] constanti et breui *Vc¹ Pˢ*, comprobantia ac breui *Bd¹*   contestantia] constantia *Sm¹ O³* 11/12 subnectam] subiectam *N¹*   13 iudex dixit] *om. Fra*   utilius et] *om.* ξ 14 probationum testimoniis] testimoniorum probamentis *Fra*

LIBER PRIMVS XV   281

15 adsertionis tuae cumules fidem, pauca, ut ais, circumscripta breuitate prosequere.

ARRIVS dixit: Domini nostri Iesu Christi uox est in euangelio dicentis: *Nemo ascendit in caelum, nisi qui de caelo descendit, filius hominis qui est in caelo*; et iterum: *Descendi de caelo, non ut faciam* 20 *uoluntatem meam, sed uoluntatem eius qui me misit Patris.* Apparet ergo iam fuisse, qui de caelo descenderet, ut Fotinus erubescat, et alium esse a Patre, dum non suae uoluntatis arbitrio praesumit aliquid faciendum, sed mittentis se Patris in omnibus exsequitur uoluntatem, ut Sabellius et ei similes conticescant. Item: *Pater,* 25 inquit, *glorifica me illa gloria, quam habui apud te antequam mundus fieret.* Ecce ante mundi exordium, honoris gloria praeditum penes Patrem sese fuisse testatur. Audiat ergo Sabellius alium apud alterum, audiat Fotinus gloriam ante mundi possedisse principium. Item apostolus in propria eum diuinitatis forma fuisse os- 30 tendens, priusquam seruilis naturae formam susciperet, ait: *Qui cum in forma Dei esset, non rapinam arbitratus est esse se aequalem Deo; sed semetipsum exinaniuit, formam serui accipiens.* Iam ergo Deus erat qui, ut homo esset, Dei se formam exinanisse docetur.

Trad. text.: $\alpha^2\ \beta\ Fra\ Cass\ Ch^2$ (*om. $\alpha^1 Boc\ Ch^1$*)

XV. 18/19 Ioh. 3, 13   19/20 Ioh. 6, 38   24/26 Ioh. 17, 5   30 Phil. 2, 6-7

XV. 19/24 descendi – uoluntatem] cfr *Symb. Ant.* II (341) (*in* ATHAN., *Syn.* 23, 3); MAXIMINVS *in* AVG., *Coll. c. Maximin.* 15, 20; ARRIANI *in* GREG. NAZ., *Or.* 30, 12; *in* DIDYM., *Trin.* 3, 12; *in* HIL., *Trin.* 9, 49; *in* FAVSTIN., *Trin.* 13; *in* AMBR., *Fid.* 2, 5, 46; *in* Ps. AVG., *Solut.* 44; *in* Ps. VIGIL. THAPS., *C. Varimad.* 1, 8; *Serm. fragm. Arian.* (AN. BOB.) 8 (f. V 284, l. 31-36); 9 (f. V 68, l. 15-19)

---

15 adsertionis] adsertioni $\beta^2\ Cass\ Ch^2$ ais] eris Sm^1 15/16 circumscripta breuitate] circumcincta ueritate ξ 17 dixit] *om. Fra*   christi] *om.* P^5 18 ascendit] ascendet Mu^1 caelum] caelo $Sm^1\ N^1$ de caelo descendit] descendit de caelo $Vc^1 P^5$ 19/20 ut faciam – eius] $Sm^{\text{ts.l. p.c. al.m.}}$ 20 meam] $K^{\text{2 s.l. p.c.}}\ R^{\text{1 p.c.}}$ me misit] *tr.* $Vc^1 P^5\ Mu^1$ *edd.*   21 iam] etiam $Vc^1 P^5$, eum Bd^1 de caelo] *om.* ξ descenderet] descenderat $\beta^2\ Cass\ Ch^2$ 22 uoluntatis] uoluntati satisfecit aut proprio $Vc^1 P^5$ 23 faciendum] faciendo $P^5 Bd^1$ patris] *om. Fra*   24 ei] eius $Vc^1 P^5\ N^1$ similes] similis O^3 pater] $Sg^{\text{ts.l. p.c.}}$ 24/25 pater inquit] *tr. Fra*   25 apud te] $Sg^{\text{ts.l. p.c.}}$ 25/26 antequam ... fieret] priusquam ... esset $Mu^1\ Cass\ Ch^2$ 26 exordium] ξ, constitutionem β *edd.*   praeditum] praedictum N^1 27 sese] se $P^5 Bd^1$ 27/28 audiat – alterum] *om.* P^5 28 mundi] *om.* P^5 28/29 possedisse principium] *tr.* P^5 29 apostolus] *om.* P^5 in propria eum] eum in propria *Fra*   propria ... forma] propriam ... formam $N^1 O^3$ 29/30 fuisse ostendens] *tr.* P^5 30 seruilis naturae] α^2, *tr.* β *edd.*   susciperet] suscepperit $Sm^1\ O^3 P^2\ Fra$ 31 se] *om.* N^1 aequalem] similem *Cass*   32 deo] dei P^{7a} ergo] igitur $Cass\ Ch^2$ 33 se] *om.* P^5 formam] forma Bd^1 exinanisse] se exanis P^{7a}, se exinanisse P^{6a}

Item Hieremias Deum fuisse priusquam hominis formam dignaretur adsumere, euidentius aperit dicens: *Hic est Deus noster, et non deputabitur alter ad eum: qui inuenit omnem uiam scientiae et dedit eam Iacob puero suo, et Israel dilecto suo. Post haec in terris uisus est, et inter homines conuersatus est.* Haec tam firma atque robustissima de diuinis auctoritatibus elicita probamenta, qualibet Fotinus, si ualet, argumentatione dissoluat.

XVI. Probvs iudex dixit: Si adhuc tam manifestis tamque perspicuis documentis Fotinus obuius ire desiderat, certum est eum morbidae contentionis uitio agi, qui tantae non subicitur ueritati. Sed ne studio dilatandi certaminis nebulosae falsitatis quaestiones intendat et in superfluis rebus necessarium tempus absumat, utilem suis prosecutionibus finem imponat. Arrius uero atque Athanasius, qui Filium Dei ante mundi ortus principia de Patre genitum confitentur, quod uidelicet Sabellius pariter Fotinusque negabant, quomodo in unam eamdemque sententiam fidei discidium faciant, secumque non conueniant, edicere non morentur.

Athanasivs dixit: Subsistere ante saecula Filium ueraciter Arrius profitetur. Quod autem de Patre natus sit, sono tantummodo

LIBER PRIMVS XVI

uocis et simulata uerborum confessione, non ueritatis proprietate concedit, dum eum a paternae naturae substantia longius separat,
15 et conditione naturae non dispensationis ratione Patri subiectum adfirmat.

PROBVS iudex dixit: Clarissimum fidei uestrae indicium date, et quemadmodum credatis recenti prosecutione signate, quo possit ad normam propositae confessionis disputationis quoque ma-
20 teria coaptari.

ATHANASIVS dixit: Ne tuos grauem oratione longissima sensus, fidem meam breui sermone concludo. Patrem et Filium et Spiritum sanctum, deitate, potestate, magnitudine, natura, unum esse confiteor, nec aliquid in hac Trinitate nouum extraneumue, ac si
25 antea non fuerit, postea uero adiectum sit, adsero; sed, ut dixi, unius eam naturae, uniusque substantiae credo.

ARRIVS dixit: Ego sicut tres personas in sua proprietate manentes, ita tres substantias Patris et Filii et Spiritus sancti confiteor.

Trad. text.: α β edd.

XVI. 22/26 patrem – credo] cfr HIL., *Trin.* 4, 42; AMBR., *Spir.* 3, 20, 158; *Incarn.* 10, 113   27/28 ego – confiteor] ORIG., *In Ioh.* 2, 10, 75 (τρεῖς ὑποστάσεις); ARIVS, *Epist. Alex.* 4 (τρεῖς ὑποστάσεις); *Symb. Ant.* II (341) (*in* ATHAN., *Syn.* 23, 5: τῇ ὑποστάσει τρία); QVIDAM CATHOLICI *in* DIONYS. AL., *Epist. ad Dionys. Rom.* (*in* ATHAN., *Decret.* 26); *in* ATHAN., *Tom.* 5; *in* FAVSTIN., *Conf. fidei* (ed. Simonetti, p. 357); *in* HIER., *Epist.* 15, 3-4; *in* Ps. EVSEB. VERC., *Trin.* 10, 3; BASIL., *Epist.* 189, 3; 214, 4; 236, 6; GREG. NYSS., *Comm. not.* 12; *Ablab.* (*GNO*, III/1, p. 38); HIL., *Syn.* 32

---

13 simulata] simulate $Ty^{2a.c.}$ confessione] confessio P^{6b} non] $Ty^{2s.l.}$ 13/
14 proprietate concedit] professione confidit ζ *Boc*   13 proprietate] proprietatem $ε^1$
14 dum eum] quem cum $Sm^1 N^1 O^3 P^{2a.c.}$ *Fra*   paternae] paterna $Ty^{2a.c.} P^4$ substantia] substantiae Sm^1, substantiam $v^1 N^1 O^3$ longius] *om.* $Cb^{1a.c.} Tr^1 Mu^2 Boc, Cb^{1s.l. p.c.*}$
15 conditione] conditioni $K^2 R^{1a.c.} Sg^{1a.c.} Mu^1$, conditionem $ε^1 Mu^2$ ratione] rationi $P^{6a} Mu^1$ patri subiectum] patris obiectum P^5 patri] patre Mu^1 16 iudex dixit] *om. Fra Boc*   iudex] *om.* Mu^2 17 indicium] iudicium *Cass*   18 credatis] creditis *Cass*   recenti] recedenti P^{6b} quo] quod $v^1 Sg^{1a.c.} K^{2p.c.}$ *Fra*   19 disputationis quoque] disputationisque $Cb^{1p.c.**}$ disputationis] *om.* Sm^1 19/20 materia] $K^{2s.l. p.c.}$, *om.* R^1 20 coaptari] coadaptari Sm^1 21 ne tuos] Tr^1 ζ *Fra*, ne& uos $P^{7b} Cb^{1a.c.} Mu^2 P^{7a}$, nec uos $P^{6b} Sm^1 N^1 O^3 P^{2a.c.}$, ne uos $Ty^2 P^4 Sg^1 K^2 R^1 Boc Cass$, ne et uos P^{6a}, ne uestros $Cb^{1p.c.*} P^{2p.c.} Ch^2$. *Vide adnotationes*   grauem] grauemur v^1 oratione] orationem $ε^1$ sensus] sensos v^1 22 concludo] concludam $Bd^1 K^{2a.c.} R^1$, cluso Vc^1 23 deitate] scilicet *praem. Cass*   esse] deum *add. in marg.* $Ty^{2p.c.}$ 24 confiteor] protestor $ε^1$ ζ *Boc*   ac] hac $ε^1 P^5$ 25 antea non] non ante *Fra*   antea] ante Sm^1, ante ea $P^{6b} P^{7a}$ 25/
26 non fuerit – uniusque] $Bd^{1in marg.}$ 25 uero] *om.* $ε^1$ sit] *om.* $P^4 ε^1 P^{7a}, Ty^{2s.l. p.c.}$
26 eam] eum $Ty^2 ε^1 v^1 P^5 Bd^1$ uniusque] unius $ε^1$ credo] uero $Sg^{1a.c.}$, credam P^5
27 dixit] *om. Fra Boc*   ego] *om.* $ε^1 Cb^{1a.c.} Tr^1 Mu^2 Boc, Cb^{1s.l. p.c.*}$ 28 substantias] esse *add.* ζ *Boc*   patris] patri $v^1 Bd^1$ confiteor] esse *praem. Fra*

Alia est enim Patris, alia Filii, alia Spiritus sancti substantia. Nec potest ullo modo ingenitae substantiae, aut genita Filii aut creata Spiritus sancti, conferri natura. Vnde nec potestate aequales, nec magnitudine similes, nec natura consortes a nobis fideli confessione creduntur.

XVII. PROBVS iudex dixit: Si hoc totum est, in quo a uobis inuicem dissentire uidemini, id est, quod unus diuersas, alius Trinitatis unam dicit esse substantiam, id nunc disputationis ratio poscit, ut adsertiones uestras non subtilitate argumentorum de industria dialecticae artis uenientium, sed puris et simplicibus diuinae scripturae documentis robustius fulciatis.

ARRIVS dixit: Credo quod memorialibus prudentiae tuae sensibus Athanasii prosecutionem nequaquam subtraxit obliuio, qua id elegantius perorauit, illum debere prauitatis errore notari, qui noua et inusitata uerborum commenta sectatur, adiciens apostolicis dogmatibus quod ab eisdem constat traditum non fuisse.

Trad. text.: $\alpha\ \beta$ edd.

31/33 unde – creduntur] cfr EVSEB., *Eccl. theol.* I, 11, 2; ARIVS, *Thal.* in ATHAN., *Syn.* 15, 3 (*SC*, 563, p. 222-224, l. 21-22, 29-32); ARRIANI *in* ATHAN., *Tom.* 5; EVN., *Apol.* 25 (ed. Vaggione, p. 66-68); *Apol. apol.* in GREG. NYSS., *Eun.* 1, 151-152; PALLAD., *C. Ambr.* (f. 345v, l. 23-34; f. 346r, l. 2-36; f. 347v, l. 1-36); *Serm. fragm. Arrian.* (AN. BOB.) 21 (f. A 31, l. 29-31); *Serm. Arrian.* 27; 31-32; MAXIMIN., *C. Ambr.* f. 303v (l. 16-29); *in* AVG., *Coll. C. Maximin.* 11; TRASAMVNDVS *in* FVLG. RVSP., *C. Arrian.* (l. 898)

---

29 est] $P^{2s.l.\ p.c.}$, om. Ch^1 patris] dei *praem.* Mu^1 *Cass* Ch^2, persona *praem.* P^{6b} alia² – substantia] *om.* v^1 substantia] *om.* $K^{2a.c.} R^1$ *sed suppl. s.l.* $K^{2p.c.}$ 30 potest] post P^{6b} ingenitae substantiae] ingenita substantia $\varepsilon^1 v^1$ substantiae] patris *add.* $v^1 Vc^1 Ch^1$ creata] creatura $O^3 P^{2a.c.}$ 31 unde] et ideo pater et filius et spiritus sanctus α^2 potestate] in *praem.* $Cb^{1p.c.**}$ *Boc*   33 creduntur] credenter Vc^1

XVII. 1 iudex dixit] *om. Fra Boc*   iudex] *om. Mu²*   si hoc totum est in quo] hoc si tantum est quod v^1 a uobis] ab *Fra*   a] *om.* P^7 2 diuersas] diuersam Sm^1 3 dicit] dicat *Cass* Ch^2, *om.* Vc^1 id nunc] id ut $Ty^{2a.c.}$, ut $Ty^{2p.c.}$, id P^4 4 poscit] possit O^3 ut] *om.* Ty^2 non] nec *Cass*   subtilitate] sublimitate P^{6b} 5 dialecticae artis uenientium] uenientium dialecticae artis v^1 uenientium] inuenientium ε^1 puris ... simplicibus] *tr.* $\varepsilon^1\ \zeta\ Boc\ Ch^1$ puris et] puri sed N^1 7 dixit] *om. Fra Boc*   memorialibus] memoralibus $P^{6b} P^{7a} Sm^1 \beta^1 Sg^{1p.c.} K^{2a.c.} R^1 Boc Ch^1$, memorabilibus $K^{2p.c.}$ tuae] suae R^1, uestrae $\varepsilon^1\ \zeta\ Boc\ Ch^1$ 8 qua] quam $\varepsilon^1 Cb^{1a.c.} Tr^1$, quia $P^4 P^5 Fra$, quas P^{6a} 9 id elegantius] de legantibus v^1 perorauit] perorabit $\varepsilon^1 v^1$ qui] *om. Boc*   10 noua] nouo $Sg^{1a.c.}$ inusitata] inusitate $v^1 Sg^{1a.c.}$ uerborum] malorum Vc^1 commenta sectatur] commestarum P^{6b}, commentastarum P^{7b} adiciens] adicies Mu^2 10/11 apostolicis dogmatibus] apostolicisque doctrinis ε^1 11 eisdem] α^2*Cass* Ch^2, hisdem $\varepsilon^1 Cb^{1a.c.} Sm^1 K^2 R^1$, hiisdem O^3, isdem $Mu^2 N^1 P^2 Sg^1 Mu^1$, eis *Fra*, iisdem *Boc* Ch^1 fuisse] fuisset ε^1

PROBVS iudex dixit: Ita memini.

ARRIVS dixit: Ergo Nicaeni decreta concilii lectione pandantur, et agnosces Athanasium uel eius auctores apostolicam fidem nouorum adiectione uerborum eatenus corrupisse, ut eos qui antiquis Patrum inhaesere doctrinis, ambitione regia usi, censuerint feralibus relegandos edictis.

PROBVS iudex dixit: Si praesentis negotii ratio postulat ut decretum Nicaeni recitetur concilii, id quoque Athanasius sua prosecutione designet, ut ex utriusque uoluntatis adsensu, si quid illud est quod offertur, extrinsecus recitetur.

ATHANASIVS dixit: Causae congruit ut rerum gestarum lectionis copia non negetur.

XVIII. PROBVS iudex dixit: Ergo, ut desiderat, praefati decreti lectio uentiletur.

Trad. text.: α β edd.

12 iudex dixit] om. Fra Boc   iudex] om. Mu²   ita] om. ν¹   13 dixit] om. Fra Boc   nicaeni] nec enim N¹, niceni uel nicheni multi mss   decreta concilii] concilia decreta ζ Boc   lectione] om. Fra   pandantur] pandatur Ty²ᵃ·ᶜ· ε¹, pandentur Sm¹ᵃ·ᶜ·, probantur ν¹   14 agnosces] δ P⁵ edd., agnoscis P⁷ᵇ ζ ν¹ Bd¹ β, agnoscit P⁶ᵇ, agnoscens Vc¹   eius] huius Mu¹ Cass Ch², om. N¹   14/15 nouorum] nouarum ν¹   15 eatenus] actenus N¹, hactenus Cass   ut eos] et eos β², ut et eos Cass Ch¹·², eosque Cb¹ᵃ·ᶜ· Tr¹ Mu² Boc   15/16 antiquis patrum] antiquis patribus Ty², antiquorum patrum P⁴   16 inhaesere] inire Sm¹ N¹ O³ P²ᵃ·ᶜ·, inhere P⁷ᵃ, inherere Ty² ε¹ P⁶ᵃ, initebantur Fra   regia usi] regia ausi N¹ O³ P²ᵃ·ᶜ· Fra, regi aut si Sm¹, regiausi P⁶ᵇ, regia ut si Ty²   usi] om. ζ   censuerint] censerent N¹, censerunt ν¹, censuerit Ty² Tr¹ᵃ·ᶜ·   17 relegandos] relegando ε¹ Sm¹ β¹   18 iudex dixit] om. Fra Boc   iudex] om. Mu²   negotii] negotiis Ty²ᵃ·ᶜ·   postulat] postulabat P⁶ᵇ   19 nicaeni] nicenum Cb¹ᵃ·ᶜ· Tr¹ᵃ·ᶜ· Mu²   recitetur concilii] tr. β Fra Cass, concilii in medio proferatur δ Ch¹   concilii] om. Bd¹   id] γ ν¹ Vc¹ Bd¹ Ch¹, hic P⁵, hoc ζ β Fra Boc Cass Ch²   quoque] que K²ᵃ·ᶜ· R¹   20 ut] et Mu²   utriusque uoluntatis] utrisque uoluntatibus ε¹   20/21 adsensu si quid illud est] si quid adsensum est illud ε¹   20 adsensu] adsensum ν¹ P⁵ N¹ᵃ·ᶜ· O³   21 illud est] tr. Cass   illud] aliud Tr¹, Mu¹ⁱⁿ ᵐᵃʳᵍ·   est quod] om. ζ   offertur] perfertur N¹, refertur γ Ch¹   extrinsecus recitetur] ea altrinsecus recitentur Vc¹ P⁵, ea ex altrinsecus recitentur Bd¹   22 dixit] om. Fra Boc   causae] causa ν¹

XVIII. 1 iudex] om. Mu²   desiderat] α (exc. Cb¹ᵖ·ᶜ·*) Boc Ch¹, desideras Fra, desiderant Cb¹ᵖ·ᶜ·* β, desideratis Cass Ch², fidei nichenae subscr. Cb¹ᵖ·ᶜ·*   praefati] praefatio δ   2 lectio uentiletur] α Fra Boc Ch¹, fidei nichenae add. β, fidei nichenae praem. Cass Ch²

Et lectum est ita:

Credimus in unum Deum Patrem, omnipotentem omnium uisibilium et inuisibilium factorem; et in unum Dominum nostrum Iesum Christum, Filium Dei, natum ex Patre unigenitum, hoc est de substantia Patris, Deum ex Deo, lumen ex lumine, Deum uerum de Deo uero, natum non factum, unius substantiae cum Patre, quod Graeci dicunt homousion, per quem omnia facta sunt quae in caelo et quae in terra, qui propter nostram salutem descendit, incarnatus est, homo factus est, passus est, et resurrexit tertia die, ascendit in caelos, uenturus iudicare uiuos et mortuos; et in Spiritum sanctum. Eos autem qui dicunt: 'Erat quando non erat', et: 'Antequam nasceretur non erat', et quod de non exstantibus uel ex alia substantia aut essentia dicunt esse conuertibilem et demutabilem Filium Dei, hos anathematizat catholica et apostolica ecclesia.

XIX. ARRIVS dixit: Peruides, uirorum optime Probe, istius decreta concilii in suggillationem apostolicae fidei ausu temerariae

---

Trad. text.: $\alpha\,\beta$ edd.

XVIII. 4/17 credimus – ecclesia] cfr *Symb. Nic.* (ed. G. L. Dossetti, 1967)

---

3 et lectum est ita] $\delta\,\zeta$ *Boc Cass Ch¹*, et lectum est P^{6b}, et lectum est exemplum fidei nicheni P^{7b}, et recitauit athanasius Vc^1, et recitauit P^5, et recitauit ita Bd^1, *om.* β 4 credimus] fides niceni consilii *praem.* P^2 *Fra*, exemplo fidei niceni P^{6a}, exemplum fidei nicheni P^{7a}, exemplar fidei nicaenae *praem. Ch²*   unum] *om.* ε^1 *Boc*   omnium] *om.* α^1 (*exc. Cb*$^{1p.c.*}$)   5 factorem] conditorem Bd^1 dominum] deum δ 5/6 nostrum] *om.* $\delta\varepsilon^1 R^1$ 6 ex] de v^1 7 de] ex Mu^2 ex²] de $Cb^{1p.c.**}$ *Boc*   8 de] ex Mu^2 9 graeci] et *praem. Sm¹* β^1 *Fra*, graece *Fra*, grece δ dicunt] dicuntur $N^1 O^3$, dicitur *Fra* δ 9/10 omnia facta sunt] α^2 (cfr Dosetti, Il simbolo di Nicea, p. 231), *tr.* $\alpha^1 \beta$ edd.   10 quae in caelo et quae in terra] siue quae in caelo siue quae in terra δ *Ch¹*, siue in caelo siue in terra $\varepsilon^1 \zeta$ *Boc*   caelo] sunt *add.* $K^{2p.c.}$ $Sg^{1p.c.}$ quae²] *om.* $Vc^1 P^5$ 11 incarnatus] *suprascr. Cb*$^{1p.c.**}$, et *praem.* $\alpha^1 P^5 Bd^1$ *Boc Ch¹*, in carne natus $Cb^{1a.c.}$ $Tr^1 Mu^2$ 11/12 homo – caelos] $Bd^{1in\,marg.}$ 11 homo] et *praem. Cass*   est²] *om.* Sg^1 et] *om.* $\varepsilon^1 \zeta$ *Boc Ch¹*   12 ascendit in caelos] in caelos ascendit α^1 *Boc Ch¹*   ascendit] et *praem.* $\delta\,v^1$ in] ad v^1 caelos] caelum P^5 uenturus] $N^{1in\,marg.\,p.c.}$ $P^{2s.l.\,p.c.}$, *om.* $Bd^1 N^{1a.c.} P^{2a.c.}$, inde *praem.* ζ *Boc Cass*, est *add.* δ $Cb^{1p.c.**}$ *Ch¹*   13 spiritum sanctum] spiritu sancto $Sm^{1a.c.}$ $N^1 O^3$ erat] tempus *add. s.l.* $Cb^{1p.c.*}$ 14 et antequam – non erat] *om.* $Cb^{1a.c.}$ sed suppl. in marg. $Cb^{1p.c.*}$ et quod] *tr.* ζ *Boc*, et qui *Fra*   de non] non de P^{6a}, de nullis β *Fra Cass*   15 aut] uel $K^{2a.c.} R^1$ dicunt esse] $\alpha^2 \beta$ *Fra Cass*, dicentes α^1 *Boc Ch¹·²*   15/16 conuertibilem et demutabilem] $v^1 Bd^1$, conuertibilem et mutabilem $Vc^1 P^5 \beta$ *Fra*, mutabilem aut conuertibilem $\varepsilon^1 \zeta$ *Boc Ch¹*, mutabilem et conuertibilem δ *Ch²*   16 filium dei] ξ *Cass*, filium dei deum $Cb^{1p.c.*} \beta$ *Fra*, deum α^1 (*exc. Cb*$^{1p.c.}$) v^1 *Boc Ch¹·²*

XIX. 1 dixit] *om. Fra Boc*   2 suggilationem] suggillatione $\varepsilon^1 P^5 Bd^1 Sm^{1a.c.} N^1$, sigillationem v^1 ausu] casu δ temerariae] temerario γ, temeritato Ch^1

praesumptionis fuisse conscripta. Quid enim opus erat nouum hoc homousion uocabulum antiquis dogmatum regulis inseri? Numquid enim apostoli uel eorum discipuli atque omnes per ordinem successores, qui ad illud usque tempus in Christi confessione uiuentes, homousion uocabulum ignorabant, impietatis sacrilegium in fidei ueritate secutos fuisse dicimus, pro eo scilicet quod huius nominis notione priuati, sine ipsius praedicationis adsertione perrexerunt ad Christum? Si enim a nobis, ut isti penitus mentiuntur, noua introducebatur contra apostolorum statuta doctrina, id utique conueniens erat, nouae a nobis ingestae doctrinae antiquis apostolorum obuiare doctrinis, et nouitati uetustatem praescribere, non uetustatem nouitate peruertere. Vtquid mihi hoc nomen sequendum imponit? Vtquid me ad

---

Trad. text.: α β edd.

XIX. 3/26 quid – christum] cfr Symb. Sirm. II (357) (in HIL., Syn. 11; in ATHAN., Syn. 28, 6); Symb. Sirm. IV (359) (in ATHAN., Syn. 8, 7); Symb. Seleuc. (359) (in ATHAN., Syn. 29, 3); Symb. CP. (360) (in ATHAN., Syn. 30, 8); ARRIANI in GREG. ILLIB., Fid. 33; PASCENTIVS, Aug. Epist. in AVG. Epist. 238, 4-5; PS. AVG., Coll. c. Pasc. 4; 13

3 praesumptionis] adsumptionis $Cb^{1a.c.}$ Tr^1Mu^2 Boc, uel praes- suprasr. $Cb^{1p.c.*}$, om. γ Ch^1 conscripta] conscriptam Sm^1 $β^1$ quid] qui Boc nouum] nouo Mu^1, om. P^4 4 hoc] id est add. s.l. $Ty^{2p.c.}$, om. P^4 regulis] uocabulis δ, paganis add. $ε^1$ 5 numquid] nam quid Sm^1 N^1O^3 Fra enim] ζ $α^2$ Boc Cass $Ch^{1.2}$, om. γ β Fra apostoli ... discipuli] apostolos ... discipulos ξ Cass Ch^2. Vide adnotationes omnes] prophetas uel patriarcarum (!) add. Vc^1 5/6 ordinem] ordines $ε^1$ 6 ad illud usque] usque ad illud $α^1$ Boc Ch^1 6/7 in christi confessione uiuentes] uiuentes in christi confessione ζ Boc 7 homousion] omoysi $Cb^{1a.c.}$ Tr^1Mu^2, homousi $ε^1$, homousii $ν^1$ Bd^1, omo usii P^5 impietatis] impietates O^3 8 ueritate] ueritatis $ε^1$ secutos] secute $O^{3a.c.}$, secutus $ε^1$ $Sm^{1a.c.}$ $N^1O^{3p.c.}$, sequentur $ν^1$ fuisse] esse ζ Boc Ch^1 dicimus] dicemus $α^1$ Boc Cass $Ch^{1.2}$ scilicet] uielicet Cass 9 huius] hunius P^{7a} nominis] hominis O^3, om. $K^{2a.c.}R^1$ notione] notionem $ε^1$ priuati] priuata P^5 sine] si non N^1, sint $ν^1$ praedicationis adsertione] praedicatione adsertionem $ε^1$, tr. Cass 10 christum] filium dei omnipotentem add. Vc^1P^5 nobis] omnibus add. Vc^1P^5 11 mentiuntur] mentiantur $Mu^{2a.c.}$ introducebatur] introducatur P^5, introducebantur $Ty^{2a.c.}$ $ε^1$, inducebatur Mu^2 11/13 statuta – apostolorum] om. homoeot. Vc^1 11 statuta] instituta P^5 12 id] quid $ε^1$ ζ Boc, quis P^5 erat] et add. Cass 12/13 nouae a nobis ingestae doctrinae] noua a nobis ingens tuae dotrinae $ε^1$ 12 ingestae] uel iniectae suprascr. P^2 13/14 nouitati uetustatem] P^4 ξ $Sm^{1p.c.}$ P^2 $β^2$ Fra Cass, nouitate uetustatem $Sm^{1a.c.}$, nouitam uetustate $Cb^{1a.c.}$ nouitatem uetustati $Cb^{1p.c.*}Tr^1Mu^2$ Boc, nouitate uetustate $O^{3a.c.}$ Ch^2, nouitati uetustate $O^{3p.c.}$ Ty^2 P^{7b} $ν^1$ Ch^1 14 praescribere] perscribere $ν^1$ N^1, proscribere $ε^1$ Ch^2 praescribere non uetustatem] om. Vc^1 uetustatem nouitate] per nouitatem Vc^1 uetustatem] uetustate $ε^1$ $ν^1$ peruertere] uertere Vc^1, subuertere δ 15 utquid – imponit] om. homoeot. δ imponit] imponet Sm^1, imponitur $β^2$ ad] om. $Sg^{1a.c.}$ $K^2R^1Mu^1$ sed suppl. in marg. $Sg^{1p.c.}$

huius rei nouitatem uiolentius trahit? Vtquid hoc apostolicae fidei superadiicit uerbum, cuius nec prophetae quidem, nec apostoli uspiam faciunt mentionem? Quod istud, quaeso, nomen est, sine quo fides esse non possit? sine quo christiani christianae religionis abdicantur honore? Vnum enim e duobus in hac causa sequi necesse est: si uera est homousii adsertio, falsa est apostolorum praedicatio, quae sine hoc nomine longo tempore floruit. Si uero apostolica fides huius nominis expers uera est, sicuti est, haec sine dubio falsa erit, quae antiquae fidei nominis nouitatem adiecit. Reuolue cuncta noui et ueteris testamenti uolumina, utrum alicubi homousion sacris inditum paginis poterit repperiri.

XX. PROBVS iudex dixit: Quid his refertur?

ATHANASIVS dixit: Nominis tantum offenderis nouitate, an etiam ipsius rei uirtutem quae hoc est sortita uocabulum refugis?

ARRIVS dixit: Quid dicas, non satis intelligo.

Trad. text.: α β edd.

XX. 2/3 nominis – refugis] cfr PHOEBAD., *C. Arrian.* 7, 1; AVG., *Epist.* 238, 4

16 huius rei] huius *v¹*, huiusmodi *γ Ch^{1.2}*   nouitatem] *Mu¹*   uiolentius] uolentus *Vc¹ P⁵*   trahit] trahitur *K² R¹*   utquid] et *praem.* β¹ *Sg¹ K² R¹ Fra*   hoc] *om.* δ ξ
17 superadiicit] superadicit α, superadicitur β *Cass*, superadditur *Fra*   nec¹] ne ε¹ v¹ *K^{2a.c.}*   quidem] fidem *Bd¹*, *om.* *P⁵*   nec²] ne v¹   18 uspiam] quippiam δ   quod] quid *Ty^{2a.c.} P⁴* ε¹   istud] illud *suprascr. Ch^{1p.c.*.*}*, illud *Boc*   19 quo] quod *N^{1a.c.} v¹*   fides – sine quo] *om. Sm¹*   fides] integra *add.* ζ *P^{2in marg.}* β² *Boc Cass Ch^{1.2}*   possit] potest ε¹   quo] quod v¹   christiani] *om.* v¹ ξ   christianae] *om. Sm¹ N¹ O³ Fra*, *P^{2in marg.}*   19/20 religionis] religiones christiani *Bd¹*, religionis christiani *P⁵*   20 honore] honorem ε¹ *P^{6a} Sm¹ N¹ K² R¹ Mu¹*, honores *Vc¹*   unum] unus *N¹*   e] de *Vc¹ P⁵* β *Fra Cass Ch²*, ex ε¹   21 uera] uere ε¹ *P⁵*   homoousii] usi omo *O³*   est] erit ζ *Boc*   22 quae] qui v¹, quis δ   longo tempore] longo per tempore *Ty^{2a.c.} Cb¹ Mu^{2a.c.} Tr^{2a.c.}* v¹ *P⁵*, longa per tempora *Mu^{2p.c.} Tr^{1p.c.} Boc*   floruit] floruerat ζ *Boc*   si] sin *P^{7a} P⁵ Bd¹*
23 uero] uera *Cass*   23/34 expers – nominis] *om.* ε¹   23 est²] δ ξ *Sm¹ P² Fra Ch¹*, et *praem.* ζ v β² *Boc Cass Ch²*, *om. N¹ O³*   24 quae] qui *P⁵*   nouitatem] nouitate *N¹*
24/25 adiecit] adiicit v¹   25 reuolue] reuulse *N¹*, recole δ   noui] noua *P^{6a}*   26 sacris indutum] *tr.* ε¹   sacris] *om. Boc*   paginis] paganis *Ty^{2a.c.}*   poterit] α², poteris α¹ β *edd.*   repperiri] ξ, repperire α¹ v¹ β *Boc Ch¹*, inuenire *Fra Cass Ch²*

XX. 1 iudex dixit] *om. Fra*   iudex] *om. Mu² Boc*   quid his refertur] *om. P^{7a}*
2 athanasius dixit] *om. P^{7a}*   dixit] *om. N¹ Fra Boc*   nominis – an] nominis tamen offenderis nouitate *Mu^{2a.c.}*, an (*s.l.*) nominis tantum (tantum *s.l.*) offenderis nouitate *Mu^{2p.c.}*   offenderis nouitate] *tr.* δ   nouitate] nouitatem *P^{6a}*   2/3 an – uirtutem] *om. Sm^{1a.c.}*, an etiam rem *Sm^{1in marg. p.c.}*   3 etiam] *om.* v¹ *P⁵*   uirtutem] uirtute *Mu^{2a.c.} N¹ K² Mu¹.*, nouitatem *P⁴*   quae hoc] qua haec *P⁵*   uocabulum] uocabulo *O³*   4 arius dixit – damnetur] *om.* ε¹   dixit] *om. Fra Boc*   non satis] *tr.* β²

ATHANASIVS dixit: Quoniam res antiqua nomen nouum accepit, non uocabulo nouo nouae rei uirtus accessit, hoc utique requiro, utrum res quae antiqua est simul a te cum nominis nouitate damnetur?

ARRIVS dixit: Res loqueris tortuosas, et omni stultitiae miraculo dignas. Si enim homousion nouum nomen est, non dubium quod et res noua sit quam significare uidetur.

ATHANASIVS dixit: Ergo pariter rem nomenque condemnas?

ARRIVS dixit: Ita plane.

ATHANASIVS dixit: Igitur si demonstrauero rei antiquae et ab apostolis traditae nomen nouum adtributum fuisse, uictum te tandem fateberis, an etiam sic rem antiquam simul cum nominis nouitate condemnas?

ARRIVS dixit: Hoc non ostendes.

PROBVS iudex dixit: Et quae ratio causae flagitabat, ut res antiqua nouum acciperet nomen? Nunquid enim priusquam huius nominis uocabulum sortiretur, sine nominis proprietate manebat? Hoc nullam mihi rationis consequentiam habere uidetur.

ARRIVS dixit: Optime.

Trad. text.: α β edd.

5 dixit] *om. N¹ Fra Boc* nomen nouum] α², *tr.* α¹ β *edd.* 5/6 accessit] accesserit P⁵ 7 quae antiqua est] antiqua δ simul a te] simulte Sm^{1a.c.}, simulate Mu^{2a.c.} R¹, simulatim ν¹ nominis nouitate] *tr.* ζ 9 dixit] *om. Fra Boc* omni] omne Sm^{1a.c.}, omnis Bd¹ O³ P^{2a.c.} 10 dignas] dignus P^{7b} nouum nomen] *tr.* ξ dubium] est *praem.* Bd¹ 11 quod] quos N¹, quin *suprascr.* Cb^{1p.c.**}, quin Boc, quia δ quam] quod Sm^{1a.c.} N¹ O³ P^{2a.c.} 12 dixit] *om. Fra Boc* pariter rem] *tr.* δ nomenque] nomen quae ε¹ 13 dixit] *om. Fra Boc* 14 dixit] *om. Fra Boc* si] *om. Mu^{1a.c.}*, cum Mu^{1s.l. p.c.} Cass Cb² demonstrauero] monstrauero δ et] *om.* ε¹ P⁵ ab] *s.l.* O³ K² 15 nomen nouum] *tr.* ν¹ Sm¹ β¹ Sg¹ K² R¹ Fra Boc Cb¹ te] *om. Boc* 16 tandem] tantumodo P⁵ fateberis] fatebris P^{6a} N¹, fatebaris Ty^{2a.c.} an etiam – antiquam] tua que sententiam ueram esse rem affirmabis quam Vc¹, tuamque sententiam qua sic rem habe antiquam Bd¹ sic] sicut ν¹ 18 arrius – ostendes] *om.* β² Cass dixit] *om. Fra Boc* hoc] plane *praem.* ε¹ Cb² ostendes] ostendis Ty^{2a.c.} P⁴ ε¹ P⁵ Bd¹ P^{6a} N¹ O³ Cb¹ 19 probus – dixit et] *om.* P^{6b}, athanasius dixit haec Ty^{2a.c.} P⁴ *sed del.* Ty^{2p.c.} iudex dixit] *om. Fra Boc* iudex] *om. Mu²* et quae] aeque R¹ quae] enim *add. s.l.* Ty^{2p.c.} causae] *om.* ε¹ flagitabat] flagitabatur ζ Boc 20 nouum acciperet nomen] nouum nomen acciperet Sm¹, nomen acciperet nouum Boc 21 proprietate] proprietatem ε¹ 21/22 manebat] maneat Ty^{2a.c.} 22 nullam mihi] *tr. Boc Cass* nullam] nulla ε¹ Ty^{2a.c.} P⁴ N¹, nullum Sg¹ consequentiam] consequentia Ty^{2a.c.} P⁴ Vc¹ N¹ uidetur] uideretur O³ 23 arrius dixit optime] *del.* Ty^{2p.c.}, *om.* ε¹ dixit] *om. Fra Boc* optime] dicis *add. Cass*

ATHANASIVS dixit: Ecclesiasticae semper moris est disciplinae, si quando haereticorum noua doctrina exsurgit, contra insolentes quaestionum nouitates, rebus immutabiliter permanentibus, nominum uocabula immutare et significantius rerum naturas exprimere, quae tamen existentium causarum uirtutibus congruant, et quae magis easdem antiquitus fuisse demonstrent, non ortus nouitatem insinuent. Et ut quod dico planius fiat, utor exemplo. In ipso christianae religionis praedicationis initio, omnes qui credebant Domino nostro Iesu Christo, non christiani, sed discipuli tantummodo nominabantur. Et quia multi nouorum dogmatum auctores exstiterant, doctrinae obuiantes apostolicae, omnes sectatores suos 'discipulos' nominabant, nec erat ulla nominis discretio inter ueros falsosque discipulos, siue qui Christi, siue qui Dosithei, siue Theodae, siue Iudae cuiusdam, siue etiam Iohannis sectatores, qui se <Iesu> quasi Christo credere fatebantur, noluerunt ut uno discipulorum nomine censerentur. Tunc apostoli

---

Trad. text.: α β edd.

XX. 32/33 discipuli nominabantur] cfr Act. 6, 1-2.7; 9, 25-26; 9, 36-38

24/30 ecclesiasticae – insinuent] cfr HIL., *Trin.* 5, 27; VINCENT. LER., *Comm.* 23

24 dixit] *om. N¹ Fra Boc*   ecclesiasticae] ecclesiastici *P²*   moris] mores *N¹ O³ᵃ·ᶜ·*, mos *Bd¹*   est] *et add. O³ P²*   25 si] ut *praem. ε¹*   exsurgit] exsurgat *v¹ Cb²*   quaestionum] questio nam *ε¹*, questiones *Ty²ᵃ·ᶜ·*, questioni *Ty²ᵖ·ᶜ· P⁴*   26 exsurgit – permanentibus] *om. Vc¹*   27 uocabula immutare] uocabulum mutare *v¹*   significantius] ζ *Vc¹ Bd¹ edd.*, significantium γ *v¹ β*   naturas] natura *Ty²ᵃ·ᶜ· P⁴*   27/28 exprimere] exponere *v¹*   28 quae] *om. N¹*   causarum] rerum *uel praem. P⁴*   uirtutibus] ueritatibus *Cass*   congruant] congruunt ζ *Fra*   29 easdem] eadem *β Fra Cass*, eandem γ   demonstrent] demonstrarent *Ty²ᵃ·ᶜ· P⁴ P⁶ᵃ*   30 nouitatem insinuent] *α² Cb¹·²*, nouitatem insinuet *Cb¹ᵃ·ᶜ· Tr¹ᵃ·ᶜ· Mu²ᵃ·ᶜ·*, nouitate insinuent *Ty²ᵃ·ᶜ· P⁴ v¹*, *tr. β Fra Cass*   insinuent] mensurent *Boc*   utor] utar δ   31 praedicationis] *et praem. Vc¹ P⁵*, ac *praem. ε¹*, *om. Fra*   32 domino] in *praem.* ξ   nostro] *om. Fra*   nominabantur] dicebantur δ   33 quia] quoniam γ, *om. Cb¹ᵃ·ᶜ· Tr¹ Mu², Cb¹ˢ·ˡ· ᵖ·ᶜ·*   multi nouorum] nouorum multorum *ε¹*   33/34 nouorum dogmatum auctores] dogmatum auctores nouorum *Cass*   33 nouorum dogmatum] *α Boc Cb¹*, *tr. β Fra Cb²*   34 exstiterant] exstiterunt δ *Tr¹ v¹ Vc¹ Cb¹*   doctrinae] qui *praem. s.l. Mu²ᵖ·ᶜ·*   obuiantes] obuiam *Vc¹*   omnes] omnesque *Tr¹ᵖ·ᶜ· Cass Cb¹·²*   35 discipulos] dei *praem. Sm¹*   erat] *om. ε¹*   36 siue¹] cum *praem. s.l. Ty²ᵖ·ᶜ·*   qui] que *Ty²ᵃ·ᶜ·*, *om. v¹ Sm¹*   christi] christiani *ε¹*   siue²] *om. v¹*   37 dosithei] dostei *Ty²*, dossethei *Sm¹*, dosii *Cb¹*, dositae *Tr¹ Mu²*, dosite *Boc*   theodae] theodem *N¹ O³*, teodae ζ, theude *P⁷ᵇ*, cephae δ *Cb¹*   iudae] *om. P⁷ᵃ*   38 se] cum *praem. s.l. Tr¹ᵖ·ᶜ·*   iesu] *addidi, om. mss edd.*   quasi] *om. v¹ Bd¹ Sm¹ β¹ Cb². Vide adnotationes*   38/39 se iesu quasi christo credere fatebantur noluerunt] christo credere nolebant *v¹ Bd¹*   noluerunt] β, nolebant *v¹ Bd¹, om. γ Cb¹ᵃ·ᶜ· Tr¹ Mu² Vc¹ P⁵ Boc Cass Cb¹*   39 uno] ut *praem. β Fra Cb²*, illi *add. Cass*   censerentur] censebantur ξ   tunc] *om. Sm¹*

LIBER PRIMVS XX - XXI 291

40 conuenientes Antiochiam, sicut eorum Luca narrante indicant acta, omnes discipulos nouo nomine, id est christianos, appellant, discernentes eos a communi falsorum discipulorum uocabulo, ut et diuini per Esaiam oraculi sermo impleretur quo ait: *Seruientibus uero mihi uocabitur nomen nouum.*

XXI. Hanc ergo ab apostolis traditam in nouis utendo nominibus formam ecclesia retinens, contra diuersos haereticos prout sanae fidei ratio postulabat, diuersas edidit nominum nouitates. Denique Patri nouum innascibilitatis nomen ecclesia imposuit.
5 Cum enim sabelliana haeresis genitum ex uirgine Patrem uoluisset adserere, ingenitum contra hanc confitendo ecclesia tradidit Patrem. Et utique in diuinis scripturis ingenitum nusquam legimus Patrem. Potest ergo Sabellius audaciam suam in huius calumniae obuertere quaestionem et simili, ut tu, propositionis genere
10 uti, quo dicat: 'Cur diuinis scripturis sine ullo prospectu pudoris uiolentiam facitis, profitendo innascibilem Patrem, quod scrip-

---

Trad. text.: α β edd.

---

41 omnes – appellant] cfr Act. 11, 26   43/44 Is. 65, 15 (LXX)

XXI. 7/12 et utique – ualetis] cfr Avg., *Epist.* 238, 5-6

---

40 antiochiam] aniziochiam O^3, antiochia $Ty^{2a.c.}$, antiochiae $Ty^{2p.c.}$ sicut] sicuit ξ   luca narrante] luculenta (!) $P^5 Bd^1$ indicant] indicat $Ty^{2a.c.}$ $Sg^{1a.c.}$, testantur Boc
41 id est christianos appellant] id est christiano appelauerunt compellant Vc^1, id est christianos Bd^1 appellant] compellant v^1, appellarunt $Ty^{2p.c.}$ 42 eos] om. Boc   communi] communione δ   et] om. δ   43 diuini] diuinus Cass   oraculi] uocabuli γ β Fra   impleretur] impletur $ε^1$, impleret N^1 quo] ζ ξ Boc Ch^1, qui β Fra Cass Ch^2, quod $Ty^{2a.c.}$ $ε^1$
43/44 seruientibus] $Ty^{2a.c.}$ P^4 $ε^1$ ζ ξ Boc, seruientes $Ty^{2p.c.}$, seruientium β Fra $Ch^{1.2}$. Vide adnotationes   44 nomen nouum] nomen nouo $Ty^{2a.c.}$, nomine nouo $Ty^{2p.c.}$

XXI. 1 ergo] om. $ε^1$ ab] $Sg^{1s.l. p.c.}$, om. P^{6b} traditam] traditum $Tr^{1a.c.}$, tradita Bd^1
in nouis] $Cb^{1p.c.} Mu^2 Tr^1$ ξ Fra Cass $Ch^{1.2}$, nouis Boc, nobis γ, in nobis $Cb^{1a.c.}$ β. Vide adnotationes   1/2 utendo nominibus] del. $Ty^{2p.c.}$ 1 utendo] utendi Boc   2 ecclesia] ecclesiae $P^{6b} Ty^{2a.c.}$, ecclesiam $Sm^{1a.c.} Mu^{1a.c.}$ retinens] tenens Boc   prout] ut δ ζ Boc   3 sanae] satane Vc^1, sanctae δ   postulabat] postulat γ   4 imposuit] posuit Fra   5 haeresis] haereses $Sm^{1a.c.} Mu^2$ genitum] gentium Vc^1 6 ingenitum – tradidit] contra hanc ecclesia tradidit ingenitum $ε^1$ hanc] hac $Ty^{2a.c.} Vc^1$, haec $Ty^{2p.c.}$, hunc v^1
7 et] om. ζ Boc   nusquam] numquam Cass Ch^2 8 potest] post $Sm^{1a.c.} N^1 O^3$ $Sg^{1a.c.} K^2 R^1$, postquam $Sm^{1p.c.}$ ergo] esse P^5, om. Bd^1 in] om. P^{6a} in huius] protendere et praem. $ε^1$ 9 obuertere] α Boc Ch^1, uerteret $Sm^{1a.c.}$, uerterit $Sm^{1p.c.}$, uertere $β^1 β^2$ Fra Cass Ch^2 quaestionem – genere] om. Mu^2 ut tu] uti P^4 propositionis genere] propositionem $ε^1$ 10 uti quo] utique $Sm^{1p.c.} O^3 P^{2a.c.}$ Fra, uel quo *suprascr.* $P^{2p.c.}$, uti quod P^5 v^1 $ε^1$, quod $Ty^{2a.c.}$, quo $Ty^{2p.c.}$ dicat cur] dicatur $Cb^{1a.c.} Tr^1$, dicitur Mu^2, dicare cur Fra   cur] qui $Ty^{2a.c.}$, quid $Ty^{2p.c.}$, quia P^4 11/12 profitendo – ualetis] om. $ε^1$ scriptum] est *add.* Mu^2

tum ostendere non ualetis?' Item, quia eum non solum genitum, sed et passum, impio dogmate idem Sabellius profitetur, episcopi uestri dudum Sirmium conuenientes in unum, inter ceteras fidei quas promulgauerant sanctiones, dixerunt Patrem impassibilem esse; quod religiose eos sancteque statuisse probamus. Sed hic idem ille proclamat: 'Quousque uestrae licentiae audaciam protenditis, profitendo, quod scriptum non legistis, impassibilem Patrem, quod nec prophetae tradiderunt, nec symboli authentici tenet auctoritas, sed uestra est temeritate praesumptum?' Rursus prosequuntur iidem ipsi qui Syrmio conuenerant, et hanc religiosae confessionis fidem de Filio statuunt. 'Deum', inquiunt, 'ex Deo, lumen ex lumine'. Iam hic Fotino, qui ex humanae genera-

---

Trad. text.: $\alpha\,\beta$ edd.

13/16 episcopi – esse] cfr *Symb. Sirm.* II (357) (*in* ATHAN., *Syn.* 28, 9; *in* HIL., *Syn.* 11) 20/23 rursus – lumine] cfr *ibid.*; *Symb. Sirm.* I (351) (*in* ATHAN., *Syn.* 27, 2; *in* HIL., *Syn.* 38)

---

12 non] *om. Boc* item] ita $Bd^1\,Mu^1$, et P^{6a}, *om.* P^{7a} quia eum] quia ipsum $Ty^{2a.c.}\,P^4$, qui $Ty^{2p.c.}$ non solum] *om.* δ 13 et] *om.* Vc^1 13/14 episcopi – in unum] β *Fra Cass* Ch^2, uobis in unum conuenientibus $\delta\,Cb^{1a.c.}\,Tr^1Mu^2\,P^5\,Boc\,Ch^1$, a uobis in unum conuenientibus ε^1, episcopi uestri sirmium (sirmio v^1) conuenientes $v^1\,Vc^1Bd^1$ 14 inter] in $Sm^{1a.c.}$ 14/15 fidei quas promulgauerant sanctiones dixerunt] $Vc^1\,Bd^1$ $\beta^1\,\beta^2$, fidei quas promulgauerunt sanctiones dixerunt $Sm^1\,Fra\,Ch^2$, fidei quas promulgauerunt quaestiones uel sanctiones dixerunt *Cass*, quas promulgatis fidei sanctiones dixistis $\delta\,\varepsilon^1\,Cb^{1a.c.}\,Tr^1Mu^2\,P^5\,Boc\,Ch^1$, quas promulgauerunt fidei sanctiones dixerunt $Cb^{1p.c.*}$ 15 impassibilem] innascibilem $P^4\,v^1$ 16 eos sancteque] sancteque uos $\gamma\,Cb^{1a.c.}\,Tr^1Mu^2\,Boc\,Ch^1$, sancteque eos $Cb^{1p.c.}$, sancteque *Cass* santeque] sancte eius N^1 16/17 hic idem ille] $Sm^1\,N^1\,P^2\,Fra$, hic ille idem O^3, hoc idem ille $Ty^{2a.c.}\,P^4\,\varepsilon^1$ $Vc^1Bd^1\,Ch^1$, hoc quidem ille P^5, hoc itidem ille $Cb^{1a.c.}\,Tr^1Mu^2\,\beta^2\,Boc\,Cass\,Ch^2$, ille identidem v^1, ad *praem.* $Ty^{2p.c.}$ 17 quousque] curque ergo v^1, usquequo *Boc* uestrae] nostrae *Cass* 17/18 protenditis] protendistis v^1, protendetis *Boc* 18 scriptum non legistis] non legistis scriptum ξ impassibilem] passibilem $Sm^{1a.c.}$ 19 quod] *om.* v^1 symboli] singuli Mu^1 20 tenet] α^2, tradet $Ty^{2a.c.}\,\varepsilon^1\,N^1\,O^3$, tradit $Ty^{2p.c.}\,\zeta\,Sm^1\,P^2\,\beta^2$ *Fra Cass*, tradidit *Boc* $Ch^{1.2}$ uestra – praesumptum] hoc praesumptum uestra est temeritate Vc^1 uestra est] hoc uestra est Bd^1, haec uestra P^5, hoc est uestra ζ, hoc et uestra *Boc*, hoc uestrae est v^1 temeritate] auctoritate v^1 rursus] $\varepsilon^1\,\zeta\,\xi\,Boc\,Ch^1$, rursum $\delta\,\beta\,Fra$ *Cass* Ch^2 21 prosequuntur – conuenerant] idem ipsi qui sirmio conuenerant Vc^1, idem ipsi prosequimini $Ty^{2a.c.}\,P^4\,\varepsilon^1$, idem ipsi $Ty^{2p.c.}$, idem prosequimini P^5, prosequimini Ch^1 prosequuntur] prosequentur $Sm^1\,O^3\,Sg^{1a.c.}\,K^2$, prosequenter N^1 iidem] idem *mss Fra*, id est R^1 syrmio] sermio Sm^1, smirnio Mu^2, smirmio *Fra*, sirmium Bd^1 et hanc] hanc Vc^1, et hoc P^5 22 confessionis] mentis ε^1 fidem] *om.* Bd^1 statuunt] statuit $Sm^{1a.c.}$, statuistis $\gamma\,Cb^{1a.c.}\,Tr^1Mu^2\,Boc\,Ch^1$, uel statuunt *suprascr.* $Cb^{1p.c.**}$, statuentes $Mu^{2p.c.}$ deum inquiunt] deum eum dicentes $\gamma\,\zeta\,P^5$ ex] *mss Fra Boc Ch*^{1}, de *Cass* Ch^2, deum *praem.* ε^1 23 ex^1] $\alpha^2\,Ch^1$ (cfr *Athan., Syn.* 27, PG, 26, col. 736: Θεὸν ἐκ Θεοῦ, φῶς ἐκ φωτός), de $\varepsilon^1\,\zeta\,\beta\,Fra\,Cass\,Ch^2$ hic] id $Ty^{2a.c.}\,Sm^1\,N^1\,O^3\,P^{2a.c.}$, hinc $Ty^{2p.c.}\,P^4\,Vc^1\,P^{2p.c.}$, etiam *add.* P^5 ex^2] *om.* v^1

LIBER PRIMVS XXI – XXII 293

tionis natura initium tribuit Filio, quanta calumniandi occasio
25 pateat, ipse tu, quaeso, metire. Cur enim non similes querimoniarum causas intendat? Cur non simili uociferatione ipse quoque insaniat, dicens: 'Quid dicitis? Quid statuitis? Quid sequendum uestro iudicio posteris traditis, confitendo Filium Deum ex Deo, lumen ex lumine? Ostendite mihi utrum in eadem fidei forma, id
30 est in authentico symbolo quem apostoli tradiderunt, hoc scriptum legeritis. Sed contentus sum, ut ibi scriptum non fuerit, saltem mihi de prophetis legatur, de apostolorum litteris ostendatur. Quis has uocum toleret nouitates? Quis suis admittere sensibus patiatur quod neque prophetae neque apostoli tradiderunt?'
XXII. Item similem Patri Filium, multis et creberrimis conciliorum uestrorum decretis statuistis. Exsurgat nunc Eunomius,

---

Trad. text.: $\alpha \beta$ edd.

XXII. 1/2 item – statuistis] cfr *Symb. Arim.* (359) (*in* ATHAN., *Syn.* 8, 4.7); *Symb. Seleuc.* (359) (*in* ATHAN., *Syn.* 29, 4); *Symb. CP.* (360) (*in* ATHAN., *Syn.* 30, 3); ARRIANI *in* HIL., *Ad Const.* 14; AVX. DVR., *Epist. de fide Vlfilae in* MAXIMIN., *C. Ambr.* f. 305r (l. 37-39); MAXIMINVS *in* AVG., *Coll. c. Maximin.* 15, 15 (*CC SL*, 87A, p. 445, l. 438) 2/3 exsurgat – confitetur] cfr EVN., *Apol.* 22 (ed. Vaggione, p. 62, l. 4-5); 24 (*ibid.*, p. 64, l. 3-4); *Exp. fid.* 3 (*ibid.*, p. 154, l. 27-33); AETIVS ANTIOCHENVS, *Exp. fidei in Hist. aceph.* 4, 6 (*SC*, 317, p. 156-158, l. 61-71); AETIVS ANTIOCHENVS *in* BASIL. ANCYR., *Fid.* (*in* EPIPH., *Haer.* 73, 21; *SC*, 563, p. 144); ATHAN., *Syn.* 31, 1; BASIL. ANCYR., *Epist. syn. anath.* 3.5.7.9 (*in* EPIPH., *Haer.* 73, 10); BASIL., *Spir.* 2, 4; SOCR., *Hist.*, 2, 45, 12

---

24 initium tribuit] traxit initium ε^t quanta] quantum Bd^t 25 ipse tu quaeso] quaeso Vc^t, quaeso ipse P^5, quaeso tu ipse Bd^t tu quaeso] *tr.* ε^t tu] quoque *add.* ζ *Boc*   metire] metiri $Cb^{tp.c.}$ $Tr^{tp.c.}$ Mu^2 *Boc*, mentire v^t, monstrare P^5, demonstra Bd^t, non pigeas *add.* ζ, non pigeat *add. Boc*   enim] *om.* ε^t 25/26 querimoniarum] ε^t α^2 *Boc Cass Ch*$^{t.2}$, cerimoniarum δ ζ β *Fra*   26 intendat] intendant ε^t, intendit $Ty^{2a.c.}$ P^4 ipse] ipsa v^t 27 insaniat] insaniet ε^t ζ dicens] *om. Bd*^{t} v^t statuitis] statuistis $Ty^{2a.c.}$ P^4 ε^t v^t P^5 Bd^t $Sm^{ta.c.}$ $Sg^{ta.c.}$ $K^2 R^t$ sequendum] secundum Sm^t β^t *Fra*   28 uestro iudicio] uestrum iudicium Sm^t P^2 *Fra*, uestrum et iudicio N^t O^3, uestro ex iudicio ζ $Sg^t Mu^t$ Ch^2, nostro ex iudicio *Cass*, uestram et iudicio ε^t uestro] nostro *Cass*   posteris] poteris $Sg^{ta.c.} Mu^{2a.c.} R^t$ confitendo] confitendum γ $Vc^t N^{ta.c.} O^3 P^2$ β^2 deo] filio P^{6a} 29 ex] de ε^t ostendite] extende v^t utrum in] utrumne v^t eadem] ea δ Vc^t Bd^t fidei] filii dei ζ *Boc*   30 symbolo] symboli $Cb^{ta.c.}$ $Tr^{ta.c.} Mu^2$ quem] δ $\alpha^2 \beta$, quod $Cb^{ta.c.}$ $Tr^t Mu^2$ *edd.*, quem *suprascr.* $Cb^{tp.c.}$. *Vide adnotationes*   31 legeritis – scriptum] *om. Sm^t*   legeritis] legistis δ ut] δ α^2 Sm^t β^t *Fra Ch^t*, cum ζ β^2 *Boc Cass Ch^2*   ibi] ubi β^t scriptum non] scripturi $N^{ta.c.}$, scriptum $N^{tp.c.}$ 32 prophetis] propheticis $Ty^{2a.c.} P^4$ 33 quis has uocum] quia suo cum v^t uocum toleret] *tr.* P^5 uocum] nouum P^{6b} toleret] tolleret ε^t $v^t O^3 Mu^2$, tolerit $Sm^{ta.c.}$, tollere Cb^t, tolerare Bd^t, tulerit *Boc*   quis] qui v^t suis] hoc *praem.* Vc^t Ch^t, haec *praem.* P^5 δ, haec rudibus $Cb^t Mu^2$, haec rudis Tr^t, hoc rudis *Boc*   34 patiatur] patitur v^t prophetae] propheta $Cb^{ta.c.}$ Tr^t

XXII. 1 item] et v^t patri] *om.* P^{7a} creberrimis] celeberrimis δ Sm^t β^t *Fra Ch^t*

qui dissimilem confitetur, et dicat: 'Vbi hoc legistis? Vbi scriptum repperistis? Vtrumne Pater an Filius hac de se usus est uoce?' Ergo tu, Arri, qui me hodie tali constringis articulo ut homousion proprie scriptum ostendam, aut fatere, contra insolentes et furtiuas haereticae intelligentiae prauitates, quaedam confessionis nomina non temere praesumpta sed ex consequenti ratione collecta, fidei auctoritatibus fuisse inserta, ita ut tot nouorum uerborum religioso intellectu exstiterint absolutiones quot fuerant quaesitae uel subministratae perfidiae occasiones, aut si id fateri nolueris, tuis tecum obiectionibus agam. Ostende mihi non ex coniecturis, non ex uerisimilibus, non ex ratione uicinis, non ad intelligendum prouocantibus, non ad id profitendum pietate fidei suadente, sed pura et nuda uerborum proprietate scriptum ostende 'ingenitum' aut 'impassibilem' Patrem, Filium uero 'Deum ex Deo', 'lumen ex lumine', aut Patri 'similem' esse. Nolo mihi dicas: 'Hoc fidei ratio poscit, hoc pietas docet, ad hanc me nominis professionem scripturarum consequentia prouocant'. Nolo, inquam, mihi talia ob-

---

Trad. text.: α β edd.

---

15 pura – ingenitum] cfr BASIL., *Eun.* 1, 5; GREG. NYSS., *Eun.* 2, 312; AVG., *C. Maximin.* 2, 4; PS. VIGIL. THAPS., *C. Varimad.* 1, 2 (l. 85-87)

---

3 et] $K^{25.l.\ p.c.}$, om. R^1 scriptum] hoc *praem.* ξ, hoc *Boc*, scriptis P^{6b} 4 utrumne] uerumne Vc^1 an filius] ante filius Sm^1, aut filius *Boc*, om. ξ   hac ... uoce] hanc ... uocem Ty^2 hac de se] adesse N^1 hac] haec v^1 est] α *Boc Cass Ch*$^{1.2}$, sit β *Fra*   6 scriptum] positum in scripturis ε^1 ζ *Boc*, positum Ch^1 aut] ut P^{7b} Cb^1 Mu^2 $Tr^{1a.c.}$ fatere] fateri $Ty^{2a.c.}$ insolentes] intellegentes δ   7 confessionis] confessiones $N^{1a.c.}$ $O^{3a.c.}$ 7/8 nomina ... praesumpta] nomina ... praesumptam ε^1, normam ... praesumptam v^1 7 nomina] nomine $Ty^{2a.c.}$ P^4 non] om. *Fra*   8 consequenti] consequentis O^3 ratione] rationi Ty^2, ratio $Sg^{1a.c.}$ collecta] collectam v^1, collectis Sm^1 auctoritatibus] auctoritate v^1 9 inserta] insertam P^{7a} tot] tam ε^1 v^1 10 religioso intellectu] religiosa intellectui *Boc*   religioso] om. δ   exstiterint] exstiterit P^{7b} ζ, steterint Mu^1 absolutiones] absolutionis $Ty^{2a.c.}$ $N^{1a.c.}$, per solutiones Sm^1, ad solutiones ζ, solutiones P^4 quot] quo P^{6a} $Sm^{1a.c.}$, quae P^{7a}, quod · ε^1 $N^{1a.c.}$ $Sg^{1a.c.}$ fuerant] fuerint δ ζ $β^2$ *Boc Ch*^{1} 11 occasiones] occasionis $Sm^{1a.c.}$ $N^{1a.c.}$ 12 ostende] hoc *praem.* P^4 13 non ex uerisimilibus] non exueri similibus Vc^1, non exueri similibus rebus *add.* ζ, similibus rebus ε^1 uicinis] uicini sermonis ζ *Boc*   14 prouocantibus] rebus *add.* ζ $α^2$ *Boc Cass*   profitendum] protendum P^{6a} suadente] suadendo Vc^1, suadentem N^1 15 pura ... nuda] *tr.* P^5 Bd^1 scriptum ostende] *tr.* ζ *Boc*   scriptum] hoc *praem.* δ β *Fra Cass Ch*$^{1.2}$ 16 aut impassibilem patrem] patrem aut impassibilem ζ Bd^1 *Boc*   filium – ex deo] aut ex patre filium uerum deum ex deo uero Vc^1 P^5, aut ex patre filium deum ex deo uero Bd^1 ex^2] de ζ *Boc*   17 patri] patris v^1, patrem $K^{2a.c.}$ nolo mihi] quod si Bd^1 18 poscit hoc] possit aut δ   docet] iesus *add.* $Ty^{2a.c.}$ P^4 18/19 professionem] professionum P^{7b}, professione Vc^1 19 consequentia] consequentiae P^2 prouocant] ε^1 v^1 Sm^1 $β^1$ K^2 R^1 Mu^1 *Fra*, prouocat δ ζ ξ *Boc Cass Ch*$^{1.2}$ inquam] inquem quam ε^1 19/20 obtendas – similia] *om.* Vc^1 obtendas] ostendas $K^{2a.c.}$ R^1, obstendas Vc^1, optendas Ty^2 Mu^1

LIBER PRIMVS XXII – XXIII

20 tendas, quia et me similia de homousii probatione respuis proferentem. Sed ferto in manibus diuinorum uoluminum codices, et eodem sono eisdemque syllabis praedictorum uocabulorum nomina indita lege; aut ostende scriptum Filium Patri similem, aut fatere dissimilem. Quo hinc erumpas, quorsum euadas non est. Tuis te implicitum propositionis nexibus enodandi facultas nulla suppeditat. Aut concede mihi ex consequentibus probare homousion, id est unius substantiae fidem, aut si concedere nolueris, neganda sunt tibi uniuersa quae ipse fateris, quia ea nude posita inuenire nusquam utique poteris.

XXIII. PROBVS iudex dixit: Si ecclesiasticae consuetudinis mos est ut aliqua uerborum uocabula ob cohercendis haereticorum motibus in fidei auctoritate nude ponantur, quae tamen ratione ex consequentia rerum existentium uestiantur, dum eorum ueritas ex qua originem sumunt, diuinis contineri litteris inuenitur,

---

Trad. text.: α β edd.

24/25 quo – est] cfr VIGIL. THAPS., Solut. obi. Arrian. 4 (l. 109-110)

20 me] a praem. ε¹, in praem. ζ   probatione] probationem ε¹   21 proferentem] confitentem P⁷ᵃ, profitentem ε¹ P⁶ᵃ Bd¹, profitentem uel praem. Fra   ferto] fer P², forto Mu¹, forte P⁶ᵃ Cass   21/23 codices – nomina] om. P⁷ᵇ   22 eisdemque] isdem Vc¹ P⁵, eisdem Bd¹, iisdem Cass Ch², iisdemque uel hisdemque uel isdemque multi mss   syllabis] psyllabis O³   22/23 uocabulorum nomina] uocabula nominum ζ Boc   23 aut] ut P⁷ᵃ   24 aut fatere dissimilem] om. Bd¹   fatere] fateri ε¹ v¹ N¹ O³ P²ᵃ·ᶜ·   dissimilem] similem P⁵   quo] qua ζ ξ, quia ε¹ P⁶ᵃ, qui P⁷ᵃ   hinc] ad hanc P⁷ᵃ   quorsum] rursum K²ᵃ·ᶜ· Ch¹, quo rursum ε¹ v¹ P⁵ K²ᵖ·ᶜ·, quo rursus ζ Boc, quo sursum Bd¹, cursum R¹ Ty²   24/25 euadas non est] om. Boc   25 tuis] ne praem. Boc   implicitum] implicatum P⁵, obiectionibus praem. ζ Boc Cass   propositionis] propositionibus ε¹ Cb¹ Tr¹   nexibus] nexus Boc, nexo Cass   enodandi] enodanda P⁷ᵃ   26 facultas] tibi praem. ζ Boc   nulla] ulla P⁷ᵃ   suppeditat] subpeditur Ty², suppetit P⁴, subpediat R¹   27 fidem] filium cum patre ξ   28 sunt tibi] sunt P⁷ᵃ, tr. ε¹ ζ ξ P⁶ᵃ Fra Boc   quia ea] quae a N¹, quia hec P⁵, quia e P⁷ᵃ, qua ea P⁶ᵇ   29 nude] nudae Mu¹ Tr·¹ᵃ·ᶜ·, nuda Bd¹, ande P⁷ᵃ, unde ε¹, nullo N¹, nullae O³   posita] deposita N¹   nusquam utique] tr. Mu¹ Cass   nusquam] numquam Sg¹ᵃ·ᶜ·   utique] ubique Sm¹ β¹ Fra sed uel utique suprascr. P²ᵖ·ᶜ·, om. Bd¹

XXIII. 1 iudex dixit] om. Fra Boc   iudex] om. Mu²   ecclesiasticis] ecclesias Sg¹ᵃ·ᶜ·   mos] non δ   2/3 ob cohercendis ... motibus] Sm¹ O³ Vc¹ P⁵ Mu² Cass, ab cohercendis motibus Sg¹ᵃ·ᶜ· K² Mu¹ R¹, ob hoc cohercendis ... motibus ε¹ Cb¹ᵃ·ᶜ· Tr¹ᵃ·ᶜ·, pro cohercendis ... motibus Tr¹ᵖ·ᶜ· Boc, ob cohercendis ... motibus P⁴ P²ᵃ·ᶜ·, ob cohercendos ... motus Ty² Cb¹ᵖ·ᶜ·* Bd¹ P²ᵖ·ᶜ· Sg¹ᵖ·ᶜ· Ch¹, ob coherentes ... motus N¹ⁱⁱⁿ ʳᵃˢ·, a cohercendis ... motibus v¹, de cohercidis ... motibus Fra, cohercendis ... motibus Ch². Vide adnotationes   3 auctoritate] auctoritatem Ty²   nude] ε¹ v¹ Vc¹ P⁵ Ch¹, nuda ζ β Fra Boc Cass Ch², om. Bd¹   ratione] rationem N¹ O³ P²   4 ex] et P⁶ᵃ, om. ζ Boc   consequentia] consequentium ζ Boc   uestiantur] uentiantur (!) ε¹   5 ex] in Cass   qua] quo β²   originem] origine ε¹ P⁶ᵃ   contineri] continere ε¹ O³

quid dicis, Arri? Concedis ut homousion, sicut Athanasius dicit, de diuinis scripturis per conuenientes professionis qualitates probari, an non?

ARRIVS dixit: Iste nescio qua syllogisticae artis uersutia obiectionem meam conatur eludere. Ego enim hoc mihi ostendi desidero, utrum homousion in dominicae sit lectionis auctoritate conscriptum. Et ideo aut proprie positum legat, aut ab eius confessione recedat.

PROBVS iudex dixit: Sed uides quemadmodum tuam in te referat quaestionem et hisdem te quibus uteris constringat articulis, professionis tuae manifestiorem ut ipse exigis documentum, ut ei de canonicis nude positum litteris ostendas innascibilem aut impassibilem Patrem, aut Deum ex Deo, aut lumen ex lumine, aut Patri Filium similem esse. Quae omnia, si proprie posita demonstrare minime ualueris, negandi tibi necessitas imminebit. Cui discrimini illa, ut mihi uidetur, sola poterit ratio subuenire, ut

---

Trad. text.: α β edd.

---

6 dicis] dicas R^1 arri] arriae P^5 $ε^1$ concedis] concedes Sm^1 N^1, concedas $Ty^{2a.c.}$ P^4 ut] quod Sm^1, om. P^4 $ε^1$ Bd^1 $Sg^{1p.c.}$ edd.   6/7 sicut – diuinis] om. Bd^1 6 dicit] om. $γ$, sicut add. $Cb^{1a.c.}$ Mu^2 $Tr^{1a.c.}$ 7 professionis] Sm^1 P^2 Mu^1 Fra Cass Ch^2, professionum $ζ$ $α^2$ Boc Ch^1, professiones N^1 O^3 $Sg^{1a.c.}$ K^2 R^1, professione Ty^2, professionem P^4 qualitates] om. $γ$ 7/8 probari] probare $Cb^{1a.c.}$ Tr^1 Mu^2 Vc^1 P^5 8 an] ualeat praem. s.l. $Cb^{1p.c.}$ $P^{2p.c.*}$ 9 dixit] om. Fra   iste] ite N^1 $Sg^{1a.c.}$ 9/10 obiectionem] obsecutione meam P^{7a}, obsecutionum P^{6a} 10 hoc] om. Vc^1 10/11 desidero] desiderio $ε^1$ 11 in] $ζ$ Vc^1 P^5 Boc, om. $γ$ v^1 $β$ Fra Cass $Ch^{1.2}$ sit] $K^{2s.l. p.c.}$, om. R^1 lectionis] legis $γ$ auctoritate] auctoritatem v^1 11/12 auctoritate conscriptum] tr. Cass   12 aut] ut $Cb^{1a.c.}$ $Tr^{1a.c.}$ proprie scriptum] propositum Bd^1 12/13 confessione] professione P^{6b} 14 iudex dixit] om. Fra Boc   iudex] om. Vc^1 Mu^2 sed] $Cb^{1in marg. p.c.*}$, om. Tr^1 Mu^2 Vc^1 P^5 Boc   uides] $K^{2s.l. p.c.}$, om. R^1 tuam in te] in te tuam $γ$ Boc   tuam] tua Vc^1 14/15 in te referat] interferiat Bd^1, inter esserat $ζ$, inteserat $δ$ referat] refert Sm^1 15 te] om. Sm^1 $β^1$ Fra   uteris] tu Fra   articulis] articulos v^1 16 manifestiorem] $γ$ $Ty^{2a.c.}$ P^5 Sm^1, manifestior est N^1, manifestiore $Ty^{2p.c.}$ P^4 $Cb^{1p.c.*}$ Tr^1 Bd^1 O^3 P^2 Fra Boc Ch^1, manifestius $Cb^{1a.c.}$ Vc^1 $β^2$ Cass Ch^2, maiestatis Mu^2. Vide adnotationes   ut ipse exigis] P^4 $ζ$ P^5 Bd^1 $β$ (exc. $O^{3a.c.}$) Boc Cass Ch^1, ut ipse et exigis N^1, ut ipse exiges $Ty^{2a.c.}$ $O^{3a.c.}$, ut tu ipse exigens $Ty^{2p.c.}$, et ipse exigens v^1 Vc^1 Fra Ch^2, ipse exiges P^{6b}, id ipse exigis P^{7b} documentum] documento $Ty^{2p.c.}$ P^4 $Cb^{1p.c.*}$ $Tr^{1p.c.}$ P^5 Bd^1 P^2. Fra Ch^1 ut²] aut Boc   17 canonicis nude positum litteris] canonicis litteris nude positum $ζ$ v^1 Vc^1 P^5 Boc, canonicae scripturae litteris nude positum Bd^1 litteris] ostendas praem. $δ$ 17/18 aut impassibilem patrem] patrem aut impassibilem Vc^1 aut impassibilem] om. Bd^1 Sm^1 18 aut¹] om. Cb^1 Mu^2 ex¹] de $δ$ ex²] de P^{7b} $ζ$ Boc   19 patri] in patre N^1, patrem $ε^1$ filium similem] tr. Mu^2 v^1 esse] om. Bd^1 quae] quem $ε^1$, si Ty^2, sic P^4 19/20 demonstrare minime] tr. $ε^1$ $ζ$ Boc Ch^1, ostendere non ualueris $ξ$ demonstrare] monstrare Fra   20/21 necessitas – mihi] $O^{3in marg. al.m.}$, similis add. Bd^1 20 imminebit] eminebit Sm^1, imminet O^3 P^2 $β^2$ Fra Cass   21 illa] om. $ε^1$ mihi uidetur] tr. Boc   poterit ratio] tr. $ε^1$ $β$ Fra Cass Ch^2

LIBER PRIMVS XXIII – XXIV 297

concedatis uobis ea quae in conciliis uestris nude sunt posita, de scripturarum fontibus emanasse. Nam hoc contentionis uitio deputabitur, ut documentum nudi sermonis exigas, cuius fidei sen-
25 sum in scripturis copiosius noueris redundare. Sensum igitur quaere unde uocabuli huius natura traxit originem, et cum sensum inueneris, nomen te pariter inuenisse non dubites.

XXIV. ATHANASIVS dixit: Quantiscumque cum eo rationibus agas, nullatenus potest ab hac intentione reuocari. Nouit enim certissime quia si ad hoc descensum fuerit, ut ex consequentia scripturarum unam esse Patris et Filii substantiam, quod est ho-
5 mousion, doceatur, facillime se posse superari; et ideo diffidentiae ac timoris periculo actus, nudi sermonis flagitat documentum. Sed suis est iterum professionibus constringendus.

Exigis a me ut unam Patris et Filii substantiam, id est homousion, scriptum ostendam. Tu autem tres usias, id est tres substan-

---

Trad. text.: α β edd.

22 conciliis] codicibus v^1 nude] unde $Sg^1 K^2 Mu^2$, nuda P^{6b} $Vc^1 P^5$, noua Bd^1
23 contentionis] canonicis δ   uitio] uitium $K^{2a.c.} R^1$ 23/24 deputabitur] dabitur Cass   24 nudi sermonis] nudis sermonibus $ε^1$ fidei] fides v^1 25 in] om. ζ   copio-
sius noueris] diuinis copiosius $ε^1$ noueris] noueritis Sm^1, noueres Vc^1 26 quaere unde] quaerendi $Sm^1 N^1 O^3 P^{2a.c.}$ $Sg^1 Mu^{1in\,ras.}$ Fra, quaereunde $K^{2a.c.}$, quaeris unde $K^{2p.c.}$, quaerundi R^1, unde $ε^1$ uocabuli huius] tr. Ch^2 natura] naturae Sm^1 traxit] texit $Sm^1 β^1$ Fra sed uel traxit suprascr. $P^{2p.c.}$ 26/27 cum sensum] consensum $K^{2a.c.} R^1$
27 nomen] om. Bd^1 te pariter] tr. P^5 pariter inuenisse] tr. ζ Boc   inuenisse non dubites] om. N^1 dubites] dubitas $Ty^{2a.c.} P^4$

XXIV. 1 athanasius dixit] $R^{1in\,marg.}$ dixit] om. Fra   quantiscumque] quantis δ cum eo] $Ch^{1s.l.\,p.c.*}$, cum eorum $Sg^{1a.c.}$, om. $Tr^1 Mu^2$ Boc   2 agas] agat Boc Ch^1 potest] potes $Ch^{1a.c.} Tr^1 Mu^2$, poteris P^4, eum add. s.l. $Mu^{2p.c.}$ ab hac] ad hac P^{6b}, ab hanc $Ty^{2a.c.}$, me add. s.l. $Tr^{1p.c.}$ reuocari] remouere P^4 ζ, remoueri $Ty^2 ε^1$ Boc   3 descensum fuerit] fuerit remota huiusmodi nominis intentione fuerit P^5, fuerit remota huius nominis intentione descensum ζ Boc, fuerit remota huius nominis intentio descensu $ε^1$, non praem. Ty^2 descensum] discessum $v^1 Bd^1$ ex consequentia] exequentia $Ty^{2a.c.}$, ex sequenti $ε^1$
4 unam ... substantiam] P^4 ζ $P^5 Bd^1$ Boc Cass Ch^1, unam ... substantia v^1, una ... substantia $Ty^2 ε^1 Vc^1 β$ Fra Boc Ch^2 esse patris et filii substantiam] patris esse susbstantia et filii Ch^2
4/5 quod est homousion] om. Mu^1 5 facillime] om. Bd^1 se posse superari] superari posse Ty^2, superari possit P^4, se superari posse sciat Cass   se posse] sentiet add. $Vc^1 P^5$, sentiat add. Bd^1, om. $ε^1$ superari] certo certius contuetur add. P^{7b}, certi certius conabi-
tur add. P^{6b} 5/6 diffidentiae ac timoris] differentia actionis Bd^1 6 ac] quae v^1, et Boc Cass Ch^2 nudi sermonis] nudis sermonis P^{6a}, sermonis P^{7a}, nudis sermonibus $ε^1$
7/8 professionibus constringendus. Exigis] constringendus articulis exigis $ε^1$ 7 pro-
fessionibus] confessionibus Fra   8 exigis] exigit Fra   unam ... substantiam] una sub-
stantia $Sm^{1a.c.} N^{1a.c.} O^3$ 8/9 id est – scriptum] om. $ε^1$ 8 id est] om. Fra   id] quod Tr^1 9 scriptum] om. Fra   9/10 id est tres – usias] om. homoeot. γ

tias, confiteris. Ostende igitur mihi ubi legisti tres usias. Si enim ego unam, hoc est homousion, ideo negare debeo, quia hoc nude scriptum non inuenio, tu quemadmodum audes tres usias profiteri, cum hoc scriptum nusquam poteris demonstrare?

PROBVS iudex dixit: Si exstat aliquod ex diuinis auctoritatibus documentum proprie et specialiter positum, quo adprobetur Patris et Filii et Spiritus sancti tres usias tresque, ut fateris, esse naturas, proferatur, quo possit Athanasius a confessione unius substantiae, quod est homousion, declinare. Cum enim triusion proprie in scripturis positum ostenderis, apparebit Athanasium temeritate pertinacissimae obstinationis in homousion confessione hactenus perdurasse, quod proprie positum nequiuerit demonstrare. Si uero nec tu ipse tres usias demonstrare ualueris, pari mihi conditionis necessitate obstrictus esse uideris.

XXV. ATHANASIVS dixit: Doceat tres usias proprie positas, et facio unius, quae est homousion, substantiae cessionem.

Trad. text.: $\alpha\, \beta$ edd.

---

10 igitur mihi] *tr.* P^{7a}, ergo mihi P^5 legisti] legistis $Tr^{ta.c.}$ *Boc*   10/11 enim ego] ego Bd^1, *tr.* β *Fra Cass Ch*^{2} 11 unam] una Vc^1, unum *Boc*   hoc^2] haec $Ch^{ta.c.}$ $Tr^{ta.c.}$ Mu^2 11/12 nude scriptum] *tr.* Bd^1 11 nude] unde Mu^2 Sg^1 Mu^1, *om.* P^5 v^1, ubi sit *Cass*   12 audes tres usias] tres usias audes *Fra*   12/13 profiteri] profiteris δ, confiteri ε^1 ζ ξ 13 nusquam] numquam δ 14 iudex dixit] *om. Fra*   iudex] *om.* Mu^2 exstat] existat β aliquod] aliquid quod Sm^1 $N^{ta.c.}$ O^3 $P^{2a.c.}$ $Sg^{ta.c.}$ K^2 R^1 Mu^1, aliquid $N^{tp.c.}$ Vc^1 P^5, aliquid quidem *Fra*   ex] de Sm^1 β^1 Sg^1 $K^{2s.l.\,p.c.}$ α^2 *Fra*, *om.* R^1 Mu^1 diuinis auctoritatibus] *tr.* ε^1 ζ *Boc*   15 proprie] propriis v^1 et] $K^{2s.l.\,p.c.}$, *om.* γ R^1 quo] quod $Ty^{2a.c.}$ $Ch^{ta.c.}$ $Tr^{ta.c.}$ v^1 P^5 $Sg^{ta.c.}$ K^2 R^1 Mu^1 adprobetur] adprobatum Sm^1, adprobatur $N^{ta.c.}$ O^3 β^2 *Fra*, probetur v^1 17 proferatur] proferas $Sm^{1\,in\,ras.}$, prophetarum N^1 O^3, propheratur Ty^2, ostende *Fra*   quo ... athanasius] quod ... athanasium ε^1 a] ad $P^{6ba.c.}$, *om.* δ confessione] confessionis v^1 18 declinare – triusion] *om.* ε^1 19 in scripturis positum] *tr.* ε^1 apparebit] apparet Bd^1, *om.* Mu^2 20 pertinacissimae] *om.* ζ in] *om.* Ty^2 ε^1 Sm^1 β^1 $Sg^{ta.c.}$ K^2 R^1 *Fra*   homousion] *mss*, homousii $Ch^{t.2}$ 20/21 confessione] confessioni N^1, confusione P^{7b}, contemptione P^{6a}, contentione P^{7a} 21 perdurasse] perdurare ζ P^5 Bd^1 *Boc Cass Ch*^{2} nequiuerit] non potuit α^1 *Boc Ch*^{1} 22 si – demonstrare] $Sg^{1in\,marg.}$ tres usias] *om.* P^5 Bd^1 pari] patris Vc^1 23 conditionis] conditiones v^1 obstrictus] adstrictus α^1 *Boc Ch*^{1} uideris] uideberis γ *Cass Ch*$^{1.2}$

XXV. 1 dixit] *om. Fra*   tres usias] usias in scripturis Vc^1 2 unius quae est homousion substantiae] unius substantiae quae est homousion ζ *Boc*, unius substantiae quod homousion *Cass*, unius substantiae quod est homousion Ch^2, unius quae est cessionem ε^1 est] *om.* Vc^1

ARRIVS dixit: Si tres sunt, Pater et Filius et Spiritus sanctus, necessario tres sunt et substantiae, in qua unaquaeque persona separatim et distinctius proprie subsistere cognoscatur.

ATHANASIVS dixit: Hic nulla prosunt argumenta, hic ueritas ex consequenti ratione non colligitur: testimoniorum proprietas flagitatur. Lege specialiter triusion positum, noli coniciendo dicere: 'Si tres sunt, Pater et Filius et Spiritus sanctus, necessario tres sunt et substantiae', quia et ego simili coniectura possum ueracius opinari: Si unum sunt Pater et Filius, quia ipse ait: *Ego et Pater unum sumus*, quomodo non est una substantia? Sed hanc disputationis uiam ingredi penitus noluisti, dum a me specialiter positum, homousion demonstrandum, exigis testimonium. Simili ergo et tu ratione tres usias specialiter et proprie positas lege. Si enim ideo homousion uocabulum negare debeo, quia hoc scriptum nude

---

Trad. text.: α β edd.

XXV. 11/12 Ioh. 10, 30

XXV. 3/5 si tres – cognoscatur] cfr AETIVS ANTIOCHENVS *in* BASIL., *Spir.* II, 4; EVN., *Apol.* 12 (ed. Vaggione, p. 48, l. 3-10: ταῖς τῶν ὀνομάτων διαφοραῖς καὶ τὴν τῆς οὐσίας παραλλαγὴν ἐμφαίνοντας ... ἐπαληθευούσης τῇ οὐσίᾳ τῆς προσηγορίας); 18 (ed. Vaggione, p. 56, l. 13-14: παρηλλαγμένων τῶν ὀνομάτων παρηλλαγμένας ὁμολογεῖν καὶ τὰς οὐσίας); 24 (ed. Vaggione, p. 66, l. 20-21: τῆς υἱοῦ προσηγορίας τὴν οὐσίαν δηλούσης)

3 dixit] *om. Fra Boc* si] sed P^{6a} 3/4 necessario] necessarium Sm^1 3/5 arrius – cognoscatur] *om.* δ 4 tres] et *praem. Bd¹, Cb^{1s.l. p.c.*}, om. Tr¹ Mu²* et] ε¹ ν¹ *Vc¹ P⁵, om.* ζ β *Fra Boc Cass Cb²* qua] quo *Bd¹*, quibus *Boc Cb^{1.2}* 4/5 serparatim] $P^{6ain\ marg.}$ 5 cognoscatur] cognoscantur ν¹, cognoscitur *Fra* 6 athanasius] arrius δ dixit] *om. Fra Boc* hic] hinc ν¹ *Ty^{2a.c.}* nulla] ulla *Sg^{ta.c.}*, nullam ν¹ prosunt] ζ *Vc¹ P⁵ Sm^{1p.c.} edd.*, possunt γ ν¹ *Bd¹ Sm^{1a.c.}* β¹ β² hic] hinc ν¹, ubi *add. Bd¹* 7 consequenti] consequentia *Vc¹* ratione] ratio P^{7a} non] α², *om.* α¹ β *edd.* 7/8 testimoniorum – flagitatur] *om.* ε¹ 7 testimoniorum] hic *praem. Vc¹ P⁵* 8 lege] athanasius dixit *praem.* δ noli] et *praem. Mu¹ Boc Cass Cb²* 9 si] *om.* δ tres] *del. Ty^{2p.c.}* sunt¹] *om. Ty²* pater – tres sunt] *om. homoeot. Sm¹* necessario] necessaria *Ty^{2a.c.}* 10 et] *om. Cb^{1a.c.} Tr¹ Mu² P^{6b} Boc sed suppl. in marg. Cb^{1p.c.*}, del. Ty^{2p.c.}* quia] quod *Mu¹ Cass* possum ueracius] *tr.* ε¹ possum] possim *Ty² ν¹*, potui P^4 11 ait] dicit *Cass Cb²* hanc] et *praem.* 13 uiam] uia ε¹ ingredi penitus] *tr.* ν¹ penitus noluisti] *tr. Cass* positum] *om.* δ 13/14 homousion] homo usii α² 14 demonstrandum] demonstrando $P^4 K^{2a.c.} R^1 Cb^2$ exigis] exigeres ζ *Boc Cass*, exigitis ν¹, exigeris ζ, exiges *Ty^{2a.c.} P⁴* simili] uel *praem. K^{2a.c.} R¹ sed del. K^{2p.c.}* ergo et tu] *om. Cb^{1a.c.} Tr¹ Mu² Boc, Cb^{1s.l. p.c.*}* et] $P^{2s.l.\ p.c.}$ 15 lege] doce *Boc* 15/16 ideo homousion uocabulum] homousion uocabulum ideo ξ ideo homousion] *tr. Fra* 16 homousion uocabulum] homousi uocabulo *Cb^{1a.c.} Tr^{1a.c.} Mu²*, homousion *Cb^{1p.c.*}*, homousi uocabulum *Tr^{1p.c.}*, homousii uocabulum *Boc* homousion] de *praem.* ε¹ uocabulum] *om.* δ β *Fra Cass Cb^{1.2}* quia] qui *Cass* hoc] *om.* ε¹ *Fra* scriptum] est *add.* P^{6b} scriptum nude] nude scriptum positum P^5 nude] unde $Sg^1 K^2$, *om.* ε¹ *Mu¹ Fra Cass*

non ostendo, necessario triusion tunc fateri debeo, si proprie positum te demonstrante cognouero.

ARRIVS dixit: Subsistit proprie Pater, an non?

ATHANASIVS dixit: Nisi mihi tres usias proprie positas legeris, nullum tuis interrogationibus dabo responsum. Quis enim non uideat quo tua tendat obiectio? Vis enim argumento callidae interrogationis diuersas adprobare Patris et Filii substantias; sed hic argumentis non opus est, ubi manifestiore proprietatis testimonio trium substantiarum exigitur documentum. Sed si a proprietate testimoniorum ad rerum consequentiam transire desideras, hoc ipsud publicae conscientiae innotescat, non te potuisse tres usias proprie positas demonstrare, et cum nos utrique hoc articulo soluerimus, obiectionibus uel interrogationibus tuis satisfaciam necesse est.

XXVI. PROBVS iudex dixit: Quantum uestrae disputationis intentio monstrat, nec tu homousion, nec iste triusion proprie et specialiter positum ualetis ostendere. Vnde ne puerili concertatione in rebus superfluis diutius immoremini, ab hac puri exactione

---

Trad. text.: $\alpha \beta$ edd.

17 non ostendo] demonstare non ualeo $\varepsilon^t \zeta P^5$ Boc, monstrare non ualeo δ Ch^t necessario] necessarium $P^5 Sm^t$ triusion tunc] tr. ζ Boc si] om. v^t 17/18 positum te demonstrante] haec posita te ostendente $Cb^{ta.c.} Mu^{2a.c.} Tr^t$, haec posita te ostendere $Mu^{2p.c.}$ 18 te demonstrante] te monstrante P^5, te ostendo P^{6b}, te ostendente P^{7b}, tr. $Vc^t Bd^t$ 19 arrius – non] $O^{3in\ marg.}$ dixit] om. Fra Boc subsistit proprie pater] susbstitisse proprie patrem fateris P^5 pater] om. ε^t 20 dixit] om. Fra Boc positas] om. Bd^t 21/22 quis – obiectio] iter. $K^{2a.c.}$ 22 uideat] uidet Bd^t quo] quod v^t tua tendat] tu adtendat P^{6a}, tua obtendat P^5 uis] quis $K^{2a.c.} R^t$ enim] ergo Mu^2 23 filii] et spiritus sancti add. ε^t 24 hic argumentis] tr. Cass Ch^2 hic] om. δ opus est] potest ueritas operiri $Vc^t P^5$, operari add. $Cb^{ta.c.} Mu^2$, operiri add. $\varepsilon^t Cb^{tp.c.} Tr^t$ Boc, tr. Ch^2 manifestiore] manifestiorem Sm^t, manifeste v^t, manifestiori P^{6b} 24/25 proprietatis testimonio] tr. Boc 24 proprietatis] proprietas $K^{2a.c.}$, proprietates v^t, et praem. ε^t 24/25 testimonio trium] testimoniorum ε^t 25 exigitur] exigit $P^5 Bd^t$, cogitur v^t 25/26 a proprietate] ad proprietatem $Sm^t \beta^t$ Fra, ad proprietate $Ty^{2a.c.} P^4 \varepsilon^t$, om. ξ 25 a] tu v^t 26 ad] aut $Cb^t Tr^{ta.c.} Mu^2$ Boc consequentiam] consequentia $Ty^{2a.c.} P^4 \varepsilon^t Mu^2 v^t Sm^t N^t O^3$ Boc, consequentium $K^2 R^t$ 27 ipsud] ipsud uel ipsum mss conscientiae] conscientia $P^4 Cb^{tp.c} P^2$, om. ε^t Fra 28 tres] om. N^t demonstrare] demonstra P^{7a} nos] om. Boc utrique] utique $K^{2a.c.} R^t Mu^{ta.c.}$, utriusque P^4 29 soluerimus] solueris Boc uel interrogationibus] om. Vc^t

XXVI. 1 iudex dixit] om. Fra Boc iudex] $K^{2s.l.\ p.c.}$, om. Mu^2 2 monstrat] demonstrat $Vc^t P^5$ tu] $Ty^{2s.l.}$, om. Vc^t iste] om. Vc^t et] $K^{2s.l.\ p.c.}$, om. R^t 3 positum] om. α^2 ualetis] ualebitis δ, ualet Fra unde] om. $\beta^t \beta^2$ Fra ne] $Ty^{2s.l.\ p.c.}$, nec $Sg^{ta.c.} Mu^{ta.c.}$, igitur add. Fra 3/4 concertatione – puri] om. P^{7a} concertatione] certamine Fra 4 rebus superfluis] tr. Cass Ch^2 diutius immoremini] diutissime moremini P^{6a} hac] hanc $Ty^{2a.c.}$, ac Vc^t puri] pura ε^t, pueri Bd^t, s.l. $Sg^{tp.c.}$, om. $Cb^{ta.c.} Tr^t Mu^2$ Boc, $Cb^{ts.l.\ p.c.}$*

LIBER PRIMVS XXVI

documenti tandem utrique desinite, et ex consequenti ratione, aut homousion aut triusion de scripturarum auctoritate colligite. Non enim fas erit de nominis appellatione dubitare quam testimoniorum copiosa congestio firmius poterit roborare.

ARRIVS dixit: Quoniam hoc tua decreuit sententia, debere nos rationum persuasionibus et rerum consequentium causis, praedictorum nominum uirtutes colligere, ne id Athanasio uideatur, difficultate demonstrandae ueritatis nudi me uocabuli proprietatis documenta quaesisse, ita faciam ut tui est decreti sententia promulgatum. Ego enim compendio magis uti uolebam, ne longius orationis intentio euagata ambiguis sensibus ueritatem obumbret.

ATHANASIVS dixit: Non potest fides uenire in dubium quae, ueritatis fulta praesidio, crassiora mendaciorum nubila fulgidae claritatis lumine dissipat. Non enim potest propriis carere uiribus quae non eget extrinsecus suffragiorum adminiculis adiuuari.

Trad. text.: α β edd.

5 tandem] om. P^{7a} utrique] $α^2 Mu^2 P^{7b} δ Ch^1$, utrisque P^{6b}, uterque β $Tr^1 Mu^2$ Fra Cass Ch^2 desinite] discedite v^1 5/6 et – aut^1] om. $Cb^{1a.c.} Tr^1 Mu^2$, $Cb^{1s.l. p.c.*}$ 5 et] om. N^1 ex] om. Cass Ch^2 6 colligite] colligente $Ty^{2a.c.}$, om. P^{6b} 7 enim fas erit] erit enim fas Mu^2 erat] erat P^{6b} appellatione] appelatio $Ty^{2a.c.}$, appellationis $ε^1$ quam] quem $ε^1 v^1$, cum ζ ξ, quod Boc 8 congestio] collectio v^1, conlestio P^{6b} poterit] hoc potuerit Vc^1 roborare] roborari $Ty^{2a.} ξ^c$ 9 dixit] om. Fra Boc hoc] non praem. Ty^2, in praem. P^4 decreuit] decreuisti $v^1 Bd^1$ 10 rationum] rationem $ε^1 Sm^{1a.c.}$, ratione $Cb^{1a.c.} Tr^1 Mu^2$ persuasionibus] et suasionibus $K^2 R^1$, persuasionis $Tr^{1p.c.}$ et] $Cb^{1s.l. p.c.*}$, ex γ $Tr^1 Mu^2 Vc^1 P^5$ Boc Ch^1 consequentium] consequentibus γ $v^1 Bd^1$ 11 uirtutes] uirtute $K^{2a.c.} R^1$, uirtutesque $ε^1$ 12 demonstrandae ueritatis nudi me] nudi me demonstrandae ueritatis ζ Boc demonstrandae ueritatis] demonstrandi unitatis $ε^1$ nudi me] num id $ε^1$ nudi] nude $Sm^1 N^{1a.c.} O^3 P^{2a.c.} Sg^1 K^2 R^1$, nudum $N^{1p.c.}$, unde Mu^1, inde Cass me] om. δ 12/13 proprietatis] proprietas $P^{6ba.c.}$ 13 decreti] decreta $O^{3a.c.}$ 13/14 promulgatum] promulgata $ε^1 v^1$ 14 ego] probus iudex dixit praem. v^1 15 orationis intentio] tr. ξ, intentionis oratio v^1, rationis intentio β orationis] rationis δ Fra Cass $Ch^{1.2}$ intentio euagata] intentio euaga $Ty^{2a.c.}$, intentione uaga P^4 obumbret] obumbaret δ Bd^1, obumbarem P^5 16 dixit] om. Fra Boc quae] $Cb^{1a.c.} Tr^1 Mu^2 α^2$ Boc Ch^1, est add. δ β Fra Cass Ch^2 17 crassiora] et praem. P^4 mendaciorum] mendatiora Ty^2 18 claritatis] caritatis Ty^2, ueritatis Cass Ch^2 lumine] δ $α^2$ Boc Ch^1, lumina β Fra Cass, lumen $Cb^1 Mu^2 Tr^{1a.c.} Ch^2$ dissipiat] dissipauit β Fra, dissipauit v^1 enim potest] tr. Fra uiribus] uirtutibus δ 19 quae] qui $Vc^1 β^2$ Cass Ch^2 eget] exigit $Ty^{2p.c.} P^4 β^1$ Fra, exiget $Sg^{1p.c.} Ty^{2a.c.} Mu^2$ Cass, egit Sm^1, exiet $Sg^{1a.c.} K^2 R^1$ extrinsecus] intrasecus Cass adiuuari] e cod. Bx^4 septem lineas add. Fra quae falsarii conclusionem Libri primi continent et deinde Explicit liber primus (cfr σ, supra, p. 182-184 et 225), explicit add. $Vc^1 P^5$, explicit prima propositio add. v^1, explicit acta prima add. $Ty^{2a.c.} P^4$, expliciunt acta prima add. $Ty^{2p.c.}$

LIBER SECVNDVS

I. Item die sequenti PROBVS iudex dixit: Quoniam uos initi foederis pacta indeclinabili sententia seruare non dubito, quibus id uobis inuicem concessisse uidemini, ut unius substantiae uel trium substantiarum professionem ex diuinarum consequentia litterarum luculento disputationis examine comprobetis, omissa scilicet quaestione documentum puri uocabuli atque proprie positi exigente, id iam nunc ipsius placiti ratio poscit ut, cuncta humanae argumentationis cauillatione semota, de sacris diuinarum auctoritatum uoluminibus, Patris et Filii et Spiritus sancti, aut unam, aut diuersas doceatis esse substantias. Ad quam rei probationem non tantum, ut opinor, mea, sed cunctorum pene mortalium mens ita est pendula exspectatione suspensa, ut si tanti negotii merita panderentur, sine ullius diei comperendinatione uel alicuius momenti intercapedine, ad summam ueritatis atque ad cal-

---

Trad. text.: $\alpha^1 \xi \beta$ edd. (om. ν)

Inc. incipit eiusdem secunda ν^1, incipit secunda $Ty^{2a.c.} P^4$, incipiunt secunda $Ty^{2p.c.}$, incipit secundus Fra

I. 1 item die sequenti] $\varepsilon^1 \zeta$ Boc Ch^1, item sequenti die P^5, item tertia die Vc^1, et alia die β Ch^2, om. δ Bd^1 Fra, alia namque die Cass   iudex] om. Mu^2 dixit] dicit Boc, om. Fra   uos] om. δ 2 pacta] pactum δ indeclinabili sententia] indeclinabilemque sententiam Vc^1 indeclinabili] indeclinabilisque P^5 seruare] sermone Ty^2, seruari P^4 2/3 id uobis] his duobus Bd^1, in id uobis P^5, uobis P^{7b}, id Fra, om. P^{6b} 3 concessisse] consensisse $Sm^1 \beta^1$ Fra Cass, non censensisse β^2 ut] et $Cb^{1a.c.} Tr^{1a.c.} Mu^2$ 4 consequentia] consequentium $Cb^{1a.c.} Tr^{1a.c.} Mu^2$ 5 luculento] luculenta ε^1 comprobetis] comprobaretis $Vc^1 P^5$ scilicet] om. Fra   6 quaestione] quaestionem ε^1 documentum] $\gamma Vc^1 Ch^{1.2}$, documentorum β Fra Cass, documenta Bd^1, documenti ζP^5, om. Boc   puri uocabuli] om. ε^1 puri] proprii δ 6/7 exigente] $Vc^1 Bd^1$, exigentis $\delta P^{5a.c.} Sm^1 \beta^1$ Fra $Ch^{1.2}$, exigentes $\varepsilon^1 P^{5p.c.}$ $Sg^{1p.c.}$, exigetis $Cb^1 Mu^2 Tr^{1a.c.}$, exigitis $Tr^{1p.c.}$, exientis $Sg^{1a.c.} K^2 R^{1.}$, exeuntis Mu^1, exigatis Boc, existentis Cass   7 id] om. ζ Boc   nunc] id add. s.l. $Cb^{1p.c.*}$, et add. Boc   ipsius] ipsiusque $Tr^{1p.c.}$ 8 cauillatione] calumnia suprascr. $Mu^{2p.c.}$ semota] remota $\zeta \beta^2$ Fra Boc Cass   8/9 diuinarum auctoritatum uoluminibus] diuinorum auctoritatibus uoluminum Fra   auctoritatum] auctoritatem $\varepsilon^1 O^{3a.c.}$ $K^{2a.c.}$ 10 doceatis] proferatis ζ Boc, om. P^5 ad quam] aut cuius P^5 12 exspectatione] spectatione ζVc^1 13 panderentur] paterentur α^1 Boc $Ch^{1.2}$ sine] sinon N^1 ullius] unius Cass   comperendinatione] comparandi natione Mu^1, conferendi ratione ζ Boc   14 intercapedine] intercapidine $Sm^1 N^1 O^3 Mu^{1a.c.}$, intercapedinem P^{6b}, interualle suprascr. $Mu^{1p.c.}$ 14/15 ad calcem] α^1 Boc Ch^1, adcem (!) Sm^1, arcana (!) Ty^2, archanae P^4, calcem $\beta^1 \beta^2$ Fra Cass Ch^2

cem manifestissimae notionis desideret peruenire. Vnde ne tam religiosa fidelium et ueritatis cupida frustretur intentio, omni lenocinio luxuriosae orationis exploso, de re, de causa, de competentibus, de necessariis agite rebus, omnem, ut dixi, uerborum ambitum, et procul a causa uagantes locutionum faleras leporemque sermonum cautius euitantes, ut disputationis uestrae narratio ueritate magis quam coturno tumentis ornetur eloquii.

II. ATHANASIVS dixit: Licet iam dudum crebro ac saepius de unitate substantiae citra acta disputauerim, measque disputationes scripto mandauerim, quibus a me in hac disputatione aliquid amplius addi non possit, tamen quia haec extrinsecus nullo eminus aduersante dicta sunt, necesse habeo haec eadem rursus repetere, et in hoc publicae actionis examine mittere quo possint tui iudicii sententia roborari.

PROBVS iudex dixit: Si non fuerint Arrii replicationibus tenuata, tunc nostra poterunt firmari sententia.

Trad. text.: $\alpha^1 \xi \beta$ edd. (om. ν)

---

15 notionis] rationis β Fra Cass   desideret] desiderat β^2 ne tam] etiam $Sg^{1a.c} K^{2a.c.}$, ne etiam $Sg^{1p.c.}$ 16 religiosa] religiosam ε^1 $Cb^{1a.c.} Mu^{2a.c.} Tr^{1a.c.}$ et] om. δ cupida] cupide $P^{2a.c.}$, cupidam ε^1, cupidae P^4 frustretur] frustetur $Tr^1 Sm^{1a.c.}$ 17 orationis] rationis $K^{2a.c.} R^1$, oris (!) Vc^1 exploso] expulso suprascr. $Mu^{2p.c.}$, exploro ε^1 de] om. Mu^2 18 agite rebus] agitetur δ agite] cogitate Mu^2 19 ambitum] ambitu ε^1 uagantes] euagantes Boc   locutionum] locutionem P^{6b} 19/20 faleras leporemque] errores facundia suprascr. $Mu^{2p.c.}$ 20 sermonum] sermonem P^{6b} 21 ueritate] ueritatem $Tr^{1a.c.} N^1 K^2 R^1$, ueritatis Vc^1 Boc, uetustatem ε^1 magis] agis $Ty^{2a.c.}$ coturno] superbo suprascr. $Mu^{2p.c.}$, coturni P^4 tumentis ornetur] tumenti sonetur Fra   tumentis] mentisque Vc^1, mentis ε^1 $Cb^{1a.c.} Tr^1 Mu^2 P^5 Bd^1$ Boc   ornetur] ordinetur Mu^1, adornetur Cass Ch^2, om. ε^1

II. 1 dixit] om. Fra Boc   licet iam] licentia Ty^2 licet] quamuis Cass   iam] etiam Boc   ac] et ac P^{7b}, hac P^{6b} 2 unitate substantiae] diuinitatis substantia Bd^1 citra] cetera $Ty^{2a.c.} P^4 Sm^1$, circa Sg^1, cita K^2, cura Vc^1, ceteris $Ty^{2p.c.}$ acta] actis $Ty^{2p.c.}$ 2/3 disputationes] disputationis $Ty^2 \varepsilon^1 Sm^1 O^{3a.c.}$ 3 scripto] scripta $K^{2p.c.} Sg^{1a.c.}$ a me] om. P^4 disputatione] disputationes Vc^1 4 amplius addi] tr. $\varepsilon^1 Ch^{1.2}$ non] om. $Ty^{2a.c.}$, uix $Ty^{2in\,marg.\,p.c.}$ haec] om. δ 4/5 eminus] minus Tr^1, om. Fra   5 habeo] habebo $Cb^1 Mu^2$ Boc, abeo $P^{7b} Sg^1$, ab eo $Vc^1 P^5$ eadem] om. Fra   rursus] om. $\varepsilon^1 \beta^2$ Cass Ch^2 5/6 repetere] appetere Bd^1 6 et in — mittere] om. Vc^1 in] om. ε^1 examine] examen Ch^2 mittere] comprobare ζ Boc, emittere Ch^2 possint] possent Sm^1, possit $P^{6b} Cb^{1a.c.} Tr^1 Mu^2 \beta^2$ Boc   6/7 tui iudicii] tuo iudicio $P^{2a.c.}$ 7 sententia] sententiae Sm^1 8 iudex dixit] om. Fra Boc   fuerint] fuerant $K^{2a.c.}$, fuerit ε^1 replicationibus] republicationibus O^3, repugnationibus P^2, publicationibus Fra   8/9 tenuata] attenuata Bd^1 9 tunc] tum $K^2 R^1$ nostra] uestra Boc   poterunt] $\delta \varepsilon^1 Vc^1 Bd^1 N^{1p.c.} P^{2p.c.}$ Fra $Ch^{1.2}$, poterint $Tr^{1p.c.} Sg^{1p.c.} Sm^{1a.c.} O^{3a.c.} P^{2a.c.}$, poterant $N^{1a.c.}$, poterit $Tr^{1a.c.} Mu^2 Sg^{1a.c.} K^2 R^1 Sm^{1p.c.} O^{3p.c.}$ Boc Cass

ARRIVS dixit: Vtquid hae fraudium tendiculae proponuntur? Vtquid in patrocinio nefandae adsertionis iudicis sententia praeoptatur? Agamus primum quod nobis agendum necessitas demonstrandae ueritatis imponit. Inculcetur humano auditui fidei nostrae professio. Percipiant iudicia quibus modis quibusque rationibus, quibus denique documentis nostra fulciatur adsertio, et tunc demum promulgationem sententiae, quae in nostro utique nequaquam pendet arbitrio, de iudice postulabimus.

PROBVS iudex dixit: Praefationis meae, nuper in hoc actionis principio habitae, et sponsionis uestrae dudum praeteritis gestis insertae, meminisse oportet, quibus id peroratum est, ut omissis superfluis ad arcem negotii debere descendi; quod debetis tandem aliquando factitare.

ARRIVS dixit: Doceat Patrem et Filium et Spiritum sanctum unius esse substantiae, unius potestatis, unius dignitatis, unius gloriae, unius maiestatis, unius uirtutis atque honoris; quod satis improuida et nimis incauta professione solet populus iactitare.

ATHANASIVS dixit: Profiteris Filium uere de Patre natum, an non?

Trad. text.: $\alpha^1 \xi \beta$ edd. (om. v)

10 dixit] om. Boc Fra   hae] haec $\delta \varepsilon^1$ $Cb^{1a.c.}$ $Tr^{1a.c}$ ξ· Sm^1 N^1 O^3 proponuntur] proferuntur Fra   11 patrocinio] patrocinium Fra   iudicis] iudicii Ty^2 11/12 praeoptatur] prouocatur ζ Boc   12 primum] ζ ξ Sm^1 Cass $Ch^{1.2}$, primo δ β^1 β^2 Fra Boc   13 auditui] audicium Vc^1 14 percipiant] percipiunt ε^1, praecipiant P^2, percutiant $Sg^{1a.c.}$ quibusque] quibus P^{6b} $N^{1a.c.}$ O^3, que $Sg^{1a.c.}$ 14/15 rationibus quibus denique documentis] documentis quibus denique rationibus ε^1 15 fulciatur adsertio] adsertio subiiciatur Cass   et] om. Sm^1 16 tunc] tum P^{7b} ζ Boc   sententiae] sententiam P^{7b}, sententia P^{6b} in] $\xi \alpha^1$ Boc Ch^1, ex β Cass Ch^2 17 pendet] pendit ζ P^5 Sm^1, pendent $Sg^{1a.c.}$ postulabimus] postulamus ξ, postulauimus ε^1 18 iudex dixit] om. Fra Boc   iudex] om. Mu^2 praefationis] praefationi $K^{2a.c.}$ R^1 meae] om. δ nuper] actis add. ε^1 hoc] hac $Ty^{2a.c.}$, huius $Ty^{2p.c.}$ P^4 principio] principii $Ty^{2a.c.}$ 19 habitae] habet N^1, habita $Cb^{1a.c.}$ $Tr^1 Mu^2$ et sponsionis] expositionis P^5 gestis] geste Vc^1, om. Bd^1 20 insertae] insertem N^1 id] his $Cb^{1a.c.}$ $Tr^1 Mu^2$, idem ε^1 ut] del. $Ty^{2p.c.}$ omissis] homousii $Vc^1 P^5$, homo usu Bd^1, amissis $Cb^{1a.c.}$ $Tr^1 Mu^2$ 21 superfluis] contentionibus derelictis add. ξ debere] deberet $Tr^1 Bd^1$ descendi] descendit $Vc^{1a.c.}$, discendi Mu^2, ascendi P^4 $Tr^{1p.c.}$ Bd^1 22 factitare] flagitare Sm^1, actitare ζ Boc   23 dixit] om. Fra Boc   24 esse] om. ε^1 potestatis ... dignitatis] potestates ... dignitates O^3 25 atque] unius Boc   satis] statim Sm^1 26 improuida] improuide ε^1 $Cb^{1a.c.}$ $Tr^1 Mu^2$ Boc, improuisa Vc^1 et nimis] nimisque ζ Boc   incauta] incaute ε^1, inacuta N^1, incausa $K^{2a.c.}$ professione] om. ε^1 iactitare] actitare β^2 Cass   27 dixit] om. Fra Boc   filium uere] tr. ε^1

ARRIVS dixit: Profiteris ipse Patrem alicuius deriuationis uel diuisionis uitio subiacere non posse, an non?

ATHANASIVS dixit: Valde profiteor.

ARRIVS dixit: Ego quoque profiteor Filium ex Patre natum esse.

III. ATHANASIVS dixit: Id esse arbitraris natum 'ex Patre' quod est etiam natum 'de Patre'?

ARRIVS dixit: Sufficit tibi quod ex Patre dixerim natum; quod etiam facillime scriptum ostendo. Quid callidis uteris argumentis? Ceterum 'de Patre' natum nusquam mihi interim ad praesens scriptum occurrere potuit. 'Ex Patre' uero scriptum esse recolo, Ioanne apostolo dicente: *Qui diligit Patrem, diligit eum qui natus est ex eo.*

ATHANASIVS dixit: Ergo nihil interesse putas utrum 'ex ipso' an 'de ipso' natus dicatur?

ARRIVS dixit: Si mihi demonstrare ualueris proprie positum Filium 'de Patre' natum, tunc quid inde sentire debeam, existimabo. Verum quia in plerisque exemplaribus uarie positum esse non nescio, ut hisdem locis quibus 'ex ipso' legitur, in aliis codicibus

---

Trad. text.: $α^1 ξ β$ edd. (om. v)

III. 7/8 I Ioh. 5, 1

II. 32 ego – esse] cfr *Symb. Ant.* II (341) (*in* ATHAN., *Syn.* 23, 3); *Symb. Ant.* 344 (Ἔκθεσις μακρόστιχος *in* ATHAN., *Syn.* 26, 1); *Symb. Sirm.* I (351), et anath. 1 (*in* ATHAN., *Syn.* 27, 2.3); *Symb. Sirm.* II (357) (*in* ATHAN., *Syn.* 28, 3)

---

29 dixit] om. *Fra Boc* ipse] esse P^4 patrem] om. $ε^1$ 29/30 diuisionis] diuinationis P^{6b} 30 uitio] initio Bd^1 subiacere] deum add. $ε^1$ non] om. Sm^1 31 dixit] om. *Fra Boc* profiteor] subiacere non posse add. Sm^1 32 dixit] om. *Fra Boc* ego] et praem. $Cb^{1p.c.} Sg^1 K^2 Mu^1 P^2$ *Cass* Ch^2

III. 1 dixit] om. *Fra Boc* arbitraris] arbitrans $Sg^{1a.c.} K^2 R^1 N^1 O^3$ natum] esse add. $ε^1$ 2 est etiam] esse iam $Sg^{1a.c.} Mu^{1a.c.}$ *Cass*, esset iam $Sg^{1p.c.} Mu^{1p.c.} R^1 N^1 O^3$, etiam $Cb^{1a.c.} Tr^1 Mu^2 ξ Boc$ 3 dixit] om. *Fra Boc* quod^2] est add. $Sm^{1a.c.}$ 4 facillime scriptum] tr. $ζ$ *Boc* 5 nusquam] numquam N^1 6 scriptum] $Cb^{1s.l. p.c.}$, om. $Tr^1 Mu^2 Boc$ occurrere] occure $Tr^{1a.c.} N^{1a.c.} O^{3a.c.}$ 7 patrem diligit] $Sg^{1s.l. p.c.}$ 8 eo] patre *Cass* 9 dixit] om. *Fra Boc* nihil interesse] esse inter $Sm^{1a.c.} N^{1a.c.} O^3 P^{2a.c.} Sg^{1a.c.} K^2 R^1$ *Fra* putas] potest $ε^1$ 9/10 an de ipso] Ty^2 9 an] uel *Cass* Ch^2 10 dicatur] an de ipso add. P^4 11/12 arrius – natum] $Sg^{1in\ marg.\ p.c.}$ 11 dixit] om. *Fra Boc* 12 quid] quid ex Vc^1, quod ex P^5 sentire debeam] tr. $β^2$ *Cass* Ch^2 existimabo] aestimabo $δ ζ Boc$ *Cass* Ch^2 13 esse] est P^4 13/14 non nescio] nescio $Ty^{2a.c.} P^4$, scio $Ty^{2p.c.}$ 14 hisdem] in praem. $ζ Vc^1 P^5 Boc$, quidem add. Bd^1 ex ipso] ipse $Cb^{1a.c.} Mu^2 Tr^{1a.c.}$, de ipso $Tr^{1p.c.} Boc$

'de ipso' legatur. Sed utrum hoc interpolantium fraude, an unius rei significatione, id est ut hoc sit 'ex ipso', quod est etiam 'de ipso', factum sit, non satis hoc nostrae fidei aliquod potest adferre praeiudicium.

ATHANASIVS dixit: In hac tua prosecutione diligenti admodum certa exposita ratione aduerti. Sed quod tantum nostrae dixeris, et non utrorumque designaueris fidei, non posse praeiudicium in his uerbis afferri, satis miratus sum, et arbitror quod fidem tuam munire festinans ista posueris, sperans me quod exinde leuiter sine aliquo documento possem transire. In euangelio quoque de Patre Filius dicit: *Spiritus est Deus*, et ut se de Patre natum ostenderet, ait: *Quod natum est de carne, caro est, et quod natum est de spiritu, spiritus est, quia Deus spiritus est*; et: *Ego de Deo Patre exiui*. Ecce Filium 'de' Patre natum, ipso Filio dicente, ostendi.

IV. ARRIVS dixit: Satis callidis et suspiciosis uteris disputationibus, quo dicas quod ad fidei meae munitionem hoc dixerim. Sed

---

Trad. text.: $\alpha^1 \xi \beta$ edd. (om. ν)

25 Ioh. 4, 24   26/27 Ioh. 3, 6   27 Ioh. 16, 27

15 de] ex *Boc*   sed] om. *Bd¹*   interpolantium] inter palatim *Vc¹*, interpellantium *N¹* an] ad δ unius] eiusdem *Bd¹*, huius *Cb¹ᵃ·ᶜ Mu² Tr¹ᵃ·ᶜ Boc*   16 significatione] significationem γ id est ut] idem *P⁵*   est] om. $\varepsilon^1 \zeta Vc^1 Boc$ etiam] et add. *Cb¹ Tr¹*   17 factum sit] facta sit *Cb¹ᵃ·ᶜ Mu² Tr¹ᵃ·ᶜ*, om. *Vc¹ P⁵*   satis] uideo add. *Boc Cass*   hoc] in praem. *P⁵*, om. *Vc¹*, nec praem. *Boc Cass*   aliquod] aliquid *P⁵*, in aliquo *Vc¹*   19 dixit] om. *Fra Boc*   prosecutione] persecutione *N¹ᵃ·ᶜ*, secutione *N¹ᵖ·ᶜ*   diligenti admodum] diligentiam modum *Ty² Sm¹ P² K² R¹ Mu¹*, diligentiae modum *Sg¹ Cass*   20 exposita ratione] expositam rationem *Tr¹ᵖ·ᶜ Cb¹ᵖ·ᶜ*   exposita] ex apposita *Ch²*   quod] om. ε^1 nostrae] fidei add. ε^1, fidei praem. δCh^1 21 utrorumque] utrarum duae ε^1 designaueris] signaueris *Bd¹*   21/22 fidei – afferri] om. δ 21 posse] esse *Mu²*   21/22 in his uerbis] om. ε^1 22/23 munire] munere *Ty²ᵃ·ᶜ ε^1*   23/24 exinde – documento] leuiter sine aliquo documento exinde δ 23 festinans] festinas *K²ᵃ·ᶜ Sg¹ᵃ·ᶜ R¹*   ista] ita $\varepsilon^1 O^3 Sg^{1p.c.} K^2 R^1 Boc Ch^{1.2}$ quod] $\varepsilon^1 Vc^1 P^5 Sm^1 N^1 O^3$, om. $\delta \zeta P^2 \beta^2$ edd.   24 documento] documen ε^1 possem] *Vc¹*, possim *P⁵ Bd¹*, posse $\alpha^1 \beta$ edd.   in euangelio quoque de patre] euangelio de patre quod δ patre] ipse add. *Vc¹ P⁵*   25 filius] dominus *Boc*   dicit] dixit *P⁶ᵇ Sg¹ Boc*   deus] om. *Boc*   et] *K²ˢ·ˡ· ᵖ·ᶜ·*, om. *R¹*   se de patre] de patre se *Mu²*   natum] esse add. *Cass*   ostenderet] ostendat δ 26 est²] *K²ˢ·ˡ· ᵖ·ᶜ·*, om. *R¹*   27 quia deus spiritus est] om. *P⁴ β edd.*   et ego de deo patre exiui] om. *P⁴*   et] alibi add. *Bd¹*, item add. *P⁵, om. $\varepsilon^1 \zeta$ Fra Boc*   28 filium de patre natum] de patre natum filium δ filio dicente ostendi] dicente ostendi filio *Vc¹*   filio] om. δ

IV. 1 dixit] om. *Fra Boc*   1/2 et suspiciosis uteris disputationibus] uteris disputationibus et suspiciosis *Cass*   2 quo] quod *P⁶ᵇ Tr¹ K²ᵖ·ᶜ· Sg¹ O³ Fra*, ut *Bd¹* δ dicas] diceres δ hoc] om. δ

ut de sensibus tuis omnis suspicionis ambiguitas auferatur, ut superius fassus sum, utrorumque fidei, siue 'ex ipso', seu 'de ipso' natus dicatur, nullum potest penitus adferre in aliquo praeiudicium.

ATHANASIVS dixit: Generans Pater ex seipso Filium, hoc genuit quod est ipse, an aliud aliquid?

ARRIVS dixit: Hoc utique quod ipse est genuit, quia Deus Deum genuit, lux lucem genuit, perfectus perfectum genuit, omnipotens omnipotentem genuit.

ATHANASIVS dixit: Ergo non extrinsecus, neque ex nihilo, neque ex aliqua praecedente aut subsequente materia, sed ex seipso genuit; et non aliud quam id quod ipse est genuit.

ARRIVS dixit: Alius alium genuit.

ATHANASIVS dixit: Et nos confitemur quia alius alium genuit, id est Pater Filium genuit. Sed si de seipso, id est de id quod ipse est et hoc quod ipse est genuit, quia alterius substantiae uel diuersi generis Filius esse non poterit, ac sic unius atque eiusdem cum Patre substantiae erit.

Trad. text.: $α^1 \xi β$ edd. (om. ν)

IV. 9/11 hoc – genuit] cfr Symb. Ant. II (341) (in ATHAN., Syn. 23, 3); Symb. Sirm. I (351) (in ATHAN., Syn. 27, 2); Symb. Sirm. II (357) (in ATHAN., Syn. 28, 8); MAXIMINVS in AVG., Coll. c. Maximin. 15, 7.13.15; AN. VER. (MAXIMIN.?), C. Iud. 3, 2 (f. 81r, l. 8-15); 13, 3 (f. 96v, l. 12-15)   12/14 et 16/20   non extrinsecus – genuit ... et nos – erit] cfr Liber fidei 5; 7 in VICT. VIT., Hist. persec. 2, 66.70 (quasi similiter); VIGIL. THAPS., Solut. obi. Arrian. 3 (l. 61-63); Obi. regis Tras. 1 in FVLG. RVSP., C. Arrian. Prol.

3 de] om. Sm^1 sensibus tuis] tr. Bd^1 omnis] $K^{2s.l.\ p.c.}$, om. R^1 suspicionis ambiguitas] tr. Fra   suspicionis] suspectionis $ε^1$, om. $δ$ auferatur] aut offeratur P^{7b}, aut auferatur P^{6b} ut] om. $δ$ 4 fassus] factus $Ty^{2a.c.}$, fatus $Ty^{2p.c.}$ ζ Boc Ch^1 sum] qui add. s.l. $Ty^{2p.c.}$ utrorumque] utrarumque $ε^1$ seu] siue edd.   5 nullum] nullus $ε^1$ potest penitus adferre] penitus adferre potest $δ$, penitus potest adferre Ch^1 penitus] om. Mu^1 Cass   adferre in aliquo] tr. $β$ Fra Cass Ch^2 adferre] auferre Sm^1, praefere Mu^1 5/6 praeiudicium] adiudicium Mu^1 7 dixit] om. Fra Boc   generans] uenerans $ε^1$ $Sg^{1a.c.}$ pater] deus praem. ζ, deus add. Boc   ex seipso] ex se id est de seipso $ε^1$ ζ P^5 Boc   seipso] ipso $Ty^{2a.c.}$ P^4 8 est ipse] tr. P^5 Bd^1 aliquid] om. Vc^1 P^5 9 dixit] om. Fra Boc   10 deum genuit] tr. Cass Ch^2 lux – genuit^1] om. N^1 perfectus – genuit] $Sg^{1in\ marg.\ p.c.}$ 10/11 omnipotens] om. Vc^1 12 dixit] om. Fra Boc   13 ex] om. $β^2$ aliqua] alia Bd^1 aut subsequente] om. Bd^1 seipso] ipso $Ty^{2a.c.}$ P^4 $ε^1$ id] om. Mu^2 Bd^1 N^1 $β^2$ Cass Ch^2 15 dixit] om. Fra Boc   16 dixit] om. Fra Boc   quia] obuiam $ε^1$ 17 id est pater filium genuit] ξ Sm^1, idem pater genuit $δ$, id est pater filium $ε^1$ ζ Boc Ch^1, om. $β^1$ $β^2$ Fra Cass Ch^2 seipso] ipso P^4 Sm^1 N^1 O^3 $P^{2a.c.}$ id est^2] idem N^1, hoc est Fra   de id] de eo $Ch^{1p.c.}$ $Mu^{2p.c.}$ $δ$ Cass $Ch^{1.2}$, de eo id Boc   quod] om. Ty^2 18 et hoc quod ipse est] om. homoeot. Boc Cass Ch^2 diuersi] diuerse $ε^1$ 19 poterit] potest $ε^1$ ζ P^5 Boc   atque eiusdem] atque idem $ε^1$, eiusdemque Cass Ch^2

LIBER SECVNDVS IV - V   309

ARRIVS dixit: Si nosses in quantos perfidiae errores unius substantiae professio uergat, nunquam profecto inter Patrem et Filium huius nominis faceres mentionem, nec disputationem tuam, quibusdam interrogationum gradibus incisam, tali conclusisses articulo, ut ad hunc eam impiae professionis deduceres finem.

ATHANASIVS dixit: Quod sit impium atque sacrilegum diuersas Patris et Filii substantias profiteri, et quod pium sit ac religiosum unius eos substantiae credere, scias me, o Arri, penitus ignorare non posse. Et hoc non humana opinione collectum, nec coniecturis et argumentis inuentum, sed caelestis doctrinae magisterio traditum demonstrabo.

V. PROBVS iudex dixit: Prius mihi uim qualitatemque sermonis adsigna, et tunc demum poterit demonstrari utrum Patri Filioque conueniat.

ATHANASIVS dixit: Substantia quidem duobus appellationum generibus distinguitur. Et est quidem unius generis qualitas haec, quae existentis naturae essentiam indicet; aliud uero est substan-

---

Trad. text.: $α^1 ξ β$ edd. (om. v)

V. 4/7 substantia – dirimatur] cfr ARISTOT., *Categ.* V 2a 11-19; PLOTIN., *Enn.* 6, 1, 3; HIL., *Syn.* 12; MAR. VICTORIN., *Adu. Arium* 1, 30; AMBR., *Incarn.* 9, 100-101

21 dixit] *om. Fra Boc* quantos ... errores] quanto ... errore $K^{2a.c.} R^1$ perfidiae errores] *tr. Cass* 22 professio] professionem $ε^1$, uocabulum P^4, *om. Ty²* uergat] unguatur Vc^1 23 faceres] faceris $N^{1a.c.} O^{3a.c.}$ 24 incisam] incidam $K^2 R^1$ 25 ut ad hunc] aut adhuc Vc^1 hunc] huc $ε^1 Tr^{1a.c.} K^{2a.c.} R^1 O^{3a.c.}$ eam] ea N^1, *om. Boc* deduceres] deduceris $N^{1a.c.} O^{3a.c.}$, duceres $Sg^{1a.c.}$ 26 dixit] *om. Fra Boc* quod] quam Bd^1 27 patri et filii substantias] substantias patri et filii *Fra* filii] et spiritus sancti *add. Boc Cass Ch²* et²] an $Vc^1 P^5$ 27/28 et quod – credere] aut unius eos religiosae ac piae substantiae profiteri $δ$, an unius eos religiosae accipi substantiae profiteri $ε^1$, et quod pium sit ac religiosum unius eos religiosae ac piae substantiae profiteri $ζ$, et quod pium sit atque religiosum unius eos religiosae ac piae substantiae confiteri *Boc* 27 quod] quam Bd^1 28 substantiae] religiosae ac piae *praem.* $δ ζ Boc$ o] $Vc^1 P^5 α^1 Boc Ch^1$, *om. Bd¹ β Fra Cass Ch²* penitus] $ξ α^1 Boc Ch^1$, perfidie *praem.* P^5, *om. β Fra Cass Ch²* 29 hoc] *om. Sm¹* 30 et] atque *Cass Ch²* magisterio] magisterium P^{6b}

V. 1 iudex dixit] *om. Fra Boc* iudex] *om. Sg¹ Mu²* prius] primus *Fra* sermonis] rerum $ζ Boc$ 2 adsigna] adsignate $Cb^{1p.c.} Tr^1 Mu^2 Vc^1 Bd^1 Boc Cass$ et tunc] tum $ζ Bd^1 Boc$ poterit] poteris $δ$ demonstrari] demonstare $δ Vc^1 N^{1a.c.}$ filioque] et filio $ε^1$, filio $N^1 O^3$ 4 dixit] *om. Fra Boc* quidem duobus] *tr. ξ* appellationum] appellationem $ε^1$ 5 distinguitur] distribuitur $K^{2a.c.} R^1$ et est quidem] at equidem $δ$ unius generis] unigeneris Ty^2 qualitas] qualitatis P^{6b} haec] et $Ty^2 Sm^1 N^1 O^3$, est P^4, *om. Sg¹ Fra* 6 quae] quidem $K^2 R^1$, quaedam $Mu^1 Cass$ essentiam] est sentientia Sm^1 indicet] indicat $δ Sg^{1a.c.}$ aliud] alius P^5

tiae genus, quo ille qui habet ab his quae habet dirimatur. Quod ut planius fiat quod dico, manifestiore utor expositione. Verbi gratia: Homo generis sui ac naturae substantia est. Rursus si quid illud est quod extrinsecus, id est in materia auri uel argenti aliarumque specierum possidet, substantia eius dicitur. Et cum eiusdem uocabuli una uideatur appellatio, duas tamen res significare uidetur. Sed nos de illo substantiae genere disputamus quo unaquaeque natura ab id quod est uel subsistit, substantia nuncupatur. Et quidquid ex sese, id est de seipsa genuerit, non aliud esse potest quam id quod ipsa est. Denique homo pater generans filium sui generis, id est suae substantiae, hominem generat, quia homo hominem generat; et recte unius substantiae esse dicuntur, quia ueritas natiuitatis substantiarum diuersitatem non recipit. Diuersitas autem substantiae est, ut exempli gratia dixerim, si homo pecudem gignat, uel si cuiuslibet generis pecus alterius a se generis pecudem generet, id est, si bos gignat asinum, uel si ouis

---

Trad. text.: $α^1 ξ β$ edd. (om. $ν$)

15/23 et quidquid – capram] cfr EPIPH., *Haer.* 69, 26; 76, 6; SEVER. GABAL., *Hom. in Gen.* 3, 1; AVG., *Serm.* 117, 14; 139, 2; *Symb.* 3; *Enchir.* 12, 39; *Coll. c. Maximin.* 14, 7

---

7 quo] quod $Ty^{2a.c.} P^4 ε^1 Cb^{1a.c.} Tr^{1a.c.} Mu^2 β$, ut Bd^1 qui] quod $Sg^{1a.c.} Mu^1 K^2 R^1$, quid *add. Cass*   quae habet] $δ Bd^1 P^2 β^2 Fra Ch^{1.2}$, qui habet $ε^1 Sm^1 N^1 O^3$, qui non habent $ζ Vc^1 P^5 Boc Cass$ dirimatur] dirimitur *Fra*   quod] et $ζ Vc^1 Boc Cass Ch^2$ 8 ut] hoc *add.* $Cb^1 Tr^{1p.c.} Mu^2$ quod dico] *om. Fra*   manifestiore utor expositione] manifesta expositione adsigno $α^1 Boc$ manifestiore] manifestiori $Mu^1 Cass Ch^2$ 9 substantia] substantiae $Sm^{1a.c.} N^{1a.c.} O^3$ est] eius *praem.* $ε^1$ rursus] rursum $δ$ si quid] sicut $δ R^1$ quid] quod $Cb^{1a.c.} Tr^1 Mu^2$, *om. Fra*   10 illud] illi *Boc*   quod] quid *add.* Ty^2, quis *add.* P^4 extrinsecus] est *add.* $ζ Boc$ id est] etiam *Fra*   10/11 est – substantia] *om. homoeot.* $ε^1$ 11 possidet] possidebit Sm^1, possidendarum $ζ Boc$ eius] quia N^1 dicitur] dicetur $ε^1$ 12 uideatur] uidetur $Sm^{1a.c.}$ 13 quo] quod $P^{6b} Sm^1 Fra$, qua $Cb^{1a.c.} Mu^2 Boc$, quia $Tr^{1a.c.}$ 13/14 unaquaeque] unaquoque Ty^2 14 natura] naturae P^{6b}, ab utraque natura *add.* $ε^1$ ab] ob $Ty^{2p.c.} Boc Cass Ch^{1.2}$. Vide adnotationes   id] eo $Cb^{1p.c.} Mu^{2p.c.} Bd^1$ subsistit] uel essentia uel *add.* Bd^1 15 sese id est] se $Cb^{1a.c.} Tr^1 Mu^2 Boc$, se id est Ch^1 seipsa] seipso $P^{6b} P^5 Bd^1$, ipso P^{7b}, ipsa $Sg^{1a.c.}$ genuerit] genuit *Cass Ch*^{2} 16 ipsa] ipse $Ty^{2a.c.} P^4 P^5 Bd^1 K^2 R^1$ denique] *om.* $ε^1$ homo] $O^{3s.l. al.m.}$ homo pater] *tr.* $Cb^{1a.c.} Mu^2$ 17 est] *om.* Vc^1 substantiae] substantia $ε^1$ 17/18 quia – generat] *om. homoeot.* $ξ$ 18 recte – dicuntur] rectae suae substantiae hominem generat $ζ Boc$ esse] *om.* $γ$ 19 natiuitatis substantiarum] *tr.* Mu^1 natiuitatis] natiuitas $Sm^{1a.c.}$, nouitatis $Cb^{1a.c.} Mu^2$, nauitatis $Cb^{1p.c.} Tr^1$ recipit] recepit $Mu^{2a.c.} Sm^1 O^3 Sg^{1a.c.}$, recepet $Cb^{1a.c.}$, repetit P^{6b} 20 autem substantiae est] substantiae autem est $Mu^{1a.c.}$, autem est susbtantiae $Mu^{1p.c.} Cass Ch^2$ dixerim] dixerit P^{6b}, dicam Bd^1 21 pecudem] pecodem $Mu^2 Sm^1$, pecodum $ε^1$ si] *om.* Bd^1, quod *add. s.l.* $P^{2p.c.}$ generis pecus] *om.* R^1 pecus] *om.* $β^1 β^2 Fra$ 21/23 alterius – quoniam] *om.* $ε^1$ 21 a se] *om. Boc*   22 pecudem] pecodem $Sm^1 Mu^2$, *del. et aliquod suprascr.* $P^{2p.c.}$ generet] generat $β^2$ gignat] generet *Boc Cass Ch*^{2} si] *om.* $δ$

generet capram. Quae quoniam in diuersitatem generis pergit, monstruosa generatio erit, suae naturae proprietatem minime seruans. Rursus in elementorum qualitatibus, quae sit substantiarum diuersitas uel proprietas, operae pretium est aduertere. Verbi gratia, uniuscuiusque ignis uel luminis natura, id ex se quod ipsa est ministrare uidetur, ut lux fulgorem, ut ignis incendium, et in hoc officii sui genere subsistens, substantiae suae intemeratam uidetur seruare naturam. Sin uero lux ex sese tenebras gignat, mutationi obnoxia erit, alterius a se generis materiam tribuens, quia in hoc immutabilitatis suae inlibatam poterit seruare substantiam, si hoc quod ipsa est, ministret ex sese. Ceterum si, ut dixi, id quod ex se tribuit aliud erit quam ipsa quae tribuit, tunc alterius substantiae dici poterit; quod omnino naturarum omnium qualitas, uel ordo uel ratio non admittit. Age nunc iam, si uidetur, a terrenis ac uisibilibus in superiora mentis oculum erigamus, et ex his quae facta sunt, infectae uirtutis substantiam cognoscamus, apostolicae auctoritatis edocti magisterio, quo ait inuisibilem diuinitatis uirtutem ex ea quae facta sunt debere intelligi. Dixit ergo

---

Trad. text.: $\alpha^1 \xi \beta$ edd. (om. ν)

V. 39 apostolicae – magisterio] cfr Rom. 1, 19-20

---

23 generet] generat Sm^1, genuerit Mu^1, gignat Cass Ch^2 quae quoniam] quaeque nostram Ty^2 diuersitatem] diuersitate ε^1 pergit] uergit ε^1 25 rursus] rursum $\delta \zeta \xi$ Boc Cass $Ch^{1.2}$ quae] quid P^5 25/26 sit substantiarum diuersitas] diuersitas sit substantiarum Bd^1 25 sit] si P^{7b}, sibi P^{6b} 26 operae] opere quasi omnes mss, necessario add. s.l. $Mu^{2p.c.}$ 27 uniuscuiusque] si praem. ξ ex se] esse ε^1 $Cb^{1a.c.}$ $Tr^{1a.c.}$ Mu^2, exe $Ty^{2a.c.}$ ipsa] ipse $K^2 R^1$ 28 uidetur] uideatur Bd^1 ut lux] uellux Ty^1 fulgorem] fulgore ε^1 ut²] aut Bd^1, om. Cass   in] om. δ Vc^1 29 genere] generis ε^1 Sm^1 suae] om. Vc^1 intemeratam] intemerate ε^1, intemerata $Ty^{2a.c.} P^4$ 30 naturam] natura ε^1 $Ty^{2a.c.} P^4 Sm^{1a.c.} Sg^{1a.c.}$ sin] si γ $Cb^{1a.c.}$ Tr^1 Fra Boc Ch^1 uero] autem Mu^1 Cass Ch^2 sese] se δ $Cb^{1a.c.}$ $Tr^1 Mu^2$ Boc   30/31 mutationi obnoxia] mutationis Ty^2, mutatio in ipsa P^4 31 erit] si praem. $Ty^{2a.c.}$ generis] om. γ materiam] materiem $N^{1p.c.} P^2 Mu^1$, naturam Fra   32 immutabilitatis] mutabilitatis O^3 32/33 substantiam] substantia ε^1 33 hoc] id Cass   ministret] ministrat $\gamma P^5 P^2$ ceterum] iterum δ si ut dixi] ut dixi si Mu^2 si ut] sicut $P^{6b} Sm^1 K^2 R^{1a.c.}$ 34 se] sese $Vc^1 P^5$ Boc   aliud – tribuit] om. homoeot. N^1 ipsa] ipsum Cass   quae] quod $\varepsilon^1 \zeta$ Boc Cass   35 substantiae dici] tr. Mu^2 36 non] om. ε^1 nunc iam] tr. $\gamma \xi Mu^2$ Fra Ch^1 iam si uidetur] si uidetur iam Boc   uidetur] uideretur $Ty^{2a.c.}$, uideatur Fra   37 ac] et Cass   erigamus] dirigamus $Vc^1 Bd^1$ et] ut $\varepsilon^1 \zeta$ Boc   38 facta] factae Mu^2 38/40 substantiam – uirtutem] om. P^{7b} 38 substantiam] substantiae P^{6b} 39 edocti magisterio] tr. P^4 magisterio] om. P^{6b} quo] qui δ P^{7b} ζ Boc Ch^1 ait] dicit Ch^2 40 ex] per P^2 Boc   ea] his Bd^1 β^2 Fra Cass Ch^2 debere intellegi] tr. $P^4 Mu^2$ Boc   intellegi] filium add. ε^1 dixit] dicit Cass Ch^2

Arrius Filium 'ex Patre natum esse', et: 'Deus Deum genuit, lux lucem'. In qua professione unum erit e duobus proculdubio retinendum. Aut enim ex seipso generans, id quod ipse est genuit, et ob hoc Filius unius cum Patre substantiae erit, aut si alterius a se generis Deum genuit, uera natiuitas dici non poterit, quae proprietatem substantiae generantis seruare non potuit. Et eo disputationis ratio deducitur, ut aut omnino natus non sit, aut degeneratus sit; quod utrumque fateri perabsurdum et impium esse uidebitur.

VI. PROBVS iudex dixit: Si quid sibi contra haec Arrius competere nouit, edicere non moretur.

ARRIVS dixit: Simplicis atque immutabilis naturae Deum esse, non reor Athanasium ignorare. Qui si, ut idem adseruit, de sua substantia generauit, mutabilis proculdubio erit. Necesse enim est, ex sese quod ipse est generando, aut partem substantiae per

---

Trad. text.: $\alpha^1 \xi \beta$ edd. (om. ν)

43/49 aut – uidebitur] cfr HIL., *Trin.* 5, 20.39; 7, 14.39; 9, 36; GREG. ILLIB., *Fid.* 73; AVG., *Serm.* 139, 4-5; *C. Maximin.* 1, 6; 2, 1; 2, 14, 7; 2, 18, 3

VI. 4/11 qui si – confiteor] cfr ARIVS, *Epist. Eus.* 4 (ὁ υἱὸς οὐκ ἔστιν μέρος ἀγεννήτου κατ' οὐδένα τρόπον); *Epist. Alex.* 5; ARRIANI in ATHAN., *Arian.* 1, 15; in Ps. ATHAN., *Trin.* 2, 27 (PG 28, 1197 BC); in HIL. *Trin.* 4, 4.11; in MAR. VICTORIN., *Homous.* 3; EVN., *Apol.* 9 (ed. Vaggione, p. 42-44, l. 1-10); 15 (ed. Vaggione, p. 50-52, l. 4-6); *Exp. fid.* 2 (ed. Vaggione, p. 152, l. 15-16); EVNOMIVS CYZICENVS in CYR., *Thes.* ass. 6 (PG, 75, 81C); CANDID., *Gen. diu.* 3; MAXIMINVS in AVG., *Coll. c. Maximin.* 15, 14

---

41 filium] habet *add.* P^5, dei *praem.* Mu^2 et deus deum genuit] *Boc,* quia homo hominem generat et deus deum ex se genuit Vc^1, quia deum deum genuisse quia homo hominem generat Bd^1, et deum deum genuisse $\varepsilon^1 \zeta Sg^1 K^2 R^1 \beta^1$, et deum deum genuisse $Ty^{2p.c.} P^4 Sm^1 Mu^1 Fra Cass Ch^{1.2}$, et deus deum esse genuisse P^5 41/42 lux lucem] lucem lucem $Ty^{2p.c.} P^4 Mu^1$, luxque luce Vc^1, lux lumen ε^1, et *praem.* P^5. *Vide adnotationes*   42 erit e] est de ε^1 43 seipso] ipso ε^1 generans] pater *praem.* Vc^1 id] *om.* δ est] *om.* δVc^1 et] $Cb^{1s.l. p.c.} Mu^{2p.c.} Tr^{1p.c.}$ 44 unius cum patre] $\xi \alpha^1 Boc Ch^1$, cum patre unius $\beta Fra Cass Ch^2$ 45 deum] deus *praem.* ξ quae] quem P^5 46 generantis] generantes $P^{ob} N^{1a.c.} O^{3a.c.}$, generanti P^5 eo] deo ε^1, ideo P^5, *om.* δ 46/47 disputationis] disputantis *Fra*   47 aut^1] ad Vc^1 48 degeneratus] degener natus ζBoc fateri] *om.* δ perabsurdum] absurdum $\delta \beta Fra Cass Ch^2$ 49 uidebitur] uidetur ζBoc, fatebitur P^5

VI. 1 iudex dixit] *om. Fra Boc*   iudex] *om.* Mu^2 2 edicere] dicere N^1 moretur] moret ε^1 3 dixit] *om.* $\varepsilon^1 Fra Boc$ atque] ac $Cass Ch^2$ 4 non reor athanasium ignorare] reor athanasium non ignorare *Cass*   qui] quid ε^1 adseruit] astruit $Vc^1 P^5$, adseuerat Bd^1 4/5 sua substantia] substantia sua filium Vc^1 5/6 enim est] *tr.* $Mu^2 Tr^1 Vc^1 \beta^2 Boc Cass Ch^2$ 6 est] *om.* Cb^1 sese] se δ quod ipse est] *om. Boc*   ipse] $Ty^{2p.c.} \xi K^2 R^1 Fra Ch^{1.2}$, ipsa $Ty^{2a.c.} P^4 \varepsilon^1 \zeta Sm^1 \beta^1 Sg^1 Mu^1 Fra Cass$ generando] generanda $Sg^{1a.c.}$, generari deo ε^1 partem] patrem $\varepsilon^1 Sm^{1a.c.}$ substantiae] substantiam ε^1

deriuationis generationem perdidisse, aut diuisionis uitium perpeti potuisse. Ego enim Dei Patris substantiam, neque ex sese aliquid edidisse, neque in partium qualitates deriuatam fuisse, neque accessionis aut detractionis uel aliquid huiusmodi, quod sit passioni obnoxium sensisse uel sentire potuisse, confiteor.

ATHANASIVS dixit: Sed neque nos his passionum conditionibus diuinam credimus subiacere naturam, sed impassibilem Patrem, impassibiliter ex se ipso, id est de id quod ipse est, Filium generasse fideliter confitemur. Nec nos diuisionum uel deriuationum ac partium, cunctarumque rerum passionis genera quae inani sollicitudinis timore actus obicere uoluisti, a professionis ueritate deflectunt, ut negemus Deum ex seipso ob hoc generare non potuisse, ne uideatur his passionibus subiacere. Quid igitur religiosius, quidue sanctius ac diuinis sit congruum legibus, aequa, obsecro uos, o auditores, iudicii lance pensate. Erigite mentis oculos, et terrificum futuri examinis diem metuentes, quid magis catho-

---

Trad. text.: $\alpha^1 \xi \beta$ edd. (om. ν)

12/15 sed – confitemur] cfr ATHAN., *Arian.* 1, 16.28; GREG. NAZ., *Or.* 29, 2.4; HIL., *Syn.* 59; AMBR., *Fid.* 1, 10, 67; *Liber fidei* 8 *in* VICT. VIT., *Hist. persec.* 2, 73   13/15 sed – confitemur] cfr VIGIL. THAPS., *Solut. obi. Arrian.* 3 (l. 61-63)

7 deriuationis] deriuationem ε^1 generationem] cognationem *Fra*   8 substantiam] substantia $\varepsilon^1 N^1$ sese] se δ *Boc Cass*   8/9 aliquid] *om.* δ 9 edidisse] dedisse $\zeta \xi O^{3.a.c.}$, didicisse N^1, dedidisse $O^{3p.c.}$, edisse P^{7b} neque] *om.* P^{6b} deriuatam] deriuatum P^2 *Fra*   10 accessionis] accensionis $Sg^{1a.c.}$, cessionis ε^1, sectionis δ Ch^1 aut] uel *Fra Boc*   uel] aut *Boc*   huiusmodi] eiusmodi $Cb^1 Mu^2 Tr^{1p.c.}$, passam *add. Bd^1*   quod sit] quo possit P^5 10/11 sit passioni] passioni est P^2 10 sit] si Vc^1 11 sensisse uel] *om.* Vc^1 sensisse] esse $P^5 Bd^1$, sentisse $Ty^{2a.c.} P^{4a.c.}$ 12 dixit] *om. Fra Boc*   his] *om.* $\xi Cb^{1a.c.} Tr^1 Mu^2 Boc$ 13 diuinam] obnoxiam *praem. Fra*   sed] in his *add.* $N^1 P^{2s.l. p.c.}$ β^2 *Cass Ch^2*   impassibilem] passibilem N^1 14 ex] de ε^1 id est] *om.* ε^1 de id] id Vc^1, de eo $Ty^{2p.c.} Cb^{1p.c.} Bd^1 \beta^2$ *Cass Ch^{1.2}*, deum $Cb^{1a.c.} Tr^1 Mu^2$, deo deum *Boc*   generasse] genuisse *Fra Cass Ch^2*   15 nos] non δ diuisionum ... deriuationum] diuisionem ... deriuationem γ uel] ac δ ac] aut *Cass*   16 cunctarumque] cunctarum $Sm^1 N^1 O^3 P^{2a.c.} Sg^{1a.c.}$ *Fra*, quae δ passionis] passionisque *Fra*, uel passionum *Boc*   quae] uel *praem. Bd^1*   inani] inanis γP^2 *Fra*   16/17 sollicitudinis] sollicitudinibus ε^1 17 timore] amore Bd^1 18 negemus] negeremus P^{6b} ob] *om.* ε^1 19 potuisse] posse filium Bd^1 ne] *om.* P^{6b} uideatur his] *tr.* O^3 20 ac] et Vc^1, aut *Fra*   sit] magis *add. Boc Ch^1*   diuinis sit congruum legibus] $\xi \alpha^1$, diuinitati congruum $Sm^1 N^1 O^3$, diuinitate congruum $P^{2a.c.}$, diuinitate congruentius $P^{2p.c.}$, diuinitati congruentius β^2 *Cass Ch^2*, diuinitati magis congruum *Fra*   20/21 aequa obsecro uos o auditores iudicii lance] obsecro uos o auditores iudicii aequa lance β^2 *Cass Ch^2*   20 aequa] quae Vc^1 21 uos] *om. Bd^1*   o] *om.* ε^1 pensate] pensante $\varepsilon^1 Sg^{1a.c.}$, equo *praem. Fra*, libramine *add.* $Sm^{1a.c.} N^1 O^3 P^{2a.c.}$ *Fra*   erigite] et *praem.* ε^1 22 terrificum] terrificam ε^1 futuri] $P^{2s.l. p.c.}$, *om. Sm^1*   diem] iudicium Sm^1, die P^{7b}

licae atque apostolicae congruat ueritati, religiosa mentis intentione perspicite: utrum fateri omnipotentem Deum impassibiliter ex seipso Filium generasse, an illud potius opinari, ne passionis uitio subiaceret, ex seipso, id est ex substantia sua Filium generare non potuisse. Ego enim id adstruo, id clarissima uocis professione adseuero, quod sicut Deus impassibilis, ita et omnipotens est. Credo ergo id potuisse de sua substantia generare, nec tamen alicuius passionis uitio subiectum fuisse, quoniam diuisio, deriuatio, contractio, accessio, fluxus, uel si qua huiusmodi esse possunt genera passionum, corporeis et contrectabilibus atque ex diuersitate compositis conueniunt rebus. Deus uero, qui nullis corporei schematis circumscribitur signis, nec aliquibus distinguitur membrorum liniamentis, uitio subiacere non potest passionis. Et recte in eo generationem profiteor, quia genuit, et recte impassibiliter nihilominus confiteor, quia passibilis nunquam fuit.

Trad. text.: $\alpha^1 \zeta \beta$ edd. (om. v)

24/27 utrum – potuisse] cfr ORIG., *Princ.* 1, 2, 2; ATHAN., *Arian.* 2, 29; HIL., *Trin.* 6, 21; AMBR., *Fid.* 4, 8, 84; 5, 18, 224; PS. EVSEB. VERC., *Trin.* 5, 27-28; AVG., *In euang. Ioh.* 19, 6; *Epist.* 238, 25; *C. Maximin.* 2, 7; 2, 15, 1; *Serm.* 139, 5; VIGIL. THAPS., *Solut. obi. Arrian.* 1 (l. 4-12); FVLG. RVSP, *C. Fab. fragm.* 20   29/37 credo – fuit] cfr *supra* l. 12-15 (*loc. sim.*)   33/35 deus – liniamentis] cfr VIGIL. THAPS., *Solut. obi. Arrian.* 1 (l. 22-23)

23 atque] et ζ *Boc*, om. Bd^1 congruat ueritati] tr. ζ *Boc*, ueritati conueniat γ 24 perspicite] respicite ζBd^1 *Boc*   24/25 impassibiliter ex seipso] ex seipso impassibiliter Vc^1 25 generasse] generans se $Sg^{ia.c.}$ passionis] passioni Ty^2 uitio] uitium $Sm^1 N^{ia.c.} O^3$ 26 seipso] ipso $Sm^{ia.c.}$, se *Cass*   substantia sua] tr. $\delta \zeta$ *Boc*   substantia] om. ε^1 27 potuisse] potuisset ε^1 id adstruo] om. ε^1 professione] professiones Bd^1, professionem ε^1 28 sicut] sicuti ζ *Boc*   impassibilis] om. δ 29 ergo] om. $\beta^1 \beta^2$ *Fra Cass Ch²*   id] eum $\zeta \xi$ *Boc*, quod *add.* $Sg^{ia.c.}$ potuisse de sua substantia] de sua substantia potuisse *Boc*, de sua potuisse substantia $Ch^{1.2}$ potuisse] pocius se Vc^1 de sua substantia] filium *add.* ζP^5 *Boc*, filium *praem.* Vc^1 30 quoniam] cum δ 30/31 deriuatio contractio] tr. Vc^1 30 deriuatio] ac *praem.* $\gamma \zeta Vc^1 P^5$ *Boc Ch²*   31 contractio] contractatio $O^3 P^{2a.c.}$, om. γ qua] similia *add.* ζ *Boc*   esse possunt] tr. *Cass*   32 corporeis] corporitis $Tr^{ia.c.}$, corporibus ε^1 33 conueniunt] ueniunt Ty^2, conueniant P^4 deus] deum $N^1 O^3$ nullis] nullius β^1 *Fra*   corporei] $P^4 Bd^1 N^{ia.c.} P^2 Ch^1$, corpore O^3, corporee $Sm^1 N^{ip.c.}$, corporeis $\alpha^1 Vc^1 P^5 \beta^2$ *Boc Cass Ch²*, corporis *Fra*   33/34 schematis] δCh^1, stemmatis $Sm^1 \beta^1$, stigmatum β^2 *Cass*, stigmate *Fra*, stemmatum ζ, temmatis ε^1, schematum Ch^2, om. $Vc^1 P^5$ 34 signis] nec *praem. Fra*   35 uitio] uitium $K^{2a.c.} R^{ia.c.}$ potest] potuit ε^1, poterit *Fra*   36 eo] eodem $\varepsilon^1 \zeta$ *Boc*   impassibiliter] uel impassibilem *suprascr.* $Tr^{ip.c.}$, impassibilem *Cass*   36/37 genuit – confiteor quia] $Sg^{in marg. p.c.}$ 37 confiteor] genuisse *praem.* Bd^1, profiteor *Fra*   passibilis] passibiliter N^1

LIBER SECVNDVS VII

VII. ARRIVS dixit: Num igitur quia in Deo omnipotentia negari non potest, idcirco ea eum perpeti posse fatendum est quae omnino incorrupta eius diuinitatis substantia non recipit? Vnde ualde inhonestum et satis impietate plenum esse uidebitur, ut per unius professionem substantiae, nec Patrem proprie subsistere, nec Filium in sua proprietate stare credamus. Illuc enim nefanda perfidiae huius uergit intentio, ut permixtis et in unius rei coagulatione ex diuersis collectis atque confusis Patris et Filii personis, in sua, ut dixi, proprietatis singularitate minime subsistere ualeant. Illud etiam nimis horrendum, et procul a fidelium mentibus amouendum, in hac tuae professionis perfidia continetur, inuiolabilem Patrem, de sua substantia generando corruptionis ac diuisionis uitium declinare minime potuisse.

ATHANASIVS dixit: Veritate diuinae generationis, uelut nodis insolubilibus artius obligatus, per nescio quae nefandae intentionis molimina, quae diuinam certum est carere naturam, euadendi suffugium quaeritans, corruptionem incorrupto, passionem impassibili, impotentiam obicis omnipotenti. Et haec crebro ac saepius repetens, nulla te diuinae maiestatis reuerentia a tam nefandis obiectionibus arcere, quantum uideo, potest. Sed sine ullo pudoris intuitu, in iniuriam uenerandae Filii natiuitatis obuius properare contendis. Sed te effrenatius euagantem et, uelut undosi aequoris gurgite, naturali quadam licentia fluitantem, diuinae auctoritatis testimonia cohercebunt, et intra certos diuinae professionis limites coartatum, legalium constitutionum metas egredi non sinent.

Inculcatur igitur humanis sensibus, sacro illo professionis suae oraculo diuina maiestas, quo se Filium de occultis substantiae suae arcanis ineffabiliter genuisse testatur et dicit: *Ex utero ante luciferum genui te*. Vnum est ergo in hac diuinae professionis contestatione retinendum. Aut enim de sua ineffabili substantia Filium incorruptibiliter genuit, aut ne corrumperetur omnino non

---

Trad. text.: $\alpha^1 \xi \beta$ edd. (om. ν)

VII. 29/30 Ps. 109, 3

27/40 inculcatur – processisse] cfr HIL., *Trin.* 6, 16; 12, 8; FAVSTIN., *Trin.* 28; AMBR., *Fid.* 1, 10, 66; AVG., *C. Maximin.* 1, 7; 2, 18, 1; *Liber fidei* 7 *in* VICT. VIT., *Hist. persec.* 2, 72

---

17 quaeritans] quaeris an ζ *Boc*, quaerit an subicis ε^1 corruptionem] corruptione Vc^1, corruptio $Ty^{2a.c.}$, corruptionis $Ty^{2p.c.} P^4$ incorrupto] incorruptionis $Sm^{1a.c.}$, corrupto Vc^1, *om.* δ 18 et] sed γ $Cb^{1a.c.} Tr^1 Mu^2$ *Boc* Ch^1 haec] hoc *Fra Cass* Ch^2 19 repetens] repetentem $Cb^{1p.c.} P^2$ nulla te] nullatenus *Boc*   a] *s.l.* $Cb^{1p.c.} Tr^{1p.c.}$, *om.* Mu^2, ac P^{6b} tam] tum ε^1 20 arcere] arceris *Boc*, properare contendis *add.* ε^1 potest sed] *om.* $Cb^{1a.c.} Mu^2$ sed suppl. *s.l.* $Cb^{1p.c.*}$, $Tr^{1in\ marg.\ p.c.}$ potest] potes Sm^1 21 in] *om.* $Cb^{1a.c.} Tr^{1a.c.} Mu^2 Vc^1$, *s.l.* $Cb^{1p.c.*} Tr^{1p.c.}$ *Boc*   filii natiuitatis] illius diuinitatis γ, *tr.* Fra   natiuitatis] natiuitati $Cb^1 Tr^{1a.c.} Mu^2$ *Boc* Ch^1 22 obuius] ob huius ε^1, subbius Ty^2, obiectionis huius uaniloquio *add.* ξ te] ne P^4 effrenatius] frenatius Ty^2 euagantem] euagitantem Bd^1, euagante $R^1 P^{6b}$ 22/23 uelut] quasi Mu^2 23 gurgite] gurgitem δ fluitantem] fluitante R^1, fluctuantem $\zeta O^{3p.c.}$ *Boc*   24 testimonia] testimonio *Boc*   et intra] et moras (!) P^5, et inter *Boc*, *om.* ε^1 25 constitutionum] institutionum Mu^2 26 sinent] $Vc^1 Bd^1 K^{2a.c.} R^1$ *Fra* $Ch^{1.2}$, sinebunt $\alpha^1 P^5 Sm^1 \beta^1 K^{2p.c.} Sg^1 Mu^1$ *Boc Cass*. *Vide adnotationes*   27 inculcatur] inculcetur P^{7b}, inculcentur P^{6b}, inculcat $\zeta \xi$ *Boc Cass* Ch^2 humanis] in *praem.* ε^1 professionis suae] *tr.* Mu^2 *Fra*   28 quo] a $Ty^{2a.c.} \varepsilon^1$, ac $Ty^{2p.c.} P^5 Bd^1 Cb^{1a.c.} Tr^1 Mu^2$ *Boc*, quae P^4, ex Vc^1 29 arcanis] *del.* $Ty^{2p.c.}$ testatur] testantur ε^1, fatetur P^4 dicit] dixit $K^{2a.c.} R^1$ *Boc*   ex utero] *om. Fra*   30 est] $Sg^{1s.l.\ p.c.}$ ergo] $K^{2s.l.\ p.c.}$ diuinae professionis] diuina ε^1, *tr.* P^4 30/31 contestatione] attestatione Mu^2, constitutione Ty^2 31 retinendum] tenendum α^1 enim] deus pater *add.* Vc^1 ineffabili] ineffabiliter $\varepsilon^1 Cb^{1a.c.} Tr^1 Mu^2$, effabiliter *Boc*   substantia] *om.* ε^1 31/32 filium] *om. Fra*   32 ne] nec $Ty^{2p.c.} Vc^1$ corrumperetur] corrumpetur ε^1, corruptibliter $Ty^{2a.c.} P^4$, incorruptibiliter $Ty^{2p.c.}$

genuit. Sed ego hanc integrae fidei partem eligo, quae me religiosius contestanti de se Deo suadet famulandum, nec me ulla humanae passionis obstacula ex infidelitatis sacrilegio descendentia ullatenus poterunt reuocare, ut merito non credam Deum generare potuisse, ne humanae consuetudinis more corruptioni potuerit subiacere, cum hoc mihi satis esse non dubitem profitendum, de Dei substantia natum esse quem constat de Patris utero processisse.

VIII. ARRIVS dixit: Quantum tuae prosecutionis intentio monstrat, compositum nobis et corruptioni obnoxium uis introducere Deum, qui etiam in eum corporalem uteri appellationem accipere non metuis. Necesse ergo erit ut aut membris compositus sit, si uterum habet, aut corruptioni, ut dixi, obnoxius, si de sua substantia generauit.

ATHANASIVS dixit: Recte id me sensisse argueres, si ego Deum habere uterum, propria temeritatis praesumptione, sine ullo diuinae legis testimonio adfirmassem. At cum ipse Deus, ad refellendam credere nolentium insaniam, hoc de seipso pronuntiare

---

Trad. text.: $\alpha^1 \xi \beta$ edd. (om. ν)

33 hanc] hunc ε^1 partem] patrem ε^1 quae me] quem ε^1 N^1, quam Ty^2, quae P^4 $Ch^{1,2}$ 34 contestanti] contesti $Sg^{1a.c.}$, contestatim Vc^1 suadet] suadit Sm^1 N^1, suadeat Boc famulandum] famulari $Cb^{1a.c.}$ $Tr^1 Mu^2$ Boc $Cass$ sed uel famulandum suprascr. $Cb^{1p.c.*}$ me] $Tr^{1s.l. p.c.}$, om. γ $Cb^1 Mu^2$ Boc ulla] illa $Vc^1 Bd^1 Sm^1 O^3 P^2 Fra$, ille N^1, ullo Mu^2 35 obstacula] obstaculum $K^{2a.c.} R^1$, obstaculo Mu^2, quae add. s.l. $Tr^{1p.c.}$ descendentia] descendit $Cb^{1a.c.}$ $Tr^1 Mu^2$, defendat Boc 36 ullatenus] nullatenus ε^1 Boc, enim add. Boc, om. $Cass$ poterunt] potuerunt N^1, poterint Sm^1 $O^3 P^{2a.c.}$ β^2, poterit $Ty^{2a.c.} Bd^1 Cb^{1a.c.} Tr^1 Mu^2$, potero Boc reuocare] reuocari Boc credam] credamus δ, credant β 37 potuisse] non posse ε^1 ne] nec $Ty^{2p.c.}$ $P^{2p.c.}$ $Cb^{1p.c.}$ corruptioni] corruptione $Sm^{1a.c.}$ $Ty^{2a.c.}$, correptione P^{7b}, correptioni P^{6b} 37/38 potuerit subiacere] tr. $Cass$ potuerit] poterit γ, possit ξ 38 profitendum] $Mu^{2in\ marg.}$ 39 de dei – esse] om. Fra natum] natam $K^{2a.c.} R^1$ quem] quod $Cass$

VIII. 1 dixit] om. $Fra Boc$ 2 compositum] non positum P^{7b} corruptioni] corruptionis ε^1 qui] quia Bd^1 eum] eo $Ty^{2p.c.}$ ε^1 P^2 β^2 $Fra Cass Ch^{1,2}$, uel eo suprascr. $Cb^{1p.c.}$, eius substantia Vc^1 appellationem] substantiam add. P^5 4 aut] ad Vc^1 5 uterum] utrum ε^1 aut] ut $Sg^{1a.c.}$ corruptioni] corruptione $Sg^{1a.c.}$, ut dixi obnoxius] tr. Fra ut] aut praem. $K^{2a.c.}$ $R^{1a.c.}$ obnoxius] obnoxium ε^1 5/6 sua substantia] tr. $Cass Ch^2$ 7 dixit] om. $Fra Boc$ id me] hoc me ζBoc, idem me ε^1, tr. $Cass Ch^2$ argueres] arguereris ε^1, argueris N^1 8 habere uterum] tr. $Cass Ch^2$ uterum – praesumptione] propria temeritatis praesumptione habere uterum Fra propria temeritatis] proprietatis meritatis Vc^1 propria] propriae ε^1 8/9 diuinae legis] tr. Boc. 9 testimonio] testimonia $Sg^{1a.c.}$ adfirmassem] adfirmasse ε^1 at] et P^4, sed Ty^2 9/10 refellendam] repellendam δ $Cb^{1a.c.}$ 10 insaniam] insania Cb^1 seipso] se Sm^1, ipse $K^{2a.c.}$, se ipse $Sg^1 Mu^1 R^1 \beta^1$, ipso $Vc^{1a.c.}$

dignatus est, quo euidentius per uteri nuncupationem, non extrinsecus, non aliunde, sed de seipso, id est de sua substantia Filium generasse doceret, cur mihi uitiosae credulitatis notam infigis? cum hoc potius Deo dicere possis: 'Si habes uterum, compositus eris. Si de teipso genuisti, corruptioni obnoxius eris'. Nam ita in Deum uterus sine aliqua membrorum compositione accipitur, sicut et oculi et aures, et manus et pedes, sine ullis distinctionum liniamentis inesse referuntur. Sicut ergo oculos quia omnia uidet, aures quia omnia audit, manus quia cuncta operatur, pedes quia ubique est, ita uterum, quia de seipso ineffabiliter genuit, accipere debes.

IX. Nec te oportet infideliter opinari, quia si de seipso genuit, corrumpi utique potuit; quem et omnipotentem et incorruptibilem generare potuerit, nec hac ipsa generatione corrumpi potuerit, fideliter conuenit profiteri. Nam si mirabiliter ex uirgine contra rerum naturam incorruptibiliter creditur natus, quanto

---

Trad. text.: $\alpha^1 \xi \beta$ edd. (om. ν)

VIII. 15/21 nam – debes] cfr BASIL., *Eun.* 2, 5; AMBR., *Fid.* 1, 10, 67; HIL., *Trin.* 12, 9-10; VIGIL. THAPS., *Solut. obi. Arrian.* 1

IX. 4/19 nam – potuerit] cfr AMBR., *Fid.* 1, 12, 77-78

---

11 est] sit *Boc* quo] quod Sm^1 nuncupationem] nuncupatione ε^1 12 de^1] a δ id est de] om. P^5 est] om. Vc^1 de^2] om. Bd^1 sua] om. ε^1 12/13 filium] se *praem. Boc.* 13 doceret] doceatur ε^1 uitiosae] ociose $P^5 Bd^1$, uotio $Sg^{ta.c.}$ credulitatis] crudelitatis $P^5 Bd^1 \beta$ *Fra* notam] notas β *Fra Cass* Ch^2 14 hoc] om. ζ *Boc* deo] de *praem.* $\varepsilon^1 Bd^1$ habes] habet $Sg^{ta.c.}$ 15 eris^1] es ε^1 si de teipso – eris^2] om. *homoeot.* ε^1 corruptioni] corruptione P^{6b} 16 ita] om. ε^1 deum] deo $Ty^{2p.c.} Mu^2$, $Sm^1 \beta^2$ $Vc^1 Bd^1$ dei *Boc* compositione] compositioni $Sg^{ta.c.}$ 17 et^1] om. $\varepsilon^1 \zeta Vc^1 P^5$ *Boc Cass* $Ch^{t.2}$ et aures] om. *Boc* manus] nares Mu^2 ullis] ullius $P^5 Sm^{ta.c.}$ $\beta^2 Sg^1 K^2 R^1 Mu^{ta.c.}$ 17/18 distinctionum] distinctionem P^{6b} 18 inesse] in se $Sm^1 N^1 O^3$ oculos] oculus $Ty^{2a.c.} P^{4a.c.} \varepsilon^1 Sm^1 K^2 Mu^1$, oculi P^5 18/19 omnia – quia^2] om. P^4 19 uidet] uident $P^5 \zeta$, uidit $Sm^{ta.c.}$ aures – audit] om. Ty^2 aures] auris $Sm^1 O^{3p.c.} \beta^2$ audit] audiunt ζP^5 cuncta] omnia ζ *Fra Boc* operatur] operantur ζP^5 $N^1 O^{3a.c.}$ pedes] pes Mu^1 20 est] $Sg^{ts.l. p.c.}$, sunt ε^1 ita] in deo *add.* Vc^1, in deum *add.* P^5 genuit] filium *add.* $Vc^1 P^5$

IX. 1 nec te] non P^{6b}, nec P^{7b}, recte Vc^1 opinari] ropinare (!) N^1 quia si] quasi $\varepsilon^1 N^1 O^3$ *Fra*, ut quia Vc^1, quia et si *Boc* seipso] ipso $Sm^1 P^{2a.c.}$ 2 corrumpi utique] idcirco corrumpi Vc^1 utique] om. Mu^2 potuit] potuerint Vc^1, non *praem.* $\zeta P^{2p.c.} \beta^2$ *Boc Cass* et^1] $\xi \beta$ *Fra Cass*, ut α^1 *Boc* $Ch^{t.2}$ 2/3 et incorruptibilem generare potuerit] et (ut Vc^1) generare potuerit et incorruptibilem $Vc^1 Bd^1$ incorruptibilem] corruptibilem $K^{2a.c.} R^1$, incorruptibiliter $\varepsilon^1 Ch^2$ 3 potuerit] potuit $Sm^1 N^1 \beta^2$ *Fra* nec] ne $\zeta Vc^1 Bd^1$ *Boc Cass*, in ε^1 hac] om. δ 3/4 potuerit] poterit Sm^1, posset Vc^1, potuit $\varepsilon^1 \zeta$ 4 si mirabiliter] similiter P^{7b} 5 naturam] natura N^1, naturarum ε^1, corruptibilium *add.* $Cb^{ts.l. p.c.*} P^{2in marg. p.c.}$ creditur natus] *tr.* ε^1

LIBER SECVNDVS IX

magis ex Patre credendus est incorruptibiliter genitus? Si enim substantialis natura uirginis, quae ex ipsa utique corruptibilis naturae conditione, passioni et corruptioni potuit subiacere, intemerata pudoris integritate et infractis uirginalibus claustris,
10 mirabili incorruptionis integritate filium generauit, cur non magis, ut dixi, incorruptibilem Deum, genito ex se incorruptibiliter Filio, corrumpi non potuisse credamus? O nouum atque infandum monstruosae opinionis damnabilem metum fateri uirginem partu non potuisse corrumpi, et formidare Deum, ne corruptio-
15 nis uitio subiaceret, de sua substantia generare non potuisse! Volente igitur Deo, corruptibilis naturae uirgo sine ullo corruptionis uitio generauit, et ipse qui incorporaliter cunctis naturis incorruptibilior permanet, hoc sibi praestare non potuit, ut de sua substantia Filium incorruptibiliter generare potuerit?
20 Ergo quia Deum de seipso Filium generasse et diuinarum scripturarum testantur eloquia, et in sua id Arrius superiore prosecutione fassus est, iudica, uirorum optime Probe, quis magis cum

---

Trad. text.: $\alpha^1 \xi \beta$ edd. (om. ν)

IX. 8/9 intemerata – claustris] cfr Luc. 1, 34

6/7 genitus – corruptibilis] $Tr^{\iota in\ marg.\ al.m.}$ 7 substantialis] corporalis ξ 7/8 naturae] natura P^{6b} Boc   8 corruptioni] corruptione ε^1 subiacere] subiare $Cb^{\iota a.c.}$
8/9 intemerata] temerata N^1, intemerate P^{6b} 9/10 integritate – mirabili] iter. P^{6b}
et infractis – integritate] $Sg^{\iota in\ marg.\ a.c.}$, om. homoeot. Bd^1 9 uirginalibus] generalibus $P^{sa.c.}$, generabilibus $P^{sp.c.}$ 10 mirabili] mirabilis $\zeta Vc^{\iota a.c.} \beta^2$ Cass Ch^2, mirabile P^{6b} incorruptionis integritate] tr. Mu^2 incorruptionis] incorruptioni $Sm^{\iota a.c.}\ N^1$ generauit] genuit ζ Boc   non] om. ε^1 11 incorruptibilem deum] incorruptibili δ
12 filio] deum add. P^4 credamus] credatur ε^1 o] $\xi Ch^{\iota.2}$, o in ras. $Ty^{2p.c.}$, et ob P^4, et o $Sm^{\iota p.c.}$, et $Sm^{\iota a.c.}\ \beta^1 \beta^2 \zeta \varepsilon^1$ Fra Cass, et ut Boc   12/13 infandum] ne fandum Sm^1
13 monstruosae opinionis] tr. Cass   damnabilem metum] $\delta \xi Sm^1$ Fra $Ch^{\iota.2}$, damnabile metum O^3 damnabili metu $Cb^{\iota a.c.} Mu^2 Tr^{\iota a.c.}$, damnabilem metu ε^1, damnabili metu $Tr^{\iota p.c.}\ \beta^2$ Cass, damnabile et ut N^1, damnabile metuis Boc   14 partu] partum $\varepsilon^1 P^{sa.c.}\ N^1 O^3$ potuisse] posse β Cass Ch^2 ne] nec $\varepsilon^1 Cb^{\iota a.c.} Tr^{\iota a.c.} Sm^{\iota a.c.}\ N^1$ 15 de] si praem. $Sm^{\iota a.c.}\ \beta^1 \zeta$ Fra Boc Cass Ch^2, et praem. $P^{6b} Ty^2$ sua substantia generare non potuisse] sua non potuisse substantia generare γCh^1 sua] om. $Sm^{\iota a.c.}\ N^1 O^3\ P^{2a.c.}$, $P^{2in\ marg.\ p.c.}$ generare non potuisse] ξ (cfr etiam γ), generare non potuisset $Sm^{\iota a.c.}\ \beta^1$ Fra, generare potuisset $Sm^{\iota p.c.}\ \beta^2$ Cass Ch^2, generaret ζ Boc   16/17 corruptionis uitio] pudoris damno filium α^1 Boc Ch^1 17 incorporaliter] incorporabiliter P^5, incorruptibiliter $\delta Vc^1 Sg^1 K^{2p.c.}$, corruptibiliter ε^1, incomparabiliter Boc Ch^1, incorruptibilior Ch^2 17/18 incorruptibilior] incorruptibiliter $\varepsilon^1 Vc^1 Sm^1 N^1 O^3 P^{2a.c.}$ Fra Ch^2, om. δ
18 permanet] praeminet $Sm^{\iota p.c.}$ Fra, praestitit generare $\varepsilon^1 Ch^2$ praestare] praestiri P^5
19 generare potuerit] posset generare Fra   potuerit] non potuit $O^{3a.c.}$, potuit $O^{3p.c.}$, potuisset $Vc^1 Bd^1$, potuisse P^5 20 ergo – generasse] om. Vc^1 quia] qui seipso] se Bd^1 21 superiore] superiori Mu^2 Boc   22 fassus – optime] $Sg^{\iota in\ marg.}$ fassus] fatus $Cb^1 Mu^2$, passus $Sm^{\iota a.c.}$ iudica] iudicia ε^1

diuinis conueniat scripturis: utrumne ego, qui ob hoc unius substantiae Filium cum Patre esse profiteor, quod uidelicet ex ipso et non aliunde dinoscitur natus – et ob hoc rursus incorruptibiliter genuisse profiteor, quia excellentissima diuinae maiestatis substantia per sui ineffabilem potentiam corruptioni subiacere non potest –, an iste qui in tanto ancipitis intellegentiae discrimine positus est, ut quo iam fidei suae pedem referat nesciat. Nolens enim confiteri Deum de sua substantia incorruptibiliter genuisse, in ea confessionis necessitate adtrahitur, ut neget omnimodis genuisse. Sed hoc ipsud negare, obuiantibus undique et clara uociferatione exclamantibus siue propheticis siue apostolicis uocibus, numquam sine dubio poterit.

X. PROBVS iudex dixit: Quidquid in hac prosecutionum uestrarum adsertione cognoscere potui, ultima examinis nostri sententia retinebit. Nunc uero si qua uobis adhuc de diuinis scripturis fidei uestrae congruentia superesse putatis, proferre dignamini, quo facillime queamus processu disputationis, quid ueri ratio contineat indagare.

Trad. text.: $\alpha^1 \zeta \beta$ edd. (om. ν)

---

23 conueniat] om. ε^1 utrumne] utrum γ qui ob] quod R^1 ob hoc] $K^{2s.l.\ p.c.}$ 24 cum] et $Ty^{2s.l.\ p.c.} P^4$ patre] filium add. Boc. Ch^1 profiteor] confiteor $Sm^1 \alpha^1 Fra\ Boc\ Ch^1$ ipso] seipso $P^5 Bd^1$ 25 natus] ornatus ε^1 rursus] rursum $\beta Fra\ Cass\ Ch^2$ 26/27 substantia] substantiam δ 27 per sui – potentiam] om. ε^1 sui] suam $N^1 Boc$ subiacere] nullatenus praem. ε^1, nullatenus add. $\delta \zeta Boc\ Ch^1$ 28 potest] $Bd^1 Sm^{1p.c.} P^{2p.c.} Cass\ Ch^2$, posse $Vc^1 P^5 Sm^{1a.c.} N^1 O^3 P^{2a.c.} Sg^1 K^2 R^1 Fra$, potuisse $\delta Ch^1 Mu^{2a.c.} Tr^{1a.c.}$, potuisset $Tr^{1p.c.} Boc\ Ch^1$, potuit $Mu^{2p.c.} \varepsilon^1$ tanto] toto ζ, tam Boc ancipitis] accipitis $Ty^{2a.c.} K^{2a.c.}$, om. Fra 29 est] om. ζBoc ut] et $Sm^{1a.c.} \beta^1 \beta^2 Fra$ quo iam] ε^1, quo nam Bd^1, quoniam $Sm^{1a.c.} \beta^1 \beta^2 Fra$, quod Vc^1, quo $\zeta Boc\ Cass\ Ch^{1.2}$ fidei] possit praem. s.l. $Sm^{1p.c.}$ pedem] $\alpha^1 \zeta Boc\ Cass\ Ch^{1.2}$, perfidiam $Sm^1 P^2 Mu^1$, perfidiae $N^1 O^3 Sg^1 K^2 R^1 Fra$ referat] deferat $Vc^1 P^5$, ferat Bd^1, referre βFra, ponat $\varepsilon^1 Ch^2$ 30 sua] om. $Sm^{1a.c.} P^{7b}$, post substantia scr. s.l. $Sm^{1p.c.}$ substantia] filium add. $Vc^1 Bd^1 Fra$ 30/31 ea ... necessitate] $Ty^{2a.c.} P^4 \varepsilon^1 Ch^{1a.c.} Tr^1 Mu^2 Vc^1 P^5 Boc$, eam ... necessitatem $Ty^{2p.c.} Ch^{1p.c.} Bd^1 \beta Cass\ Ch^{1.2}$ ea confessionis necessitate] eam confessionem necessitate Fra 31 neget] eum praem. δ 32 sed hoc] si autem N^1 ipsud] ipsum $Ty^{2p.c.} Ch^{1p.c.} Tr^{1p.c.} O^{3p.c.} Sg^{1p.c.} Mu^1$ edd. 32/33 undique – exclamantibus] om. Sm^1 34 poterit] erit ε^1

X. 1 iudex dixit] om. $Fra\ Boc$ quidquid] quid γ hac prosecutionum] hanc prosecutionem ε^1 2 adsertione] adsertionum N^1, adsertionem ε^1 cognoscere] agnoscere $\zeta \xi Boc$ potui] poterit Vc^1 ultima] ultimam Ty^2, ultimi Fra sententia] sententiam $Ty^{2p.c.} P^4$ 3 retinebit] retinuit Vc^1, retinebit P^4 qua] quid $\varepsilon^1 P^4$, quae $Ty^{2a.c.}$ uobis] uos $Ch^{1a.c.} Tr^1 Mu^2 Boc$ adhuc] om. P^5 de] $Sg^{1s.l.\ p.c.}$ 4 uestrae] om. ε^1 congruentia] congruentiam $Sm^{1a.c.}$ 5 quo] quod $Ty^{2a.c.}$ queamus] queramus $Ty^{2a.c.} \varepsilon^1$ 6 indagare] indicare ε^1

ARRIVS dixit: Quod tam breuibus et exiguis quaestionibus omni illa disputationis meae narratione usus sum, christiani pudoris ac uerecundiae fuit, ut disputationis nostrae trames leuibus inchoaretur initiis. Sed quia uideo Athanasium perspicuae ueritatis robustissimam firmitatem quibusdam arietantium quaestionum impulsionibus quatere, acrius contra eum et ualidius opinor dimicandum.

Dicit ergo Patrem et Filium unius esse substantiae. Sed illa intemerata ineffabilisque essentia, quae Pater est, nec redundans umquam in seipsa fuit, ut merito quasi exuberatione quadam, sine damno sui, in eadem substantia genuerit Filium, cum eius essentiae, quae aliis omnibus infinita atque immensa sit et incorporea, nihil esse possit exuberans, siquidem determinatorum sit exuberare, quod est quasi extra effluere. Deus autem qui uniuersa complectitur nihilque extra se habet, aut quo diffluere potest aut infinitus quo poterit redundare, dum diffluere eorum est qui accipiunt incrementa? Qui si accipit aliquando, necesse est ut semper accipiat et nihilominus pari exuberatione, semper et generet. Sin autem incrementa non accipit, quod ipsi etiam fatentur, nec

---

Trad. text.: X. 7 / XVIII. 4 ζ ξ β *Fra Boc Cass Ch²* (*om.* δ ν *Ch¹*)

7 dixit] *om. Fra Boc* quod] quo β² et] K²⁵·ˡ·ᵖ·ᶜ·, *om. R¹* 8 omni] omnia *Cb¹ᵃ·ᶜ· Mu² Tr¹ᵃ·ᶜ· Sm¹ᵃ·ᶜ· β¹ β²* 8/9 meae – disputationis] *om. homoeot. Bd¹* 8 narratione] narrationis *Vc¹* 9 fuit ut] quod *Sm¹ᵃ·ᶜ·*, est quo *Sm¹ᵖ·ᶜ·* 10 quia uideo] *tr. P⁵* uideo athanasium] *tr. Mu²* perspicuae] praespicuae *Tr¹ᵃ·ᶜ·* 11 firmitatem] ueritatem *Sm¹ᵃ·ᶜ· Vc¹* quibusdam] *om. Bd¹* arietantium] uarietantium *Mu² Vc¹ P⁵* 14 dicit] dic ζ *Boc* 15 nec redundans] nec exuberans *praem. Bd¹* umquam] inquam *Cb¹ᵃ·ᶜ· Sm¹ N¹ O³*, *om. Mu²* seipsa] ipse ipsa *Sg¹ᵃ·ᶜ·*, semetipsa ξ, ipsa *Fra* 16 quadam] quamdam *Sm¹ᵃ·ᶜ·* 17 in eadem substantiae] eiusdem substantiae *Vc¹* genuerit] genuit *Vc¹* 19 nihil] nullatenus *Vc¹* esse possit] *tr. P⁵* determinatorum] determinatore *Vc¹*, exterminatorum *P⁵ Bd¹* sit] est *Vc¹* 20 est] inquit *add. Cass* effluere] *Bd¹ β Fra*, se effluere ζ *Boc*, se fluere *Vc¹ P⁵ Cass Ch²* 21 aut quo diffluere] ad quod effluere *P²ᵃ·ᶜ·*, uel aut quo diffluere *suprascr. P²ᵖ·ᶜ·* aut] *om. Vc¹* quo diffluere] *Bd¹ β² Cass Ch²*, quod effluere *Cb¹ Mu² Tr¹ᵃ·ᶜ· Sm¹ᵃ·ᶜ· N¹ O³ P²ᵃ·ᶜ· Fra Boc*, quo effluere *Vc¹ P⁵* 22 infinitus] infinitas *Tr¹ᵃ·ᶜ·* poterit] potest *P⁵* dum] tunc *Cb¹ᵃ·ᶜ· Tr¹ Mu² Boc*, tum *N¹ P²ᵃ·ᶜ·*, cum *P⁵ Bd¹ Fra* diffluere] *Mu¹ Cass Ch²*, effluere *P⁵ Bd¹*, quod effluere ζ *Vc¹ Sm¹ N¹ Fra Boc*, quo diffluere *O³ P² Sg¹ K² R¹* 23 qui si] quae si *Cb¹ᵖ·ᶜ· Tr¹ᵖ·ᶜ· Sm¹ᵖ·ᶜ· P²*, quasi *Sg¹ᵃ·ᶜ· Mu² Tr¹ᵃ·ᶜ·*, quia si *Vc¹*, quod si *Cass* accipit] *Sg¹ ξ*, accepit *K² R¹ Mu¹ Cass Ch²*, accipiat *Sm¹ β¹ Cb¹ᵖ·ᶜ· Fra*, accipiunt *Cb¹ᵃ·ᶜ· Tr¹ Mu² Boc* (*cfr l. 25*) 23/24 semper] et *praem. Vc¹* 24 accipiat] accipiant ζ *Boc* et²] *om. Fra* generet] generent *Cb¹ᵃ·ᶜ· Tr¹ Mu² Boc* 25 sin] si *P⁵ Bd¹* accipit] accepit β² *Cass Ch²* ipsi] ipse *Vc¹ O³ Fra*, *om. Bd¹*, et *praem. P⁵* fatentur] fatetur *Bd¹ Fra*, fatemur *Boc Cass Ch²*

effluit nec redundat. Quod tale cum 'Pater' esse dicatur, cum Filium genuit ex sese, substantiam suam utique diuisit in Filium et, paternam tantummodo ante substantiam, pro rata parte secretam a se ac resectam, Filium nominauit, tantumque sibi detraxit Pater quantum in Filium contulit. Quo tamen ipsum quicquid est Filius, aut hodie caret Pater, et perfectus non est, aut eo si non indiget, quasi superfluo abundauit. Quod utrumque in Deum non cadit, cum et in hoc ipso quidem Patris et Filii nomen esse non possit, ubi non habita generatio est, sed potius facta discissio; tunc quod necesse est, omne quod diuidi potest, posse corrumpi. Quae si, ut manifestatum est, in Deo esse non possunt, cur non potius uoluntatis et caritatis esse Filium confitemur? Quae quidem uoluntas, ne in hominibus quidem minus libera est, nedum in Deo aliqua lege teneatur. Qui si non est Filius uoluntatis, superest ut coactus Deus quasi aliqua lege naturae Filium edidisse uideatur. In qua quidem generatione, si id genitum est quod erat Pater, quaedam Patris pars Filius nominatur, incertumque est quid Pa-

Trad. text.: $\zeta \xi \beta$ Fra Boc Cass Ch^2 (om. $\delta \nu Ch^1$)

X. 26/35 quod – corrumpi] cfr AET., *Synt.* 8 *in* EPIPH., *Haer.* 76 (*PG*, 42, 564 CD); EVN., *Apol.* 9 (ed. Vaggione, p. 42-44)   29/35 tantumque – corrumpi] cfr CANDID., *Gen. diu.* 3   37 uoluntatis – confitemur] cfr ORIG., *Princ.* 4, 4, 1

26 effluit] affluit Bd^1, fluit $O^3 Sg^{1p.c.} K^2 R^1 Mu^1$ Cass Ch^2, fundit $Sg^{1a.c.}$ quod] cum nihil $Vc^1 P^5$ tale] aequale $Cb^{1a.c.} Tr^1 Mu^2$ Boc   pater] patre $Cb^{1a.c.} Tr^1 Mu^2 P^5 Bd^1$ Boc Cass Ch^2 cum] ergo *praem.* $Vc^1 P^5$ 26/27 filium genuit] *om.* Bd^1 27 genuit] generauit Vc^1, generauit et P^5 suam] *om.* Boc.   28 paternam ... substantiam] paterna ... substantia Bd^1 pro rata] prolata $Vc^1 P^5$, prolatam Bd^1 parte] partem $P^5 Bd^1$ secretam] *om.* $Vc^1 P^5$ 29 a se] ξ (cfr III, VII, l. 7), quos esse N^1, a sese $\zeta \beta$ edd.   ac resectam] sectamque Bd^1, sectam $Vc^1 P^5$ sibi] *om.* $Sm^1 N^1 O^3$ Fra, $P^{2s.l. p.c.}$ 30 quantum] tantum $Sg^{1a.c.}$ filium] filio $P^5 Bd^1 Sm^1$ quo] quod $Cb^{1a.c.} Tr^1 Mu^2 Vc^1 P^5$ ipsum] ipso $Cb^{1p.c.} Vc^1 Bd^1 P^{2p.c.}$ Fra Boc   quidquid] quoquid $Cb^{1p.c.}$ 31 et] aut $Sm^1 N^1 O^3 P^{2a.c.}$ Fra sed uel et *suprascr.* $P^{2p.c.}$, aut *add. s.l.* $Cb^{1p.c.*}$ 32 abundauit] abundabat Bd^1 deum] deo ξ non] *s.l.* $O^{3p.c.} P^{2p.c.}$, *om.* Bd^1 33 cadit] cadet Cb^1 et] esset Vc^1 ipso quidem] *tr.* Fra   esse] inesse Vc^1 non] *om.* P^5 34 est sed] *tr.* P^5 est] $P^{2s.l. p.c.}$ 34/35 sed potius – necesse est] *om.* Vc^1 34 tunc] dum $Cb^{1a.c.} P^{2p.c.} \beta^2$, tum Bd^1 Cass Ch^2 34/35 tunc quod] tuncque Sm^1 35 quod] *del.* $P^{2p.c.}$ omne] enim *add.* Sm^1 diuidi] diuisi $Vc^1 P^5$ posse] necesse est *praem.* Vc^1 35/36 quae si] quae $Sm^{1a.c.}$, quasi N^1, quae sit $Sg^{1a.c.}$ 36 manifestatum] manifestum Bd^1 37 et caritatis] $Sg^{1s.l. p.c.}$ 38 ne] nec $Mu^2 Mu^1$ Fra, si P^5, sic Bd^1, *om.* Vc^1 in hominibus] omnibus Vc^1 quidem] quidam $Sg^1 K^2 R^1$, *om.* $Vc^1 Bd^1$ minus libera est] libera est minus $Bd^1 Ch^2$ minus] $Cb^{1s.l. p.c.*}$, *om.* $\xi Tr^1 Mu^2$ Boc, nisi Cass   nedum] ne Bd^1, nec P^5 39 qui] quod P^5 41 qua ... generatione] quam ... generatione $Cb^{1a.c.}$, quam ... generationem Tr^1 si] $Cb^{1s.l. p.c.*} Tr^{1in marg. p.c.}$, *om.* Mu^2 Boc   id] *om.* ξ est] esse Vc^1, *om.* Boc   42 quaedam] quem iam Bd^1 patris pars] *tr.* P^5 Fra   pars filius] $Sg^{1s.l. p.c.}$ nominatur] nuncupatur Fra   incertumque] incertum Bd^1

ter, quid Filius debeat nominari, cum in duas partes Dei sit diuisa substantia.

XI. Illud uero quod quasi ad proprietatem naturalis substantiae demonstrandam paterni oraculi testimonium protulit, ut merito Patrem ex eo quod ipse est Filium generasse credamus, quia dixit: *Ex utero ante luciferum genui te*, quam id absurdum quamque ineptum sit apertissime demonstrabo, siquidem non solum aliquanta in ordine rationabilium creaturarum consistentia, sed in sensibili elementorum qualitate subsistentia, de Dei legimus utero processisse. Ait enim: *Quis est pluuiae pater, uel de cuius utero procedit nix*? Num igitur quia haec rigentis et torpidi elementi qualitas diuino legitur utero procedere, idcirco unius eiusdemque cum eo creditur esse substantiae? Aut quia rursus homines Deum legimus genuisse, ut ipse ait: *Filios genui et exaltaui*, et iterum: *Filius meus primogenitus Israel est*, ac rursus: *Omnis qui natus est ex Deo, non peccat*, idcirco rectius opinabimur homines cum Deo unius esse substantiae? Aut quia item Apostolus, totius creaturae uniuersitatem generali pronuntiatione comprehendens, ex Deo adserit esse dicens: *Quoniam ex ipso et per ipsum et in ipso sunt omnia*, ob hoc prudentius coniciemus uniuersitatem creaturae hoc esse quod Deus est, aut unius cum eo esse substantiae, quod uidelicet ex ipso legitur substitisse? Sic ergo et Filium, cum de Dei Patris utero processisse fatemur, non ad indicium unius naturae, sed ad inuestigabilium secretorum arcana dictum competenter debemus accipere.

XII. ATHANASIVS dixit: In ludis theatralibus, hi qui figurarum uarietate mutantur, diuersi quidem atque alii apparent oculis intuentium. Nam idem ipse qui aptatae imaginis specie rigidus quondam incesserat, iterum uultu in hoc ipsud aptato, alternis membrorum motibus ludens, in mollitiem resoluitur feminarum. Ita nunc mihi uidetur Arrius, quaestionum imaginibus immutatis uelut diuersa coniciens, similitudinis uarietate formari. Nam hoc quod dudum comptis et breuissimis disputationum obiectionibus intentauerat, sub alterius praetextu imaginis iterum ac saepius repetens, a proprietate quaestionis inlatae omnimodis non recessit. Neque enim quia nunc latius et diffusius perplexa uerborum ambage seriem propositionis extendit, idcirco aliud egisse uidendus est quam quod superius conuincitur actitasse. Dixit enim ob hoc Patrem et Filium unius non posse esse substantiae, quod eadem paterna substantia, nec exuberatione amplissimae deriuationis in augmenti copiam effluere possit – utpote quae nullis

---

Trad. text.: ζ ξ β *Fra Boc Cass Ch²* (*om.* δ ν *Ch¹*)

---

20 ex ipso] ex seipso *Sm¹ N¹ O³ Fra*, eo *Cass*   sic] sicut *Vc¹*, si *P⁵*   21 de] *Cb^{ıs.l.p.c.*}*, ex *Boc, om. Tr¹ Mu² Cass*   non] *ut praem. Sm¹ N¹ O³ P^{2a.c.} K² Sg¹ R¹ Fra sed del. P^{2p.c.}*   21/22 indicium] iudicium *Cb¹ Bd¹ O^{3a.c.} Cass*   23 dictum] multum ξ *Cb^{ıa.c.} Tr¹ Mu² Boc sed* dictum *suprascr. Cb^{ıp.c.*}*   competenter] esse *praem. Cass*

XII. 1 dixit] *om. Fra Boc*   in ludis] illudis *Sm^{ıa.c.}*   hi] sicut *Cass*   2 atque] *om. Boc*   2/3 intuentium] intuentum *Sm¹*, intuendum *N¹*   3 aptatae] apta *Sg^{ıa.c.}*, aptata *Vc¹*, aptatam *P⁵*   specie] speciem *Sm^{ıa.c.} β¹ P⁵*   4 quondam] quodam *Sm^{ıa.c.}*   iterum] tamen *praem. P⁵*   uultu] uultum *P⁵ Sg¹*   ipsud] ipsum *Cb^{ıp.c.} Tr^{ıp.c.} Sm¹ O^{3p.c.} P² Sg^{ıp.c.} Mu¹*, ipso *Boc*   aptato] mutato *Mu²*   alternis] alterius *Cass*   5 mollitiem] mollitiae *Vc¹ Sm^{ıa.c.} N¹ O³*   6 mihi uidetur] *tr. β edd.*   7 coniciens] iniciens *Cb^{ıa.c.} Tr¹ Mu² Boc sed* uel coniciens *suprascr. Cb^{ıp.c.*}*   uarietate] uarietatem *P⁵*   8 comptis] coctis (!) *P⁵*   9 alterius] alterum *N¹*   10 a] ad *Sm^{ıa.c.}*, ac *P⁵*   proprietate] proprietatem *Sm^{ıa.c.} N¹ O³*   omnimodis non recessit] uagatur *Bd¹*   recessit] recedit *Ch²*   11 quia] quid *N¹*   latius] *Mu^{2s.l.}*   12 propositionis] propositio *K^{2a.c.} R¹*, inlatae *add. Vc¹*   idcirco] ideo *Cass Ch²*   aliud] nunc *add Fra*   13 quod] *om. Boc*   conuincitur] uincitur *Mu²*   actitasse] iactitasse *P⁵ N¹ O³*   13/14 ob hoc patrem et filium unius non posse esse] patrem et filium ob hoc non posse unius esse *Fra*   14 quod] quia *Fra*, eo *praem. Vc¹ P⁵*   14/15 eadem] idem *P⁵ Sm^{ıa.c.} N¹ O³ P^{2a.c.} β² sed* uel eadem *suprascr. P^{2p.c.}, om. Bd¹*   15 exuberatione] exuberationem *Tr¹*   16 augmenti] augmentum *Sm^{ıa.c.}*   copiam] copia *P⁵*   quae] qui *Cb^{ıa.c.} Mu^{2a.c.} Tr¹*   16/17 nullis metarum] millimitarum (!) *N¹*

LIBER SECVNDVS XII - XIII 325

metarum terminis coacta, finalibus queat modis arceri, quoniam eius est exuberationis copia redundare, quae certo, ut diximus, concluditur fine –, nec rursus uelut integram et intemeratam por-
20 tionis desectionem aliquam pertulisse. Sed haec omnia passionis genera diuinae naturae non conuenientia, iam superius calumniosius magis quam uerius dinoscitur intentasse. Quibus nos religioso fidei intellectu competenter constat dedisse responsum.

XIII. Neque enim exuberationem substantiae redundantis Filium dicimus, neque rursus desectae naturae portiunculam nominamus, sed perfectum Patrem, perfectum Filium, non ex his quae in eo superfluis exuberationibus redundabant, quod dictu nefas
5 est, sed ex seipso, id est ex eo quod ipse est, impassibiliter, indiuisibiliter, incorporaliter, sine diminutione, sine discissione, sine adfluentis copiae redundatione, sine ullo omnino passionis genere, ineffabiliter credimus natum. Et idcirco unius fatemur esse substantiae, quia non aliunde, non ex nihilo, non ex subiacentibus uel
10 praecedentibus materiarum qualitatibus, sed proprie Deum de Deo, lumen de lumine, uirtutem de uirtute, sapientiam de sapientia fideliter exstitisse fatemur. Nam si alterius ac diuersae substan-

---

Trad. text.: $\zeta \xi \beta$ *Fra Boc Cass Ch²* (om. $\delta \nu$ *Ch¹*)

XIII. 12/18 nam – substantiae] cfr ATHAN., *Arian.* 3, 36; BASIL., *Eun.* 1, 18; HIL., *Trin.* 2, 8.20; *Syn.* 16; AMBR., *Fid.* 3, 16, 33; 4, 10, 131; 5, 2, 37; MAR. VICTORIN., *Adu. Arium* 4, 14; AVG., *In euang. Ioh.* 19, 13; 22, 9-10; *Trin.* 1, 12, 26; FVLG. RVSP., *C. Fab. fragm.* 1, 3-4

17 coacta] *correxi*, acta *mss Fra Cass Ch²*, aucta *Boc. Vide adnotationes*   queat] que ad *N¹*, nequeat *Vc¹ Boc*   18 copia] copiam ζ *P⁵*   quae] quaeque $\beta¹$ $\beta²$, qui *Vc¹ P⁵*   certo] certum *K²ᵃ·ᶜ R¹*   19 concluditur] cluditur *Trᵗᵃ·ᶜ*   rursus] rursum *P⁵*   uelut] ueluti *P²*   integram et intemeratam] integra et intemerata *Vc¹*   20 desectionem] defectionem *edd*.   pertulisse] protulisse *Cass*   haec] nec *Bd¹*, *om. Sm¹*   21 iam] que *praem. Bd¹*   22 dinoscitur] cognoscitur β *Fra Cass Ch²*   22/23 nos religioso] religiosae nos *P², tr. Cass*   religioso] religiosae β *Ch²*, religiosus *Trᵗᵃ·ᶜ*   23 competenter] *om. P⁵*

XIII. 1 exuberationem] exuberationis *N¹*, exuberatione ζ *O³ P²ᵃ·ᶜ R¹ Boc*   redundantis] *Cbᵗᵖ·ᶜ* ξ *Smᵗᵖ·ᶜ P²ᵃᵖ·ᶜ Mu¹ Ch²*, redundantius *Cbᵗᵃ·ᶜ Tr¹ Mu² Smᵗᵃ·ᶜ N¹ O³ P²ᵃ·ᶜ Sg¹ K² R¹ Boc Cass*, redundasse *Fra*   2 neque] enim *add. Smᵗᵃ·ᶜ* $\beta¹$ *K² R¹ Muᵗᵃ·ᶜ sed del. Smᵗᵖ·ᶜ Muᵗᵖ·ᶜ*   desectae] defectae *Cass*   2/3 nominamus] filium *praem. Vc¹*   3 perfectum patrem] perfectus pater *Vc¹*   filium] genuit *add. Vc¹*   4 redundabant] redundabunt *Sgᵗᵖ·ᶜ K²*   dictu] dictum *Sgᵗᵃ·ᶜ Rᵗᵃ·ᶜ*   5 eo] deo *Mu²*   5/6 indiuisibiliter] *om. Vc¹*   6 incorporaliter] incorporabiliter ζ, incomparabiliter *Vc¹ Bd¹*, incorruptibiliter *P⁵ Boc*   discissione] discessione *Sm¹ O³ P²ᵃ·ᶜ*, discussione *N¹*, desectione *Vc¹ P⁵*   8 unius fatemur] *tr. Mu² Boc*   esse] *om. Fra*   9 subiacentibus] adiacentibus *Vc¹ P⁵*   11/12 sapientia] *Cbᵗᵖ·ᶜ Vc¹ Bd¹ Ch²*, sapientie *alii mss Fra*   12 fideliter exstitisse] *tr. Boc*   alterius] ulterius *Trᵗᵖ·ᶜ*, alterum *N¹*   diuersae] diuisae *Cass*

tiae, ut Arrius arbitratur, Filius esset, non diceret: *Sicut habet Pater uitam in semetipso, sic dedit et Filio uitam habere in semetipso*, et iterum: *Sicut Pater nouit me, et ego noui Patrem*. Quid est ergo *Sicut habet Pater uitam in semetipso, sic dedit Filio uitam habere in semetipso*, nisi 'Sicuti est Pater, ita est et Filius'? Et si idem habent esse, unius sunt proculdubio substantiae. Neque enim aliud est esse Patris et aliud uiuere, sed hoc est uiuere quod et esse, id est non aliud ipse Pater et aliud uita eius, sed uita essentia, et essentia uita. Alioquin compositus uidebitur, ex diuersitate subsistens, si aliud ipse, aliud uita eius significare uideatur. Quia ergo apparet uitam Patris hoc esse quod ipse est, sicut habet uitam in se, sic dedit Filio habere uitam, id est, sic est esse Filii, sicut est esse Patris, non dubium est Patrem et Filium unius esse essentiae atque unius naturae.

Trad. text.: $\zeta \xi \beta$ *Fra Boc Cass Ch²* (*om. δ ν Ch¹*)

XIII. 13/15 Ioh. 5, 26   15 Ioh. 10, 15

18/21 neque – uita] cfr Mar. Victorin., *Adu. Arium* 4, 24-26; Avg., *Ciu.* 8, 6; *Trin.* 6, 10, 11

---

13 esset] esse *N¹ O³ᵃ·ᶜ·*, de se *Fra*   13/14 habet pater] *tr. Fra*   14 sic dedit – semetipso²] *om. homoeot. Bd¹*   et] *om. Cbᵗᵃ·ᶜ· Tr¹ Mu² Sm¹*   14/15 uitam habere – patrem] *om. Vc¹ P⁵*   14 uitam habere] *tr. N¹*   15/17 et iterum – in semetipso] *om. homoeot. Cbᵗᵃ·ᶜ· Tr¹ Mu² sed suppl. in marg. al.m. Cbᵗᵖ·ᶜ·*   15 pater nouit me] nouit me pater *Cb¹*   15/16 quid est – semetipso] et quid est *Vc¹ P⁵*   16 pater] *om. β (exc. Mu¹) Fra*   filio] et *praem. Cass Ch²*   16/17 uitam habere in semetipso] habere in semetipso uitam *O³*   uitam habere] *tr. Sm¹ N¹ P²*   16 uitam] *om. β²*   17 sicuti] sicut *ζ*   ita] sic *Bd¹*   est] *om. Cbᵗᵃ·ᶜ· Tr¹ Mu² P⁵ Boc*   17/18 et si – esse] *om. Bd¹*   18 habent esse] habentes se *Boc*   enim] *om. ζ ξ Boc*   19 est¹] *om. Sm¹ N¹ O³*   esse¹] *om. Cbᵗᵃ·ᶜ· Tr¹ Mu² Boc*   patris et aliud uiuere] uiuere patris et aliud uiuere filii *Cbᵗᵃ·ᶜ· Tr¹ Mu² Boc*   patris] *Muᵗⁱⁿ ᵐᵃʳᵍ·*   et¹] *om. Fra*   sed hoc – esse] *om. Fra*   sed hoc est uiuere] *om. Sm¹ N¹ O³*, sed idem est ei uiuere *P²*   hoc] ei *add. s.l. Cbᵗᵖ·ᶜ·*   quod] est *add. Bd¹ β² Cass Ch²*   et²] *om. Bd¹*   20 aliud] alius *K²ᵃ·ᶜ· R¹*   ipse pater] est *praem. β Fra Boc*, esse pater *Cbᵗᵃ·ᶜ· Trᵗᵃ·ᶜ· Mu²*, esse ipse pater *Cbᵗᵖ·ᶜ·*, est pater *Trᵗᵖ·ᶜ·*, est pater ipse *Cass Ch²*   et¹] *om. Cbᵗᵃ·ᶜ· Tr¹ Mu² Boc*   20/21 sed uita – uita] *Sgᵗⁱⁿ ᵐᵃʳᵍ· ᵖ·ᶜ·*   et essentia] *om. Cbᵗᵃ·ᶜ· Trᵗᵃ·ᶜ· Mu² Boc*   essentia] in *praem. Vc¹*   21 uita] uocatur *Trᵗᵖ·ᶜ·*   compositus] coposit *K²ᵃ·ᶜ·*, compositum *R¹*   22 ipse] esse *praem. P²ᵃ·ᶜ· sed del. P²ᵖ·ᶜ·*, esse *Vc¹*   uideatur] uidetur *β Fra Cass Ch²*   23 uitam] uita *Cbᵗᵖ·ᶜ· P⁵ β Fra Cass Ch²*   sicut] sic *Vc¹*, enim *add. Boc*   24 sic] sicut *Bd¹*, si *praem. s.l. Trᵗᵖ·ᶜ·*   esse¹] et *Vc¹*   sicut] sicuti *Vc¹ P⁵*, sic *β²*   est²] *om. N¹ Cass Ch²*   25 non] unde *praem. ξ*   patrem et filium unius esse] patrem et filium unius *Cbᵗᵃ·ᶜ· Trᵗᵃ·ᶜ· Mu²*, esse patrem et filium unius *Cbᵗᵖ·ᶜ·* ˙ *Trᵗᵖ·ᶜ· Sm¹ β¹ K² R¹ Fra*   essentiae] substantiae *ξ*   26 naturae] esse *praem. ζ Vc¹ P⁵ β edd.*

XIV. Nam et quod ait: *Sicut Pater nouit me, et ego noui Patrem*, unitatem proculdubio uoluit indicare substantiae, quia secundum superioris disputationis intellegentiam, non aliud est nosse Patris et aliud esse. Hoc ipsud enim quod est nouit, et quod nouit est, quia non aliter nouit et aliter est. Et quia Filius sic nouit Patrem, sicut eum Pater nouit, notionem uero in Deo essentiam esse diximus, non dubium quod sicuti est Pater, ita est et Filius, ac sic diuersitatem essentiae non admittit res quae uno ac simili modo subsistit.

Denique ut hanc Patris et Filii unitatis substantiam plenius nosceremus, quaedam nobis diuinae scripturae rerum uisibilium exempla posuerunt quibus nos ad inuisibilium intellegentiam religiosius prouocarent. Nam paterni luminis splendorem et bonitatis eius imaginem Filium posuere, non quod ad res diuinas metiendas corporalium satisfaciant exempla specierum, sed quia ineffabilis illa natura exprimi non potuit, quaedam ex his quae uidentur similitudinis proferuntur indicia, ut, sicut splendor et ignis diuersae non sunt substantiae, uel sicut imago ab eo cuius imago est in aliquo differri non potest – ne, si aliquid in se diuer-

---

Trad. text.: ζ ξ β *Fra Boc Cass Ch²* (*om*. δ ν *Ch¹*)

XIV. 1 Ioh. 10, 15   13/14 paterni – imaginem] cfr Sap. 7, 26

XIV. 1/2 nam – substantiae] cfr PHOEBAD., *C. Arrian*. 15, 3-4   13/21 nam – substantiae] cfr ATHAN., *Syn*. 38, 3; 41, 6; 42, 1; GREG. ILLIB., *Fid*. 57-58; AMBR., *Fid*. 1, 7, 49; Ps. EVSEB. VERC., *Trin*. 5, 40; Ps. AVG., *Solut*. 18; FVLG. RVSP., *Ad Tras*. 2, 9, 1-2; *C. Arrian*. (*CC SL*, 91, p. 83-84, l. 499-530)

XIV. 1 pater nouit me] nouit me pater *Bd¹ Boc Cass Ch²*   3 intellegentiam] intellegentia *N¹*   aliud est] *tr. Mu²*   est] esse *P²ᵃ·ᶜ·*   nosse] nos se *Sm¹*, non se *N¹*, nos *Sgᵗᵃ·ᶜ·*, esse *Bd¹*   4 patris] patrem *Sm¹*   et] *om. Fra*   esse] nosse *Bd¹*   ipsud] ipsum *Chᵗᵖ·ᶜ· Trᵗᵖ·ᶜ· Sm¹ P² Sgᵗᵖ·ᶜ· K²ᵃ·ᶜ· R¹ Mu¹ edd*.   4/5 nouit est] noui est esse *Vc¹*, nouit esse *Bd¹*   5 filius sic] *tr. K² R¹ Ch²*, ideo filius sicut *Vc¹*   6 eum pater] *tr.* ζ *Boc*   uero] uerbi *Fra*   in deo] in deum *β¹ Fra*   essentiam] essentia *N¹*   esse] *om. Vc¹*, non *P⁵*   7 quod] quia *P⁵*   sicuti] sicut *Bd¹ Cass*   ita est] idem *O³*   est] *Chⁱˢ·ˡ· ᵖ·ᶜ·*, *om. Tr¹ Mu²*   *Boc*   sic] si *β²*   8 essentiae] essentia *Chᵗᵃ·ᶜ· Trᵗᵃ·ᶜ· Mu² Boc*   admittit] admitta *N¹*, admittat *Boc*   10 hanc] hac *Vc¹*   12 nos] *om.* ξ   intellegentiam] intellegentia *N¹*   13 prouocarent] prouocauerent *Sg¹*   paterni] pater *Sgᵗᵃ·ᶜ·*   13/14 bonitatis] bonitas *Mu²ᵃ·ᶜ·*   14 quod] quos *Sg¹*   15 metiendas] mentiandas *Trᵗᵃ·ᶜ· N¹ᵃ·ᶜ· K²* satisfaciant] satisfaciunt *K² R¹*   16 illa natura] *tr. Mu²*   quaedam] nisi *praem. Trˢⁱⁿ ᵐᵃʳᵍ· ᵖ·ᶜ·*   ex] *om. Vc¹*   17 similitudinis] similitudines *Smᵗᵃ·ᶜ·*   proferuntur] proferantur *Trᵗᵖ·ᶜ·*   indicia] testimonia *Fra*   18 sunt] possunt esse *Bd¹*   19 imago est] *tr. Cass Ch²*   differri] differre *Vc¹ Smᵗᵖ·ᶜ· Fra Boc Ch²*   ne si] *Chᵗᵖ·ᶜ· P²ᵃ·ᶜ·*, nisi *Sm¹ N¹ O³ P²ᵖ·ᶜ· Fra*, nisi si autem *Bd¹*, si autem *Vc¹ P⁵*, ne sit *β²*, ne sit tam *Chᵗᵃ·ᶜ· Tr¹ Mu²*, ne sictum *Boc*, ne fictum *Cass*, ne sic *Ch²*   19/20 aliquid in se diuersum] in se aliquid aut diuersum *Chᵗᵃ·ᶜ· Trᵗᵃ·ᶜ· Mu² Boc*, in se aliquid diuersum *Chᵗᵖ·ᶜ·*

328 LIBER SECVNDVS XIV - XV

20 sum retinens, perfecta et uera esse non possit –, ita et Pater et Filius non diuersae, sed unius credantur esse substantiae.

Et quia nonnulla exempli gratia protulit testimonia, quibus adstrueret ita esse omnia ex Deo, ut non tamen de eius credantur processisse substantia, interrogo utrum sic Filium ex Patre adserit 25 exstitisse, sicut uniuersa ex ipso exstitisse narrantur. Quid ergo dicis? Sic debemus accipere Filium de Patris utero processisse, uel ex Patre genitum esse, sicut homines ex Deo natos, uel sicut nix ex eius utero legitur procedere, an longe aliter? Sed quaeso ut unum e duobus respondeas, id est aut similiter aut non similiter dicas.

XV. ARRIVS dixit: Non similiter uniuersa ex Deo exstiterunt uel genita sunt sicut Filius. Aliter enim Filius, aliter exstitit creatura.

ATHANASIVS dixit: Si Filium longe aliter quam creaturam exs5 titisse fateris, cur in eius natiuitatis generatione rerum factarum exempla protulisti? Hi enim qui disparibus modis propriae originis sumpsere principia, non aequo intelligentiae sensu comparari mihi uidentur. Quod quia illuc prosecutionis tuae intentio uergit, apparet te Fotini dogmatis, quod dudum repudiabas, errorem sa10 crilegum defensare. Namque et ipse, cum Filium Dei de Patre ge-

---

Trad. text.: ζ ξ β *Fra Boc Cass Ch²* (om. δ ν *Ch¹*)

XV. 1/2 non – creatura] cfr ARIVS, *Epist. Alex.* 2 (κτίσμα τοῦ θεοῦ τέλειον, ἀλλ' οὐχ ὡς ἓν τῶν κτισμάτων)

---

20 perfecta] et praem. β² 20/21 pater et filius] et patrem et filium *Vc¹ P⁵ Sm¹ β¹*, et praem. *K² R¹* 21 credantur] credimus *Vc¹ P⁵*, creduntur *Fra* 22 protulit] protuli *Fra* 22/23 adstrueret] adstruerit *Sm¹ N¹*, astruit *Bd¹*, astruxerit *Fra* 23 ita] et praem. *O³ Fra* de eius credantur] credantur de eius *Fra* eius] om. *Vc¹* 24 ex] de *Mu²* adserit] astruit *Vc¹*, asseruit *P⁵*, asserat *Boc* 25/26 dicis] dices *Sm¹* 26 debemus] debeamus *Mu²*, ne praem. *Boc* 27/29 uel sicut – duobus] *Bd¹ in marg.* 28 quaeso] ne praem. *N¹* ut] om. ζ *N¹ Fra Boc* 29 e] ex ζ *Vc¹* id est] ad est *Sg^{1.a.c.} K² R^{1.a.c.}*, om. ζ ξ *Boc* non similiter] si praem. *P²*, dissimiliter *Fra*

XV. 1/2 arrius – filius¹] iter. *Bd¹* 1 dixit] om. *Fra Boc* uniuersa] iter. *N¹* 2 aliter enim filius] om. homoeot. *N¹ O³*, in marg. al.m. *P²*, om. *Fra* 4 dixit] om. *Fra Boc* 5 generatione] generationum *N¹*, generationem *P⁵* 6 protulisti] protulisse *O^{3 a.c.}* qui disparibus] quid ipsa rebus *N¹ O³ P^{2 a.c.}*, quae contrariis *Fra* qui] quae *Bd¹* 7 sensu] sensum *Tr^{1.a.c.} Vc¹ Bd¹*, sensus *P^{5 a.c.}* comparari] corporali *Cb^{1 a.c.} Tr¹ Mu²*, corporari *Bd¹ Boc*, coaequari *Vc¹ P⁵* 8 mihi] ζ ξ *Boc*, om. β *Cass Ch²* quod quia illuc] mss *Fra Boc Cass*, quo quia *Ch²* 9 uergit] ungit *Vc¹*, uergitur *Bd¹* apparet] apparat *Sg^{1 a.c.}*, appara *Sg^{1 p.c.}* fotini] fotiniani ξ ζ *Boc* quod dudum repudiabas] om. ζ *Boc* 9/10 errorem sacrilegum] erroris sacrilegium ξ *Sm¹ N¹ O³ P^{2 a.c.} Fra sed* uel errorem sacrilegum *suprascr. P^{2 p.c.}* 10 namque] nam *Sg¹ K² R¹ Ch²*, nam qui *Mu¹ Cass* filium dei] tr. *Fra*

nitum abnegaret, atque talibus testimoniorum documentis coartaretur quibus luce clarius demonstratur Filium Dei Deum uere et proprie de Patris substantia genitum, illuc impietatis suae molimina uertit, ut hisdem modis eodemque rationis ordine Filium de Patre adsereret natum, sicut homines per adoptionis gratiam in diuinae generationis prolem legimus consecratos. Quod tu quoque, licet aliis uiarum indiciis gradiens, ad eumdem tamen infidelitatis compitum peruenisti, adserens non ob hoc de illa ineffabili Patris substantia filium natum debere intelligi, quod ex Deo genitus, uel ex Patris utero legitur processisse, cum ratione consimili non solum homines ex Deo natos, uerum etiam insensibilium elementorum qualitates paterni uteri generatione processisse legantur. Et licet iam totius prosecutionis tuae narrationem unius sermonis pronuntiatione dissolueris, quo dixisti longe aliter Filium quam creaturam diuinitus exstitisse, tamen, quia breuitate sermonis obscurius et perplexius prolati, intentionem legentium tetris quibusdam nebulis obnubisti, idcirco nunc ego lucidius et planius, quae obscura sunt et ueritatem obumbrant, in manifestationem clarissimae proferam notionis.

Trad. text.: $\zeta \xi \beta$ *Fra Boc Cass Ch²* (om. $\delta \nu$ *Ch¹*)

13/16 illuc – consecratos] cfr FOTINVS, *supra* I, 10, l. 13-16; I, 11, l. 27-34   18/23 adserens – legantur] cfr ARRIVS, *supra* II, 11, l. 5-15

13 uere] uero *Sg¹*   substantia] substantiae *Tr¹ᵃ·ᶜ·*   genitum] genitam *N¹*   14 hisdem] his *Bd¹*   15 adsereret] asserat *Bd¹*   homines] hominis *N¹*   15/16 gratiam] gratia *Sg¹ᵖ·ᶜ·*   16 in] del. *K²ᵖ·ᶜ·*, om. *Sg¹*   consecratos] consecratus *N¹*, consecratis *Sg¹ᵃ·ᶜ·* quod] quo *Boc*   17 gradiens] gradieris *Mu²ᵖ·ᶜ·*   ad eundem tamen] tamen ad eundem *Cass*   eundem] ipsum *Bd¹*, idem *Fra*   18 compitum] puteum *Sm¹*, compotum *N¹ᵃ·ᶜ· O³*, compitem *P²*, competum *P⁵ K² R¹ Mu¹*, compotum *Mu² Sg¹ᵃ·ᶜ·*   20 deo] eo *Bd¹*   20/23 cum ratione – processisse] om. homoeot. *Sm¹*   21 consimili] non simili *Cb¹ᵃ·ᶜ· Mu²*   natos] natus *N¹*   uerum] uerumtamen *Sg¹ᵃ·ᶜ·*   22 qualitates] qualitate *N¹*   23 processisse legantur] *tr. Cass*   legantur] *del. Sm¹ᵖ·ᶜ·*   iam] etiam *Cb¹ᵃ·ᶜ· Tr¹ Mu² Bd¹ K²ᵖ·ᶜ· Mu¹ Boc*   totius] om. *Boc*   prosecutionis persecutionis *R¹* 23/24 narrationem] narratione *Cb¹ᵃ·ᶜ·*, narrationes *Boc*   24 quo] quod *ζ ξ O³ Fra Boc* 25 filium] filii *Sm¹ᵃ·ᶜ·*   creaturam] creaturarum *K²ᵃ·ᶜ· R¹*   26 prolati] pro *Sm¹*, probat *Cb¹ᵃ·ᶜ· Mu²*, probati *Tr¹ᵃ·ᶜ· Cb¹ᵖ·ᶜ· Boc*, om. *P⁵*   27 tetris] om. *P⁵*   obnubisti] *Cb¹ᵖ·ᶜ· β Fra Ch²* (*cfr TLL, IX 2, 130*), obruisti *Cb¹ᵃ·ᶜ· Tr¹ Mu² Boc*, obnuere *P⁵*, obnuere conaris *Vc¹*, obnubilasti *Bd¹ Cass*. Vide adnotationes   27/28 nunc ego] *tr. Fra*   28 ego] ergo *Cb¹ Tr¹ᵃ·ᶜ· Mu²*   planius] plenius *Cass*   29 in] et *Sm¹*, luce *add. Boc*   manifestationem clarissimae] manifestissimae clarissimaeque *Cb¹ᵃ·ᶜ· Tr¹ Mu² Boc*   manifestationem] manifestatione *Vc¹ P⁵*   clarissimae] clarissimam *Fra*   proferam] om. *P⁵*

XVI. Ostendam igitur, quantum ad proprietatem diuinae generationis pertinet, hoc esse ex Deo nasci, quod est de ipso generari. Et ut manifestioribus diuinarum scripturarum testimoniis utar, euangelicum proferam documentum. Angelus ad Mariam ita loquitur, dicens: *Spiritus sanctus superueniet in te, et uirtus Altissimi obumbrabit tibi. Ideoque quod nascetur ex te sanctum, uocabitur Filius Dei.* Et iterum apostolus: *Cum autem uenit plenitudo temporum, misit Deus Filium suum natum ex muliere, factum sub lege.* Num igitur quia angelus Mariam sic adfatus est ut non de ipsa sed ex ipsa gignendum diceret Filium, quia apostolus ex muliere non de muliere natum asseruit Filium, ob hoc in Christo ueri hominis natiuitatem nequaquam profitebimur, aut extrinsecus et non proprie uirginali credimus utero processisse? Cernis igitur superflue te in diuinae generationis natiuitatem uisibilium creaturarum exempla protulisse, cum euidentioribus testimoniorum documentis appareat id esse ex ipso quod est etiam de ipso generari. Vnde mirari me fateor, cum creaturae nomen in Filium refugias, et non factum sed uere, sicuti est profitendum, ex Patre genitum credas, Fotini quodammodo, etsi non integris uerbis, similibus tamen prosecutionum sententiis, eius fueris impietatis dogmata imitatus.

Trad. text.: $\zeta \xi \beta$ *Fra Boc Cass Ch²* (om. $\delta \nu$ *Ch¹*)

XVI. 5/7 Luc. 1, 35   7/9 Luc. 4, 4

XVI. 2 pertinet] pertinentem *Cb*$^{ta.c.}$ *Tr*$^{ta.c.}$, pertinent *P⁵*   est] *Sg*$^{ts.l. p.c.}$ 3 ut] *om. Vc¹*   5 ita] *om.* $\zeta \xi$ *Boc*   6 ideoque] ideo *Sm¹*   quod] et *praem. Cass Ch²*   7 iterum] item ζ *Boc*   8 temporum] temporis ξ *edd.*   natum ex muliere] *om. Sm*$^{ta.c.}$ sed *suppl. s.l. Sm*$^{tp.c.}$ 9 num] nunc ξ, nam *Cb*$^{ta.c.}$ igitur] autem *Vc¹ P⁵*   mariam] ad *praem. Sg*$^{ta.c.}$ adfatus] adfactus *Sg*$^{ta.c.}$ 9/10 non de ipsa sed ex ipsa] ex ipsa non de ipsa *Vc¹*, ex ipsa de ipsa *P⁵*   10/11 quia – filium] *om. homoeot. Cass*   10 quia] qui *Sg*$^{ta.c.}$, et *praem. Boc*   ex²] et *N¹*   11 non de muliere] $\zeta \xi$ *Sm¹ Boc, om.* $\beta^1 \beta^2$ *Cass Ch²*   ueri] iesu *Vc¹*   12 natiuitatem] natiuitate *O³*   profitebimur] profitebitur β^1 *Fra*   et] aut *Cb¹ Mu² Tr*$^{ta.c.}$ *Bd¹*   13 credimus] credemus *Tr*$^{tp.c.}$ *Bd¹ Sm*$^{tp.c.}$ 14 superflue te] *tr. P² Mu¹ Cass*   generationis] generis *Vc¹*   natiuitatem] natiuitate β^2 *Cass Ch²*   15 exempla] exemplo *Tr*$^{ta.c.}$ 16 ex ipso] *Cb*$^{tp.c.}$ *P⁵ O³ edd.*, ex *Sm¹ N¹*, ex seipso *P²*, et *Cb*$^{ta.c.}$ *Mu²*, ex quo β^2, ex eo *Vc¹ Bd¹*   est] exstat *Sm¹*   17 mirari me] *tr. Bd¹*   cum] $\zeta \xi$ *Fra Boc Cass*, quomodo *praem. Cb*$^{ts.l. p.c.*}$ β *Ch²*   filium] filio *Bd¹ Cass Ch²*   19 fotini] te *add. Boc*   19/20 uerbis similibus tamen] *P²*, uerisimilibus tamen ξ *Sm¹ N¹ O³ Fra Boc*, ueris tamen similibus *Cb*$^{ta.c.}$ *Tr*$^{ta.c.}$ *Mu²*, uerbis tamen similibus *Cb*$^{tp.c.*}$, ueri tamen similibus *Tr*$^{tp.c.}$, uerumtamen similibus β^2 *Cass Ch²*   20/21 sententiis eius fueris impietatis dogmata imitatus] *Cb*$^{tp.c.}$ *Sm¹ β^1 Sg¹ K² Mu¹ Fra Cass*, sententiis eius fueris impietatis dogma imitatus *R¹ Ch²*, generibus impietatis fuisse dogmatibus imitatum *Cb*$^{ta.c.}$ *Tr¹ Mu²* ξ, generibus impietatis fuisse dogmata imitatum *Boc*

ARRIVS dixit: Quis potius Fotini sectetur perfidiam: utrumne ego, qui ea quae Filius ad demonstrandam diuinitatis suae longe inferiorem et non in omnibus similem naturam locutus est, secundum deitatem dictum accipio, an ipse tu qui pene cuncta humilitatis exempla, non fucatis uerbis nec simulata operis efficientia peracta, homini reputas adsumpto? Namque ut non solum alterum se, uerum etiam inferiorem a Patre ostenderet, ait: *Pater maior me est*. Qua professione euidentius declaratur Patris et Filii diuersas esse substantias.

XVII. ATHANASIVS dixit: Profiteris Filium Dei Deum, seruilem nostri generis formam subisse, an non?

ARRIVS dixit: Quis hoc impius negauerit Christum, sicut Deum, ita quoque uerum hominem, confitendum?

ATHANASIVS dixit: Debemus igitur eorum quae Christus locutus est, aliquanta diuinitati, aliquanta humanitati adscribere, an

---

Trad. text.: $\zeta \xi \beta$ *Fra Boc Cass Cb²* (*om. δ ν Cb¹*)

---

29 Ioh. 14, 28

XVI. 27/30 namque – substantias] cfr EVSEB., *Eccl. theol.* 1, 11, 3; *Symb. Sirm.* II (357) (*in* ATHAN., *Syn.* 28, 7); ARRIANI *in* EPIPH., *Haer.* 69, 17; *in* PS. ATHAN., *Disp.* 9 (*PG*, 28, 448 A); *in* GREG. NYSS., *Ar. et Sab.* 6; *in* HIL., *Trin.* 1, 29; 4, 11; 7, 6; 8, 3; 9, 51; *in* FAVSTIN., *Trin.* 35; *in* PHOEBAD., *C. Arrian.* 12, 2; *in* AMBR., *Fid.* 2, 8, 59; 5, 18, 225; *in* AVG., *Trin.* 1, 7, 14; *in* PS. VIGIL. THAPS., *C. Varimad.* 1, 5; *in* PS. AVG., *Solut.* 71; EVN., *Apol.* 11 (ed. Vaggione, p. 46, l. 9-12); EVNOMIVS CYZICENVS *in* CYR., *Thes.* ass. 11 (*PG*, 75, 144 D); AVX. DVR., *Epist. de fide Vlfilae in* MAXIMIN., *C. Ambr.* f. 305r (l. 2-3); PALLADIVS *in Conc. Aquil.* 36-37; *Serm. fragm. Arian.* (AN. BOB.) 16 (f. V 199, l. 1-11); MAXIMINVS *in* AVG. *Coll. c. Maximin.* 13 (l. 120-128)

22 dixit] *om. Fra Boc*   sectetur] sectatur ζ *Vc¹ Cass Cb²*   utrumne] utrum *Cb¹ᵃ·ᶜ· Tr¹ Mu² ξ Boc*   23 qui ea] quia *Cb¹ᵃ·ᶜ·*, quia ea *N¹ Sg¹ᵃ·ᶜ·*   demonstrandam] demonstrandum *Sg¹*   24 non] *P²ˢ·ˡ· ᵖ·ᶜ·, om. Sm¹ N¹ O³ Fra*   25 deitatem] suam *praem.* ζ *Boc*, suam *add. Cass Cb²*   pene] ponis *Cb¹ᵃ·ᶜ· Tr¹ᵃ·ᶜ· Mu² Boc sed del. Tr¹ᵖ·ᶜ·*   25/26 humilitatis] $\zeta \xi$ *Fra Boc*, humanitatis β *Fra Cass Cb²*   26 fucatis] *P²ᵖ·ᶜ· β² Cass Cb²*, fucacibus *Sm¹ᵃ·ᶜ· N¹ P²ᵃ·ᶜ· Fra*, fugacibus *Cb¹ᵃ·ᶜ· Tr¹ Mu² Vc¹ O³*, fuscatis *Bd¹ Boc*, fucitatibus *P⁵*   27 percata] peractis ξ *Cb¹ᵃ·ᶜ· Tr¹ Mu² Boc*   homini] hominis *Vc¹*   reputas] reputans *Boc*   27 ut] *om. Mu²*   28 se uerum] seruum *N¹*   se] *om. β² Cass Cb²*   a patre] *om. N¹*   a] *om. Vc¹ Bd¹ Boc*   ostenderet] ostenderit *Sm¹ᵃ·ᶜ·*, ostendens *Mu²ᵖ·ᶜ·*   29 declaratur] declarat *Cb¹ᵃ·ᶜ· Tr¹ Mu² Boc*

XVII. 1/4 athanasius – confitendum] *post* fuisse putemus (*l. 11*) *pos. Bd¹*   1 dixit] *om. Fra Boc*   1/2 profiteris – an non] β, *suprascr. Cb¹ᵖ·ᶜ·*, duas in christo profiteris esse naturas an non ξ *Cb¹ᵃ·ᶜ· Tr¹ Mu² Boc*   3 dixit] *om. Fra Boc*   hoc] tam *add. Vc¹ P⁵*   impius] ipsius *N¹*   sicut] β *Fra, om. Cb¹ᵃ·ᶜ· Tr¹ Mu² Boc*, scilicet *Cb¹ˢ·ˡ· ᵖ·ᶜ· Cass Cb²*   4 ita quoque uerum] β *Fra Cass Cb², om. Cb¹ᵃ·ᶜ· Tr¹ Mu² Boc, Cb¹ˢ·ˡ· ᵖ·ᶜ·*   5 dixit] *om. Fra Boc*   igitur] ergo *Vc¹*   5/6 christus locutus est] locutus est christus *Bd¹*   6 diuinitati ... humanitati] *tr. Vc¹*

332 LIBER SECVNDVS XVII

sine ullo partitionis discrimine, uniuersa aut Deo aut homini adsignare?

ARRIVS dixit: Hoc non solum inreligiosum, sed et summae putabitur esse dementiae, ut omnia eum aut secundum diuinitatem, aut secundum humanitatem locutum fuisse putemus.

ATHANASIVS dixit: Si ergo secundum professionis tuae sententiam, aliquanta diuinitati, nonnulla uero humanitati adscribenda sunt, cur non hoc quod ait: *Pater maior me est* humanitati, et quod ait: *Ego et Pater unum sumus* diuinitati reputamus? Namque ut noueris secundum id quod homo erat eum dixisse 'maior me est', ait: *Si diligeretis me gauderetis utique, quia uado ad Patrem, quia Pater maior me est.* Rogo itaque, cum Filius secundum diuinitatis suae potentiam uniuersa impleat, nec sit aliquis locus eadem diuinitate uacuus, utpote qui caelum et terram atque inferna pari omnipotentia impleat, quomodo ait: *Vado ad Patrem*, cum quo et semper erat et a quo nunquam recesserat – eius est enim ire et uenire, qui aliquibus locorum terminis circumscribitur, ut eum in quo erat deserens locum, ad alium ubi non erat ueniat –, nisi quia utique de illo quem adsumpserat homine

---

Trad. text.: ζ ξ β *Fra Boc Cass Ch²* (om. δ ν *Ch¹*)

XVII. 14 Ioh. 14, 28   15 Ioh. 10, 30   17/18 Ioh. 14, 28   21 Ioh. 14, 28

XVII. 13/15 aliquanta – reputamus] cfr HIL., *Trin.* 2, 10; GAVDENT., *Serm.* 19; AVG., *Epist.* 187, 8; 238, 10; *In euang. Ioh.* 88, 1; *In Ps.* 63 13; 138, 3; *C. Arrian.* 8, 6; *Perseu.* 24, 67; LEO M., *Epist.* 28, 4; VIGIL. THAPS., *C. Eutych.* 4, 21; 5, 21; *Liber fidei* 4 *in* VICT. VIT., *Hist. persec.* 2, 63; FVLG. RVSP., *Epist.* 8, 16   18/27 rogo – mortuos] cfr HIL., *Trin.* 9, 51; AMBR., *Fid.* 2, 8, 59; AVG., *In euang. Ioh.* 78, 1; PS. AVG., *Solut.* 71; LEO M., *Serm.* 77, 5; VIGIL. THAPS., *C. Eutych.* 1, 6

---

7 partitionis] portionis *N¹*   discrimine] discrimini *O³ᵖ·ᶜ·*   9 dixit] *om. Fra Boc* et] *om. Cb¹ᵃ·ᶜ· Tr¹ Mu² Boc, Cb¹ˢ·ˡ· ᵖ·ᶜ·**   9/10 putabitur] deputabitur *Vc¹, om. Fra*   10 diuinitatem aut secundum] *Sm¹ˢ·ˡ·*   10/11 diuinitatem – humanitatem] humanitatum (*!*) aut secundum deitatem *Vc¹*   12 dixit] *om. K² Fra Boc*   14/15 pater – ait] *Sg¹ⁱⁿ ᵐᵃʳᵍ·*   15 reputamus] reputemus *R¹ Ch²*   15/16 namque] nam *N¹*   16 id] *om. Cass*   16/17 maior] pater *praem. Fra Boc*   17/18 ait – me est] *om. homoeot. Vc¹ Bd¹*   17 ait] enim *add. P⁵*   18 pater] *om. P⁵*   rogo itaque] interrogo itaque *Vc¹*, interrogo utique *P⁵*, rogo *Fra*   19 uniuersa] diuersa *P⁵*   aliquis] aliqui *Tr¹ᵃ·ᶜ·*   20 eadem] eandem *Vc¹*, diuinitatis (*sic*) suae potentiam uniuersa impleat nec sit aliquis locus eadem *repet. Bd¹*   21 pari] patris *Bd¹, om. Sm¹*   22 cum] *Sm¹ˢ·ˡ·*   et a quo – recesserat] *Sg¹ⁱⁿ ᵐᵃʳᵍ·*   et²] *om. Fra*   a] *om. N¹*   22/23 est enim] *tr. Boc*   22 est] *om. Sm¹ᵃ·ᶜ·*, sed post enim *s.l. suppl. Sm¹ᵖ·ᶜ·*   23 enim] *om. Cb¹ᵃ·ᶜ· Tr¹ Mu²*   24 ut] *Cb¹ᵃ·ᶜ· Tr¹ Mu² Boc* ad] *om. Vc¹*   alium] aliud *Sm¹ᵃ·ᶜ· N¹ O³ P²ᵃ·ᶜ· Fra*, eum *Boc*   25 illo quem] *om. Sm¹* homine] homini *Sg¹*

LIBER SECVNDVS XVII – XVIII 333

loquebatur, quod ipse erat iturus ad Patrem a quo et uenturus est iudicare uiuos et mortuos. Ceterum Verbi diuinitas, quae, ut diximus, uniuersa implens, nullis locorum spatiis terminatur, sicut nihil est unde discedat, ita nihil est ubi ueniat. Et hoc modo
30 apparet, secundum id quod homo est, non solum Patre, uerum etiam angelis esse minorem. Nam si secundum id quod Deus est eum minorem accipere uolueris, pari conditionis necessitate etiam angelis secundum diuinitatis naturam minor esse uidebitur. Denique apostolus ait: *Minorasti eum paulo minus ab angelis.* Si
35 ergo nulla ratione admittitur ut secundum id quod Deus est minor angelis habeatur, apparet hoc minorationis officium non Deo Verbo, sed homini reputandum adsumpto.

XVIII. Probvs iudex dixit: Vt tua in omnibus fulciatur assertio ueritate, conuenit a tuis partibus Patrem et Filium et Spiritum sanctum, diuinorum testimoniorum lectione, unius adprobare substantiae.

5 Athanasivs dixit: Quoniam excellentiam tuam perspicio huic rei instantissime ac fideliter imminere, ut Patrem et Filium et Spiritum sanctum unius esse substantiae demonstremus, atque Fi-

---

Trad. text.: ζ ξ β *Fra Boc Cass Ch²* (*om.* δ ν *Ch¹*)   XVIII. 5 / XXIV. 11   α¹ ξ β *Fra Boc Cass Ch²* (*om.* ν *Ch¹*)

34 Hebr. 2, 7

29/37 et hoc – adsumpto] cfr Favstin., *Trin.* 35; Ambr., *Fid.* 2, 8, 64; 5, 18, 227; Ambrosivs *in Conc. Aquil.* 37; Avg., *C. Arrian.* 5, 5; 27, 24; *Serm.* 264, 2; Qvodv., *C. Iud. pag. Ar.* 8; Ps. Avg., *Solut.* 71; Ps. Vigil. Thaps., *C. Varimad.* 1, 43 (l. 7-14); Fvlg. Rvsp., *Epist.* 8, 14-15; *C. Fab. fragm.* 3, 5

26 quod] quia *Sg¹ K²ᵖ·ᶜ·*   ipse] *om. Boc*   27 uerbi] ubi *Cass Ch²*   quae] qui *Sm¹ N¹ O³*,   27/28 quae ut diximus] *om. Cbᵗᵃ·ᶜ· Tr¹ Mu² Boc*, quae *Cbⁱˢ·ˡ· ᵖ·ᶜ·* *   28 nullis] nullus *N¹*   spatiis terminatur] terminis separatur ζ *Boc*   29 unde – nihil est] *om. Bd¹*   ita] et *add. P⁵*   ubi] quo *Vc¹ Boc*   30 id] *om. Cass*   patre] patrem *Vc¹ N¹ O³ Sgᵗᵃ·ᶜ·*, patri *Fra*   31 etiam] *om. Mu²*   esse minorem] minor est *Mu²*   esse] *om. Cbᵗᵃ·ᶜ· Tr¹ Mu² Boc, Cbⁱˢ·ˡ· ᵖ·ᶜ·* *   31/32 nam si – minorem] *Sgⁱⁿ ᵐᵃʳᵍ·*   32 minorem] minor est *Vc¹*   34 apostolus] dauid ξ   ait] nec non et psalmigraphus ζ *Boc*   35 ergo nulla] *tr. Cass*   deus] *Kᵗˢ·ˡ·*   est] *Sm¹ˢ·ˡ·*   36 officium] officio *Kᶻᵃ·ᶜ·*   37 homini] omni *P⁵*

XVIII. 1/5 probus – dixit] *om. Bd¹ β Fra*   1 iudex dixit] *om. Boc*   2 ueritate] ueritatem ζ   a] *om. Vc¹ P⁵*   3/4 adprobare substantiae] *tr. Vc¹*, substantiae demonstrare *P⁵*   5 dixit] *om. Boc*   quoniam] et *praem. Bd¹ β Fra*, cum δ, uir nobis *add. Vc¹*, uir nobilis *add. P⁵*   perspicio] praespicio *Ty² ε¹ Cbᵗᵃ·ᶜ· Tr¹ Mu²*   6 instantissime] intentissime *Fra*   ac] hac *ε¹ Vc¹ P⁵*   6/7 ut patrem – demonstremus] *om.* δ *Ch¹*   6 ut] *om. Cbᵗᵃ·ᶜ· Tr¹ Mu²*   7 demonstremus] demonstramus *Pᵒᵇ*   atque] ut δ *Ch¹*

lium de Patris substantia natum ex diuinis uoluminibus adprobemus, quamquam omnium prosecutionum mearum sententia ita se habere monstratur, ut sicut hominum uel cuiuslibet animalium genus suae substantiae similes gignat, et nec homo bouem nec bos hominem generet, sed ad suam similitudinem, id est suae substantiae, unaquaeque res procreat, mirari usquequaque non debeo Deum potuisse de sua substantia Filium generare, cui totum posse subiectum est. Sed ne sine scripturarum testimonio mea oratio peruagetur, aggredior, ipsius opitulatione munitus, Filium de Patris substantia ineffabiliter natum ex diuinis oraculis approbare; et dum luculento disputationis examine, non ex argumento philosophicae artis ueniente, sed, ut dixi, ex diuinis

---

Trad. text.: $\alpha^1 \xi \beta$ Fra Boc Cass Ch^2 (om. ν Ch^1)

XVIII. 10/13 sicut – procreat] cfr *supra* II, 5, l. 15-23 (*loc. simil.*)

---

8 natum] ita se habere ε^1, *om.* Fra   9 adprobemus] monstratur ε^1, comprebemus Fra   omnium] hominum Mu^1 10 ita] $Ty^{2s.l. p.c.}$, *om.* P^4 monstratur] monstretur $P^{2p.c.}$ Boc Cass   ut] *om.* P^{7b} sicut] sicuti ζ Boc   hominum] homo $Ty^{2p.c.}$, omnium Vc^1 cuiuslibet] quorumlibet Boc   11 suae substantiae similes gignat] gignant suae substantiae similes $P^5 Bd^1$ similes] similiter P^4, simile Fra, *om.* N^1 gignat] gignant $\gamma \xi$, significat Fra   et] ut δ, *om.* ζ Boc   12 nec] ne hoc ε^1 bos] buus ε^1 generet] $P^4 Ty^{2p.c.}$ $Sm^{1p.c.} P^2$ Boc Cass $Ch^{1.2}$, generat $Ty^{2a.c.} \zeta P^5 Bd^1 Sm^{1a.c.} N^1 O^3 \beta^2$ Fra, gignat ε^1 ad] adhuc $Ty^{2a.c.} P^4$ 12/13 id est suae substantiae] eiusdemque substantiae cuius et ipsa est δ 13 substantiae] similem *add.* Vc^1 procreat] procreati N^1, procreari $O^3 P^2$, proceret Vc^1, procreatur Fra, procreetur Boc, procreet δ Cass $Ch^{1.2}$ 13/14 usquequaque] $\gamma Sm^1 Ch^1$ (*cfr* I, II, *l.* 2/3: mirari usquequaque non debes), utique quamque $\beta^1 \beta^2$, utique ζ Boc Cass Ch^2, utique *praem.* Fra   14 debeo] debes δ potuisse de sua substantia filium] de sua substantia filium potuisse Fra   potuisse] non *praem.* $Ty^{2a.c.} \varepsilon^1 Sm^{1a.c.} \beta^1 \beta^2$, potuisses Bd^1 15 posse] esse $Sm^1 N^1 O^3 P^{2a.c.}$ Fra   sed] *om.* Vc^1 ne sine] ξ, ne ab his que ε^1, ne absque δCh^1, neque $Sm^1 N^1 O^3 P^{2a.c.} \beta^2$, ne $P^{2p.c.}$ Fra, ut ζ Boc Cass, ut neque Ch^2 scripturarum] diuinarum *add.* δ 15/16 testimonio] testimonia P^5 Fra   16 oratio] ora $Sm^1 \beta^1$ Fra, hora β^2, ratio $Ty^{2a.c.} P^5$ peruagetur] peruagarentur Sm^1, peruacentur $N^1 O^3 P^{2a.c.}$ Fra, peruacetur $P^{2p.c.} Sg^1 K^2 R^1$ 17 ex] $\gamma \xi Ch^{1.2}$, *om.* $Mu^2 \beta$ Fra Cass, e $Tr^{1a.c.}$, esse $Cb^1 Tr^{1p.c.}$ Boc   18 et] ut $Ty^{2p.c.} Ch^{1.2}$, *om.* Fra   dum] cum δ, *om.* Fra   luculento] non *praem.* $Sm^{1s.l. p.c.}$ Fra   examine] *conieci* (*cfr* II, 1, *l.* 5: luculento disputationis examine), sermone $P^4 \xi$, ordine P^2, tramite ζ Boc Cass $Ch^{1.2}$, *om.* $Sm^1 N^1 O^3 \beta^2$ Fra. Vide adnotationes   18/19 non ex] ex $Sm^{1p.c.}$, *om.* Fra   19 philosophicae artis ueniente] ζ Boc Cass $Ch^{1.2}$, uel ex philosophiae artis uenientis $Sm^{1a.c.} N^1$, ex philosophiae artis uenientis $Sm^{1p.c.}$, uel ex philosophiae artis uenientes $O^3 Sg^1 Mu^1$, philosophiae artis uenientibus P^2, uel philosophiae artis uenientes $K^2 R^1$, uel ex philosophiae arte uenienti Vc^1, uel ex philosophiae arte ueniente $P^5 Bd^1$, uel ex philosophicae artis uenientis P^{7b}, uel ex philosophicae artes uenientes P^{6b}, uel ex philosophicae artis uenientis $Ty^{2a.c.}$, philosophicae artis uenientis $Ty^{2p.c.}$, uel ex philosophicae artis subtilitate uenientis P^4, uel ex philosophiae arte ueniente Fra   ut dixi] *om.* δ ex] de $Cb^1 Tr^1$ Boc, cum *praem.* Fra, *om.* Mu^2

20 demonstrauero documentis, tunc demum Arrius obmutescet, cum Filium de paterna substantia genitum, legalibus eloquiis me docente cognouerit.

XIX. Paulus apostolus de Filio ad Hebraeos scribens, ait: *Cum sit*, inquit, *imago inuisibilis Dei et figura substantiae eius, gerens omnia uerbo uirtutis suae*. Hieremias quoque, prudentissimus prophetarum, de Dei Patris persona contionatur et dicit: *Si stetis-*
5 *sent in substantia mea, et audissent Verbum meum, auerterem eos ab studiis eorum pessimis*. Et ut eum de Filio dixisse probaret, subiungit idem propheta et dicit: *Quis stabit in substantia mea, et uidebit Verbum meum?* Verbum enim esse Filium Dauid propheta de Patris persona testatur dicens: *Eructauit cor meum Ver-*
10 *bum bonum*. Iohannes quoque euangelista, sciens apud Patrem Verbum, id est Filium a principio apud Patrem esse, et a Patre Verbum numquam separatum fuisse, in principio euangelii, id est adnuntiationis suae, posuit dicens: *In principio erat Verbum, et*

Trad. text.: $\alpha^1 \xi \beta$ Fra Boc Cass Ch^2 (om. ν Ch^1)

XIX. 1/3 Hebr. 1, 3   4/6 Ier. 23, 22 (LXX)   7/8 Ier. 23, 18   9/10 Ps. 44, 2
13/14 Ioh. 1, 1

XIX. 1/8 paulus – meum] cfr Mar. Victorin., *Adu. Arium* 1, 30; 1, 59; 2, 3; Greg. Illib., *Fid.* 54; Ambr., *Fid.* 3, 14, 122 – 15, 124; Ps. Evseb. Verc., *Trin.* 5, 38.40; *Liber fidei* 2 *in* Vict. Vit., *Hist. persec.* 2, 58; Ps. Vigil. Thaps., *C. Varimad.* 1, 44

---

20 demonstrauero] monstrauero β^2 Cass Ch^2 tunc] tum P^{6b} $\zeta \xi$ Boc Ch^1 obmutescet] P^4 $Sm^{1p.c.}$ β^1 $K^2 R^1$ Fra, obmutescat $Ty^{2p.c.}$ $Ch^{1p.c.}$ Mu^2 ξ Boc Cass $Ch^{1,2}$, obmutescit $Ty^{2a.c.}$ ε^1 $Ch^{1a.c.}$ $Tr^{1a.c.}$ $Sm^{1a.c.}$ $Sg^{1a.c.}$, non habens quod respondeat *add.* P^5 21 paterna] patris δ legalibus] regalibus Bd^1 β Fra

XIX. 1 de filio ad hebraeos] ad hebraeos de filio δ 2 inquit] *del.* $Ty^{2p.c.}$, *om.* Vc^1 figura] figuram $Ty^{2p.c.}$ P^4 $Tr^1 Mu^2$ $Vc^1 Bd^1$ Sm^1 Boc Cass $Ch^{1,2}$ eius] *om.* Vc^1 gerens] generens Vc^1 3 omnia uerbo uirtutis suae] $Vc^1 P^5$, *tr. post* quoque ε^1, *om.* δ ζ Bd^1 β *edd.* Vide adnotationes   hieremias] *om.* ε^1 4 de] *om.* ε^1 $Vc^1 P^5$ Sm^1 $N^1 O^3$ $P^{2a.c.}$ *sed suppl. s.l.* $P^{2p.c.}$, *ex* Bd^1 persona] personam Sm^1, personam assumens $Vc^1 P^5$ contionatur] contionabatur $N^1 O^3$, contionatus Mu^2, conscionat ε^1 et dicit] ait Mu^2 5 uerbum meum] uerba mea δ auerterem] euerterem β^2, auertissem Fra, auerterent Cass $Ch^{1,2}$ eos] utique *add.* Vc^1, utique *praem.* P^5 6 ab] a P^5 Mu^1 Cass $Ch^{1,2}$ eorum] ε^1 $\zeta \xi$ Boc Ch^1, suis δ β Fra Cass Ch^2 eum] id δ de filio dixisse] *tr.* P^2 dixisse] *om.* ε^1 probaret] probarent $Ty^{2a.c.}$, probaretur P^4 7 dicit] ait δ stabit] stetit δ $Ch^{1,2}$ substantia mea] substantiam meam ε^1 8 uidebit] uidit δ $Ch^{1,2}$ enim] eum Bd^1, *om.* Fra   filium] *om.* Vc^1 8/9 dauid propheta de patris persona] de patris substantia dauid propheta Fra   de patris persona] *om.* δ 9 testatur] protestatur Cass Ch^2 dicens] $Ty^{2s.l. p.c.}$, *om.* P^4 10/13 iohannes – dicens] et in euangelio δ 10 iohannes] iohannis N^1 11 apud patrem] *om.* Vc^1 filium] filio P^{7b} 12 id est] *om.* P^{6b} a^2] in ζ Boc

Verbum erat apud Deum, et Deus erat Verbum. Et iterum alio loco scriptura tradidit dicens: *Initium operis Verbum*; non quod in creationem Verbi, id est a Filii creatione, ceteras coepit facere creaturas, sed quia per Verbum Dei, id est per Filium, omnia creata noscuntur. Vnde Dauid propheta ponit et dicit: *Verbo Domini caeli firmati sunt*. Et ut Spiritum sanctum huius operis socium esse ostenderet, secutus est dicens: *Et Spiritu oris eius omnis uirtus eorum*. Multa sunt enim quae de Filio scripturae diuinae perhibent testimonia quod de substantia Patris, id est de id quod ipse est, genitus demonstretur, de qua substantia non tantum similis sed et coaequalis Patri Filius comprobatur. Haec fides est quam Christus apostolis tradidit, et ab apostolis ad nos usque peruenit. Nec possumus eam in aliquo immutare, quam constat ab initio fideliter, ut data est, conseruari.

LIBER SECVNDVS XX 337

XX. ARRIVS dixit: Et superiore prosecutione mea ita exorsus sum quod Athanasium perfidiae caecitas praecipitet in profundum. Dum enim uult facundiam sui sermonis ostendere, nescius in crimine uersatur scripturae diuinae, dicendo eo quod in sub-
5 stantia Dei coaequet Filium genitori, cum ipse Filius de se protestetur et dicat: *Pater maior me est*; et: *Qui me misit, ipse mihi mandatum dedit*; et: *Non ego ueni, sed ille me misit*; et: *Non ueni facere uoluntatem meam*; et: *Sicut dixit mihi Pater, sic loquor*; et: *Quod dedit mihi, seruaui*; et: *Omnia quae mihi dedit, nemo aufert*
10 *a me*; et: *Rogabo eum et exhibebit mihi plus quam duodecim milia legiones angelorum*; et: *Si hic calix non potest transire nisi illum bibam, fiat uoluntas tua*; et: *Transeat a me calix iste, non sicut ego*

Trad. text.: $a^1 \xi \beta$ Fra Boc Cass Ch^2 (om. v Ch^1)

XX. 6 Ioh. 14, 28   6/7 Ioh. 12, 49   7 Ioh. 8, 42   7/8 Ioh. 6, 38   8 Ioh. 12, 50
9 Ioh. 17, 12   9/10 Ioh. 6, 39   10/11 Matth. 26, 53   11/12 Matth. 26, 42   12/13 Matth. 26, 39

XX. 6/17 pater – similia] cit. in SISEBVT., Epist. 8 (PL, 80, 376 CD)

XX. 1 arrius] prosecutione arrii hic requieres praem. P^{7b}, prosecutio arrii hic require praem. P^{6b} dixit] om. Fra   et] ex ε^1 P^5 P^2, ego Vc^1, in Bd^1, e Boc Ch^1, om. Cass Ch^2 superiore] superiori Mu^2 P^5 Boc Ch^1, proprie Ty^2, priore P^4 prosecutionem meam] prosecutionem meam P^{6b} 2 sum] K$^{2s.l. p.c.}$, om. R^1 quod] quo N^1 athanasium] athanasius Cb$^{1p.c.**}$ β Fra Boc Cass Ch^2 perfidiae caecitas] δ ξ, perfidiae caecitate Sm^1 Fra, perfidiae caecitatis P^{7b} O^3, perfidei caecitas P^{6b} N^1, perfidia caecitatis ζ P^2 β^2 Boc Cass Ch$^{1.2}$ praecipitet] a (exc. Cb$^{1p.c.**}$) Boc Ch^1, praecipitat P^5, praecipitatus Sm^1 N^1 O^3 P$^{2a.c.}$ Fra Cass, praecipitatur Cb$^{1p.c.**}$ P$^{2p.c.}$ Ch^2 2/3 profundum] profundo Sm^1 3 dum] om. δ Sm^1 N^1 O^3, cum Fra   enim uult] tr. δ   enim] errorum Sm$^{1p.c.}$, om. Fra   facundiam] facundia δ Cb$^{1a.c.}$ Tr$^{1a.c.}$ Sm^1 N^1 O^3 sui] suis N^1 sermonis] sermones Sm$^{1a.c.}$ nescius] et praem. δ   4 crimine] crimen ζ Boc   uersatur] uertitur P^5, uniuersa Bd^1, uersatus Tr^1 dicendo] docendo Sg^1, contradicendo Fra, om. Cass   eo quod] quod δ Ch^1, equod R^1, esse quod Ch^2 in] om. γ   4/5 substantia] substantiam Cb^1 Mu^2 5 dei] deus Ty$^{2a.c.}$, om. P^4 coaequet] coaequetur Ty^2 Ch^1, quo hec et P^5 filium] filius δ Ch^1 genitori] generatori Cass   se] seipso δ   5/6 protestetur] ζ ξ Boc Ch^1, testetur δ β Fra Cass Ch^2, et dicit add. P^5 6 me] om. P^5 ipse mihi] a Boc Ch^1, om. β Cass Ch^2 6/7 mihi mandatum] tr. Fra   7 et non ego – misit] om. Vc^1 ille] ipse δ   7/8 et non ueni – meam] om. P^{7b} 8 meam] sed uoluntatem eius qui me misit add. P^{6b} ζ Boc Ch$^{1.2}$, sed eius qui me misit add. Vc^1 et] om. Sm^1, non ego ueni sed ille me misit add. Vc^1 sicut] sic Cass   dixit mihi pater] mihi pater dixit Bd^1 9 mihi^1] pater add. Cass   mihi dedit] dedit mihi Mu^2 Bd^1, dedit mihi pater β^2 Cass Ch^2 nemo] non P^5 aufert] auferet ε^1 N^1, auferatur Vc^1 10 exhibebit] exhibet Cb^1 Tr$^{1a.c.}$ Mu^2 milia] om. Mu^2 ξ O$^{3p.c.}$ Mu^1 edd.   11 si] om. N^1 β^2 11/12 nisi illum – calix iste] om. P^{6b} illum bibam] tr. Tr^1 Mu^2 P^5 Bd^1 Fra Boc Cass Ch^1 12 transeat a me calix iste] calix iste transire a me Mu^2 a me calix iste] iste a me calix Bd^1 non] et praem. Tr$^{1s.l. p.c.}$, et praem. P^4 Bd^1 uerumtamen praem. Vc^1 P^5

uolo, sed sicut tu; et: *Quae sunt ei placita facio semper*; et: *Sedere ad dexteram meam uel ad sinistram, non est meum dare uobis*; et: *Dedit illi nomen quod est super omne nomen*; et: *Exaltauit puerum suum*; et: *Benedixit te Dominus Deus tuus*; et: *Excitauit eum a mortuis et sedere fecit eum ad dexteram suam*, et multa his similia, quae studio breuitatis omitto. Si ergo maiorem habet, si missus est, si spontanea uoluntate non uenit, si uoluntatem suam non fecit, si quod ei dicitur loquitur, si sibi data custodit, si rogat, si pro calice deprecatur, si nomen ab alio accepit, si ab alio exaltatur, si sedes discipulis petentibus propria potestate non tribuit, si quae sunt Patri placita facit, et ab ipso a mortuis suscitatur, aequumne uidetur ut qui de sua subiectione tanta ac talia dicit, Patri efficiatur aequalis?

XXI. PROBVS iudex dixit: Si aduersus tam copiosa diuinae auctoritatis testimonia, quae ab Arrio de Filii subiectione prolata

---

Trad. text.: $\alpha^1 \xi \beta$ *Fra Boc Cass Ch²* (*om. v Ch¹*)

---

13 Ioh. 8, 29   13/14 Matth. 20, 23   15 Phil. 2, 9   15/16 Act. 3, 13   16 Ps. 44, 8
16/17 Eph. 1, 20

---

13 sicut tu] uis *add. γ*, quod tu *Cb¹ Mu² Boc*   ei placita] *tr. Bd¹*   facio] ego *praem. ε¹ β Fra Ch²*   13/14 et quae – dare uobis] *om. δ*   14 meam] *om. ζ*   ad] *om. Tr¹ Mu² Cass*   uobis] sed quibus paratum est *add. Mu²*   15 et] *s.l. Cb^{1p.c.} Tr^{1p.c.}, om. Mu²*   exaltauit] eum *add. P⁵*   16 suum] *om. δ*   benedixit] propterea unxit *ε¹ ζ Boc Ch¹*, unxit *δ P⁵*   dominus] deus *ε¹ ζ Boc Ch¹*   excitauit] suscitauit *Sm¹*, exaltauit *N¹ Cass*   eum] *om. P^{6b}*   17 et¹] *om. β² Cass Ch²*   fecit eum] *tr. Vc¹ P⁵*   eum] *om. Bd¹ β Boc Cass Ch²*   ad dexteram suam uel ad sinistram non est meum dare uobis et quae sunt ei placita facio semper *Ty^{2a.c.}*, et ad dexteram meam uel *etc. Ty^{2p.c.}*, ad dexteram suam et sedere ad dextram meam uel ad sinistram non est meum dare uobis et quae sunt ei placita facio semper *P⁴*   his] alia *ε¹*   18 quae studio] quaestio *N¹* omitto. Si ergo] omisi. Ergo *δ*   maiorem habet si] *α, om. β Fra Cass*   missus] ab eo *praem. β Fra Cass Ch²*   19 uoluntate] uoluntatem *ε¹*   si²] sed *Sg^{1a.c.}*, se *Vc¹*   uoluntatem suam] uoluntate sua *Cb^{1a.c.} Tr¹ Mu²*   20 fecit] facit *β Fra*   si ... si] *Ty^{2s.l. p.c.}*   quod] sicut *δ*   dicitur] deus *Vc¹*   si rogat] *om. δ*   21 deprecatur] precatur *O^{3a.c.}*   alio¹] eo *N¹*   accepit] accipit *Vc¹ P⁵*   si ab alio exaltatur] *ε¹ ζ ξ*, si extatur ab alio *Ty^{2a.c.}*, si extat ab alio *Ty^{2p.c.}*, si excitatur ab alio *P⁴, om. β Fra Boc Cass*   22 sedes] sedens *Cb^{1a.c.} Tr¹ Boc*   petentibus – potestate] *om. δ*   potestate] *ε¹ ζ ξ Fra Boc Ch²*, uoluntate *β Cass*   tribuit] tribuet *Ty^{2a.c.}*   si] et *δ, om. β Fra Cass*   23 patri placita] *tr. Vc¹ P⁵*   facit] fecit *Mu² Sm¹ β¹*   et] si *ξ*   suscitatur] suscitatus *N¹*, suscitur *O^{3a.c.}*   23/24 aequumne uidetur] et quomodo fieri potest *δ*   23 aequumne] aequum non *Cb^{1a.c.} Tr¹ Mu² Sg¹ Fra Boc*   24 uidetur] uideretur *Sm¹*   sua subiectione] *tr. P⁵ Bd¹*   tanta] qui de se *praem. Ty^{2a.c.} P⁴*   ac] et *δ β Fra Cass Ch²*

XXI. 1 iudex dixit] *om. Fra Boc*   aduersus] aduersum *ζ β* (*exc. Sm¹*) *Fra Boc Ch¹*   tam] ista *β Fra Cass Ch²*   2 de filii] *om. Boc*

LIBER SECVNDVS XXI 339

sunt, aliquid Athanasio competere uidetur, edicere non moretur. Non superstitione sermonis, sed ex diuinis potius uoluminibus, aut similis aut dissimilis uel coaequalis Patri Filius demonstretur, ut agnita ueritate, quae sanae fidei ac rationi conueniunt, roborentur.

ATHANASIVS dixit: Quantum uelit percurrat in elatione sermonis Arrii calliditas, et sibi de auctoritate diuinae legis plaudat testimoniis, quibus uidelicet nititur ab aequalitate Patris Filium sequestrare, cuncta quae ab eo prolixius inserta noscuntur, hisdem etiam testimoniis a nobis eius intentio absque ulla difficultate frustrabitur.

Christus igitur Filius Dei, in forma serui quam sumpsit ex uirgine, Patri dicitur esse subiectus, apostolo Paulo nihilominus adfirmante: *Vbi uenit*, inquit, *plenitudo temporum, misit Deus Filium suum natum ex muliere, factum sub lege*. Ille itaque dicitur esse subiectus qui sub lege ex muliere noscitur generatus, et in ea

---

Trad. text.: $\alpha^1 \xi \beta$ Fra Boc Cass Ch^2 (*om. v Ch^1*)

XXI. 16/17 Gal. 4, 4

---

3 aliquid] aliqua Sm^1, quid *Cass*   competere] remanserit et *praem*. ε^1 uidetur] uidentur Sm^1 edicere] et dicere $Tr^{1a.c.}\ N^1$ non] $\xi \beta$ Fra, *om*. γ $Cb^{1a.c.}\ Tr^1Mu^2$ Boc sed suppl. $Cb^{1p.c.*}$, ut amota δ $Ch^{1.2}$, ne *Cass*   4 superstitione] $Ty^{2p.c.}P^4 \xi \beta$ (*exc. $Sg^{1a.c.}$*) Fra Boc Cass, superstrictione $Sg^{1a.c.}$, superstructione $Ty^{2a.c.}$ $Ch^{1.2}$, superstitutione ε^1, prolata *add.* Vc^1 sermonis] exclusa *add.* $Cb^{1a.c.}\ Tr^1Mu^2$ Boc sed *del.* $Cb^{1p.c.*}$ sed] $Sm^{1\,in\,marg.}$, *om*. $\alpha^1\ N^1$ (*exc. $Cb^{1p.c.*}$*) $Ch^{1.2}$, et Boc   ex] *om*. β^2 Cass Ch^2 uoluminibus] $P^4 \varepsilon^1 \xi Sm^{1p.c.} O^3 P^2$ Fra Ch^1, luminibus $Ty^2 \zeta Sm^{1a.c.} N^1 \beta^2$ Boc Cass Ch^2 5 aut similis] *om*. Ch^2 aut] *del*. $Ty^{2p.c.}$, ut Bd^1 uel coaequalis patri filius] patri filius uel coaequalis ζ Boc   uel coaequalis] *om*. δ P^{ob} 6 ut] aut $Cb^{1a.c.}\ Tr^{1a.c.}\ Mu^{2a.c.}$ fidei ac] *om*. δ ac rationi] hac ratione $P^5 \beta^2$ conueniunt] conueniant $Cb^{1p.c.*}\ P^2$ 6/7 roborentur] roboretur $Cb^{1a.c.}\ Tr^1Mu^2 Vc^1$ 8 dixit] *om. Fra Boc*   quantum uelit percurrat] quia notum uelit procurat Ty^2 in elatione] ut elatione $Sm^{1a.c.}$, in elationis N^1, in obuelationem ε^1, in obiectione ueri Ty^2, in obiectionem ueri P^4 arii calliditas] ars calliditas $Ty^{2a.c.}$, ars calliditatis $Ty^{2p.c.}P^4$ 9 de auctoritate] *om. Bd^1*   legis] prolatis *add.* δ $Ch^{1.2}$ plaudat] plaudeat $Ty^{2a.c.}P^4 \varepsilon^1 \zeta$ 10 ab] ob ε^1 $Cb^{1a.c.}$ 11 cuncta] sed *praem.* Vc^1P^5, et *praem*. ζ Boc Cass   11/12 hisdem] isdem uel hisdem *scr. plurimi mss*, idem $\varepsilon^1 O^3 Sg^1$, id est R^1 12 eius intentio] *del. $Ty^{2p.c.}$*   ulla] *om. Mu^2*   13 frustrabitur] prostrabitur $\varepsilon^1 \zeta N^1$ Fra Boc, frustratur $Ty^{2a.c.}$, frustrantur $Ty^{2p.c.}$ Ch^1 14 forma] formam $Sm^{1a.c.}\ \beta^1 \beta^2$ sumpsit] sumpserat β *Cass*, assumpsit Boc, assumpserat Bd^1 Fra   15 nihilominus] *del. $Ty^{2p.c.}$ sed suprascr.* taliter, taliter Ch^1 16 temporum] temporis α Fra Boc Ch^1 17 natum] factum $\delta P^{ob} \beta$ Boc Cass $Ch^{1.2}$ itaque] igitur $\varepsilon^1 P^5$, utique δ 18 sub lege] *om. δ*   noscitur] nascitur $Ty^{2a.c.}P^{5.}$, cognoscitur Sg^1 et] *om. δ*

forma maiorem se iudicat Patrem, quam sumpsit ex uirgine. Nam in forma Dei Patris, angelicus ei chorus probatur praebuisse ministerium. Ita in Euangelio scriptum est: *Et discessit ab eo diabolus, et uenerunt angeli et ministrabant ei*. Obicit quod uoluntatem Patris fecerit, et non suam. In hoc magis laudabilis huius uerbi debet agnosci, quia qui Patris uoluntatem aequanimiter fecit, aequalitatem ostendit, apostolo confirmante: *Haec est*, inquit, *uoluntas Dei in Christo Iesu*. Nam quia addidit: *Sicut dixit mihi Pater, sic loquor*, quare hominum genus, quod rectum est intelligens, audito hoc uerbo turbetur? Si enim aliter Christus quam Deus Pater loqueretur, tunc magis Patri inaequalis uel dissimilis monstraretur. Si uero quae loquitur Pater, ea loquitur Filius, nunquam inaequalis Patri aut dissimilis inuenitur. *Quod dedit mihi*, inquit, *seruaui*, et: *Omnia quae mihi dedit, nemo aufert a me*. Dona enim diuina hoc modo intelligenda sunt Filio adtributa.

Trad. text.: $\alpha^1 \xi \beta$ *Fra Boc Cass Ch² (om. ν Ch¹)*

21/22 Matth. 4, 11   25/26 I Thess. 5, 18   26/27 Ioh. 12, 50   31 Ioh. 17, 12   32 Ioh. 6, 39

XXI. 19/22 nam – ei] cfr AMBR., *Fid.* 2, 8, 64; 3, 4, 33; CEREAL., *C. Maximin.* 3   23/26 in hoc – iesu] cfr Ps. VIGIL. THAPS., *C. Varimad.* 1, 7   26/31 nam – inuenitur] cfr FAVSTIN., *Trin.* 13; AMBR., *Fid.* 5, 11, 133-134

19 maiorem ... patrem] minorem ... patre $\zeta \beta^2$ *Fra Boc Cass*   se iudicat] se esse iudicat *Sm¹*, eius dicat *N¹*, se uocat *Vc¹P⁵*, iudicat *Bd¹*, se indicat *Ch¹·²*   sumpsit] uoluntarie praem. δ *Ch¹·²*   nam] natus δ, om. *Ch¹*   20 ei chorus] eicetur *Vc¹*   20/21 ministerium] mysterium *O³*   21 ita] et *N¹*, sicut *Bd¹*, ut *Cass*, enim add. s.l. *Tr¹p.c.*, enim add. *Vc¹P⁵ Boc Ch¹·²*   et discessit ab eo] discessit δ 22 obicit] obice *P²*   uoluntatem] uoluntate *Ty²a.c.* *O³*   23 et] ut *Ty²a.c.*, om. ε^1 *Fra*   suam] suae *N¹*   huius uerbi] cuius uerbi *Sm¹a.c.*, cuius uerbis *Sm¹p.c.*, ueritas uerbi *Vc¹Bd¹*, eius obedientia *P⁵*, ratio add. δ, dicto add. $\zeta \beta^2$ *Boc Cass Ch¹·², om. Fra*   24 qui] quod *Bd¹*, om. *P⁰ᵇ*   aequanimiter] om. *Boc*   aequanimiter fecit] tr. *P⁷ᵇ*   25 confirmante] adfirmante δ *Bd¹*   haec] hoc *P⁵*   est] om. *Boc*   inquit] enim *Cb¹Mu² Boc, om. Tr¹ Cass*   26 quia] quid *Ty²a.c.*, quod *Ty²p.c. P⁴*, et praem. *P⁵*   addidit] addit δ 27 quare] quis γ *Cb¹a.c. Tr¹Mu² Vc¹P⁵ Boc Cass*   hominum genus] omnium genus *P⁵*, in humano genere *Ty²*, humanum esse gerens *P⁴*   quod – intellegens] om. δ 28 hoc] om. *O³*   28/29 loqueretur] loqueritur *Sm¹*, loquitur praem. δ 29 tunc] tum *Cass Ch²*   29/31 monstraretur – dissimilis] om. homoeot. *P⁵, Bd¹in marg.*   29 monstraretur] diceretur *Boc Ch¹*   30 loquitur pater ea loquitur] loquar pater eaque loquar *Vc¹*   ea] ipsa add. δ 30/31 inaequalis – inuenitur] dissimilis sed aequalis patri ostenditur δ 31 dedit] dedi *Ty²a.c.*, dedisti *Ty²p.c. P⁴* mihi inquit] tr. *Fra*   inquit] om. *Cass*   32 mihi dedit] tr. *Bd¹*   nemo] inquit add. *Cass*   aufert] aufret *Ty²a.c.*, auferet *Ty²p.c. ε¹ Bd¹*   33 sunt] prae (!) *N¹*   filio adtributa] om. δ

LIBER SECVNDVS XXII

XXII. Dedit enim Pater Filio omnipotenti omnipotentiam, maiestatem tribuit maiestati, uirtutem dedit uirtuti, prudentiam dedit prudenti, praescientiam dedit praescienti, diuinitatem diuinitati, aeternitatem aeternitati, coaequali aequalitatem, immortali immortalitatem, inuisibili inuisibilitatem, regi regnum, uitam uitae, et non aliam ab ea quam habet dedit, et quantum habet tantum dedit, uel si qua alia quae Pater Filio indiuisibiliter et inseparabiliter contulisse monstratur. Sed haec omnia nascenti potius quam indigenti dedisse probatur, cui a Filio dicitur: *Omnia mea tua sunt, et tua omnia mea sunt.* Si ista omnia quae perhibetur Pater Filio contulisse, alia in eo, et alia uidentur esse in Filio, mendacem sine dubio facimus Filium, qui dicit sua esse quae Patris sunt.

Trad. text.: $\alpha^1 \xi \beta$ Fra Boc Cass Ch^2 (om. ν Ch^1)

XXII. 9/10 Ioh. 17, 10

XXII. 1/10 dedit – sunt] cfr ZENO, *Tract.* 1, 17; AVG., *C. Maximin.* 2, 7; 2, 12, 1; FVLG. RVSP., *C. Fab. fragm.* 36, 3

XXII. 1 enim pater filio] *om.* δ pater filio] *tr.* ζ *Boc*, deus pater deo filio *Fra*   omnipotentiam omnipotenti] δ *Fra*, potentiam omnipotenti ε^1 P^5 Ch^1, omnipotenti omnipotentiam Sm^1, potenti omnipotentiam Bd^1, omnipotens omnipotentiam ζ α^1 *Boc Cass* Ch^2, potentiam omnipotentiam Vc^1 N^1, potentiam omnipotentiae O^3 P^2 maiestatem] eius *add.* N^1, et *praem. s.l.* $Tr^{1p.c.}$ 2/3 prudentiam – praescienti] *om.* δ (*sed uide l. 5/7*)   3 dedit^1] *om.* ε^1 *Fra*   prudenti] prudentiam N^1, prudentiae Mu^2 $Tr^{1p.c.}$ Sm^1 Ch^2 dedit^2] *om.* ε^1 ζ *Fra Boc* Ch^1 praescienti] ξ P^2 *Fra Boc* Ch^1, praescientiae ε^1 $Cb^{1a.c.}$ Tr^1 Mu^2 Sm^1 N^1 O^3 β^2 Ch^2 3/4 diuinitatem – aeternitati] aeternitatem aeternitati diuinitatem diuinitati ε^1 ζ *Boc* Ch^1, *om.* Bd^1 3 diuinitatem] dedit *add.* Sm^1 4 aeternitatem aeternitati] *om.* δ coaequali aequalitatem] ε^1 Vc^1 P^5 Sm^1, coaequali coaequalitatem δ Bd^1, coaequali coaequalitati N^1, coaequalitatem aequalitati ζ O^3 $P^{2a.c.}$ $K^{2a.c.}$ R^1 Mu^1 *Fra Boc*, coaequalitatem aequali $P^{2p.c.}$, aequalitatem coaequali Ch^1, coaequalitatem coaequalitati $Sg^{1s.l.}$ $K^{2p.c.}$ *Cass* Ch^2 4/5 immortali immortalitatem] δ Bd^1, *tr.* ζ Vc^1 P^5 $P^{2p.c.}$ *Boc* Ch^1, immortalitatem immortalitati Sm^1 N^1 O^3 $P^{2p.c.}$ β^2 *edd.*, *om.* ε^1 5 inuisibili inuisibilitatem] δ ξ, *tr.* ζ Sm^1 (inuisibili *s.l.*) O^3 $P^{2p.c.}$ β^2 *Boc* Ch^1, inuisibilitatem inuisibilitati $P^{2a.c.}$ *Fra* Ch^2 regi regnum] *tr.* P^5 Bd^1, regi regimem *Cass*   5/7 uitam – dedit] sapientiam sapienti, praescientiam praescienti, prudentiam dedit prudenti, aeternitatem aeternitati δ 6 aliam] alia $Cb^{1a.c.}$ Mu^2, alteram *supraser.* $Cb^{1p.c.*}$, alteram P^2 ab ea] ab eo K^2 R^1 ab ea quam habet] quam habet ab ea Mu^1, habet ε^1 6/7 quantum ... tantum] tantam Cb^1 Mu^2 *Boc*, quantam ... tantum P^{7b} 7 dedit uel] habet et P^{7b} qua] quae Mu^2 *Cass* $Ch^{1.2}$, sunt *add. in marg.* $Tr^{1p.c.}$ 7/8 indiuisibiliter et inseparabiliter contulisse] contulisse indiuisibiliter Bd^1 7 indiuisibiliter] inuisibiliter δ Mu^2 8 haec] hoc P^5 nascenti] habenti β^2 *Cass* $Ch^{1.2}$ potius quam] non Vc^1, utique non P^5 Bd^1 9 probatur] probantur ε^1 a] ad ε^1, $Ty^{2s.l.}$ dicitur] dicit N^1, dicetur ε^1 mea] *om.* Vc^1 10 tua omnia] *tr.* *Boc*   omnia^2] *om.* Mu^2 ista] isti $Tr^{1a.c.}$ 11 uidentur] uidetur ε^1 12 sine dubio facimus] facimus sine dubio Mu^1 *Cass*   facimus] dicimus P^5 Bd^1, faciemus δ filium] filio $R^{1a.c.}$ sua esse quae patris sunt] esse quae patris sunt sua ε^1

Sed si in his quae dixit, mendax Filius inuenitur, et euangelista qui ait: *Aequalem se faciens Deo*, omni uirtute fallitur; ac sic erit ut nec Pater Filio integre ac ueraciter aliquid contulisse monstratur. Sed si uera sunt, sicut sunt, quae Pater Filio inseparabiliter et indiscrete contulit, conticescant dementium hominum linguae quae nituntur Filium a Patris substantia separare. Rogat Filius Patrem, ut hominem uerum se gestare ostendat. Nam ut deitatis suae intimaret potentiam, mari imperauit et uentis, et quinque millia hominum de quinque panibus saturauit. Calicem passionis ut homo tristis accepit, ut Deus autem fontem aquae uiuae salientis in uitam aeternam credentibus propinauit. Accepit nomen, ut in hoc nomine, caelestia, terrestria et inferna adorent. Exaltatus est de imis ad superiora, id est de carne humanae fragilitatis ad Deum

conscendens, sedet ad dexteram maiestatis, ut eum non dubitet humana infirmitas sequi, ubi caput suum uiderit gloriari. Vnctus est, ut chrismatis ipsius unctione, malo prioris hominis delicto purgemur. Excitatus a mortuis est, ut nos exemplo resurrectionis
30 a mortis aculeo liberemur. Sedes discipulis petentibus non se posse dare testatur, ne inter eos diuortium nasceretur. Nam qui ait: *Non est meum dare uobis*, ipse iam dudum discipulis duodecim sedium iudicandi tradidit potestatem. Quae sunt Patri placita fecit, quia contraria facere nescit. Nam qui ait: *Veni non ut faciam*
35 *uoluntatem meam, sed uoluntatem eius qui me misit*, dixit: *Vt faciam uoluntatem tuam, Deus meus, uolui*; et: *Voluntarie sacrificabo tibi*. Qui ait: *Pater maior me est*, dixit: *Ego et Pater unum sumus*; et: *Sint in nobis unum sicut ego et tu unum sumus*; et: *Om-*

Trad. text.: $\alpha^1 \xi \beta$ Fra Boc Cass Ch^2 (*om. ν Ch¹*)

27/28 unctus est] cfr Ps. 44, 8; Luc. 3, 22; 4, 18   29 excitatus a mortuis] cfr Act. 2, 24.32   32 Matth. 20, 23   32/33 discipulis – potestatem] cfr Matth. 19, 28; Luc. 22, 30   33/34 quae – fecit] cfr Ioh. 8, 29   34/35 Ioh. 6, 38   35/36 Ps. 39, 9   36/37 Ps. 53, 8   37 Ioh. 14, 28   37/38 Ioh. 10, 30   38 Ioh. 17, 22   38/39 Ioh. 17, 10

30/33 sedes – potestatem] cfr Vigil. Thaps., *Solut. obi. Arrian.* 13 (l. 237-239, l. 342-359); Ps. Vigil. Thaps., *C. Varimad.* 1, 14; Ps. Fvlg. Rvsp., *Serm.* 21 (*PL*, 65, 888 D)   33/37 quae – tibi] cfr Ps. Vigil. Thaps., *C. Varimad.* 1, 8

26 sedet – maiestatis] *om.* δ sedet] $Cb^{1a.c.}$ $Tr^1 Mu^2 O^3$, sedens Fra   eum] eo P^2 26/27 non dubitet humana infirmitas] humana infirmitas non dubitet δ 27 humana] et *praem.* Sm^1 uiderit gloriari. Vnctus] uiderit. Gloria unctus Vc^1 28 chrismatis] chrismati N^1, chrismate O^3 ipsius] sua ε^1 unctione] unctioni R^1 malo] a *praem.* Bd^1 $P^{2s.l.\,p.c.}$ Cass, a labe δ $Ch^{1.2}$ prioris] primi Bd^1 hominis] homines $Cb^{1p.c.}$ delicto] dilecto $Cb^{1a.c.}$, et *praem.* P^4, delicti P^4 $Ch^{1.2}$ 29 purgemur] purgeremur $Tr^{1p.c.}$ a mortuis est] est a mortuis δ Vc^1 resurrectionis] suae *praem.* Boc Cass, eius *add.* $\delta \xi$ $Ch^{1.2}$ 30 liberemur] liberaremur $\delta \zeta$ Boc   sedes] sedet $Cb^{1a.c.}$ $Tr^1 Mu^2$ Boc, sedens $Sg^{1a.c.}$ petentibus] penitentibus $Vc^{1a.c.}$, potentibus δ non se] *tr.* β Fra Cass Ch^2 31 diuortium] sedium *add.* δ nasceretur] nascetur Fra   31/32 testatur – dare] *om. homoeot.* P^{7b} qui ait] quia addidit P^5 32/33 ipse – potestatem] dixit uolo ut ubi ego sum et isti sint mecum P^4 Ch^1, dixi ut ubi, *etc.* Ty^2 32 iam] etiam Vc^1 33 sedium] sensum $Cb^{1a.c.}$ $Mu^{2a.c.}$ $Tr^{1a.c.}$, sensuum $Cb^{1p.c.}$ $Mu^{2p.c.}$, sedium $Cb^{1p.c.*}$, *om.* Boc   tradidit] tribuit β Fra Cass Ch^2 patri placita] *tr.* Bd^1 33/34 placita fecit] placita facit P^5, facit placita ε^1 34 quia] secundum N^1 contraria] cumpremia (*!*) Sm^1 nam] *om.* Sm^1 qui ait ueni] $\zeta \xi$ Boc Ch^1, quia uenit Sm^1 N^1 O^3 β^2 Fra Cass Ch^2, qui uenit P^2 ueni non ut] non ut Bd^1, non ueni δ non ut] *tr.* Sm^1 Cb^1 Mu^2 faciam] ε^1 $\zeta \xi$ Boc Ch^1, facerit Sm^1, faceret β^1 β^2 Fra Cass Ch^2, facere δ 35 meam] α Boc Ch^1, suam β Fra Cass Ch^2 me misit] α Boc Ch^1, misit illum β Fra Cass Ch^2 dixit] idem ipse *praem.*   36 uoluntatem] $O^{3in\,marg.}$ 36/37 et – tibi] *om.* δ 37 qui] quia β^2 Fra   dixit] qui *praem.* P^5, ergo *add.* Bd^1 ego] et *praem.* β^1 $Sg^1 K^2 R^1$ 37/38 unum sumus] *tr.* ζVc^1 β Fra Boc Cass

nia mea tua sunt, et tua omnia mea sunt*; et: *Non creditis quia ego in Patre, et Pater in me?*; et: *Pater meus operatur, et ego operor*; et: *Sicut Pater suscitat mortuos et uiuificat, ita et Filius quos uult uiuificat*; et: *Qui me uidet, uidet et Patrem*; et: *Qui me odit, odit et Patrem meum*; et: *Clarifica Filium tuum, ut et Filius tuus clarificet te*; et: *Ego clarificaui te super terram*; et: *Manifestaui nomen tuum hominibus*. Et ut omnis humanae cauillationis quiescat intentio, Iohannem euangelistam, cuius superius usus sum testimonio, proferam testem, qui ait: *In principio erat Verbum, et Verbum erat apud Deum, et Deus erat Verbum*. Si haec tanta diuinitati conuenientia, quibus Patrem et Filium unum esse docuimus, perfidis non sufficiunt, alia si uidetur superadiiciamus.

Trad. text.: α^1 ξ β Fra Boc Cass Ch^2 (om. ν Ch^1)

39/40 Ioh. 14, 10-11   40 Ioh. 5, 17   41/42 Ioh. 5, 21   42 Ioh. 14, 9   42/43 Ioh. 15, 23   43/44 Ioh. 17, 1   44 Ioh. 17, 4   44/45 Ioh. 17, 6   47/48 Ioh. 1, 1

---

46 superius – textimonio] cfr *supra* II, 19, l. 13-14

---

39 tua² – quia] *om.* δ tua² – sunt²] *om.* Fra   omnia] *om.* $Cb^{1a.c.}$ Tr^1 $Ch^{1.2}$ *sed suppl. s.l.* $Cb^{1p.c.}$*   non creditis] Bd^1, non credis $Vc^1 P^5$, creditis ε^1 ζ β edd.   quia] $Sm^{1s.l.\ p.c.}$ 40 me] *est add.* $Vc^1 P^5$ Boc Cass $Ch^{1.2}$ pater²] quae *praem.* ζ Boc Cass   meus] *om.* P^5, usque modo *add.* ξ 41 ita – uiuificat] $Sg^{1s.l.\ p.c.}$ ita] sic δ Vc^1 Boc Ch^1 quos] quod P^5 41/42 uiuificat] uiuificare Vc^1 42 uidet uidet] Mu^2 $Tr^{1p.c.}$ $Vc^1 Bd^1$ $O^3 P^2$ edd., uidit uidit γ $Cb^1 Tr^{1a.c.}$ P^5 Sm^1 N^1 β^2 patrem] meum *add.* δ, quia ego et pater meum unum sumus *add.* ζ Boc   et³] *om.* P^4 me odit] *tr.* Sm^1 42/43 odit et patrem meum] et patrem meum odit δ Boc Ch^1, et patrem meum Ch^2 43 meum] *om.* Bd^1 Cass   clarifica] pater *praem.* ξ et²] $Sm^{1s.l.\ p.c.}$, eius Vc^1, *om.* Bd^1 R^1 Boc Cass $Ch^{1.2}$ 44 et ego] et ego te Vc^1, ut ego te P^5 clarificaui te] *tr.* δ Boc Ch^1 te] *om.* ε^1 Bd^1 super terram] *om.* δ et²] *om.* P^{6b} 45 ut] $Ty^{2s.l.\ p.c.}$ omnis] omne Ty^2 46 iohannem] iohannes Mu^2 Sm^1 Fra, iohannis N^1 $O^3 P^2$, iohanne $Cb^{1a.c.}$ $Tr^{1p.c.}$ Vc^1 β^2 Cass   euangelistam] euangelistae $O^3 P^2$, euangelista $Cb^{1a.c.}$ $Tr^1 Mu^2$ Vc^1 Sm^1 N^1 β^2 Fra Cass   usus] fassus Sm^1 testimonio] testimonium ε^1 $Vc^1 P^5$ β^1 47 proferam testem qui] *a* Boc $Ch^{1.2}$, profetante quo $Sm^{1a.c.}$, profitetur *suprascr.* $Sm^{1p.c.}$, prophetantem quo N^1, proferam quo $O^3 P^2$, protestante quo β^2, protestante qui Cass, noscens in spiritu futuram et praesentiens in praesentia maliciosam hereticorum uecordiam Fra (*cfr mss* σ)   48 haec] hoc P^5 tanta diuinitati] tanta diuinitatis $Ty^{2a.c.}$ P^4, tantae diuinitatis ζ, tantae diuinitati Boc   48/49 conuenientia] conuenientiam $Cb^{1a.c.}$ $Mu^{2a.c.}$ 49 patrem] et *praem.* Bd^1 β Fra   et] ac δ perfidis] *om.* Bd^1 49/50 quibus – sufficiunt] perfidis non sufficiunt quibus patrem et filium unus esse docuimus Mu^1 Cass   50 uidetur] uidentur $Ty^{2a.c.}$ P^4 superadiiciamus] superiora dicemus Sm^1 N^1 $O^3 P^{2a.c.}$ Fra, superadicemus $P^{2p.c.}$, superadiicimus $Vc^1 P^5$ Ch^1, adicimus δ, superadiciam Boc, adiiciamus Cass

XXIII. PROBVS iudex dixit: Si huic tam ualidae et certae prosecutioni Arrius nisus fuerit obuiare, certum est eum non rationem sequi, sed per uerborum inrationabilium campos effrenatius euagari. Qui usque nunc trium substantiarum rationem, ut superius fassus est, sicut Athanasius unius, permultis docuit documentis, per nescio quam nebulosam caliginem circuiens, adsertionem suam nequiuerit demonstrare.

ARRIVS dixit: Numquid quia ex diuinis oraculis Athanasius, nescio quibusdam articulis, Filium unius substantiae et Patri coaequalem esse, ausu temerario uisus est adfirmare et Spiritum sanctum, qui Patris uel Filii minister est, hisdem debet aequali confessione conferre, cum ipse Filius dicat: *Ille me clarificabit,*

Trad. text.: $\alpha^1 \xi \beta$ *Fra Boc Cass Ch²* (*om.* ν *Ch¹*)

XXIII. 12/13 Ioh. 16, 14

XXIII. 4/5 trium – fassus est] cfr ARRIVS, *supra* I, 16, l. 28-29   10/11 spiritum – est] cfr EVN., *Apol.* 27 (ed. Vaggione, p. 70, l. 5-6); VLFILA, *Fid.* in MAXIMIN., *C. Ambr.* f. 308r (l. 27-28); PALLAD., *C. Ambr.* (f. 347v, l. 6); *Serm. fragm. Arian.* (AN. BOB.) 19 (f. V 66, l. 14-15); *Serm. Arrian.* 15; ARRIANI *in* AMBR., *Fid.* 1, 3, 48; PS. EVSEB. VERC., *Trin.* 12, 169   12/14 filius – meo] cfr EVN., *Apol.* 27 (ed. Vaggione, p. 70 l. 11-12); *Exp. fid.* 4 (ed. Vaggione, p. 156, l. 11-16); *Serm. Arrian.* 19; PALLAD., *C. Ambr.* (f. 347v, l. 5-23); *Serm. fragm. Arian.* (AN. BOB.) 23 (f. V 207, l. 19-32); MAXIMINVS *in* AVG., *Conl. c. Maximin.* 5; 10

XXIII. 1 iudex dixit] *om. Fra Boc*   iudex] *om. Sg¹*   tam ualidae et] ualidae et tam δ   2 nisus fuerit obuiare] obuiare nisus fuerit *Bd¹*   nisus fuerit] uoluerit ε^1 eum] enim Vc^1, cum Bd^1 rationem] ratione ε^1 P^5, orationem P^4 3 sed per] ser Ty^2, sed P^4 inrationabilium campos] inrationabilibus campos $Ty^{2a.c.}$, inrationabilibus campis $Ty^{2p.c.}$ P^4 4/7 qui usque – demonstrare] *om.* δ   4 rationem] rationis N^1, ratione P^5 O^3 5 fassus] fatus $Cb^{1a.c.} Mu^{2a.c.}$ unius permultis docuit documentis] per multum unius substantiae documentum ostendit ε^1 Ch^1 unius] substantiae *add.* $Vc^1 P^5$ permultis docuit documentis] permultis documentis docuit P^5, permulta docuit documenta Bd^1 docuit] ostendit Ch^2 6 quam nebulosam caliginem] qua nebulorum caligine $Sm^{1a.c.} N^1 O^3$, quas nebularum caligines $Sm^{1p.c.} Fra$, quam nebulorum caliginem $Mu^2 P^2 K^{2a.c.} R^1$, quam nebularum caliginem $K^{2p.c.}$, quam nebularem caliginem Sg^1 circuiens] circumiens $Ch^{1.2}$ 8 dixit] *om. Fra Boc*   8/11 athanasius – sanctum] *inepte susbtituit inseruitque* δ *uerba Leonis M.* uoluntas non potest ... humanum est (*Epist.* 28, 3-4 – ed. Silva-Tarouca, p. 25-28, l. 82-112), *et deinde uerba* ut ei uisum est coaequalem patri ostendit spiritum sanctum (coaequalem – sanctum] *del.* $Ty^{2p.c.}$)   9 nescio] nescit β *Fra*   quibusdam] quibus *Boc Cass Ch¹.²*   9/10 unius substantiae et patri coaequalem esse] unius esse substantiae et patri coaequalem esse *Fra*, unius esse substantiae coaequalem et patri coaequalem *Cass Ch²*   9 et] *om. Bd¹*   patri] *om. Fra*   10 coaequalem] aequali N^1 uisus] nisus *Fra Boc*   spiritum] spiritus $Sm^{1p.c.} Fra$ 11 sanctum] *om.* β *Fra Cass Ch¹.²*   patris] patri $\varepsilon^1 Cb^{1a.c.} Tr^{1a.c.} Mu^2$ uel] et β *Fra Cass Ch¹.²*   filii] filio $\varepsilon^1 Tr^{1a.c.}$ 12 conferre] $Vc^1 P^5 O^{3a.c.} P^2$ *Boc Cass Ch¹.²*, conferri δ $P^{7b} \zeta Bd^1 Sm^1 N^1 O^{3p.c.} \beta^2 Fra$ clarificabit] glorificabit δ $Cb^1 \beta^1 \beta^2$ *Fra Cass Ch¹.²*

quia de meo accipiet, et: *Mittam uobis Spiritum ueritatis*, et: *Spiritus a me procedet*, et: *Quem Pater mittet in nomine meo*, et Pater ad mortuorum ossa dicit: *Dabo Spiritum meum in uos, et uiuetis*? Numquid is qui a Patre mittitur uel procedit, eisdem debet aequari, cum propheta in persona Dei de eo testatur et dicat: *Ecce Dominus firmans tonitruum et creans spiritum*? Prorsus numquam mihi ulla ratio poterit persuadere quod creatura creatori poterit coaequari, aut una cum eodem posse potestate potiri.

XXIV. ATHANASIVS dixit: Si iudicis clementia permissum tribuit et largitur, ex diuinis auctoritatibus etiam Spiritum sanctum non creaturam, sed Deum et creatorem cum Patre et Filio, esse breuiter demonstrabo.

Trad. text.: $\alpha^1 \xi \beta$ Fra Boc Cass Ch^2 (*om.* ν Ch^1)

---

13 Ioh. 15, 26   13/14 Is. 57, 16 (LXX)   14 Ioh. 14, 26   15 Ez. 37, 5   17/18 Am. 4, 13

16/18 numquid – spiritum] cfr ARRIANI *in* ATHAN., *Epist. Serap.* 1, 3; *in* BASIL., *Eun.* 3, 7; *in* HIER., *Didym. Spir.* 65; *in* GREG. NYSS., *Fid.* 7; *in* AMBR., *Spir.* 2, 6, 48; *in* Ps. EVSEB. VERC., *Trin.* 12, 170; *in* VIGIL. THAPS., *Solut. obi. Arrian.* 14; *in* Ps. VIGIL. THAPS., *C. Varimad.* 2, 3; *in* FVLG. RVSP., *C. Fab. fragm.* 3, 3

---

13 mittam] cum abiero *praem.* δ 14 procedet] procedit $Ty^{2p.c.}$ ε^1 Tr^1 Sm^1 β^1 Sg^1 Fra et] *om.* $P^{2p.c.}$ β^2, iterum spiritum *add.* Bd^1 14/15 quem – dicit] *om.* δ 14 mittet] mittit P^5 Sm^1 $O^{3a.c.}$ 15 spiritum meum in uos] uobis spiritum meum Bd^1 uos] uobis δ 16 is] his $Cb^{1a.c.}$ $Tr^{1a.c.}$ ξ N^1 $O^{3a.c.}$ qui a] quia $Ty^{2a.c.}$ Tr^1 Mu^2 K^2 R^1 patre] filio δ mittitur ... procedit] *tr.* Fra   procedit] procedet $Ty^{2a.c.}$ eisdem] eidem $Cb^{1p.c.}$ Mu^2 Fra Cass $Ch^{1.2}$ debet] a quo procedit *add.* δ Ch^1 17/20 cum propheta – coaequari] *om.* homoeot. β Fra   17 cum propheta] per prophetam δ in persona dei] ξ, in superna ζ, *om.* γ Boc $Ch^{1.2}$, in psalmo Cass, *def.* β ε^1 ξ, et dicit δ Boc Ch^1, dicens ζ Cass Ch^2, *def.* β 18 firmans] δ $Ch^{1.2}$ (*cfr* 'Solutiones obiectionum arrianorum', Sacris Erudiri, 49, 2010, p. 239, l. 361), formans *alii mss* Boc Cass   19 ulla ratio – quod] ε^1 ζ ξ Boc Cass, per se uidetur quod $Ty^{2a.c.}$, uidebitur $Ty^{2p.c.}$, congruum per se uidetur quod P^4, *def.* β, *om.* $Ch^{1.2}$ persuadere] suadere ε^1 quod] uel P^{6b} 19/20 creatori poterit coaequari] poterit coaequari creatori ζ Boc Cass   19 creatori] suo *praem.* δ $Ch^{1.2}$, *om.* ε^1 20 poterit] possit Vc^1, *om.* δ $Ch^{1.2}$ coaequari] aequari δ $Ch^{1.2}$ aut] ut Mu^2 una cum eodem] unam eundem P^{7b}, unam cum eundem P^{6b} posse] possit P^4 Bd^1, *om.* P^5

XXIV. 1 dixit] *om.* Fra   clementia] dementias N^1 1/2 tribuit] $Ty^{2p.c.}$ P^4 Sm^1 P^2 $Sg^{1p.c.}$ R^1 Boc Cass Ch^2, tribuet $Ty^{2a.c.}$ ε^1 ζ N^1 O^3 $Sg^{1a.c.}$ K^2 Fra, tribuat Mu^2 2 et largitur] uel largitur $Ty^{2a.c.}$ P^4 *sed del.* $Ty^{2p.c.}$ ex] et $Tr^{1a.c.}$, e P^4 Cb^1 Mu^2 spiritum sanctum] spiritus sanctus P^{6b} 3 non – sed] *om.* δ creaturam] creatum Vc^1, esse *add.* mss (exc. ε^1) edd.   et] sed $Sm^{1a.c.}$ β^1 Fra, uel δ creatorem] creaturae ε^1 cum patre et filio] *om.* δ cum] *om.* N^1 esse] *om.* ζ Boc Cass $Ch^{1.2}$

PROBVS iudex dixit: Vt tua professio continet, adproba breuiter quod ratio exigit documentum, non ex argumento sermonis, sed ex diuinarum scripturarum testimoniis, Spiritum sanctum Patri et Filio coaequalem esse; aut, sicut ipse fassus es, Deum eum uel creatorem communis operis esse ostende, ut dum haec ueridicis testimoniis adprobaueris, Arrius a sua intentione, uerae fidei professione conuictus abscedat.

XXV. ATHANASIVS dixit: Priusquam Spiritum sanctum Deum esse perdoceam, eumdem creatorem esse cunctorum uerbis legalibus adprobabo. Scriptum est enim: *Verbo Domini caeli firmati sunt, et Spiritu oris eius omnis uirtus eorum*; et in Salomone: *Et ipse*, inquit, *creauit ea per Spiritum sanctum*; et in psalmis: *Emitte Spiritum tuum, et creabuntur, et innouabis faciem terrae*; et in libro Iob: *Spiritus diuinus est*, inquit, *qui creauit me*; et in libro

348   LIBER SECVNDVS XXV

Iudith: *Tibi*, inquit, *seruiet omnis creatura tua, quoniam dixisti, et facta sunt, misisti Spiritum tuum, et aedificata sunt*. Tantae enim potestatis uel creationis Spiritus sanctus ostenditur, ut ipso cooperante corpus Domini Iesu Christi, quod nobis in sacramento fidei datum est, in utero uirginis formaretur, euangelista dicente: *Ne timeas accipere Mariam coniugem tuam: quod enim in ea natum est, de Spiritu sancto est*; et iterum: *Prius*, inquit, *quam conuenirent, inuenta est in utero habens de Spiritu sancto*, non quod saluatoris nostri Spiritus sanctus Pater dicendus est, ut duo Patres credantur, sed quod cum Patre et Filio idem Spiritus sanctus cooperarius et unius potestatis esse cum eisdem socius inuenitur, Domino adfirmante: *Ite*, inquit discipulis, *baptizate gentes in nomine Patris et Filii et Spiritus sancti*. Si ergo minister est, ut tua sacrilega continet professio, quomodo sine eo in sacramento fidei nihil confertur credentibus? Nam sicut Dominus apostolos ad praedicandum destinauit, pari etiam modo Spiritus sanctus facere decla-

---

Trad. text.: $\alpha^1 \xi \tau^2$ Boc Cass Ch^1 (om. ν β [exc. τ^2] Fra Ch^2)

8/9 Iudith 16, 17   13/14 Matth. 1, 20   14/15 Matth. 1, 18   19/20 Matth. 28, 19

9/15 tantae – sancto] cfr AMBR., *Spir.* 2, 5, 41-43; AVG., *C. Arrian.* 15, 9   17/22 cum – credentibus] cfr ATHAN., *Epist. Serap.* 1, 28-30; 3, 6; BASIL., *Spir.* 10, 24; HIER., *Didym. Spir.* 99-103; DIDYM., *Trin.* 2, 15; AMBR., *Spir.* 1, 5, 73; 1, 13, 132; 2, 8, 71; FAVSTIN., *Trin.* 50; NICET., *Compet. fragm.* 3, 2, 6 (ed. Burn, p. 25); PS. EVSEB. VERC., *Trin.* 12, 42-45; PS. VIGIL. THAPS., *C. Varimad.* 2, 17

---

8 inquit] *del.* Ty$^{2p.c.}$ seruiet] seruit δ Ch^1, seruiat ε^1 tua] *om.* Bd^1 P^4 ε^1 quoniam] cum tu δ Ch^1 9 aedificata sunt] Bd^1 (*cfr* C. *Var.* 2, 3; 3, 57), renouata sunt Vc^1 P^5, creata sunt δ Ch^1, aedicauit ε^1 ζ Boc Cass   tantae] tanta ε^1 10 ut] uel Vc^1 11 domini] nostri *add.* ξ   iesu christi] *om.* δ   11/12 quod ... datum] Ty$^{2p.c.}$ P^4 Vc^1 Ch^1, quod ... datus Ty$^{2a.c.}$, qui ... datus ε^1 ζ P^5 Bd^1 Boc Cass. *Vide adnotationes*   12 fidei] ipse *add.* ε^1 13 timeas] ioseph *add.* ζ Vc^1 P^5 Boc Cass   14 iterum] item ζ *edd.*   prius inquit quam] priusquam inquit Bd^1 *edd.*   15 in utero habens] *om.* P^{6b} 16 spiritus sanctus pater dicendus est] P^{6b} ζ P^5 Bd^1, spiritus sanctus pater dicendus sit Ty^2 Vc^1, pater dicendus est spiritus sanctus Mu^2 Cass, pater dicendus sit spiritus sanctus Ch^1 16/17 pater – sanctus] *om. homoeot.* P^{7b} duo patres credantur] Vc^1 Bd^1, patres duo credantur P^5, duo credantur α^1, duo credantur patres Boc Ch^1 17 quod] *om.* P^{6b} 17/18 cooperarius] quo operator Vc^1, cooperator P^5, inuenitur *add.* ε^1 Vc^1 P^5 18 et] ut ε^1 esse] *est* Boc Cass, *om.* Ch^1 eisdem] isdem ζ Vc^1 Bd^1, eis inseparabiliter ostendatur in regeneratione sacri baptismis cuiusdem socius δ   inuenitur] inueniatur ξ   18/19 domino] dicilus *add.* Bd^1 19 adfirmante] asserte Ty$^{2a.c.}$, dicente P^4 gentes] omnes *praem. edd.*   20 si ergo] *tr.* ζ *edd.*   21 continet] continetur ε^1 Bd^1 professio] professione Ty$^{2p.c.}$ quomodo sine] ξ, quousque Ch^1 Mu^2 Tr$^{1a.c.}$ Boc Cass, cur absque δ, cur absque *suprascr.* Tr$^{1p.c.}$, quod absque ε^1, quomodo absque Ch^1 eo] eodem Cass   22 apostolos] apostolis Bd^1 22/23 apostolos ad praedicandum] *tr.* δ   23 sanctus] *om.* Bd^1

ratur. Ita enim in actibus apostolorum reperimus scriptum: *Petro*
25 *autem cogitante de uisione, dicit ei Spiritus sanctus: Ecce uiri quaerunt te, exsurgens uade cum eis, nihil dubitans, quia ego eos misi ad te*; et iterum: *Segregate mihi Barnaban et Paulum in opus quod elegi eos*; et iterum: *Adtendite uobis et uniuerso gregi, in quo uos Spiritus sanctus constituit episcopos.* Si apostolos mittit et episco-
30 pos constituit, et uniuersa cum Patre et Filio, ut superius ostensum est, procreauit, in quo minoris uel ministri personam, ut ipse fateri non metuis, tanta maiestas habebit?

XXVI. Sed et Deum esse, sicut promisisse me memini, his testimoniis adprobabo, Dauid propheta dicente: *Audiam quid loquatur in me Dominus Deus.* Nulli itaque dubium est quod omnes prophetae non nisi per Spiritum adnuntient uel loquantur, sicut
5 in euangelio scriptum est: *Cum uenerit*, inquit, *Spiritus ille sanctus, quem Pater mittet in nomine meo, ipse uos docebit omnia, et*

Trad. text.: α¹ ξ τ² Boc Cass Ch¹ (*om.* ν β [*exc.* τ²] Fra Ch²)

24/27 Act. 10, 19-20   27/28 Act. 13, 2   28/29 Act. 20, 28
XXVI. 2/3 Ps. 84, 9   5/7 Ioh. 14, 26; 16, 13

24/27 petro – te] cfr AMBR., *Spir.* 2, 10, 103   27/28 segregate – eos] cfr AMBR., *Spir.* 2, 13, 145   27/29 segregate – episcopos] cfr *Liber fidei* 19 in VICT. VIT., *Hist. persec.* 2, 92

XXVI. 1/3 sed – deus] cfr CAES. AREL., *Breu.* (ed. Morin, p. 195, l. 5-7)   3/7 nulli – uobis] cfr HIER., *Didym. Spir.* 140-141; AMBR., *Spir.* 1, 13, 134; AVG., *In euang. Ioh.* 77, 2; *Liber fidei* 13 in VICT. VIT., *Hist. persec.* 2, 85; FVLG. RVSP., *C. Fab. fragm.* 3, 6-7

---

24 enim] etiam *Ty²ᵃ·ᶜ·* sed enim *suprascr. Ty²ᵖ·ᶜ·*   25 autem] enim *Boc Cass*, inquit ε¹, *om.* ζ   de uisione] diuisione ε¹   dicit] dixit *edd.*   ei] *om.* ε¹ *Mu² Bd¹*   uiri] tres *add. Ty²ᵖ·ᶜ· Vc¹ P⁵ Ch¹*   26 exsurgens] surgens ε¹, surge δ   cum eis] ad eum *Bd¹*, cum illis ε¹   eos misi] *tr. Bd¹ edd.*   26/27 ad te] *om.* δ   27 et¹] *om.* δ   iterum] item ζ *Boc*   segregate] eos *add. Vc¹*   opus] opere ε¹ *Vc¹ P⁵*   27/28 quod elegi] quo elegi *Vc¹ᵖ·ᶜ· P⁵*, quod uocaui δ, quo assumpsi *edd.*   28 iterum] item ζ *Boc*   gregi] uestro *add. Vc¹*   29/30 si apostolos mittit et episcopos constituit] δ *Ch¹*, *om.* ζ ξ *Boc Cass*, constituet ε¹   episcopos] presbyteros ε¹ *Bd¹*   30 et¹] nam *praem.* ξ *Vc¹ P⁵*, nam et si *Boc*, nam si *praem. Cass*   ut] et ε¹   30/31 ostensum] dictum δ   31 procreauit] quod creator est ε¹   quo] qua *Cb¹ Mu²*   minoris] non *praem. s.l. Tr¹ᵖ·ᶜ·*, minor est ε¹   personam] persona ε¹   32 maiestas] maiestatis *Mu²*

XXVI. 1 esse] eum *praem.* δ *Ch¹*, eum *P⁷ᵇ*, meum *P⁶ᵇ*   promissione me memini] memini promissione me *Mu²*   me] *Ty²ˢ·ˡ· ᵖ·ᶜ·*, *om. P⁴*   his] *om.* ε¹   2 audiam] audiant *Cb¹ Mu² Tr¹ᵃ·ᶜ· Boc*, audiat ε¹   2/3 loquatur in me] *tr. Mu²*   loquatur] loquetur *Cb¹ Tr¹ᵃ·ᶜ·*   3 nulli] nullis ε¹   4 spiritum] sanctum *add.* δ *Mu² Vc¹ P⁵ Ch¹*   adnuntient] adnuntiant *Mu²*   uel] et *P⁵ Bd¹*   sicut] ut *P⁵*   5 scriptum est] dominus dicit δ   inquit] *Cb¹ˢ·ˡ·*, *om.* δ   spiritus ille] *tr. Mu² Vc¹ Bd¹*   6 pater mittet] *tr. edd.*   ipse] ille *Tr¹ Vc¹*   omnia] ξ, *om.* α¹ *edd.*

350 LIBER SECVNDVS XXVI

uentura adnuntiabit uobis; et iterum per prophetam Dominus dicit: *Noluerunt audire sermones meos, quos mandaui in Spiritu meo per os prophetarum priorum, dicit Dominus*. Sed ne per florifera prata diuinae legis, testimonia percurrentes, longius a nostra propositione euagemur, ad id quod nos ostensuros promisimus reuertamur. Ad Hebraeos quoque Paulus gentium praedicator scribens, ait: *Testificatur autem nobis Spiritus sanctus: Et hoc est testamentum quod dispono ad eos post dies illos, dicit Dominus*. In actibus quoque apostolorum, ad Ananiam dixisse Petrum meminimus: *Vtquid Satanas impleuit cor tuum, mentiri te Spiritui sancto*? Et ostendens eum Deum esse, in subsequentibus dicit: *Non es hominibus mentitus, sed Deo*; et Paulus ad Corinthios: *Diuisiones autem donationum sunt, idem autem Spiritus. Et diuisiones ministeriorum sunt, idem ipse Dominus. Et diuisiones operationum sunt, idem uero Deus, qui operatur omnia in omnibus*. Ecce

---

Trad. text.: $\alpha^1 \xi \tau^2$ Boc Cass Ch^1 (om. $\nu \beta$ [exc. τ^2] Fra Ch^2)

8/9 Zach. 7, 2   13/14 Hebr. 10, 15-16   16/17 Act. 5, 3   18 Act. 5, 4   19/21 I Cor. 12, 4-6

14/18 in actibus – deo] cfr HIER., *Didym. Spir.* 83; AMBR., *Spir.* 3, 9, 56-57; NICET., *Compet. fragm.* 3, 2, 17 (ed. Burns, p. 32); *Liber fidei* 14 in VICT. VIT., *Hist. persec.* 2, 86; PS. VIGIL. THAPS., *C. Varimad.* 2, 10   **14/21** in actibus – omnibus] cfr BASIL., *Spir.* 16, 37   **18/21** paulus – omnibus] cfr ATHAN., *Epist. Serap.* 1, 30; HIER, *Didym. Spir.* 96; PS. ATHAN., *Maced. dial.* 1, 13; HIL., *Trin.* 2, 34; 8, 29.33; AMBR., *Spir.* 2, 12, 138; MAR. VICTORIN., *Adu. Arium* 1, 18; PS. EVSEB. VERC., *Trin.* 12, 29; PS. AVG., *Solut.* 81

---

7 uentura adnuntiabit uobis] adnuntiabit uobis futura Tr^1 uentura] futura δ Ch^1 iterum] item ζ $Cass$ Ch^1 et iterum – dominus] om. δ 9 ne per florifera] nolo petrifera $Cb^{1a.c.}$ Tr^1 sed uel fructifera *suprascr.* $Cb^{1p.c.}$*, nolo uel fructifera petrifera Mu^2, pie per flangera (!) P^5, nolo pastifera Boc Cass   ne] nos add. Bd^1 10 testimonia] testimonio Tr^1 Boc   10/11 propositione] professione δ 11 euagemur] P^4 ξ Boc Cass, uagemur Ty^2 ε^1 ζ Ch^1 11/12 ad id – reuertamur] om. δ 11 nos ostensuros] om. edd.   12 paulus gentium praedicator] gentium praedicator paulus Bd^1 gentium] gentilium ζ praedicator] paulus add. Bd^1 13 testificatur] testatur Vc^1 P^5, testificor P^{6b} Bd^1, testificator P^{7b} autem nobis] om. δ nobis] om. Vc^1 spiritus sanctus] spiritu sancto ε^1 Cb^1 Tr^1, in spiritu sancto Bd^1 hoc] om. P^5 14 dispono] disposui Vc^1 dominus] zacharias spiritu sancto repletus ait: benedictus dominus deus israel qui uisitauit et fecit redemptionem populo suo add. δ, dabo legem meam (dando leges meas P^5) in mente eorum et in corda eorum superscribam eam add. P^5 Bd^1 15 quoque] om. edd.   ad ananiam dixisse petrum] petrum ad ananiam dixisse δ dixisse petrum] tr. ξ petrum] om. ε^1 15/16 meminimus] meminisses Vc^1 16 impleuit] repleuit δ, impediuit Cass   mentiri] mentire $Ty^{2a.c.}$ Vc^1 te] om. ε^1 17 et ostendens – in sequentibus] subsequens δ eum] eumdem Cass Ch^1 deum] om. Cass   18 hominibus mentitus] ε^1 ξ, tr. δ ζ edd.   19 autem^1] inquid Vc^1, om. P^4 autem^2] ε^1 ξ, uero ζ edd., om. δ 20 ministeriorum] ministrationum Vc^1 P^5, ministerio $Cb^{1a.c.}$ idem] et praem. Vc^1 21 in] et praem. δ

LIBER SECVNDVS XXVI

Spiritus sanctus, praedicante apostolo, idem Deus, idem Dominus declaratur. In euangelio, sicut iam dictum est, ipse Dominus dicit: *Spiritus est Deus*. Item ad Corinthios Paulus scribens ait:
25 *Dominus autem Spiritus est*; et ad Ephesios: *Nolite*, inquit, *contristare Spiritum sanctum Dei*; item ad Corinthios: *Nescitis*, inquit, *quia corpora uestra templum in uobis est Spiritus sancti, quem habetis a Deo?* Et ostendens eum in humanis corporibus habitantem, adiungit et dicit: *Glorificate ergo, et portate Deum in corpore*
30 *uestro*. Nam ut Deus et Dominus esse manifestissime Spiritus sanctus demonstretur, ad Mariam angelus dicit: *Spiritus sanctus superueniet in te, et uirtus Altissimi obumbrabit tibi; propterea quod nascetur ex te sanctum, uocabitur Filius Dei*.

Ecce quantis diuinorum testimoniorum documentis Spiritum
35 sanctum Deum, et unius potestatis uel societatis cum Patre et Filio esse docuimus. Quid adhuc in perfidis remaneat responsionibus ignoro. Paulus utique Spiritum sanctum cum Patre et Filio unam societatem habere apertissime demonstrauit, dicens: *Gra-*

Trad. text.: $\alpha^1 \xi \tau^2$ Boc Cass Ch^1 (om. ν β [exc. τ^2] Fra Ch^2)

---

24 Ioh. 4, 24   25/26 Eph. 4, 30   26/28 I Cor. 6, 19   29/30 I Cor. 6, 20   31/33 Luc. 1, 35   38/40 II Cor. 13, 13

25/26 nolite – dei] cfr ATHAN., *Epist. Serap.* 1, 6; AMBR., *Spir.* 3, 8, 48; Ps. EVSEB. VERC., *Trin.* 2, 34; 4, 17; 12, 70   26/28 nescitis – deo] cfr HIER, *Didym. Spir.* 108; AMBR., *Spir.* 3, 12, 90   26/30 nescitis – uestro] cfr AVG., *Trin.* 2, 13, 23; *Epist.* 238, 4; C. *Arrian.* 29, 27; C. *Maximin.* 2, 21, 1

---

23 iam dictum est] dixit *praem. $Cb^1 Tr^1$*, dixit *add. Mu^2*   24 spiritus est deus] deus spiritus est γ   item] *om.* δ   paulus scribens] *tr.* δ, item *praem. s.l. $Ty^{2p.c.}$*   25 et] *om.* ε^1 inquit] autem $P^5 Bd^1$, *om.* δ Vc^1 26 spiritum sanctum] *tr. Mu^2*   sanctum] *om.* Boc Cass   dei] in quo signati estis *add.* $\varepsilon^1 Ch^1$, quem habebitis a deo *add. Bd^1*   item] et Bd^1 inquit] *om.* δ   27 in uobis est] *del. et* sunt *suprascr. $Cb^{1p.c.}$*, est in nobis P^{ob}, dei et Bd^1 in uobis] *om. $Vc^1 P^5$*   est spiritus sancti] spiritus sancti est P^4 28 a deo] ab eo δ   eum] deum esse *add.* γ Ch^1 in humanis corporibus habitantem] *om.* δ Ch^1 29 ergo] *om.* δ Ch^1 et portate] *om.* γ ξ   29/30 corpore uestro] corpore christo Bd^1, cordibus uestris P^{ob} 31 demonstretur – sanctus] *om.* homoetot. Ty^2, monstretur angelus dicit ad matrem domini salutandam P^4 demonstretur] demonstraretur Vc^1 32 superueniet in te et] ueniet et $Ty^{2a.c.}$, ueniens P^4 33 quod] et *praem. edd.*   ex te] de te Ty^2, *om.* δ   34 testimoniorum] *om.* δ   35 deum] *om. Vc^1* δ   et ^{1}] *om.* δ   uel societatis] ζ *edd.*, uel substantiae ξ, *om.* δ   35/36 et filio esse] esse et filio ε^1, filioque esse δ   36/37 esse docuimus – patre et filio] *om. Bd^1*   36 quid] quod ε^1 in] *om.* γ Ch^1 remaneat] maneat Mu^2, remanserit Vc^1 36/37 responsionibus] responsionis δ Ch^1 37 utique] $Ty^2 P^5$, itaque $P^4 \varepsilon^1 Vc^1$, apostolus itaque $Cb^1 Tr^1$, itaque apostolus Mu^2 Cass, utique apostolus Ch^1 38 unam] $Tr^{1s.l. p.c.}$ demonstrauit] declarauit Bd^1

tia Domini nostri Iesu Christi, et caritas Dei, et societas Spiritus
40 sancti cum omnibus uobis.

XXVII. PROBVS iudex dixit: Si post tam innumerabilia testimonia, Arrio aliquid remansisse uidetur, proponere non grauetur – quamquam, ut reor, nihil illi responsionis remanserit, quibus uidelicet responsionibus possit Athanasium de unius substantiae,
5 id est homousii, ratione depellere, sed ne postmodum de aliqua oppressione causetur a nobis, nullus ei ad respondendum locus adimitur.

ARRIVS dixit: Nulli dubium est quod magicis artibus Athanasius non sinat iudicum peruertere sensum, ut rectae fidei trami-
10 tem erga eos qui eam religiosius sectantur et colunt, tenere non possint. Et idcirco quod in examine tui culminis explicare non ualeo, principis iudicio reseruabo, ubi ueritatis indago praepollet, et

---

Trad. text.: $\alpha^1 \xi \tau^2$ *Boc Cass Ch¹* (*om.* $\nu \beta$ [*exc.* τ^2] *Fra Ch²*)   XXVII. 1 / XXVIII.
20 $\alpha^1 \xi \beta$ *edd.* (*om.* ν)

---

39 nostri] *om.* ζ societas] communicatio *P⁴ Bd¹*   39/40 spiritus sancti] sancti spirituss sit *Bd¹*, sit *add. P⁵*   40 uobis] nobis *Bd¹*, amen *add. Vc¹*

XXVII. 1 iudex dixit] *om. Fra Boc*   tam] $\delta \xi$, *om.* $\varepsilon^1 \zeta \beta$ *edd.*   1/2 innumerabilia testimonia] innumerabilibus testimoniis *Ty²ᵃ·ᶜ P⁴ ε¹*   testimonia] caelesti magisterio promulgatis *add. Ty²ᵃ·ᶜ P⁴*, caelesti magisterio promulgata *add. Ty²ᵖ·ᶜ Chᵗ·²*   2 arrio aliquid remansisse] remansisse aliquid arrio *Boc*, remansisse aliquid arrio *Ch¹* uidebitur *Ty²ᵃ·ᶜ P⁴*   2/3 proponere – quibus] *Bdᵗⁱⁿ ᵐᵃʳᵍ·*   2 proponere non grauetur] *om. Sm¹* δ 3 quamquam] nam δ ut reor] *om. P⁵*   illi] ξ *Boc Chᵗ·²*, sibi β *Fra, om. Cass*   responsionis] responsionum *Trᵗᵖ·ᶜ Vc¹*   remanserit] remansit *Ty²ᵖ·ᶜ* 3/5 quibus – depellere] *om.* δ 4 uidelicet] pro *praem. Bd¹*   responsionibus] responsionis *Sm¹*, *om.* ζ *Boc Ch¹*   possit] posset *Sm¹*   athanasium] athanasius *N¹ O³ β²* 5 id est] idem *P⁵*   homousii] *Vc¹ Boc Chᵗ·²*, omo usi *ε¹*, omousin ζ (*exc.* omouson *Mu¹*), homo usii *Bd¹*, omo usus *P⁵*, omousion β *Fra,,* omousiou *Cass*   ratione] rationem *ε¹ Cb¹* depellere] repellere *Bd¹*   de] *om.* β *Fra*   6 ei ad respondendum locus] ei ad respondendum locus ei *R¹*, ad respondendum locus ei *Ch²*, ad respondendum locus et *PL*   ei] *om. Ch²*   ad respondendum locus] locus ad respondendum *Bd¹*   6/7 locus adimitur] *tr.* ζ *Boc*   7 adimitur] α *Boc Cass Ch¹*, adimatur β *Fra Ch²*   8 arrius] incipit appelatorium arrii. arrius per hunc libellum appelatorium haec dicit *praem. Bd¹*   dixit] *om. Fra Boc*   dubium] dubi *Pᵒᵇ*   quod] quin *Boc*   quod magis] comagis *ε¹*   8/9 magicis artibus athanasius non desinat] athanasius non sinat magicis artibus δ 9 non sinat] soleat *Bd¹*, nouit *Fra*   sinat] desinat *Vc¹ P²ᵖ·ᶜ Boc Cass Chᵗ·²*   iudicum] iudicium *Mu² P⁵ N¹ R¹ᵃ·ᶜ Sg¹ᵃ·ᶜ Fra*, iudicis *ε¹ Ch¹*, *om. Bd¹*   peruertere] subuertere δ, perhibere *Sm¹*   sensum] sensus $\delta \zeta$ *Sm¹ Fra Boc Cass Ch¹*   9/10 tramitem] tramite *Vc¹*, tramitatem *Tr¹ᵃ·ᶜ*   10 erga] ergo *Sm¹ᵃ·ᶜ Mu¹*   eam] eum *P⁵*   religiosius] religiose *P⁵ Boc Ch¹*   sectantur] sectatur *Vc¹*   9/11 ut rectae – possint] *om.* δ 11 possint] possunt *Bd¹*, possunt credendum est *P⁵*, possit *ε¹ Ch¹*   quod] quoniam *Bd¹*   in] *O³ˢ·ˡ· ᵖ·ᶜ·*, *om. Pᵒᵇ*   tui culminis] *tr. Fra*   tui] uestri *Sm¹*   11/12 ualeo] uideo *Sg¹ᵃ·ᶜ* 12/14 ubi ueritatis – credendum est] *om.* δ

LIBER SECVNDVS XXVII – XXVIII 353

magicae artes ob uerae fidei obseruantiam praeualere non posse credendum est.

15 ATHANASIVS dixit: Qui suis adsertionibus adesse non possunt, quibuslibet fallacibus argumentis uel cauillationibus excusationem sibi inuenire non desinunt, sicut nunc id facere Arrium plenius uestra perspicit magnitudo. Mihi uero ad omnia quae ab eo in culminis uestri praesentia proposita sunt, ueram fidem uindi-
20 cans respondisse sufficiat.

XXVIII. PROBVS iudex dixit: Imperitorum et minus de scientia praesumentis est, prauitati potius studium dare quam ueritati patientiam commodare, cum id adsertoribus fidei conueniat, ueritatem potius sequi quam erroris uel falsitatis compede praepediri.
5 Horum igitur mos est, qui cum suae perfidiae causam ad finem usque uenire conspexerint, metuentes ne cunctis hominibus eorum perfidia innotescat, ad potioris se conferre praesentiam, igno-

---

Trad. text.: $\alpha^1 \xi \beta$ edd. (om. ν; c. XXVIII om. Ch^2)

13 magicae] magicas $Boc\ Ch^1$ artes] artis $P^{7b}\ Cb^1\ Tr^{1a.c.}\ P^5\ Bd^1\ Sm^{1p.c.}\ N^1\ P^{2a.c.}$, artis uersutiam $Tr^{1p.c.}$, non uiolent ut add. $Sm^{1a.c.}\ N^1\ O^3$, non uiolentian contra add. $Sm^{1p.c.}$, non uiolant ubi Fra, non uiolent ubi β^2 Cass   ob] om. ξ obseruantiam] obseruantiae $Vc^1 P^5$, obseruantia Bd^1 non] om. Mu^1 Fra Cass   14 credendum] credenda Bd^1
15 dixit] om. Fra Boc   qui] tui suis adsermonibus $Sg^{1a.c.}$, qui suis sermonibus $Sg^{1p.c.}$ suis adsertionibus] suae adsertioni δ 16 quibuslibet] quibuscumque δ fallacibus] fallacis $\varepsilon^1\ Sm^{1a.c.}\ N^1\ O^3\ P^{2a.c.}$, fallatiae Fra, om. δ argumentis uel cauillationibus] argumentationis ε^1 17 sibi] om. δ 17/20 sicut nunc – sufficiat] ueritate compellente fidem ueracissimam (uera eis simam Ty^2) uindicans respondisse sufficiat sicut et uestra plenius perspicit magnitudo δ 17 nunc id] tr. Mu^2 id] hic Bd^1, om. ε^1 Boc Cass Ch^1
18 perspicit] praespicit $\zeta\ Sm^1$, conspicit $Vc^1 P^5$ ab eo] habeo $Vc^{1a.c.}\ P^5\ Sg^1$ 19 in] ξ edd., om. $\varepsilon^1\ Cb^1\ Tr^{1a.c.}\ Mu^2\ \beta$ culminis uestri] tr. $\varepsilon^1\ Ch^{1.2}$ praesentia] praesentiae Sg^1, praesentiam P^5 19/20 uindicans] indicans Sm^1, uindicare β^2, uindecans $Cb^{1a.c.}$, uendicans $Cb^{1p.c.*}Mu^{2p.c.}\ P^{5.}$, ueridicare Cass, uendicanti Boc, uindicanti $Ch^{1.2}$ 20 respondisse] respondere N^1

XXVIII. 1 iudex dixit] om. Fra Boc   imperitorum] imperatorum N^1, imperitioris Boc   1/2 et minus – praesumentis] om. Sm^1 1 et minus] om. N^1 scientia] sua praem. $\gamma\ Ch^1$, uel doctrina add. $\delta\ Ch^1$ 2 praesumentis] mentis Sm^1, praesumentium $\delta\ Ch^1$ prauitati] prauitatis Vc^1, prauitate ε^1 dare] dari ε^1 2/3 patientiam] parientiam $Sm^{1a.c.}\ N^1\ O^3$, parentiam P^2, pari etiam Vc^1 3 commodare] accomodare $Vc^1 P^5$ Fra   id adsertoribus] discertioribus P^4 adsertoribus] setoribus $Ty^2\ O^{3a.c.}$ fidei] om. δ
3/4 ueritatem] ueritate R^1 4 erroris uel falsitatis] tr. δ uel] et $Vc^1 P^5$ compede] compedi Vc^1 5 qui cum] quicumque P^{7b} cum suae perfidiae] per suam perfidiam δ causam] causa $\varepsilon^1\ N^1$ 6/7 eorum perfidia] illorum flagitia δ 7 ad potioris se] ad potiores se $Sg^1\ Sm^{1a.c.}$, adoptiores se N^1, adoptioresse O^3 ad] a P^5 praesentiam] iactant add. s.l. Sm^1, sententiam Cass

rantes quoniam et illic ueritati uictoria adtribuitur, ubi potentiae liberalis sententia promulgatur. Frustra igitur Arrius uidetur de nostro iudicio ad principis appellare praesentiam, cum in conflictu certaminis nihil aduersum se senserit prauitatis. Qui suam ignauiam quibuslibet modis obtegere cupiens ad principis uisus est conuolare praesentiam, quem constitit Athanasium ab homousii defensione, quod est unius substantiae, diuellere penitus non potuisse. Sed, ut eius superflua decreuit intentio, eum ne faciat nullo modo refrenabo, ne uicti personam non sustinens, de adempto temporis spatio glorietur. Meae uero solertiae erit uniuersa quae ab utrisque in nostra cognitione prolata sunt gloriosi sensibus principis intimare, ut falsidicis ambagibus procul amotis, ad uictoriae palmam purae fidei adsertor ualeat peruenire.

Trad. text.: $\alpha^1 \xi \beta$ edd. (om. ν; c. XXVIII om. Ch^2)

8 quoniam] cum $Ty^{2a.c.}$, quod scr. s.l. $Ty^{2p.c.}$ ueritati] om. β Fra   uictoria adtribuitur] tr. β^2 Cass   adtribuitur] tribuitur ζ potentiae] potentia ε^1 $Sm^{1a.c.}$ $N^1 O^3$, potentiam $P^{2a.c.}$, prudentiae Vc^1, prudentia P^5 9 arrius] om. Sm^1 de] a δ 10 ad] a $P^{2a.c.}$, om. Vc^1 $P^{2p.c.}$ praesentiam cum] personatum P^{6b}, personatam P^{7b} praesentiam] sententiam $O^{3a.c.}$, personam δ Ch^1 10/11 conflictu] conflicto ε^1 11 certaminis] contaminis P^5 aduersum] aduersus ε^1 Cass   se] om. Bd^1 δ 11/13 qui suam – praesentiam] om. δ Ch^1 11 qui] quorum P^5 12 modis] om. P^5 12/13 ad principis uisus est] nisus est ad principis Boc   12 uisus] uel nisus suprascr. $Cb^{1p.c.*}$, nisus Boc   13 conuolare] ξ (exc. Vc^1), conualere Vc^1, conferre ε^1 ζ β Fra Boc Cass. Vide adnotationes   praesentiam] sententiam $P^{2a.c.}$ Fra   constitit] consistit Vc^1, constet Sm^1 N^1, constat ε^1 $Cb^{1p.c.*} Mu^2$ Ch^1 13/14 homousii] homo usi ε^1 14 defensione] defensionem ε^1 $P^5 O^{3a.c.}$ est unius] tr. β^2 Cass   substantiae] $P^{2in\ marg.\ p.c.}$ diuellere] debellare Sm^1 14/15 penitus non] nullatenus ξ 15 non] om. ε^1 $Ty^{2a.c}$ decreuit] deuit $Ty^{2a.c.}$ 15/16 eum – refrenabo] om. Vc^1 15 eum] om. P^2 16 nullo] ullo $Ty^{2a.c.}$ $P^4 Bd^1$ Fra, nullum P^{6b} refrenabo] refrenando ε^1 ne uicti] ineuicti Mu^2 uicti] uel iusti suprascr. $P^{2p.c.}$ personam] persona $P^{7b} P^5$ 17 adempto temporis] ademptoris $Sm^1 N^1 O^3 P^{2a.c.}$ adempto] sibi add. γ solertiae] solertia R^1 18 ab utrisque] om. δ utrisque] utriusque $Sm^{1a.c.}$ nostra cognitione] nostram cognitionem δ cognitione] conitione $Sg^{1a.c.}$, contione $Sg^{1p.c.}$ prolata] probata ε^1 18/19 gloriosi sensibus principis] glorioso principi δ 18 gloriosi] gloriosis ζ $Sm^1 N^1 O^3 P^{2a.c.}$ Fra   19 sensibus principis] tr. ε^1 Ch^1 principis] pii praem. Fra   falsidicis] falsidibus Vc^1 ambagibus] ambagietatibus $Ty^{2a.c.}$, ambiguitatibus ε^1,   20 ad uictoriae palmam] athanasius (s.l.) ad uictoriae palmam $Sm^{1p.c.}$ palmam purae fidei] purae fidei palmam Sg^1 palmam] athanasius add. ζ Boc Ch^1 peruenire] pernire $O^{3a.c.}$

Expl. explicit altercatio β, explicit $Ty^2 Vc^1$, explicit feliciter ζ, explicit altercatio inter athanasium episcopum et arrium de homousion ε^1, finis Boc, om. $P^4 P^5 Bd^1$ Fra Cass

LIBER TERTIVS
‹ A VIGILIO AD SECVNDAM OPERIS SVI EDITIONEM ADDITVS ›

I. PROBVS iudex dixit: Licet congruo disputationis ordine, per uaria quaestionum diuerticula, orationis uestrae feratur intentio, et uelut a proposita rectitudinis linea paululum necessario deuians, in obliquum tortuosi tramitis pergat anfractum, ob hoc scilicet
5 auia quaeque perlustrans ut nihil penitus inexploratum, nihil relinquat intactum, tamen quoniam Arrii prosecutio, quam dudum artioribus quaestionum nodis inligauerat, ancipitem hunc dubietatis sensum auditoribus derelinquit, dum non omnia sed certa quaeque obiectionis capitula Athanasii uidentur responsionibus
10 dissoluta, consequens mihi esse uidetur, ad reliqua eius expedienda in quibus maxime auditorum haeret intentio, Athanasium debere orationis suae reflectere cursum. Siquidem illud nobis maiorem haesitationis scrupulum mouet, quod idem Arrius dixit Patrem non naturaliter Filium generasse, ne scilicet naturalibus
15 uideatur conditionum necessitatibus subiacere, sed uoluntario caritatis affectu edidisse, quo per haec in Deum liberae potestatis

---

Trad. text.: $\xi \beta$ *Fra Cass Ch²* (*om. α¹ v Boc Ch¹*)

I. 13/21 arrius – edidisse] cfr *supra* I, 9, l. 35-36; II, 10, l. 35-40

Tit. liber tertius a Vigilio – additus] *addidi*
 I. 1 probus] item *praem. P⁵ Bd¹* iudex dixit] *om. Fra* 2/3 uestrae – rectitudinis] *Sg^{tin marg. al.m.}* 2 feratur] reratur *N¹* 3 a] ad *N¹*, ab re *Fra* rectitudinis linea] rectilinea *Sm¹* necessario] necessarium *Sg^{1p.c.} K² R¹* deuians] dubtitans *Sm¹*, deuitans *N¹ O³ P²a.c.* 4 scilicet] licet *Bd¹* 5 auia] omnia *P⁵* 5/6 nihil relinquat intactum] *om. Bd¹* 5 nihil] mihi *Sm¹* 5/6 relinquat] reliquat *Vc¹* 7 ancipitem] *om. Fra* hunc] adhuc *P²p.c. Fra*, ad huc *Vc¹* 7/9 dubietatis – obiectionis] *Bd^{tin marg.}* 8 derelinquit] dereliquit *P² Fra*, reliquit *P⁵ Bd¹* non] enim *Cass* certa] et *praem. P⁵* 9 obiectionis] obiectionibus *Vc¹ O³a.c.* uidentur] uiderentur *Sm¹* responsionibus – uidetur] *om. P⁵* 10 dissoluta] soluta *Fra* eius] *om. Vc¹* 10/11 expedienda] experienda *P⁵* 11 haeret] erit *ξ Sm¹* 12 reflectere] flectere *Bd¹ Fra* 12/13 maiorem] maioris *add. Bd¹* 13 haesitationis] meditationis *P⁵a.c.*, editationis *P⁵p.c.* mouet] mouit *Sm¹ ξ* 13/14 patrem] pater *Sm¹ N¹ O³* 14 generasse] generas *Sm¹a.c.*, genuisse *Cass Ch²* ne] *Sg^{ts.l. p.c.}*, nec *O³* 14/15 naturalibus uideatur] *tr. Fra* 16 quo] quod *P⁵ Sg^{ta.c.}* deum] deo *β² Cass Ch²* liberae] liberare *Sm¹a.c.*

demonstretur indicium, atque ita extrinsecus magis et aliunde quam de se ipso intellegatur generasse, et iure paternae uoluntatis et caritatis potius quam naturae Filium esse credendum, quem, ut
20 dictum est, uoluntate et non naturali lege constrictus dinoscitur edidisse. Cum ergo hanc, ut dixi, nodosae quaestionis solutionem, utrum obliuione an difficultate, Athanasium liquet omisisse, nunc, si uidetur, contra ea quae orationem eius, ob sui prolixitatem forsitan effugerunt, responsionis eius intentio dirigatur.

II. ARRIVS dixit: Bene solertissima mentis adtentione, utpote uigilantissimus cognitor, cautioribus uteris prouisionibus. Nam mihi e memoria pene elapsum fuerat hoc articulum quaestionis. Edicat igitur Athanasius quomodo, si naturaliter genuit Filium
5 Pater, naturae necessitatibus non teneatur obstrictus, ubi non uoluntas, sed uis naturae copiam tribuit generandi. Necesse est enim ea, quae naturalibus aguntur motibus, libera esse non posse, tantoque Patrem in suae uoluntatis effectu minus liberum, quanto ei naturae suae iura dominantur.

Trad. text.: ξ β Fra Cass Ch² (om. α¹ v Boc Ch¹)

II. 4/9 si – dominantur] cfr ORIG., Princ. 1, 2, 6; ARIVS, Epist. Alex. 3 (θελήματι τοῦ θεοῦ πρὸ χρόνων καὶ πρὸ αἰώνων κτισθέντα); Epist. Eus. 4 (θελήματι καὶ βουλῇ ὑπέστη); Thal. (in ATHAN., Syn. 15, 3: υἱὸς γὰρ ὢν θελήσει πατρὸς ὑπῆρξεν ἀληθῶς); ARRIANI in ATHAN., Arian. 3, 59.62; ASTERIVS SOPHISTA, in ATHAN., Arian. 3, 60; Symb. Ant. 344 (Ἔκθεσις μακρόστιχος in ATHAN., Syn. 26, 2: βουλήσει ... θελήσει ἐγέννησεν; 26, 8: ἑκουσίως αὐτὸν καὶ ἐθελοντὴν τὸν υἱὸν γεγεννηκέναι); Symb. Sirm. I (351), anath. 25 (in ATHAN., Syn. 27, 3: οὐ βιασθεὶς ὁ πατὴρ ὑπὸ ἀνάγκης φυσικῆς ἀχθείς, ὡς οὐκ ἤθελεν, ἐγέννησε τὸν υἱόν, ἀλλ' ἅμα τε ἠβουλήθη); EVN., Apol. 24; 28 (ed. Vaggione, p. 64, l. 1-4; p. 74, l. 12-14); ARRIANI in AMBR., Fid. 4, 9, 102; in Ps. EVSEB. VERC., Trin. 10, 11; Serm. Arrian. 2; Serm. fragm. Arian. (AN. BOB.) 2 (f. V 202, l. 32-38)

---

17 demonstretur] demonstraretur ξ   indicium] indicio Sm¹   et aliunde] om. Fra
18 se] Sg^{ts.l. p.c.}   paternae] patrem Fra   uoluntatis] affectu add. Sg^{ts.l. p.c.} K² R¹ Ch²
19 esse] et sic P⁵   quem] qui est N¹   20 non] om. P^{2a.c.} sed suppl. s.l. P^{2p.c.}   constrictus] ξ, om. β edd.   21 edidisse] reddidisse N¹   hanc] haec P⁵ β, hoc Cass   nodosae] non praem. β² Cass Ch²   22 utrum obliuione] uerum obliuionem N¹   athanasium] om. P⁵   liquet] liqueat Ch¹, uideatur Bd¹   omisisse] omissum N¹   23 uidetur] uidentur P⁵   23/24 prolixitatem] prolixitate Sm¹

II. 1 dixit] om. Fra   adtentione] intentione Mu¹ edd.   2 prouisionibus] propositionibus ξ   3 e memoria pene elapsum] pene e memoria lapsus Fra   memoria] memoriae N^{1a.c.}   elapsum] elapsus Bd¹   hoc articulum] oc ortaculum N¹, hic articulus Fra
4 si] om. Bd¹   4/5 filium pater] tr. Bd¹   5 necessitatibus] cum add. Bd¹   obstrictus] adstrictus Vc¹ P⁵ Fra   7 ea] eam Fra   aguntur] agitur Fra   libera] Vc¹ Bd¹ Sm^{1p.c.} P² Ch², liberam Fra, liberum P⁵ Sm^{1a.c.} N¹ O³ β² Cass   8 effectu] effectum P⁵ N¹, affectu Sg¹ Mu¹ Cass Ch²   quanto] quantum Sm¹   ei] ξ Sm¹, et β¹ β² edd.   9 dominantur] dominatur Cass

LIBER TERTIVS   II - III   357

10   ATHANASIVS dixit: Ista quae Arrius gloriatur tanquam inexpugnabili quaestione, nihil ineptius, nihil absurdius umquam poterit inueniri. Et ob hoc ea responsione quoque pulsare indignum credideram, quoniamquidem solet interdum stultitiae notam incurrere, quisquis mauult stultissime dicta refellere. Quia ergo in
15   eadem quaestione plurimum sibi opitulationis inesse confidit, quam uelut ineuitabilem syllogisticae artis tendiculum, petulantis satis iactantiae supercilio infligendam putauit, respondeat utrum mutabilem Deum, an immutabilem profitetur.

ARRIVS dixit: Immutabilem profiteor.

20   ATHANASIVS dixit: Bonum igitur eum, sapientem, iustum, omnipotentem confiteris, atque perfectum.

ARRIVS dixit: Etiam.

ATHANASIVS dixit: Voluntate immutabilis, an natura permanet inuertibilis?

25   ARRIVS dixit: Quid dicas non satis intelligo.

III. PROBVS iudex dixit: Apertum ualde est quod inquirit, et nullo obscuritatis tegmine obuelatum. Interrogat enim utrum uoluntate Deum an naturaliter immutabilem dicas. Id est, hoc ipsud

---

Trad. text.:   ξ β *Fra Cass Ch²* (*om. α¹ v Boc Ch¹*)

23/24   uoluntate – inuertibilis] cfr ATHAN., *Arian.* 3, 62; PS. EVSEB. VERC., *Trin.* 10, 11

10/19   athanasius – profiteor] *om. Bd¹*   10   dixit] *om. Fra*   ista] istis *Ch²*   quae] qua *P² Fra*   gloriatur] garrulatur *Cass Ch²*   11   quaestione] proposita *add. Vc¹*, propositi *add. P⁵*   nihil ... nihil] nisi ... nisi *P⁵*   ineptius] inestius *K²*, inertius *R¹*, ineptam *P⁵* absurdius] absurdis *N¹*   12   inueniri] inuenire *Sm¹ᵃ·ᶜ N¹*   ea] eam *Vc¹*   responsione] responsionem *N¹*, responsionis *O³*   pulsare indignum] *tr. Cass*   13   credideram] crediderim *Cass*   quoniamquidem] quandoquidem *Cass Ch²*   solet] solent *P⁵, om. Vc¹* notam] notum *Sg¹ᵃ·ᶜ*   14   quisquis – refellere] *Mu¹ⁱⁿ ᵐᵃʳᵍ*   mauult] in hac uult *N¹*, uult *Vc¹ P⁵*   stultissime] stultissima *P²ᵖ·ᶜ*   refellere] repellere *N¹*   ergo] ego *P⁵* 15   quaestione] quaestionem *Sm¹ᵃ·ᶜ*   confidit] confidet *Sm¹*   16   ineuitabilem] *Vc¹ P⁵ Sm¹ N¹ O³*, ineuitabile *P² β² edd.* Vide adnotationes   petulantis] petulanti *P⁵ Fra* 17   iactantiae supercilio] *tr. Fra*   infligendam] infulciendam *Vc¹*, infulgendam *P⁵* 18   deum] dominum *Cass*   profitetur] profiteatur *Vc¹ P⁵*   19   dixit] *om. Fra* 20   dixit] *om. Fra*   22   dixit] *om. Fra*   23   dixit] *om. Fra*   natura] naturae *N¹ O³* 24   inuertibilis] inconuertibilis *Vc¹ Bd¹*, conuertibilis *P⁵*   25   dixit] *om. Fra*   dicas] ducis *P⁵*   non satis] *tr. β² Cass*

III.   1   iudex dixit] *om. Fra*   apertum] apertissimum *Sm¹*   ualde est] *tr. Fra* 2   obuelatum] ξ, obuelatur *β edd.*   2/3   uoluntate] uoluntatem *Vc¹*   3   ipsud] ipsum ξ *Sm¹ P² Sg¹ᵖ·ᶜ edd.*

quod bonus et sapiens creditur Deus, uoluntate talis est an priuilegio maiestatis et quodam iure naturae his uirtutum effectibus
pollet?

ARRIVS dixit: Nihil horum temere audeo pronuntiare.

PROBVS iudex dixit: Delibera igitur quod debeas poscenti dare
responsum. Si utrumque diffiteris, neutrum tenes. Ac sic eris a diuinae professionis pietate extorris, si nullam de Deo religiosae
fidei opinionem retentas. Aut si unum eligis e duobus, ne diuina
professione uacuus habearis, dic utrum uoluntate an natura Deus
sit immutabilis profitendus.

ATHANASIVS dixit: Quibus responsionis aestibus, tantis coarta-
tus angustiis agitetur, manifestius auditorum sensibus patet.
Peruidens enim se inenodabilibus sciscitationis meae laqueis inre-
titum, neque uoluntate Deum neque natura immutabilem uoluit
profiteri, sed de utroque industrioso astu siluit, qui se in utroque
capiendum agnouit. Sed nos uideamus quomodo is qui sibi adro-
gantius loquendo praescripsit, consultius reticendo prospexerit.
Dixit enim Patrem nequaquam natura, sed uoluntate Filium generasse, ne scilicet aliquibus uideatur naturae necessitatibus subiacere. A quo dum quaererem obnixius utrum uoluntate Deum an
natura diceret immutabilem, ob id de utroque reticuit. Quia si diceret natura immutabilem, omnem suam, quam intentauerat,
funditus subuerteret quaestionem; aut certe si in eam uelut in
quoddam altioris praecipitii barathrum decidisset, necesse erat

sua nos in eum quaestionis spicula retorquere illicoque referre: 'Si natura est Deus immutabilis, nec bonus nec malus sine dubio profitendus est, quia omne quod secundum te naturalibus fertur motibus, libertatis caret arbitrio, quem finalis naturae terminus intra metas conditionis tenet inclusum, eritque sicut unum quodlibet elementorum, id est sicut aqua uel terra, quae nihil aliud esse potest quam id quod est, dum neque melioribus augeri profectibus, neque in deterius relabi arcentibus naturae legibus potest'.

IV. Quia uero in Deo uoluntatem potius quam naturam adserit profitendam, dum Filium uoluntate paterni affectus atque necessitudine, non naturali uirtute genitum credit, audiat quae absurdi sensus ratiocinatio istius professionis intelligentiam consequatur. Necesse ergo erit Deum profectu melioris electionis augeri, dum bona rerum electione perfectarumque patratione uirtutum, prosperiore successu tendit ad summa, esseque aliquem eo superiorem, cui per bonae uoluntatis effectum placere contendat. A quo metuendum est ne aliquando desciscat, si forsitan eum bonae uoluntatis intentio deserat, quoniamquidem necesse est, ut eum qui nullo subsidii naturalis adminiculo fruitur, sinistrae interdum uoluntatis affectio interpellet. Haec quantum irreligiosius de Deo

---

Trad. text.: $\xi \beta$ *Fra Cass Ch²* (*om. α¹ ν Boc Ch¹*)

IV. 5/7 necesse – summa] cfr AMBR., *Fid.* 4, 9, 111

---

28 quaestionis spicula] *tr. Cass Ch²*   quaestionis] *om. Vc¹*   illicoque] illico *Vc¹*, ueri quaeque *Cass*   29 est deus] *tr. P² Cass Ch²*   deus] dei *N¹ O³ Fra*   29/30 profitendus est] *tr. β² Cass Ch²*   30 est] *om. P⁵ Bd¹ Sm¹ N¹ O³ Fra*   omne quod] omnemque *P⁵*   31 caret] *O³ˢ·ˡ·*   arbitrio] arbitrium *P⁵*   intra] se *add. Vc¹*   32 inclusum] includum *P⁵*   33 id est] *ξ, om. β edd.*   esse] de se *Bd¹*

IV. 1 in deo] *ξ*, in deum *O³ P²*, ut deum *N¹*, deum *Sm¹ β² edd.*   uoluntatem ... naturam] *ξ P²*, uoluntate ... naturae *Sg¹ᵃ·ᶜ· K² R¹*, uoluntate ... natura *Sm¹ N¹ O³ Sg¹ᵖ·ᶜ· edd.*   2 profitendam] *Vc¹ Bd¹*, profitendum *P⁵ β edd.*   filium] filio *Sg¹ᵃ·ᶜ·*   uoluntate] *om. Fra*   affectus] atque *add. P²ᵖ·ᶜ· β² Cass Ch²*   2/3 necessitudine] necessitudini *Vc¹*, necessitudinem *P⁵*   3 audiat quae] *Bd¹ O³ P²ᵃ·ᶜ·*, audiatque *Sm¹ N¹*, audiantque *P⁵*, audiat quam *P²ᵖ·ᶜ· β² Cass Ch²*, audiat *Vc¹*   4 ratiocinatio] ratiocinationem *Vc¹*, ratiocinatione *P⁵*   intelligentiam] intelligentia *N¹ O³*   consequatur] consequantur *Vc¹ P⁵*   5 ergo erit] *tr. ξ*   profectu] profectum *P⁵ Bd¹ N¹*, profecta *Vc¹*   6 bona] bonarum *O³ P² Fra*   electione] electionem *N¹*   perfectarumque] profectarumque *O³ P² Sg¹ᵃ·ᶜ·*   patratione] *ξ*, ratione *β edd.*   6/7 prosperiore] prosperiori *O³ P² Mu¹ Fra*   7 esseque] esse quae *Sm¹*, esse quem *N¹*   aliquem] aliquam *N¹*   7/8 superiorem] superiore *N¹*   9 aliquando] *ξ*, aliquo *β edd.*   si] *Sg¹ˢ·ˡ· ᵖ·ᶜ·*   10 quoniamquidem] *Cass Ch²*   11 subsidii] susidit *P⁵*   11/12 sinistrae interdum uoluntatis] sinsitra uoluntatis interdum *Fra*   12 quantum] quanto *ξ Fra*   12/13 de deo – nequius] *Sg¹ⁱⁿ ᵐᵃʳᵍ·*

dicuntur, tanto nequius cogitantur. Peruides ergo, iudicum summe, quodam impietatis instinctu, diuinae iura naturae uirtutisque infectae substantiam, rerum factarum naturis uoluisse Arrium comparare, ut scilicet ob hoc non natura Pater, sed uoluntate Filium generauerit, ne creaturarum siue rationabilium, siue ratione carentium modo, naturalibus uideatur necessitatibus subiacere. Sed habeat, quisquis talia sentit, opinationis suae arbitrium, maiestate laturus poenale iudicium, tam inepta, tam sacrilega iudicando. Nos uero diuinarum eruditi magisterio litterarum, hanc de Deo religiosae opinationis sententiam retinemus, ut non aliud eius uoluntatem, aliud credamus esse naturam.

V. Namque quod eum sapientem, bonum, omnipotentem, perfectumque fatemur, non tanquam ex diuersitate uirtutum subsistentem, et distinctae rei alicuius qualitate compositum adserimus Deum, quia non aliter sapiens nisi quia omnipotens, neque aliter omnipotens nisi quia perfectus habetur; id est, non aliud in eo est bonitas aliud sapientia, non aliud omnipotentia quam quod perfectio, sed omnia haec in Deo uno eodemque modo habentur, sed singulari modo definiri non possunt. Obserua tamen, ne, quia in Deo modum diximus, quibusdam terminis modificatum intelle-

---

Trad. text.: $\xi \beta$ *Fra Cass Ch*^{2} (*om. α*^{1} *ν Boc Ch*^{1})

22/23 hanc – naturam] *cit. Conc. Tolet.* XV (Ivl. Tolet.) (*PL*, 84, 513 D)

V. 1/8 namque – possunt] cfr Avg., *Trin.* 6, 7, 8; 15, 5, 7-8; 15, 13, 22

---

13 tanto] tantum *Sm*^{1} peruides] prouides *Vc*^{1} ergo] enim ξ iudicum] iudicium *Vc*^{1} *P*^{5} *O*$^{3a.c.}$ *Sg*^{1} *K*^{2} *R*^{1}, optime *praem. Ch*^{2} 14 summe] summae *Vc*^{1} *O*^{3} *Sg*^{1} *K*^{2} *Cass Ch*^{2} instinctu] extinctus *P*^{5} iura] iure *N*^{1} 15 infectae] in effecte *Vc*^{1} *P*^{5} 17 generauerit] generauit *Sm*^{1} *N*^{1} *O*^{3} *P*$^{2a.c.}$ *β*^{2} (et *add. s.l. Sg*$^{1p.c.}$), genuerit *Fra*   ne] nec *P*^{5} *Bd*^{1} *N*^{1} *Sg*^{1} *K*$^{2a.c.}$ *Mu*^{1} creaturarum] creatura *Sm*^{1} *N*^{1} *O*^{3} *β*^{2} *Fra*, creaurae *P*^{2}, causatarum *Cass*, auctor *add. Bd*^{1} 18 ratione] rationem *N*^{1} naturalibus uideatur] uideantur naturalibus *Vc*^{1}, uideatur naturalibus *Bd*^{1} necessitatibus] *om. Bd*^{1} 19/20 arbitrium maiestate] aruium maiestatis *O*^{3}, aruium maiestate *P*$^{2a.c.}$, arbitrium a maiestate *P*$^{2p.c.}$ *β*^{2} *Cass Ch*^{2}, arbitrio magistrante ξ, auctorem arrium maiestatis *Fra*   arbitrium] aruium *O*^{3} *P*^{2} 20 inepta] ineptatum *Bd*^{1} tam] *om. Bd*^{1} 21 iudicando] *P*$^{2p.c.}$ *Cass Ch*^{2}, indagando *Sm*^{1}, indicando *N*^{1} *O*^{3} *P*$^{2a.c.}$ *β*^{2} *Fra*, iudicanda *Bd*^{1}, indicanda *Vc*^{1} *P*^{5} eruditi] erudi *Sg*$^{1a.c.}$ 22 de] qui *praem. P*^{5} opinationis] ξ, opinionis *β Cass Ch*^{2} 23 aliud eius uoluntatem] aliudque uoluntate *N*^{1} esse] *O*$^{3s.l. p.c.}$

V. 1 quod eum] quod deum *P*^{5} *Bd*^{1}, deum *Vc*^{1} 3 rei alicuius] *tr. Fra*   qualitate] qualitatem *Vc*^{1} 4 deum] *om. P*^{5} quia^2] quam *P*^{5} 4/5 neque aliter omnipotens] *P*^{5} *Bd*^{1}, *om. Vc*^{1} *β edd.*   6 quam] quae *P*^{5} 7 deo] domino *β*^{2} *Cass Ch*^{2} habentur] habetur *P*^{5} 8 ne quia] nequitia *N*^{1} 9 deo] deum *Vc*^{1} *P*^{5} *Sm*^{1} *β*^{1} modum] modo *N*^{1} *K*$^{2a.c.}$

gas, qui suae uirtutis immensitate uniuersa excedit. Sicut enim cum immensum dicimus, non immoderatum uolumus intellegi, uel cum perfectum praedicamus, non proficientem inducimus, id est, non per aliquas uirtutum efficientias paulatim experiendo gradientem, ad summa perfectionis fastigia adserimus peruenisse, ita etiam hoc dictum debes accipere. Sed ad propositum redeamus.

Ergo Deum, qui procul dubio simplex est, uide quantis uocabulorum nominibus appellamus: sapientem, bonum, omnipotentem, prouidum atque perfectum; et haec quidem ad seipsum. Ad nos uero, misericordem, pium, iustum atque benignum. Nec tamen multiplici uirtutum qualitate compositum quisquam audebit adserere eum, qui singulari uirtutis omnipotentia subsistens, purae ac simplicis creditur esse naturae. Sed hanc unam eamdemque naturae uirtutem, humanae conditionis intellegentia, naturalibus imperitiae obstaculis praepedita, uno explicare sermone non potuit. Et idcirco uariis ac multiplicibus nominum appellationibus utimur, ut hinc qualis quantaue sit diuinae uirtutis natura facilius coniciatur. Quae cum una sit, eademque simplex, uno tamen uerbo non penitus explicatur. Nam si, uerbi gratia, per diuersas diuinae operationis species percurramus, et inquiramus qua uirtute conuexum tanta sublimitate caelum extenderit, terramque immobili stabilitate fundauerit, atque aequora per solu-

---

Trad. text.: $\xi \beta$ *Fra Cass Ch²* (*om.* α^1 ν *Boc Ch¹*)

17/20 ergo – benignum] cfr GREG. NYSS., *Ref. prof. fidei Eun.* 124   20/28 nec – coniciatur] cfr BASIL., *Eun.* 2, 29; GREG. NYSS., *Eun.* 2, 130-150   28/37 quae – prouidentia] cfr GREG. NYSS., *Eun.* 2, 475-479; 2, 581-587

---

10 uniuersa] uniuersam *N¹, om. Vc¹*   11 immensum] unum summum *N¹*   13 non per] *om. Bd¹*   uirtutum] uirtutem $O^{3 a.c.}$ 14 gradientem] ξ *P² Fra Ch²*, gradiens *Sm¹ N¹ O³ β² Cass*   17 qui] quia *Bd¹*   est] *om. Cass*   uide] uides *Fra*   18 nominibus] numeribus *Bd¹*   19 prouidum] probitum *N¹*   haec] hoc *P⁵ Fra*   seipsum] semetipsum ξ 20 pium] uirtutum *N¹*   21 multiplici uirtutum] *tr. Cass Ch²*   22 eum] iom. *Fra*   singulari] singularis *O³*   23 esse naturae] naturae creditur esse *Mu¹ Cass*   hanc] nec *Bd¹*   23/24 eamdemque] eademque *N¹*   24 naturae] *om. Cass*   24/25 naturalibus] naturalis *Sm¹*   25 explicare sermone] *tr. Bd¹*   explicare] expellicare *Vc¹*, explicari *P⁵ Sg^{1 p.c.}*   26 idcirco] ideo *Cass Ch²*   ac] ξ, et β *edd.*   nominum] nouerum *P⁵*   26/27 appellationibus] *om. P⁵*   27 utimur] ξ, utitur β *edd.*   28 uirtutis] uirtute *Vc¹*   29 explicatur] explica *Cass*   30 et] *om. P⁵*   inquiramus] qui.ramos *Sg^{1 a.c.}*   31 extenderit] extenderet *Sm¹*   31/32 terramque – fundauerit] *om. Bd¹*   32 fundauerit] fundauerat $O^{3 a.c.}$

biles camporum latices fuderit, quia sapiens an quia omnipotens? respondetur profecto quia sapiens et quia omnipotens. Et numquid diuersitate uirtutum compositus erit? Nequaquam, sed unius uirtutis multae significationum species sunt, quia non aliud in eo agit sapientia, aliud omnipotentia, aliud prouidentia.

VI. Denique scriptum est: *Deus sapientia sua fundauit terram, stabiliuit autem caelos prudentia, sensu eius abyssi dissiluerunt.* Num igitur eo usque desipiemus ut dicamus quod caelum quidem una uirtute, id est prudentia, terraue alia, id est sapientia, substiterunt? Abyssi quoque alia Dei uirtute, id est sensu eius, dissiluerunt? Sed uide quemadmodum diuina scriptura, ut istius absurdae opinionis abdicaret errorem, id quod per species nominum partita fuerat, in unam iterum recolligit et counit appellationis uirtutem, dicens: *Omnia in sapientia fecisti*, et iterum: *Omnia haec manus mea fecit.* Vides ergo in Deo cuius natura simplex est, siue manum, siue sapientiam, siue prudentiam, siue sensum, non rerum diuersitatem, sed unam indicare uirtutem. Quod

---

Trad. text.: $\xi\beta$ *Fra Cass Ch²* (*om.* α¹ ν *Boc Ch¹*)

VI. 1/2 Prou. 3, 19-20   9 Ps. 103, 24   10 Act. 7, 50

VI. 1/12 denique – uirtutem] cfr ATHAN., *Arian.* 3, 63.65; AMBR., *Fid.* 5, 2, 30; Ps. EVSEB. VERC., *Trin.* 1, 64   12/17 quod – appelatur] cfr FAVSTIN., *Trin.* 15

---

33 latices] latitudines ξ quia sapiens an quia] qua sapiens an qua *Sm¹ Ch²*, quam sapiens atque ξ 34 respondetur] responditur *Sm¹*, respondebitur *Vc¹*, refertur *Cass Ch²*   quia sapiens et quia] qua sapiens et qua *Sm¹ K²ᵃ·ᶜ R¹ Ch²*, quia sapiens ac *Vc¹*   36 unius uirtutis] uni uirtuti sunt *Pˢ*   significationum] significationis *Bd¹*   sunt] *Vc¹ Pˢ Fra, om. Bd¹ β Cass Ch²*   37 in eo agit] agit in eo *Fra*

VI. 1 deus] dominus *Vc¹ Fra*   sua] *Mu* ⁱⁿ ᵐᵃʳᵍ, *om. Fra Cass*   2 autem] *om. Vc¹ Bd¹ Cass*   sensu eius] sensuque *N¹*   abyssi dissiluerunt] *tr. Fra*   3 num] nunc *Pˢ Bd¹*   eo] *om. Pˢ Bd¹*   desipiemus] desipimus *Fra*   quidem] quidam *N¹*   4 terraue] terra ue *Smᵗᵃ·ᶜ*, terra uero *Vc¹ Smᵗᵖ·ᶜ P² Cass Ch²*   4/5 substiterunt] substiterint *P²ᵖ·ᶜ*, substiterit *β² Cass Ch²*   5/6 abyssi quoque alia dei uirtute, id est sensu eius dissiluerunt] ξ *Smᵗᵖ·ᶜ*, alia quoque (maria quoque *Sgᵗᵖ·ᶜ*) alia dei uirtute, id est sensu eius dissiluerunt *Smᵗᵃ·ᶜ β²*, alia quoque dei uirtute id est eius dissiluerint *P²ᵃ·ᶜ*, alia quoque alia dei uirtute id est eius dissiluerint *P²ᵖ·ᶜ*, alia dei uirtute, id est sensu eius dissiluerunt *O³*, alia quoque alia dei uirtute, id est sensu que dissiluerunt *N¹*, alia quoque alia dei uirtute, id est sensu eius dissiluerunt abyssi *Fra*, alia quoque alia dei uirtute, id est sensu eius abyssi dissiluerint *Cass Ch²*   6 uide quemadmodum] si quidem admodum *N¹*   ut] *om.* ξ 7/8 per species nominum] species nomina *Sgᵗᵃ·ᶜ*   8 fuerat] fuerit *P²ᵃ·ᶜ*   unam] unum *Smᵗᵃ·ᶜ N¹ O³*   iterum] igitur *Pˢ Bd¹*   recolligit] recolligit *O³*, colligit *Fra*   counit] couniit *O³ P²*, couniat *Muᵗᵃ·ᶜ*, couniuit *Vc¹*, coadunauit *Bd¹*, quo ununt (!) *Pˢ*   10 in deo] *β² edd.*, in deum ξ *Sm¹ β¹*   12 indicare] in deitate *Cass*

cum ita sit, nullus iam intentatae quaestionis relinquitur locus qua quaeritur utrum uoluntate Deus Pater an natura Filium ge-
15 nerauit, cum in Deo, ut perdocuimus, non aliud sit uoluntas quam sapientia, nec aliud sapientia quam natura, quae uirtus etiam appellatur. Et cum haec omnia Christus sit, sicut apostolus dicit: *Nos autem praedicamus Christum Dei uirtutem et Dei sapientiam*, apparet eum libera naturalis uirtutis omnipotentia ex Pa-
20 tre genitum esse, quoniam natura in Deo, non ut Arrius ridicule opinatur, necessitatis conditione putatur – ne et ipse Pater, qui naturaliter subsistit, ex necessitate subsistere uideatur –, sed est liberae potestatis et nullis uincta necessitatibus uirtus, quae, quia non aliunde accepit ut esset, idcirco natura dicitur tanquam fons
25 et origo cunctorum. In hac ergo natura Filius est, et in hoc originis fonte subsistens processit tanquam ex sapiente sapientia, ex forte uirtus, ex lumine splendor. Quae processio uel natiuitas, id est Filius, id in se uirtutis inesse demonstrat, ut et semper in Patre fuerit, et editus nunquam a Patre recesserit, sicut sapientem sapi-
30 entia non deserit, sicut fortem sua uirtus non relinquit, sicut splendor sese a lumine proprio non secernit.

Trad. text.: $\xi\beta$ *Fra Cass Ch²* (*om.* α^{1} ν *Boc Ch¹*)

18/19 I Cor. 1, 24

19/25 apparet – cunctorum] cfr ATHAN., *Arian*. 3, 66

---

13 nullus] nullius *Cass*   intentatae] intentae $P^5 Bd^{\mathit{1}}$ β relinquitur] reliquitur $N^{\mathit{1a.c.}}$, relinqueretur P^5, relinquetur Bd^{1} 14 qua] quia $Vc^{\mathit{1}} P^5 Sm^{\mathit{1}}$ quaeritur] quaeratur P^2 uoluntate deus pater] deus pater uoluntate *Fra*   14/15 generauit] generauerit Ch^2 15 in deo] in deum Bd^{1} 15/16 non aliud – sapientia] *iter.* N^{1} 16 sapientia] sapientiam Vc^{1} nec] non $P^{2a.c.}$ aliud] *iter. Bd¹*   17 etiam] equam Bd^{1} haec omnia] *tr.* P^5 17/18 apostolus dicit] ait apostolus *Cass Ch²*   18 christum] crucifixum *add.* Vc^{1} 19 eum] autem P^5, *om. Bd¹*   naturalis] naturali $Sm^{\mathit{1}} N^{\mathit{1}} O^3 P^{2a.c.}$ *Fra* 19/20 ex patre] *om. Mu¹ Cass Ch²*   20 in deo] Vc^{1} β^2 *edd.*, in deum Sm^{1} β^{1} $P^5 Bd^{\mathit{1}}$ ridicule] ridicula $Sm^{\mathit{1a.c.}}$ β^{1} β^2 *Fra Cass*   21 conditione] conditionem N^{1}, computatione $Vc^{\mathit{1}} P^5$ putatur] putetur Bd^{1}, operatur P^2 qui] quia P^5 22 ex] *om. Cass*   23 liberae] liberas Vc^{1}, liberale $P^5 Bd^{\mathit{1}}$, libera Mu^{1}, nullis] $P^{2s.l.\ p.c.}$, nullus $N^{\mathit{1}} O^{3a.c.}$ quae quia] quisquam Bd^{1} 24 aliunde accepit] *tr. Fra*   natura dicitur] *tr.* P^5 est et in hoc] et hoc in ξ fontem] N^{1} 27 forte] $\xi P^{2p.c.}$, fonte $Sm^{\mathit{1a.c.}} N^{\mathit{1}} O^3 P^{2a.c.}$ β^2 *Fra*, forti *Cass Ch²*. *Vide adnotationes*   uirtus] uirtuti Vc^{1} quae] *om. Sm¹*   processio] professio Ch^2 27/28 id est filius id in se uirtutis] id est filius inseruitutis $Sm^{\mathit{1a.c.}}$, eidem filio in id uirtutis $Sm^{\mathit{1p.c.}}$ id est] idem Bd^{1} 28 filius] $P^{2s.l.\ p.c.}$ in se] uere *Cass*   30 fortem] ξ *edd.*, fontem β *sed* uel fortem *suprascr.* $P^{2p.c.}$ uirtus] uel fortitudo *suprascr.* $P^{2p.c.}$, uirtuti Vc^{1} relinquit] derelinquit N^{1} 30/31 sicut² – proprio] *om. Sm¹a.c. sed* sicut lumen a splendore *scr. s.l.* $Sm^{\mathit{1p.c.}}$ 31 splendor sese] *tr. Cass*   sese a lumine proprio] a lumine proprio sese Bd^{1}

VII. ARRIVS dixit: Intentatae a me quaestionis nodum numquam, ut mihi uidetur, uales exsoluere. Nam superius, ut hoc iterum repetam, dixisse me memini Deum, qui uniuersa complectitur nihilque extra se habet, nusquam per generationis augmentum defluere posse et infinitum minime redundare, aut certe substantiam suam diuisisse in Filium et, paternam tantummodo ante substantiam, pro rata parte secretam a se ac resectam, Filium nominasse, tantumque sibi detraxisse, quantum in Filium contulisse uidetur. Ad haec nullum te constat dedisse responsum.

ATHANASIVS dixit: Vide in quantum laberis amentiae, ut diuinae natiuitatis arcanum, ne supernis quidem angelorum uirtutibus cognitum, philosophicis ratiocinationibus uestigari magis quam fidei ueneratione posse conspici arbitreris, et soli Filio Patrique et Spiritui sancto pro sui miraculi dignitate solummodo cognitum, intra humani sensus rationem concludis, et ac si uulgatam et nullius secreti rem audaci disputationis manu contrectas. Et cum ne de creaturis quidem, quae sub humani conspectus in-

---

Trad. text.: $\xi \beta$ Fra Cass Ch² (om. α¹ v Boc Ch¹)

VII. 2/9 nam – uidetur] cfr supra II, 10, l. 20-30   10/21 uide – uulgas] cfr GREG. NAZ., Or. 28, 21-31; CHRYSOST., Incomprehens. Hom. 1 (l. 168-327); Hom. 2 (l. 149-303); Hom. 3 (l. 60-74); HIL., Trin. 1, 13; 5, 1

VII. 1 dixit] om. Fra   intentatae] intentum Sm¹, intentata R¹, intenta Vc¹, intentae Bd¹   2 ut] om. Bd¹   uales] ualet P⁵   nam] ut add. P⁵ P²ᵃ·ᶜ·   3 iterum] ξ, ita β edd. repetam] repenta Vc¹, referam Fra   4/5 nihilque – posse et] Bd¹ⁱⁱⁿ ᵐᵃʳᵍ·   4 extra se] deinde N¹ iterauit errore: conseruare (II, 19 l. 27) + probus iudex dixit licet – effugerunt res[-ponsionis] (III, 1 l. 1/24)   nusquam] numquam Fra Cass   5 infinitum] in praem. Vc¹ Bd¹   6 diuisisse] diuisse P⁵   paternam] paterna Vc¹ P⁵   7 substantiam] suam add. Bd¹   pro rata parte] prolata parte Vc¹ Bd¹, prolatam partem P⁵   secretam a se ac resectam] secisam ac secretam Vc¹, secreta esse hac se scisam P⁵, secretam esse ac retisam Bd¹   8 tantumque] tamque Fra   sibi detraxisse] substraxisse sibi Vc¹, sibi subtraxisse P⁵   filium] filio Sm¹   9 nullum te] tr. Fra   10 dixit] om. Fra   laberis] laboris P⁵   11 arcanum] arcana Sm¹   ne] non Sm¹, nec P² β² Cass Ch²   supernis] super non Vc¹   angelorum] om. Cass Ch²   12 cognitum] cognita Smᵗᵖ·ᶜ·   philosophicis] philosophis Vc¹   ratiocinationibus] ξ, rationibus β edd.   uestigari] uestigare Smᵗᵃ·ᶜ·, inuestigari Vc¹ P⁵ Cass   13 conspici] conspicua Bd¹   arbitreris] arbitraeris P², arbitraris Cass, arbitreris Ch²   et] ut P⁵ Bd¹   13/14 soli filio patrique] solius filii patrisque Vc¹, soli patrique filio Fra   14 et spiritui sancto] ac spiritus sancti Sm¹, et spirituique sancto P⁵   sui miraculi dignitate] suis miracula dignitatem Smᵗᵃ·ᶜ·, sui miraculis dignitatem N¹ O³ᵃ·ᶜ·, suis miraculis dignitate O³ᵖ·ᶜ· Sg¹ K² Mu¹, sui magnitudine Fra   15 cognitum] in cognitam Smᵗᵃ·ᶜ·, cognita Smᵗᵖ·ᶜ·, cognitam Vc¹   humani] humanis Smᵗᵃ·ᶜ·   rationem] ratione Sm¹   concludis] conlusis P⁵   et] Smᵗˢ·ˡ· ᵖ·ᶜ·   16 et] ac si Fra   secreti rem] secretiorem N¹, secreti rata Cass   contrectas] contrectans P⁵   17 ne] nec Vc¹ P⁵, om. Bd¹   conspectus] conspectu K²ᵃ·ᶜ·   17/18 sub – sunt] om. Smᵗᵃ·ᶜ· sed suppl. s.l. Smᵗᵖ·ᶜ·   intuitu] intuitus N¹ O³

tuitu sitae sunt, ratio reddi possit, quoniam inuestigabili miraculorum opere subsistunt, tu creatorem eorum qui his multo
20 mirabilius praestat, quaestione discutis, circumscribis argumento, indignis et profanis rationibus uulgas. Sed dum non uis fidei deseruire, dum dedignaris miris et ineffabilibus subici rebus, dum impatientiae aestibus agitatus, immensa atque infinita metiris, eo intentionis tuae perducis articulum, ut Deus aut omnino non ge-
25 nuerit, aut si genuit, omnibus a te obiectis conditionum necessitatibus subiacuerit.

VIII. Sed qui tales nugas ore sacrilego garris, contrectabilem et mole corporea subsistentem uis introducere Deum, quia quae a te obiciuntur, non nisi uisibilibus et palpabili materia exstantibus conueniunt rebus. Dum enim conaris ostendere Filium extrinse-
5 cus et non de Patris substantia genitum, ad inanes philosophicae artis quaestiones relicta fidei simplicitate transisti, ut quia diuina natura ex sui infinitate decidere non potest, nec per fluentes exuberationum copias amplius redundare, stolidae atque crassioris materiae simillima iudicetur, quae sine sui damno ex sese quic-
10 quam tribuere non potest. Ergo quia augmentum res corporea sumit, detrimentum res morti obnoxia sentit, uideamus utrum

---

Trad. text.: $\xi\beta$ *Fra Cass Ch²* (om. α^1 ν *Boc Ch¹*)

---

18 sitae] ita acutae *Bd¹P⁵*   ratio reddi possit] ut ratio reddi non possit *P⁵*   reddi] reddit *K²ᵃ·ᶜ*   20 quaestione] quaestionem *Smᵗᵃ·ᶜ*   discutis] discuti *P⁵ Smᵗᵃ·ᶜ N¹*   circumscribis] circumscribens *Bd¹*   21 sed] *Smᵗˢ·ˡ*   non uis] nouis *K²ᵃ·ᶜ Rᵗᵃ·ᶜ*, nobis *Bd¹*   non] mihi *add. Sm¹*   fidei] immo *praem. s.l. Smᵗᵖ·ᶜ*   21/22 deseruire] dissimulas *add. in marg. Smᵗᵖ·ᶜ*   22 dedignaris] dedigneris *K²ᵃ·ᶜ*   subici] te subicere *Bd¹*   23 agitatus] ξ, agitatus ut *Smᵗᵃ·ᶜ* $\beta¹$ *Fra*, agitari dum *Smᵗᵖ·ᶜ*, agitatus et $\beta²$, agitaris et *Cass Ch²*   immensa atque infinita] immensa *Vc¹*, immensaque *P⁵*, immensa atque *Bd¹*   metiris] mitteris *Bd¹*   24 perducis] perdocis *N¹*   articulum] *om. P⁵*   deus aut] *tr. Vc¹*   non] *Sgᵗˢ·ˡ*   25 obiectis] obiectus *N¹*, abgectis *Vc¹*   25/26 conditionum necessitatibus] conditione necessitate *Smᵗᵃ·ᶜ*

VIII. 1 qui] quia ξ *Smᵗᵖ·ᶜ P²ᵃ·ᶜ*, uel quid *suprascr. P²ᵖ·ᶜ*   tales] talis *Sm¹ O³*   contrectabilem] ξ, *om.* β *edd.*   3 palpabili] palpabilis *P⁵*   materia] materiae ξ 4 rebus] tribus *O³*   5 non] *om. N¹*   inanes] inanis *Vc¹ Smᵗᵃ·ᶜ Mu¹ Cass Ch²*   philosophicae] philosophiae ξ *Smᵗᵃ·ᶜ*   6 artis quaestiones] *tr. Bd¹*   artis] artem transfugis. Item dum asseris patrem habere filium philosophie, artis *Vc¹*   quaestiones] quaestio *Vc¹*, quaestione *P⁵*, *om. Fra*   fidei simplicitate] ad fidei simplicitatem *Vc¹P⁵*   7 infinitate] infinitam *Smᵗᵃ·ᶜ*, infirmitate *Bd¹*   decidere] dicere *Smᵗᵃ·ᶜ N¹ O³ᵃ·ᶜ*, crescere *suprascr. Smᵗᵖ·ᶜ*, dici *O³ᵖ·ᶜ*, decedere *Fra*   fluentes] effluentes *Smᵗᵖ·ᶜ Fra*   8 amplius] *O³ⁱⁿ ᵐᵃʳᵍ· ᵖ·ᶜ*   crassioris] grauioris ξ, mihi *add. Cass*   9 materiae] materiei *Fra*   iudicetur] *om. Bd¹*   quae] qui *Smᵗᵃ·ᶜ*   9/10 quicquam tribuere] *tr. Fra*   10 non] *Smᵗˢ·ˡ ᵖ·ᶜ*   10/11 sumit] summa *Smᵗᵃ·ᶜ*   11 morti obnoxia] *tr. P⁵ Bd¹*   morti] morte *Cass*

Deus, qui in nullo est horum, ex seipso Filium generando, nec substantiam suam pro rata parte diuiserit, ut Arrius inani metu et superflua timoris formidine opinatur, nec sibi aliquid detraxerit,
15 quod conferret in Filium, ut hoc ipsud aut hodie careat, et perfectus non sit, aut eo si non indiget, uideatur superflue abundare. Primo ergo recedentes ab omni corporalium passionum perscriptione, et cunctis uisibilium naturarum conditionibus derelictis, de spiritali natiuitate spiritaliter disputemus, nec quicquam de ea
20 nostri sensus praesumptione opinemur. Scriptura itaque diuina, ut impassibilitatem paternae generationis ostenderet, sensum, sapientiam, uirtutem, uerbum, lumen, Filium esse narrauit. Sensum scilicet, quo cuncta cogitantur; sapientiam, qua cogitata disponuntur; uirtutem, qua disposita perficiuntur; uerbum quo per-
25 fecta nuntiantur; lumen, quo nuntiata clarescunt. Et hae omnes nominum species, non diuersae, sed una est uirtus.

IX. Quia enim unius sermonis enuntiatione magnitudo eius nosci non potuit, idcirco multiplici uocabulorum appellatione distinguitur, ut ex diuersitate uel qualitate nominis, quantitatem

---

Trad. text.: ξ β *Fra Cass Ch²* (om. α¹ ν *Boc Ch¹*)

VIII. 21 sensum] cfr Eccli. 4, 29 (Vg)   21/22 sapientiam, uirtutem] cfr I Cor. 1, 24; 22 uerbum, lumen] cfr Ioh. 1, 1.4-5.9

---

12 deus] *om.* ξ   qui in nullo est horum] qui nullo istorum *Vc¹*, qui in nullo istorum *P⁵*, quod in illo istorum *Bd¹*   13 substantiam suam] substantia sua *Vc¹*   pro rata] prolata ξ   14 dextraxerit] detraxit *Fra*   15 conferret] confert *Sm^{ta.c.} N¹ O³ P^{2.a.c.} β² Fra*   ipsud] ipso *Vc¹ Sm^{1p.c.} P²* edd., ipsum *P⁵ Sg^{1p.c.} Mu¹ Vide adnotationes*   aut] *om. Fra*   16 eo] et *Vc¹ Bd¹*, ex *P⁵*   indiget] diget *N¹ O^{3.a.c.}*, indigeat *K² Sg^{1p.c.} Ch²*   uideatur] uidetur *Fra*   superflue] superflua *Sm^{1p.c.}*, superfluo *Fra*   16/17 abundare primo ergo] *om. Sm¹*   17 ergo] igitur *Bd¹*   recedentes ab] praecedentia ab *Sm^{ta.c.}*, praecedisse ac *Sm^{1p.c.}*, recendentem *K^{2a.c.} R¹*   omni] omnium *Fra*   17/18 perscriptione] perscriptione *N¹*, perscriptionem *P⁵*, praescriptione *Bd¹ Sm^{1p.c.}*, perscrutatione *Cass*   19 spirituali natiuitate] spiritualibus *Bd¹*   de ea] *om. Cass*   20 nostri sensus praesumptione opinemur] sensus nostri opinemur praesumptione *Cass Ch²*   opinemur] opinemus *R¹*   itaque] enim *Sm¹*   21 ut] *Sm^{1s.l. p.c.}*, *om. N¹ O³*   impassibilitatem] passibilitatem *Cass*   ostenderet] ostenderit *Sm^{ta.c.}*, ostendet *P⁵*   22 filium] fidelium *P⁵ Bd¹*   narrauit] enarrauit *Sm¹*   23/24 sapientiam ... uirtutem] sapientia ... uirtute *Sm^{ta.c.} N¹ O³*   24 uirtutem – perficiuntur] *Sg^{1in marg. p.c.}*   uerbum] uerbo *Sm^{ta.c.} O³*   25 nuntiantur] nuntiuntur *Sm^{ta.c.}*   lumen quo] lumenque *Sg^{ta.c.}*   hae] haec ξ *Sm¹ N¹ O³ Sg¹ K² Fra*   omnes] omnis *Sm¹*, omnia *N¹*   26 nominum] hominum *N¹*, omnium *P⁵*, omnio *Bd¹*   una est uirtus] unius sunt uirtutis *Bd¹*

IX. 1 quia] qui *N^{ta.c.}*   unius] enim *add. Bd¹*   eius] qui *N¹*   2 nosci] agnosci *Bd¹*   3 distinguitur] distinguntur *Sm^{ta.c.} N¹ O³ P^{2a.c.}*

LIBER TERTIVS IX 367

uirtutis agnoscas. Quia ergo consilium ab eo, cuius consilium est, non separatur, quia uirtus a forte non scinditur, quia sapientia a sapiente non secernitur, quia sensus a sensato non diuellitur, quia uerbum a paterno ore non aufertur, quia splendor a suo lumine nulla secretione discriminatur, manifestum est Patrem nec augmentum suscepisse, nec detrimentum generando Filium sensisse, quia haec in Deo et naturaliter insunt, et ipse in eis naturaliter inest, sicut ipse Filius apertius declarat, dicens: *Ego in Patre, et Pater in me.* Esse enim et inesse, nec copia est exuberans, id est extra redundans – quia ipsud inesse, id est in Patre esse, non recipit Arrius, cauillatur extra effluere –, nec detrimenti iactura est, dum cor sapientiam gignit, dum intellectus consilium generat, dum os sermonem profert, dum lumen splendorem emittit. Inest enim splendor in lumine et lumen in splendore, et ita in se utrumque naturali uirtute subsistit, ut neutrum sine altero esse non possit, quia ubicumque lumen est, illic et splendor pari radians luminis claritate refulget. Ergo Pater non est copia superfluae redundationis tamquam extra se effluens, sed ex se atque in se, ut sapiens sapientiam, Filium genuit, et idcirco ex suae infinitatis magnitudine nusquam omnino recessit. Sed neque substantiae

---

Trad. text.: $\xi \beta$ *Fra Cass Ch²* (*om. α¹ ν Boc Ch¹*)

IX. 11/12 Ioh. 14, 10-11

IX. 8/12 manifestum – me] cfr Ps. Evseb. Verc., *Trin.* 5, 46   16/23 inest – recessit] cfr *Liber fidei* 8 *in* Vict. Vit., *Hist. persec.* 2, 74

---

4 agnoscas] agnoscamus *Cass Ch²*   consilium] consilio *Sm¹ᵃ·ᶜ*   5 forte] uirtute *P²ᵃ·ᶜ sed uel forti suprascr. P²ᵖ·ᶜ*, forti *Fra Cass Ch²*   6 secernitur] ξ (*cfr III, VI, l. 30*), discernitur *β edd.*   sensato] sensatu *O³*   7 paterno] primo *Cass*   8 secretione] secretionem *N¹*, separatione *add. P⁵*   secretione discriminatur] *tr. Mu¹ Cass Ch²*   est] enim *add. P²*   9 filium] *om. PL*   10 haec] hoc *suprascr. Sm¹ᵖ·ᶜ*   et¹] *del. Sm¹ᵖ·ᶜ*   in eis] intus *Cass*   insunt – naturaliter] *om. homoeot. Bd¹ Sm¹*   11 sicut ipse] *iter. P⁵*, sic ipse *Vc¹*   12 me] est *add. Vc¹*   inesse] in se esse *Vc¹ P⁵*   id est] idem *P⁵*   13 redundans] redundus *Vc¹*   ipsud] ipsum ξ *O³ᵖ·ᶜ Mu¹ edd.*   id est] idem *P⁵*   13/14 recipit] recipit *Sm¹ᵃ·ᶜ*   14 arrius] ut *praem. s.l. Sm¹ᵖ·ᶜ P²ᵖ·ᶜ*   effluere] fluere *Sm¹ᵃ·ᶜ Cass Ch²*, se *praem. Bd¹*   nec] hec *Vc¹*   15 sapientiam] sapientia *Vc¹*   gignit] gignat *K²ᵖ·ᶜ Sg¹*   intellectus consilium] *tr. Fra*   16 profert] confert *Vc¹ Bd¹*, consert *P⁵*   17 enim] *om. Bd¹*   18 naturali uirtute] natura *Sm¹ᵃ·ᶜ β¹ β² edd.*, naturaliter *Sm¹ᵖ·ᶜ*   ut] et *Sm¹ᵃ·ᶜ* non] *del. Sm¹ᵖ·ᶜ R¹ᵖ·ᶜ*, *om. Vc¹ edd.*   19 radians] ξ, radiante *Sm¹*, radiantis *β¹ β² edd.* 20 luminis] lumine *N¹ O³ P²ᵃ·ᶜ Sg¹ K² R¹ Mu¹ᵃ·ᶜ*   refulget] refulgit *P⁵ Sm¹ᵃ·ᶜ*, refulatet *Bd¹*   est] *Sg¹ˢ·ˡ*   21 tamquam extra se effluens] *om.* ξ se] *O³ˢ·ˡ*   22 sapientiam] sapientia *Cass*   filium genuit] *tr. K² R¹ Ch²*   infinitatis] infinitates *Bd¹*   23 magnitudine] magnitudinem *Bd¹*   nusquam] numquam *O³ᵃ·ᶜ*, quam *Bd¹*   substantiae] subsistere *Cass*

suae portiunculam, pro rata parte secreuit a se, quia lumen splendorem gignendo separationi obnoxium non est. Atque ita singula prosequendo, repperies Patrem in sua generatione nec copia redundantis cumuli auctum, nec decisae portionis detrimento diminutum, nec separatae substantiae diuisione seiunctum, quia rerum natura, cui sacra illa et ineffabilis generatio comparatur, nihil in se tale recipit, quod aut exuberationi, aut diuisioni, aut iacturae obnoxium esse possit.

X. PROBVS iudex dixit: Certum est quidem naturarum luminis uel uerbi ac sapientiae, aliarumque uirtutum abs te commemoratarum, efficientias his conditionibus teneri non posse. Sed utrum, ut ais, paternae generationis natiuitas talibus comparetur exemplis, diuinis te conuenit testimoniis edocere.

ATHANASIVS dixit: Sapientiam et uirtutem, Dei Filium esse, iam quidem superius demonstraui ubi apostolum dixisse probaui: *Christum Dei uirtutem et Dei sapientiam*. Sed et nunc, ut uerius et plenius, si necessarium iudicas, de hac eadem probatione replico testimonia.

Ipsa sapientia, id est Filius, per Salomonem clamitat dicens: *Ego ex ore Altissimi processi*, et: *Ante*, inquit, *omnes colles genuit*

LIBER TERTIVS X   369

me. Et quod eadem sapientia paterni luminis splendor sit, praedicti Salomonis pariter et Dauid atque apostoli testimonio comprobatur. Salomone quidem ita dicente: *Splendor*, inquit, *lucis aeternae et speculum sine macula*, per quod et in quo sine dubio Pater uidetur, ut ipse in euangelio Filius ait: *Qui me uidit, uidit et Patrem*; quod etiam Dauid apertius declarat, cum ad Patrem loquitur dicens: *Apud te est fons uitae, et in lumine tuo uidebimus lumen*. Audis lumen in lumine cerni, id est Patrem in Filio contemplari? Paulus quoque congruentia his praedicat dicens: *Qui cum sit splendor et imago substantiae eius*. Verbum etiam nominatur, sicut Pater ad demonstrandam generationis suae impassibilitatem pronuntiat dicens: *Eructauit cor meum Verbum bonum*; et: *Verbo Domini caeli firmati sunt*; et: *In principio erat Verbum, et Verbum erat apud Deum, et Deus erat Verbum. Deus*, inquit, *erat Verbum*. Non prolatiuum et sono uocis transeuntem, sed substantialiter in sua uirtute manentem, intelligas Verbum. Sed et quod consilium sit, Esaias testis est dicens: *Vocatur magni consilii*

Trad. text.: ξ β Fra Cass Ch² (*om*. α¹ ν Boc Ch¹)

15/16 Sap. 7, 26   17/18 Ioh. 14, 9   19/20 Ps. 35, 10   21/22 Hebr. 1, 3
24 Ps. 44, 2   25 Ps. 32, 6   25/27 Ioh. 1, 1   29/30 Is. 9, 5

15/16 salomone – macula] cfr ATHAN., *Arian*. 1, 13; AMBR. *Fid*. 1, 13, 79; PHOEBAD., *C. Arrian*. 13, 2; PS. AVG., *Solut*. 12; 18   15/20 salomone – lumen] cfr GREG. ILLIB., *Fid*. 59; AMBR., *Fid*. 1, 7, 49-50   18/22 dauid – eius] cfr ATHAN., *Arian*. 1, 12; 2, 32; 3, 59   21/22 paulus – eius] cfr ATHAN., *Arian*. 1, 13; 1, 20; AMBR., *Fid*. 1, 13, 79; *Spir*. 1, 14, 143   24/27 eructauit – uerbum] cfr ATHAN., *Arian*. 2, 57; 3, 59; AMBR., *Fid*. 2, 2, 29   27/28 non – uerbum] cfr ATHAN., *Arian*. 2, 36; HIL., *Trin*. 2, 16; AMBR., *Fid*. 4, 7, 72; 4, 9, 101; PS. AVG., *Solut*. 7   29/30 uocatur – angelus] cfr NOVATIAN., *Trin*. 18, 103-104; 21, 122; 28, 156; LACT., *Inst*. 4, 12, 10; ATHAN., *Arian*. 3, 12; GREG. NYSS., *Eun*. 3, 9, 37-39; HIL., *Trin*. 4, 23-24; PS. EVSEB. VERC., *Trin*. 11, 19; FVLG. RVSP., *C. Fab. fragm*. 3, 1-2

13/14 praedicti] et *praem*. *Vc¹ P⁵*   14 pariter] patris *Fra*   pariter et dauid] *tr*. *Cass*   15 quidem] *Sm^{t.s.l. p.c.}*, quoque β² *Cass Ch²*   splendor] est *add*. *Vc¹*   inquit lucis] *tr*. β² *Ch²*   16 et] *om*. β² *Cass Ch²*   quod] quem *Vc¹*, quo *P⁵*   17 filius ait] *tr*. *K² R¹ Fra Ch²*   uidit uidit] uidet uidet *Vc¹ O³ edd*.   uidit¹] *om*. *Bd¹*   et] *om*. *Vc¹*   18 declarat] declarans *Sm¹ P^{2p.c.}* β² *Cass Ch²*   cum] ξ *Fra*, *om*. β *Cass Ch²*   19 uidebimus] uidemus *O^{3 a.c.}*   20 cerni] cernis *Bd¹ Sm¹*   22 splendor] gloriae *add*. *Vc¹ N¹*   23 demonstrandam] demonstrandum *Bd¹*   24 eructauit] eructabit *Bd¹*   27 sed] *s.l. Sm^{1p.c.} Sg^{1p.c.}*   27/28 transeuntem ... manentem] *Sm¹ P⁵ Bd¹*, transeunte ... manentem *N¹*, transeuntem manens *O³*, transiens *Vc¹ P² β² edd*. Vide adnotationes   28 in sua] *tr*. *Bd¹*   uerbum] *om*. *P⁵ Bd¹*   sed et] *om*. *Vc¹*, et *P⁵ Bd¹*   29 uocatur] uocabitur *Vc¹ Bd¹ P² Cass Ch²*, et uocabitur *Fra*

angelus, id est paternorum tractatuum uel consolationum dispensator et auctor, immo ipsa consolatio et tractatus. Sensus etiam paterni pectoris demonstratur, ut Salomon ait: *Deus sapientia sua fundauit terram, stabiliuit autem caelos prudentia. Sensu eius abyssi dissiluerunt.* De quo sensu Esaias et apostolus dicit: *Quis cognouit sensum Domini?* secundum illud euangelicum: *Quia nemo scit Filium nisi Pater.* Claruit igitur quantum arbitror, Patrem ex se Filium generando et eumdem in semet habendo, nec auctum et diffusum, nec fuisse penitus diminutum, dum qui generat, in nascentis plenitudine, et qui nascitur, in generantis perfectae naturae substantia, dinoscitur permanere, nec extra se uterque diffunditur, dum uterque in se inuicem manere cognoscitur. Sicut Esaias, non extra infinitatem paternae naturae, tanquam ultra se effluentem Filium, sed in se per communis substantiae unitatem habitantem Patrem et Filium declarat, cum ad ipsum Filium loquitur dicens: *In te est Deus, et non est Deus extra te.*

XI. PROBVS iudex dixit: Quantum facultatis percipiendae rationis humani sensus capacitas praestat, plenissime reor Athana-

---

Trad. text.: ξ β Fra Cass Ch² (om. α¹ ν Boc Ch¹)

32/34 Prou. 3, 19   34/35 Is. 40, 13   35/36 Matth. 11, 27   45/46 Is. 45, 14

32/35 salomon – domini] cfr TERT., *Adu. Prax.* 19; PHOEBAD., *C. Arrian.* 25, 6-7   42/46 sicut – extra te] cfr MAR. VICTORIN., *Adu. Arium* 1, 27; 2, 12; HIL., *Trin.* 4, 39-41; AMBR., *Fid.* 1, 3, 27; PS. EVSEB. VERC., *Trin.* 3, 13

---

30 paternorum] paterni $O^3 P^{2a.c.}$ tractatuum] tractatum $Sm^{ta.c.}$ $N^1 O^3$, tranctantium Vc^1 consolationum] consolationem Bd^1, dei add. ξ   31 auctor] auctorum Bd^1 ipsa] om. Cass   32 deus] dominus $Vc^1 P^5 Mu^1$ Cass Ch^2 sua] om. Fra   33 autem] om. Fra   sensu eius] sensus illius Vc^1 34 de quo] deus $Sm^{ta.c.}$, de hoc *suprascr.* $Sm^{tp.c.}$ dicit quis] dictu $Sm^{ta.c.}$ 35 euangelicum] euangelii Vc^1 36 scit] nouit Fra   nisi] om. Bd^1 igitur] autem N^1 37 ex se filium] filium ex se $β^2$ Cass Ch^2 et] om. $P^5 Bd^1$ semet] semetipso Vc^1 38 auctum] cautum Vc^1 et diffusum nec fuisse penitus] aut diffusum nec penitus fuisse Bd^1 39/40 plenitudine et qui nascitur in generantis perfectae] Sm^1 ξ (*sed* perfectae] perfecta ξ), om. $β^1 β^2$ edd.   40 nec] nam N^1 41 uterque¹] utrumque $P^5 Bd^1 Sm^{ta.c.}$ $β^1 β^2$ diffunditur] effunditur Sg^1 dum] nec extra se Sg^1 uterque] utrumque $Bd^1 Sg^1$, utroque P^5 42 infinitatem] infidelitatem $Sm^{ta.c.}$ 43 ultra] ac $P^{2a.c.}$, extra $P^{2p.c.}$ communis] communi $Sm^{ta.c.}$ $N^1 O^3$, communionis Vc^1 44 habitantem] habentem $Sm^{ta.c.}$ 44/45 cum ad ipsum] quam ipsum Bd^1 45 est²] om. $N^1 O^3$ 46 extra] absque $Vc^1 P^5$

XI. 1 iudex dixit] om. Fra   facultatis] falacitatis $Sm^{ta.c.}$ 2 humani] $Vc^1 P^5 Sm^1$ $β^1$ Fra, humanae $β^2$ Cass Ch^2, humanus Bd^1 capacitas] capacitatis Bd^1, om. Mu^1 Cass

LIBER TERTIVS XI – XII 371

sium superioris quaestiunculae nodosa, totaque scrupulosae opinionis ambigua, in quibus nostra haerebat intentio, penitus amputasse. Si hoc ipsum etiam Arrio claruit, edicat apertius, et de his ad alia, si tamen adhuc aliqua superesse putatis, tandem aliquando transeatur, quo celerius ualeamus operis huius terminare negotium.

ARRIVS dixit: Si mente peruigili et sensu sagacissimo summatim particulatimque quaestionum a me propositarum dicta rimeris, profecto repperies Athanasium non ad omnia dedisse responsum.

PROBVS iudex dixit: Quaenam ergo illa sunt, in quibus tibi satisfactum non esse arbitraris? Designa manifestius.

ARRIVS dixit: Quid opus est eadem rursus repetendo, longum disputationis funem trahere, cum iam conueniat ultimam te de cognitis sententiam promere.

XII. PROBVS iudex dixit: Semiplenam non oportere sententiam referre, uestra etiam prudentia mecum pariter recognoscit. Et ob hoc de sancto etiam Spiritu aliqua uos conuenit disputando proferre.

Trad. text.: $\xi\beta$ *Fra Cass Ch²* (*om. α¹ ν Boc Ch¹*)

---

3 totaque] tota *Ch²*   4 nostra haerebat] nostrae haerebant *Sg^{ta.c.}*   5 amputasse] amputatis *P⁵ Bd¹*   si] *om. ξ*   etiam] si *add. Vc¹*   arrio] arrium *K² R¹*   edicat] et dicat *Bd¹*   6 alia si tamen] ad sit deum *Vc¹*   si tamen adhuc] *om. Bd¹*   aliqua] alia *P⁵*   7 quo] ut quo *Bd¹*, ut quam *Vc¹*, ut quod *P⁵*   ualeamus] ualeatis *Bd¹*   9 dixit] *om. Fra*   10 propositarum] positarum *Sm¹*, praepositarum *P⁵*   10/11 rimeris] reminis cares (*!*) *Sm¹*   13 iudex dixit] *om. Fra*   ergo] *om. Cass Ch²*   illa sunt] *tr. Bd¹*   illa] *om. Fra*   13/14 satisfactum non] *tr. Fra*   14 non esse] *om. Bd¹*   designa manifestius] *om. Fra*   manifestius] festinius *Bd¹*   15 dixit] *om. Fra*   quid] quis *P⁵*   16 funem] finem *Bd¹ Fra*   iam] *om. ξ*   te] *om. Cass*   17 cognitis] *ξ*, cognitione *β edd.*

XII. 1 iudex dixit] *om. Fra*   1/2 non oportere sententiam referre] me promere non oportere sententiam *Vc¹*   1 oportere] portere *P⁵*, oportit *Sm^{ta.c.}*, oportet *P² β²*   2 referre] inferre *Cass Ch²*, *om. ξ*   etiam] igitur *Vc¹ P⁵*   prudentia] prouidentiam *Sg^{ta.c.}*, prouidentia *O³*   prudentia mecum] mecum prudentia *praem. P⁵* (*sic*)   et] *ξ Sm¹, om. β¹ β² edd.*   ob] ab *N¹ O³ Fra*.   3 de sancto etiam] etiam de sancto *P⁵ Fra Cass*   etiam] *om. Fra*   conuenit] debere *Fra*   3/4 proferre] referre *Cass*. Post proferre *decem lineas Fra addit ex codice Bx⁴. Hoc est falsarii conclusionem introductionemque ad quod 'Liber secundus' et 'Liber tertius' nuncupatur (cfr σ, supra, p. 182-184 et 225)*

5 ARRIVS dixit: Ego Spiritum sanctum non solum Patre et Filio minorem, uerum etiam uoluntatis eorum ministrum et obsecundatorem confiteor, utpote creaturam creatori reuerentissimum famulatus obsequium praebentem, qui tamen cunctis creaturis et melior et post Filium primus sit. Nam si aequalis cum Patre, ut
10 Athanasius profitetur, honoris priuilegio insigniretur, non diceret Filius quia non loquetur a semetipso, sed quaecumque audierit, loquetur. Qui enim nihil ultronea potestatis auctoritate loquitur, iubentis imperio per obsequelae ministerium famulatur.

XIII. ATHANASIVS dixit: Multo magis ex hoc apparet Spiritum sanctum a Patris et Filii substantia non esse alienum, dum non a semetipso tanquam alienus et extraneus, sed utpote unius eiusdemque naturae socius, quae Patris et Filii communia sunt, agit et

---

Trad. text.: $\xi\beta$ *Fra Cass Ch²* (om. α^1 *v Boc Ch¹*)

XII. 11/12 filius – loquetur] cfr Ioh. 16, 13

XII. 5/8 spiritum – praebentem] cfr EVN., *Apol.* 25 (ed. Vaggione, p. 68, l. 24-25); 26 (ed. Vaggione, p. 70, l. 11-12); 27 (ed. Vaggione, p. 70, l. 5-6; l. 11-12); *Exp. fid.* 4 (ed. Vaggione, p. 156, l. 1-3.8); VLFILA, *Fid.* in MAXIMIN., *C. Ambr.* f. 308r (l. 27-28); PALLAD., *C. Ambr.* (f. 347v, l. 6); *Serm. fragm. Arian.* (AN. BOB.) 2 (f. V 196, l. 29-35); 19 (f. V 66, l. 14-15); *Serm. Arrian.* 15-17; 19; 24; AVX. DVR., *Epist. de fide Vlfilae* in MAXIMIN., *C. Ambr.* f. 306r (l. 2-6); MAXIMINVS *in* AVG., *Conl. c. Maximin.* 10; 12   8/9 cunctis – sit] cfr EVN., *Apol.* 25 (ed. Vaggione, p. 68, l. 24-25); 28 (ed. Vaggione, p. 74, l. 14-16); *Exp. fid.* 4 (ed. Vaggione, p. 156, l. 11-13); *Serm. fragm. Arian.* (AN. BOB.) 21 (f. A 31, l. 34-36); *Serm. Arrian.* 23; MAXIMINVS *in* AVG., *Conl. c. Maximin.* 21   9/13 si aequalis – famulatur] PALLAD., *C. Ambr.* (f. 347v, l. 17-19); *Serm. Arrian.* 18; 20; MAXIMINVS *in* AVG., *Conl. c. Maximin.* 5

XIII. 1/5 multo – loquitur] cfr ARNOB. IVN., *Confl.* 2, 32; AVG., *Epist.* 120, 1; *Trin.* 4, 21, 30; *Liber fidei* 10 *in* VICT. VIT., *Hist. persec.* 2, 77   1/14 spiritum – noscuntur] cit. in ARNO SALISB., *Test. de proc. Spir.* 3 (*MGH*, Concil. II, 2, p. 282 l. 10/22); *in* RATRAMN., *Graec.* 3, 6 (*PL*, 121, 301 D – 302 A)

---

5 dixit] *om. Fra*   6/7 obsecundatorem] ut secundatorem *Sm¹*   7 creaturam] creatura *Pˢ*   8 tamen] tum *Cass*   9 aequalis] aequalibus *Pˢ*   10 insigniretur] ξ, insignetur *Sm^{ia.c.} N¹*, insignitur *edd.*   10/11 diceret] diceret *Sm^{ia.c.}*   11 loquetur] loquitur *N¹ O³ Sg¹ K^{2p.c.} Mu¹ Fra Cass*   11/12 audierit] audiet *Vc¹ Bd¹ Sm¹*   12 enim nihil] *tr. Vc¹ Pˢ*   nihil] mihi *Bd¹*   ultronea potestatis] ultro nec potestatis *N¹*   potestatis auctoritate] *tr. Bd¹*   13 imperio] *om. Vc¹ Pˢ*   per obsequelae ministerium] per obsequellae ministerio *Sm^{ia.c.}*, per obsequellae mysterium *N¹ O³*, per obsequium ministerii β^2 *Cass Ch²*, per obsequelam et ministerium *Vc¹ Pˢ*, per ministerium *Bd¹*, per obsequiale ministerium *Fra*

XIII. 1 dixit] *om. Fra*   multo] multum *Vc¹ Sm¹*, multum uero *Pˢ*   2 sanctum a patri] *om. Sg¹*   et] a *Sg^{p.c.}*   3 semetipso] seipso β *edd.*   3/4 eiusdemque] eiusdem *Ch²*   4 naturae] substantiae *Sg^{ia.c.} sed* naturae *praescr. s.l. Sg^{ip.c.}*   sunt] *om. Vc¹*   agit] ait *Bd¹*

LIBER TERTIVS XIII

loquitur. Nam si de propriis loqueretur, non solum a Patre alienus, sed et fallax et deceptor procul dubio haberetur, quoniam, ut ait Filius, *omnis qui loquitur mendacium, de propriis loquitur*. Et ideo hic uerum loquitur, quia non de proprio, id est non a semetipso, sed de Patris et Filii quae loquenda sunt, loquitur. *De meo*, inquit, *accipiet et adnuntiabit uobis*. Et ut ostenderet hoc esse a se accipere, quod est etiam de Patre sumpsisse, ait: *Ideo dixi 'De meo accipiet', quia omnia quae habet Pater, mea sunt*. Vides ergo Spiritum sanctum a Patre et Filio non esse discretum, dum ea loquitur quae Patris et Filii propria esse noscuntur. Sed et Filius tale aliquid profitetur, dum dicit: *Non enim a meipso loquor, sed quae audiui a Patre meo, nota uobis feci*. Quae sententia Filium et Spiritum sanctum, etiam si Patre minor est, ut falso opinaris, sibi tamen ostendit aequalem, quod impie refugis. Si enim utrique nihil auctoritate propria loquendum praesumunt, nullo se inuicem dignitatis honore praecellunt.

Adhuc tamen audi manifestius quomodo et Patri aequales habeantur. Dicit Filius: *Opera quae ego facio, ipsa testificantur de me*; et iterum: *Ego ex me nihil facio, sed Pater in me manens, facit opera*.

Quomodo nunc sua, quomodo paulo post non sua dicit esse opera quae facit? Sed uolens utique unius naturae demonstrare uirtutem, perpetrandorum operum efficientiam ad paternae dignitatis retulit unitatem, ut dum opus Patris Filii est et opus Filii Patris, quia quaecumque Pater facit, eadem et Filius facit similiter, ex communi gestorum opere, communio agnoscatur esse naturae. Sicut ergo sua opera non sua dicit, quae tamen ipsius esse probantur, sic et uerba non sua se loqui testatur, quae profecto eiusdem esse noscuntur. Et quod de Filio, hoc etiam conice de Spiritu sancto, qui sic a seipso propter demonstrandam unius naturae deitatem non loquitur, ut tamen quae loquitur eius esse, et non aliena credantur. *Et loquebantur,* Lucas de apostolis ait, *uariis linguis, prout Spiritus sanctus dabat eloqui illis*; et in euangelio: *Non enim uos estis qui loquimini, sed Spiritus Patris uestri qui loquitur in uobis.* Habet ergo ipse propriam fandi auctoritatem, qui liberam ceteris loquendi tribuit facultatem.

XIV. ARRIVS dixit: Quibus scripturae auctoritatibus docere poteris Spiritum sanctum Deum esse, quem ego creaturam esse confiteor?

Trad. text.: $\xi \beta$ Fra Cass Ch^2 (om. α^1 v Boc Ch^1)

35/36 Act. 2, 4   36/38 Matth. 10, 20

25/29 sed – naturae] cfr VIGIL. THAPS., *Solut. obi. Arrian.* 7 (l. 177-186)

---

24 quomodo^2] om. Sm^1 sua] suam ξ 24/25 dicit esse – naturae] om. ξ 24 dicit esse] tr. Sm^1 25 sed] sic Cass   demonstrare] demonstrat Vc^1 26 perpetrandorum] et praem. Vc^1 paternae] patris Cass   27 ut] nisi praem. ξ filii patris] tr. P^5 filii] et praem. Vc^1 N^1 β^2 Cass Ch^2 28 quia] K$^{2s.l. p.c.}$ eadem] haec praem. ξ, et filius facit] facit et filius Bd^1 28/29 ex communi] ex commune Sm$^{1a.c.}$, ut praem. Bd^1 Cass, simili add. Vc^1 29 opere] operum Vc^1 agnoscatur] cognoscatur β^2 Cass Ch^2 30 tamen] taxam (!) P^5 30/31 esse probantur] tr. Bd^1 31 et] Sm$^{1a.c.}$, om. P^5 32 hoc etiam] om. Sm$^{1a.c.}$, hec etiam P^5 etiam] om. Cass   conice] conicere P^5 de^2] ergo Sm$^{1a.c.}$, et de Sm$^{1p.c.}$ 33 qui] quia O$^{3a.c.}$ Bd^1 sic a] si de Sg^1 propter] pater Bd^1 34 quae loquitur] om. Sm^1, qui loquitur Cass   35 credantur] creduntur Vc^1 Bd^1 loquebantur] loquebatur O$^{3p.c.}$ K$^{2a.c.}$, inquit add. Mu$^{1 in marg. p.c.}$ Cass Ch^2, ait add. Sm$^{1s.l. p.c.}$ Fra   lucas de apostolis ait] ξ, lucas de apostolis Sm$^{1a.c.}$ N^1 O^3 K$^{2a.c.}$ R^1 sed ait praem. s.l. Sm$^{1p.c.}$, ait (s.l.) lucas apostoli Sg^1 K$^{2p.c.}$, lucas inquit de apostolis P^2 35/36 uariis linguis] om. Sg^1 36 sanctus] om. Sm^1 β^1 K$^{2s.l.}$ 38 qui] quae Fra   39 loquendi] om. Bd^1

XIV. 1 dixit] om. Fra   docere] ostendere Vc^1 2 deum esse] tr. ξ esse^2] om. Sg^1

ATHANASIVS dixit: Hinc praecipue declaratur Spiritum sanctum Deum esse, quia ubique est et nullo continetur loco, sicut propheta dicit ad Patrem: *Quo ibo ab Spiritu tuo?* et commonet: *Spiritus Domini repleuit orbem terrarum.* Esse enim ubique, et uno eodemque momento caelos, terras, maria infernaque replere, ut Dauid ait: *Si ascendero in caelum, tu illic es; et si descendero in infernum, ades,* non creaturae, sed solius Dei est proprium.

Deinde quia idem Spiritus incompositae, id est simplicis naturae est; nam creatura omnis, quantum ad naturae ordinem pertinet, composita est. Si itaque Spiritum sanctum compositum, ex diuersitate formatum ualueris ostendere, tunc demum consequens erit ut eum creaturam esse nullus audeat dubitare. Tunc autem necesse erit ut, si creatura est, doceas eum communem esse cum ceteris, id est cum angelis uel archangelis, aut cum potestatibus et principatibus, et unum esse ex illis, ac sic unicum et singularem non esse demonstres; quod nequaquam utique, obtinentibus et undique reclamantibus prophetis atque apostolis, poteris demonstrare. Salomone quidem ita dicente: *Spiritus sanctus simplex, unicus,* et cetera; et apostolo contestante: *Vnus Spiri-*

Trad. text.: $\xi \beta$ *Fra Cass Ch²* (*om. α¹ ν Boc Ch¹*)

XIV. 6 Ps. 138, 7   7 Sap. 1, 7   9/10 Ps. 138, 8   21/22 Sap. 7, 22   22 Eph. 4, 4

XIV. 4/10 hinc – proprium] cfr ATHAN., *Epist. Serap.* 3, 3; BASIL., *Spir.* 32, 54; AMBR., *Spir.* 1, 7, 87; AVG., *Epist.* 187, 14; C. Maximin. 2, 21, 2; *Liber fidei* 15 *in* VICT. VIT., *Hist. persec.* 2, 88; PS. VIGIL. THAPS., *C. Varimad.* 2, 15; FVLG. RVSP., *Ad. Monim.* 2, 6, 7; *Epist.* 8, 17; *Trin.* 6; *C. Fastid.* 4   15/23 tunc – spiritus] cfr ATHAN., *Epist. Serap.* 1, 27; 3, 3-4

---

4 athanasius] arrius $R^{1a.c.}$ *sed del.* $R^{1p.c.}$ dixit] *om. Fra*   declaratur] demonstratur $P^{sa.c.}$ *sed* declaratur *suprascr.* $P^{sp.c.}$ 5 esse] *om.* Bd^1 6 ab] a $O^{3a.c.}$ $Vc^1 P^5$ $Sg^1 K^{2p.c.}$ *Cass Ch²*   tuo] et quo a facie tua fugiam *add.* $Bd^1 Sg^1 K^{2in\ marg.\ p.c}$ *Fra*   commonet] β *Cass Ch²*, cum monet *Fra*, salomon ξ. *Vide adnotationes*   7 esse] fecit $Sm^{1a.c.}$ 8 terras maria] maria terram Bd^1 9 illic] ibi Vc^1 et] *om.* Bd^1 in] ad *praem. Cass,* ad $N^1 \beta^2 Bd^1$ *Fra Ch²*   10 dei est] *tr. Fra*   est proprium] *tr.* Sg^1 11 deinde] denique Mu^1 *Cass Ch²*   11/12 idem spiritus incompositae id est simplicis naturae est] idem est incompositae id est simplicis naturae β^2 *Cass Ch²*   13 spiritum sanctum compositum] compositum spiritum sanctum N^1 ex] *aut suprascr.* $Sm^{1p.c.}$, et ξ 14 formatum] formarum $P^2 Ch^2$ ualueris ostendere] demonstrare ualueris P^5 ualueris] uolueris Sm^1 tunc] $\xi Mu^1 Cass$, tum $Sm^1 \beta^1 Sg^1 K^2 R^1$ *Fra Ch²*   17 id est cum] ξ, uel β *edd.* uel] et $Sm^1 \beta^1 Sg^1 Mu^1$ cum³] *om.* Ch^2 18 et¹] uel $Vc^1 P^5$ 18/19 singularem non] singulare Bd^1 20 et undique reclamantibus] *om.* Sm^1 undique] utique Mu^1 reclamantibus] declamantibus $\beta^1 \beta^2$ *Fra Cass*   21 quidem] quoque ξ dicente] dicentem $N^1 O^3$ 22 simplex] et *add.* $Bd^1 K^{2s.l.\ p.c.}$ simplex unicus] *tr.* Sg^1 22/23 spiritus] sanctus *add.* $K^{2a.c.}$

tus; et iterum: *Haec autem omnia operatur unus atque idem Spiritus*; ac rursus: *Quoniam per ipsum*, inquit, *habemus accessum utrique in uno Spiritu*. Cernis igitur, eum qui unicae ac simplicis naturae est, Deum potius quam creaturam esse.

Deinde si creatura et non Deus est, quo utilitatis beneficio in nomine eius lauacri uitalis regeneratio celebratur? *Baptizate*, inquit Dominus, *gentes in nomine Patris et Filii et Spiritus sancti*. Quid enim nobis praestare potest, si Deus non est? Qualis, quaeso, est ista creatura quae unum cum Patre et filio possidet nomen? Quem si in baptismate non nominaueris, frustrabitur omne mysterium et perfectum non erit sacramentum. Incassum quippe Patris et Filii nomine uteris, illo non nominato. Creaturam porro creatricem esse non posse, nulli est omnino ambiguum.

XV. Hunc autem Spiritum sanctum creatorem esse scripturae diuinae ubique loquuntur, sicut in Iob uolumine legimus: *Spiritus diuinus est, qui fecit me*. Nam cunctam generaliter creaturam operasse Spiritus sanctus designatur, sicut Dauid euidentius declarat, dicens: *Quoniam uidebo caelos, opera digitorum tuorum*, Verbi

---

Trad. text.: ξ β *Fra Cass Ch²* (*om. α¹ v Boc Ch¹*)

---

23 I Cor. 12, 11   24/25 Eph. 2, 18   28/29 Matth. 28, 19
XV. 2/3 Iob 33, 4   5 Ps. 8, 4

27/35 si creatura – ambiguum] cfr *supra* II, 25, l. 17-22 (*loc. sim.*)

XV. 2/3 spiritus – fecit me] cfr *supra* II, 25, l. 7 (*loc. sim.*)   3/6 nam – sancti] cfr AMBR., *Spir*. 3, 5, 32-34   3/9 nam – dei²] cfr FAVST. REI., *Spir*. 2, 8

23 autem] *K²*s.l. p.c.   24 ac] hac *Sm¹*, hec *P⁵*, at *Ch²*   quoniam] *om. Mu¹*   25 utrique] utique ξ *Ch²*, *del. K²*p.c., *om. Sg¹*   qui] quem *Bd¹*   26 deum] deus *N¹*   27 deinde] denique *Cass Ch²*   28 lauacri uitalis] *tr. Sg¹*   lauacri] lauacro *Cass*   28/29 lauacri uitalis – spiritus sancti] id est sicut patris (et patris *Bd¹*) et filii et spiritus sancti (et spiritus sancti *om. Vc¹*) baptizans ξ   29 gentes] omnes *praem. Sm¹ Sg¹ Fra*   31 et filio] ξ, *om.* β *edd.*   possidet] possedit *Sm¹*   31/32 nomen] mihi *add. Vc¹*   32 quem] quae *Bd¹*   nominaueris] noueris *Sg¹*a.c.   frustrabitur] ξ, frustra uidebitur *Sm¹*a.c. *Cass*, frustrari uidebitur *Sm¹*p.c., frustra uidetur *N¹ O³ P²*a.c. β² *Fra Ch²*, frustrare uidetur *P²*p.c.   32/33 omne mysterium] omne mysterio *Sm¹*a.c., omnem mysterium *Vc¹*, *tr.* β² *Cass Ch²*   33 et] *om.* β² *Cass Ch²*   perfectum] perfecto *Sm¹*   non] nec *Cass*   34 nomine uteris] *tr. Vc¹*   non] *om. P⁵*   porro] ξ, ergo β *edd.*   35 ambiguum] ambiguo *Mu¹*a.c.

XV. 1 spiritum] spiritus *N¹*, spiritu *K²*a.c.   sanctum] ξ, *om.* β *edd.*   3 cunctam] cuncta *N¹*   creaturam] creaturae *Bd¹*   3/4 operasse] operatus esse *Vc¹*   4 euidentius declarat] *tr. Fra*   euidentius] euidenter *Cass*   5 caelos] tuos *add. s.l. Sm¹*p.c. *K²*p.c.   opera] *om. Bd¹*

uidelicet et Spiritus sancti. Digitum enim esse Spiritum sanctum, cuius opera esse caelorum fabricam, sacro propheta concinit ore, perspicue Dominus in euangelio demonstrauit dicens: *Si ego in digito Dei eicio daemonia, superuenit in uos regnum Dei.* Et ut intellegeremus hoc loco digitum Dei Spiritum sanctum esse, ceteri euangelistae ita posuerunt: *Si ego in Spiritu Dei eicio daemonia, superuenit in uos regnum Dei.* Quo digito lex Dei in duabus tabulis lapideis conscripta refertur, ut in Exodo legimus: *Accepit,* inquit, *Moyses duas tabulas scriptas digito Dei.* Vnde ostenditur hunc Spiritum sanctum etiam legislatorem esse, cuius lex a peccatis homines liberat, secundum adtestantis Pauli praeconium: *Lex autem Spiritus uitae liberauit me a lege peccati et mortis.* Cuius uirtutis potentiam magi quoque pharaonis mirabiliter confitentur, dicentes: *Hic digitus Dei est.* Adhuc autem creatorem esse Spiritum sanctum propheta Dauid apertius declarat, dicens: *Verbo Domini caeli firmati sunt, et Spiritu oris eius omnis uirtus eorum*; et iterum: *Emitte Spiritum tuum, et creabuntur.* Virtutes autem caelorum angelos esse nemo qui dubitet, qui etiam secundum Petri apostoli testimonium, in hunc Spiritum tamquam in suae originis auctorem, reuerentissime desiderant aspicere. Dicit enim ita: *Ea quae*

Trad. text.: *ξ β Fra Cass Ch² (om. α¹ v Boc Ch¹)*

8/9 Luc. 11, 20   11/12 Matth. 12, 28   13/14 Ex. 31, 18   16/17 Rom. 8, 2
19 Ex. 8, 19   20/21 Ps. 32, 6   22 Ps. 103, 30   25/27 I Petr. 1, 12

6/12 digitum – dei²] cfr Hier, Didym. Spir. 87-88; Ambr., Spir. 3, 3, 11; Ps. Vigil. Thaps., C. Varimad. 3, 78; Caes. Arel., Breu. (ed. Morin, p. 195, l. 26-30)   19/22 adhuc – creabuntur] cfr *supra* II, 25, l. 3-4 (*loc. sim.*)   22/27 uirtutes – prospicere] cfr Nicet., Compet. fragm. 3, 2, 19 (ed. Burn, p. 35); *Liber fidei* 21 in Vict. Vit., Hist. persec. 2, 97; Ps. Vigil. Thaps., C. Varimad. 2, 10; Fvlg. Rvsp., C. Fab. fragm. 6, 3; 39

---

7 fabricam] fabrica *P⁵ Bd¹ Sm^{ta.c.} N¹ O³*   concinit] concinet *P⁵*, cecinit *Mu¹*
8 perspicue] *om. Mu¹ Fra Cass*   dominus] dominum *Sm¹*   8/9 si ego – daemonia] si ego uel digito uel in spiritu eicio daemones *Bd¹*   9 eicio daemonia] *tr. Cass*   9/12 et ut intellegeremus – regnum dei] *Sm¹ ξ, om. homoeot. β¹ β² edd.*   12/13 tabulis lapieis] stabulis lapieis *Vc¹*   13 refertur] sicut in exodo refertur *add. Bd¹*   14 scriptas] *Sm^{tin marg.}*   14/15 hunc spiritum sanctum] spiritum sanctum hunc *O³*   15 etiam] *ξ, om. β edd.*   16 liberat] liberet *Sm¹ O^{3a.c.}*   secundum] si *Sm¹*   autem] *ξ, om. β edd.*
16/17 pauli – liberauit] *om. Sm¹*   17 me a lege] manuum leprae (!) *Sm¹*   19 hic] haec *Sm¹*, hoc *β²*   19/20 creatorem esse spiritum sanctum] spiritum sanctum deum esse uel creatorem *Mu¹ Cass*   23 qui dubitet] quis dubitet *P⁵ Bd¹ Sm¹ P²*, dubitat *β² Cass Ch²*   qui²] quia *Sm^{ta.c.} Bd¹*   petri] *ξ, om. β edd.*   24 suae] suis *Sm^{ta.c.}*, sui *Sg¹*
originis] origines *Sm^{ta.c.}*   25 desiderant] desiderat *Mu¹*   enim] *β edd., om. ξ*   ita ea quae] itaque *Bd¹*

‹*nuntiata*› *sunt uobis Spiritu sancto misso de caelis, in quem concupiscunt angeli prospicere.*

XVI. Si Deus non esset, faciendi quae uult proprium non haberet arbitrium. At cum in dispensatione sacramenti, libertate utitur uoluntatis, nec exspectat iubentis imperium, apparet eum esse non creaturam, sed Deum. Apostolus enim, cum de caelestium donorum diuersitatibus loqueretur, ad extremum intulit: *Haec autem omnia operatur unus atque idem Spiritus, diuidens singulis prout uult*; et iterum: *Spiritus*, inquit, *sancti distributionibus secundum uoluntatem suam*; et Dominus in euangelio ait: *Spiritus ubi uult spirat.* Si Deus non est, quomodo uiuificat? apostolo dicente: *Littera occidit, Spiritus autem uiuificat*; et rursus de Deo: *Viuificabit et mortalia corpora uestra per inhabitantem Spiritum suum in uobis*; et Dominus in euangelio: *Spiritus est, qui uiuificat.* Vnde et in Ezechiele Spiritus uitae appellatur: *Spiritus*, inquit, *uitae erat in rotis.* De quo Deus in eodem propheta mortalium corporibus dicit: *Ecce, intromittam in uos Spiritum meum et uiue-*

LIBER TERTIVS XVI – XVII 379

tis. Ergo qui uitam tribuit, Deus est. Nam si Deus non esset, quomodo mundum iudicaturus uenire praedicatur? Domino dicente in euangelio: *Cum uenerit Spiritus Paraclitus, ipse arguet mundum de peccato et de iustitia et de iudicio.*

XVII. Audi aliud argumentum quo clareat Deum esse Spiritum sanctum. Vocat Pater fideles in gratiam suam, uocat Filius, uocat et Spiritus sanctus. Qui si creatura esset, parem ac similem uocandi auctoritatem non haberet. Nam de Patre apostolus dicit:
5 *Quando autem placuit Deo, qui me segregauit de utero matris meae, et uocauit in gratiam suam*; et de Christo Romanis scribens: *In quibus estis et uos,* inquit, *uocati Iesu Christi*; de Spiritu autem sancto Lucas in actibus apostolorum dicit: *Ieiunantibus illis et munificantibus,* id est apostolis, dixit Spiritus sanctus: *Segregate*
10 *mihi Paulum et Barnaban in opus quod uocaui eos.* Reuelatorem quoque mysteriorum esse Spiritum sanctum, eadem scriptura testatur: *Exsurgens,* inquit, *Agabus significauit per Spiritum* sanctum *famem magnam futuram.* Et iterum: *Cogitante autem Petro de uisione, dixit Spiritus sanctus: Ecce uiri quaerunt te. Surgens des-*

Trad. text.: ξ β *Fra Cass Ch²* (om. α¹ ν *Boc Ch¹*)

18/19 Ioh. 16, 8

XVII. 5/6 Gal. 1, 15   6/7 Rom. 1, 6   8/10 Act. 13, 2   12/13 Act. 11, 28   13/15 Act. 10, 19-20

16/19 nam – iudicio] cf AMBR., *Spir.* 3, 6, 35; PS. VIGIL. THAPS., *C. Varimad.* 2, 17

XVII. 2/10 uocat – eos] cfr PS. ATHAN., *De inc. et c. Arian.* 17 (PG, 26, 1013 A); PS. EVSEB. VERC., *Trin.* 12, 63; PS. VIGIL. THAPS., *C. Varimad.* 3, 68

---

16 uitam] *Sg*$^{\text{ts.l. p.c.}}$ deus] om. *Bd¹*   17 iudicaturus uenire] uiuificaturus *Cass* uenire praedicatur] *tr. Sg¹*   praedicatur] praedicaturus *N¹*, praedicaretur ξ   domino dicente] nam si deus non esset *Sg¹*   19 et¹] ξ, om. β *edd.*

XVII. 1 quo] quod *Bd¹ Sm*$^{\text{ta.c.}}$ *K*$^{\text{2a.c.}}$ clareat] clare ad *N¹*   deum] dominum *Sm¹ N¹ R¹*   2 filius] et praem. *Vc¹*   3 et] *K*$^{\text{2s.l. p.c.}}$, om. *R¹ Mu¹ Cass Ch²*   qui] quia *P⁵* creatura] creaturam *Vc¹*   4 de] ξ, ex *Fra,* ab β *Cass Ch²*   7 et uos inquit] inquit et uos *Vc¹ Sm¹ Fra*   inquit uocati] *tr. N¹*   iesu christi] *Sg*$^{\text{ts.l. p.c.}}$ autem] uero *Mu¹,* om. *Cass Ch²*   8 actibus] actis *Sm*$^{\text{ta.c.}}$ dicit] ita praem. *Sg¹ K*$^{\text{2p.c.}}$ 8/9 illis et munificantibus] *Sm¹ O³ P² R¹ Fra Cass,* illis et magnificantibus *N¹,* autem illis et magnificantibus dominum *Vc¹,* inquit illis et magnificantibus dominum *P⁵ Bd¹,* autem illis et munificantibus *K2*$^{\text{a.c.}}$, autem illis et orientibus *K*$^{\text{2p.c.}}$, autem illis et orantibus *Sg¹,* et munificantibus illis *Ch².* Vide adnotationes   10 quod] ad praem. *edd.*   eos] uos *Cass*   11 mysteriorum esse] β *Fra, tr. Vc¹ Cass Ch²*   sanctum] ξ *Sm¹,* om. β (*exc. Sm¹*) *edd.*   14 uiri] tres add. *N¹ Mu¹ Cass Ch², om. Fra*   surgens] surge *Bd¹ edd.*

15 *cende et uade cum illis nihil dubitans, quia ego misi illos.* Sed ne multa in unum congerendo testimonia, in longum prosecutionis nostrae tendatur oratio, breuiter uniuersa recolligo. Quid ergo tibi uidetur, optime iudex? Num Spiritus sanctus Deus non est, qui compositus non est, qui unicus ac singularis est, qui creator, 20 qui uiuificator est, qui cum Patre et Filio unum possidet nomen, qui peccata donat, qui sanctificat, qui gratiarum carismata pro sui uoluntate dispensat, qui mysteria reuelat, qui legem dat, qui auctoritate sua ad gratiam uocat, qui mundum iudicat, qui temptatores suos condemnat, in quo inremissibiliter impii blasphemant? 25 Si hic talis Deus non est, ostendat quid amplius habere possit qui Deus est.

XVIII. ARRIVS dixit: Quamquam sit sermo omnis contradictioni obnoxius, et, uelut quodam responsionis clipeo, obiectionum tela repulsa frustrentur, tamen istam quam nunc intendimus quaestionem, quantacumque Athanasius ingenii subtilitate cone-
5 tur eludere, nunquam ualebit, non dico totam, sed ne ullam quidem eius particulam rationabilibus dissoluere argumentis. Dicit Spiritum sanctum Deum esse, quod quidem nusquam euidentius ualuit demonstrare. Esto tamen, ut ei contra rerum ueritatem concedam, ob hoc Spiritum sanctum Deum uideri uel esse posse,
10 quod talia operetur quae non nisi Deum conuenit operari. Ergo

---

Trad. text.: $\xi\beta$ *Fra Cass Ch²* (*om. α¹ ν Boc Ch¹*)

---

15 et uade] *om. Bd¹*   illis] eis *P⁵*   **15/24** sed ne multa – condemnat] *om. Bd¹*
16 in unum congerendo] *tr. Cass*   congerendo testimonia] *tr. Fra*   congerendo] congerenda *P²ᵃ·ᶜ·*   testimonia] testimoniique *P⁵*   **17** nostrae] *Sg¹ˢ·ˡ· ᵖ·ᶜ·*   uniuersa] in *praem. K²ᵃ·ᶜ·*   recolligo] recolo *P⁵*   ergo] *Mu¹ⁱⁿ ᵐᵃʳᵍ·*   **17/18** ergo tibi] *tr. Sm¹*
18 num] numquid *P⁵*   **19/20** creator qui uiuificator est] creatorem qui uiuificatorem *Vc¹*, uiuificatorem *P⁵*   **20** qui¹] a cui *K²*, ac *Sg¹ R¹ Mu¹ Cass Ch²*   possidet] possidit *Sm¹ᵃ·ᶜ·*   **21** sui] sua *K²ᵃ·ᶜ·*   **22/23** auctoritate sua] auctoritatem suam *Vc¹ P²*   **24** inremissibiliter] remissibiliter *N¹*   **25** si hic talis] sic talis *P⁵*, sic hic talibus *Bd¹*   est] sit ξ possit] posset *O³*

XVIII. **1** dixit] *om. Fra*   omnis] omni ξ *Sm¹ O³ P² Sg¹ K² Fra*   **1/2** contradictioni] contradictione *Bd¹*   **2** clipeo] debeo *Sg¹ᵃ·ᶜ·*   obiectionum] obiectionis *Sm¹ᵖ·ᶜ·*
3 tela] tele *Sg¹*   repulsa frustrentur] *tr. Sg¹*   frustrentur] frustretur *Vc¹ Cass, om. Sm¹*   istam] ista *P⁵ Cass*   nunc] *om. P⁵*   intendimus] ostendimus ξ **4** questionem] questiones *P⁵ᵖ·ᶜ·*   quantacumque] *Sg¹ⁱⁿ ᵐᵃʳᵍ· ᵃˡ·ᵐ·*   athanasius] numquam *praem. Sg¹*   ingenii] ingenti *P⁵*   **4/5** conetur eludere] *tr. Sm¹ᵃ·ᶜ·*   **6** particulam] particula *N¹*, paro uinculam (!) *P⁵*   **7** quidem nusquam] *tr. Fra*   nusquam] numquam *Sm¹*   euidentius ualuit] *tr. Vc¹*   **8** esto] istud *Vc¹*, istum *P⁵*   **9** deum] *om. Sm¹*   uideri] uidere *Sm¹ᵃ·ᶜ·*, uidelicet *Cass*   **10** deum] deo *β² Cass Ch²*   conuenit] conueniat *P⁵*

LIBER TERTIVS XVIII

Deum Patrem, Deum Filium, Deum fatetur Spiritum sanctum. Ac per hoc tres Deos, etsi non aperta impietate, ipsa tamen professionis conditione uidetur introducere, et per hoc nos ad id unde digressi fueramus, multorum Deorum errorem, quodammodo reuocare se inspiciat.

Velim, optime iudex, si tamen possibile sit, deprehendere nouum istum egregium artis suae magistrum, solutis praestigiorum fraudibus, conuenientium oculos inludentem. Vt enim trium deorum confessionis periculum euadat, subito eos, ut hi tres unum appareant, incomprehensibili phantasmate conflat, dicens: 'Sed hi tres, unus Deus'. Rursum quos nescio qua coagulatione permixtos et counitos in unum Deum redegerat, iterum eos quodammodo separatos triformes ostendit, dicens: 'Et hic unus Deus Trinitas est'. Vide, si uales, oro te, inaudita haec et inuisa pessimae imaginationis uestigare portenta. Ego enim comprehendere nequeo quemadmodum sit Deus hic unus, nunc tripertitus, nunc ex tribus in unum confusus, nunc ex uno in tribus distinctus, nunc compositione quadam ex partibus conformatus, nunc deriuatione nescio qua ex uno iterum in partes diuisus. Aut enim tres sunt stantes in suae substantiae proprietate personae – et permisceri non debent, ne statum proprium perdant, secundum

---

Trad. text.: ξ β *Fra Cass Ch²* (*om. α¹ ν Boc Ch¹*)

11 fatetur] fatentur *O³ᵃ·ᶜ·*, *Mu¹ⁱⁿ ᵐᵃʳᵍ·* 12 aperta impietate] apertam pietate *Sg¹ᵃ·ᶜ·*, aperta pietate *K² R¹* ipsa] ipse *Cass* 13 conditione uidetur] ξ, *tr.* β *edd.* conditione] conditioni *Mu¹* ad id] ab eo β², ad eum *Cass Ch²* 14 digressi] egressi *N¹* errorem] errore *N¹ P² Sg¹ R¹ Mu¹* 15 reuocare] *Sg¹ⁱⁿ ᵐᵃʳᵍ· ᵃˡ·ᵐ·*, reuocasse *Fra* se] *P⁵ Bd¹* β *sed del.* *P²ᵖ·ᶜ·*, *om. Vc¹ Cass Ch²* inspiciat] ξ (*exc. Vc¹*), incipiat β *Fra*, incipiet *Vc¹*, incipit *Cass Ch²* 16 uelim] uellem *Sm¹* uelim optime iudex] optime iudex uelim *Sg¹ K²ᵖ·ᶜ·* 17 istum] *om.* ξ 18 conuenientium] conuenienti *Sm¹*, conuenientum *P⁵ N¹ β²*, conuenientem *Bd¹* oculos] quaeque *Sm¹* 19 eos] *P²ⁱⁿ ᵐᵃʳᵍ·*, *om. Vc¹* 19/ 20 ut hi tres unum] ξ, uti tres unus β *edd.* 20 appareant] *Vc¹ P⁵*, appareat β *Bd¹ edd.* incomprehensibili] qui comprehensibili *Sm¹ᵃ·ᶜ·* 21 rursum quos] rursusque *Bd¹* rursum] ξ, rursus β *edd.* 22 et counitos] est quo unitas *Bd¹*, *om. Vc¹ P⁵* redegerat] redigerit *Sm¹*, redigerat *Vc¹ P⁵ O³ K²ᵖ·ᶜ·*, redierat *Sg¹*, redintegerat *Fra* 23 quodammodo] ξ, *om.* β *edd.* triformes] treformis *Sm¹ᵃ·ᶜ·*, triformis *N¹* et hic unus] *om. P⁵* hic] haec *Sm¹*, hii *Fra* 25 pessimae] pessima *Sm¹ᵃ·ᶜ·* uestigare] inuestigare *Sg¹ K²ᵖ·ᶜ· R¹* 26 quemadmodum] quem *Vc¹* sit] si *Sm¹ᵃ·ᶜ·* deus] unus *praem. P⁵* hic] ξ, nunc β *edd.* nunc tripertitus] *om. Cass* tripertitus] tripartitus *Ch²* 27 nunc¹] hunc *Vc¹* unum] uno *Sm¹ β¹ K²ᵃ·ᶜ· R¹* nunc ex tribus – confusus] *om. Cass* 28/29 quadam – deriuatione] *om. Bd¹* 29/30 nescio – substantiae] *iter. Bd¹* 29 aut] ait β² *Cass Ch²* 30 stantes] *Vc¹ Bd¹*, exstantes β *edd.*, instantes *P⁵* in suae substantiae proprietate] in sua substantia β *edd.* 30/31 permisceri non debent] permiscere non debes *Bd¹*

meam magisque ueritatis sententiam –, aut si una est persona, hoc ipsum simpliciter fateatur, et libere in Sabellii transeat dogma. Nam quid opus est ad inludendam ueritatem, diuersis formis et imaginibus uariari, et sic Sabellium fugere, ut in me incurrat, sic a me fugere, ut eum Sabellius capiat? Quia, ut se impietate sabelliana exuat, quem unum dicit, tres esse adfirmat. Sed ne ego eum in tribus teneam reum, de tribus nescio quo artificio unum conflat. Iam si aliquam uerisimilem haec fides habet rationem, aequitatis tuae est iudicare, optime Probe.

XIX. PROBVS iudex dixit: Quem unum dixeris, eumdem rursus tres appellare, et quos tres credideris, eosdem iterum in unum fateri Deum, quantum ad humani sensus pertinet rationem, multum inconsequens esse uidetur, nisi forte hoc diuina auctoritate credere iubeamur. Vnde ad haec tam ualida tamque inuicta quae Arrius obicit, Athanasius respondere non differat.

ATHANASIVS dixit: Frustra nisus es nodis, ut tibi uidetur, insolubilibus uerborum texere retia, non intelligens neque prospiciens te quoque his obiectionum tendiculis posse inuolui. Nam quia mihi de tribus intendis, hanc tibi de duobus refero quaestionem. Si unum Deum colis, et non est alius praeter unum, quomodo duos ad cultum uenerationis inducis? Profitendo enim Patrem Deum et Filium Deum, aut bipartitum Deum, aut duos diuersos

---

Trad. text.: $\xi\,\beta$ Fra Cass Ch² (om. $\alpha^{\prime}\,\nu$ Boc Ch¹)

XIX. 7/9 frustra – inuolui] cfr VIGIL. THAPS., Solut. obi. Arrian. 2 (l. 47-48)

---

32 meam] eam P⁵ magisque] magis quam Bd¹ ueritatis sententiam] tr. P⁵ ueritatis] ueritatem Sm^{ta.c.}, ueracem Sm^{1p.c.}, ueritates P^{2a.c.}, se add. Bd¹ aut] ait β² Cass Ch² 33 libere in sabellii] liber ab insanabili ξ 34 dogma] dogmate Vc¹ nam quid] num quid Sm¹, numquid P⁵ 35 uariari] uersari Fra sic] sicut Sm^{1p.c.} fugere] ξ, refugere β² Cass Ch² 36 eum] ad praem. P⁵ quia ut] qui ut ξ Sm^{1p.c.}, qui aut Sm^{ta.c.} O³ K² sabelliana] sabelliane K² R¹ 37 quem] equem Bd¹, quae P⁵, om. Vc¹ adfirmat] om. P⁵ Bd¹ 38 eum in tribus] in tribus eum Vc¹ eum] eos P⁵ teneam reum] om. Sm^{ta.c.}, capiam scr. s.l. Sm^{1p.c.} teneam] tenea P⁵ reum] retinuit eos et Vc¹ P⁵ de tribus] Sg^{1s.l p.c.}, om. Bd¹ artificio] suo et de tribus add. Bd¹ 39 uerisimilem] uel uerisimile P⁵ haec fides habet] habet haec fides Cass Ch² haec] ex P⁵

XIX. 1 iudex dixit] om. Fra 2 in] om. Vc¹ P⁵ P^{2p.c.} Fra Ch² 3 ad] ab R¹ rationem] ratione Sm¹ 4 forte hoc] tr. P⁵ hoc] hac Mu^{ta.c.} 5 ad] et K^{2a.c.} ualida] ualide N¹ O³ tamque] quamque Sm¹, tamquam O³ 7 nisus] uisus Cass Ch² nodis ut tibi uidetur] ut tibi uidetur nodis P⁵ uidetur] uidebitur Vc¹ 7/8 insolubilibus] indissolubilibus Cass 8 texere] te exercere Bd¹, terere Cass retia] laqueos etiam Vc¹, etiam Bd¹ 9 quia] quam ξ Fra 12 cultum] occultum Sg^{ta.c.} uenerationis] uerationis O^{3a.c.} inducis] indicis K^{2a.c.}

LIBER TERTIVS   XIX

conuinceris profiteri. Ac per hoc geminae diuinitati impium exhibes famulatum, dicente Domino: *Non potestis duobus dominis seruire*. Sed ne ego quidem temeritatis notam incurram, si te de professione diuina pari quaestione constringam, cuius praecipua ueneratio silentium magis quam callidas exigit quaestiones, illuc mihi necessario nunc uideo festinandum, ut tres unum esse et unum tres esse, et si non ratione qua homo sum, tamen auctoritate perdoceam. Ipsam itaque Trinitatem audiamus dicentem: *Faciamus hominem ad imaginem et similitudinem nostram*. Qui faciendum decernunt tres sunt, Pater et Filius et Spiritus sanctus. Sed hi tres unum sunt; denique intulit: *Et fecit Deus hominem ad imaginem et similitudinem Dei*. Vt ergo Trinitatem agnoscas, pluraliter dictum est: *faciamus*, et ut hanc Trinitatem unum Deum esse non nescias, adiecit singulariter: *et fecit Deus hominem*. Et iterum: *Non est bonum esse hominem solum; faciamus ei adiutorium simile sibi*. Ecce et hic pluraliter dicitur: *faciamus*; in sequentibus autem singulariter infertur: *et fecit Deus hominem ad imaginem Dei; masculum et feminam creauit eos*. In conlatione tres, in opere unus refertur, ut non diuersitas uoluntatis, sed unitas appareat potestatis.

Trad. text.: $\xi\,\beta$ *Fra Cass Ch²* (*om. α¹ v Boc Ch¹*)

XIX. 15/16 Matth. 6, 24   22 Gen. 1, 26   24/25 Gen. 1, 27   28/29 Gen. 2, 18   30/31 Gen. 1, 27

21/27 ipsam – hominem] cfr HIL., *Trin*. 4, 18-19; 5, 8-9; AVG., *De Gen. ad litt. imperf.* 16, 61; *Trin*. 12, 6, 6; Ps. EVSEB. VERC., *Trin*. 1, 32-33; FAVST. REI., *Spir*. 1, 6; FVLG. RVSP., *C. Fab. fragm*. 21, 1-2

14 profiteri] profiteris $Mu^{\text{ta.c.}}$ ac] hac $Sm^1\ N^1\ O^3$ 14/15 exhibes] *om*. P^5 16 temeritatis] temeritati P^5 notam] nota Sm^1 17 professione diuina] *tr. Cass Ch²*   pari] parua Sm^1 18 ueneratio] uenerationem $Vc^1\ Bd^1$, ueneratione P^5 callidas ... quaestiones] calliditas ... quaestionis ξ exigit] exiens Sm^1 quaestiones] quaestionis $O^{\text{3a.c.}}$ illuc] illud $Bd^1\ Sm^{\text{1p.c.}}$ 19 necessario] necessarium $Sm^1\ O^{\text{3a.c.}}$ nunc] ξ, *om*. β *edd*.   uideo festinandum] *om. Sm¹*   19/20 tres unum esse et unum tres] unum tres esse et tres unum *Fra*   et unum tres esse] *om*. P^5 20 qua] quia Bd^1 tamen] *om*. P^5 21 perdoceam] perdoceat $Sg^{\text{ta.c.}}\ K^2\ R^1\ Mu^{\text{ta.c.}}$ 22 imaginem et] *om*. ξ 23 faciendum decernunt] faciunt *Cass*   24 unum sunt] $Sm^1\,\xi$, unus est $\beta^1\ \beta^2$ *edd*.   intulit] inquit Bd^1 26 est] *om. Vc¹*   et] *om*. $P^5\ Bd^1$ ut] *om. Sg¹*   28 esse hominem] *tr. Cass Ch²*   29 simile] similem $Vc^1\ P^{\text{5a.c.}}\ Sm^1\ O^3\ Sg^{\text{ta.c.}}$ sibi] sui Bd^1 et hic] *om. Sm¹*   et] *om*. ξ dicitur] dictum $O^{\text{3a.c.}}$, dicit Vc^1, dixit *Cass*   sequentibus] quirentibus Vc^1, consequentibus $Mu^1\ Cass\ Ch^2$ 30 infertur] infert Vc^1, *om*. $P^5\ Bd^1$ 31 conlatione] $\xi\ P^{\text{2a.c.}}$, consultatione $Sm^1\ P^{\text{2p.c.}}\ \beta^2$ *edd*., consolationem $O^{\text{3a.c.}}$, consolatione $N^1\ O^{\text{3p.c.}}$

XX. Et iterum: *Visus est Deus Abrahae, ad quercum Mambre aspexit; et ecce tres uiri steterunt ante ipsum, et procidens adorauit, dicens: Domine, si inueni gratiam in conspectu tuo, ne transieris seruum tuum.* Ecce et unus dictus est apparuisse, et tamen tres erant; et licet tres essent, tamen unus erat. Cum enim dicit: *si inueni gratiam in conspectu tuo, ne transieris seruum tuum,* hic ostendit unum esse; rursum cum dicit: *Adferatur aqua et lauentur pedes uestri,* ostendit tres esse. Iterum cum dicit: *Apposuit eis mensam et manducauerunt, ipse uero stabat ante ipsos sub arbore,* ostendit tres esse; et cum subiungit: *Dixit autem ad eum: 'Vbi est Sarra, uxor tua'?,* ostendit unum esse. Item cum dicit: *Surgentes autem inde uiri, ibant ad faciem Sodomorum, Abraham uero comitabatur cum eis,* ostendit tres esse; et dum repetit: *Dixit autem Dominus: 'Non celabo ego puero meo Abraham quae Sodomis facturus sum',* ostendit unum esse. Sed et sacra illa supernarum uirtutum carmina, unum tres esse et tres unum esse demonstrant. Isto enim resonant modulo: *Sanctus, sanctus, sanctus Dominus Deus Sabaoth.* Dum tertio repetunt 'Sanctus', Trinitatem insinuant; dum semel di-

---

Trad. text.: ξ β *Fra Cass Ch² (om. α' ν Boc Ch¹)*

XX. 1/4 Gen. 18, 1-3   7/8 Gen. 18, 4   8/9 Gen. 18, 8   10/11 Gen. 18, 9   11/13 Gen. 18, 16   13/14 Gen. 18, 17   17 Is. 6, 3

XX. 1/5 uisus – erat] cfr ORIG., *Hom. in Gen.* 4, 2; EPIPH., *Ancor.* 29; DIDYM., *Trin.* 2, 3; 2, 23; Ps. ATHAN., *Trin.* 3, 9 *(PG,* 28, 1216); HIL., *Trin.* 4, 25-26.28; AMBR., *Fid.* 1, 13, 80; *Spir.* Prol. 4; *In Ps.* 8, 50, 2; AVG., *Trin.* 2, 10, 19 – 11, 20   1/15 uisus – esse] cfr AVG., *C. Maximin.* 2, 26, 5   15/20 sed – designant] cfr BASIL., *Spir.* 16, 38; GREG. NAZ., *Or.* 38, 8; AMBR., *Fid.* 2, 12, 106-107; *Spir.* 3, 16, 110; *Liber fidei* 11; 23 *in* VICT. VIT., *Hist. persec.* 2, 80.100; Ps. VIGIL. THAPS., *C. Varimad.* 1, 1; FVLG. RVSP., *C. Arrian.* (l. 346-352); *C. Fab. fragm.* 21, 4; CEREAL., *C. Maximin.* 15; CAES. AREL., *Breu.* (ed. Morin, p. 199, l. 15-24)

XX. 1 ad] et *P⁵*   mambre] mambrae *O³ Sg¹ K² R¹*   2 adorauit] eos *add. Sm¹*   3 dicens] et dixit *Vc¹*   domine] ξ, *om.* β *edd.*   3/7 in conspectu – lauentur] *Bd^{tin marg.}*   3 transieris] transeas *Cass*   4/6 ecce et unus – seruum tuum] *om.* homoeot. ξ *Cass*   4 et¹] *om. Mu¹*   6 ostendit] hic *praem. Vc¹ Bd¹*   7 esse] *om. P⁵ Bd¹*   rursum] item *Sm¹*   dicit] dicitur *K^{2a.c.} R¹ Ch²*   7/8 adferatur – dicit] *Sm^{ts.l. p.c.}*   7 pedes] in *praem. Bd¹*   8 ostendit] ostenditur *O³*   iterum] rursum *Sm¹,* item *N¹ β² Bd¹*   mensam] *om. P⁵*   10 et] item *Fra*   subiungit] subiunxit *Bd¹*   autem ad eum] *om. Bd¹*   11 autem] *Vc¹ (def. alii mss* ξ*), om.* β *edd. Vide adnotationes*   11/12 inde uiri] *tr. Vc¹*   12 uero] *Vc¹ (def. alii mss* ξ*),* autem β *edd.*   13 dum] cum *Cass Ch²*   dixit] dicit *P⁵*   non] num *Mu¹ Cass Ch*   14 ego] *om. Fra*   puero meo] puerum meum *Sg¹ K^{2p.c.}*   abraham] abrahae *Sm¹ β¹ R¹ Mu¹ edd.*   16 tres] *O^{3s.l. p.c.}*   isto] istud *Sm¹*   enim] *Bd¹*   18 repetunt] repetiuit *Fra*

cunt 'Dominus', hanc eandem Trinitatem unum Deum esse de-
20 signant. Huic mysterio etiam illud euangelicum congruit
sacramentum, quod Dominus praecepit baptizandas gentes in
nomine Patris et Filii et Spiritus sancti. Ecce, habes tres in uno
deitatis nomine subsistentes. Nomen enim Patris et Filii et Spiritus sancti Deus est. De quo nomine in Numerorum libro ad Moy-
25 sen loquitur dicens: *Viuo ego et uiuit nomen meum.*

XXI. Nam et illud non tibi uideatur otiosum quod idem Filius
sub ingenti mysterio Trinitatis loquitur, dicens: *Ego sum Deus
Abraham, et Deus Isaac, et Deus Iacob.* In eo enim quod ait: *Ego
sum*, unum Deum ostendit, et in id quod tertio repetit: *Deus*
5 *Abraham, et Deus Isaac, et Deus Iacob*, Trinitatis apertius declarat
sacramentum. Audi adhuc et intuere euidentem arcani huius
mysterium. Dicit enim Esaias: *Vidi Dominum sedentem in
throno*; et infra: *Et dixit: 'Quem mittam et quis ibit nobis?'* – haud
dubium quin ad praedicandum populo Iudaeorum – *et dixi: 'Ecce*
10 *ego, mitte me'. Et ait: 'Vade, et dic populo huic',* et cetera. Cum ergo

---

Trad. text.: ξ β *Fra Cass Ch²* (*om.* α¹ ν *Boc Ch¹*)

21/22 dominus – sancti] cfr Matth. 28, 19   25 Num. 14, 21 (LXX)

XXI. 2/3 Ex. 3, 6   7/8 Is. 6, 1   8/10 Is. 6, 8-9

XXI. 1/6 filius – sacramentum] cfr Ps. Evseb. Verc., *Trin.* 1, 26-27; Ps. Vigil.
Thaps., *C. Varimad.* 1, 1 (*CC SL*, 90, p. 12, l. 25-28); 1, 48; Ps. Fvlg. Rvsp., *Pro fid.* 8
(*CC SL*, 90, p. 251, l. 370-371)   7/12 dicit – insinuat] cfr Hier., *Epist.* 18, 20

19 hanc] hoc *P⁵*   eandem] eadem *K²ᵃ·ᶜ*   deum esse] *tr. Cass Ch²*   20 mysterio
etiam] ξ, *tr.* β *Cass Ch²*   illud] etiam *add.* Sm¹ β¹ K² R¹ *Fra*   20/21 euangelicum congruit sacramentum] euangelii sacramentum congruit *Fra*   21 quod] quo *Vc¹ P²*
22 habes] habet *P⁵*   24 numerorum] numero *Vc¹*   libro] librum *N¹*   ad] dominus
praem. Cass Ch²

XXI. 1 uideatur] uidetur *K²ᵃ·ᶜ*   quod] quo *O³*   2 ingenti] ingeniti *Sgᵗᵃ·ᶜ*, iungens
de *Vc¹*, iungendi *P⁵Bd¹*   3 et¹] *om. Bd¹ Mu¹ Cass*   et²] *om. Bd¹ Cass*   3/5 in eo –
iacob] *om. homoeot. Cass*   4 deum ostendit] *tr. Mu¹*   et] *om. Bd¹*   in id] *P⁵Bd¹*, in
eo *Vc¹*, ideo *Sm¹*, id β¹ β² *edd. Vide adnotationes*   5 et¹] *om. P⁵Bd¹ Mu¹*   et²] *om. Bd¹*
6 audi] et *praem. P⁵Bd¹*   euidentem] euidens *Fra*, euidentius *P² β² Cass Ch²*   arcani
huius] *tr. Fra*   arcani] *om. P⁵*   7 enim] *om.* β *edd.*   8 throno] thronum *K²ᵃ·ᶜ*   et
infra] *om. Cass*   et³] *om. Ch²*   nobis] ex *praem. Mu¹ Cass Ch²*   8/12 haud – nobis]
iter. Bd¹   8 haud] aut *P⁵ N¹ P²ᵃ·ᶜ*, aud *Vc¹*, haut *Bd¹*   9 dubium] dubio *N¹*   praedi-
candum] praedicando *Sm¹*   populo] populum *Mu¹*, populus *P⁵*   9/10 iudaeorum –
populo] *om. homoeot. Mu¹ Cass*   10 ego] *om. N¹*   ait] dixit *Fra*   dic] dices *Ch²*   et
cetera] *om. Mu¹ Cass Ch²*   cum] quem *Smᵗᵃ·ᶜ*   ergo] enim *Bd¹*

singulariter dicit: *Quem mittam*, unum indicat Deum, et cum infert pluraliter: *Quis ibit nobis?*, aperte Trinitatem insinuat.

XXII. Percipe adhuc manifestiorem, si mentis aures gestas apertas, huius fidei ueritatem. Conditorem caeli ac terrae, Patrem esse et Filium et Spiritum sanctum, ex his quae iam superius protulimus, euidentius declaratur, cum pluraliter dictum fuisse docuimus: *Faciamus hominem*, ubi tota ipsa Trinitas intellegitur hominem fabricasse, sicut haec eadem rursus in baptisma creditur hominem reformasse; uel ex illud quod propheta ait: *Verbo Domini caeli firmati sunt, et Spiritu oris eius omnis uirtus eorum*. Et Salomon ex persona Sapientiae pronuntiat, dicens: *Cum pararet caelos aderam illi, cum fortia faciebat fundamenta terrae, ego eram penes illum componens omnia*. Constat igitur, ut dixi, Patrem et Filium et Spiritum sanctum, id est, totam Trinitatem, mundi creatricem esse. Audiamus ergo per Esaiam prophetam, quod tres unus sit Deus. Dicitur enim ibi: *Ego Dominus, firmans caelos solus et stabiliens terram, et nullus mecum*. Vtrum Patris an Filii uolueris esse hanc uocem? Si non totam Trinitatem unum Deum credideris, haec sententia penitus non stabit. Ait enim: *stabiliens terram, et nullus mecum*. Et utique Filius cum Patre erat qui dicit:

Cum pararet caelos aderam illi, et cum fortia faciebat fundamenta terrae, ego eram penes illum. Cum igitur clareat, in conditione orbis solitarium non fuisse Patrem, quippe cui aderat Filius et Spiritus sanctus, utpote unius diuinitatis uirtutisque consortes, quid est quod se solum nec ullum alium secum fuisse testatur, nisi ut intelligas se ipsum, et Filium et Spiritum sanctum, unum dixisse Dominum, cum quo alius extraneus et a natura eius alienus non fuit Deus? Et recte Moyses de filiis Israel locutus est, dicens: *Solus ducebat eos, et non erat cum eis Deus alienus*, cum utique et Filium et Spiritum sanctum cum populo fuisse, nec ipse possit Arrius denegare. Sed Filius et Spiritus sanctus non est alienus, qui cum Patre unus est Deus.

XXIII. Audiamus et beatissimum Paulum, de hoc eodem mysterio apertius disserentem, et tres unum Deum confirmantem, sicut in libro quem aduersus Maribadum nefandae haereseos uestrae diaconum edidimus, plenissime constat expressum, de quo nunc in hoc loco perpauca interserimus. Dum ergo ille obiceret quod unio excludat aequalitatis Trinitatem, aequalitas repellat unionem, inter alia multa hoc ego retuli. Audi, inquam, Apostolum hanc Trinitatis unitatem calcatius praedicantem. Dicit in epistola ad Corinthios prima: *Diuisiones donationum sunt, idem autem Spiritus; et diuisiones ministeriorum sunt, idem autem Dominus; et diuisiones operationum sunt, idem uero Deus, qui operatur omnia in omnibus.* Quia Trinitas est, tres nominauit; et quia ipsa Trinitas unus Deus est, cum tres connumerasset personas, non dixit pluraliter 'qui operantur', sed singulariter *qui operatur*. Et ne prauae, inquam, intelligentiae sensu, de Patre solo eum dixisse arbitreris *qui operatur omnia*, non etiam simul de Filio et Spiritu sancto, diligentius in subiectis quid dicat ausculta. Cum enim multa diuinae gratiae opera numerasset, ait: *Haec autem omnia operatur unus atque idem Spiritus*. Cernis operantem Patrem, operantem Filium, operantem Spiritum sanctum; et cum simul tres operentur, non de eis dicitur 'qui operantur', sed *qui operatur*, ut unus Deus in Trinitate monstretur. Item Filium et Patrem idem apostolus nominans ait: *Ipse autem Dominus Iesus Christus et Deus Pater noster qui dilexit nos*, et cum duos nominasset, ut unum esse ostenderet, non dixit 'qui dilexerunt', sed *qui dilexit*, nec ait 'consolentur', sed *consoletur corda uestra*. Item: *Ipse autem Deus et Pater noster et Dominus Iesus Christus dirigat uiam nostram ad uos*. Nec hic ait 'dirigant', sed *dirigat*. Actenus de illo

---

Trad. text.: ξ β *Fra Cass Ch²* (*om.* α¹ v *Boc Ch¹*)

XXIII. 9/12 I Cor. 12, 4-6 18/19 I Cor. 12, 11 23/26 II Thess. 2, 16-17 26/28 I Thess. 3, 11

22/26 item – uestra] cfr AMBR., *Spir.* 2, 9, 87 26/28 ipse – dirigat] cfr ATHAN., *Arian.* 3, 11; Ps. AMBR., *Spir.* 1, 2

9 prima] *om. Fra* donationum] gratiarum *Sm¹* 10/11 et diuisiones – dominus] *Bd¹ in marg.* 10 ministeriorum] donationum *Sm¹*, mysteriorum *N¹ O³*, ministrationum *Vc¹* 11 uero] *Sm¹ Vc¹*, autem *P⁵ Bd¹ β¹ β² edd.* 13 connumerasset] nominasset *Sm¹*, connumerasse *O³ a.c. Sg¹ a.c. K² a.c. R¹* 14 qui operantur] *om. Cass* operantur] operatur *Sg¹ a.c.* operatur] omnia *add. Sg¹ K²* 14/16 sed – omnia] *Sg¹ s.l. p.c.* 15/16 et ne – omnia] *K² in marg.* 15 prauae] ξ *Sg¹ p.c.*, paruo *Sm¹ a.c. P²*, parui *N¹ O³ Sg¹ a.c. K² R¹ Mu¹ a.c.*, prauo *Sm¹ p.c. Mu¹ p.c. edd.* inquam] in qua *Vc¹*, inquit *P⁵*, *om. K²* intellegentiae sensu] per intellegentiae sensum *Bd¹* solo eum] eum solum ξ *Mu¹ a.c.*, eum solo *Mu¹ p.c. Cass Ch²* 16 arbitreris] arbitraris *Sg¹ a.c. K²* non] et *add. Mu¹ s.l. p.c. Cass Ch²* simul] simile *Vc¹* de] *K² s.l. p.c.*, *om. R¹* et] uel de ξ 17 quid] qui *Sg¹ a.c.* 18 autem] *O³ s.l. p.c.*, *om. P⁵ Bd¹* 21 operentur] operantur ξ *Sg¹ K² Mu¹ a.c.* de eis] *om. Bd¹* 22 ut] *om. R¹* 22/23 filium et patrem] *tr. Fra* 23 idem] id est *Sg¹ a.c. R¹*, *om.* ξ ait] *om. Ch²* autem] ξ, *om.* β *edd.* dominus] deus *P⁵*, noster *add. edd. et mss exc. Bd¹*. Sed uide C. Varim. I, 49 (*CC SL, 90, p. 60, l. 13*) 24 noster] *om. Cass Ch²* duos] ξ, de duobus β *edd.* 25 ut] ξ *Fra*, et β *Cass Ch²* 25/26 non dixit – dilexit] *om. Bd¹* 26 consolentur] consoletur *Sm¹* 27 et¹] *om. Vc¹ P⁵ Mu¹ Cass Ch²* 28 hic] *N¹ s.l. p.c.*, id *P⁵* de] *om. P⁵*

LIBER TERTIVS XXIII - XXIV 389

opere manifestissime Trinitatem unum Deum esse, apostolico
30 sensu docuerim, ad reliqua festinemus.

XXIV. Exemplis etiam naturalibus hoc fidei sacramentum
posse maxime commendari, apostolorum edocent acta, narrante
Luca de credentibus: *Multitudinis autem erat cor et anima una.* Si
hoc fidelibus per baptismi regenerationem caelestis contulit gra-
5 tia, ut multae eorum animae, una sit anima, cur non multo congruentius de Trinitate credatur quod unus sit Deus, ut quod nos
per gratiam, hoc illa Trinitas habeat per naturam? Nam et si diligentius perspicimus, inuenimus etiam in nobis quiddam naturae,
quod illi beatissimae atque ineffabili adsimiletur, licet longe aliter,
10 Trinitati. Neque enim frustra scriptum est Deum fecisse hominem ad imaginem et similitudinem suam. Hominem ergo ex tribus constare, id est ex corpore et anima et spiritu, Apostolus testis
est, dicens: *Vt integer corpus et anima et spiritus in die Domini nostri Iesu Christi seruetur.* Si in corruptibili et composita natura,
15 tantae unitatis mysterium reperitur, ut unus tres sint, et tres unus
homo sit, quanto pulchrius et honestius de Trinitate accipitur
quod unus sit Deus, non confusionis permixtione, sed unitate na-

---

Trad. text.: ξβ *Fra Cass Ch²* (*om. α¹ ν Boc Ch¹*)

XXIV. 3 Act. 4, 32   10/11 scriptum – suam] cfr Gen. 1, 26-27   13/14 I Thess. 5, 23

XXIV. 1/7 exemplis – naturam] cfr ORIG., *Cels.* 8, 12; ATHAN., *Arian.* 3, 20; HIL.,
Trin. 8, 7; AMBR., *Fid.* 1, 2, 18; AVG., *In euang. Ioh.* 14, 9; 18, 4; 39, 5; *Symb.* 2, 4; FVLG.
RVSP., *Epist.* 14, 5

---

29 manifestissime] ξ, mutuatissime β (*exc. Mu¹ᵖ·ᶜ·*) *Cass Ch²*, mutuantes *Mu¹ᵖ·ᶜ·*, mu-
tuatus sum et *Fra*   deum esse] *tr. Sg¹*   29/30 apostolico sensu] apostoli consensu *Bd¹*
30 docuerim] docuimus *Vc¹ Mu¹ᵖ·ᶜ·*, docuere *P⁵*, docere *Bd¹*   festinemus] festinamus
Sg¹ K² R¹ Muᵗᵃ·ᶜ·

XXIV. 1/2 etiam – commendari] *om.* ξ   3 credentibus] credentium *Sm¹*   multi-
tudinis] multitudinem *Sm¹*   autem] eorum *add. Sm¹*, credentium *add. P²ˢ·ˡ· ᵖ·ᶜ· K² Mu¹*
edd.   erat] *Smᶦˢ·ˡ· ᵖ·ᶜ·*   cor] unum *add. P²ˢ·ˡ· ᵖ·ᶜ· edd.*   una] *Smᶦˢ·ˡ· ᵖ·ᶜ·*   4 caelestis] *om.*
Mu¹ edd.   5/6 congruentius] congruentibus *Vc¹ P⁵*   6 credatur] creditur *Bd¹*
quod] quid *P⁵*   nos] unus *Cass*   7 hoc] haec *P⁵*   per naturam] pro natura *Bd¹*
8 perspicimus] ξ, perspiciamus β *edd.*   inuenimus] inueniemus *Fra*   naturae] natura-
lem *Vc¹*, naturale *P⁵*   9 illi] ille *O³*   licet] hinc et *N¹*   11 ergo] *O³ⁱⁿ ᵐᵃʳᵍ· ᵖ·ᶜ·*, uero *P⁵*
12 id est] idem *Vc¹ P⁵*   corpore ... anima] *tr. Cass*   et¹] *om. Fra*   13 die] *Vc¹ Bd¹*
Sm¹ β¹, diem *P⁵ β² edd.*   14 in] inter *Sm¹ N¹ O³ Fra*, inter *P²ᵃ·ᶜ· sed uel in suprascr. P²ᵖ·ᶜ·*,
integer ξ   corruptibili] correptae *Smᵗᵃ·ᶜ·*, res corruptae *Smᵖ·ᶜ·*, corpus sibi ξ   et] ex ξ
composita] compositae *Sm¹* ξ   natura] *om. Smᵗᵃ·ᶜ· N¹ O³ P²ᵃ·ᶜ· Sg¹ K² R¹ Muᵗᵃ·ᶜ·*
Fra, Muᶦˢ·ˡ· ᵖ·ᶜ·, forma *P²ˢ·ˡ· ᵖ·ᶜ·*   15 mysterium] mysterio ξ   unus¹] unum *Vc¹ P⁵*
16 homo sit] *tr. Vc¹*, sint *P⁵*

turae? His ergo et aliis quam pluribus testimoniorum documentis, rerumque exemplis imbuti, nec Sabellium incurrimus, tres unum Deum fatendo, nec tuae perfidiae laqueis inretimur, dum hunc Deum Trinitatem esse ingenue confitemur.

XXV. PROBVS iudex dixit: Contra haec quae Athanasius prosecutus est, si quid tibi e diuerso replicandum remansit, in medium proferre curato.

ARRIVS dixit: Sunt quidem quam plurima quae Filium et alterius naturae et inferioris doceant esse potentiae. Sed quoniam alibi a nostris contra istorum errores plenissime obiecta sunt, quid opus est haec eadem rursus repetere, et laciniosam altercationis praebere materiam? Si placet igitur, de habitis nunc inter nos disputationibus ferto sententiam.

PROBVS iudex dixit: Iam superius interfatus sum semiplenam non oportere sententiam promere. Superest ut si quid uobis remansit, peragere dignemini.

ARRIVS dixit: De his quae cognitioni tuae patuerunt pronuntiare dignare.

ATHANASIVS dixit: Reliquarum quaestionum, quibus Arrius opinatur posse Filium Patri ostendi minorem, principale illud est

LIBER TERTIVS XXV 391

quod idem Filius ait: *Pater maior me est*, quod iam cognoscitur intentasse, et huic uelut capiti cuncta quaestionum inhaerent membra. Nam quod ait: *Non ueni facere uoluntatem meam*; et:
20 *Non potest a se Filius facere quicquam*; et: *Sicut docuit me Pater, sic facio*; et *Doctrina mea non est mea*; et: *Me oportet operari opera eius, qui misit me*; et: *Non a me ueni, sed ille me misit*; et: *Ego sum uitis et Pater meus agricola*; et: *Ego uiuo propter Patrem*; uel quod diem se ignorare fatetur, et quod Patrem suum uocat Deum, et de
25 calicis translatione precatur, et se in cruce derelictum conqueri-

Trad. text.: ξ β *Fra Cass Ch²* (*om. α¹ ν Boc Ch¹*)

XXV. 17 Ioh. 14, 28   19 Ioh. 6, 38   20 Ioh. 5, 19   20/21 Ioh. 8, 28   21 Ioh. 7, 16   21/22 Ioh. 9, 4   22 Ioh. 8, 42   22/23 Ioh. 15, 1   23 Ioh. 6, 57   24 diem – fatetur] cfr Marc. 13, 32   patrem – deum] cfr Ioh. 20, 17   24/25 de calicis – precatur] cfr Matth. 26, 39.42; Marc. 14, 36; Luc. 22, 42   25/26 se in cruce – conqueritur] cfr Matth. 27, 46; Marc. 15, 34

19 non – meam] cfr ARRIANI *in* ATHAN., *Arian.* 3, 7; *in* GREG. NAZ., *Or.* 30, 12; *in* DIDYM., *Trin.* 3, 12; *in* HIL., *Trin.* 9, 49; *in* FAVSTIN., *Trin.* 13; *in* AMBR., *Fid.* 2, 5, 46; *in* Ps. AVG., *Solut.* 44; *in* Ps. VIGIL. THAPS., *C. Varimad.* 1, 8; *Serm. Arian.* 6; *Serm. fragm. Arian.* (AN. BOB.) 8 (f. V 284, l. 31-36); 9 (f. V 68, l. 15-19)   20 non – quicquam] cfr ARRIANI *in* HIL., *Trin.* 9, 2; *in* AMBR., *Fid.* 4, 4, 38; *Serm. Arian.* 20   20/21 sicut – facio] cfr *Serm. Arian.* 32   21 doctrina – mea²] cfr MAXIMINVS *in* AVG., *Conl. c. Maximin.* 7   21/22 me – me¹] cfr MAXIMINVS *in* AVG., *Conl. c. Maximin.* 15, 14   22 non – misit²] cfr *Serm. Arian.* 4; ARRIANI *in* Ps. VIGIL. THAPS., *C. Varimad.* 1, 3   22/23 ego – agricola] cfr ARRIANI *in* AMBR., *Fid.* 4, 12, 157.168; *in* Ps. AVG., *Solut.* 55   23 ego – patrem] cfr ARRIANI *in* AMBR., *Fid.* 4, 10, 132; *in* Ps. AVG., *Solut.* 54; *in* VIGIL. THAPS., *Solut. obi. Arrian.* 5; MAXIMINVS *in* AVG., *Conl. c. Maximin.* 10   24 diem – fatetur] cfr ARRIANI *in* ATHAN., *Arian.* 3, 26.42; *in* HIL., *Trin.* 9, 2.58; *in* AMBR., *Fid.* 5, 16, 193; *in* VIGIL. THAPS., *Solut. obi. Arrian.* 10   patrem – deum] cfr EVN., *Apol.* 21 (ed. Vaggione, p. 60, l. 10-11); *Apol. apol.* in GREG. NYSS., *Eun.* 3, 10, 8; ARRIANI *in* DIDYM., *Trin.* 3, 9; *in* HIL., *Trin.* 11, 8; *in* Ps. VIGIL. THAPS., *C. Varimad.* 1, 42; *in* CYR., *Thes.* ass. 10 (PG, 75, 124 D); MAXIMINVS *in* AVG., *Conl. c. Maximin.* 13; 15, 16   24/25 de – precatur] cfr ARRIANI *in* ATHAN., *Arian.* 3, 26.54; *in* HIL., *Trin.* 10, 9; *in* AMBR., *Fid.* 2, 5, 46; *in* Ps. VIGIL. THAPS., *C. Varimad.* 1, 28; *in* VIGIL. THAPS., *Solut. obi. Arrian.* 6; CANDID., *Gen. diu.* 10 (SC, 68, p. 122, l. 17-20); *Serm. Arian.* 6; MAXIMINVS *in* AVG., *Conl. c. Maximin.* 15, 20; Ps. AVG., *Solut.* 75   24/26 de – commendat] cfr ARRIANI *in* HIL., *Trin.* 10, 9   25/26 se – conqueritur] cfr ARRIANI *in* ATHAN., *Arian.* 3, 26; *in* HIL., *Trin.* 10, 31.49

18 et huic] ut hinc *P⁵*   capiti] capitulo *Sm¹*, a capite *P⁵*   inhaerent] inherentium *Fra*   19/20 uoluntatem – facere] *K^(zin marg.)*   20 a se filius] filius a se *Vc¹ P⁵ Cass Ch²*   21 doctrina mea] doctrina meam *Vc¹*   22 misit me] *tr. Sm¹*   et non – misit] *om. Cass*   sed] *om. R¹ Fra Ch²*   23 agricola] est *add. Bd¹ Cass Ch²*   24 se] *om. Vc¹*   se ignorare] *tr. β² Ch²*, se ultimum ignorare *P⁵*   uocat] ξ, uocet β *edd.*   deum] ξ *edd.*, dominum β   25 et] quod *add. Sm¹*   derelictum] derelicto *P⁵*

tur, et quod Spiritum suum Patri commendat, et si qua possunt alia huiusmodi esse, illo respiciunt, quae a nobis cum omni metu et reuerentia, secundum dispensationem carnis qua non solum Patri, uerum etiam angelis et hominibus minoratus est, dicta uel facta intelleguntur.

XXVI. Tantoque nos beneficio eius obnoxios credimus, quanto haec et indigna esse non ignoramus. Qui nos tanto dilexit amore, ut ad ista tam uilia, tam iniuriosa semetipsum uoluerit inclinare. Nam quia angelis minoratus est iam supra, ut memini, plenius docuimus, ubi dicentis apostoli uerba posuimus: *Hunc autem Iesum uidimus propter passionem mortis paulo minus ab angelis minoratum.* Quod uero et hominibus minor fuerit factus, Esaiam audi dicentem: *Vidimus eum et non erat species ei, neque decor; sed species eius despecta, et deficiens super filios hominum.* Sed et Lucas euangelista de eo ait: *Et erat subditus parentibus suis.* Quae omnia, si secundum diuinitatis formam accipiantur, non solum Patri, sed et angelis et hominibus inferior eius diuinitas inuenitur. Verum quia utramque in se naturam habuit, Dei scilicet

---

Trad. text.: ξ β *Fra Cass Ch²* (om. α¹ ν *Boc Ch¹*)

26 spiritum – commendat] cfr Luc. 23, 46

XXVI. 5/7 Hebr. 2, 7   8/9 Is. 53, 2-3   10 Luc. 2, 51

26 spiritum – commendat] cfr ARRIANI *in* HIL., *Trin.* 10, 34.62; *Serm. Arian.* 7; FASTID., *Serm.* 4 (l. 70-71)

XXVI. 4/7 iam – minoratum] cfr *supra* II, 17, l. 31-36   10/13 lucas – inuenitur] cfr AMBR., *Fid.* 2, 10, 88; AVG., *Epist.* 170, 9

---

26 suum] sanctum *Cass*   qua] quae *Cass*   possunt] sunt *Vc¹*   27 huiusmodi] eius modi *Sm¹*   a] om. *P⁵ Bd¹*   28 reuerentia] reuerentiam *Vc¹*   qua] quia *Sm¹ᵃ·ᶜ N¹* 29 patri] ξ *Sm¹*, patre β¹ β² *edd.*   et hominibus] om. *Fra*   minoratus est dicta] ξ, minoratur et dicta β *edd.*

XXVI. 1 nos] contra *praem. Sm¹*   obnoxios] et noxios *Bd¹*   credimus] om. *Fra* 2 quanto] quantum *Sm¹*, ei *add. Vc¹*   et] om. *Sm¹*   indigna] ei *add. Vc¹*, deo *add. s.l. Sm¹ᵖ·ᶜ*   non] *P²ˢ·ˡ ᵖ·ᶜ*, om. *Ch²*   3 ista] istam *O³ᵃ·ᶜ*   tam¹] om. *Fra*   tam²] tamque *K²ᵖ·ᶜ*   4 quia] qui *O³ᵃ·ᶜ*   angelis] ab *praem. Fra*   minoratus est] om. *P⁵*   supra] ut *praem. P⁵*   5 plenius docuimus] *tr. Cass*   dicentis] dicentes *N¹ Sg¹*   posuimus] docuimus *N¹*   7 fuerit] sit *Mu¹ Cass Ch²*   8 eum] om. *P⁵*   non] *Sg¹ˢ·ˡ*   erat] *O³ˢ·ˡ ᵖ·ᶜ*   species] uel aspectus *suprascr. P²ᵖ·ᶜ*, aspectus *P⁵*   8/9 neque decor sed species] *O³ⁱⁿ ᵐᵃʳᵍ· ᵖ·ᶜ*   9 eius] om. *O³*   despecta] dispecta *Sg¹ K²*   10 et²] *Vc¹ˢ·ˡ*, ut *Bd¹* 11 si] nisi *P²*, om. *Bd¹*   diuinitatis] ξ *Sm¹ Fra*, humanitatis β¹ β² *Cass Ch²*   12 patri] *Sm¹* (*cfr* III, XXV, l. 29; III, XXVI, l. 40), patre *al. mss edd.*   et¹] om. *Bd¹*   et hominibus] om. *Sm¹*   diuinitas] persona atque *praem. Vc¹ P⁵*   13 quia] qui *Vc¹ P⁵*   naturam] natura *Vc¹*

LIBER TERTIVS XXVI 393

et hominis, utriusque naturae res loquitur atque agit. Neque enim
eiusdem naturae est dicere: *Pater maior me est*, et dicere: *Ego et
Pater unum sumus*; dicere: *Non potest Filius a se facere quicquam*,
et dicere: *Omnia quaecunque Pater facit, haec et Filius facit similiter*; dicere: *Non ueni facere uoluntatem meam*, et dicere: *Sicut Pater suscitat mortuos, ita et Filius, quos uult, uiuificat*. Vnde et cum
auctoritate liberae uoluntatis, leproso ait: *Volo, mundare.*

Non ergo, inquam, unius naturae est, praesepis gremio contineri et astrorum indiciis prodi; hominibus subici et ab angelis ministrari; de loco ad locum fugere et ubique sui praesentiam
exhibere; terrena incolere et caelestia non deserere; temptari a di-
abolo et eius in abyssum mittere legiones; esuriem sustinere et
multa millia hominum saturare; aquam sitire et fluenta laticis in
uini naturam mutare; ob unius momenti exstinguendam sitim
putealia pocula poscere et undosi amnis perennes meatus tribu-

Trad. text.: ξ β *Fra Cass Ch²* (*om. α¹ ν Boc Ch¹*)

15 Ioh. 14, 28   15/16 Ioh. 10, 30   16 Ioh. 5, 19   17/18 Ioh. 5, 19   18 Ioh. 6, 38
18/19 Ioh. 5, 21   20 Marc. 1, 41   21 praesepis gremio] cfr Luc. 2, 7   22 astrorum
indiciis] cfr Luc. 2, 9; 2, 52   22/23 ab angelis ministrari] cfr Marc. 1, 13   23 de loco -
fugere] cfr Matth. 2, 13-14; Marc. 9, 30; Ioh. 11, 54   23/24 ubique - exhibere] cfr
Matth. 14, 25; Marc. 6, 48; Luc. 24, 15.31.36; Ioh. 20, 19.26   24 terrena - deserere] cfr
Ioh. 3, 13 (VL)   24/25 temptari a diabolo] cfr Matth. 4, 1-11   25 in abyssum - legio-
nes] cfr Marc. 5, 12-13;   esuriem sustinere] cfr Matth. 4, 2; 21, 18   26 multa - saturare]
cfr Matth. 14, 16-20; 15, 35-38   aquam sitire] cfr Ioh. 4, 7; 19, 18   26/27 fluenta -
mutare] cfr Ioh. 2, 7-11   28 putealia - poscere] cfr Ioh. 4, 7   28/29 undosi - tri-
buere] cfr Ioh. 7, 37-39

14/16 neque - sumus] cfr LEO M., *Epist.* 28, 4 *ad Flauianum* (ed. Silva-Tarouca,
n. 121); VIGIL. THAPS., *C. Eutych.* 5, 21   21/36 non - accipere] cfr GREG. NAZ., *Or.*
29, 20; HIL., *Trin.*, 10, 54-63; AMBR., *Fid.* 2, 8, 59-65; 5, 10, 129 – 11, 134; LEO M.,
Epist. 28, 4 *ad Flauianum* (ed. Silva-Tarouca, n. 116-120)

14 res] heres *Bd¹*   agit] ait *Sg¹*   14/15 enim eiusdem] *tr. Mu¹ Cass*   15 naturae]
natura *Vc¹*   16 filius a se] a se filius *β¹ Fra*   17 haec] eadem *Fra Mu¹ Cass Ch²*   17/
18 facit similiter] *tr. P⁵ Mu¹*   19 mortuos] et uiuificat *add. P⁵ Mu¹ edd.*   ita] sic
Cass Ch²   20 leproso ait] *tr. Bd¹*   21 est] et *Bd¹*   22 indiciis] iudiciis *Sm¹*   ab]
P²s.l.   23 sui praesentiam] *tr. Cass*   praesentiam] praesentientia *K²a.c.*, praesentia *K²p.c.*
24 terrena – deserere] *iter. Bd¹*   terrena incolere] terrenam colere *N¹*   temptari] tem-
ptare *N¹*   25 esuriem sustinere] esuriam sustenere *O³a.c.*   sustinere] sustineri *Mu¹*
26 milia hominum] *Vc¹ P⁵ Sm¹ Fra, tr. β¹ β² Cass Ch²*   saturare] saturire *P²a.c.*, satiare
Vc¹ P⁵   aquam] aqua *N¹ O³*, ad quam *Vc¹*   fluenta laticis] fluentes latices *Sm¹ β¹*
Sg¹ K² Mu¹ Fra Cass   27 naturam mutare] *tr. Vc¹*   ob] ξ *Fra, om. β* (*exc. Sm¹p.c.*)
Cass Ch², ad *Sm¹s.l. p.c.*   exstinguendam] ad *praem. Mu¹s.l. p.c. edd.*   sitim] siti *N¹*, sita
Sg¹a.c.   28 putealia] ut pute alia *Sm¹a.c.*, pute alia *O³ K² R¹a.c. Mu¹*, pote uilia *Vc¹*, potest
alia *P⁵*, alia *Bd¹*   amnis perennes] amnes perrenis *Sm¹a.c.*   amnis] amni *Bd¹*   meatus]
metas *Sm¹a.c.*   28/29 meatus tribuere] meo stribuere (?) *N¹*

ere; rate aequora transmittere et eadem incessu mirabili sicco uestigio terere; ignorare diem et Patrem scire; duas petentibus non concedere sedes et sponte duodecim simul promittere thronos; mortem formidare et morti inludere; capi timere et captiuos reducere totaque inferni iura penitus compilare; desolatum se conqueri et mox latronem patriarcharum consortio adsciscere; omnia ex nihilo condidisse et eorum potestatem triumphata morte accipere. Vides ergo, cognitorum optime Probe, in hac dispensatione carnis adsumptae, diuinitati nihil fuisse penitus derogatum, dum ubi corporeae humilitatis impletur officium, ibi diuinarum coruscant miracula uirtutum. Ergo aequalis est Patri iuxta id quod Deus est, et minor est Patri iuxta id quod homo factus est.

XXVII. Haec idcirco ego breuiter in unum responsionis cumulum cuncta congessi, quoniam de his omnibus quaestionum capitulis, latius et plenius beatus noster disputauit Ambrosius. Contra quem Palladius arrianae perfidiae episcopus, dum iam, credo, ille sanctus humanis rebus fuisset exemptus, in refutatione dictorum

---

Trad. text.: $\xi \beta$ *Fra Cass Ch²* (om. α^1 ν *Boc Ch¹*)

---

29 rate – transmittere] cfr Matth. 14, 13   29/30 sicco – terere] cfr Matth. 14, 25; Marc. 6, 48   30 ignorare diem] cfr Matth. 24, 36; Marc. 13, 32;   patrem scire] cfr Matth. 11, 27; Ioh. 8, 55; 10, 15; 17, 25   30/31 duas – sedes] cfr Matth. 20, 23; Marc. 10, 40   31 sponte – thronos] cfr Matth. 19, 28   32 mortem formidare] cfr Matth. 26, 37-38; Ioh. 12, 27   morti inludere] cfr Ioh. 10, 18   capi timere] cfr Ioh. 7, 1.10   32/33 captiuos – compilare] cfr Matth. 27, 52-53   33/34 desolatum se conqueri] cfr Matth. 27, 46; Marc. 15, 34   34 latronem – adsciscere] cfr Luc. 23, 43   35 omnia – condidisse] cfr Ioh. 1, 3   35/36 potestatem – accipere] Matth. 28, 18

---

29 rate] maris *Sm¹*, al. ratibus *scr. in marg. Mu¹ᵖ·ᶜ·*, ratibus *Cass*   rate aequora] *om. N¹* aequora] et ora *Bd¹*   sicco] sic cum *O³ᵃ·ᶜ·*   30 terere] transire *Bd¹*   diem] iudicii *add. Pˢ*   patrem] pater *N¹*   non] *del. Mu¹ᵖ·ᶜ·*   30/31 non concedere sedes] sedes non concedere *Sg¹R¹*   31 duodecim simul] *tr. PˢBd¹*   simul] *om. Fra*   32 formidare] sortem *praem. Cass*   morti] mortem *Sm¹*   33 compilare] complicare *Pˢ*   34 adsciscere] adsociare *Vc¹Pˢ*, artiscere *Bd¹*   35 potestatem] potestate *N¹O³ Fra*   36 cognitorum] cognitorem *N¹*, horum *add. Fra*, cognitor *Cass*   hac] hanc *Pˢ*   37 diuinitati] diuinitate *N¹Sg¹K²R¹ᵃ·ᶜ·*   fuisse penitus] *tr. Fra*   38 ubi] *om. Fra*   corporeae] ξP^2, corpore *Sm¹ N¹O³ β² edd.*   impletur] completur *Sg¹ᵃ·ᶜ·*   officium] officio *Sm¹*   ibi] ubi *Fra, om. Pˢ*   39 diuinarum coruscant] *tr. Bd¹*   aequalis] aequali *N¹*, et *praem. Bd¹* est patri] *tr. O³*   est] *om. Sm¹*   patri] inquit *add. Bd¹*   40 id quod] *om. Bd¹*   deus] *K²ˢ·ˡ·ᵖ·ᶜ·, om. R¹*   minor] eo *praem. Bd¹*   est²] *om. Sm¹*   patri] *Pˢ Sm¹ᵖ·ᶜ· N¹O³ᵃ·ᶜ· P² Sg¹K²ᵖ·ᶜ·*, patre *Vc¹Bd¹Sm¹ᵃ·ᶜ· O³ᵖ·ᶜ· K²ᵃ·ᶜ· R¹ edd.*   id²] dominus *Bd¹*

XXVII. 1 haec] *om. PˢBd¹*   idcirco] tunc *Sm¹*   1/2 cumulum] *om. Cass*   3 noster] *om. Bd¹*   4 palladius] pallasius *Vc¹*   iam credo ille] credo ille iam *P²ᵃ·ᶜ·*   credo] credendo *Bd¹*

eius quaedam credidit conscribenda. Si quid ergo nunc a te obici potuit, ille iam suis obiectionibus occupauit. Cui quoniam uno iam respondi libello, melius reor, si qua hic fortasse omissa uidentur, ibi plenius diuina opitulante gratia explicare, ut in illo se quoque Arrius superatum agnoscat. Quamobrem dignare, optime Probe, ultimam de cognitis ferre sententiam.

Trad. text.: ξ β *Fra Cass Ch²* (*om.* α¹ ν *Boc Ch¹*)

7/8 uno iam] *tr. Fra Cass*   8 hic fortasse] forte hic *Fra*   9 diuina opitulante] *tr. Bd¹*   gratia] *om. Cass*   in] *om. P⁵*   10 arrius superatum] *tr. Fra*   11 ferre] referre *Sm¹*, *Sg*¹ⁱⁿ ᵐᵃʳᵍ· ᵖ·ᶜ·   sententiam] substantiam *R¹*, explicit *add.* ξ

PROBI IVDICIS SENTENTIA

I. Probvs iudex dixit: Amore ueritatis et fidei, inter sectatores christianae religionis, id est Athanasium, Sabellium, Arrium et Fotinum, arbiter sedi. Qui quoniam diuersitate dogmatum et sententiarum uarietate, longo discriminis interuallo a se inuicem dirimuntur, studiosius explorare curaui cuiusnam eorum fides ueris adsertionibus insigniretur. Quod ut facilius agnoscere possem, singillatim eos fidei suae feci proferre sententias, easdemque documentis probabilibus roborare mea interlocutione flagitaui; obuiantibus sibi scilicet et refellentibus his qui contrauenirent, ut aliis defendentibus, aliis obtinentibus, lucidissimae ueritatis agnitio panderetur. Quod eos ita fecisse ipsarum prosecutionum lectione monstratur.

II. Cum igitur Sabellio primum, disputandi licentiam consultatione potius quam auctoritate tribuissem, talem de Deo fidei

---

Trad. text.: $\xi \beta$ *Fra Cass Ch²* (*om. α¹ v Boc Ch¹*)

II. 1/11 cum – transierit] cfr *supra* SABELLIVS I, 3, l. 12-24; I, 7, l. 1-43

Inc. incipit sententia iudicis probi *Sm¹ O³ P² β²*, incipiunt sententiae iudicis probi *N¹*, incipit sententia iudicis *P⁵*, *om. Vc¹*, incipit sententia iudicis brobi fidei catholicae inter athanasium episcopum catholicum et arrium presbiterum, sabellium et fotinum hereticos *K¹*, de disputatione catholicae fidei athanasi episcopi contra arrium presbiterum peruerse dogmatis sabellium et fotinum audiente probo iudice sub constantino imperatore *Ca¹*, probi iudicis sententia *Cass Ch²*
I. 1 probus iudex dixit] *om. P⁵ K¹ Fra*   3 qui] quorum *P⁵*   quoniam] quod *R¹*, quo *P⁵*   3/4 diuersitate – discriminis] *om. ξ*   3 dogmatum] documentum *R¹*   et] *om. Ca¹*   4/5 dirimuntur] dirimantur *Sm¹ᵃ·ᶜ·*, dirimebantur *P⁵*   5 studiosius] studiosus *Ca¹*   ueris] uiris *Vc¹ᵃ·ᶜ·*   6 insigniretur] signaretur *Sm¹*, insignaretur *O³ᵃ·ᶜ· Sg¹ᵃ·ᶜ· K¹*, insignetur *Ca¹*   agnoscere] cognoscere *β*   possem] possim *Ca¹ Sm¹ᵃ·ᶜ· N¹ O³ P² Sg¹ K¹ K² R¹*   7 easdemque] eademque *Sm¹ᵃ·ᶜ·*, eosdemque *Ca¹ Bd¹ N¹ O³ P²ᵃ·ᶜ·*, eosdem quoque *P⁵*   7/8 documentis] dogmentis *Sm¹ᵃ·ᶜ·*   8 interlocutione] interlocutionem *Vc¹*   9 sibi] *om. Fra*   et] ac *ξ*   refellentibus] repellentibus *Sg¹*   contrauenirent] contrauenerit *O³ᵃ·ᶜ·*   10 obtinentibus] *Ca¹ Sm¹ K²ᵃ·ᶜ·*, obnitentibus *Vc¹ P⁵ N¹ O³ P² Sg¹ K¹ Fra Cass Ch²*, nitentibus *Bd¹*   11 ita] id *Sm¹*   ipsarum] ipse *P⁵*   prosecutionum] prosecutionem *K¹*   11/12 lectione] lectio *R¹*   12 monstratur] demonstratur *β Ch²*

II. 1 primum] primam *Fra*   licentiam] sententiam *O³ᵃ·ᶜ·*, *om. P⁵*   1/2 consultatione] consultationem *Ca¹ᵃ·ᶜ· Vc¹ N¹ O³*, disputatione *Sm¹*, conlutione *Bd¹*, consolatione *P⁵*   2 de] *om. P⁵*   2/3 fidei sententiam] *tr. Mu¹*   2 fidei] *om. Bd¹ Cass* sententiam tulit, quod diceret Patrem ita solitarium et singularem sine ulla exstantis Filii uel Spiritus sancti persona subsistere, ut ipse magis Filii atque Spiritus nomine censeatur, trinomium adserens Deum, id est tanquam si una species uel persona tribus uocabulorum nominibus nuncupetur, non distinctione generis, sed officii permutatione, ut Pater, non quia genuit, sed quia condidit habeatur, idemque ipse de paterni honoris dignitate decidens per quaedam naturae augmenta, aut potius detrimenta, in Filii nomine ex uirginei ortus natiuitate transierit. Sed haec inepta esse et impia, omnique fidei ueritate carentia, eorum qui contraueniebant, prosecutionibus manifestissime claruit. Ostensum namque est, multis et copiosis diuinarum lectionum probamentis, et Patrem et Filium et Spiritum sanctum suis specialiter et propriis exstare personis, et alium esse genitorem, alium genitum, alium geniti atque ingeniti Spiritum sanctum, licet secundum Athanasii probabilem fidei ueritatem aliud esse non possit, cum alius atque alius credi possint, et profecto sint. Quia et reuera extremae atque profundae stultitiae genus est Patrem nominare eum qui non genuit, et Filium credere eum qui genitus non sit, sed per inania et rebus uacua falsorum nominum commenta, humanarum mentium sensus auocare, et ludicris sententiarum obiectionibus fidei christianae inludere.

Trad. text.: ξ β *Fra Cass Ch²* (om. α¹ ν *Boc Ch¹*)

3 tulit] protulit *Vc¹ Cass Ch²*   quod] quo *Ca¹ N¹ P²*, qua *Vc¹ P⁵ Cass*, que *Bd¹*   et] ac *Vc¹*   4 ulla] ullam *N¹*, nulla *Ca¹*   exstantis] existentis *Vc¹*   ut] at *Ca¹*   5 atque spiritus nomine censeatur] censeatur nomine atque spiritus sancti *Fra*   trinomium] trinominum *O³ᵃ·ᶜ·*   5/6 adserens] adserebat *Sm¹*   6 id est] idem *P⁵*   8 quia¹] qui *Fra*   9 paterni] paternis *Ca¹*   decidens] decedens *Sm¹*   10 quaedam] quendam *Vc¹*   filii] filium *Bd¹*   11 uirginei] uirgine *Ca¹ N¹ K¹ Sg¹ Cass*   11/12 esse et impia] et impia esse *Cass*   12 impia omnique] inopia omniaque *Bd¹*   fidei] fide *Vc¹*   ueritate] et praem. *Vc¹ P⁵*   12 – III. 10 eorum – conditiones] om. *N¹*   12 qui] que *Bd¹*   12/13 contraueniebant] contraueniebat *Ca¹ᵃ·ᶜ·*   14 est] om. *Bd¹*   probamentis] probatis *Sg¹ᵃ·ᶜ·*   14/15 et patrem] *Ca¹ˢ·ˡ·*   15 suis] om. *Fra*   16 exstare] stare *Ca¹ Sm¹*   et] ac *P⁵*, om. *Ch²*   16/17 alium geniti] om. *Sm¹*   17 geniti ... ingeniti] *tr. Fra*   ingeniti] ingenitum *Sm¹*   licet] haec *Ca¹*   athanasii] athanasium *Sg¹ Mu¹ᵃ·ᶜ·*   18 possint] possunt *Ca¹ᵃ·ᶜ· Mu¹ Cass*, possent *Sm¹*   19 possint] possunt *K¹ᵃ·ᶜ· Sg¹ Cass*, possi *Ca¹ᵃ·ᶜ·*, possit *K¹ᵖ·ᶜ·*, *Ca¹ᵖ·ᶜ·*   et reuera] et uera *Sm¹ᵃ·ᶜ· O³ P²ᵃ·ᶜ·*, et uere *Sm¹ᵖ·ᶜ·*, uere *Fra*, enimuero *P²ᵖ·ᶜ· β² Cass Ch²*   20 est] et *Bd¹*   nominare] numerare *Bd¹*   qui non] *Sg¹ˢ·ˡ· ᵖ·ᶜ·*   non] *K²ˢ·ˡ·*   21 genitus] ingenitus *Ca¹ᵃ·ᶜ·*   non] *O³ˢ·ˡ· K²ˢ·ˡ·*   22 uacua] uacuae *Sm¹ᵃ·ᶜ· O³ β²* (exc. *Sg¹ᵖ·ᶜ·*) *Bd¹*, uacius *Vc¹*, uacuis *P⁵ Cass*   23 auocare] auocantem *Vc¹*   ludicris] in praem. *Bd¹*   sententiarum] sentiarum *O³*   24 christianae] om. *P⁵*   inludere] inluminare *P⁵ Bd¹*, ueritatem impugnantem *Vc¹*

SENTENTIA PROBI III

III. Postquam ergo istius erroris praestigia prodita patuere, Sabellium conticescere et Fotinum fidei suae, si ualeret, adesse mea interlocutione praecepi. Qui in ipso prosecutionis suae exordio, Dominum Iesum Christum purum hominem et Verbi diuinitate uacuum fuisse adseruit, et eo usque per quosdam beatae uitae profectus inlustrius eminuisse, ut in Dei ac Domini appellatione iure transiret, non naturali dignitatis priuilegio, sed accidentis probae ac dignissimae merito actionis – impium esse dicens naturam in eo diuinitatis accipere, qui et materni uteri gestamine uectus, solemnes feminei pudoris conditiones transierit, et cunas uagitusque expertus, aetatis quoque sortierit incrementa, et in tantum nostrae fragilitatis communia non euaserit, ut et lassauerit et esurierit et sitierit, ignorauerit, temptatus sit, mori timuerit, et mortuus sit. Illa uero quae in eius gestis miraculis plena narrantur, non ut Deus, quod non erat, egisse, sed munere patrocinantium meritorum diuinitus adseruit impetrasse. Sed haec etiam probrosae in-

---

Trad. text.: $\xi\beta$ *Fra Cass Ch²* (om. α^1 ν *Boc Ch¹*)

III. 1/16 postquam – impetrasse] cfr *supra* FOTINVS I, 4, l. 1-14; I, 10, l. 13 – 11, l. 47; I, 13, l. 15-30; I, 14, l. 1-11

III. 1 postquam – patuere] *om.* ξ prodita] *om. Fra*   patuere] patuerunt *Sm¹*   1/2 sabellium conticescere] *Ca¹ ξ Sm¹*, *om. N¹ O³ P² β² Fra Cass Ch²*   2 et] *om. Vc¹ P⁵ Fra*   ualeret] ualerit *Sm^{ta.c.}*, ualuerit *Bd¹*   adesse] *om. Sm^{ta.c.}*, et rationem edere *add. s.l. Sm^{tp.c.}*   3 qui] quo *P⁵*   in] *om. Vc¹*   4 iesum] nostrum *praem. β² Fra Cass Ch²*, iter. *Ca^{ta.c.}*   christum] *om. Ca¹ Bd¹*   et uerbi diuinitate] *om. Sm¹*   5 adseruit] *Sg^{1 in ras. p.c.}*   eo] eos *R^{ta.c.}*   quosdam] quodam *O^{3a.c.}*   6 inlustrius] inlustrem *R^{ta.c.}*, inlustres *Ca¹*   eminuisse] adparuisse *Sm^{ta.c.}*, se minuisse *Ca¹*, emicuisse *Cass*, asseruit *add. Sg¹*   in dei ac domini] in dei aut domini *Vc¹ P⁵*, in hoc aut in domini *Bd¹*   appellatione] appelationem *Cass Ch²*   7 transiret] transiret *Sm¹*, transeat *Ca¹*, pertransiret *Vc¹ P⁵*   naturali] naturalis *Ca^{tp.c.} Fra*   accidentis] accentis *Vc¹*   probae] proprie *Sm¹*, proprie *add. in marg. K^{2p.c.}*, proinde *Ca¹*   8/9 in eo diuinitatis] in eum diuinitatis *P⁵ Bd¹*, diuinitatis in eo *Cass Ch²*   9 qui et] quia *Sm¹*, qui in *Bd¹*   uteri] uteris *Ca^{ta.c.}*   9/10 solemnes] solitas ξ *Vide adnotationes*   10 pudoris] pudores *K² R^{ta.c.} Sg^{ta.c.}*   conditiones] conditionis *O³ Sg^{ta.c.} K^{2p.c.}*   cunas] curas *Bd¹ N¹ O³ P² β²*   11 aetatis] et *praem. K¹ K^{2in marg. p.c.}*, aetates *N¹ O³*   sortierit] *P^{2s.l.}*, sortius sit *Mu¹ Cass*   12 communia] communionem *Vc¹ P⁵*, communione *Bd¹*   ut et] *Ca^{tp.c.} ξ*, et ut *Ca^{ta.c.} K^{tp.c.} K² R¹*   ut] *om. N¹ O³*   et] *P^{2s.l. p.c.}*, *om. Sm¹ P^{2a.c.} K^{ta.c.} Sg¹*   lassauerit] ξ *Ca¹*, *om. β*   12/13 esurierit] esuerit *Ca^{ta.c.}*   13 et sitierit] *om. Ca¹*   et¹] *K^{ts.l. p.c.} Sg¹*   ignorauerit] ignouerit *Sm^{ta.c.}*, ignorauit *Sg¹*   temptatus] et *praem. Sm¹*, ut *praem. Ca¹ N¹ O³ P² β² Fra Cass*, obtentus *Bd¹*   sit] *om. Bd¹*   timuerit] timuit *R¹*, non *praem. P⁵*   13/14 et mortuus sit] *om. P⁵ Bd¹*   14 illa] ille *Mu¹*   miraculis plena] *tr. ξ*   15 deus] uel deum *suprascr. Ca^{tp.c.}*   quod] *O^{3s.l.}*   egisse] egisset *Vc¹*   15/16 sed munere – impetrasse] *om. ξ*   15 munere] numine *K¹ Sg^{1in ras. p.c.}*, numine *add. in marg. K^{2p.c.}*   meritorum] meritum *Ca¹*   16 haec etiam] et haec *Sm¹*   probrosae] proprie *Sg¹*, proprie *add. in marg. K^{2p.c.}*

fidelitatis doctrina, numerosis et multiplicibus documentis impia esse et inanis apparuit, et Deum quoque esse, quem ille solum hominem contendebat, ex illo praecipue testimonio claruit quod Ioannes euangelista testatus est, dicens: *In principio erat Verbum, et Verbum erat apud Deum, et Deus erat Verbum. Hoc erat in principio apud Deum. Omnia per ipsum facta sunt, et sine ipso factum est nihil*; per quod non solum ante saecula Deum apud Deum, uerum etiam totius creationis exstitisse auctorem declaratum est. Plura etiam alia et his similia, sicut prosecutionum corpore tenetur expressum, prolata sunt testimonia quibus dilucide apparuit hoc Verbum Deum de Patris utero ante saecula genitum, et in fine temporum ob amorem hominum nostri generis suscepisse naturam, in qua, salua sui natura, in una tamen eademque persona omnes humanae fragilitatis subierit passiones.

IV. Excluso itaque etiam Fotino, et eius errore meis interfatibus abdicato, pondus omne negotii et tota fidei summa ex Athanasii atque Arrii altercationis conflictatione pendebat. Quibus dum ineundi certaminis copiam tribuissem, hunc Athanasius fidei suae tramitem pandit, ut et Patrem et Filium et Spiritum sanctum, unius essentiae uniusque diceret esse naturae. E contra

---

Trad. text.: $\xi\beta$ Fra Cass Ch^2 (om. α^1 ν Boc Ch^1)

III. 20/23 Ioh. 1, 1-3

IV. 4/6 athanasius – naturae] cfr *supra* ATHANASIVS I, 16, l. 21-26   6/9 e contra – diceret] cfr *supra* ARRIVS I, 16, l. 26-33

---

17 doctrina – documentis] *om. Bd¹*   documentis] adiumentis K^1, doctrinis Sg^1 18 et²] ut K^1 19 contendebat] contenderat Fra   testimonio claruit] *tr. β² Cass Ch²*   21 apud deum] $Ca^{1\,in\,marg.}$ 22 ipsum] illum $Ca^{1s.l.}$ Sm^1 $β^1$ R^1 ipso] illo Ca^1 Sm^1 $β^1$ $Sg^1 K^2 R^1$ 23 ante – apud] *om. P⁵*   25 alia] et *praem. Sm¹ N¹ P² K¹ K² R¹*, talia $Ca^1 Vc^1 P^5$ et] *om. Sm¹ Mu¹ Fra Cass Ch²*, in *add. Ca¹*   corpore] *om. Bd¹*   25/26 expressum] et pressum N^1, et praesunt $β^2$ Cass Ch^2, expresse Fra   26 sunt] *om. β² Cass Ch²*   27 deum] dei P^5 in fine] sine R^1 28 temporum] temporis Bd^1 amorem] amore N^1 29 in qua salua sui natura] in qua saluauit sui natura $Sm^{1a.c.}$ *sed del.* $Sm^{1p.c.}$, *om. P⁵*   sui] sua Vc^1 natura] naturam N^1 una] unam P^5 tamen] tam $N^1 O^3$, *om. $Vc^1 P^5$*   tamen eademque] tandemque Bd^1 29/30 omnes humanae fragilitatis] humanae fragilitatis omnes Bd^1 omnes] omnis $N^1 Sg^{1a.c.} Mu^{1a.c.}$ 30 subierit] subierunt Cass   passiones] passionis N^1

IV. 1 etiam] *om. ξ*   errore meis] errorem meis $Sm^{1a.c.} N^1$, errorem eis O^3 2 abdicato] abdicata N^1 omne] omnis $ξ Sm^1$ 2/3 athanasii ... arii] *tr. Mu¹ Cass Ch²*   3 altercationis] altergationes $Sm^{1a.c.}$ conflictatione] conflictione Sm^1, *om. Bd¹*   4 dum] *om. Bd¹*, cum Cass   copiam] copia Bd^1 hunc] tunc P^5 5 et¹] *om. β*   6 essentiae] esse *praem.*   diceret] dicerit $Sm^{1a.c.}$ e] heae O^3, et Bd^1

uero Arrius referebat in tantum unius eos non esse substantiae, ut dignitate, potentia, honore, Patrem Filio multum excellere, Filium uero intra haec et longe inferius subsistere diceret. Homousii quoque uocabulum tanquam peregrinum et ab Scripturis diuinis alienum, nuperque apud Nicaeam argumento potius quam auctoritate repertum, penitus repudiandum aiebat, aut certe diuinis contineri litteris sibimet demonstrari poscebat. Alioquin nominis ipsius simul faciendam esse iacturam obnixissime perorabat. Sed Athanasius utrum nominis nouitate an uerbi uirtute offenderetur dum inquireret, utrumque sibi Arrius displicere respondit. Ex quo apparuit eum non ob hoc homousion suscipere nolle, quia nouum erat, sed quia fidei eius molimina destruebat. Sed dum iterum ac saepius proprietatem uocabuli pure et specialiter in scripturis positi flagitaret, id Athanasius adlegabat ecclesiasticae consuetudinis esse, si quando apostolicae fidei terminos insolens et temeraria haereticae fraudis audacia praeterisset, his propositionum nexibus inenodabiliter uinciretur, quibus ipsam catholici sensus libertatem intra perfidiae suae laqueos implicatam retinere putabat.

Trad. text.: $\xi\,\beta$ Fra Cass Ch^2 (om. α^1 v Boc Ch^1)

9/14 homousii – perorabat] cfr supra ARRIVS I, 17, l. 7-17; I, 19, l. 1-26   14/16 sed – inquireret] cfr supra ATHANASIVS I, 20, l. 2-3; 5-8   16 utrumque – respondit] cfr supra ARRIVS I, 20, l. 13   20/25 athanasius – putabat] cfr supra ATHANASIVS I, 20, l. 24-30

7 uero] uerum Bd^1 referebat] ferebat O^3, referat K^1 unius eos] tr. Fra   eos non] tr. Ca^1 eos] eiusdemque Sm^1 8 honore] honorem N^1 patrem] patre Bd^1 filio] a praem Sm^1, filium K^2 9 diceret] dicerit Sm$^{1a.c.}$ 10/11 peregrinum – apud nicaenam] pereapud (!) niceam et ab scripturis diuinis nuperque apud niceam Ca^1 10 ab] a Vc^1 Bd^1 Fra Ch^2 11 potius] om. Cass   12 aiebat] agebat Vc^1 Sm$^{1a.c.}$ N^1 13 contineri] continere Sm$^{1a.c.}$ poscebat] possebat Sg$^{1a.c.}$ 14 simul] similes Sm^1 iacturam] iactura N^1, naturam Sm^1 15 nominis] om. Sm^1 uirtute] uirtutem N^1, ueritate Ca^1 16 inquireret] inquirerit Sm$^{1a.c.}$ sibi] om. Ca^1 respondit] aiebat Cass   17 eum] O$^{3s.l.}$ hoc] K$^{2s.l.\,p.c.}$, om. R^1 quia] que K$^{2a.c.}$ 18 molimina] molimen N^1, uolimina P^5 destruebat] adstruebat N^1 P^5, destrebat Ca$^{1a.c.}$ 19 ac] hac Sm$^{1a.c.}$ proprietatem] sua proprietate Sm^1 uocabuli] uocabulum Sm$^{1p.c.}$ et] om. Ca^1 in] om. Bd^1 20 positi] positum Bd^1, proprietatem add. Fra   flagitaret] flagiret Ca$^{1a.c.}$ adlegabat] astruebat Vc^1, flagitabat P^5 Bd^1 21 consuetudinis esse] tr. K^1 si] Ca^1 ξ, om. Sm^1 N^1 O^3 β^2 Fra Cass Ch^2, quod P$^{2p.c.}$ terminos] terminorum Sm^1 22 et] om. Bd^1 temeraria] temerata Sm^1 fraudis audacia praeterisset] fraudatia prestetisset Ca^1 23 uinciretur] diceretur Sm^1, uinceretur ξ Ca$^{1a.c.}$ N^1 O^3 K^1 Sg^1 K^2 R^1 sed uel uinciretur suprascr. Ca$^{1p.c.}$ ipsam] ipsa N^1 O^3 β^2, ipsius Sm^1, ipse Bd^1 catholici] catholicae P^5 Bd^1 Sm$^{1a.c.}$ 24 libertatem] libertate Vc^1 β^2 implicatam] inflictam P^5, impliciturm Cass   25 putabat] putaret P$^{2a.c.}$, curabat Ca^1

SENTENTIA PROBI V

V. Et ut se Athanasius antiquorum auctoritate muniret, talia priscae consuetudinis exempla protulit, quae etiam Arrius non solum negare non posset, uerum etiam pari cum eo fidei ratione defenderet. Proposuit igitur ad demonstrandam super nominum nouitatibus antiqui moris regulam, quod contra Sabellium, qui Patrem genitum adserebat, ingenitum atque innascibilem debere catholicos profiteri, praeteritorum conciliorum decreto fuisse sancitum, cum hoc ipsud euidentius positum, Scripturae diuinae auctoritate ostendi non possit, sed hoc profitendum, et ipsa rei ueritas, et necessitas haereticae professionis exigeret; item Deum ex Deo, lumen ex lumine, Filium confitendum, episcopos, religionis quam Arrius tradidit sectatores, in Sirmiensi synodo tradidisse; quod ipsud etiam simpliciter et specialiter in scripturis diuinis positum inueniri non posse. Et quam plura his similia protulit documenta, quae gestorum serie tenentur expressa, quibus ostenditur, ad obtundendas haereticorum insolentias, nouorum nominum uocabula fuisse praesumpta; nec tamen contra uetitum

---

Trad. text.: $\xi\beta$ *Fra Cass Ch²* (*om. α¹ ν Boc Ch¹*)

V. 1/2 et ut – protulit] cfr *supra* ATHANASIVS I, 20, l. 30 – 21, l. 34

V. 1 auctoritate] auctoritatem N^1 2 priscae] precae $Sm^{1a.c.}$ exempla] exemplo N^1 etiam] et tam $P^5 Bd^1$, tam Vc^1, solum *Fra*, et *Cass*, om. Ch^2 3 posset] posse $N^1 O^3 \beta^2$, potuit Vc^1, possit $P^5 Bd^1$ 3/4 defenderet] defendere Sg^1, defenderit Vc^1, defendit P^5 4 nominum] nomina $Ca^{1a.c.}$ 5 nouitatibus] nouitatis N^1 regulam] rationem *Cass* quod] quidem *Fra*, qua *Cass*   qui] quiquid Bd^1 7 catholicos] a catholicos $N^{1a.c.}$, a catholicis $N^{1p.c.}$, catholicas Ca^1 conciliorum] *om. Sm¹*, catholicorum ξ 8 sancitum] sanctitum N^1, sancxitum $P^5 Bd^1$, initium β^2 (*exc. Sg^{1p.c.}*) *Cass Ch²*, defini initium $Sg^{1p.c.}$ ipsud] ipsum $Vc^1 Bd^1 N^1 Sg^1 Mu^1$ euidentius] euidenter *Cass*   scripturae diuinae] *tr. Mu¹ Cass*   9 ostendi] monstrari ξ possit] posse $Sm^{1a.c.}$, posset $Sm^{1p.c.} Mu^1 Cass$ et] id ξ ipsa] ipsius Sm^1 10 exigeret] exierit N^1, exegerit $Vc^1 Sm^1$, exegit *Fra*   11 ex¹] de *Cass Ch²*   episcopos] *Cass Ch²*, episcopi *mss exc.* episcopis N^1 religionis] religiosis N^1, regionis $Mu^{1a.c.}$ 12 sectatores] in *praem. Sm¹*, om. ξ sirmiensi] sermensi Sm^1, si(y)rmensi $Vc^1 Bd^1 \beta^2$ *Cass*, sormensi P^5, smirmensi *Fra*   12/13 tradidisse] tradidissent $P^{2p.c.}$, tradisse Vc^1, dicuntur *praem. Fra*   13 ipsud] ipsum $Ca^{1p.c.}$ ξ $K^{1a.c.} K^{2a.c.} Sg^{1p.c.}$ etiam] et *Fra*   in] $K^{2s.l.}$, om. $R^1 Ca^1$ 14 positum] $Mu^{1s.l.}$ inueniri] inuenire $P^5 Bd^1 N^1$ posse] posset $P^{2p.c.} Cass$ plura] plurima P^5 his] *om. Bd¹*   15 serie] sirie Bd^1, syrie R^1 tenentur] tenetur $Ca^{1a.c.}$, tenerentur Bd^1 16 ostenditur] docendus *add. in marg.* $K^{1p.c.}$, ostendit Ca^1 ad obtundendas] $Ca^{1p.c.} P^5$, ad obtundas $Ca^{1a.c.}$, ad obtenendas $Sm^{1a.c.}$, ad obtinendas $Sm^{1p.c.}$, ad obtendendas N^1, ad optendas O^3, ab obtendas $Sg^{1a.c.} K^{2p.c.}$, ad ostendendas $K^1 Sg^{1p.c.} K^{2a.c.} Ch^2$, ad ostendes das R^1, ad optudendas Vc^1, ad optinendas Bd^1, ad obterendas *Fra*, ob ostendendas $Mu^1 Cass$ insolentias] insolentius Bd^1 17 uocabula] uocabulo P^5 17/18 contra uetitum apostolicae sententiae eos] eos contra uetitum apostolicae sententiae *Fra*   17 uetitum] ueritatem ξ

SENTENTIA PROBI V - VI 403

apostolicae sententiae eos fecisse credendum, qui *profanas uocum nouitates* praecepit euitandas. Sed profanas, inquit, non religiosas.
20 Nam religiosum esse, ingenitum dicere Patrem, et Filium Deum ex Deo, lumen ex lumine. Veros quoque christianos 'catholicos' nuncupare, noui nominis doceretur esse uocabulum. Simili ergo modo, aiebat Athanasius etiam nicaeno euenisse concilio, ut quia Arrius contra rerum fidem triousion, id est tres substantias indu-
25 cebat, homousion, id est unius cum Patre Filium substantiae, confitendum episcopos censuisse. Et erat omnino consequens, ut, si homousii professio tanquam a lege peregrina cassatur, triusiae quoque inuentio pari ratione confrustretur. Aut certe doceret Arrius triousion specialiter in lege conscriptum, sicut Athanasium
30 de homousii proprietate cogebat. Sed cum hoc penitus ostendere nequiuisset, claruit eum superflua de Athanasio exegisse quae ipse minime potuit demonstrare.

VI. Et cum se pari quaestionis uinculo artatum cognosceret, tandem aliquando in eum sententiae placitum reflexit adsensum,

---

Trad. text.: $\xi \beta$ *Fra Cass Ch²* (*om. α¹ ν Boc Ch¹*)

V. 18/19 I Tim. 6, 20

26/30 et erat – cogebat] cfr *supra* ATHANASIVS I, 24, l. 9-13; I, 25, l. 6-18

VI. 2/4 tandem – naturas] cfr *supra* PROBVS II, 1, l. 1-10

---

18 eos] esse *Bd¹* fecisse] fuisse *Ca¹* credendum] credimus ξ qui] *mss* (*exc. Bd¹*), quod *Bd¹*, quae *Cass Ch²* profanas] profana *Vc¹*, per uanas *Bd¹* 19 nouitates] nouitatis *N¹* profanas] per uanas *Bd¹* non] *Ca*^{ts.l.} *O*^{3s.l.} 20 nam] non *Ca¹* religiosum] religionum *Vc¹P⁵* esse] *om. P⁵* dicere] *om. P⁵Bd¹* 21 ex¹] de β, *om. Fra* ex²] de *O³ K¹ Fra* ueros] uiros *Sm¹* christianos] et praem. *Ca¹* 22 nuncupare] nuncupari *P*^{2p.c.} β^2 *Cass Ch²* noui nominis] nouimis *Ca*^{ta.c.} doceretur] docetur *Vc¹ P² β²* 23 aiebat] agebat *Vc¹Bd¹Ca¹ Sm*^{ta.c.} *N¹O³* nicaeno] in praem. *Fra* euenisse concilio] *tr. Vc¹* euenisse] euenire *Sg¹* ut quia] *Ca¹* ξ *Sm*^{tp.c.}, ut quae *Sm*^{ta.c.} *O³P*^{2a.c.} *K¹K² Cass*, utque *Fra Ch²* 24 rerum fidem] *tr. Mu¹ Cass Ch²* 24/25 triousion – substantiae] *om. Bd¹* 24 id est] *Ca*^{ts.l. p.c.} 25 filium substantiae] *tr. P⁵* 25/26 confitendum] *om. P⁵* 26 episcopos] episcopi ξ 26/27 si homousii] sibi housii *Bd¹* 27 cassatur] censatur *R¹*, cassaretur *Vc¹*, censeatur *Ch²* triusiae] triusion *Sm¹*, triusii *Vc¹* 28 quoque] quaeque *Ca¹* pari ratione] *om. Sm¹* confrustretur] β, confustetur *Ca*^{ta.c.}, confutetur *Ca*^{tp.c.}, confrustaretur ξ. Vide adnotationes 30 hoc] haec *Vc¹* 30/31 ostendere – exigisse] claruit cum superflua athanasio exigisse ostendere nequiuisset (*sic*) *Bd¹* 30 ostendere] ostenderet *Vc¹* 31 de] *om. Bd¹* exegisse] exigisse *P⁵Bd¹ N¹ β²*

VI. 1 se pari] se paratos *Sm*^{ta.c.} sui paratos *Sm*^{tp.c.}, separari *Vc*^{ta.c.} cognosceret] cognouerit *Sm¹*, agnosceret *Ca¹Vc¹P⁵* 2 aliquando] *om. Bd¹* in eum ... placitum] in eo ... placitum *Sm¹*, in eo ... placito ξ reflexit] repleuit *Bd¹* adsensum] *om. Cass*

ut nudi sermonis probatione omissa, rebus atque rationibus edocerent Patris et Filii aut unam aut diuersas esse naturas. Sed hinc Athanasius clariorem atque apertum unius substantiae indicium dabat, quod Patrem ex seipso et non extrinsecus Filium genuisse monstrabat, fierique non posse aliud eum quam id quod ipse est edidisse, cum et diuinae generationis ueritas pro sui honoris reuerentia id esse credendum exigeret, et rerum naturalium consuetudinis auctoritas inuitaret, non posse parentes dissimilis naturae filios procreare. Et ideo secundum Arrii sententiam, qui alterius substantiae quam Pater est Filium adserebat, hoc humano sensui intelligendum posse reliquit, ut si uere Filius in diuersitate naturae est, non tam genitus quam factus esse uideatur, sitque uacua et inanis Filii Patrisque appellatio, dum specie tenus magis quam ueraciter, aut ille genuisse, aut hic natus esse praedicatur. Aut si uere quidem de Patre natus adseritur, nec tamen unius cum eo eiusdemque substantiae creditur, degenerem eum et instar alicuius monstri aliud quam paterna natura dictabat, editum conuenit profiteri. Quod cum sanctae illi et beatissimae atque ineffabili non congruat maiestati, maxime cum et animantes ab

---

Trad. text.: $\xi\beta$ *Fra Cass Ch²* (*om. α¹ ν Boc Ch¹*)

4/8 sed – edidisse] cfr *supra* ATHANASIVS II, 4, l. 7-20   8/9 diuinae – exigeret] cfr *supra* ATHANASIVS II, 4, l. 26-29   9/11 rerum – procreare] cfr *supra* ATHANASIVS II, 5, l. 16-26   11/20 et ideo – profiteri] cfr *supra* ATHANASIVS II, 5, l. 43-49

---

3 ut] et *P⁵ Bd¹*   probatione omissa] probationem omissam *Vc¹*   rebus atque] rebusque *Bd¹*   3/4 edocerent] edocerit *Sm¹⁻ᵃ·ᶜ·* edoceret *Sm¹ᵖ·ᶜ·*   4/5 hinc ... clariorem] *Vc¹ Bd¹*, hic clariorem *P⁵*, hunc ... clariorem *Ca¹ Sm¹ P²⁻ᵃ·ᶜ· K¹ Sg¹ᵖ·ᶜ· K²ᵖ·ᶜ·*, hunc ... clariore *N¹ O³ Mu¹ R¹ K²ᵃ·ᶜ· Sg¹ᵃ·ᶜ·*, adhuc ... clarius *P²ᵖ·ᶜ·*, hoc ... clarissimum *Fra*, hinc ... clarius *Cass Ch²*. *Vide adnotationes*   5 apertum] apertius *P²ᵖ·ᶜ·*   indicium] initium *Mu¹*   6 quod] quo *Vc¹ Cass Ch²*   patrem] *om. R¹*   seipso] *Ca¹ P⁵ Bd¹ Sm¹ᵖ·ᶜ· Fra*, ipso *Vc¹ Sm¹ᵃ·ᶜ· N¹ O³ P² β² Cass Ch²*   extrinsecus] intrinsecus *Bd¹*   7 fierique non posse] fieri quoque non possit *Bd¹*   id quod] *om. Ca¹*   id] *om. Fra*   est] esset *Fra*   9 exigeret] exieret *N¹*, exegerit *Vc¹*, exigerit *P⁵ Bd¹*   10 inuitaret] inuitarit *Sm¹*   11 sententiam] sententia *N¹*, sentiam *P²ᵃ·ᶜ·*   12 quam] qua *Bd¹ P²ᵃ·ᶜ·*   humano] humani *P⁵ Sm¹ᵃ·ᶜ·*   sensui] sensu *Vc¹ P⁵*   13 posse] *om. Fra*   reliquit] reliqui *Ca¹*, relinqui *P⁵*   diuersitate] diuersitatem *N¹ O³ P²*, ut *add. P⁵ Bd¹*   14 non] si *P⁵*   sitque] sed et *Vc¹*, sed quia *P⁵ Bd¹*, sicque *Cass*   15 filii patrisque] patris et filii *Fra*   16 aut¹] ait *P⁵*   esse] *Ca¹ ξ, om. β edd.*   17 patre] deo *praem. Sm¹*   unius cum eo] *tr. Fra*   18 instar] star *Ca¹ᵃ·ᶜ·*   19 aliud] *Ca¹ ξ Sm¹*, alius *N¹ O³ Fra*, alias *P² β² Cass Ch²*   paterna] pater est et *Sm¹*, patris *Vc¹*   editum] edictum *N¹*   20 et ... atque] *tr. Fra*   21 non] *om. Ca¹ᵃ·ᶜ· Sm¹ᵃ·ᶜ· N¹ K¹ Sg¹ᵃ·ᶜ· K² R¹ Mu¹·, Ca¹ˢ·ˡ· ᵖ·ᶜ· Sm¹ᵗⁱⁿ ᵐᵃʳᵍ· ᵖ·ᶜ· Sg¹ˢ·ˡ· ᵖ·ᶜ·*   congruat] congruit *Sm¹ᵃ·ᶜ· Mu¹ᵃ·ᶜ·*   cum] eum *Sg¹*   et] etiam *Vc¹ P⁵*, esse *Bd¹*   animantes] ame antes *Vc¹ᵃ·ᶜ·*, amentes *Vc¹ᵖ·ᶜ·* animentis *Sm¹ᵃ·ᶜ·*   ab] ob *Bd¹*

hoc pessimae conditionis prodigio natura liberos redderet, nec aliud quam quod ipsa sunt generent, liquido comprobari eiusdem Filium cuius Pater est esse naturae.

VII. Sed contra haec Arrius illud praecipue opponebat Patrem non potuisse ex se Filium generare, ne per hoc diuisionis alicuius uel corruptionis uitio uideatur esse subiectus. Quia si ex semetipso, ut aiebat, id est ex hoc quod ipse est, Filium genuisse creda-
5 tur, aliquam utique substantiae suae portionem a seipso secreuisse putabitur; per quod sine dubio a suae perfectionis plenitudine quodammodo desciscens, et diuisus profecto et imminutus esse uidebitur. Quod obiectionis capitulum, tali Athanasius ueritatis ratione submouit, esse impossibile dicens Deum, qui incorporeus
10 sit et inuisibilis atque impalpabilis, id in se recipere uel habere quod sit diuisionis aut corruptionis uitio subiectum, quoniam scilicet diuidi uel imminui contrectabilium soleat et corporalium esse materia. Deum uero, qui in nullo est horum, tale aliquid perpeti omnino non posse, et ob id credendum quod genuerit, quia
15 se ipse genuisse testatus sit. Corruptum autem hac ipsa generati-

---

Trad. text.: $\xi \beta$ *Fra Cass Ch²* (*om. α¹ ν Boc Ch¹*)

VII. 1/8 arrius – uidebitur] cfr *supra* ARRIVS II, 6, l. 3-11; II, 10, l. 26-44
8/16 quod – sit] cfr *supra* ATHANASIVS II, 6, l. 12-37

22 pessimae] sepissime $Sg^{tin\ ras.\ p.c.}$ prodigio] prodicio $Sm^{ta.c.}$, proiudicio $Sm^{1p.c.}$, proditio Sg^1 redderet nec] ξ, reddiderit ne $Ca^1 \beta Ch^2$, reddidit *Cass*   23 sunt] sint *Cass*   generent] generant $Ca^{ta.c.}$ comprobari] comprobatur $Mu^{1p.c.}$ *Cass*   eiusdem] eius $Sm^1 Bd^1$ filium] filio $P^5 Bd^1$ 24 est] *om.* β (*exc.* $P^{2p.c.}$) *edd.*

VII. 1 arrius illud] *tr. Fra*   patrem] *om.* $P^5 Bd^1$ 2 ne] nec $Bd^1 N^1 K^1$ diuisionis] diuisiones $Sm^{ta.c.} Sg^{ta.c.}$, diminutionis *Cass*   3 quia si] qui si Ca^1, quasi $Sg^{ta.c.}$, quia *Cass*   ex] $Ca^{1s.l.}$ 3/4 semetipso] semetipsum P^5 4 aiebat] agebat $Ca^1 Vc^1 Sm^{ta.c.}$ genuisse] generasse $P^{2a.c.}$ 4/5 credatur] creditur P^5 5 suae] *om.* ξ seipso] seipsum P^5, semetipso N^1 secreuisse] recreuisse Ca^1, segreuisse $Sm^{ta.c.}$, segregauisse $Sm^{1p.c.}$
6 dubio] duo $Sg^{ta.c.}$ perfectionis plenitudine] *tr. Fra*   plenitudine] plenitudinem $Ca^{ta.c.} N^1$ 7 quodammodo] $Ca^1 \xi Sm^1$, admodum $N^1 O^3 P^2 \beta^2$ desciscens] discedens Sm^1, discissens Vc^1 imminutus] deminutus $Sm^{ta.c.}$, diminutus $Sm^{1p.c.}$ 8 capitulum] caput *Fra*   tali] tale N^1, talia $Ca^{ta.c.} K^2 R^{ta.c.}$ 9 impossibile] non possibile $O^{3a.c.}$
10 et inuisibilis atque impalpabilis] aut inuisibilis atque impassibilis P^5 id] *om.* R^1
11 aut corruptionis] *om.* Vc^1 subiectum] subiectus $R^{ta.c.}$ quoniam] quod $K^1 K^{2p.c.} Sg^1$
12 imminui] minui Bd^1 *Cass*   soleat] solebat $Sm^{ta.c.}$ 13 materia] materiarum $Ca^{1p.c.} Sm^{1p.c.} P^{2p.c.}$ *Cass* Ch^2 uero] uerum Bd^1 qui in nullo est horum] nullum istorum $Vc^1 P^5$, nullam istorum Bd^1 nullo] nullum $Sm^{1p.c.}$, illo $\beta^2 K^1$ tale] et praem. Vc^1 14 omnino non posse] *om.* Bd^1 omnino] *om.* $Vc^1 P^5$ posse] esse $O^{3a.c.}$ genuerit] ienue Vc^1 15 ipse] $Ca^1 P^5 Bd^1$, ipso Vc^1, *om.* β *edd.*   testatus sit] testatus $K^2 R^1$, testatur $K^1 Sg^1 Mu^1$ *Cass* Ch^2, testus sit Ca^1 autem] est $K^{2a.c.}$ hac] ac $Ca^{ta.c.}$, hec P^5

one omnino non fatendum, quia semper incorruptus sit. Maxime cum pleraque inueniantur in rebus corporeis et corruptioni subiectis ita ministrari uel nasci, ut nullum suis unde gignuntur materiis adferant detrimentum, sicut lumen a lumine sumptum uel
20 accensum, et per quamdam profectus natiuitatem ministratum, nullum diminutionis damnum originali possit adferre materiae, cum et diuinus sacratissimae uirginis partus, tale aliquid in se miro atque inexplicabili sacramentorum mysterio fuisse demonstret, dum sine damno pudoris Deo plenus uterus uacuatur. Quod si
25 uirginalis integritas, si natura corruptioni obnoxia Deum pariendo non corrumpitur, quomodo natura incorruptibilis Patris eumdem Deum generando corrumpi potuisse credatur?

VIII. Sed iterum Arrius Patris et Filii longe imparem dissimilemque naturam hinc ostendere nitebatur, quod Filius minorem se dixerit Patre, et non suam, sed eius in omnibus facere uoluntatem. Multaque alia in hunc sensum conuenientia de seipso fassum
5 fuisse asseruit, quae mihi ad demonstrationem dissimilis naturae satis imbecilla et multum uidentur incongrua. Quasi uero si quilibet filius homo patris hominis faciat uoluntatem, et eum sibi

---

Trad. text.: ξ β *Fra Cass Ch²* (*om. α¹ ν Boc Ch¹*)

22/27 cum – credatur] cfr *supra* ATHANASIVS II, 9, l. 4-19

VIII. 1/3 sed – patre] cfr *supra* ARRIVS II, 16, l. 27-30   3/6 et non – incongrua] cfr *supra* ARRIVS II, 20, l. 6-25

---

16 sit] *Ca¹ ξ Sm¹*, est *P²*, *om. N¹ O³ β² edd.*   17 inueniantur] inueniatur corruptioni] corruptione *R¹ᵃ·ᶜ· P⁵*, corruptionis *Bd¹ Vc¹ᵃ·ᶜ·*   18 gignuntur] gimnuntur *Vc¹*, gignantur *Fra*   20 accensum] accensu *N¹ K², accesu Sg¹ᵃ·ᶜ· R¹*, accesum *Sg¹ᵖ·ᶜ·*, ad concessum *P⁵ Bd¹*   quamdam] quadam *Ca¹ᵃ·ᶜ· P⁵ Bd¹*, quodam *Vc¹ P⁵*, quosdam *Bd¹ Fra Cass* profectus] pro affectum *Vc¹*   natiuitatem] natiuitate *N¹ O³*, natiuitatis *Fra*, natiuitatum *Cass*, *om. ξ*   21 nullum] *Ca¹ ξ*, *om. β* (*exc. P²⁵·ˡ· ᵖ·ᶜ·*)   originali] originari *K¹ᵃ·ᶜ· Sg¹ᵃ·ᶜ·* possit] non *praem. Sm¹ˢ·ˡ· ᵖ·ᶜ· P²ᵃ·ᶜ· Fra sed del. P²ᵖ·ᶜ·*   adferre] adferri *ξ N¹ O³ Fra*   22 diuinus] diuinae *Sm¹ᵃ·ᶜ·*   tale] *et praem. Ch²*   in se] *om. Fra*   miro] mirum *ξ*   23 inexplicabili] inexplicabile *ξ*, inextricabili *K¹*   mysterio] misterium *ξ*   demonstret] demonstrat *ξ Sm¹ Cass*   24 uacuatur] conseruatur *Vc¹*, fatur *P⁵ Bd¹*   quod] *ξ*, et *Ca¹ β edd.*   25 si] *del. et* et *scr. s.l. Sm¹ᵖ·ᶜ·*   natura] natu *K¹ᵃ·ᶜ· Sg¹ᵃ·ᶜ·*   27 deum] filium *add. Vc¹*

VIII. 1 imparem] inter patrem *Ca¹*   1/2 dissimilemque] dissimilem quę *Vc¹* 2 hinc] hic *Bd¹*   quod] quia *Sm¹*   3 patre] patri *Sm¹ K¹ Sg¹*   in] *om. P⁵*   4 seipso] ipso *Sm¹*, seipsum *P⁵ R¹ᵃ·ᶜ·*   fassum] falsum *K¹ Sg¹ᵖ·ᶜ· R¹ᵃ·ᶜ·*, false *R¹ᵖ·ᶜ·*, factum *N¹* 5 quae] nequae *Ca¹ᵃ·ᶜ·*   demonstrationem] demonstratione *N¹*   6 si] *K¹ˢ·ˡ· ᵖ·ᶜ·*, *om. Sg¹* 7 filius homo patris hominis] homo filius hominis patris *Vc¹*   homo] hominis *Sm¹* patris hominis] *tr. K¹ᵃ·ᶜ· Sg¹*   eum] cum *Ca¹ N¹ O³ K¹ Sg¹ K² Mu¹ Fra Cass*, *om. R¹*

SENTENTIA PROBI VIII 407

praestantem fateatur atque maiorem, diuersae ab eo poterit esse naturae, dum etsi possit pater honore praeferri, non tamen natura
10 discerni. Quod quidem ego lege atque conditione humanae naturae dixerim. Ceterum Athanasius manifestiore sententia huius nobis intelligentiae uiam aperuit, in qua, omni cunctationis discussa caligine, clarum ueritatis lumen eluxit. Quid enim ad totius erroris nebulas effugandas dici uel credi manifestius potuit, quam
15 ut, sicut in uno Christo duas credimus esse naturas, Dei scilicet et hominis geminam, quoque in eius uerbis uel actis rerum cognoscamus inesse uirtutem? Vt ea quidem, quae sublimius loquitur, id est: *Ego et Pater unum sumus*, et cetera his similia, ad deitatis referantur naturam; quae uero humilius, secundum hominem in-
20 tellegatur fuisse locutus.

De Spiritu quoque sancto competens habita disputatio est, quem Arrius a communione naturae Patris et Filii per creaturae confessionem longe secretum atque alienum esse putauit. Sed quod unius sit eiusdemque substantiae hinc praecipue Athanasius
25 demonstrauit, dum ea eum loqui atque agere quae non nisi Deum possibile sit operari uel loqui, taliaque de eo referri quae nulli con-

---

Trad. text.: $\xi\beta$ *Fra Cass Ch²* (*om. α¹ ν Boc Ch¹*)

VIII. 18 Ioh. 10, 30

11/20 ceterum – locutus] cfr *supra* ATHANASIVS II, 17, l. 12-36   21 de spiritu – est] cfr *supra* ARRIVS II, 23, l. 8 sq.; PROBVS III, 12, l. 2-4   22/23 arrius – putauit] cfr *supra* ARRIVS II, 23, l. 8-20; III, 12, l. 5-30   23/32 sed – monstrauit] cfr *supra* ATHANASIVS II, 25, l. 1 – 26, l. 40; III, 13, l. 1-20; III, 13, l. 1 – III, 17, l. 26

---

8 fateatur] fateantur R^1 maiorem] maiore Sg^1 diuersae ab eo] ab eo diuersae $K^1 Sg^1$ ab eo poterit] poterit ab eo Mu^1 ab eo] *om. Fra*   9 etsi] et Sg^1 possit] sit $Ca^{1a.c.}$, etiam *add.* Sm^1 praeferri] proferri $Sm^{1a.c.} Bd^1$, praeferre $K^{2a.c.}$ natura] $Sm^{1s.l.}$ 10 lege] legi $K^{1a.c.} K^2 R^{1a.c.}$ 10/11 humanae naturae] *tr. Cass Ch²*   11 athanasius] athanasii cuius Bd^1 manifestiore] manifestiorem P^5, manifestiori Fra, et *add. Cass*   sententia] sentia Ca^1 11/12 huius nobis] huius modi Ca^1 12 uiam] *om. Vc¹*   aperuit] *om. P⁵*   omni] omnis $Vc^1 P^5$ cunctationis discussa] *tr. Fra*   13 clarum] uerum ξ eluxit] illuxit $Vc^1 P^5$, luxit $Bd^1 Fra$, eduxit $Cass Ch^2$ quid] quod Vc^1, quia $P^5 Bd^1$ enim] *om.* ξ 15 ut] *om.* $\xi R^1 Cass Ch^2$ uno] *om. P⁵*   credimus esse] *tr. P²*   et] *om. Cass*   16 actis] actibus Bd^1 17 inesse] esse $Mu^1 Cass$, inseri $P^5 Bd^1$ sublimius] sublimis Bd^1 18 id est] idem P^5 similia] quae *add.* $Sm^{1a.c.}$ deitatis] diuinitatis $Cass$ 19/20 intellegatur fuisse locutus] fuisse locutus $Sg^{1a.c.} R^1$, fuisse locutum $K^1 Sg^{1p.c.} K^2 Mu^1 Cass Ch^2$ 21 disputatio est] *tr. Cass*   22 communione] communitione K^1 23 confessionem] professionem Fra secretum] segregatum Sm^1 putauit] putabat P^5 24 quod] quid $Sg^{1a.c.}$ sit eiusdemque] *tr. Fra*   hinc] hic P^5 25 ea eum] *tr. Fra*   ea] *om. Vc¹*   deum] deo $\beta^2 Cass Ch^2$ 26 de eo] deo $Sg^{1a.c.}$ 26/27 conueniant] conueniat $Bd^1 Sm^1$, conueniunt $Cass$

ueniant creaturae, perdocuit. Et ideo a Patris et Filii deitatis unitate extraneum uel diuersum esse non posse quem similis atque eadem operum uirtus demonstrauit aequalem. Quia et reuera detestabili prauitatis errore Patris et Filii societate alienus putatur, qui parem nominis uirtutisque honorem cum hisdem obtinere monstratur.

IX. Difficilem quoque illam et, ut Arrius autumabat, insolubilem quaestionem, quod tres unus Deus dici et idem tribus distingui personis intentauerat, ita Athanasius diuinae scripturae auctoritate dissoluit, ut maiori sit absolutione ueritatis enodata quam fuerat per syllogismos uersutiarum plectiles inuoluta. Manifestius namque docuit quod in Trinitate unus Deus, secundum naturae unionem, non secundum distinctionem creditur personarum. Et ideo tres unus est Deus, quia trium natura una est. Quia et cum multae animae una anima, et cum omnes homines unus homo dicitur, secundum naturae conditionem, quae omnibus una est, non secundum diuersitatem adseritur personarum. Igitur qui natura unus est Deus, idem in personis tres sunt, Pater et Filius et Spiritus sanctus. Si itaque horum trium commune nomen

---

Trad. text.: $\xi\,\beta$ *Fra Cass Ch²* (*om. α¹ ν Boc Ch¹*)

IX. 1/3 arrius – intentauerat] cfr *supra* ARRIVS III, 18, l. 16-40   3/8 ita – una est] cfr *supra* ATHANASIVS III, 19, l. 16 – III, 23, l. 30   8/11 quia² – personarum] cfr *supra* ATHANASIVS III, 24, l. 1-7

---

27 a] *om. P^s*   28 diuersum] diuisum *Cass Ch²*   esse] a se *Bd¹*   similis] similem $\xi\,Sm^1$ 29 operum uirtus] *tr. Bd¹*   demonstrauit] demonstrabit *Sm¹*   quia] qui *Cass Ch²*   29/30 detestabili] destabili *Ca^{ta.c.}*   30 patris] a *praem. Vc¹ Sg^{tp.c.}*   31 qui] quia *Sm¹ β² Cass Ch²*, is *praem. Ca¹*   parem] patrem *K^{ta.c.} Sg^{ta.c.}*, patris *R¹*   honorem] honoribus *Sm^{ta.c.}*   hisdem] isdem *N¹ O³ β²*, *del. Sm^{tp.c.}*

IX. 1 illam] illa *Vc¹*   et] *om. Bd¹*   autumabat] adunabat *Sm¹*, aut tumabat *Vc¹*, autumanabat *Ca^{ta.c.}*   2 quaestionem] *Sm^{ts.l.}*   unus deus] unum deum *Vc¹*   deus dici] *tr. Fra*   dici et] dicebat *Bd¹*   tribus] in *praem. Sm¹*   2/3 distingui] ξ, posse *add. Sm¹*, non posse *add. β¹ β² edd. Vide adnotationes*   3 ita] ut *add. R¹*   4 auctoritate] auctoritatem *N¹*, *om. P^s*   maiori] magis *Vc¹*, maior *Ca¹ Bd¹ P^s*   absolutione] absolutioni *K¹ Sg¹*   enodata] fides *praem. Vc¹*   5 fuerat] fuerit *β² Cass Ch²*   uersutiarum] uersutiorum *Vc¹*   plectiles] *Vc¹ Sm¹*, pectiles *Bd¹*, plictile *N¹ O³ Sg^{ta.c.} K² R¹ Fra*, plectile *P² K¹*, plectulis *P^s*, plictiles *Cass Ch²*   6 namque] quoque *Ca¹*   quod] ut *Sm^{ta.c.}*   unus] sit *praem. P^{2p.c.}*, est *add. Sm^{tp.c.}*   deus] sit *add. Mu¹ Cass*, est *add. Vc¹*   secundum] per *Cass*   7 naturae – secundum] *om. Bd¹*   distinctionem] dictionem *K^{2a.c.}*   creditur] ξ, *om. β* (*exc. Sm¹*), dicitur *Sm^{1in marg.}*   8 et] *om. Sm¹*   ideo] idcirco *Cass Ch²*   est deus] *tr. Vc¹ Bd¹ Cass*   trium] tria *N¹*   natura una] *tr. Cass*   una] *om. P^s*   10 dicitur] dicatur *Sm^{tp.c.}*   omnibus] hominibus *P^s*   12 qui] quia ξ in] *om. Ca¹*   13 si] sic *Sm^{tp.c.}*   commune nomen] *tr. Cass Ch²*

requiras, unus Deus est, in quo uno ac singulari nomine baptismi
mysterium celebratur. *Baptizate*, inquit, *gentes in nomine Patris et
Filii et Spiritus sancti*. Iuxta quam nominis communionem, et Pater Deus, et Filius Deus, et Spiritus sanctus Deus dicitur. Et cum
unusquisque eorum singulariter Deus sit, deos tamen eos pluraliter dicere, naturae unitas non admittit. Quoniam naturae nomen,
quod Deus est, non priuatum unicuique et peculiare, sed commune est. Et quod commune atque unum est, plurale esse non
potest. Et ideo Trinitas non pluraliter dii, sed unus dicitur Deus.
Vbi uero peculiare aliquid, et quod in alium non reciprocat, inest,
ibi et pluralitas et distinctio haberi potest. Quia ergo Pater proprie
dicitur, et Filius proprie nuncupatur, et Spiritus sanctus propria
appellatione distinguitur, nec potest Pater Filius, nec Filius Pater,
nec Spiritus sanctus aut Filius aut Pater intelligi, rectissime secundum distinctionem personarum tres numerantur, qui tamen secundum naturae unionem numerari non possunt. Et ideo tria
sunt nomina in personis: Pater et Filius et Spiritus sanctus, unum
nomen in natura: Deus; et ob hoc tres unus Deus. Ergo nec confusio in tribus, nec diuersitas in uno admittitur nomine; ac sic
Trinitas unus Deus est secundum naturae unionem, et unus Deus
Trinitas est secundum personarum distinctionem. Haec iuxta
Athanasii sensum uerius adhuc et plenius potest quisque disserere, cuius fidei adsertio tanta ueritatis auctoritate tantaque pro-

babilium rerum adstipulatione fulcitur, ut, nouo atque inusitato actionis genere, suorum magis aduersariorum testimonio comprobetur, et ipsis magis rationibus constet atque subsistat quibus destrui posse putatur.

X. Dixit enim idem Athanasius tres esse personas et unam eorum esse naturam. Quae sententia, Sabellii quoque et Arrii testimonio comprobatur. Nam usque adeo Pater et Filius et Spiritus sanctus unius sunt potestatis uniusque naturae, ut Sabellius tantam uim conspiciens unitatis, unam et singularem dicat esse personam. Sed in tantum non est una persona, sed tres distinctae, ut Arrius eos inaequales et natura dicat esse diuersos. Ergo inaequalitas Arrii distinctionem indicat personarum; confusio Sabellii naturae apertius unionem ostendit. Rursus dum Fotinus ad confirmationem sententiae suae, qua putat Christum purum hominem esse, illa replicat testimonia quae idem Christus humanae conscius naturae aut locutus est aut peregit, id est, dum Patrem sibi maiorem, et non suam sed eius dicit facere uoluntatem, et cetera his similia, quae disputationis corpore plenius habentur expressa, euidentissime Athanasii comprobat fidem, qua Christum adseruit haec omnia non secundum deitatis, sed secundum huma-

---

Trad. text.: $\xi\beta$ Fra Cass Ch² (om. α¹ ν Boc Ch¹)

X. 12/13 patrem – maiorem] cfr Ioh. 14, 28   13 non suam – uoluntatem] cfr Ioh. 6, 38

37/38 inusitato actionis] inusitate actione Ca¹   38/39 comprobetur] ea praem. Ca¹, comprobentur Bd¹   39 et] ut Bd¹   ipsis magis] Vc¹ P⁵, in ipsis magis Bd¹, ipsi alii Ca¹, ipsis aliis Sm¹ β¹ K¹ K² R¹ Ch², ipsis salus Sg¹, ipsis et aliis Mu¹ Cass, ipsis Fra   constet] constat β²   40 destrui] distrui Ca¹ Sm¹ N¹ O³   putatur] putitur P⁵
X. 1 enim] om. Cass   idem athanasius] tr. P⁵   idem] item K^{ta.c.}   1/2 eorum] eorumque Sm^{ta.c.}, earumque Sm^{tp.c.}, earum Sg^{tp.c.}   2 naturam. Quae] naturamque Sg^{ta.c.}   sententia] om. Sm¹, sentia Sg^{ta.c.}   et] id praem. Sm¹, om. P⁵   4 unius sunt] unus Ca^{ta.c.}   uniusque] unius quae Ca^{ta.c.}   5 uim] ueri P⁵   conspiciens] inconspiciens Sg¹   unitatis] ueritatis Ch²   dicat] Ca^{ts.l. p.c.}, diceret ξ, om. Ca^{ta.c.} β edd.   6 personam] putauerit add. β, putauerit praem. Mu¹ Cass   7 et natura] et nature Sg¹, et natu Vc¹, in natura P⁵   esse] eos praem. Sm¹   diuersos] dispersos Ca¹   8/9 confusio sabellii – ostendit] confusio uero sabellii diuersitatem non recipit naturarum ξ   9 rursus] rursum Ca¹   rursus dum fotinus] fotinus quoque ξ   dum] om. Cass   10 qua] qui Bd¹   11 illa] ille K¹   12 quae] quod Cass   13 dicit facere] dicere Sm¹   dicit] indicat N¹   facere] se praem. P² Cass Ch²   13/14 cetera] quae add. Sm^{ta.c.}   14 disputationis] in praem. Fra   14/15 expressa] expressus sum Sm^{ta.c.}   15 euidentissime] euidentissimi O³   comprobat] comprobant P⁵ Bd¹ Sm^{tp.c.}   qua] quam Vc¹   16 deitatis sed secundum] K^{2s.l. p.c.}, om. Bd¹   deitatis] diuinitatis Cass

nitatis, quam idem gestabat, naturam fuisse locutum. Sed et cum Arrius, ex infirmitate dictorum uel gestorum eius, creaturam eum uult intelligi – indignum uidelicet iudicans naturam in eo Dei omnipotentis accipere, quem conspicit tantis necessitatum conditionibus subiacuisse –, non solum per haec Athanasii sententiam robustius firmat, qua in Christo secundum dispensationem carnis accipienda esse definiuit quaeque uiriliter aut locutus est aut peregit, uerum etiam simili cum Fotino perfidiae uinculo teneretur adstrictus, dum et ipse pari sententia Filium Dei creaturam ausus est definire. Aut quamquam in eo sint dissimiles, quod Arrius caelestem creaturam et meliorem ceteris Filium Dei opinatus sit, Fotinus uero terrestrem, uterque tamen eorum creaturae nomine copulatur. Dum siue caelestem siue terrenam dixerint, minime tamen a creaturae confessione discedunt, adimentes utrique Filio id quod de Patre natus est et hoc solum profitentes quod creatus est. Ac per hoc non solum ipso adsertionis genere idonei utrique sunt Athanasio testes, sed et dum Christum creaturam fatentur, errore consimili repperiuntur aequales.

XI. Probabilis igitur, et omni ueritatis adsertione subnixa, utpote apostolicis traditionibus communita, et ex eorum ueniens regulis, Athanasii fides apparuit. Euidentius namque nobis secun-

---

Trad. text.: $\xi \beta$ Fra Cass Ch² (om. α¹ ν Boc Ch¹)

---

17 quam] qua N¹   idem] quidem Sg¹   gestabat] gessit Ca¹   naturam fuisse] tr. Cass   naturam] natura N¹   et] om. Ca¹ P⁵ Bd¹   cum] eum Ch²   18 arrius] et praem. P⁵   eum] om. Bd¹, cum Ch²   20/21 quem – subiacuisse] om. ξ 20 quem] quam Fra   necessitatum] neccessitatem K^{ta.c.}, et necessitati Ca^{ta.c.}, neccessitatibus Ca^{1p.c.}   21 subiacuisse] ubi acuisse N¹   non] qui praem. Vc¹ Bd¹, quod praem. P⁵   21/22 sententiam] sententia N¹   22 qua] quae ξ P² Fra, qui ea Ca¹, quam N¹ Mu¹ Cass Ch²   23 accipienda] accipiendam Cass   quaeque] que Ca^{1p.c.}   uiriliter] utiliter Ca¹, uisibiliter ξ 24 aut] K^{2s.l. p.c.}   peregit] pegit Cass   etiam] om. ξ 24/25 teneretur] Ca¹ P⁵ N¹ O³, tenetur Vc¹ Bd¹ Sm^{1p.c.} P² β² edd.   25 sententia] sententiae K¹ Sg¹   26 definire] dicere Ca^{1s.l. p.c.}   aut] at P^{2p.c.} Mu¹ Cass Ch²   sint dissimiles] sit dissimilis P⁵ Bd¹   27 ceteris filium dei] filium dei ceteris K² R¹   ceteris] creaturis add. Bd¹   28 eorum] om. P⁵   29 nomine] K^{2s.l.}, om. R¹   siue¹] sibi N¹   caelestem siue terrenam] terrestrem siue caelestem Fra   29/30 dixerint] dixerim O³   30 a] om. Bd¹, de P⁵   confessione] confusione Sm¹   adimentes] adimentis N¹   31/32 et hoc solum – creatus est] om. ξ profitentes – non solum] om. homoeot. N¹ O³ P² β²   32 non] om. Ca¹   33 sunt athanasio testes] athanasii sunt testes Fra   sunt] sint K¹   33/34 creaturam] creatura N¹   34 errore – repperiuntur] om. ξ

XI. 1 adsertione] agnitione P⁵   subnixa] subnexa Sm^{ta.c.} N¹ K¹ K² R¹, submissa P^{sa.c.}   2 apostolicis] ab praem. Bd¹   ex] et praem. Vc¹ Bd¹   3/5 athanasii – singularem] om. Bd¹

dum normam catholicae fidei unum Deum ostendit, non tripertitum, non singularem, non confusum, non diuisum, non ex diuersitate compositum, non quadam confusione unitum, sed ita Patrem et Filium et Spiritum sanctum propriis exstare atque distingui personis, ut tamen secundum communis naturae unionem unus sit Deus. Illa quoque anilium fabularum figmenta, quibus Arrius et Fotinus, pariterque Sabellius, dubia uocabulorum nomina Patri et Filio tribuebant, dum unus eum ipsum sibi Filium effectum, alii eum non tam genuisse quam creasse Filium inanissime iactitabant, ueritatis adsertione destructa cesserunt. Nam licet per uarios errorum incesserint calles, ad unum tamen perfidiae compitum peruenerunt. Toti enim Patrem non genuisse dixerunt. Siquidem Sabellius et Fotinus aperta hoc impietate adstruere nisi sunt, Arrius uero in prima quidem disputationis fronte subtilius eludendum putauit, sed processu certaminis hoc ipsud pertinaci impudentia defensauit, adserens Patrem non ex seipso genuisse, sed extrinsecus Filium creauisse. Ac per hoc secundum istorum nefandos errores frustra dicitur Pater, si non genuit; incassum appellatur Filius, quem genitum non esse haeretica impietas definiuit. Sed quod haec commenta fuerint uanissimae superstitionis, apertissima Athanasius ueritate perdocuit,

---

Trad. text.: ξ β *Fra Cass Ch²* (*om. α¹ ν Boc Ch¹*)

4 catholicae fidei] *tr. K² R¹ Ch²*   4/5 tripertitum] tripartitum *Sm¹ Cass,* pertritum *Ca^{ta.c.}*   6 confusione] ξ, compositione β *Ca¹ edd.*   ita] et *Sm¹*   7 et spiritum sanctum] *om. Fra*   propriis] *K^{ts.l.}*   exstare] stare *Ca¹ Bd¹*   8 communis] communionis *Bd¹*   9 sit deus] *tr. Ca^{ta.c.} Bd¹*   quibus] quae *P⁵*   10 pariterque] pariter *Sg¹*   10/11 nomina] dando *add. Sm¹*   11/12 patri – quam] *om.* ξ   11 tribuebant] tribuant *Ca^{ta.c.} K¹ K² R¹ Sg^{ta.c..}*, tribuunt *K^{tp.c.} Sg^{tp.c.}*   eum] *om. Ch²*   12 alii] alius *Sm¹*   creasse] creatum esse *Vc¹*   filium] *Ca¹* ξ, *om.* β *edd.*   12/13 inanissime] inanimasse *Bd¹*   13 iactitabant] actitabant *Bd¹*   adsertione] adsertionibus *Vc¹*   destructa] destructi *Fra*   nam] non *Sg^{ta.c.}*   14 errorum] eorum *Bd¹ R¹ Ch²*   calles] calces *Vc¹*   14/15 perfidiae] *Ca¹* ξ, *om.* β *edd.*   15 compitum] competum *Ca^{ta.c.} N¹ O³ β²*, compositum *P²*, computum *Vc¹*, compedem *Bd¹*, competere *P⁵*, operum *Sm^{ta.c.}*, errorem *scr. s.l. Sm^{tp.c.}*   enim] *Ca^{ts.l. p.c.}*   16 siquidem] sic quidem *Bd¹*   16/17 adstuere] asseruerunt *P⁵ Bd¹*   17 nisi sunt] conati sunt uel nisi *Cass*   disputationis] dispositionis *Sm¹*   18 eludendum] eludenda *Sm¹*   putauit] putabit *Bd¹*   processu] in *praem. P⁵*   certaminis] a *praem. N¹*   19 pertinaci] pristinarum *Sm¹*   impudentia] inprudentia *Sg¹*   defensauit] defensabit *Bd¹*   20 seipso] ipso *K^{ta.c.}*   creauisse] procreasse *Sm¹*, creuisse *N¹*, creasse *P⁵ Bd¹ O³ P²*, genuisse *K^{ta.c.} sed* creauisse *scr. in marg. K^{tp.c.}*   ac] hac *Vc¹ Sm^{ta.c.}*, at *Bd¹*   20/21 secundum istorum nefandos] sanctorum istorum nefandorum *Bd¹*   21 istorum] historiam *N¹*   23 haec] *P^{2s.l.}*   fuerint] fuerunt *Sg^{ta.c.}*   24 superstitionis] supersticiones *N¹*, substionis *Ca^{ta.c.}*, substitutionis *Ca^{tp.c.}*   apertissima] apertissime *N¹*

25 ostendens Patrem uere genuisse, et Filium ipsa paterni nominis
ueritate uere genitum esse.

XII. Cessit igitur mendacium ueritati, et omnis fucus adulterini dogmatis, integritate fidei manifestata, tandem aliquando euanuit, atque tota nebulosae adsertionis caligo, quae crasso
perfidiae uelamine humanas obduxerat mentes, ita nitore fulgen
5 tis fidei ad purum usque discussa est, ut ne uestigium quidem sui
potuerit errores relinquere. Vnde hortor et simul in commune suadeo, cunctos qui se nouerunt Sabellii, Arrii et Fotini, uel cuiuslibet alterius ficti dogmatis erroribus implicatos, si propriae saluti
consulunt, si lumini caecitatem non praeferunt, si sibi obesse no-
10 lunt, quod tam diu a ueritatis lumine per palpabiles inanium opinionum tenebras errauerunt, si sibi prodesse cupiunt, quod
christiani dicuntur, omni uerecundiae pudore postposito, relinquentes noxia humani commenta erroris, quibus uerum reperisse
se fallebantur et quibus sub praetextu christiani nominis a Christi
15 confessione procul extorres habebantur, totis uiribus, totisque
fidei nisibus, ad uerum et rectum apostolicae fidei tramitem, cuius
Athanasius idoneus et fidelis adsertor exstitit, retinendum ocius

festinare contendant, ut uerae integraeque confessionis praemium indubitata sorte capessant.

Trad. text.: $\xi\beta$ *Fra Cass Ch²* (*om. α¹ ν Boc Ch¹*)

18 ut] *om. R¹* 18/19 praemium indubitata] pium indubitati *Ca¹* 19 capessant] capescant $\xi\beta^2$ *Ch²*, capessent *P²ᵃ·ᶜ·*, campessant *Ca¹ᵃ·ᶜ·*, amen *add. Bd¹ β² Cass Ch²*

Expl. explicit sententia iudicis probi inter athanasium episcopum catholicum et arrium et sabellium et fotinum hereticos *Sm¹ β¹*, explicit sententia iudicis probi inter athanasium episcopum catholicum et arrium, sabellium et fotinum hereticos *K¹ K²*, explicit sententia iudicis probi inter athanasium episcopum catholicum et arrium, sabellium et fotinum hereses *Sg¹*, explicit sententia iudicis probi inter athanasium uenerabilem antistitem catholicae fidei sectatorem et arrium perfidiae hereseos inflatione tumentem ceterosque peruersi dogmatis exquisitores uidelicet sabellium fotinum male glorios *Mu¹*, explicit sententia iudicis probi *Vc¹*, explicit sententia iudicis. apellatorium arii. arrius per hunc libellum ... (*cfr supra, p. 151-153*) *Bd¹*, expliciunt sententiae gestorum disputationum catholicae fidei probi iudicis cognitoris inter sanctum athanasium catholice fidei episcopum et arrium presbiterum peruerse docmmatis principem huius sceleris uel sabellium et fotinum. Deo gratias semper *Ca¹, non habet Pˢ*

NOTES DE CRITIQUE TEXTUELLE

Initium secundae tractatus editionis

6/7 *insereret mentes*] Il n'y a ici, semble-t-il, que deux solutions: soit l'on adopte le texte de Chifflet, transmis par les seuls mss *Ty²ᵖ·ᶜ·* et *P⁴*: *se insereret mentibus* avec *impia doctrina* comme sujet, soit l'on suit l'écrasante majorité des mss: *insereret mentes*, toujours avec *impia doctrina* comme sujet et le verbe *insero, -ui, -sertum* au sens de *implanter, pénétrer*. Certes, la construction habituelle de ce dernier est *inserere aliquod in + acc*. Mais cette construction a pu évoluer, surtout avec le sens de *implanter, pénétrer*, qui est attesté. Malgré la difficulté, c'est cette dernière solution que nous retenons sur la base de la tradition manuscrite.

76 *actorem*] La majorité des mss porte *auctorem*, mais ce substantif étonne. Il pourrait s'agir d'une faute d'archétype pour *actorem*, au sens juridique: accusateur, procureur, celui qui intente une action en justice.

Liber primus

III. 18/19 *ob humanis piaculis expiandis*] La leçon retenue est celle de plusieurs mss de la famille espagnole (*P⁵ P⁹ Sa¹*) et de tous les mss anciens de *β*; *ob humana piacula expianda* est la leçon d'autres espagnols (*Vc¹ Bd¹ ξ⁶*) et de quelques témoins isolés; *humanis piaculis expiandis*, celle des *recentiores* de *β*. On trouve encore *ab humanis piaculis expiandis* dans deux doublons longs (*P⁶ᵃ* et *P⁷ᵃ*), mais c'est certainement une confusion *ab/ob*, car malgré leur ancienneté ces mss sont souvent fautifs et *ob humanis piaculis expiandis* est le texte des autres doublons longs (*v²*). Au vu du *stemma* et des meilleures familles, il faut clairement adopter *ob humanis piaculis expiandis*, leçon qui ne doit pas étonner, car on sait que la distinction accusatif/ablatif est très floue en latin tardif. Plus loin, on retrouvera un exemple de *ob* + ablatif: *ob multis facinoribus* (I, VIII l. 23/24).

IV. 7/8 *inimitabilem ... meritum*] Le *stemma* invite à adopter le masculin (principaux mss anciens de *β¹*, 2 mss de la famille espagnole et 3 mss des doublons longs). C'est probablement une confusion du masculin et du neutre. Mais ce n'est pas rare dans le latin tardif, bien que l'on puisse toujours se demander si c'est le fait de Vigile ou d'un copiste du VIᵉ-VIIᵉ siècle. Comme souvent, la sous-famille *β²* normalise le texte.

VII. 30 *portento alicui*] La tradition manuscrite est ici très confuse. La leçon adoptée par Chifflet, que nous retenons également (*portento alicui*), n'est attestée que par trois mss tardifs (on notera cependant que les espagnols ont: *portento aliquo* en *Vc¹* et *portentu aliquo* en *P⁵* et *Bd¹*). Un très grand nombre de témoins (anciens ou récents) ont *portentui*. Mais cette variante étonne, car on ne trouve aucune attestation de *portentus -us* dans le *TLL* ou la *PLD*. D'autre part, *alicui* n'est attesté que dans *β²* (qui a toujours tendance à normaliser) et dans les *recentiores* de *β¹*. Les mss de *α²* et les plus anciens mss de *β¹* ont *aliquo*. Mais *portentui aliquo* (théoriquement à retenir d'après le *stemma*) ne semble pas acceptable. Il y a tout lieu de croire que la variante source est *portento alicui*, qui a donné, tantôt par anticipation, tantôt par persévérance, les faux accords *portentui alicui* et *portento aliquo*; d'où les pseudo-corrections signalées.

VIII. 3/4 *per unius dei probabili ... et utili confessione*] Tous les mss ont la préposition *per* (à la seule exception de *Vc¹* qui a *pro*). À l'encontre de Chifflet, il faut donc la garder. Mais tous les mss anciens et importants ont: *per unius dei probabili ... et utili confessione*; ce qui étonne quelque peu, car même si la confusion accusatif/ablatif est fréquente en latin tardif, elle l'est cependant beaucoup moins avec une préposition qui commande normalement l'accusatif. La variante *per probabilem ... utilem confessionem* figure dans les *recentiores* de *β* et chez les cinq espagnols de *ξ⁴*, mais semble une correction de copiste.

VIII. 23/24 *ob multis ... facinoribus*] Vide adnotationem, supra I, III l. 18/19 (*ob humanis piaculis expiandis*).

IX. 20/21 *sine cetera ... genera*] Les meilleurs mss et l'ensemble du *stemma* plaident résolument en faveur de la leçon *sine cetera uitiorum genera*. On trouve en effet chez les doublons longs (*v*), deux espagnols fiables (*P⁵* et *P⁹*) et les *antiquiores* de *β¹*. *Praeter cetera ... genera* est probablement une correction; elle est présente dans β^2 (qui normalise fréquemment), et dans d'autres mss. *Sine ceteris ... generibus* est sans doute un autre type de correction présent chez plusieurs espagnols. En raison de la confusion accusatif/ablatif déjà rencontrée, et bien que l'expression vienne à la suite d'un autre *sine* cette fois avec l'ablatif: *sine confusionis permixtione* (une seule variante avec *permixtionem*: Rm^1), la tradition manuscrite invite clairement à retenir *sine cetera ... genera*.

X. 7 *superiori*] Nous adoptons ici l'ablatif en *i* – c'est banal –, car le *stemma* y invite clairement. Mais Vigile n'est pas cohérent, car plus avant on a plusieurs fois « superiore prosecutione », et nous ne croyons pas qu'il faille harmoniser.

XI. 32 *deum*] Nous retenons la leçon des espagnols unanimes, tandis que β et ν ont *dominum* en accord avec le texte d'Act. 2, 36. Le verset est peu cité par les Pères latins et toujours avec *dominum*. Une seule exception: Fulgence de Ruspe, *C. ser. Fast.* 8 (*deum* sans variante) où la leçon étonne, car c'est un propos de Fulgence, et l'arien Fastidiosus a cité le même verset avec *dominum*. On peut aussi penser que l'abréviation *dnm* a été lue *dm*. Mais dans les citations scripturaires, une leçon s'écartant du texte reçu doit être préférée. D'ailleurs *deum* arrange bien Photin et la suite du texte s'entend mieux avec cette leçon.

XVI. 21 *ne tuos*] L'apparat donne une idée d'une tradition manuscrite particulièrement confuse et que l'on peine à démêler. Il semble qu'Athanase s'adresse au seul Probus et que le sens soit: « Pour ne pas embrouiller tes idées par un trop long discours, je formule ma foi en quelques mots ».

XIX. 5 *apostoli ... discipuli*] L'écrasante majorité des témoins a le nominatif. Pour le respecter, ainsi que l'accusatif *secutos*, on doit sous-entendre *eos* et traduire: « En effet, est-ce que les apôtres et leurs disciples ... qui ignoraient..., nous dirons qu'ils ont suivi... ». C'est du style parlé plus que du style écrit, mais c'est acceptable, semble-t-il.

XX. 38 <*iesu*> *quasi christo*] L'adverbe *quasi* est très attesté et il avait été retenu par *Boc Cass* et Ch^1, mais son sens se perçoit difficilement. R. Gryson pense qu'il faut supposer <*iesu*> *quasi christo*, ou bien postuler que c'est une répétition corrompue de *qui se*.

XX. 43 *seruientibus*] Il y a ici conflit entre α unanime (*seruientibus*) et β unanime (*seruientium*), et il n'est pas aisé de choisir. *Se-*

ruientium est la *lectio difficilior*, et en règle générale il faut privilégier les leçons étrangères au texte biblique reçu. Néanmoins nous croyons préférable de garder ici *seruientibus*, car il n'y a aucun exemple ailleurs de *seruientium* dans le *CLT* et la *Vetus Latina*, et surtout *seruientibus* est conforme au datif de la LXX.

XXI. 1 *in nouis utendo nominibus*] La tradition manuscrite plaide pour le maintien de *in*, et *in utendo* est possible, même si *utendo* seul serait plus classique. Mais *in* étant le plus souvent associé à *nobis* (le contexte réclame bien sûr *nouis*), on peut aussi se demander si la confusion de *nouis/nobis* n'a pas entraîné ensuite l'ajout de *in* (*nobis*).

XXI. 30 *in ... symbolo quem*] Comme le montre l'apparat, la tradition manuscrite impose de retenir *quem*. C'est une confusion masculin / neutre, fréquente dans le latin tardif et que l'on rencontre plusieurs fois dans le *C. ar.* de Vigile.

XXIII. 2/3 ob cohercendis ... motibus] Il règne une grande confusion dans la tradition : ob cohercendis motibus ; ob hoc cohercendis motibus ; pro cohercendis motibus ; ab cohercendis motibus ; ob cohercendos motibus ; ob cohercendos motus, et toutes sortes de corrections sur ces différentes leçons. Le stemma plaide en faveur de ob cohercendis motibus que nous adoptons malgré ob + abl, car c'est la troisième fois que l'on rencontre le fait. Toutes les variantes semblent autant de corrections à ce qui a semblé aux copistes ultérieurs une faute.

XXIII. 16 *manifestiorem ... documentum*] Les leçons varient beaucoup. *Manifestius* (assez peu présent au demeurant) semble une facilité, de même que *manifestiore ... documento*. *Documentum* est très attesté et représente certainement le texte original (plusieurs fois corrigé en *documento*). Il est quelquefois associé à *manifestiore*, mais c'est clairement une faute. Sur la base de $Ty^{2a.c.}$, des doublons longs P^{6a} et P^{7a}, de l'espagnol P^5, mais aussi de Sm^1 (le ms. de β qui a des variantes communes avec les espagnols), il faut adopter *manifestiorem ... documentum* et constater une nouvelle fois la confusion masculin/neutre.

Liber secundus

V. 14 *ab id quod est*] La tradition manuscrite invite clairement à retenir *ab id quod* qui s'explique aisément par attraction du relatif et qu'il faut comprendre au sens de: « du fait qu'elle est », et non: « en raison de ce qu'elle est ». Certes, la suite va définir clairement la substance divine par ses propriétés. Cependant Vigile conclura en disant que le Père et le Fils sont de la même substance, donc une seule substance. La question spécifique de l'unité numérique semble lui échapper. Mais il est vrai que contre les ariens, le point essentiel était d'assurer l'égalité du Père et du Fils.

V. 41/42 *deus deum genuit, lux lucem*] La tradition plaide résolument pour *deus deum* et *lux lucem*, presque partout attestés, mais le plus souvent avec *genuisse*; ce qui ne peut convenir. D'où un certain nombre de corrections en *deum deum, lucem lucem*. Mais nous pensons qu'Athanase cite les propos d'Arius tenus un peu plus haut (cf. II, II l. 30 et II, IV l. 9/10). D'où nos guillemets. Par le fait même, nous restituons *genuit*, qui est mal attesté (dans l'espagnol *Vc¹*, mais avec un texte corrompu, et dans quatre témoins plutôt tardifs) et semble une correction de copiste, mais paraît s'imposer.

VII. 2 *posse*] L'accord entre la sous-famille rémoise (β^1) et la famille espagnole (ξ) semble beaucoup plus fort que celui entre la sous-famille alpine (β^2) et celle des bourguignons et des allemands (α^1). Nous supprimons donc le *non* que Chifflet avait adopté. Il faut comprendre: « Parce qu'on ne peut nier que Dieu soit tout-puissant, faut-il pour cela admettre qu'il puisse éprouver ce que la substance inaltérable de sa divinité ne peut aucunement subir ? ». Autrement dit, Arius retourne l'argument de la toute-puissance: Dieu peut tout, mais non contredire sa propre nature.

VII. 26 *sinent*] *Sinent* n'est attesté que dans une quinzaine de mss. Partout ailleurs on a *sinebunt* qui est un barbarisme pour la grammaire classique, mais en faveur duquel la tradition manuscrite plaide résolument. *Sinebunt* est sans doute une faute par persévérance due à l'archétype (à la suite de *cohercebunt*), mais R. Gryson a signalé de nombreux cas de futur en *-bit, -bunt* (au lieu de *-et, -ent*) dans le texte du commentaire de l'Apocalypse de Beatus de Liebana (cf. *CCL* 107B, p. CXVIII).

XII. 17 *coacta*] La phrase est à l'évidence une incise, mais son sens exact n'apparaît pas clairement. La difficulté tient au participe *acta* auquel il faut sans doute donner le sens de *coacta*, à moins de supposer que le préfixe soit tombé dans l'archétype originaire par quasi haplographie. Nous traduisons: « la substance divine, qui n'est enfermée dans les limites d'aucune frontière, ne peut être circonscrite à la manière des êtres finis ».

XV. 27 *obnubisti*] Nous gardons le texte de Chifflet, qui est la leçon *difficilior*. *Obnubisti* est une forme erronée pour *obnupsisti*, mais signalée dans le *TLL* IX 2, p. 130. Elle est bien attestée dans β. Dans α, les copistes ont manifestement cherché à corriger une leçon qui les étonnait. On trouve en effet *obruisti* (chez les allemands), *obnuere conaris* ou *obnubilasti* (chez les espagnols).

XVIII, 18 *examine*] La tradition manuscrite est confuse et incohérente. En α, on trouve *sermone* ou une lacune chez les troyens (δ), une lacune chez les doublons courts (ε), *tramite* chez les allemands (ζ) et *sermone* chez les espagnols (ξ). En β, il y a une lacune, sauf pour les mss tardifs qui ont *ordine* (sans doute une tentative pour combler la lacune). Il est probable qu'un mot soit tombé très tôt et que *sermone*, *tramite* ou *ordine* soient des tentatives de correction. Bien que la leçon ne soit pas attestée ici, nous adoptons *examine* sur la base d'une expression similaire et pour une même idée en II, I (5): « ex diuinarum consequentia litterarum *luculento disputationis examine* comprobetis » (sans variante).

XIX, 3 *omnia uerbo uirtutis suae*] Nous restituons la finale de Hebr. 1, 3 avec hésitation, car elle est peu attestée (une partie des espagnols: ξ¹, ξ⁵, et les doublons courts). Mais si on ne l'introduit pas, il faut faire de *figura* le complément d'objet de *gerens* – et de fait on a un certain nombre de *figuram* (accusatif). Cependant *gerere figuram substantiae* semble vraiment bizarre. D'ailleurs, on a une majorité de témoins avec le nominatif (*figura*), et dans le *Liber fidei* rapporté par Victor de Vita, *Hist. persec.* II, 58 (Lancel, p. 149), l'argumentaire pour prouver l'unité de substance commence, comme ici, par la citation d'Hebr. 1, 3 cité en entier, avec les mots *omnia uerbo uirtutis suae*.

XXV. 11/12 *quod ... datum est*] La tradition manuscrite plaide en faveur de la leçon *qui ... datus est*, présente chez les allemands, la plupart des espagnols et les doublons courts. On se rappellera cependant que cette section ne figure pas dans la famille β, ce qui nous prive d'une véritable confrontation. Seuls *Vc¹* et *δ* ont *quod ... datum est*. Mais même dans cette dernière branche on a une trace de *datus*, puisque *Ty²* ante correctionem a *quod ... datus est*. Cassander et Chifflet ont édité *quod ... datum est*, mais l'édition de Bocard (1500) a *qui ... datus est*. Plusieurs solutions sont envisageables: 1) *qui* est la bonne leçon et a pour antécédent *Domini Iesu Christi*, et dans ce cas, il ne faut pas mettre de virgule avant *qui* (mais la phrase est maladroite); 2) *qui* se réfère à *corpus* et c'est une nouvelle confusion masculin/neutre; 3) il s'agit d'une incise: *quod* est la bonne leçon, bien qu'elle soit peu attestée, et signifie *ce qui* (*sc.* le fait que l'Esprit Saint a créé le corps du Christ). La solution tient sans doute au sens de l'expression «in sacramento fidei». Celle-ci n'est pas facile à définir, car elle peut avoir le sens large de «mystère de la foi». Mais elle peut aussi désigner le baptême (cfr par ex. Avg., *Nupt.* I, 10, 11; Fvlg. Rvsp., *De fide ad Petrum* Reg. 27), et par extension, selon d'ailleurs l'antique signification de *sacramentum*: serment, engagement, le Symbole baptismal, le Symbole de foi. De fait, celui-ci affirme que le Christ a été «conçu de l'Esprit Saint». C'est ce sens que nous retenons, mais avec hésitation, en traduisant donc: «ce qui est exposé dans le symbole de foi».

XXVIII. 13 *conuolare*] Dans cette phrase, absente de la version longue de Chifflet mais partout attestée, tous les mss de *α¹* (sauf *δ* qui est lacunaire) et de *β* ont *conferre*. Trois lignes plus haut on a d'ailleurs: *ad potioris se conferre praesentiam*. Nous adoptons cependant la leçon des espagnols: *conuolare* (sauf *Vc¹* par erreur: *conualere*), d'autant qu'ici on n'a pas de pronom. *Conuolare* au sens métaphorique semble tout à fait convenir. Le Gaffiot indique d'ailleurs l'expression: *conuolare ad secundum legatarium* – recourir au second légataire. L'ensemble de la phrase peut donc se traduire: «Désirant cacher de diverses manières sa faiblesse, on l'a vu recourir à l'empereur, mais on a constaté qu'il n'a pu aucunement réfuter Athanase défendant l'*homoousion*, c'est-à-dire l'unité de substance».

Liber tertius

II. 16. *ineuitabilem ... tendiculum*] Le substantif *tendiculum* est extrêmement rare en latin, le terme habituel étant *tendicula*. C'est peut-être cet usage rarissime qui a entraîné une erreur, le copiste ayant cru qu'il s'agissait d'un masculin (*tendiculus, -i*). Mais, plus probablement, s'agit-il encore d'une confusion entre masculin et neutre. En tout cas, le masculin a pour lui l'accord de quatre espagnols ($Vc^1\ P^5\ P^9\ Tl^1$), de Sm^1 et des mss anciens de β^1 ($O^3\ N^1\ Bl^1$).

VI. 27 *forte*] Une nouvelle fois, il convient de restituer le latin de la basse antiquité avec l'ablatif en *e* pour *fortis*. *Forte* est la leçon des espagnols, et les mss de β ont presque tous *fonte* qui est certainement une corruption de *forte*. Un peu plus bas, on a aussi: *a forte*.

VIII. 15 *hoc ipsud*] Le verbe *carere* demande habituellement l'ablatif, mais on rencontre aussi *carere* avec l'accusatif. Les *antiquiores* de β ont *ipsud* et l'archétype des espagnols semble aussi avoir eu *ipsud*, puisqu'on trouve chez eux *ipsum* ou *ipsut* ($P^5\ P^9$), à côté de *ipse* ou *ipso*. De toute manière, dans la phrase d'Arius qu'Athanase reprend ici on a: « quo tamen ipsum quicquid est Filius, aut hodie caret pater... » (II, X l. 30/31).

X. 1 *naturarum*] *Naturarum* est la leçon des espagnols qui semblent devoir être suivis. *Natura* est la leçon des *antiquiores* de β, et *naturam* celle de quelques *recentiores* ainsi que de Chifflet. Le passif *teneri* étant partout attesté sans variante, le sujet est soit *efficientias* – et l'on est alors en présence d'un double génitif: *efficientias ... naturarum luminis uel ... uirtutum,* bien que ce soit lourd –, soit *naturam*, mais dans ce cas on ne sait que faire de *efficientias*. Nous traduisons littéralement: « Il est tout à fait certain que les propriétés des natures de la lumière ou de la parole et de la sagesse, et des autres vertus rappelées par toi ne peuvent être gardées dans ces conditions ». Plus élégamment: « Il est tout à fait certain que les qualités naturelles de la lumière, de la parole et de la sagesse, et des autres vertus que tu as rappelées, ne peuvent être gardées dans ces conditions ».

X. 27/28 *prolatiuum ... transeuntem ... manentem ... uerbum*] L'accord de la plupart des espagnols ($P^5\ P^9\ Sa^1\ \xi^6$), de Sm^1 et des *antiquiores* de β^1 ($N^1\ O^3\ Bl^1$) emporte la décision: les trois accusatifs doivent être adoptés et s'accordent avec *uerbum* décliné comme un masculin et non un neutre. Ce nouvel exemple du flottement des genres s'ajoute à ceux déjà rencontrés.

XIV. 6 *commonet*] On se trouve ici devant une étonnante divergence entre les mss espagnols: *et Salomon*, et ceux de la famille β:

et commonet. La première leçon pourrait se réclamer du *Liber fidei* où la même citation de Sag. 1, 7 est introduite par *et Salomon* (cfr *Liber fidei* 3, 15 *in* VICT. VIT., *Hist. persec.* 2, 88), mais nous nous rangeons à l'avis de R. Gryson qui pense que *Salomon* est une correction de *commonet*, compris comme attribuant faussement la seconde citation au même auteur.

XVII. 9 *munificantibus*] Les citations latines d'Act. 13, 2 ont: *ministrantibus* (Vg) ou *(de-)servientibus* (VL). Aucune autre leçon n'est attestée. Mais les mss du *C. ar.* ont: *munificantibus* (β) ou *magnificantibus* (ξ). L'une et l'autre leçon pourraient être une corruption de *ministrantibus*. Mais nous préférons retenir *munificantibus* qui est sans doute une traduction du grec λειτουργούντων (*munus* au sens de λειτουργία).

XX. 11/12 *autem... uero*] Cette leçon ne figure que dans le ms. de Vic, mais semble devoir être retenue. *Vc¹* seul n'a guère de poids, mais les autres espagnols ont ici une lacune d'une ligne. De plus, *autem ... uero* est le texte que l'on trouve dans le *Contra Maximinum* d'Augustin. (cf. II, 26, 5; *CC SL* 87A, p. 670, l. 172/173). Gn 18, 16 est des plus rares chez les Pères latins et son texte varie beaucoup.

XXI. 4 *in id quod*] La phrase étant parallèle à la précédente, on attendrait *in eo quod*, mais cette leçon ne figure que dans le ms de Vic et semble une harmonisation, d'autant que *Vc¹* seul est généralement moins bon que l'accord *P⁵ Bd¹*. L'accusatif peut se justifier par l'attraction du relatif voisin, si on se refuse à considérer par principe les deux membres de phrase comme purement et simplement équivalents. Nous avons d'ailleurs rencontré les mots *ab id quod* en II, V, l. 14.

XXIII. 8 *calcatius*] Les mss espagnols ont *cautius* et ceux de β *calcatius*. Les deux sont acceptables. Tout en privilégiant souvent les espagnols, nous gardons ici le texte de β car, le mot étant très rare, c'est la leçon *difficilior*.

Sententia Probi

III. 9/10 *solemnes*] Il est difficile de trancher entre la famille espagnole (*solitas*) et la tradition de β (*solemnes*), les deux adjectifs ayant le même sens. Nous retenons *solemnes* dont le sens est moins évident avec cette acception. *Solitas* répond sans doute à un besoin de clarification.

V. 28 *confrustretur*] Les espagnols ont *frustaretur* et les mss de β ont *confrustretur*. Nous retenons ce dernier verbe, car c'est la *lectio difficilior*. Mais *confrusto* ne figure dans aucun dictionnaire. C'est sans doute un néologisme forgé par Vigile. Littéralement: «l'invention de la 'triousie' aussi est co-invalidée pour la même raison»; plus élégamment: «l'invention de la 'triousie' aussi est invalidée, par le fait même et pour la même raison».

VI. 4/5 *hinc... clariorem... indicium*] D'après la tradition manuscrite, *clariorem* s'impose avec force (presque partout présent, à part quelques *clariore* et *clarius*). C'est certainement une nouvelle confusion masculin/neutre. Dès lors on serait tenté d'opter pour *hunc*, attesté dans tous les *antiquiores* de β. Mais les espagnols ont *hinc* (ou *hic*). Nous les suivons, car *hunc* est probablement une corruption de *hinc*, introduite afin de s'accorder avec le masculin *clariorem*. De plus, la construction *hunc indicium unius substantiae quod* est lourde. Pour *clariorem*, c'est aussi un comparatif pour un superlatif. Nous traduisons: «Mais à partir de là, Athanase fournissait une preuve très claire et évidente de l'unité de substance en montrant que le Père avait engendré le Fils à partir de lui-même et non de l'extérieur».

IX. 2/3 *distingui*] Les mots *non posse* que les mss de β ajoutent à *distingui* ne semblent pas nécessaires. L'opposition d'Arius est contenue dans le verbe *intentauerat*.

APPENDICE

CORRECTIONS APPORTÉES AU TEXTE DE CHIFFLET REPRIS DANS LA *PATROLOGIE* DE MIGNE[1]

Praefatio Vigilii

Ligne	Chifflet	Corpus Christianorum
(9)	quasi	qui
(14)	ad nostras partes	a nostra parte
(17)	uel	et

Initivm secvndae tractatvs editionis

Ligne	Chifflet	Corpus Christianorum
(1)	urbem bithyniae	urbem
(2)	spiritali uigore doctrinis	doctrinis, spiritali uigore praeditis
(3)	ibi	ibique
(4)	detegitur	detegeretur
(4)	suae	eius
(4)	dogmate	dogma
(5)	refutaretur	refutatus
(7)	mentibus	mentes
(7)	a patribus	ab episcopis
(9)	eumdem	eumdemque
(12)	interiit	inretiuit
(15)	ueneni uerbo	uenenati uerbi
(17)	postulationibus	persuasionibus
(20)	disputationibus	seductionibus
(22)	adsertio	eius adsertio
(23)	nosceretur	doceretur
(24)	ut omnes	omnes

---

[1] Nous n'avons relevé que six différences entre le texte de Chifflet et celui de la *PL*: *Praef. sec. ed.* (12) inretiuit] inretiit *Ch²*, interiit *PL*; I, 9 (22) unam] unam *Ch²*, unum *PL*; I, 10 (25) subdidit] subdidit *Ch²*, subdinit *PL*; II, 27 (6) ei ad respondendum locus] ad respondendum locus ei *Ch²*, ad respondendum locus et *PL*; III, 9 (9) filium] filium *Ch²*, om. *PL*; *Sent.* 10 (17/18) cum ... eum] *Ch²*, eum ... cum *PL*. Pour le texte de Chifflet, nous prenons comme référence celui de la version longue (le *textus receptus*), sauf pour l'*Introduction historique* (*Cum apud Nicaeam urbem*) et les sections II, 25-26 (*Priusquam Spiritum sanctum*) et II, 28 (*Imperitorum et minus*) qui ne figurent que dans la version brève.

Ligne	Chifflet	Corpus Christianorum
(24/25)	dum eius causa	cum causa eius
(26)	retractatur	contractaretur
(28)	primo	et primo
(29)	testamenti sui ordinationem	ordinationem
(29)	arrii satelliti	satelliti
(31/32)	fuerat delegatum	delegatum fuerat
(32)	/	ab eodem presbytero
(32/33)	contradidit	contraditur
(33)	quin ob huius rei gratiam	huius rei gratia
(34)	euangelus presbyter	presbyter
(36)	cuius iam non petitione, sed potius iussione	ad cuius iussionem
(37)	in ecclesiam	ecclesiae
(39)	desciscens	desciuit
(39)	non leuem temporibus	qui temporibus suis non leuem
(41)	confessores fecit	fecit confessores
(43)	rabido furore	rabidi furoris
(43)	insaniae	insania
(43)	/	ex
(46)	arimini uel seleuciae	arimino uel seleucia
(47/48)	quemdam iudicem	iudicem quemdam
(51)	/	litterarum
(53)	et iussis	iussis
(60)	ut audeat	audeat
(63)	recitatum est	recitauit
(63)	perpetuus, uictor	perpetuus
(66)	deleta de mentibus perfidorum	deleta
(66)	/	se
(67/68)	ab itinere erroris	de peruerso itinere
(68)	saluabit	saluat
(68)	cooperiet	cooperit
(72)	fallunt	fallentes
(73)	inrogant	inrogantes et
(73)	/	eius
(74)	/	itaque
(77)	/	actorem
(78)	utrique colla	colla
(81)	manus	munus
(83)	homini	hominibus
(85)	/	die

APPENDICE

Liber primvs

Paragraphe	Ligne	Chifflet	Corpus Christianorum
I	(13)	suffulta	fulta
	(16)	cedamus	credamus
	(28)	profiteri, non nescio	profitemini, nescio
II	(6/7)	iudaeorum, paganorum et christianorum religiones	religiones iudaeorum, paganorum et christianorum
	(12)	auia	deuia
	(19)	somniat	somniatur
	(22)	ipsum congruens	ipsud congruens
	(25)	testimonio	sacramento
	(26)	adseris	adseritis
III	(7)	a quibus ad	ad quos ob
	(9)	rationis fides	ratio fidei
	(16)	eumdem	eumdemque
	(18)	implens	opplens
	(18)	se	ea
	(18/19)	humana piacula expianda	humanis piaculis expiandis
	(23)	deum colimus	colimus deum
	(23)	intellegentes	introducentes
IV	(3)	est in uirgine	in uirgine est
	(4)	christianorum ei	ei christianorum iure
	(7/8)	inimitabile	inimitabilem
	(10)	alium	aliquem
	(13/14)	uirgine	uirginem
	(15)	ego	ego enim
	(16)	ineffabiliter filium	filium ineffabiliter
	(18/19)	gestauit in mundo	in mundo gestauit
V	(4)	sua prosecutione	prosecutione
	(6)	naturae esse	esse naturae
	(9)	/	est
	(13)	ambagibus	ambiguis
	(14)	et ut	et
	(17)	diffusione	confusione
	(19)	quaestionum	quaestionis
	(24)	contra uos suas	suas contra uos
	(26)	sese	se
VI	(6)	substantiam	essentiam
	(6)	sint	sunt
	(8)	assentior	adsentio
	(8)	substantiam	essentiam
	(11)	substantiam	essentiam
	(15)	uel cum	uel
	(17)	/	etiam
	(19)	profitebimur	profitemur
	(20)	tristia	tristitia
	(20)	conficiant	conficiat

Paragraphe	Ligne	Chifflet	Corpus Christianorum
	(23)	substantiam dici	essentiam dicta
	(24)	/	intellegi
	(27)	substantiam	essentiam
	(28)	audire abs te	abs te audire
VII	(2)	praedicat deum	praedicat
	(8)	uidet, uidet	uidit, uidit
	(9)	sum ipse	ipse sum
	(9)	/	et
	(11)	eumdem	eum
	(17)	seipsa	seipsam
	(26)	uidet, uidet	uidit, uidit
	(31)	substantia	substantiam
	(34)	recurre	recurramus
	(35)	sanctorum	sanctionum
	(39)	absque	praeter
	(40)	praeter	absque
VIII	(3)	/	per
	(11)	quidem	quidam
	(12)	medio	medium
	(14)	dominum	deum
	(17)	non	neque
	(17)	intellegendum	intellegendus
	(17)	locutum	locutus
	(19)	alterum	alium
	(23/24)	multa ... facinora	multis ... facinoribus
	(24)	sodomitis	sodomiticas
IX	(5/6)	distinctus	distinctius
	(6)	altero	alteri
	(6)	constituendum	construendum
	(6/7)	solitarium	solitario
	(7)	mihi deo	mihi
	(10)	filium dei	filium
	(10)	/	ait
	(12)	laetitia	exultationis
	(13)	confessionis	confusionis
	(18)	/	filius
	(20)	praeter	sine[2]
	(22)	indicant	indicat
	(24)	eis est	eis
	(26)	edit	edet
	(27)	bibit meum sanguinem	bibet sanguinem meum
	(27)	eo	eum
	(32/33)	purae et simplicis	pura et simplici
	(324/35)	uoluntatem faciendo	faciendo uoluntatem
X	(5)	et deum	deum[1]
	(7)	superiore	superiori
	(13/14)	/	ex maria uirgine
	(16)	quis	qui
	(16)	partum	partu

APPENDICE 431

Paragraphe	Ligne	Chifflet	Corpus Christianorum
	(17)	quis	qui
	(17)	puerperiae	puerperii
	(18)	quis	qui[1]
	(18)	quis	qui[2]
	(21)	somnos	somno
	(26)	de locorum	locorum
	(28)	non se	se non
	(28)	se in cruce	in cruce se
	(32)	insipiens est	insipiens
XI	(2)	/	est
	(3)	a se filius	filius a se
	(5)	reddita est	est reddita
	(9)	quaedam	quo dudum
	(14)	/	dicens
	(17)	tulit	tulerit
	(19)·	ac	et
	(20)	humiliauit semetipsum	factus obediens
	(21)	dedit	donauit
	(32)	dominum	deum
	(35)	paulus	apostolus
	(35)	angelis melior	melior angelis
	(41)	suam	tuam
	(44)	illi, inquit	inquit, illi
	(45/46)	demonstratur euidentius	euidentius demonstratur
XII	(9)	ipsum	idipsum
	(11)	sacrilega	sacrilegae
	(16)	proprio	proprie
	(27)	protulerit	protulit
XIII	(11)	omnium	omnem
	(12)	/	ut
	(17)	/	omnes
	(25)	/	cum nondum fuerit natus
	(27)	et propheta	propheta de deo
XIV	(2)	se de patre genitum	se genitum
	(4)	dicitur: filios	filios, inquit
	(5)	primogenitus filius	filius primogenitus
	(7)	quoniam	quia[1]
	(17)	/	et
	(18)	clarissimae	clarissimo
	(24)	existimet	extimet
	(28)	testimonii huius	huius testimonii
	(31)	hoc	hunc
	(32)	maria uirgine	maria
	(34)	ipsum	eum
XV	(15)	adsertioni	adsertionis
	(20)	misit me	me misit
	(21)	dsecenderat	descenderet
	(26)	constitutionem	exordium
	(30)	naturae seruilis	seruilis naturae

Paragraphe	Ligne	Chifflet	Corpus Christianorum
	(32)	igitur	ergo
	(37)	electo	dilecto
	(38)	tamque	atque
XVI	(1/2)	perfectis	perspicuis
	(9)	una eademque sententia	unam eamdemque sententiam
	(9/10)	dissidium	discidium
	(21)	uestros	tuos
	(29)	dei patris	patris
	(30)	substantiae patris	substantiae
XVII	(3)	dicat	dicit
	(14)	huius	eius
	(15)	et eos	eos
	(19)	hoc	id
XVIII	(1)	desideratis	desiderat
	(1)	decreti fidei nicaeni	decreti
	(3)	ita: exemplar fidei nicaeni	ita
	(9/10)	facta sunt omnia	omnia facta sunt
	(15)	dicentes	dicunt esse
	(15/16)	mutabilem aut conuertibilem	conuertibilem et demutabilem
	(16)	deum	filium dei
XIX	(8)	dicemus	dicimus
	(13/14)	nouitatem uetustate	nouitati uetustatem
	(14)	proscribere	praescribere
	(16)	huiusmodi	huius rei
	(19)	fides integra	fides
	(23)	et est	est[2]
	(26)	poteris	poterit
	(26)	inuenire	repperiri
XX	(5)	nouum nomen	nomen nouum
	(14)	cum	si
	(18)	plane hoc	hoc
	(18)	ostendis	ostendes
	(19)	/	probus iudex dixit
	(23)	/	arrius dixit: optime
	(25)	exsurgat	exsurgit
	(33)	dogmatum nouorum	nouorum dogmatum
	(34)	omnesque	omnes
	(38)	christo	‹iesu› quasi christo
	(43)	qui	quo
	(43)	seruientium	seruientibus
XXI	(1)	in nouis	nouis
	(7)	nunquam	nusquam
	(9)	uertere	obuertere
	(15)	promulgauerunt	promulgauerant
	(16/17)	hoc itidem	hic idem
	(20)	tradidit	tenet
	(20)	rursum	rursus

Paragraphe	Ligne	Chifflet	Corpus Christianorum
	(22)	de	ex
	(23)	de	ex²
	(28)	ex iudicio	iudicio
	(30)	quod	quem
	(31)	cum	ut
XXII	(19)	prouocat	prouocant
	(22)	iisdem	eisdemque
XXIII	(2)	/	ob
	(3)	nuda	nude
	(6)	/	ut
	(10)	/	in
	(16)	manifestius	manifestiorem
	(16)	et	ut
	(16)	exigens	exigis
	(21)	ratio poterit	poterit ratio
	(26)	huius uocabuli	uocabuli huius
XXIV	(4)	una ... substantia	unam ... substantiam
	(4)	patris esse	esse patris et filii
	(10/11)	ego enim	enim ego
	(20)	homousii	homousion
	(21)	perdurare	perdurasse
	(23)	uideberis	uideris
XXV	(2)	substantiae, quod est homousion	quae est homousion, substantiae
	(4)	/	et
	(4)	quibus	qua
	(7)	/	non
	(8)	et noli	noli
	(14)	demonstrando	demonstrandum
	(16)	/	uocabulum
	(24)	argumentis hic	hic argumentis
	(24)	est opus	opus est
XXVI	(4)	superfluis rebus	rebus superfluis
	(5)	uterque	utrique
	(5)	/	ex
	(15)	rationis	orationis
	(16)	quae est	quae
	(18)	ueritatis lumen	claritatis lumine
	(19)	qui	quae

Liber secvndvs

Paragraphe	Ligne	Chifflet	Corpus Christianorum
I	(1)	et alia die	item die sequenti
	(6/7)	exigentis	exigente
	(13)	paterentur	panderentur

Paragraphe	Ligne	*Chifflet*	*Corpus Christianorum*
	(14)	/	ad[2]
	(21)	adornetur	ornetur
II	(4)	addi amplius	amplius addi
	(5)	/	rursus
	(6)	examen emittere	examine mittere
	(12)	primo	primum
	(16)	ex	in
	(32)	et ego	ego
III	(9)	uel	an
	(12)	debeam sentire	sentire debeam
	(12)	aestimabo	existimabo
	(23)	ita	ista
	(23)	proposueris	posueris
	(23)	/	quod
	(24)	posse	possem
	(27)	/	quia deus spiritus est
IV	(4)	siue	seu
	(5)	in aliquo adferre	adferre in aliquo
	(10)	genuit deum	deum genuit
	(14)	/	id
	(17)	/	id est pater filium genuit
	(17)	eo	id[3]
	(18)	/	et hoc quod ipse est genuit
	(19)	eiusdemque	atque eiusdem
	(27)	filii et spiritus sancti	filii
	(28)	arri	o arri
	(28)	/	penitus
	(30)	atque	et
V	(7)	et	quod
	(8)	manifestiori	manifestiore
	(14)	ob	ab
	(15)	genuit	genuerit
	(20)	est substantiae	substantiae est
	(22)	generet	gignat
	(23)	gignat	generet
	(25)	rursum	rursus
	(30)	autem	uero
	(30)	se	sese
	(39)	dicit	ait
	(40)	dicit	dixit
	(41)	deum	deus
	(41)	genuisse	genuit
	(41)	lucem	lux
	(44)	cum patre unius	unius cum patre
	(46)	generis	generantis
	(48)	absurdum	perabsurdum
VI	(2)	in his impassibilem	impassibilem
	(3)	ac	atque
	(5/6)	est enim	enim est

APPENDICE

Paragraphe	Ligne	Chifflet	Corpus Christianorum
	(14)	eo	id[2]
	(14)	genuisse	generasse
	(20)	diuinitati congruentius	diuinis sit congruum legibus
	(20/21)	obsecro uos, o auditores, aequa iudicii	aequa, obsecro uos, o auditores, iudicii
	(29)	/	ergo
	(29)	de sua potuisse	id potuisse de sua
	(33/34)	corporeis schematum	corporei schematis
VII	(1)	denegari	negari
	(2)	non posse	posse
	(6)	/	nefanda
	(7)	eius	huius
	(7)	pergit	uergit
	(7)	/	ut
	(11)	remouendum	amouendum
	(16)	quibus	quae
	(18)	hoc	haec
	(27)	inculcat	inculcatur
	(33)	/	me
VIII	(3)	eo	eum
	(5/6)	substantia sua	sua substantia
	(7)	me id	id me
	(8)	uterum habere	habere uterum
	(13)	notas	notam
	(16)	deo	deum
	(17)	/	et[1]
IX	(2)	ut	et[2]
	(2/3)	incorruptibiliter	incorruptibilem
	(10)	mirabilis	mirabili
	(12)	posse	potuisse
	(15)	si de sua	de sua
	(15)	potuisset	non potuisse
	(17)	incorruptibilior	incorporaliter
	(17/18)	incorruptibiliter	incorruptibilior
	(18)	praestitit generare	permanet
	(29)	/	iam
	(29)	ponat	referat
	(30/31)	eam ... necessitatem	ea ... necessitate
	(31)	eum neget	neget
	(32)	ipsum	ipsud
X	(20)	se fluere	effluere
	(23)	accepit	accipit
	(25)	accepit	accipit
	(25)	fatemur	fatentur
	(26)	fluit	effluit
	(26)	patre	pater
	(29)	sese	se
	(34)	tum	tunc
	(38)	libera est minus	minus libera est

436   APPENDICE

Paragraphe	Ligne	Chifflet	Corpus Christianorum
	(43)	adaeque	dei
XI	(3)	genuisse	generasse
	(7)	et in	in
	(11)	deo	eo
	(13)	/	est
	(19)	/	est
XII	(4)	ipsum	ipsud
	(6)	uidetur mihi	mihi uidetur
	(10/11)	recedit	recessit
	(12)	ideo	idcirco
	(17)	acta	coacta
	(20)	defectionem	desectionem
	(22)	cognoscitur	dinoscitur
	(23)	religiosae	religioso
XIII	(16)	et filio	filio
	(19)	quod est	quod
	(20)	est pater ipse	ipse pater
	(22)	uidetur	uideatur
	(23)	uita	uitam[1]
	(24)	/	est[2]
	(25)	/	esse
	(26)	esse naturae	naturae
XIV	(1)	nouit me pater	pater nouit me
	(4)	ipsum	ipsud
	(5)	sic filius	filius sic
	(19)	est imago	imago est
	(19)	differre	differri
	(19)	sic	si
	(20)	/	et[2]
XV	(8)	/	mihi
	(8)	quo quia	quod quia illuc
	(10)	nam	namque
XVI	(6)	et quod	quod
	(8)	temporis	temporum
	(11)	ex muliere	non de muliere
	(14)	natiuitate	natiuitatem
	(17)	quomodo cum	cum
	(17)	filio	filium
	(19/20)	uerumtamen similibus	uerbis, similibus tamen
	(21)	dogma	dogmata
	(22)	sectatur	sectetur
	(25)	deitatem suam	deitatem
	(25/26)	humanitatis	humilitatis
XVII	(3)	scilicet	sicut
	(15)	reputemus	reputamus
	(27)	ubi	uerbi
XVIII	(13)	procreet	procreat
	(13/14)	utique	usquequaquae
	(15)	ut neque	ne sine

APPENDICE

Paragraphe	Ligne	Chifflet	Corpus Christianorum
	(18)	ut	et
	(18)	tramite	examine
	(20)	monstrauero	demonstrauero
	(20)	obmutescat	obmutescet
XIX	(2)	figuram	figura
	(3)	/	omnia uerbo uirtutis suae
	(5)	auerterent	auerterem
	(6)	a	ab
	(6)	suis	eorum
	(7)	stetit	stabit
	(8)	uidit	uidebit
	(9)	protestatur	testatur
	(15/16)	creatione	creationem
	(18)	canit	ponit
	(21)	multae	multa
	(21)	denique	enim quae
	(21)	perhibentes	perhibent
	(23)	demonstraretur	demonstretur
	(23/24)	/	sed et coaequalis
	(26/27)	nos debere ab initio	ab initio fideliter
	(27)	conseruare	conseruari
XX	(1)	/	et
	(2)	athanasius	athanasium
	(2)	perfidia caecitatis	perfidiae caecitas
	(2)	praecipitatur	praecipitet
	(4)	esse	eo
	(5/6)	testetur	protestetur
	(6)	/	ipse mihi
	(8)	meam sed uoluntatem eius qui me misit	meam
	(9)	dedit mihi	mihi dedit
	(10)	/	milia
	(11)	hic calix si	si hic calix
	(13)	ego facio	facio
	(17)	/	et[1]
	(17)	/	eum
	(18)	ab eo missus	missus
	(24)	et	ac
XXI	(1)	ista	tam
	(4)	ut amota	non
	(4)	/	sed
	(4)	luminibus	uoluminibus
	(5)	dissimilis	similis
	(9)	prolatis plaudat	plaudat
	(17)	factum	natum
	(19)	indicat	iudicat
	(19)	uoluntarie sumpsit	sumpsit
	(21)	ita enim	ita
	(23)	uerbi dicto	uerbi

Paragraphe	Ligne	Chifflet	Corpus Christianorum
	(29)	tum	tunc
XXII	(1)	omnipotens	omnipotenti
	(3)	prudentiae	prudenti
	(3)	praescientiae	praescienti
	(4)	coaequalitatem coaequali	coaequali aequalitatem
	(4/5)	immortalitatem immortalitati	immortali immortalitatem
	(5)	inuisibilitatem inuisibilitati	inuisibili inuisibilitatem
	(7)	quia	qua
	(8)	habenti	nascenti
	(14)	/	erit ut
	(19)	contendat	ostendat
	(28)	a labe ... delicti	malo ... delicto
	(29)	resurrectionis eius	resurrectionis
	(30)	se non	non se
	(33)	tribuit	tradidit
	(34)	quia uenit	qui ait: ueni
	(34)	faceret	faciam
	(35)	suam	meam
	(35)	misit illum	me misit
	(39)	/	omnia
	(39)	/	non
	(40)	me est	me
	(42)	/	odit[2]
	(43)	/	et[2]
XXIII	(5)	ostendit	docuit
	(6)	circumiens	circuiens
	(9)	quibus	quibusdam
	(9)	unius esse	unius
	(10)	/	esse
	(11)	/	sanctum
	(11)	et	uel
	(12)	glorificabit	clarificabit
	(14)	/	et[1]
	(16)	eidem	eisdem
	(17)	/	in persona dei
	(17)	dicens	et dicat
	(19)	uidebitur	ulla ratio poterit persuadere quod
	(19/20)	suo creatori	creatori poterit
	(20)	aequari	coaequari
XXIV	(3)	creaturam esse	creaturam
XXV	(5)	eam	ea
	(5)	suum	sanctum
	(5)	psalmo	psalmis
	(5)	emittes	emitte
	(7)	/	est
	(7)	fecit	creauit
	(7)	/	in libro

Paragraphe	Ligne	Chifflet	Corpus Christianorum
	(8)	seruit	seruiet
	(9)	aedificauit	aedificata sunt
	(14)	item	iterum
	(14)	prius, inquit, quam	priusquam, inquit
	(16)	pater dicendus sit spiritus s.	spiritus s. pater dicendus est
	(16/17)	credantur patres	patres credantur
	(18)	/	esse
	(19)	omnes gentes	gentes
	(20)	ergo si	si ergo
	(21)	absque	sine
	(25)	dixit	dicit
	(25)	uiri tres	uiri
	(26)	misis eos	eos misi
	(27/28)	quo assumpsi	quod elegi
XXVI	(1)	eum esse	esse
	(4)	spiritum sanctum	spiritum
	(6)	mittet pater	pater mittet
	(6)	/	omnia
	(7)	futura	uentura
	(7)	item	iterum
	(11)	uagemur	euagemur
	(11)	/	nos ostensuros
	(15)	/	quoque
	(17)	eumdem	eum
	(18)	mentitus hominibus	hominibus mentitus
	(19)	uero	autem
	(26)	dei in quo signati estis	dei
	(28/29)	deum esse	in humanis – habitantem
	(29)	/	ergo
	(33)	et quod	quod
	(36)	/	in
	(36/37)	responsionis	responsionibus
	(37)	utique apostolus	utique
XXVII	(1)	/	tam
	(1/2)	testimonia caelesti magisterio promulgata	testimonia
	(6)	/	ei
	(7)	adimatur	adimitur
	(9)	desinat	sinat
	(13)	magicas	magicae
	(19)	uestri culminis	culminis uestri
	(19/20)	uindicanti	uindicans
XXVIII	(1)	scientia uel doctrina	scientia
	(2)	praesumentium	praesumentis
	(8)	tribuitur	adtribuitur
	(10)	personam	praesentiam
	(11/13)	/	qui suam – praesentiam
	(13)	constat	constitit
	(17)	adempto sibi	adempto

Paragraphe	Ligne	*Chifflet*	*Corpus Christianorum*
	(19)	principis sensibus	sensibus principis
	(20)	palmam athanasius	palmam

LIBER TERTIVS

Paragraphe	Ligne	*Chifflet*	*Corpus Christianorum*
I	(14)	genuisse	generasse
	(16)	deo	deum
	(18)	uoluntatis affectu	uoluntatis
	(20)	/	constrictus
	(21)	non nodosae	nodosae
	(22)	liqueat	liquet
II	(1)	intentione	adtentione
	(8)	affectu	effectu
	(10)	istis	ista
	(10)	garrulatur	gloriatur
	(13)	quandoquidem	quoniamquidem
	(16)	ineuitabile	ineuitabilem
III	(2)	obuelatur	obuelatum
	(3)	ipsum	ipsud
	(5)	affectibus	effectibus
	(8)	/	poscenti
	(19)	/	nos
	(26)	/	si
	(28)	spicula quaestionis	quaestionis spicula
	(29)	deus est	est deus
	(29/30)	est profitendus	profitendus est
	(33)	/	id est
IV	(1)	deum	in deo
	(1)	natura	naturam
	(2)	profitendum	profitendam
	(3)	quam	quae
	(6)	ratione	patratione
	(9)	aliquo	aliquando
	(10)	quandoquidem	quoniamquidem
	(13/14)	optime iudicum, summae	iudicum summe
	(20)	a maiestate	maiestate
	(22)	opinionis	opinationis
V	(21)	uirtutum multiplici	multiplici uirtutum
	(26)	ideo	idcirco
	(26)	et	ac
	(27)	utitur	utimur
	(33)	qua ... an qua	quia ... an quia
	(34)	refertur	respondetur
	(34)	qua ... et qua	quia ... et quia
	(36)	/	sunt

APPENDICE

Paragraphe	Ligne	Chifflet	Corpus Christianorum
VI	(4)	terra uero	terraue
	(4/5)	substiterit	substiterunt
	(5)	/	abyssi
	(5/6)	dissiluerint	abyssi dissiluerunt
	(14/15)	generauerit	generauit
	(17/18)	ait apostolus	apostolus dicit
	(27)	forti	forte
	(27)	professio	processio
VII	(3)	ita	iterum
	(11)	nec	ne
	(11)	/	angelorum
	(12)	rationibus	ratiocinationibus
	(13)	arbitrareris	arbitreris
	(23)	agitaris	agitatus
VIII	(1)	/	contrectabilem
	(5)	inanis	inanes
	(15)	ipso	ipsud
	(16)	indigeat	indiget
	(20)	sensus nostri	nostri sensus
	(20)	opinemur praesumptione	praesumptione opinemur
IX	(4)	agnoscamus	agnoscas
	(5)	forti	forte
	(6)	discernitur	secernitur
	(9)	/	filium
	(13)	ipsum	ipsud
	(14)	fluere	effluere
	(18)	natura	naturali uirtute
	(18)	/	non
	(19)	radiantis	radians
	(22)	genuit filium	filium genuit
	(27)	diuisae	decisae
	(30)	diminutioni	diuisioni
X	(1)	naturam	naturarum
	(12)	/	omnes
	(15)	quoque	quidem
	(15)	lucis, inquit	inquit, lucis
	(16)	/	et[1]
	(17)	uidet, uidet	uidit, uidit
	(18)	declarans	declarat
	(18)	/	cum
	(27/28)	transiens ... manens	transeuntem ... manentem
	(29)	uocabitur	uocatur
	(32)	dominus	deus
	(37)	filium ex se	ex se filium
	(39)	/	plenitudine – generantis
XI	(2)	humanae	humani
	(3)	tota	totaque
	(13)	/	ergo
	(17)	cognitione	cognitis

Paragraphe	Ligne	Chifflet	Corpus Christianorum
XII	(2)	inferre	referre
	(2)	/	et
	(10)	insignitur	insigniretur
	(30)	obsequium ministerii	obsequelae ministerium
XIII	(3)	seipso	semetipso
	(3/4)	eiusdem	eiusdemque
	(8/9)	seipso	semetipso
	(21)	/	et
	(22)	dicit itaque	dicit
	(23)	ipse facit	facit
	(27)	patris et filii	patris filii
	(29)	cognoscatur	agnoscatur
	(35)	inquit lucas de apostolis	lucas de apostolis ait
XIV	(6)	a	ab
	(11)	denique	deinde
	(11)	idem est	spiritus
	(12)	/	est
	(14)	formarum	formatum
	(17)	uel	id est cum
	(17)	/	cum[3]
	(24)	at	ac
	(24)	utique	utrique
	(27)	denique	deinde
	(31)	/	et filio
	(32)	frustra uidebitur	frustrabitur
	(32/33)	omne mysterium	mysterium omne
	(33)	/	et
	(34)	ergo	porro
XV	(1)	/	sanctum
	(9/12)	/	et ut – regnum dei
	(15)	/	etiam
	(16)	/	autem
	(23)	dubitat	qui dubitet
	(23)	/	petri
	(26)	/	nuntiata
	(26)	a spiritu	spiritu
	(26)	missa	misso
XVI	(7)	sanctus distribuit	sancti distributionibus
	(14)	dominus	deus
	(15)	ego intromittam	intromittam
	(19)	/	et[1]
XVII	(3)	/	et
	(5)	ab	de
	(7)	/	autem
	(8/9)	et munificantibus illis	illis et munificantibus
	(10)	ad quod	quod
	(11)	esse mysteriorum	mysteriorum esse
	(12)	/	sanctum
	(14)	uiri tres	tres

APPENDICE 443

Paragraphe	Ligne	Chifflet	Corpus Christianorum
	(14)	surge	surgens
	(20)	ac	qui
XVIII	(10)	deo	deum
	(13)	uidetur conditione	conditione uidetur
	(13)	eum	id
	(15)	incipit	se inspiciat
	(19)	uti	ut hi
	(20)	unus	unum
	(20)	appareat	appareant
	(21)	rursus	rursum
	(23)	/	quodammodo
	(26)	nunc	hic
	(27)	uno	unum
	(29)	ait	aut
	(30)	exstantes	stantes
	(30)	sua substantia	suae substantiae proprietate
	(32)	ait	aut
	(35)	refugere	fugere
	(39)	habet haec fides	haec fides habet
XIX	(2)	/	in
	(7)	uisus	nisus
	(17)	diuina professione	professione diuina
	(19)	/	nunc
	(24)	unus est	unum sunt
	(28)	hominem esse	esse hominem
	(29)	consequentibus	sequentibus
	(31)	consultatione	conlatione
XX	(3)	/	domine
	(6)	/	hic
	(7)	dicitur	dicit
	(11)	/	autem
	(12)	autem	uero
	(13)	cum	dum
	(13)	num	non
	(14)	abrahae	abraham
	(19)	esse deum	deum esse
	(20)	etiam mysterio	mysterio etiam
	(24)	libro dominus	libro
XXI	(4)	/	in
	(6)	euidentius	euidentem
	(7)	/	enim
	(8)	/	et[3]
	(8)	ex nobis	nobis
	(10)	dices	dic
	(10)	/	et cetera
	(11)	dum	cum
	(12)	ex nobis	nobis
XXII	(2)	et	ac
	(6)	baptismate	baptisma

444   APPENDICE

Paragraphe	Ligne	*Chifflet*	*Corpus Christianorum*
	(7)	reformare	reformasse
	(7)	etiam	ex
	(11)	cum illo	penes illum
	(14)	deus	dominus
	(15)	et stabiliens	stabiliens
	(17)	/	penitus
	(19)	/	illi
	(21/22)	spiritus sanctus et filius	filius et spiritus sanctus
	(25)	deum	dominum
	(27)	eo	eis
	(28)	iste	ipse
XXIII	(1)	autem et	et
	(8)	unionem	unitatem
	(11)	autem	uero
	(15)	prauo	prauae
	(15)	eum solo	solo eum
	(16)	et non	non
	(23)	/	ait
	(23)	dominus noster	autem dominus
	(24)	/	noster
	(24)	de duobus	duos
	(25)	et	ut
	(27)	/	et[1]
	(29)	mutuatissime	manifestissime
XXIV	(3)	credentium erat cor unum	erat cor
	(4)	/	caelestis
	(8)	perspiciamus	perspicimus
	(13)	diem	die
	(18)	plurimi	pluribus
	(21)	profitemur	confitemur
XXV	(5)	esse filium	esse
	(6)	plenius	plenissime
	(8)	/	nunc
	(16)	a patre	patri
	(20)	filius a se	a se filius
	(22)	/	sed
	(23)	agricola est	agricola
	(24)	ignorare se	se ignorare
	(24)	uocet	uocat
	(29)	patre	patri
	(29)	minoratur	minoratus est
	(29)	et dicta	dicta
XXVI	(2)	/	non
	(7)	sit	fuerit
	(11)	humanitatis	diuinitatis
	(12)	patre	patri
	(17/18)	similiter facit	facit similiter
	(19)	et uiuificat, sic	ita
	(26)	hominum milia	milia hominum

Paragraphe	Ligne	Chifflet	Corpus Christianorum
	(27)	/	ob
	(27)	ad exstinguendam	exstinguendam
	(30/31)	sedes non concedere	non concedere sedes
	(38)	corpore	corporeae
	(40)	patre	patri

Sententia Probi

Paragraphe	Ligne	Chifflet	Corpus Christianorum
I	(6)	cognoscere	agnoscere
	(12)	demonstratur	monstratur
II	(3)	protulit	tulit
	(19)	enimuero	et reuera
	(21)	seu	sed
III	(1/2)	/	sabellium conticescere
	(4)	nostrum iesum	iesum
	(6)	appellationem	appellatione
	(8/9)	diuinitatis in eo	in eo diuinitatis
	(12)	/	et lassauerit
	(19)	claruit testimonio	testimonio claruit
	(25)	et alia	alia et
	(25/26)	et praesunt	expressum
	(26)	/	sunt
IV	2/3	ex arrii atque athanasii	ex athanasii atque arrii
	(5)	/	et[1]
	(10)	a	ab
	(21)	/	si
V	(2)	/	etiam
	(8)	initium	sancitum
	(9)	posset	possit
	(11)	de	ex[1]
	(16)	obtundendas	ostendendas
	(18)	quae	qui
	(21)	de	ex
	(22)	nuncupari	nuncupare
	(22)	docetur	doceretur
	(23)	utque	ut quia
	(24)	fidem rerum	rerum fidem
	(27)	censeatur	cassatur
VI	(5)	clarius	clariorem
	(6)	quo	quod
	(6)	ipso	seipso
	(16)	/	esse
	(19)	alias	aliud
	(22)	reddiderit	redderet
	(22)	ne	nec

Paragraphe	Ligne	Chifflet	Corpus Christianorum
VII	(7)	admodum	quodammodo
	(13)	materiarum	materia
	(15)	/	ipse
	(15)	testatur	testatus sit
	(16)	/	sit
	(20)	accessu	accensum
	(21)	/	nullum
	(22)	et tale	tale
	(24)	et	quod
VIII	(10)	naturae humanae	humanae naturae
	(13)	eduxit	eluxit
	(15)	/	ut
	(19/20)	/	intellegatur
	(20)	locutum	locutus
	(25)	deo	deum
	(28)	diuisum	diuersum
	(29)	qui	quia
	(31)	quia	qui
IX	(2/3)	distingui non posse	distingui
	(5)	fuerit	fuerat
	(7)	/	creditur
	(8)	idcirco	ideo
	(13)	nomen commune	commune nomen
	(14)	/	unus
	(17)	dicitur deus	deus dicitur
	(21)	plura	plurale
	(23)	aliud	alium
	(28)	nominantur	numerantur
	(39)	aliis	magis
X	(5)	ueritatis	unitatis
	(5)	/	dicat
	(13)	se facere	facere
	(24/25)	tenetur	teneretur
	(26)	at	aut
	(31/32)	/	profitentes quod creatus est
	(32)	/	ac per hoc non solum
XI	(2)	/	et
	(3)	fidei catholicae	catholicae fidei
	(6)	compositione	confusione
	(11)	/	eum
	(12)	/	filium
	(14)	eorum	errorum
	(14/15)	/	perfidiae
XII	(5)	usque ad purum	purum ad usque
	(6)	capescant	capessant

Au total, nous proposons 902 corrections au texte de Chifflet.

INDICES

Index locorvm Sacrae Scriptvrae

Index scriptorvm

INDEX LOCORVM SACRAE SCRIPTVRAE

	Lib., Cap.	lin.	pag.
Genesis			
1, 26-27	III, XXIV	10-11	389
1, 26	I, VIII	14-15	268
	III, XIX	22	383
	III, XXII	5	386
1, 27	I, VIII	20-21	268
	III, XIX	24-25	383
	III, XIX	30-31	383
2, 18	III, XIX	28-29	383
3, 9	cfr I, VI	15	263
4, 9	cfr I, VI	15	263
6, 6-7	cfr I, VI	15-16	263
11, 5	cfr I, VI	15	263
18, 1-3	III, XX	1-4	384
18, 4	III, XX	7-8	384
18, 8	III, XX	8-9	384
18, 9	III, XX	10-11	384
18, 16	III, XX	11-13	384
18, 17	III, XX	13-14	384
18, 21	cfr I, VI	15	263
19, 24	I, VIII	25-26	268
22, 12	cfr I, VI	15	263
31, 13	I, IX	1-2	269
32, 28	cfr I, VI	15	263
35, 1	I, IX	3-4	269
Exodus			
3, 6	III, XXI	2-3	385
4, 22	I, XIV	5	278
	II, XI	13	323
8, 19	III, XV	19	377
31, 18	III, XV	13-14	377
32, 12-14	cfr I, VI	16-17	263
Numeri			
14, 21 (LXX)	III, XX	25	385
20, 17	cfr I, II	14-15	256
21, 22	cfr I, II	14-15	256
25, 3-4	cfr I, VI	16-17	263
Deuteronomium			
6, 4	I, VII	36-37	266
13, 18	cfr I, VI	16-17	263

		Lib., Cap.	*lin.*	*pag.*
32, 12		III, XXII	26-27	287
32, 39	cfr	I, VII	38-39	266

Iosue
| 7, 26 | cfr | I, VI | 16-17 | 263 |

III Regum
| 8, 19 | | I, XI | 39-40 | 275 |

Iudith
| 16, 17 | | II, XXV | 8-9 | 348 |

Iob
33, 4		II, XXV	7	347
		III, XV	2-3	376
38, 28-29		II, XI	8-9	323

Psalmi
8, 4		III, XV	5	376
32, 6		II, XIX	18-19	336
		II, XIX	20-21	336
		II, XXV	3-4	347
		III, X	25	369
		III, XV	20-21	377
		III, XXII	7-8	386
35, 10		III, X	19-20	369
39, 9		II, XXII	35-36	343
44, 2		II, XIX	9-10	335
		III, X	24	369
44, 7-8		I, IX	10-12	269
44, 8		II, XX	16	338
	cfr	II, XXII	27-28	343
53, 8		II, XXII	36-37	343
84, 9		II, XXVI	2-3	349
103, 24		III, 6	9	362
103, 30		II, XXV	5-6	347
		III, XV	22	377
109, 3		I, XIII	9	277
		I, XIII	18	277
		II, VII	29-30	316
		II, XI	4	323
131, 11		I, XI	40-41	275
138, 7		III, XIV	6	375
138, 8		III, XIV	9-10	375

Prouerbia
3, 19-20		III, 6	1-2	362
3, 19		III, X	32-34	370
8, 23		I, XIII	7-8	277

	Lib., Cap.	lin.	pag.
8, 25	I, XIII	7-8	277
	I, XIII	17-18	277
	III, X	12-13	368
8, 27	I, XIII	7-8	277
	III, XXII	9-11	386
	III, XXII	19-20	387
8, 29-30	III, XXII	9-11	386
	III, XXII	19-20	387

Sapientia
1, 7	III, XIV	7	375
7, 22	III, XIV	21-22	375
7, 26	cfr II, XIV	13-14	327
	III, X	15-16	369

Ecclesiasticus
1, 9	II, XXV	4/5	347
4, 29 (Vg)	cfr III, VIII	21	366
24, 3	III, X	12	368
37, 16	II, XIX	15	336

Isaias
1, 2	I, XIV	4-5	278
	II, XI	12-13	323
6, 1	III, 7-8	7-8	385
6, 3	III, XX	17	384
6, 8-9	III, XXI	8-10	385
9, 5	III, X	29-30	369
11, 10	I, XI	41	275
14, 2	I, XIII	14	277
40, 13	III, X	34-35	370
44, 8	I, VII	39-40	266
44, 24	III, XXII	14-15	386
45, 11 (LXX)	I, XIII	28	278
45, 14	I, VII	11-12	265
	III, X	45-46	370
53, 2-3	III, XXVI	8-9	392
54, 8	cfr I, VI	16-17	263
57, 16 (LXX)	II, XXIII	13-14	346
60, 10	cfr I, VI	16-17	263
65, 15 (LXX)	I, XX	43-44	291

Baruch
| 3, 36-38 | I, XV | 35-38 | 282 |

Ieremias
18, 8	cfr I, VI	16-17	263
23, 18	II, XIX	7-8	335
23, 22 (LXX)	II, XIX	4-6	335

		Lib., Cap.	lin.	pag.
26, 3	cfr	I, VI	16-17	263

Ezechiel

1, 20		III, XVI	13-14	378
13, 42	cfr	I, VI	16-17	263
37, 5		II, XXIII	15	346
		III, XVI	15-16	378

Osee

1, 7		I, IX	9	269
14, 5	cfr	I, VI	16-17	263

Amos

4, 13		II, XXIII	17-18	346

Ionas

3, 10	cfr	I, VI	16-17	263

Zacharias

3, 5-7		I, XI	13-16	274
7, 2		II, XXVI	8-9	350

Matthaeus

1, 18		II, XXV	14-15	348
1, 20		II, XXV	13-14	348
2, 13-14	cfr	III, XXVI	23	393
4, 1-11	cfr	I, X	20	272
	cfr	III, XXVI	24-25	393
4, 2	cfr	III, XXVI	25	393
4, 11		II, XXI	21-22	340
6, 24		III, XIX	15-16	383
8, 2-3	cfr	I, XI	6	273
8, 24	cfr	I, X	21	272
8, 26-27	cfr	I, XI	6-7	273
	cfr	II, XXII	20	342
9, 1-7	cfr	I, XI	6	273
9, 24-25	cfr	I, XI	5	273
9, 29-30	cfr	I, XI	5-6	273
10, 20		III, XIII	36-38	374
11, 27		III, X	35-36	370
	cfr	III, XXVI	30	394
12, 13	cfr	I, XI	6	273
12, 22	cfr	I, XI	5-6	273
12, 28		III, XV	11-12	377
13, 55-56	cfr	I, X	25	272
14, 13	cfr	III, XXVI	29	394
14, 13-21	cfr	I, XI	7-8	273
	cfr	II, XXII	20-21	342
14, 14	cfr	I, XI	6	393

INDEX LOCORVM SACRAE SCRIPTVRAE 453

		Lib., Cap.	*lin.*	*pag.*
14, 16-20	cfr	III, XXVI	26	393
14, 19	cfr	I, XI	8-9	273
14, 25	cfr	III, XXVI	23-24	393
	cfr	III, XXVI	29-30	394
14, 32	cfr	I, XI	6-7	273
	cfr	II, XXII	20	342
15, 35-38	cfr	III, XXVI	26	393
15, 35-36	cfr	I, XI	6	273
17, 21	cfr	I, XI	8-9	273
19, 28	cfr	II, XXII	32-33	343
	cfr	III, XXVI	31	394
20, 23	cfr	I, X	27-28	272
		II, XX	13-14	338
		II, XXII	32	343
	cfr	III, XXVI	30-31	394
20, 29-34	cfr	I, XI	5-6	273
21, 18	cfr	III, XXVI	25	393
24, 36	cfr	III, XXVI	30	394
26, 67	cfr	I, X	22	272
26, 36-44	cfr	II, XXII	18	342
26, 37-39	cfr	I, X	29-30	272
26, 37-38	cfr	III, XXVI	32	394
26, 39		II, XX	12-13	337
	cfr	II, XXII	21-22	342
	cfr	III, XXV	24-25	391
26, 42		II, XX	11-12	337
	cfr	II, XXII	21-22	342
		III, XXV	24-25	391
26, 53		II, XX	10-11	337
27, 2	cfr	I, X	21-22	272
27, 26	cfr	I, X	22	272
27, 29	cfr	I, X	22-23	272
27, 31	cfr	I, X	22-23	272
27, 35	cfr	I, X	23-24	272
27, 39-44	cfr	I, X	22-23	272
27, 46	cfr	I, X	28-29	272
	cfr	III, XXV	25-26	391
	cfr	III, XXVI	33-34	394
27, 50	cfr	I, X	23-24	272
27, 52-53	cfr	III, XXVI	32-33	394
28, 18		I, XI	24-25	274
	cfr	III, XXVI	35-36	394
28, 19		I, III	4-5	257
		II, XXV	19-20	348
		III, XIV	28-29	376
	cfr	III, XX	21-22	385
		Sent. IX	15-16	409

		Lib., Cap.	*lin.*	*pag.*
Marcus				
1, 13	cfr	III, XXVI	22-23	393
1, 40-42	cfr	I, XI	6	273
1, 41		III, XXVI	20	393
4, 38	cfr	I, X	21	272
4, 39-41	cfr	I, XI	6-7	273
	cfr	II, XXII	20	342
5, 9	cfr	I, X	26-27	272
5, 12-13	cfr	III, XXVI	25	393
5, 39-42	cfr	I, XI	5	273
6, 3	cfr	I, X	25	272
6, 5	cfr	I, XI	6	273
6, 30-44	cfr	I, XI	7-8	273
	cfr	II, XXII	20-21	342
6, 41	cfr	I, XI	8-9	273
6, 48	cfr	III, XXVI	23-24	393
	cfr	III, XXVI	29-30	394
6, 51	cfr	I, XI	6-7	273
	cfr	II, XXII	20	342
6, 56	cfr	I, XI	6	273
8, 1-9	cfr	I, XI	7-8	273
	cfr	II, XXII	20-21	342
8, 22-26	cfr	I, XI	5-6	273
9, 21	cfr	I, X	26	272
9, 29	cfr	I, XI	8-9	273
9, 30	cfr	III, XXVI	23	393
10, 18	cfr	I, IV	25	260
10, 40	cfr	I, X	27-28	272
	cfr	III, XXVI	30-31	394
10, 46-51	cfr	I, XI	5-6	273
13, 32	cfr	I, X	27	272
	cfr	III, XXV	24	391
	cfr	III, XXVI	30	394
14, 33-36	cfr	I, X	29-30	272
14, 35-39	cfr	II, XXII	18	342
14, 36	cfr	II, XXII	21-22	342
	cfr	III, XXV	24-25	391
14, 65	cfr	I, X	22	272
15, 15	cfr	I, X	22	272
15, 20	cfr	I, X	22-23	272
15, 24	cfr	I, X	23-24	272
15, 31-32	cfr	I, X	22-23	272
15, 34	cfr	I, X	28-29	272
	cfr	III, XXV	25-26	391
	cfr	III, XXVI	33-34	394
15, 37	cfr	I, X	23-24	272
Lucas				
1, 32		I, XI	44-45	275

	Lib., Cap.		*lin.*	*pag.*
1, 34	cfr	II, IX	8-9	319
1, 35		II, XVI	5-7	330
		II, XXVI	31-33	351
2, 7	cfr	III, XXVI	21	393
2, 9	cfr	III, XXVI	22	393
2, 40	cfr	I, X	18	272
2, 51	cfr	I, X	24-25	272
		III, XXVI	10	392
2, 52	cfr	I, X	18	272
	cfr	III, XXVI	22	393
3, 22	cfr	II, XXII	27-28	343
4, 4		II, XVI	7-9	330
4, 18	cfr	II, XXII	27-28	343
5, 12-13	cfr	I, XI	6	273
5, 24-25	cfr	I, XI	6	273
7, 11-15	cfr	I, XI	5	273
7, 21	cfr	I, XI	5-6	273
8, 24-25	cfr	I, XI	6-7	273
	cfr	II, XXII	20	342
8, 30	cfr	I, X	26-27	272
8, 49-55	cfr	I, XI	5	273
9, 10-17	cfr	I, XI	7-8	273
	cfr	II, XXII	20-21	342
11, 20		III, XV	8-9	377
13, 11-13	cfr	I, XI	6	273
17, 11-14	cfr	I, XI	6	273
18, 35-43	cfr	I, XI	5-6	273
22, 30	cfr	II, XXII	32-33	343
22, 41-44	cfr	II, XXII	18	342
22, 42	cfr	I, X	29-30	272
	cfr	II, XXII	21-22	342
	cfr	III, XXV	24-25	391
23, 33	cfr	I, X	23-24	272
23, 43	cfr	III, XXVI	34	394
23, 46	cfr	I, X	23-24	272
		III, XXV	26	392
24, 15	cfr	III, XXVI	23-24	393
24, 31	cfr	III, XXVI	23-24	393
24, 36	cfr	III, XXVI	23-24	393

Iohannes

1, 1-3		Sent. III	20-23	400
1, 1-2		I, XIV	19-20	279
1, 1		II, XIX	13-14	335
		II, XXII	47-48	344
	cfr	III, VIII	22	366
		III, X	25-27	369
1, 2-3		I, XIV	32-35	280
1, 3	cfr	III, XXVI	35	394

		Lib., Cap.	*lin.*	*pag.*
1, 4-5	cfr	III, VIII	22	366
1, 9	cfr	III, VIII	22	366
1, 10		I, XIV	32-35	280
2, 7-11	cfr	III, XXVI	26-27	393
3, 6		II, III	26/27	307
3, 8		III, XVI	8-9	378
3, 13	cfr	I, XIII	4-5	277
		I, XV	18-19	281
	cfr	III, XXVI	24	393
4, 6	cfr	I, X	20-21	272
4, 7	cfr	I, X	19-20	272
	cfr	III, XXVI	26	393
	cfr	III, XXVI	28	393
4, 24		II, III	25	307
		II, XXVI	24	351
5, 5-9	cfr	I, XI	6	273
5, 17		II, XXII	40	344
5, 18		II, XXII	14	342
5, 19		I, XI	3-4	273
		III, XXV	20	391
		III, XXVI	16	393
		III, XXVI	17-18	393
5, 21		II, XXII	41-42	344
		III, XXVI	18-19	393
5, 26		II, XIII	13-15	326
5, 36		III, XIII	22	373
6, 1-15	cfr	I, XI	7-8	273
	cfr	II, XXII	20-21	342
6, 11	cfr	I, XI	8-9	273
6, 38	cfr	I, XIII	4-5	277
		I, XV	19-20	281
		II, XX	7-8	337
		II, XXII	34-35	343
		III, XXV	19	391
		III, XXVI	18	393
	cfr	Sent. X	13	410
6, 39		II, XX	9-10	337
		II, XXI	32	340
6, 56		I, IX	26-27	270
6, 57		III, XXV	23	391
6, 64		III, XVI	12	378
7, 1	cfr	III, XXVI	32	394
7, 10	cfr	III, XXVI	32	394
7, 16		III, XXV	21	391
7, 37-39	cfr	III, XXVI	28-29	393
7, 37-38	cfr	II, XXII	22-23	342
8, 28		III, XIII	23	373
		III, XXV	20-21	391
8, 29		I, XI	12	273

INDEX LOCORVM SACRAE SCRIPTVRAE

		Lib., Cap.	lin.	pag.
		II, XX	13	338
	cfr	II, XXII	33-34	343
8, 42		II, XX	7	337
		III, XXV	22	391
8, 44		III, XIII	7	373
8, 55	cfr	III, XXVI	30	394
8, 58	cfr	I, XIII	5	277
9, 1-7	cfr	I, XI	5-6	273
9, 4		III, XXV	21-22	391
10, 15		II, XIII	15	326
		II, XIV	1	327
	cfr	III, XXVI	30	394
10, 18	cfr	III, XXVI	32	394
10, 25		III, XIII	22	373
10, 30		I, XXV	11-12	299
		II, XVII	15	332
		II, XXII	37-38	343
		III, XXVI	15-16	393
		Sent. VIII	18	407
10, 38		I, VII	10-11	265
		I, VII	25-26	266
		I, IX	18-19	270
11, 11-44	cfr	I, XI	5	273
11, 34	cfr	I, X	26	272
11, 41-42	cfr	I, XI	8-9	273
11, 54	cfr	III, XXVI	23	393
12, 27	cfr	III, XXVI	32	394
12, 49		II, XX	6-7	337
12, 50		II, XX	8	337
		II, XXI	26-27	340
14, 9		I, VII	8	263
		I, VII	26	266
		II, XXII	42	344
		III, X	17-18	369
14, 10		I, VII	7	265
		I, XI	2-3	273
		III, XIII	15-16	373
		III, XIII	23	373
14, 10-11		II, XXII	39-40	344
		III, IX	11-12	367
14, 26		II, XXIII	14	346
		II, XXVI	5-7	349
14, 28		II, XVI	29	331
		II, XVII	14	332
		II, XVII	17-18	332
		II, XVII	21	332
		II, XX	6	337
		II, XXII	37	343
		III, XXV	17	391

		Lib., Cap.	*lin.*	*pag.*
		III, XXVI	15	393
	cfr	Sent. X	12-13	410
15, 1		III, XXV	22-23	391
15, 15		III, XIII	15-16	373
15, 20		Praef.	45	250
15, 23		II, XXII	42-43	344
15, 26		II, XXIII	13	346
16, 8		III, XVI	18-19	379
16, 13		II, XXVI	5-7	349
		III, XII	11-12	372
16, 14		II, XXIII	12-13	345
		III, XIII	9-10	373
16, 15		III, XIII	11-12	373
16, 27		II, III	27	307
17, 1		II, XXII	43-44	344
17, 4		II, XXII	44	344
17, 5		I, XV	24-26	281
17, 6		II, XXII	44-45	344
17, 10		II, XXII	9-10	341
		II, XXII	38-39	343
17, 12		II, XX	9	337
		II, XXI	31	340
17, 22		II, XXII	38	343
17, 21		I, IX	25-26	270
17, 25	cfr	III, XXVI	30	394
18, 12	cfr	I, X	21-22	272
18, 24	cfr	I, X	21-22	272
19, 1	cfr	I, X	22	272
19, 18	cfr	I, X	23-24	272
	cfr	III, XXVI	26	393
19, 28	cfr	I, X	19-20	272
19, 30	cfr	I, X	23-24	272
20, 17	cfr	I, IV	22	259
	cfr	III, XXV	24	391
20, 19	cfr	III, XXVI	23-24	393
20, 26	cfr	III, XXVI	23-24	393
Actus Apostolorum				
2, 4		III, XIII	35-36	374
2, 24	cfr	II, XXII	29	343
2, 32	cfr	II, XXII	29	343
2, 33-34	cfr	II, XXII	24-26	342
2, 33		I, XI	30-31	274
2, 36		I, XI	31-33	274
3, 13		I, XI	29-30	274
		II, XX	15-16	338
4, 32		III, XXIV	3	389
5, 3		II, XXVI	16-17	350
5, 4		II, XXVI	18	350

		Lib., Cap.	*lin.*	*pag.*
6, 1-2	cfr	I, XX	32-33	290
6, 7	cfr	I, XX	32-33	290
7, 50		III, VI	10	362
9, 25-26	cfr	I, XX	32-33	290
9, 36-38	cfr	I, XX	32-33	290
10, 19-20		II, XXV	24-27	349
		III, XVII	13-15	379
11, 26	cfr	I, XX	41	291
11, 28		III, XVII	12-13	379
13, 2		II, XXV	27-28	349
		III, XVII	8-10	379
20, 28		II, XXV	28-29	349

Ad Romanos

1, 3		I, XI	42	275
1, 4		I, XIII	16-17	277
1, 6		III, XVII	6-7	379
1, 19-20	cfr	II, V	39	311
8, 2		III, XV	16-17	377
8, 11		III, XVI	11-12	378
11, 36		II, XI	17-18	323

I ad Corinthios

1, 24		III, VI	18-19	363
	cfr	III, VIII	21-22	366
		III, X	8	368
6, 19		II, XXVI	26-28	351
6, 20		II, XXVI	29-30	351
12, 4-6		II, XXVI	19-21	350
		III, XXIII	9-12	388
12, 11		III, XIV	23	376
		III, XVI	6-7	378
		III, XXIII	18-19	388
14, 25		I, IX	27-28	270

II ad Corinthios

3, 6	III, XVI	10-11	378
13, 13	II, XXVI	38-40	351

Ad Galatas

1, 15	III, XVII	5-6	379
4, 4	II, XXI	16-17	339

Ad Ephesios

1, 4	I, XIII	20-21	277
1, 20	I, XX	16-17	338
2, 18	III, XIV	24-25	376
4, 4	III, XIV	22	375
4, 30	II, XXVI	25-26	351

		Lib., Cap.	*lin.*	*pag.*
Ad Philippenses				
2, 6-7		I, XV	30	281
2, 8-10		I, XI	21-23	274
2, 9		II, XX	15	338
2, 9-10	cfr	II, XXII	23-24	342
Ad Colossenses				
1, 16		I, IV	16-17	259
I ad Thessalonicenses				
3, 11		III, XXIII	26-28	388
5, 18		II, XXI	25-26	340
5, 23		III, XXIV	13-14	389
II ad Thessalonicenses				
2, 16-17		III, XXIII	23-26	388
I ad Timotheum				
2, 8		I, XI	43-44	275
6, 20		I, II	22-23	263
		Sent. V	18-19	403
Ad Hebraeos				
1, 3		II, XIX	1-3	335
		III, X	21-22	369
1, 4		I, XI	35-36	275
2, 4		III, XVI	7-8	378
2, 7		II, XVII	34	333
		III, XXVI	5-7	392
10, 15-16		II, XXVI	13-14	350
Epistula Iacobi				
5, 20		Praef.	68-69	251
I Petri				
1, 12		III, XV	25-27	377
1, 20	cfr	I, IV	17-18	259
I Iohannis				
3, 9		II, XI	13-14	323
5, 1		II, III	7-8	306
5, 18		I, XIV	6-7	279

INDEX SCRIPTORVM

	Lib., Cap.	lin.	pag.
AETIVS ANTIOCHENVS			
Syntagmation			
8	II, X	26/35	322
Expositio fidei	I, XXII	2/3	293
Dicta			
in BASIL. ANCYR., *Tract. de fide*	I, XXII	2/3	293
in BASIL., *De Spiritu sancto* II, 4	I, XXV	3/5	299
AMBROSIASTER			
In epistulam ad Galatas			
Prol.	I, X	13/14	271
Quaestiones ueteris et noui Testamenti			
91	I, IV	5/6	258
AMBROSIVS			
De Abraham			
1, 5, 38	I, V	8/10	261
Apologia Dauid II			
26	I, XI	37	275
De fide			
1, 1, 6	I, IV	5/6	258
	I, VII	2/4	264
1, 2, 18	III, XXIV	1/7	389
1, 3, 27	III, X	42/46	370
1, 3, 28	I, XV	34/38	282
1, 7, 49	II, XIV	13/21	327
1, 7, 49-50	III, X	15/20	369
1, 10, 66	II, VII	27/40	316
1, 10, 67	II, VI	12/15	313
	II, VIII	15/21	318
1, 12, 77-78	II, IX	4/19	318
1, 13, 79	III, X	15/16	369
	III, X	21/22	369
1, 13, 80	III, XX	1/5	384
1, 15, 97-98	I, XIII	27/30	278
1, 17, 110	III, X	11/13	368
2, 2, 29	III, X	24/27	369
2, 6, 48	III, XVI	4/7	378
2, 8, 59	II, XVII	18/27	332
2, 8, 59-65	III, XXVI	21/36	393

	Lib., Cap.	lin.	pag.
2, 8, 64	II, XVII	29/37	333
	II, XXI	19/22	340
2, 10, 88	III, XXVI	10/12	392
2, 12, 106-107	III, XX	15/20	384
3, 4, 32	II, XXII	18/21	342
3, 4, 33	II, XXI	19/22	340
3, 8, 58	I, III	14/24	257
	I, IV	5/6	258
3, 11, 90-91	III, XIII	22/32	373
3, 14, 122 – 15, 124	II, XIX	1/8	335
3, 16, 33	II, XIII	12/18	325
4, 3, 29	I, X	13/14	271
4, 5, 56	II, XXII	18/21	342
4, 7, 72	III, X	27/28	369
4, 8, 84	II, VI	24/27	314
4, 9, 101	III, X	27/28	369
4, 9, 111	III, IV	5/7	359
4, 10, 131	II, XIII	12/18	325
5, 2, 30	III, V	1/12	362
	III, XXII	9/20	386
5, 2, 37	II, XIII	12/18	325
5, 10, 129 – 11, 134	III, XXVI	21/36	393
5, 11, 133-134	II, XXI	26/31	340
5, 14, 175	I, V	4/7	261
5, 18, 224	II, VI	24/27	314
5, 18, 227	II, XVII	29/37	333

Explanatio Psalmorum XII

8, 50, 2	III, XX	1/5	384

De incarnationis dominicae sacramento

9, 100-101	II, V	4/7	309
10, 113	I, V	4/7	261
	I, XVI	22/26	283

De Noe

16, 58	II, XXV	3/4	347

De Spiritu sancto

Prol. 4	III, XX	1/5	384
Prol. 18	III, XVI	4/7	378
1, 3, 51	II, XXV	3/4	347
1, 5, 73	II, XXV	17/22	348
1, 7, 87	III, XIV	4/10	375
1, 13, 132	II, XXV	17/22	348
1, 13, 134	II, XXVI	3/7	349
1, 14, 143	III, X	21/22	369
1, 15, 151	III, XVI	13/14	378
2, 5, 32	II, XXV	3/4	347
2, 5, 41-43	II, XXV	9/15	348
2, 5, 44	II, XXV	7	347
2, 8, 71	II, XXV	17/22	348

	Lib., Cap.	lin.	pag.
2, 9, 87	III, XXIII	22/26	388
2, 10, 103	II, XXV	24/27	349
2, 12, 131-134	III, XIII	5/14	372
2, 12, 136	III, XIII	22/32	373
2, 12, 138	II, XXVI	18/21	350
2, 12, 138-139	III, XXIII	7/19	387
2, 12, 140	III, XVI	4/7	378
2, 13, 145	II, XXV	27/28	349
3, 3, 11	III, XV	6/12	377
3, 5, 32-34	III, XV	3/6	376
3, 6, 35	III, XVI	16/19	379
3, 8, 48	II, XXVI	25/26	351
3, 9, 56-57	II, XXVI	14/18	350
3, 12, 90	II, XXVI	26/28	351
3, 16, 110	III, XX	15/20	384
3, 20, 158	I, XVI	22/26	283

AMBROSIVS

in *Acta Concilii aquileiensis*
(ed. R. Gryson, SC 267, 330-382)

37	II, XVII	29/37	333

ANONYMVS ARRIANVS

Sermo Arrianorum (in AVG., *C. serm. Ar.*)
(ed. P.-M. Hombert, CC SL 87A, 2009, p. 160-175)

2	III, II	4/9	356
4	I, IV	20/21	259
	III, XXV	22	391
6	III, XXV	19	391
	III, XXV	24/25	391
7	III, XXV	26	392
15	II, XXIII	10/11	345
15-17	III, XII	5/8	372
18	III, XII	9/13	372
19	II, XXIII	12/14	345
	III, XII	5/8	372
20	III, XII	9/13	372
	III, XXV	20	391
23	III, XII	8/9	372
24	III, XII	5/8	372
27	I, XVI	31/33	284
31-32	I, XVI	31/33	284
32	III, XXV	20/21	391

APOLLINARIS LAODICENVS

Fides secundum partem

13	I, VII	1/4	264

INDEX SCRIPTORVM

	Lib., Cap.	lin.	pag.
Aristoteles			
Categoriae			
V 2a 11-19	II, V	4/7	309
Arivs			
Epistula ad Eusebium			
(ed. H.G. Opitz, *Athanasius Werke* 3, 1, p. 1-3)			
4	I, IV	15/16	259
	II, VI	4/11	312
	III, II	4/9	356
Epistula ad Alexandrum			
(ed. H.G. Opitz, *Athanasius Werke* 3, 1, p. 12-13)			
2	II, XV	1/2	328
	I, IV	15/16	259
3	III, II	4/9	356
4	I, XVI	27/28	283
5	II, VI	4/11	312
Thalia			
in Athan., *Syn.* 15, 3	I, XVI	31/33	284
	III, II	4/9	356
Arno Salisbvrgensis			
Testimonia de processione Spiritus sancti			
(*MGH*, Concilii II, Suppl. 2)			
3	III, XIII	1/14	372
Arnobivs Ivnior			
Conflictus cum Serapion			
2, 32	III, XIII	1/5	372
Arriani			
Dicta			
in Ambrosivs, *De fide*			
1, 3, 48	II, XXIII	10/11	345
2, 5, 46	I, XV	19/24	281
	III, XXV	19	391
	III, XXV	24/25	391
2, 8, 59	II, XVI	27/30	331
4, 3, 33	I, IX	18/36	270
4, 4, 38	III, XXV	20	391
4, 9, 102	III, II	4/9	356
4, 10, 132	III, XXV	23	391
4, 12, 157	III, XXV	22/23	391
4, 12, 168	III, XXV	22/23	391
5, 16, 193	III, XXV	24	391
5, 18, 225	II, XVI	27/30	331

INDEX SCRIPTORVM

	Lib., Cap.	lin.	pag.
in AMBROSIVS, *De Spiritu Sancto*			
2, 6, 48	II, XXIII	16/18	346
in ATHANASIVS, *Orationes contra Arrianos*			
1, 15	II, VI	4/11	312
3, 7	III, XXV	19	391
3, 26	III, XXV	24	391
	III, XXV	24/25	391
	III, XXV	25/26	391
3, 42	III, XXV	24	391
3, 54	III, XXV	24/25	391
3, 59	III, II	4/9	356
3, 62	III, II	4/9	356
in ATHANASIVS, *Epistulae ad Serapionem*			
1, 3	II, XXIII	16/18	346
in ATHANASIVS, *De synodis*			
45, 7	I, IX	18/36	270
48, 3-4	I, IX	18/36	270
in ATHANASIVS, *Tomus ad Antiochenos*			
5	I, XVI	31/33	284
in AVGVSTINVS, *De Trinitate*			
1, 7, 14	II, XVI	27/30	331
in BASILIVS CAESARIENSIS, *Aduersus Eunomium*			
3, 7	II, XXIII	16/18	346
in CYRILLVS ALEXANDRINVS, *Thesaurus*			
Ass. 10	III, XXV	24	391
in DIDYMVS, *De Trinitate*			
3, 9	III, XXV	24	391
3, 12	I, XV	19/24	281
	III, XXV	19	391
in EPIPHANIVS, *Aduersus Haereses*			
69, 17	II, XVI	27/30	331
in FAVSTINVS, *De Trinitate*			
13	I, XV	19/24	281
	III, XXV	19	391
13-15	I, IX	18/36	270
35	II, XVI	27/30	331
in FVLGENTIVS RVSPENSIS, *C. Fabianum fragmenta*			
3, 3	II, XXIII	16/18	346
in GREGORIVS ILLIBERITANVS, *De fide*			
33	I, XIX	3/26	287
in GREGORIVS NAZIANZENVS, *Orationes*			
30, 12	I, XV	19/24	281
	III, XXV	19	391

	Lib., Cap.	lin.	pag.
in GREGORIVS NYSSENVS, *Adu. Arium et Sabellium*			
6	II, XVI	27/30	331
in GREGORIVS NYSSENVS, *Ad Simplicium de fide*			
7	II, XXIII	16/18	346
in HIERONYMVS, *Didymi liber de Spir. s. lat. uersus*			
65	II, XXIII	16/18	346
in HILARIVS, *Ad Constantium*			
14	I, XXII	1/2	293
in HILARIVS, *De Trinitate*			
1, 29	II, XVI	27/30	331
4, 4	II, VI	4/11	312
4, 11	II, VI	4/11	312
	II, XVI	27/30	331
7, 6	II, XVI	27/30	331
8, 3	II, XVI	27/30	331
8, 5	I, IX	18/36	270
9, 2	III, XXV	20	391
	III, XXV	24	391
9, 49	I, XV	19/24	281
	III, XXV	19	391
9, 51	II, XVI	27/30	331
9, 58	III, XXV	24	391
10, 9	III, XXV	24/25	391
	III, XXV	24/26	391
10, 31	III, XXV	25/26	391
10, 34	III, XXV	26	392
10, 49	III, XXV	25/26	391
10, 62	III, XXV	26	392
11, 8	III, XXV	24	391
in MARIVS VICTORINVS, *De homoousio recipiendo*			
3	II, VI	4/11	312
in PHOEBADIVS, *Contra Arrianos*			
12, 2	II, XVI	27/30	331
in PS. ATHANASIVS, *Disputatio contra Arrium*			
9 (*PG* 28, 448 A)	II, XVI	27/30	331
in PS. ATHANASIVS, *De Trinitate*			
2, 27 (*PG* 28, 1197 BC)	II, VI	4/11	312
in PS. AVGVSTINVS, *Solutiones diuersarum quaest.*			
44	I, XV	19/24	281
	III, XXV	19	391
54	III, XXV	23	391
55	III, XXV	22/23	391
71	II, XVI	27/30	331
in PS. EVSEBIVS VERCELLENSIS, *De Trinitate*			
10, 11	III, II	4/9	356
12, 170	II, XXIII	16/18	346

INDEX SCRIPTORVM 467

	Lib., Cap.	lin.	pag.
in Ps. Vigilivs Thapsensis, *Contra Varimadum*			
1, 3	III, XXV	22	391
1, 5	II, XVI	27/30	331
1, 8	I, XV	19/24	281
	III, XXV	19	391
1, 28	III, XXV	24/25	391
1, 42	III, XXV	24	391
2, 3	II, XXIII	16/18	346
in Vigilivs Thapsensis, *Solutiones obiect. Arrian.* (ed. P.-M. Hombert, *Sacris Erudiri* 49, 2010)			
5	III, XXV	23	391
6	III, XXV	24/25	391
10	III, XXV	24	391
14	II, XXIII	16/18	346

Asterivs Sophista

Fragmenta
(ed. M. Vinzent, Brill, Leiden, 1993)

39-40	I, IX	18/36	270
in Athanasivs, *Orationes contra Arianos* 3, 60			
	III, II	4/9	356

Athanasivs

Orationes contra Arianos

1, 12	III, X	18/22	369
1, 13	III, X	15/16	369
	III, X	21/22	369
1, 16	II, VI	12/15	313
1, 20	III, X	21/22	369
1, 23-26	I, V	4/7	261
1, 28	II, VI	12/15	313
1, 49	I, XV	34/38	282
2, 29	II, VI	24/27	314
2, 32	III, X	18/22	369
2, 36	III, X	27/28	369
2, 57	III, X	24/27	369
3, 4	I, III	14/24	257
3, 11	III, XXIII	26/28	388
3, 12	III, X	29/30	369
3, 20	III, XXIV	1/7	389
3, 36	I, VII	1/4	264
	II, XIII	12/18	325
3, 59	III, X	18/22	369
	III, X	24/27	369
3, 62	III, II	23/24	357
3, 63	III, VI	1/12	362
3, 65	III, V	1/12	362

	Lib., Cap.	lin.	pag.
3, 66	III, VI	19/25	363
De sententia Dionysii			
5	I, III	14/24	257
Epistulae ad Serapionem			
1, 6	II, XXVI	25/26	351
1, 27	III, XIV	15/23	375
1, 28	I, VIII	5	267
1, 28-30	II, XXV	17/22	348
1, 30	II, XXVI	18/21	350
1, 31	II, XXV	3/4	347
3, 3	III, XIV	4/10	375
3, 3-4	III, XIV	15/23	375
3, 5	II, XXV	3/4	347
3, 6	II, XXV	17/22	348
4, 3	II, XXV	3/4	347
De synodis Arimini et Seleuciae			
31, 1	I, XXI	2/3	293
38, 3	II, XIV	13/21	327
41, 6	II, XIV	13/21	327
42, 1	II, XIV	13/21	327

AVGVSTINVS

De ciuitate Dei			
8, 6	II, XIII	18/21	326
10, 1	I, VI	10/14	263
10, 24	I, III	14/24	257
18, 33, 1	I, XV	34/38	282
Confessiones			
7, 19, 25	I, IV	5/6	258
Conlatio cum Maximino			
11	III, XIII	10/14	373
14, 7	II, V	15/23	313
De dono perseuerantiae			
24, 67	II, XVII	13/15	332
Enchiridion			
12, 39	II, V	15/23	310
Enarrationes in Psalmos			
63, 13	II, XVII	13/15	332
68, 1, 5	I, VI	10/14	263
70, 2, 10	I, XIV	22/25	279
138, 3	II, XVII	13/15	332
138, 8	I, XIV	22/25	279
Epistulae			
120, 1	III, XIII	1/5	372
120, 3	I, IV	5/6	258

INDEX SCRIPTORVM 469

	Lib., Cap.	lin.	pag.
147, 7	I, IV	5/6	258
147, 19	I, IV	5/6	258
170, 9	III, XXVI	10/13	392
187, 8	II, XVII	13/15	332
187, 14	III, XIV	4/10	375
238, 4	I, XX	2/3	288
	II, XXVI	26/30	351
238, 5-6	I, XXI	7/12	291
238, 10	II, XVII	13/15	332
238, 25	II, VI	24/27	314

Contra Faustum

| 12, 43 | I, XV | 34/38 | 282 |

De Genesi ad litteram

| 3, 19, 27 | I, VIII | 14/23 | 268 |

De Genesi ad litteram imperfectus liber

| 16, 61 | III, XIX | 21/27 | 383 |

De haeresibus

| 41 | I, III | 14/24 | 263 |

In Iohannis euangelium tractatus

1, 8	I, XIV	22/25	279
14, 9	III, XXIV	1/7	389
18, 4	III, XXIV	1/7	389
19, 6	II, VI	24/27	314
19, 13	II, XIII	12/18	325
22, 9-10	II, XIII	12/18	325
29, 4	I, XIV	22/25	279
29, 7	I, III	14/24	257
37, 4	I, XIV	22/25	279
39, 5	III, XXIV	1/7	389
39, 9	I, III	14/24	257
40, 4	I, III	14/24	257
42, 8	I, XIV	22/25	279
48, 6	I, XIV	22/25	279
77, 2	II, XXVI	3/7	349
78, 1	II, XVII	18/27	332
88, 1	II, XVII	13/15	332
100, 4	III, XIII	10/14	373
107, 5	II, XXII	18/21	342

De libero arbitrio

| 3, 21, 60 | I, V | 8/10 | 261 |

Contra Maximinum

1, 6	II, V	43/49	312
1, 7	II, VII	27/40	316
2, 1	II, V	43/49	312
2, 4	I, XXII	15	294
2, 7	I, V	4/7	261
	II, VI	24/27	314

	Lib., Cap.	lin.	pag.
	II, XXII	1/10	341
2, 12, 1	II, XXII	1/10	341
2, 14, 3	I, V	4/7	261
2, 14, 7	II, V	43/49	312
2, 15, 1	II, VI	24/27	314
2, 17, 2	II, XXV	3/4	347
2, 18, 1	II, VII	27/40	316
2, 18, 3	II, V	43/49	312
2, 21, 1	II, XXVI	26/30	351
2, 21, 2	III, XIV	4/10	375
2, 26, 5	III, XX	1/15	384

Contra sermonem Arrianorum

5, 5	II, XVII	29/37	333
8, 6	II, XVII	13/15	332
15, 9	II, XXV	9/15	348
23, 19	III, XIII	10/14	373
27, 24	II, XVII	29/37	333
29, 27	II, XXVI	26/30	351

Sermones

37, 17	I, X	13/14	271
71, 18	I, V	8/10	261
117, 14	II, V	15/23	313
124, 3	I, XIV	22/25	279
139, 2	II, V	15/23	310
139, 4-5	II, V	43/49	312
139, 5	II, VI	24/27	314
183, 8	I, X	13/14	271
264, 2	II, XVII	29/37	333

Sermones – ed. Dolbeau

3, 5	I, XIV	22/25	279

Sermo de symbolo ad catechumenos

2, 4	III, XXIV	1/7	389
3	II, V	15/23	310

De Trinitate

1, 12, 26	II, XIII	12/18	325
2, 3, 5	III, XIII	5/14	373
2, 10, 19 – 11, 20	III, XX	1/5	384
2, 13, 23	II, XXVI	26/30	351
4, 21, 30	III, XIII	1/5	372
5, 3, 4	I, VI	10/14	263
5, 5, 6	I, VI	10/14	263
5, 16, 17	I, VI	15/25	263
6, 7, 8	III, V	1/8	360
6, 10, 11	II, XIII	18/21	326
12, 6, 6	III, XIX	21/27	383
15, 3, 5	I, VI	10/14	263
15, 5, 7-8	III, V	1/8	360

INDEX SCRIPTORVM

	Lib., Cap.	lin.	pag.
15, 13, 22	III, V	1/8	360

AVXENTIVS DVROSTORENSIS

Epist. de fide Vlfilae
(*in* MAXIMINVS, *C. Ambros.* – *SC* 267, p. 236-242)

	II, XVI	27/30	331
	I, XXII	1/2	293
	III, XII	5/8	372

BASILIVS ANCYRANVS

Epistula synodica
(in *Epiph., Haer.* 73, 10-11)

anath. 3.5.7.9	I, XXII	2/3	293

BASILIVS CAESARIENSIS

Epistulae

189, 3	I, XVI	27/28	283
210, 3	I, III	14/24	257
	I, VII	1/4	264
	I, VIII	5	267
214, 3	I, III	14/24	257
214, 4	I, XVI	27/28	283
214, 13	I, VII	1/4	264
226, 4	I, III	14/24	257
236, 6	I, III	14/24	257
	I, V	8/10	261
	I, XVI	27/28	283

Contra Eunomium

1, 5	I, XXII	15	294
1, 18	II, XIII	12/18	325
2, 28	I, V	8/10	261
2, 29	III, V	20/28	361
2, 5	II, VIII	15/21	318
3, 4	II, XXV	7	347

Homiliae de creatione hominis
(ed. A. Smets – M. Van Esbroeck, *SC* 160, 1970)

1, 4	I, VIII	14/23	268

De Spiritu sancto

2, 4	I, XXII	2/3	293
10, 24	II, XXV	17/22	348
16, 37	II, XXVI	14/21	350
16, 38	II, XXV	3/4	347
	III, XX	15/20	384
19, 48	II, XXV	7	347
32, 54	III, XIV	4/10	375

	Lib., Cap.	lin.	pag.
CAESARIVS ARELATENSIS			
Breuarium aduersus haereticos			
(ed. G. Morin, Maredsous, 1937)			
	I, VII	2/4	264
	II, XXV	3/9	347
	II, XXVI	1/3	349
	III, XV	6/12	377
	III, XX	15/20	384
	III, XXIII	7/19	387
CANDIDVS ARIANVS			
De generatione diuina			
(ed. P. Henry – P. Hadot, *SC* 68, 1960)			
3	II, VI	4/11	312
	II, X	29/35	322
10	III, XXV	24/25	391
CAROLVS MAGNVS			
De imaginibus			
3, 3	II, XXV 2 – XXVI 30		347
CASSIANVS			
De incarnatione Domini			
5, 4	I, V	4/7	261
CEREALIS CASTELLI RIPENSIS			
Contra Maximinum			
(ed. I. Baise, *Rev. Bénéd.* 116, 2006)			
3	II, XXI	19/22	340
15	III, XX	15/20	384
CHROMATIVS AQVILEIENSIS			
Tractatus in euangelium Matthaei			
35	I, IV	5/6	258
CONCILIVM TOLETANVM XV			
(= Iulianus Toletanus)	III, IV	22/23	360
CYPRIANVS			
Testimonia			
2, 1	III, X	11/13	368
2, 6	I, XV	34/38	282

INDEX SCRIPTORVM

	Lib., Cap.	lin.	pag.
Didymvs Alexandrinvs			
De Trinitate			
2, 3	III, XX	1/5	384
2, 15	II, XXV	17/22	348
2, 23	III, XX	1/5	384
Dionysivs Romanvs			
in Athanasivs, *Decr. Nic.* 26	I, VII	1/4	264
Epiphanivs Constantiensis			
Aduersus haereses			
42, 1	I, VII	1/4	264
62, 1	I, III	14/24	257
69, 26	II, V	15/23	310
71, 2	I, IV	5/6	258
	I, XIII	15/30	277
71, 4	I, XIV	22/25	279
71, 5	I, IV	5/6	258
72, 9	I, XIV	1/5	278
76, 6	II, V	15/23	310
Ancoratus			
29	III, XX	1/5	384
70	II, XXV	3/4	347
116	I, III	14/24	257
	I, VII	1/4	264
Episcopi Africanae provinciae			
Liber fidei catholicae			
(*in* Victor Vitensis, *Hist. persec.*)			
1 (*Hist. persec.* 2, 56)	I, V	8/10	261
2 (*Hist. persec.* 2, 58)	II, XIX	1/8	335
4 (*Hist. persec.* 2, 63)	II, XVII	13/15	332
5 (*Hist. persec.* 2, 66)	II, IV	12/14	308
	I, V	4/7	261
7 (*Hist. persec.* 2, 70)	II, IV	16/20	308
7 (*Hist. persec.* 2, 72)	II, VII	27/40	316
8 (*Hist. persec.* 2, 73)	II, VI	12/15	313
	III, IX	25/31	368
8 (*Hist. persec.* 2, 74)	III, IX	16/23	367
10 (*Hist. persec.* 2, 77)	III, XIII	1/5	372
11 (*Hist. persec.* 2, 80)	III, XX	15/20	384
12 (*Hist. persec.* 2, 83)	II, XXV	5/7	347
	II, XXV	7	347
13 (*Hist. persec.* 2, 85)	II, XXVI	3/7	349
14 (*Hist. persec.* 2, 86)	II, XXVI	14/18	350
15 (*Hist. persec.* 2, 88)	III, XIV	4/10	375
19 (*Hist. persec.* 2, 92)	II, XXV	27/29	349

	Lib., Cap.	lin.	pag.
21 (*Hist. persec.* 2, 97)	III, XV	22/27	377
23 (*Hist. persec.* 2, 100)	III, XX	15/20	384

EVAGRIVS GALLVS

Altercatio inter Simonem et Theophilum

3	III, X	11/13	368

EVNOMIVS CYZICENVS

Apologia
(ed. R. P. Vaggione, Oxford, 1987)

9	II, VI	4/11	312
	II, X	26/35	322
11	II, XVI	27/30	331
12	I, XXV	3/5	299
15	II, VI	4/11	312
18	I, XXV	3/5	299
21	III, XXV	24	391
22	I, XXII	2/3	293
24	I, XXII	2/3	293
	I, XXV	3/5	299
	III, II	4/9	356
25	I, XVI	31/33	284
	III, XII	5/8	372
	III, XII	8/9	372
26	III, XII	5/8	372
27	II, XXIII	10/11	345
	II, XXIII	12/14	345
	III, XII	5/8	372
28	III, II	4/9	356
	III, XII	8/9	372

Apologia apologiae

in GREG. NYSS., *Eun*, 1, 151-152	I, XVI	31/33	284
in GREG. NYSS., *Eun*, 3, 10, 8	III, XXV	24	391

Expositio fidei
(ed. R. P. Vaggione, Oxford, 1987)

2	II, VI	4/11	312
3	I, IV	15/16	259
	I, XXII	2/3	293
4	III, XII	5/8	372
	III, XII	8/9	372
	II, XXIII	12/14	345

Dicta

in CYRILLVS ALEX., *Thes.* ass. 6	II, VI	4/11	312
in CYRILLVS ALEX., *Thes.* ass. 11	II, XVI	27/30	331

	Lib., Cap.	*lin.*	*pag.*
Evsebivs Nicomediensis			
Epistula ad Paulinum Tyrium			
in Theodor. Cyrr., *Hist.* 1, 6, 6-7	II, XI	1/12	323
Evsebivs Caesariensis			
De ecclesiastica theologia			
1, 11, 2	I, XVI	31/33	284
1, 11, 3	II, XVI	27/30	331
1, 20, 1	I, XIV	22/25	279
1, 5, 1-2	I, VII	1/4	264
2, 2, 5	I, VIII	5	267
2, 9, 12	I, XIV	22/25	279
2, 13, 2	I, XIV	22/25	279
2, 14, 8	I, VIII	5	267
2, 14, 19-20	I, VIII	5	267
2, 14, 21	I, XIV	22/25	279
3, 19	I, IX	18/36	270
Fastidiosvs Arrianvs			
Sermo			
(ed. J. Fraipont, *CC SL* 91, 1968)			
4	III, XXV	26	392
Favstvs Reiensis			
De Spiritu sancto			
1, 6	III, XIX	21/27	383
2, 8	III, XV	3/9	376
2, 10	III, XXIII	7/19	387
2, 11	III, XVI	4/9	378
Favstinvs Lvciferianvs			
De Trinitate			
12	I, III	14/24	257
13	I, VI	10/14	263
	II, XXI	26-31	340
	III, XIII	22/32	373
15	III, VI	12/17	362
28	II, VII	27/40	316
31	I, XV	34/38	282
35	II, XVII	29/37	333
41	I, X	13/14	271
50	II, XXV	3/4	347
	II, XXV	17/22	348

	Lib., Cap.	lin.	pag.

Fragmenta Arriana

Fragmenta XXIII (An. Bob.)
(ed. R. Gryson, CC SL 87, 229-265)

2	III, II	4/9	356
	III, XII	5/8	372
8	I, XV	19/24	281
	III, XXV	19	391
9	I, XV	19/24	281
	III, XXV	19	391
16	II, XVI	27/30	331
17	I, IV	20/21	259
	I, IV	24/33	260
	I, IX	18/36	270
19	II, XXIII	10/11	345
	III, XII	5/8	372
21	I, XVI	31/33	284
	III, XII	8/9	372
23	II, XXIII	12/14	345

Fvlgentivs Rvspensis

Ad. Monimum

2, 6, 7	III, XIV	4/10	375

Ad Trasamundum

1, 6, 1	I, IV	5/6	258
2, 9, 1-2	II, XIV	13/21	327
3, 35, 1	II, XXV	3/4	347

Contra Arrianos

Prol.	II, IV	12/14	308
l. 1	II, XIX	22/23	336
l. 346-352	III, XX	15/20	384
l. 499-530	II, XIV	13/21	327
l. 660-666	I, V	8/10	261
l. 664	I, VII	2/4	264

Contra Fabianum fragmenta

1, 3-4	II, XIII	12/18	325
3, 1-2	III, X	29/30	369
3, 5	II, XVII	29/37	333
3, 6-7	II, XXVI	3/7	349
6, 3	III, XV	22/27	377
20	II, VI	24/27	314
21, 1-2	III, XIX	21/27	383
21, 4	III, XX	15/20	384
27, 8	III, XVI	4/7	378
29, 20	III, XVI	4/7	378
36, 3	II, XXII	1/10	341
39	III, XV	22/27	377

INDEX SCRIPTORVM

	Lib., Cap.	lin.	pag.
Contra sermonem Fastidiosi			
4	III, XIV	4/10	375
Epistulae			
8, 14-15	II, XVII	29/37	333
8, 16	II, XVII	13/15	332
8, 17	II, XXV	7	347
	III, XIV	4/10	375
14, 5	III, XXIV	1/7	389
De Trinitate			
6	III, XIV	4/10	375

GAVDENTIVS BRIXIENSIS

Sermones			
19	II, XVII	13/15	332

GREGORIVS ILLIBERITANVS

De fide (ed. M. Simonetti, Torino, 1975)			
27	III, X	11/13	368
54	II, XIX	1/8	335
57-58	II, XIV	13/21	327
59	III, X	15/20	369
73	II, V	43/49	312

GREGORIVS NAZIANZENVS

Orationes			
28, 21-31	III, VII	10/21	364
29, 2	II, VI	12/15	313
29, 4	II, VI	12/15	313
29, 6	I, VI	10/14	263
29, 20	III, XXVI	21/36	393
30, 13	I, XV	34/38	282
38, 8	III, XX	15/20	384

GREGORIVS NYSSENVS

Ad Ablabium	I, XVI	27/28	283
Aduersus Arium et Sabellium			
1	I, III	14/24	257
Ad Graecos ex communibus notionibus			
12	I, XVI	27/28	283
Contra Eunomium			
2, 130-150	III, V	20/28	361
2, 312	I, XXII	15	294
2, 475-479	III, V	28/37	361
2, 581-587	III, V	28/37	361

	Lib., Cap.	lin.	pag.
3, 9, 37-39	III, X	29/30	369
Refutatio professionis fidei Eunomii			
124	III, V	17/20	361

HIERONYMVS – DIDYMVS

De Spiritu sancto
(ed. L. Doutreleau, *SC* 386, 1992)

83	II, XXVI	14/18	350
87-88	III, XV	6/12	377
96	II, XXVI	18/21	350
99-103	II, XXV	17/22	348
108	II, XXVI	26/28	351
140-141	II, XXVI	3/7	349
153	III, XIII	5/14	373
159-160	III, XIII	5/14	373

Epistulae

18, 20	III, XXI	7/12	385

HILARIVS

Collectanea antiariana Parisiana

2, 19	I, IV	5/6	258

De synodis

12	II, V	4/7	309
16	II, XIII	12/18	325
32	I, XVI	27/28	283
50	I, IV	5/6	258
59	II, VI	12/15	313
60-61	I, IV	5/6	258
81	I, V	8/10	261

De Trinitate

1, 13	III, VII	10/21	364
1, 16	I, III	14/24	257
2, 4	I, III	14/24	257
	I, XIV	22/25	279
2, 8	II, XIII	12/18	325
2, 10	II, XVII	13/15	332
2, 15	I, XIV	22/25	279
2, 16	III, X	27/28	369
2, 20	II, XIII	12/18	325
2, 23	I, III	14/24	257
2, 34	II, XXVI	18/21	350
3, 3	I, V	4/7	261
3, 4	I, V	4/7	261
4, 4	I, V	4/7	261
4, 18	I, VIII	14/23	268
4, 18-19	III, XIX	21/27	383
4, 23-24	III, X	29/30	369

	Lib., Cap.	lin.	pag.
4, 25-26	III, XX	1/5	384
4, 28	III, XX	1/5	384
4, 29	I, VIII	23/29	268
4, 30	I, IX	3/7	269
4, 35	I, IX	10/14	269
4, 37	I, IX	8/9	269
4, 39-41	III, X	42/46	370
4, 42	I, XV	34/38	282
	I, XVI	22/26	283
5, 1	III, VII	10/21	364
5, 8-9	III, XIX	21/27	383
5, 20	II, V	43/49	312
5, 27	I, XX	24/30	290
5, 39	I, XV	34/38	282
	II, V	43/49	312
6, 16	II, VII	27/40	316
6, 21	II, VI	24/27	314
7, 5	I, III	14/24	257
7, 7	I, IV	5/6	258
7, 13	I, V	4/7	261
7, 14	II, V	43/49	312
7, 39	II, V	43/49	312
8, 7	III, XXIV	1/7	389
8, 29	II, XXVI	18/21	350
	III, XXIII	7/19	387
8, 31-33	III, XXIII	7/19	387
8, 33	II, XXVI	18/21	350
9, 36	II, V	43/49	312
9, 51	II, XVII	18/27	332
10, 20-21	I, IV	5/6	258
10, 21	I, XI	9/10	273
10, 50	I, XI	9/10	273
10, 51	I, IV	5/6	258
10, 54-63	III, XXVI	21/36	393
12, 8	II, VII	27/40	316
12, 9-10	II, VIII	15/21	318
12, 39	I, XIII	27/30	278

HIPPOLYTVS

Refutatio omnium haeresium

9, 12, 16-18	I, III	14/24	257
	I, VII	1/4	264

Contra Noetum

2, 5	I, XV	34/38	282
5, 1-3	I, XV	34/38	282

	Lib., Cap.	lin.	pag.
IOHANNES CHRYSOSTOMVS			
Homiliae de incomprehensibili Dei natura (ed. A.-M. Malingrey, SC 28bis, 1970)			
1	III, VII	10/21	364
2	III, VII	10/21	364
3	III, VII	10/21	364
IRENAEVS LVGDVNENSIS			
Aduersus haereses			
4, 20, 1	I, VIII	14/23	268
4, 20, 4	I, XV	34/38	282
IVSTINVS			
Dialogus cum Tryphone			
62, 1-2	I, VIII	14/23	268
LACTANTIVS			
Diuinae Institutiones			
4, 12, 10	III, X	29/30	369
4, 13, 8	I, XV	34/38	282
LEO MAGNVS			
Epistulae			
28, 4	II, XVII	13/15	332
	III, XXVI	14/16	393
	III, XXVI	21/36	393
Sermones			
77, 5	II, XVII	18/27	332
LVCIFER CALARITANVS			
De non conueniendo cum haereticis			
9	I, III	14/24	257
De non parcendo in Deum delinquentibus			
18	I, V	4/7	261
	I, X	13/14	271
MARIVS VICTORINVS			
Aduersus Arium			
1, 13	III, XIII	10/14	373
1, 18	II, XXVI	18/21	350
1, 21	I, IV	5/6	258
1, 27	III, X	42/46	370
1, 28	I, IV	5/6	258
1, 30	II, V	4/7	309
	II, XIX	1/8	335

	Lib., Cap.	lin.	pag.
1, 45	I, IV	5/6	258
1, 59	II, XIX	1/8	335
2, 2	I, IV	5/6	258
2, 3	II, XIX	1/8	335
2, 10	I, V	4/7	261
2, 12	III, X	42/46	370
4, 14	II, XIII	12/18	325
4, 24-26	II, XIII	18/21	326

MARCELLVS ANCYRANVS

Fragmenta
(ed. E. Klostermann, *GCS* 14, 1906)

52	I, VII	10/14	265
55	I, VII	10/14	265
78	I, VII	34/39	266
79	I, XV	34/38	282

Epist. ad Iulium papam
in EPIPH., *Haer.* 72, 3

	I, VII	10/14	265

MAXIMINVS

Dissertatio contra Ambrosium
(in *Scolia in Concilium aquileiense*)
(ed. R. Gryson, *CC SL* 87, 149-171 / *SC* 267, 204-262)

	I, XVI	31/33	284

in AVGVSTINVS, *Conlatio cum Maximino*

5	II, XXIII	12/14	345
	III, XII	9/13	372
7	III, XXV	21	391
10	II, XXIII	12/14	346
	III, XII	5/8	372
	III, XXV	23	391
11	I, XVI	31/33	284
12	III, XII	5/8	372
13	II, XVI	27/30	331
	III, XXV	24	391
15, 7	II, IV	9/11	308
15, 12	I, IV	24/33	260
15, 13	II, IV	9/11	308
15, 14	II, VI	4/11	312
	III, XXV	21/22	391
15, 15	I, XXII	1/2	293
	II, IV	9/11	308
15, 16	III, XXV	24	391
15, 20	I, IX	18/36	270
	I, XV	19/24	281
	III, XXV	24/25	391

	Lib., Cap.	lin.	pag.
15, 22	I, IX	18/36	270
21	III, XII	8/9	372

Maximinvs (?)

Contra Iudaeos (An. Ver.)
(ed. R. Gryson, *CC SL* 87, 1982)

3, 2	II, IV	9/11	308
13, 3	II, IV	9/11	308

Nicetas Remesianensis

Competentibus ad baptismum instructionis fragm.
(ed. A. E. Burns, Cambridge, 1905)

3, 2, 6	II, XXV	17/22	348
3, 2, 8	II, XXV	7	347
3, 2, 17	II, XXVI	14/18	350
3, 2, 19	III, XV	22/27	377

Novatianvs

De Trinitate

12, 62	I, IX	8/9	269
12, 65-66	I, III	14/24	257
18, 103-104	III, X	29/30	369
19, 109-110	I, IX	1/3	269
21, 122	III, X	29/30	369
26, 146	I, VIII	14/23	268
	I, VIII	23/29	268
27, 150	I, IX	18/36	270
28, 156	III, X	29/30	369

Origenes

Contra Celsum

8, 12	I, IX	18/36	270
	III, XXIV	1/7	389

Homiliae in Genesim

4, 2	III, XX	1/5	384

Commentarii in Iohannem

2, 2, 16	I, VII	1/4	264
2, 10, 75	I, XVI	27/28	283
10, 37, 246	I, VII	1/4	264

De principiis

1, 2, 2	II, VI	24/27	314
1, 2, 6	III, II	4/9	356
4, 4, 1	II, X	37	322

INDEX SCRIPTORVM 483

	Lib., Cap.	lin.	pag.

Palladivs Ratiarensis

Contra Ambrosium
(in *Scolia in Concilium aquileiense*)
(ed. R. Gryson, *CC SL* 87, 172-195 / *SC* 267, 264-324)

	Lib., Cap.	lin.	pag.
	I, IV	20/23	259
	I, IV	24/33	260
	I, XVI	31/33	284
	II, XXIII	10/11	345
	II, XXIII	12/14	345
	III, XII	5/8	372
	III, XII	9/13	372

Dicta
(in *Gesta Concilii aquileiensis*)
(ed. R. Gryson, *SC* 267, 330-382)

36-37	II, XVI	27/30	331

Phoebadivs Agennensis

Contra Arrianos

7, 1	I, XX	2/3	288
11, 6	III, X	11/13	368
13, 2	III, X	15/16	369
14, 1	I, III	14/24	257
15, 3-4	II, XIV	1/2	327
25, 6-7	III, X	32/35	370

Plotinvs

Enneades

6, 1, 3	II, V	4/7	309

Ps. Ambrosivs

De Spiritu sancto
(ed. L. Chavoutier, *Sacris Erudiri* 11, 1960)

1, 2	III, XXIII	26/28	388
2, 2	III, XXIII	7/19	387

De Trinitate
(*PL* 17, 509-546)

9	III, XXIII	7/19	387

Ps. Athanasivs

De incarnatione et contra Arrianos
(*PG* 26, 984-1028)

17	III, XVII	2/10	379

Oratio IV contra Arrianos
(*PG* 26, 468-525)

2-3	I, III	14/24	257
	I, VII	1/4	264

	Lib., Cap.	lin.	pag.
9	I, VII	1/4	264
17	I, VIII	5	267
25	I, VII	1/4	264

Contra Macedonios dialogi II
(*PG* 28, 1292-1337)

	Lib., Cap.	lin.	pag.
1, 13	II, XXVI	18/21	350
1, 15	II, XXV	7	347

Contra Sabellianos
(*PG* 28, 96-121)

	Lib., Cap.	lin.	pag.
2	I, III	14/24	257

De Trinitate dialogi V
(*PG* 28, 1116-1285)

	Lib., Cap.	lin.	pag.
3, 9	III, XX	1/5	384

Ps. Avgvstinvs

Collatio cum Pascentio
(ed. H. Müller – D. Weber – Cl. Weidmann, Wien, 2008)

	Lib., Cap.	lin.	pag.
4	I, XIX	3/26	287
13	I, XIX	3/26	287

Solutiones diuersarum quaestionum
(ed. B. Schwank, CC SL 90, 1961)

	Lib., Cap.	lin.	pag.
7	III, X	27/28	369
12	III, X	15/16	369
18	II, XIV	13/21	327
	III, X	15/16	369
49	III, XIII	22/32	373
50-51	II, XXII	18/21	342
71	II, XVII	18/27	332
	II, XVII	29/37	333
75	III, XXV	24/25	391
81	II, XXVI	18/21	350
	III, XXIII	7/19	387
89	I, V	4/7	261

Ps. Basilivs

Aduersus Eunomium IV-V
(*PG* 29, 672-768)

	Lib., Cap.	lin.	pag.
4, 3	I, XV	34/38	282
5, 4	I, VIII	14/23	268
	I, VIII	23/29	268
	I, IX	8/9	269

Ps. Evsebivs Vercellensis

De Trinitate
(ed. V. Bulhlart, *CC SL* 9, 1957)

	Lib., Cap.	lin.	pag.
1, 26-27	III, XXI	1/6	385

	Lib., Cap.	lin.	pag.
1, 32-33	III, XIX	21/27	383
1, 33-35	I, VIII	14/23	268
1, 37	I, VIII	23/29	268
	I, IX	8/9	269
	I, IX	10/14	269
1, 38	I, IX	3/7	269
1, 64	III, VI	1/12	362
2, 34	II, XXVI	25/26	351
3, 13	III, X	42/46	370
3, 46	I, X	13/14	271
3, 70-71	III, XIII	22/32	373
4, 17	II, XXVI	25/26	351
5, 27-28	II, VI	24/27	314
5, 35	III, IX	25/31	368
5, 38	II, XIX	1/8	335
5, 40	II, XIV	13/21	327
	II, XIX	1/8	335
5, 46	III, IX	8/12	367
7, 11-12	III, XXIII	7/19	387
7, 27-31	II, XIX	18/23	336
	II, XXV	3/4	347
9, 2	I, V	4/7	261
10, 11	III, II	4/9	356
	III, II	23/24	357
10, 25	II, XXV	3/4	357
11, 7	III, XVI	4/7	378
11, 19	III, X	29/30	369
12, 29	II, XXVI	18/21	350
12, 29-30	III, XXIII	7/19	387
12, 32	II, XXV	3/4	347
12, 42-45	II, XXV	17/22	348
12, 63	III, XVII	2/10	379
12, 70	II, XXVI	25/26	351
12, 130	III, XXIII	7/19	387
12, 169	II, XXIII	10/11	345

Ps. Fvlgentivs Rvspensis

Pro fide catholica
(ed. J. Fraipont, *CC SL*, 90, 1961, 239-259)

8	III, XXI	1/6	385

Sermones
(*PL* 65, 858 sq.)

21	II, XXII	30/33	343

	Lib., Cap.	*lin.*	*pag.*
Ps. Vigilivs Thapsensis			
Contra Varimadum			
(ed. B. Schwank, *CC SL*, 90, 1991)			
1, 1	III, XX	15/20	384
	III, XXI	1/6	385
1, 2	I, XXII	15	296
1, 7	II, XXI	23/26	340
1, 8	II, XXII	33/37	343
1, 12	III, X	11/13	368
1, 14	II, XXII	30/33	343
1, 16	III, XXIII	7/19	387
1, 43	II, XVII	29/37	333
1, 44	II, XIX	1/8	335
1, 48	III, XXI	1/6	387
2, 3	II, XXV	3/9	347
2, 6	III, XVI	4/7	378
2, 10	II, XXVI	14/18	350
	III, XV	22/27	377
2, 13	III, XVI	13/14	378
2, 15	III, XIV	4/10	375
2, 17	III, XVI	16/19	379
	II, XXV	17/22	348
3, 15	III, XVI	4/7	378
3, 45	III, XVI	9/10	378
3, 68	III, XVII	2/10	379
3, 78	III, XV	6/12	377
Qvidam catholici			
in Athan., *Tom.* 5	I, XVI	27/28	283
in Dionys. Al., *Epist. ad Dionys. Rom.*	I, XVI	27/28	283
in Favstin., *Conf. fidei*	I, XVI	27/28	283
in Hier., *Epist.* 15, 3-4	I, XVI	27/28	283
in Ps. Evseb. Verc., *Trin.* 10, 3	I, XVI	27/28	283
Qvodvvltdevs			
Contra Iudaeos, paganos et Arianos (Ser. 4)			
8	II, XVII	29/37	333
Aduersus quinque haereses (Ser. 10)			
3	I, III	14/24	257
Ratramnvs			
Contra Graecorum opposita			
3, 6	III, XIII	1/14	372

INDEX SCRIPTORVM

	Lib., Cap.	lin.	pag.
Rvfinvs			
Eusebii Historiae continuatio			
1 (10), 1-6	In. sec. tr. ed.	1/9	246
1 (10), 3	I, I	4/5	253
1 (10), 12	In. sec. tr. ed.	11/25	247
	In. sec. tr. ed.	29/36	248
Expositio symboli			
5	I, XV	34/38	282
37	I, IV	5/6	258
Severianvs Gabalensis			
Homiliae in Genesim			
3, 1	II, V	15/23	310
Sisebvtvs Rex			
Epistulae			
8	II, XX	6/17	337
	II, XXV	3/9	347
Socrates Scholasticvs			
Historia ecclesiastica			
1, 8-9	In. sec. tr. ed.	1/9	246
1, 25	In. sec. tr. ed.	11/25	247
1, 39	In. sec. tr. ed.	29/36	248
2, 45, 12	I, XXII	2/3	293
Sozomenvs			
Historia ecclesiastica			
1, 17	In. sec. tr. ed.	1/9	246
1, 20-21	In. sec. tr. ed.	1/9	246
2, 27	In. sec. tr. ed.	11/25	247
Symbola arrianorvm			
Sirmium I (351)			
	II, II	32	306
	II, IV	9/11	308
	I, XXI	20/23	292
anath. 1	II, II	32	306
anath. 4	I, X	13/14	271
anath. 5	I, X	13/14	271
	I, XIII	15/30	277
anath. 9	I, X	13/14	271
anath. 17	I, VIII	23/29	268
anath. 25	III, II	4/9	356
anath. 27	I, X	13/14	271

	Lib., Cap.	lin.	pag.
Sirmium II (357)			
	I, XIX	3/26	287
	I, XXI	13/16	292
	I, XXI	20/23	292
	II, II	32	306
	II, IV	9/11	308
	II, XVI	27/30	331
Sirmium IV (359)			
	I, XIX	3/26	287
Ariminum (359)			
	I, XXII	1/2	293
Seleucia (359)			
	I, XXII	1/2	293
	I, XIX	3/26	287
Constantinopolis (360)			
	I, XIX	3/26	287
	I, XXII	1/2	293

Symbola Conciliorvm Œcvmenicorvm

Symbolum Nicaenum (325)			
	I, V	4/7	261
	I, XVIII	4/17	286
Symbolum Constantinopolitanum (381)			
	I, V	7/8	261

Symbolvm Synodi Antiochena (341)

Formula II			
	I, XV	19/24	281
	II, II	32	306
	II, IV	9/11	308
	I, XVI	27/28	283

Symbolvm Synodi Antiochena (344)

"Ecthesis macrostichos"			
	I, IV	5/6	258
	II, II	32	306
	III, II	4/9	356

Tertvllianvs

Aduersus Praxean

	Lib., Cap.	lin.	pag.
11, 10	I, V	8/10	261
12, 1	I, VIII	14/23	268
13, 1	I, IX	10/14	269
13, 4	I, VIII	23/29	268
16, 3	I, XV	34/38	282

	Lib., Cap.	lin.	pag.
19	III, X	32/35	370
19	III, XXII	9/20	386

Theodoretvs Cyrrhensis

Historia ecclesiastica

1, 7-8	In. sec. tr. ed.	1/9	246
2, 3	In. sec. tr. ed.	11/25	247
	In. sec. tr. ed.	29/36	248

Theophilvs Antiochenvs

Ad Autolycum libri

2, 18	I, VIII	14/23	268

Vlfila

Fides
(in Maximinvs, *Diss. c. Ambrosium*, SC 267, p. 250)

	II, XXIII	10/11	345
	III, XII	5/8	372

Victor Vitensis

Historia persecutionis Africanae prouinciae

2, 39	In. sec. tr. ed.	69/72	251
3, 3	In. sec. tr. ed.	78/80	258
3, 4	In. sec. tr. ed.	69/72	251

Vigilivs Thapsensis

Contra Eutychetem

1, 6	II, XVII	18/27	332
4, 21	II, XVII	13/15	332
5, 21	II, XVII	13/15	332
	III, XXVI	14/16	393

Solutiones obiectionum Arrianorum
(ed. P.-M. Hombert, *Sacris Erudiri* 49, 2010)

1	II, VI	24/27	314
	II, VI	33/35	314
	II, VII	16/18	315
	II, VIII	15/21	318
2	II, VII	14/15	315
	III, XIX	7/9	382
3	II, IV	12/14	308
	II, IV	16/20	308
	II, VI	13/15	313
	II, XIX	22/23	336
4	I, XXII	24/25	295
6	I, XIII	22/23	278
7	III, XIII	25/29	374

	Lib., Cap.	*lin.*	*pag.*
11	III, XXII	2/13	386
13	II, XXII	30/33	343

Vincentivs Lerinensis

Commonitorium

12	I, IV	5/6	259
16	I, X	13/14	271
21-22	I, II	20/25	256
23	I, XX	24/30	290
24	I, II	20/25	256

Zeno Veronensis

Tractatus

1, 17	II, XXII	1/10	341

CONSPECTVS MATERIAE

AVANT-PROPOS	5-13
INTRODUCTION	15-230
Manuscrits du *Contra Arrianos Sabellianos Fotinianos dialogus*	17-54
La tradition manuscrite du *Contra Arrianos Sabellianos Fotinianos dialogus* de Vigile de Thapse	55-230
Première partie: Une tradition multiforme	55-102
1. Le *Contra Arrianos* de Vigile de Thapse: *Status quaestionis*	55-61
2. La tradition manuscrite du *Contra Arrianos*: première vue d'ensemble	61-62
3. Les deux grandes familles de la tradition: première description	63-64
4. Première justification des deux familles et des sous-familles	65-70
5. Les différentes versions courtes	70-75
6. Deux versions longues: la famille espagnole et la famille septentrionale	76
7. Les livres II et III: analyse théologico-littéraire et ordre des sections	77-91
8. Le contexte de la seconde rédaction du *Contra Arrianos* et de sa préface	91-97
9. La « Préface anonyme » et celle de la seconde édition	98-102
Deuxième partie: Discussion stemmatique	103-230
1. Préliminaires	104-105
2. La famille α	106-162
3. La famille β	163-219
4. Évaluation générale de la tradition manuscrite du *Contra Arrianos* de Vigile de Thapse	219-224
5. Les différentes éditions imprimées	225-230

BIBLIOGRAPHIE 231-239

CONTRA ARRIANOS SABELLIANOS
FOTINIANOS DIALOGVS 241-414

   Conspectus siglorum 242-243

   Praefatio Vigilii ‹ad primam tractatus editionem› .. 245

   ‹Initium secundae tractatus editionis ab ipso Vigilio› 246-252

   Liber primus 253-301

   Liber secundus 303-354

   Liber tertius ‹A Vigilio ad secundam operis sui
   editionem additus› 355-395

   Probi iudicis sententia 397-414

NOTES DE CRITIQUE TEXTUELLE 415-424

APPENDICE 425-446

   Corrections apportées au texte de Chifflet et de la PL 427-446

INDEX 447-490

   Index locorum Sacrae Scripturae 449-460

   Index scriptorum 461-490

Tableau récapitulatif des différentes versions du *C. ar.* et de la présente édition

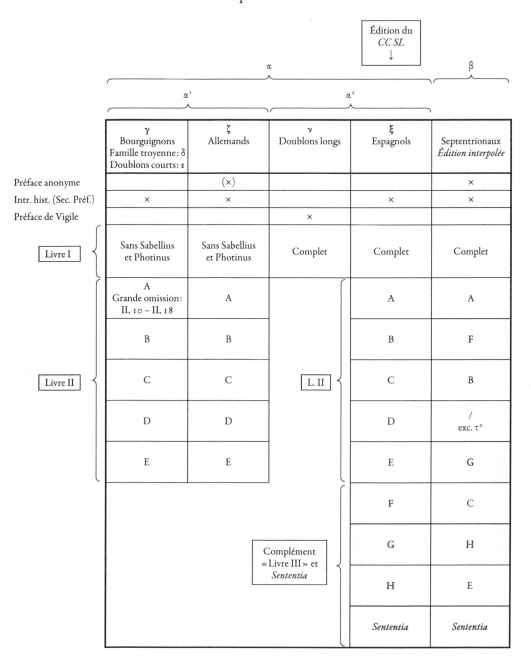

V¹	VATICANO, *Bibl. Apost. Vat.* lat. 262
V²	VATICANO, *Bibl. Apost. Vat.* lat. 511
V³	VATICANO, *Bibl. Apost. Vat.* lat. 10803
V⁴	VATICANO, *Bibl. Apost. Vat.* Reg. lat. 185
Vc¹	VIC, *Bibl. Episcopal* 40
W¹	WOLFENBÜTTEL, *Herzog Aug. Bibl.* Guelf. 3104
W²	WOLFENBÜTTEL, *Herzog Aug. Bibl.* Guelf 3346
Z¹	ZÜRICH, *Zentralbibl.* Car. C 116

Ml¹	MILANO, *Bibl. Ambrosiana* H 74 sup.
Mu¹	MÜNCHEN, *Bayerische Staatsbibl.* Clm 6294
Mu²	MÜNCHEN, *Bayerische Staatsbibl.* Clm 14679
Mu³	MÜNCHEN, *Bayerische Staatsbibl.* Clm 23828
N¹	NEW YORK, *Pierpont Morgan Libr.* G 33
N²	NEW YORK, *Pierpont Morgan Libr.* 738
Nu¹	NÜRNBERG, *Stadtbibl.* I, 54
O¹	OXFORD, *Bodl. Libr.* Bodley 147
O²	OXFORD, *Bodl. Libr.* Bodley 705
O³	OXFORD, *Bodl. Libr.* Canonici Patr. lat. 112
O⁴	OXFORD, *Bodl. Libr.* Rawlinson C 398
O⁵	OXFORD, *Bodl. Libr.* Rawlinson G 62
O⁶	OXFORD, *Corpus Christi College* 43
O⁷	OXFORD, *Jesus College* 43
O⁸	OXFORD, *Trinity College* 25
P¹	PARIS, *Bibl. Nat.* lat. 1683
P²	PARIS, *Bibl. Nat.* lat. 1684
P³	PARIS, *Bibl. Nat.* lat. 1685
P⁴	PARIS, *Bibl. Nat.* lat. 1686
P⁵	PARIS, *Bibl. Nat.* lat. 1715A
P⁶	PARIS, *Bibl. Nat.* lat. 2076
P⁷	PARIS, *Bibl. Nat.* lat. 2341
P⁸	PARIS, *Bibl. Nat.* lat. 5073
P⁹	PARIS, *Bibl. Nat.* lat. 5132
P¹⁰	PARIS, *Bibl. Nat.* lat. 12131
P¹¹	PARIS, *Bibl. Nat.* lat. 13334
P¹²	PARIS, *Bibl. de l'Arsenal* 341
Pt¹	POITIERS, *Bibl. Mun.* 66
R¹	REIMS, *Bibl. Carnegie* 385
Rm¹	ROMA, *Bibl. Vallicelliana* Tomo 18
Ro¹	ROUEN, *Bibl. Mun.* 425
Sm¹	SAINT-MIHIEL, *Bibl. Mun.* Z 28
Sa¹	SALAMANCA, *Bibl. Universitaria* 2687
Sl¹	SALZBURG, *Stiftsbibl.* Sankt Peter a VII 31
Sg¹	SANKT GALLEN, *Stiftsbibl.* 90
Tl¹	TOULOUSE, *Bibl. Mun.* 182
Tr¹	TRIER, *Stadtbibl.* 118/106
Tr²	TRIER, *Bistumsarchiv* 95/133c
Ty¹	TROYES, *Bibl. Mun.* 895
Ty²	TROYES, *Bibl. Mun.* 2405
Vl¹	VALENCIA, *Bibl. Universitaria* 1221

LISTE DES MANUSCRITS DU
CONTRA ARRIANOS SABELLIANOS FOTINIANOS DIALOGVS

Ab¹   Aberdeen, *University Library* 984
Ax¹   Aix-en-Provence, *Bibl. Mun.* 1535
Ag¹   Augsburg, *Staats- und Stadtbibl.* 2° 517
Bd¹   Bordeaux, *Bibl. Mun.* 11
Bl¹   Boulogne-sur-Mer, *Bibl. Mun.* 29
Bg¹   Brugge, *Openbare Bibl.* 120
Bg²   Brugge, *Openbare Bibl.* 151
Bx¹   Bruxelles, *Bibl. Royale* 10274-80
Bx²   Bruxelles, *Bibl. Royale* 19076
Bx³   Bruxelles, *Bibl. Royale* 2573-75
Bx⁴   Bruxelles, *Bibl. Royale* 4797-99
Bx⁵   Bruxelles, *Bibl. Royale* II 1061
Ca¹   Cambrai, *Bibl. Mun.* 436
Cb¹   Cambridge, *Pembroke College* 108
Cb²   Cambridge, *Trinity College* 1286
Cr¹   Cremona, *Bibl. Statale* 51
Dj¹   Dijon, *Bibl. Mun.* 151
D¹   Douai, *Bibl. Mun.* 296
Dl¹   Düsseldorf, *Univers- und Landesbibl.* B 6
Er¹   Erlangen, *Universitätsbibl.* 170
F¹   Firenze, *Bibl. Med. Laur.* Ashbur. 1196
Fu¹   Fulda, *Hessischen Landesbibl.* Aa 2
Gz¹   Graz, *Universitätsbibl.* 724
Gr¹   Grenoble, *Bibl. Mun.* 258
K¹   Karlsruhe, *Bad. Landesbibl.* Aug. XVIII
K²   Karlsruhe, *Bad. Landesbibl.* Aug. CCXXXVIII
Ld¹   Leiden, *Universiteitsbibl.* Voss. lat. Q 72
L¹   London, *Brit. Libr.* Royal 6 A VIII
L²   London, *Brit. Libr.* Royal 6 B XIII
L³   London, *Brit. Libr.* Arundel 370
L⁴   London, *Brit. Libr.* Add. 15608
L⁵   London, *Brit. Libr.* Add. 26762
L⁶   London, *Lambeth Palace* 215